Princípios de sistemas operacionais
Projetos e aplicações

Dados Internacionais de Catalogação na Publicação (CIP)
(Câmara Brasileira do Livro, SP, Brasil)

Stuart, Brian L.
Princípios de sistemas operacionais : projetos e
   aplicações / Brian L. Stuart ; tradução All Tasks ;
   revisão técnica Ronaldo Augusto de Lara Gonçalves.
   — São Paulo : Cengage Learning, 2018.

   ISBN: 978-85-221-0733-9

   1. reimpr. da 1. ed. de 2011.
   Título original: Principles of operating systems :
   desing & applications.
   ISBN Original 13: 978-1-4188-3769-3

   Bibliografia.

   1. Sistemas operacionais (Computadores)
I. Título.

10-01288   CDD-005.43

Índice para catálogo sistemático:

1. Sistemas operacionais : Computadores :
   Processamento de dados 005.43

Princípios de sistemas operacionais
Projetos e aplicações

Brian L. Stuart
Drexel University

Tradução
All Tasks

Revisão técnica
Prof. Dr. Ronaldo A. L. Gonçalves
Professor associado do Departamento de Informática da
Universidade Estadual de Maringá (UEM)

Austrália • Brasil • México • Cingapura • Reino Unido • Estados Unidos

Principles of operating systems: design & applications
Brian L. Stuart

Gerente Editorial: Patricia La Rosa

Editor de Desenvolvimento: Noelma Brocanelli

Supervisora de Produção Editorial: Fabiana Alencar Albuquerque

Título Original: Principles of Operating systems – design e applications

ISBN Original 13: 978-1-4188-3769-3

ISBN Original 10: 1-4188-3769-5

Tradução: All Tasks

Revisão Técnica: Ronaldo A. L. Gonçalves

Copidesque: Viviane Akemi Uemura

Revisão: Maria Dolores D. Sierra Mata e Luicy Caetano de Oliveira

Diagramação: Cia. Editorial

Capa: Ventura Design

© 2009 Course Technology é uma parte da Cengage Learning.
© 2011 Cengage Learning. Todos os direitos reservados.

Todos os direitos reservados. Nenhuma parte deste livro poderá ser reproduzida, sejam quais forem os meios empregados, sem a permissão, por escrito, da Editora. Aos infratores aplicam-se as sanções previstas nos artigos 102, 104, 106 e 107 da Lei nº 9.610, de 19 de fevereiro de 1998.

Esta editora empenhou-se em contatar os responsáveis pelos direitos autorais de todas as imagens e de outros materiais utilizados neste livro. Se porventura for constatada a omissão involuntária na identificação de algum deles, dispomo-nos a efetuar, futuramente, os possíveis acertos.

A editora não se responsabiliza pelo funcionamento dos links contidos neste livro que possam estar suspensos.

> Para informações sobre nossos produtos, entre em contato pelo telefone **0800 11 19 39**
>
> Para permissão de uso de material desta obra, envie seu pedido
> para **direitosautorais@cengage.com**

© 2011 Cengage Learning. Todos os direitos reservados.

ISBN-13: 978-85-221-0733-9
ISBN-10: 85-221-0733-5

Cengage Learning
Condomínio E-Business Park
Rua Werner Siemens, 111 – Prédio 11 – Torre A – Conjunto 12
Lapa de Baixo – CEP 05069-900 – São Paulo – SP
Tel.: (11) 3665-9900 – Fax: (11) 3665-9901
SAC: 0800 11 19 39

Para suas soluções de curso e aprendizado, visite
www.cengage.com.br

Impresso no Brasil
Printed in Brazil
1. reimpr. – 2018

Para minhas amadas, mulher e filha

Sumário

Prefácio	**XIII**
1 Introdução aos sistemas operacionais	**1**
1.1 O que é um sistema operacional?	2
1.2 Áreas de responsabilidade do sistema operacional	4
1.3 A história dos sistemas operacionais	9
1.4 Técnicas de organização de sistemas operacionais	13
1.5 Bootstrapping	17
1.6 Chamadas ao sistema	18
1.7 Resumo	20
1.8 Exercícios	21
2 Exemplos de sistemas operacionais	**23**
2.1 CTSS	23
2.2 Multics	24
2.3 RT-11	27
2.4 UNIX sexta edição	28
2.5 VMS	30
2.6 4.3BSD	32
2.7 Windows NT	33
2.8 TinyOS	34
2.9 Xen	35
2.10 Resumo	36
2.11 Exercícios	36
3 Estrutura e inicialização do sistema Inferno	**39**
3.1 Origem do Inferno	39
3.2 Conceitos fundamentais	40
3.3 Organização	43
3.4 Inicialização	46
3.5 Chamadas ao sistema	57
3.6 Resumo	58
3.7 Exercícios	58
4 Estrutura e inicialização do sistema Linux	**59**
4.1 As origens do sistema Linux	59
4.2 Organização	61
4.3 Inicialização	66

VIII ■ Princípios de sistemas operacionais

	4.4 Chamadas ao sistema	82
	4.5 Resumo	85
	4.6 Exercícios	85
5	**Princípios de gerenciamento de processos**	**87**
	5.1 Conceito de processo	87
	5.2 Concretizando processos	88
	5.3 Threads	92
	5.4 Escalonamento	93
	5.5 Troca de contexto	105
	5.6 Criação e finalização de processos	108
	5.7 Seções críticas	109
	5.8 Deadlock	121
	5.9 Resumo	129
	5.10 Exercícios	130
6	**Alguns exemplos de gerenciamento de processos**	**133**
	6.1 CTSS	133
	6.2 Multics	136
	6.3 RT-11	138
	6.4 UNIX sexta edição	140
	6.5 4.3BSD	143
	6.6 VMS	145
	6.7 Windows NT	147
	6.8 TinyOS	151
	6.9 Xen	152
	6.10 Resumo	153
	6.11 Exercícios	154
7	**Gerenciamentos de processos no Inferno**	**155**
	7.1 Processos no Inferno	155
	7.2 Estado do processo	156
	7.3 Estruturas de dados de processo	159
	7.4 Criação de processo	166
	7.5 Destruição de processos	171
	7.6 Escalonamento de processos	173
	7.7 Resumo	180
	7.8 Exercícios	180

8 Gerenciamento de processos no Linux — 183

8.1	Processo e threads	183
8.2	Chamadas ao sistema	184
8.3	Estado do processo	186
8.4	Tabela de processos	188
8.5	Criação de processos	191
8.6	Escalonamento de processos	200
8.7	Resumo	214
8.8	Exercícios	215

9 Princípios do gerenciamento de memória — 217

9.1	Hierarquia de memória	217
9.2	Tradução de endereços	220
9.3	Serviços relacionados à memória	225
9.4	Layouts de memória	227
9.5	Técnicas de alocação de memória	229
9.6	Técnicas de alocação saturada	237
9.7	Gerenciamento de memória em sistemas embarcados	255
9.8	Resumo	255
9.9	Exercícios	256

10 Alguns exemplos de gerenciamento de memória — 259

10.1	CTSS	259
10.2	Multics	260
10.3	RT-11	262
10.4	UNIX sexta edição	265
10.5	4.3BSD	268
10.6	VMS	272
10.7	Windows NT	276
10.8	TinyOS	279
10.9	Xen	279
10.10	Resumo	280
10.11	Exercícios	281

11 Gerenciamento de memória no Inferno — 283

11.1	Visão geral	284
11.2	Layouts de memória	285
11.3	Estruturas de dados de gerenciamento de memória	286
11.4	Implementação de gerenciamento de memória	292

X ▪ Princípios de sistemas operacionais

11.5	Coleta de lixo	305
11.6	Resumo	312
11.7	Exercícios	312

12 Gerenciamento de memória no sistema Linux — **315**

12.1	Layouts de memória	315
12.2	Chamadas ao sistema	318
12.3	Mecanismos de alocação	319
12.4	Gerenciamento de página	320
12.5	Estruturas de dados de gerenciamento de memória	323
12.6	Implementação de gerenciamento de memória	327
12.7	Resumo	341
12.8	Exercícios	342

13 Princípios do gerenciamento de dispositivos de E/S — **345**

13.1	Elementos do subsistema de E/S	346
13.2	Características de hardware dos dispositivos de E/S	347
13.3	Tipos de dispositivo de E/S	356
13.4	Objetivos do design de subsistema de E/S	359
13.5	Serviços dos dispositivos de E/S	359
13.6	Estrutura do driver de dispositivo	360
13.7	Técnicas de gerenciamento de dispositivos	362
13.8	Resumo	372
13.9	Exercícios	373

14 Alguns exemplos de gerenciamento de dispositivos de E/S — **375**

14.1	CTSS	375
14.2	Multics	377
14.3	RT-11	378
14.4	UNIX sexta edição	380
14.5	4.3BSD	382
14.6	VMS	382
14.7	Windows NT	384
14.8	TinyOS	385
14.9	Xen	386
14.10	Resumo	386
14.11	Exercícios	387

15 Dispositivos de E/S no Inferno — **389**

15.1	Estrutura do driver de dispositivo	389

15.2	Suporte à porta paralela	391
15.3	Suporte ao teclado	395
15.4	Suporte a disco IDE	403
15.5	Resumo	416
15.6	Exercícios	416

16 Dispositivos de E/S do Linux — 419

16.1	Suporte à solicitação de bloco	419
16.2	Estrutura do tratador de interrupções de duas metades	421
16.3	Driver da porta paralela	422
16.4	Driver de disquete	434
16.5	Resumo	447
16.6	Exercícios	448

17 Princípios de sistemas de arquivos — 449

17.1	Serviços do sistema de arquivos	449
17.2	Projeto geral do sistema de arquivos	455
17.3	Espaço de nomes	458
17.4	Gerenciamento do espaço de armazenamento	464
17.5	Verificação de consistência	474
17.6	Sistemas de arquivos estruturados em logs e diários	474
17.7	Cache de blocos	476
17.8	Resumo	477
17.9	Exercícios	478

18 Alguns exemplos de sistemas de arquivos — 479

18.1	CTSS	479
18.2	Multics	481
18.3	RT-11	483
18.4	UNIX sexta edição	484
18.5	4.3BSD	487
18.6	VMS	488
18.7	Windows NT	490
18.8	Resumo	491
18.9	Exercícios	491

19 Sistemas de arquivos no Inferno — 493

19.1	O papel dos servidores de arquivos	493
19.2	O servidor de dispositivo raiz	498
19.3	Tratador genérico de mensagens Styx	502
19.4	Sistema de arquivos no Inferno nativo	508

XII ■ Princípios de sistemas operacionais

19.5	Resumo	539
19.6	Exercícios	539

20 Sistemas de arquivos no Linux — 541

20.1	Sistema de arquivos virtual	541
20.2	Sistema de arquivos EXT3	544
20.3	Estrutura do disco EXT3	545
20.4	Procura de nome EXT3	551
20.5	Gravação de arquivos	567
20.6	Localização de blocos de arquivo EXT3	571
20.7	Resumo	575
20.8	Exercícios	575

21 Princípios de segurança de sistemas operacionais — 577

21.1	Autenticação de usuário	577
21.2	Proteção de recursos básicos	582
21.3	Tipos de ameaça	588
21.4	Classificação no Livro Laranja	592
21.5	Criptografia	596
21.6	Anéis de proteção no Multics	601
21.7	Segurança no Inferno	602
21.8	Segurança no Linux	603
21.9	Resumo	605
21.10	Exercícios	605

22 Princípios de sistemas distribuídos — 607

22.1	Conceitos básicos	607
22.2	Compartilhamento de processadores	615
22.3	Relógios distribuídos	618
22.4	Algoritmos de eleição	620
22.5	Resumo	625
22.6	Exercícios	625

Apêndice A – Compilação do sistema Inferno hospedado — 627

Apêndice B – Compilação do sistema Inferno nativo — 633

Leituras sugeridas — 639

Índice remissivo — 643

Prefácio

A semente deste livro foi plantada mais de 20 anos atrás, quando eu estava cursando a graduação. Durante o verão de 1986, um grupo de alunos foi reunido para um seminário avançado sobre sistemas operacionais, coordenado pelo Dr. David Cohen. No início, nossa intenção era criar um sistema operacional, mas logo nosso foco mudou para a redação de um livro sobre sistemas operacionais. Como ocorre muitas vezes, poucas de nossas metas originais foram alcançadas. Entretanto, durante o desenvolvimento das atividades, várias discussões construtivas sobre como organizar um livro dedicado ao tema levaram a debates sobre métodos de ensino de sistemas operacionais.

Essa experiência, combinada com os vários anos ensinando sistemas operacionais, revelou que existem diversos métodos que podem ser aplicados para instruir os alunos da área. Também observei que nenhum texto oferecia ao professor a flexibilidade exigida para aplicar cada método de modo satisfatório. O objetivo que motivou a redação deste livro é possibilitar tal flexibilidade.

Organização

Sete tópicos são discutidos neste trabalho. No começo, uma introdução destaca a história, a estrutura e a organização, as chamadas ao sistema e o bootstrap. Depois da introdução, são examinados alguns detalhes de cada uma das áreas principais de responsabilidade dos sistemas operacionais: processos, memória, dispositivos de E/S e sistemas de arquivos. Os dois tópicos finais são a segurança e os sistemas distribuídos.

Cada um dos cinco primeiros tópicos é estudado de várias perspectivas em uma sequência de quatro capítulos. O primeiro capítulo de cada sequência apresenta os princípios gerais relativos ao gerenciamento do recurso. Esses capítulos apresentam questões relevantes e algumas técnicas-padrão para tratá-las. Em alguns casos, os capítulos dedicados aos princípios gerais também incluem discussões sobre questões relacionadas. Por exemplo, a exclusão mútua e o deadlock são discutidos juntamente com o gerenciamento de processos, no Capítulo 5, em razão de sua relevância na comunicação entre processos. O segundo capítulo, em cada sequência, aborda vários sistemas operacionais do passado e do presente. O conjunto de nove exemplos de SO inclui os sistemas CTSS, Multics, RT-11, UNIX sexta edição, 4.3BSD, VMS, Windows NT, TinyOS e Xen. A abordagem tem como objetivo estudar de modo profundo como os desenvolvedores desses sistemas colocaram em prática as técnicas-padrão existentes. Os aspectos de implementação são pormenorizados nos terceiro e quarto capítulos de cada parte. São discutidas partes selecionadas do código dos sistemas Inferno (no terceiro capítulo) e Linux (no quarto capítulo).

Todavia, esse padrão não é seguido nos Capítulos 21 e 22, nos quais são analisados a segurança e os sistemas distribuídos, respectivamente. Por serem abrangentes ao ponto de justificar a existência de livros dedicados a eles, esses tópicos são estudados de modo seletivo. Esses capítulos apresentam apenas algumas técnicas representativas. O Capítulo 21 discute um conjunto mais restrito de exemplos, descrevendo técnicas de segurança aplicadas.

No Apêndice A, é descrito o processo de criação de uma imagem do kernel do sistema Inferno hospedado. Tal processo é parte da implementação de soluções das tarefas que exigem a modificação do kernel do sistema Inferno. Uma imagem de kernel gerada dessa forma pode ser executada como uma aplicação em um SO hospedeiro existente. O Apêndice B mostra como fazer o mesmo no caso de um kernel nativo. Em particular, são descritos os passos necessários para a criação de uma imagem de disquete para boot em um PC x86. Depois, essa imagem pode ser gravada em disquete ou utilizada para criar um CD-ROM de boot.

Público-alvo

O público deste livro é constituído por dois grupos. O primeiro é composto por praticantes que desejam aprender sobre os componentes internos dos sistemas Linux e Inferno, além de reforçar seu conhecimento sobre os princípios básicos. Provavelmente, pessoas desse grupo virão até este livro com uma grande experiência em seus respectivos sistemas. Eles, provavelmente, também terão certa familiaridade com alguns conceitos e técnicas de operação de SO. Há a possibilidade de que esses leitores não conheçam algumas das estruturas de dados descritas neste livro. Qualquer livro sobre estruturas de dados fornecerá os conhecimentos exigidos. Da mesma forma, livros sobre organização de computadores podem fornecer uma boa base sobre hardware. Para esse grupo, os capítulos sobre princípios gerais ajudarão a esclarecer quaisquer dúvidas, e os capítulos sobre os sistemas Linux e Inferno fornecerão uma introdução sobre as características internas desses sistemas operacionais.

O segundo grupo para o qual este livro é voltado é formado por professores e alunos de sistemas operacionais. Este livro pode ser usado tanto em disciplinas introdutórias como avançadas. Pré-requisitos típicos para tais disciplinas incluem as disciplinas de estruturas de dados e de organização de computadores. Algumas seções deste livro pressupõem esse tipo de conhecimento. Outras seções estão relacionadas a linguagens de programação e seus compiladores e ambientes de execução. Mesmo oferecendo conhecimentos úteis, as disciplinas de linguagens de programação e compiladores não são necessárias para o estudo deste material.

Utilização do livro

Na maioria dos casos, os livros devem ser lidos do início ao fim, acompanhando a sequência. Apesar de este livro poder ser utilizado dessa forma, a maioria dos professores não o empregará assim. Em vez disso, o modo mais eficiente de utilizar este texto em sala de aula é selecionar o material de cada parte principal. A abrangência do material oferece a cada professor a flexibilidade para selecionar os assuntos mais adequados ao estilo do curso e às preferências pessoais.

O professor de um curso de sistemas operacionais escolherá as seções que apoiam o método pedagógico geral adotado. Por exemplo, um método pode enfocar conceitos e técnicas no resumo. A análise das dificuldades associadas com a implementação das técnicas em hardware real é substituída pela profundidade teórica. Outro método pode trocar o tempo utilizado para apresentar princípios gerais pelo tempo para descrever a aplicação de princípios por meio de um exame de vários sistemas operacionais reais. A abordagem comum final para aulas introdutórias combina um estudo de princípios gerais com uma análise detalhada da implementação de um SO. Nesse último tipo de aula, em geral, os alunos devem modificar os sistemas operacionais estudados. Essa experiência profunda com os componentes internos de um SO existente também é geralmente encontrada em cursos avançados de sistemas operacionais.

Agora, consideremos um conjunto de capítulos e seções recomendados para cada estilo de curso. Para cursos de princípios gerais, o foco deve ser a cobertura completa dos Capítulos 1, 5, 9, 13, 17, 21 e 22. Os professores podem suplementar o material com exemplos selecionados dos Capítulos 2, 6, 10, 14 e 18. De modo similar, esses capítulos podem ser considerados leitura adicional. Uma formulação em particular desse tipo de curso merece atenção especial. O curso CS220 no Computing Curriculum 2001 especifica vários tópicos específicos a serem cobertos. As seções a seguir tratam de modo eficiente essas recomendações: 1.1–1.4, 1.6, 5.1–5.8, 9.1–9.3, 9.5–9.6, 13.1–13.4, 13.7.1, 17.1–17.4, 17.7, 21.1–21.2, 21.4–21.5, 22.1 e 22.3–22.4. Os professores não estão limitados a cobrir apenas essas seções. O material de outras seções e capítulos pode ser incluído para suplementar as recomendações do CC2001.

Se o método de princípios-e-exemplos for aplicado, os Capítulos 2, 6, 10, 14 e 18 devem ser apresentados em sala de aula. Caso o material adicional exija muito tempo durante as aulas, os professores podem ser seletivos em se tratando de quais tópicos dos capítulos de princípios devem ser apresentados. Nesse caso , a prova da optimalidade do conceito de "job mais curto primeiro" e o formalismo dos espaços de nome podem ser omitidos de modo seguro. Outros exemplos de sistemas operacionais existentes, não inclusos neste livro, são uma boa tarefa de leitura adicional.

Outro método muito comum é a estruturação de cursos de sistemas operacionais com um componente "prático". Em geral, nesse método, os alunos devem se familiarizar com um SO existente e modificá-lo. Com frequência, o SO utilizado é relativamente pequeno para que as expectativas não sejam intimidadoras. Este livro também fornece material para apoio a esse estilo de curso. O professor pode optar entre os sistemas operacionais Inferno e Linux. Ao utilizar o primeiro, o professor deve cobrir os Capítulos 3, 7, 11, 15 e 19, além dos princípios gerais. No caso do sistema Linux, devem ser inclusos os Capítulos 4, 8, 12, 16 e 20. Durante a exposição em sala de aula do material de capítulos sobre códigos, é importante que eles não sejam apresentados em número excessivo. A experiência tem mostrado que, em pouco tempo, todos os códigos começam a parecer iguais, e o benefício adicional diminui. O melhor é apresentar algumas descrições mais breves sobre aspectos especialmente importantes e instruir os alunos a consultar o material de leitura adicional e fazer as tarefas para aprender sobre o restante do tópico. Um dos benefícios valiosos oferecidos por esse tipo de organização é a capacidade de ler e entender códigos reais.

O último exemplo de currículo a ser considerado é o de um curso avançado de sistemas operacionais. Considerando a natureza dos cursos avançados, várias partes do livro podem ser úteis. Se os alunos participaram de um curso introdutório que não tenha coberto todos os princípios aqui discutidos, o tempo na sala de aula pode ser dedicado à apresentação e à análise mais profunda de quaisquer desses conceitos. Do mesmo modo, os capítulos que tratam dos exemplos são um ponto de partida ideal para estudos mais completos de qualquer princípio ou investigação mais abrangente de sistemas operacionais reais. Finalmente, para os alunos de cursos introdutórios que não incluíram a prática sobre os componentes internos dos sistemas operacionais, a cobertura detalhada dos sistemas Inferno e Linux constitui a base para tal aprendizado prático. Esses diversos projetos de currículo estão resumidos na tabela a seguir:

Capítulo	Apenas princípios	Princípios e exemplos	Princípios e Inferno	Princípios e Linux
1	√	√	√	√
2	•	√		
3			√	
4				√
5	√	√	√	√
6	•	√		
7			√	
8				√
9	√	√	√	√
10	•	√		
11			√	
12				√
13	√	√	√	√
14	•	√		
15			√	
16				√
17	√	√	√	√
18	•	√		
19			√	
20				√
21	√	√	√	√
22	√	√	√	√

√ : Capítulo coberto.

• : Tópicos selecionados cobertos no capítulo.

Recursos do livro

Cada divisão do livro apresenta um tópico sob várias perspectivas: princípios gerais, exemplos de aplicações e detalhes de projeto, e implementação dos sistemas Inferno e Linux. Os capítulos de princípios gerais incluem muitos recursos básicos. Técnicas são apresentadas na forma de algoritmos semiformais adequados à implementação. Esses algoritmos são distinguidos tipograficamente. Em muitos casos, as técnicas são detalhadas em exemplos, também com formatação distinta. Por fim, esses capítulos incluem diversas observações históricas para ajudar a estabelecer o contexto. Nos capítulos que apresentam discussões detalhadas sobre os sistemas Inferno e Linux, são enfocadas partes relativamente pequenas do kernel para descrever os princípios e as técnicas cobertos nos capítulos de princípios. Cada função apresentada é dividida em pequenos fragmentos, e estes são detalhados individualmente. O resultado é um estudo pormenorizado de alguns dos elementos principais do kernel em questão. Esses capítulos também incluem exercícios, exigindo que os estudantes "ponham as mãos na massa" para fazer alterações nos sistemas Inferno e Linux. Além desses recursos gerais, são discutidos os tópicos principais a seguir:

- *Capítulo 1*: Fundamentação, história, organização, bootstrap e chamadas ao sistema;

- *Capítulos 3 e 4*: História dos sistemas Inferno e Linux, estrutura, inicialização e chamadas ao sistema;

- *Capítulo 5*: Representação de processos, escalonamento de processos, troca de contexto, exclusão mútua e deadlock;

- *Capítulos 7 e 8*: Representação de processos, criação e escalonamento nos sistemas Inferno e Linux, incluindo o novo escalonador $O(1)$ do Linux;

- *Capítulo 9*: Técnicas de tradução de endereço, técnicas de alocação de tamanho variável (incluindo um exemplo comparativo), swapping e paginação;

- *Capítulo 11*: Alocação de pool/bloco e coleta de lixo no Inferno;

- *Capítulo 12*: Alocação de zona/slab, tabelas de páginas e falhas de página no Linux;

- *Capítulo 13*: Visão geral do hardware de E/S, técnicas de controle de dispositivos e técnicas de gerenciamento de dispositivos selecionados;

- *Capítulo 15*: Estrutura de drivers de dispositivo, driver de porta paralela, driver de teclado e driver de disco IDE no Inferno

- *Capítulo 16*: Tratador de interrupções de duas metades, driver de porta paralela e driver de disquete no Linux;

- *Capítulo 17*: Espaços de nomes, técnicas de gerenciamento de armazenamento e sistemas de arquivos em diário;

- *Capítulo 19*: Projeto de servidor de arquivos do Inferno, o protocolo Styx e o sistema de arquivos kfs;

XVIII ■ Princípios de sistemas operacionais

- *Capítulo 20*: O Sistema de Arquivos Virtual do Linux e o sistema de arquivos EXT3;
- *Capítulo 21*: Técnicas básicas de segurança e ameaças, o Livro Laranja, criptografia e os anéis de proteção do Multics;
- *Capítulo 22*: Compartilhamento de recursos, operação síncrona, clusters, grades, clocks distribuídos e algoritmos de eleição.

Exemplos de sistemas operacionais

Os dois sistemas operacionais discutidos de modo detalhado neste livro oferecem suas próprias vantagens. O sistema operacional Inferno é relativamente pequeno, o que facilita o entendimento de seus detalhes. Esse sistema também é um dos poucos projetados para execução não apenas como sistema operacional nativo convencional, mas também como uma aplicação para execução sobre um sistema operacional hospedeiro. Essa característica de sistema hospedado permite aos alunos efetuar com grande facilidade a instalação do SO em sua própria máquina. Isso também simplifica o processo de teste de novas versões, quando os alunos depuram os programas em suas tarefas. Por outro lado, o sistema Linux é muito familiar – muito mais que o sistema Inferno. Como consequência, estudá-lo oferece aos alunos uma experiência prática mais direta e fornece exemplos de algumas das mais complexas técnicas não encontradas no sistema Inferno.

A versão do sistema Inferno utilizada neste livro é a de 10 de maio de 2007. A versão mais recente pode ser obtida no website da Vita Nuova, *http://www.vitanuova.com*. O histórico de desenvolvimento atual e revisão recente podem ser encontrados no website de hospedagem de códigos do Google em *http://code.google.com/p/inferno-os/*. O processo de compilação e execução do Inferno é discutido nos apêndices.

Neste material, a versão do kernel Linux utilizada é a 2.6.18. O website principal tanto para a versão atual como para as versões anteriores do kernel Linux está no endereço *http://www.kernel.org*. Duas excelentes fontes de informações sobre a criação de um kernel Linux podem ser encontradas em "Linux Kernel HOWTO", por Brian Ward, e "Kernel Rebuild Guide", por Kwan Lowe.

Alguns dos códigos-fonte dos exemplos nos Capítulos 2, 6, 10, 14 e 18 também estão disponíveis na Web. O código-fonte completo do sistema operacional CTSS pode ser encontrado em *http://www.piercefuller.com/library/ctss.html*. Algumas partes do código-fonte do Multics podem ser encontradas em *http://www.multicians.org*. Versões antigas do UNIX, inclusive a sexta edição, podem ser encontradas em *http://www.tuhs.org*. A versão 4.3BSD do UNIX é mantida pela International Free Computing Task Force (IFCTF) como 4.3BSD-Quasijarus. A home page deste projeto está no endereço *http://ifctfvax.harhan.org/Quasijarus*, na qual as atualizações, além das versões antigas, estão disponíveis. O recurso principal para o TinyOS está em *http://www.tinyos.net*. Finalmente, a home page do monitor de máquina virtual Xen está no endereço *http://www.cl.cam.ac.uk/research/srg/netos/xen*.

Formatação dos códigos-fonte

Os fragmentos de código-fonte neste livro são formatados por meio do sistema de documentação estruturada CWEB de Knuth e Levy. As palavras-chave e os tipos de dados têm composição tipográfica em negrito. Os identificadores que não possuem todos os caracteres maiúsculos têm composição em itálico; os identificadores em que todos os caracteres são maiúsculos têm composição em fonte de espaçamento constante. Vários dos operadores da linguagem C são sequências de múltiplos caracteres do conjunto de caracteres ASCII. Quando apresentados neste trabalho, alguns deles são substituídos por símbolos matemáticos comuns, que, em alguns casos, expressam o significado de modo mais direto. A correspondência entre os operadores C em ASCII e os símbolos com composição tipográfica própria utilizados neste texto está indicada na tabela a seguir:

ASCII	Símbolo
->	$\rightarrow$
NULL	Λ
~	$\sim$
^	$\oplus$
==	$\equiv$
!=	$\neq$
>=	$\geqslant$
<=	$\leqslant$
!	$\neg$
&&	$\wedge$
||	$\vee$
>>	$\gg$
<<	$\ll$

Além dessas convenções, o CWEB formata constantes octais e hexadecimais de modo diferente. Uma constante octal expressa como 0123 em ASCII tem a composição tipográfica $^\circ 123$, e a constante hexadecimal 0x123 tem a composição $^\#123$.

Pode parecer estranho a nossa representação impressa não aparecer na mesma forma que a da entrada do compilador, que é digitada em um editor de textos. Apesar de atualmente esse tipo de diferença não ocorrer com frequência fora dos sistemas WEB e CWEB, sua tradição é antiga. Várias linguagens permitiram a variação dos caracteres utilizados em operadores, pois nem todas as instalações utilizavam os mesmos conjuntos de caracteres. Alguns ambientes tinham conjuntos de caracteres muito limitados – alguns nem mesmo incluíam letras minúsculas. Outros tinham conjuntos de caracteres extremamente variados, permitindo ao programador digitar diretamente símbolos matemáticos, tais como os utilizados neste texto para "diferente", "menor ou igual" e "maior ou igual". A própria linguagem C define trigramas para permitir sua utilização em ambientes que não incluem todos os caracteres necessários. Ademais, normalmente, um código publicado tem uma aparência diferenciada, assim como um texto com composição tipográfica própria é diferente de um texto datilografado. Considerando esse fato, a Algol 68 formalizou a diferença entre a forma publicada, chamada linguagem estrita, e a forma de entrada do compilador, chamada linguagem de referência. É interessante observar que a linguagem Algol foi uma das que influenciaram o projeto da linguagem C e que as práticas de composição tipográfica utilizadas para a Algol influenciaram o desenvolvimento do sistema WEB por Knuth. As duas linhas de influência convergiram para o sistema CWEB, cuja representação impressa é utilizada neste livro.

Agradecimentos

Nenhum trabalho com a magnitude deste projeto pode ser concluído sem ajuda. O apoio, o encorajamento e a ajuda de várias pessoas foram inestimáveis. Em princípio, gostaria de agradecer a minha esposa Mary e minha filha Rachel, que toleraram inúmeras noites assoladas por minha frustração e ausência. Apesar de tudo, elas nunca deixaram de acreditar em mim ou neste projeto. Enquanto eu redigia, elas assumiram todas as responsabilidades. O interesse e o apoio dos outros parentes e dos amigos também foram uma fonte muito oportuna de motivação.

Sou grato a meus colegas, no FedEx e na Universidade de Memphis. Não importa o quanto um autor se esforce para gerenciar o tempo (pelo menos no *meu* caso), escrever um livro como este afeta outras responsabilidades. Em particular, gostaria de expressar minha gratidão a Miley Ainsworth do FedEx Labs por sua ajuda neste projeto. Também gostaria de agradecer a meu colega na FedEx, Tim Gregory, por seus esclarecimentos sobre o TinyOS e pela revisão do que escrevi sobre esse sistema.

Agradeço a todos os meus alunos do curso de sistemas operacionais nos últimos anos. Eles foram minhas cobaias para o teste deste material e tiveram de enfrentar rascunhos parciais, problemas de tipografia e a péssima gramática. Não obstante, muitos expressaram apoio e encorajamento em relação ao projeto. Entre os que forneceram um feedback valioso estão Bob Bradley, Jim Greer, Taliesin Penfound e Debbie Travis.

Também me correspondi com vários membros da comunidade de estudiosos de sistemas operacionais, que forneceram valiosa assistência e feedback. São eles: Charles Forsyth, da Vita Nuova Holdings Ltd.; Tom Van Vleck, ex-membro da equipe de desenvolvimento da Multics e mantenedor do website multicians.org; Stephen Hoffman, do grupo HP OpenVMS; Digby Tarvin, da Universidade de New South Wales. Também gostaria de agradecer a Jim Aman, da Universidade Saint Xavier, Charles Anderson, da Universidade Western Oregon, Bob Bradley, da Universidade de Tennessee em Martin, Thomas Liu, da Universidade da cidade de New Jersey, Chung-Horng Lung, da Universidade Carleton, Jon Weissman, da Universidade de

Minnesota e Dongyan Xu, da Universidade Purdue. Suas criteriosas revisões dos primeiros rascunhos levaram a melhorias importantes neste material.

Finalmente, quero expressar minha gratidão a todos da Course Technology. Não há como relacionar todos os que contribuíram para este projeto. Entretanto, alguns nomes devem ser mencionados. Inicialmente, agradeço a Mary Franz, a primeira pessoa a reconhecer o potencial deste livro e ajudar nas primeiras etapas do processo. Três pessoas estiveram presentes, trabalhando comigo durante todo o desenvolvimento do projeto. Sou profundamente grato a Alyssa Pratt, Jim Markham e Matt Hutchinson por tudo que fizeram para tornar este livro possível. A contribuição e o envolvimento de todos melhoraram o material. Quaisquer falhas que tenham persistido são de minha responsabilidade. É impossível expressar plenamente minha gratidão a todos pelo apoio que tornou este projeto uma realidade.

Brian L. Stuart

No site da Cengage (www.cengage.com.br) há material de apoio com slides, uma importante ferramenta no dia a dia do aprendizado. O material de apoio é uma cortesia para professores que adotam a obra e a indicam na ementa do curso.

Capítulo 1

Introdução a sistemas operacionais

Em qualquer nível todo software de computador precisa ter uma interface com o hardware no qual está sendo executado. Ele deve usar a unidade central de processamento (CPU, do inglês Central Processing Unit) e a memória de modo seguro e eficiente, e deve controlar dispositivos de entrada/saída (E/S) a fim de efetuar a entrada dos dados e a saída dos resultados. A maioria das aplicações, porém, não tenta fazer esse controle diretamente. Em vez disso, é escrita para operar com software subjacente adicional que é responsável pelo gerenciamento do hardware. Esse software subjacente é o **sistema operacional**.

O estudo de sistemas operacionais é o estudo do software que controla diretamente o hardware e fornece uma infraestrutura para outros softwares. É o estudo do software de base do qual a maioria das aplicações depende. É, também, o estudo do ambiente no qual e para o qual as aplicações são escritas. Assim, o estudo de sistemas operacionais é um dos tópicos fundamentais mais importantes da ciência da computação.

Visto que o sistema operacional é executado diretamente no hardware sem software de suporte adicional, o estudo de sistemas operacionais também fornece uma boa fundamentação teórica para os **sistemas embarcados**. Os sistemas embarcados incluem uma grande variedade de aplicações, desde computadores de controle de ignição automotiva passando por termostatos eletrônicos até bombas médicas IV.[1] Muitas das mesmas técnicas usadas em aplicações embarcadas também são utilizadas em sistemas operacionais.

Ao começarmos nosso estudo de sistemas operacionais, neste capítulo, examinaremos boa parte dos fundamentos e das questões que envolvem os sistemas operacionais como um todo. Primeiro, definiremos o que é um sistema operacional e identificaremos o que ele faz. Veremos também o desenvolvimento dos sistemas operacionais ao longo da história da computação. Os próximos tópicos principais tratam da questão de como organizamos e estruturamos um sistema operacional, seguido por um estudo de como um sistema operacional é carregado na memória

---

[1] Abreviação de "IntraVenosa". (N.R.T.)

1.1 O que é um sistema operacional?

A fim de estruturar nosso estudo sobre os princípios dos sistemas operacionais (SOs), precisamos fazer a pergunta: "O que exatamente é um sistema operacional?". Muitas vezes, os fornecedores de sistema operacional chamam tudo que está incluído em sua mídia de distribuição como seu sistema operacional. Mas essa é uma definição um pouco inadequada para nossos propósitos. Afinal, as imagens, os arquivos de som e os programas da aplicação não fazem parte do sistema operacional em si e estão sujeitos às suas próprias áreas de estudo.

Na outra extremidade do espectro, o título de sistema operacional às vezes é restrito a um programa executado em hardware puro, sem nenhum software de suporte. Esse programa, muitas vezes chamado **kernel**, **monitor** ou **supervisor**, não fornece todas as funções de um sistema operacional em muitos sistemas. Contudo, como mencionado neste livro, há vários sistemas operacionais nos quais boa parte das funcionalidades tradicionais é fornecida por programas auxiliares.

Parece que qualquer tentativa de definir um sistema operacional em termos de como é embalado ou construído está destinada ao fracasso. Assim, nós o definiremos em termos do que ele faz. Especificamente, identificamos as seguintes funções e objetivos principais:

- O sistema operacional gerencia o compartilhamento de recursos entre entidades concorrentes.
- O sistema operacional fornece vários serviços comuns que tornam as aplicações mais fáceis de escrever.
- O sistema operacional serve como interface entre os programas da aplicação e o hardware.

Com essas ideias em mente, definimos o sistema operacional como segue:

> Um sistema operacional é um conjunto de um ou mais programas que fornece um conjunto de serviços, o qual cria uma interface entre aplicações e o hardware do computador e que aloca e gerencia recursos compartilhados entre múltiplos processos.

As três funções e objetivos principais do sistema operacional listados anteriormente sugerem três perspectivas correspondentes sobre o seu papel. Nas Seções 1.1.1 a 1.1.3, analisaremos essas três perspectivas sobre o conceito e o papel do sistema operacional, que são derivadas dessas três funções e objetivos. Veja-as da mesma maneira que vemos uma pessoa que "usa chapéus diferentes". Na verdade, ao longo deste livro, analisaremos as funções do sistema operacional a partir de cada uma dessas perspectivas em várias ocasiões.

1.1.1 Gerenciador de recursos

O modo clássico de encarar um sistema operacional é como **gerenciador de recursos**. Desse ponto de vista, o sistema operacional é responsável pelo hardware do sistema. Nesse papel, ele recebe solicitações de acesso a recursos por parte das aplicações e concede ou nega tais acessos. Ao conceder solicitações de alocação, ele deve alocar com cuidado os recursos de modo que os programas não interfiram uns com os outros.

Por exemplo, é uma péssima ideia permitir que os programas tenham acesso sem restrição à memória uns dos outros. Se um programa com defeito (ou malicioso) escrever no espaço de memória de outro programa, o segundo programa travará, na melhor das hipóteses, ou produzirá resultados incorretos, na pior das hipóteses. Pior ainda, se o programa ofensivo modificar a memória do sistema operacional, poderá afetar o comportamento de todo o sistema.

Quando falamos do sistema operacional como um gerenciador de recursos, pensamos nele como a figura da autoridade do sistema. Até dizemos que os programas são executados *sob* um sistema operacional. (Esse ponto de vista foi ilustrado de forma dramática no filme *Tron*. Naquele filme, o Programa de Controle Mestre, MCP (do inglês, Master Control Program), operava como um governo despótico que impedia a liberdade dos programas heroicos. A denominação desse programa não é acidental; MCP foi o nome do sistema operacional, lançado em 1962, para alguns modelos de computador fabricados pela Burroughs.)

1.1.2 Provedor de serviços

Podemos imaginar que o ponto de vista do gerenciador de recursos representa o ponto de vista do proprietário do sistema, que deseja se certificar de que os recursos sejam usados de forma efetiva. Por outro lado, podemos encarar as coisas do ponto de vista da aplicação (ou do programador da aplicação). Por essa perspectiva, queremos que o sistema operacional ofereça uma ótima coleção de serviços que facilite as tarefas da aplicação. Esperamos, especialmente, que a maior parte dos detalhes sobre acesso a dispositivos de E/S, alocação de memória e similares seja cuidada pelo sistema operacional. Quando pensamos no sistema operacional pela perspectiva do provedor de serviços, muitas vezes falamos dos programas a serem executados *sobre o* sistema operacional.

1.1.3 Máquina virtual

A última perspectiva que examinaremos é a de **máquina virtual**. Essa perspectiva vem da nossa observação do sistema operacional como interface entre a aplicação e o hardware. Entendemos a ideia básica disso imaginando o programa da aplicação olhando para baixo, para o sistema operacional e para o hardware. A aplicação não sabe a diferença entre o computador com um hardware muito simples e poucos recursos e um computador com hardware muito complexo e muitos recursos se o sistema operacional fornecer os mesmos recursos em ambos os casos. Em outras palavras, no que diz respeito à aplicação, a combinação de hardware e sistema operacional é o "computador" no qual ele é executado. Na Seção 1.4, veremos um modo específico de projetar um sistema operacional que chamamos **sistema operacional de máquina virtual**, que toma essa perspectiva para sua conclusão lógica. (Para complicar um pouco mais, ainda há outro uso comum do termo máquina virtual, que se refere a uma máquina que é simulada de forma que cada instrução é interpretada pelo hospedeiro no qual ela é executada. Às vezes, traduzimos as instruções virtuais em instruções nativas em tempo de execução. Isso é chamado compilação *just-in-time*. A vantagem desse tipo de máquina virtual é a portabilidade. Podemos compilar programas para o conjunto de instruções simuladas e depois executá-los em qualquer lugar onde haja um interpretador ou máquina virtual. Esse conceito foi usado em vários sistemas, desde o P-code do UCSD Pascal nos anos 1970 até a mais moderna Máquina Virtual Java (JVM, do inglês, Java Virtual Machine) e a máquina virtual Dis.)

1.2 Áreas de responsabilidade do sistema operacional

Independentemente da perspectiva pela qual o encaramos, o sistema operacional (SO) tem de lidar com uma variedade de recursos. A maior parte deste livro está organizada tendo como base essas responsabilidades.

Dos itens descritos nesta seção, os primeiros cinco (processos, memória, dispositivos de E/S, sistemas de arquivos e segurança) são tratados em detalhes em capítulos subsequentes. Ao analisarmos essas áreas de responsabilidade, faremos isso a partir das várias perspectivas que mencionamos na seção anterior.

1.2.1 Processos

O recurso mais óbvio que precisa ser gerenciado e usado de forma efetiva é a CPU. A dificuldade é que o próprio recurso que precisamos gerenciar é o que executa o código do próprio sistema operacional. Em outras palavras, a CPU é a entidade ativa em seu próprio gerenciamento e alocação. Além disso, visto que, em geral, há apenas uma CPU (ou no máximo algumas), gerenciá-la não é uma questão de alocar os recursos físicos exclusivamente para executar programas. Em vez disso, gerenciamos a CPU em termos de alocação de frações do seu tempo entre programas executados concorrentemente.

Ao gerenciar o recurso CPU, em geral, trabalhamos em termos de programas em execução. Chamamos esses programas em execução de **processos**. Para dar suporte aos processos, o sistema operacional, em geral, fornece serviços, incluindo os seguintes:

- criação de processo;
- destruição de processo;

- alteração da prioridade do processo;
- mecanismos de comunicação interprocessos;
- muitas vezes, mecanismos de sincronização de processos.

Na maioria dos casos, esses serviços são usados por um processo para agir sobre outro. Contudo, em alguns casos, um processo pode chamar um serviço para agir sobre si mesmo. Por exemplo, quando um processo é concluído, ele pode chamar o serviço de destruição de processo para remover a si mesmo. Internamente, o sistema operacional é responsável pelo **escalonamento** e pela **troca de contexto**. O escalonador é o mecanismo pelo qual o sistema operacional escolhe qual será o próximo processo a ser executado. A operação de transferência de controle da CPU de um processo para outro é o que chamamos troca de contexto.

1.2.2 Memória

Por várias razões, seria de esperar que gerenciar o espaço de memória fosse uma das responsabilidades mais simples do sistema operacional. Contudo, a experiência tem mostrado que o desempenho do sistema provavelmente depende mais do comportamento do subsistema de gerenciamento de memória do que de qualquer outro. Em essência, o gerenciamento de memória tem a ver, principalmente, com o atendimento a solicitações de alocação e liberação de memória. Naturalmente, para atender a essas solicitações, o sistema operacional deve assegurar que os processos não interfiram uns com os outros e que o espaço de memória não seja desperdiçado. Essas responsabilidades formam a base do conjunto típico de serviços de gerenciamento de memória, tais como:

- solicitar memória adicional diretamente;
- solicitar memória indiretamente (por exemplo, ao criar um novo processo);
- liberar memória de volta para o SO;
- solicitar áreas de memória para serem compartilhadas entre processos.

Como ocorre no caso do gerenciamento de processo, há uma responsabilidade oculta significativa para o gerenciador de memória. Em especial, na maioria dos ambientes, queremos satisfazer as solicitações de memória além do que está fisicamente instalado na máquina. Fornecer suporte para esse tipo de superalocação (muitas vezes chamada **memória virtual**) é uma parte grande e típica do gerenciador de memória do sistema operacional.

1.2.3 Dispositivos de E/S

Uma das funções primárias de um sistema operacional é fornecer serviços que simplifiquem o desenvolvimento de aplicações. Em nenhuma parte isso é mais evidente do que na área de programação de E/S. Se cada programa da aplicação tivesse que cuidar dos mínimos detalhes de cada dispositivo de E/S que usasse, a programação de aplicações seria muito mais suscetível ao erro do que é. Além disso, os dispositivos de E/S muitas vezes são compartilhados entre vários processos. Por exemplo, quase toda aplicação executada em um sistema precisa de dispositivos de armazenamento em massa, como unidades de disco. Esse compartilhamento complica as interações entre o programa e os dispositivos que ele usa. Naturalmente, atribuímos a responsabilidade de evitar problemas ao sistema operacional.

Ao gerenciar os dispositivos de E/S, em geral, fornecemos vários serviços aos processos. Esses serviços costumam incluir:

- abrir um dispositivo ou associá-lo a um processo;
- ler dados de um dispositivo;
- gravar dados em um dispositivo;
- fechar e liberar um dispositivo;
- fornecer acesso exclusivo a dispositivos apropriados;
- fornecer várias funções especiais, como rebobinar fitas e configurar a taxa de bauds de linhas seriais.

Com frequência, usamos os dispositivos de E/S como parte de outras funções do SO. Por exemplo, a ilusão de um grande espaço de memória costuma ser fornecida usando espaço em um dispositivo de armazenamento para guardar os dados usados com menos frequência. De modo similar, se quisermos iniciar um processo executando um novo programa, devemos ler o código binário daquele programa a partir de algum dispositivo.

1.2.4 Sistemas de arquivos

Outra área em que usamos dispositivos de E/S para dar suporte a outras funções é a de **sistemas de arquivos**. De fato, na maioria das aplicações, o uso principal dos dispositivos de E/S serve para armazenar e recuperar dados persistentes identificados que costumamos chamar de arquivos. Na maior parte, o sistema de arquivos suporta um conjunto de solicitações similar ao subsistema de dispositivos de E/S:

- abrir um arquivo;
- leitura de um arquivo;
- gravar em um arquivo;
- fechar um arquivo;
- procurar um local aleatório dentro do arquivo;
- ler metadados de arquivo (por exemplo, nome do arquivo, tamanho, propriedade, códigos de proteção etc.);
- modificar metadados selecionados.

No Capítulo 17, veremos que, a fim de dar suporte a essas solicitações, o sistema de arquivos também precisa prestar o serviço de converter os nomes em localizações de dados. Ali, definimos também a ideia de **espaço de nomes** como o conjunto de nomes que um processo pode acessar. Na verdade, à medida que os sistemas operacionais se desenvolveram, o gerenciamento de espaço de nomes tornou-se um elemento-chave no projeto e organização dos sistemas operacionais.

1.2.5 Segurança

Praticamente todas as outras áreas de responsabilidade do sistema operacional têm a ver com seus elementos de segurança. O SO não pode permitir que qualquer processo encerre outro. Como já mencionamos, devemos ter o cuidado de assegurar que os processos não gravem indiscriminadamente no espaço de memória uns dos outros. De modo similar, solicitações para acessar dispositivos de E/S e arquivos devem ser filtradas por meio de checagens de propriedade e permissão. Essas medidas são implementadas visando cumprir políticas de segurança de modo transparente às aplicações. Os programas fazem solicitações ao SO, e este determina se eles têm permissão ou não. Alguns novos desenvolvimentos muito interessantes no campo da segurança estão na área de redes. Com a rápida proliferação da internet no mundo todo, a necessidade de autenticação rígida de solicitações de rede assume cada vez mais importância. Por fim, há medidas adicionais de segurança usadas em várias aplicações administrativas. Isso inclui tarefas como varrer o sistema à procura de vulnerabilidades conhecidas, checar o sistema quanto ao acesso não autorizado, verificar a segurança de software de terceiros e assim por diante. Além desses mecanismos internos que operam em segundo plano, as aplicações podem solicitar serviços como:

- configurar políticas de segurança;
- procurar políticas de segurança;
- autenticar-se em um sistema remoto;
- atender a uma autenticação de sistema remoto;
- criptografar e decriptografar mensagens, em especial aquelas transmitidas na rede.

Fora do alcance das aplicações, o SO age como porteiro. Quando um processo solicita um serviço de qualquer um de seus subsistemas, o sistema operacional checa se ele tem permissão ou não para esse serviço. Se tiver, a solicitação é concedida; se não, é negada.

1.2.6 Redes

De muitas formas, o suporte à rede é outra função do subsistema de E/S, além daquelas de movimentação de dados para dentro e para fora do sistema; porém o sistema operacional normalmente implementa pilhas de protocolos. É bastante comum que os protocolos de rede sejam projetados em várias camadas, cada uma das quais encapsulando a outra. Por exemplo, a comunicação usando um conjunto de protocolos TCP/IP via interface Ethernet em geral envolve quatro protocolos, conforme ilustrado no seguinte exemplo.

8 ■ Princípios de sistemas operacionais

Exemplo 1.1: Protocolos de rede

Neste exemplo, imagine um navegador web fazendo uma solicitação de um arquivo por meio do Protocolo de Transferência de Hipertexto (HTTP, do inglês Hypertext Transfer Protocol). Usando esse protocolo do nível da aplicação, o cliente (navegador) pode enviar uma mensagem do tipo "GET / HTTP/1.0\r\n\r\n" ao tentar buscar a URL *http://www.google.com*. Essa mensagem da aplicação é então encapsulada em um ou mais segmentos do Protocolo de Controle de Transmissão (TCP, do inglês Transmission Control Protocol). Cada segmento TCP tem um cabeçalho que contém informações usadas para preservar a integridade da série de mensagens, seguido pelos dados que ele contém. Os segmentos TCP são, por sua vez, encapsulados em um ou mais datagramas do Protocolo Internet (IP, do inglês Internet Protocol). Como ocorre nos segmentos TCP, os datagramas IP têm um cabeçalho, o que assegura que o datagrama chegue ao destino correto sem ser corrompido, seguido pelos dados. Por fim, os datagramas IP são encapsulados novamente em quadros (frames) Ethernet. Cada quadro Ethernet tem cabeçalho e cauda. A transmissão geral se parece com o que é apresentado na Figura 1-1.

Cabeçalho Ethernet	Cabeçalho IP	Cabeçalho TCP	GET / HTTP/1.0\r\n\r\n	Cauda Ethernet

Figura 1-1: Exemplo de encapsulamento de protocolo de rede

Assim como na programação de E/S, faz sentido deixar o sistema operacional assumir a responsabilidade por esses protocolos. Da perspectiva da aplicação, os serviços de rede incluem:

- estabelecer uma conexão com um serviço remoto;
- atender conexões de um cliente remoto;
- enviar mensagens para um sistema remoto;
- receber mensagens de um sistema remoto;
- fechar uma conexão com um sistema remoto.

1.2.7 Interfaces com o usuário

A última área de responsabilidade que analisaremos é a **interface com o usuário**. Embora alguns projetos tenham integrado a interface com o usuário ao sistema operacional, a maioria dos projetos modernos a estruturam como processos de uma aplicação normal. Essa é parte da justificativa do porquê não tentaremos examinar em detalhes as interfaces com o usuário neste livro. A outra razão é que, ao lidar com os usuários, as coisas costumam ser mais complicadas do que ao lidar com hardware e outras responsabilidades do SO. Em resultado disso, a área de interfaces com o usuário é um assunto bastante amplo por si só.

1.3 A história dos sistemas operacionais

A história dos sistemas operacionais é a história de duas tendências do seu desenvolvimento. A primeira tendência é a evolução do sistema operacional como uma coleção de mecanismos díspares para o sistema operacional organizado ao redor de princípios unificadores. Embora as áreas de responsabilidade do SO pareçam muito diferentes, a pesquisa em sistemas operacionais tem identificado vários conceitos pelos quais eles podem ser unificados.

A segunda grande tendência trata do modelo conceitual de uso do computador. Como vemos por toda esta seção, os sistemas computacionais eram vistos originalmente como se fossem feitos para um único usuário executar um único programa em uma única máquina. Essa perspectiva pode ser conceituada por meio do triângulo apresentado na Figura 1-2. Embora cada geração da computação pareça começar com esse modelo em mente, sempre descobrimos que precisamos acrescentar funcionalidades para permitir que múltiplos usuários executem múltiplos programas e interajam com múltiplos computadores.

Figura 1-2: Triângulo de "Uns"

1.3.1 Metal puro

Os protocomputadores e os primeiros computadores foram desenvolvidos com a ideia de serem usados por uma pessoa a cada vez para resolver um problema por vez. Essas máquinas únicas e antigas, máquinas de produção de pequeno volume, foram construídas no fim dos anos 1930 até o início dos 1950. Mas não demorou muito até que muitas pessoas encontrassem utilidade para essas máquinas. Assim, aconteceu o que seria de se esperar. Quem administrava essas máquinas começou a escalonar seu uso. Era comum ser postado um formulário de inscrição para uma semana com os horários divididos em períodos de uma hora. Um usuário individual talvez só tivesse permissão de se inscrever para dois ou três períodos por semana.

Aos nossos ouvidos modernos, isso talvez soe como um modo difícil de trabalhar. Isso se deve, em parte, porque era mesmo um modo difícil de trabalhar e, em parte, porque a prática de projeto e depuração distante do computador, desapareceu em um mundo de depuradores gráficos e compilação rápida e fácil. Contudo, em um mundo em que as máquinas eram raras e caras, essa era uma

10 ■ Princípios de sistemas operacionais

forma de uso efetivo das máquinas e os programadores não tinham muita escolha a não ser aceitar isso.

Os sistemas daquele tempo não tinham sistema operacional como o conhecemos hoje. Contudo, as sementes do sistema operacional já começavam a aparecer. Mesmo nas máquinas mais antigas, era bastante comum o laboratório desenvolver bibliotecas de fragmentos de código, formando o primeiro exemplo de reutilização de código. Usando essas bibliotecas, os programadores não precisavam reescrever rotinas para computar raiz quadrada ou controlar uma unidade de fita para cada nova aplicação. Fica óbvio o modo como essas bibliotecas inspiraram os aspectos de prestação de serviços dos sistemas operacionais atuais.

1.3.2 Sistema operacional em batch

Há um grande problema com o escalonamento descrito na subseção anterior. Lembre-se de que essas máquinas eram muito caras e raras. Com isso em mente, considere como os programadores passavam a maior parte do tempo. A maioria de nós passa o tempo de olho em uma tela tentando descobrir o que deu errado. Portanto, a conclusão é que, em muitas dessas horas programadas, a CPU estava inativa e a máquina cara ficava inoperante pela maior parte daquele tempo. Os primeiros sistemas operacionais reais foram desenvolvidos nos anos 1950 para atender a esse uso não efetivo. A fim de usar a máquina de forma mais efetiva, os usuários tinham que estar separados da máquina para que o tempo de depuração não a impedisse de fazer trabalho útil para outros usuários.

Nota histórica: ENIAC

Um dos exemplos mais extremos de uma máquina que podia trabalhar em apenas um problema por vez era o Electronic Numerical Integrator and Computer (ENIAC). De fato, essa máquina, que entrou em operação em 1945, precisava de ajustes na fiação para mudar o problema a ser resolvido. Isso acontecia em seu projeto inicial. Em 1947, uma técnica que exigia modificação relativamente menor na máquina foi desenvolvida para permitir que o programa fosse inserido no painel de chaves projetado originalmente para armazenar constantes numéricas. Esse aprimoramento reduziu o tempo de especificação do problema de talvez vários dias para algumas horas. O ENIAC continuou em operação até 1955, quando foi aposentado.

Até hoje esse tipo de operação não interativa faz sentido em algumas áreas. Os exemplos incluem a execução periódica da folha de pagamento, faturamento, correspondência para associação de grupo, e assim por diante. A ideia básica é que o usuário submeta um job ao sistema e volte mais tarde para obter o resultado. Grupos de jobs são reunidos em lotes (batch) e cada job é executado até a conclusão, antes de se passar para o próximo. Em alguns dos primeiros sistemas em batch, os jobs eram submetidos como um conjunto de cartões perfurados entregues a um operador no centro de computação ou talvez alimentados em um leitor de cartão pelo usuário. Em aplicações mais modernas dessa técnica, os jobs podem ser submetidos a partir de algum tipo de sessão interativa, mas ainda são executados como parte de um lote.

Os sistemas operacionais que operam nesse modo são chamados de **sistemas operacionais em batch**.

Em algumas instalações, grupos de jobs são recebidos por um computador pequeno e colocados em uma fita para serem processados pelo computador principal. Nesses casos, também é comum que a saída do computador principal seja gravada em fita, que é, então, lida por outro computador pequeno, o qual imprime os resultados. Essas saídas impressas são depois colocadas em bandejas de saída para que os usuários as apanhem.

Ao desenvolver esses sistemas operacionais em batch, os desenvolvedores começaram a quebrar o triângulo "um usuário/um programa/um computador". O lado "um usuário" aqui foi quebrado. Mesmo que, em dado momento, o computador trabalhe a favor de apenas um usuário, muitos usuários podem estar usando a facilidade computacional geral.

1.3.3 Sistemas operacionais de compartilhamento de tempo

Como de costume, nada é de graça. Os sistemas operacionais em batch tornam mais eficiente o uso do computador pelo fato de a CPU executar trabalho útil por uma porcentagem maior de tempo. Contudo, esse benefício tem um custo. Quando as pessoas trabalham diretamente com o computador, a facilidade da interatividade promove resultados imediatos, tornando o tempo de depuração mais eficiente. Embora hoje consideremos isso óbvio, o benefício do uso interativo não era visto como valendo o custo de um uso menos eficiente da CPU na maioria dos ambientes mais antigos.

Contudo, havia alguns ambientes que faziam uso de um escalonamento manual do tempo do computador. Nesses ambientes (em geral de pesquisa), outro fenômeno surgiu em pouco tempo. Um programador que se inscrevia por uma hora, mas encontrava um obstáculo na execução, muitas vezes saía do sistema antes da sua hora acabar. Desenvolveu-se uma espécie de subcultura em que outros membros da comunidade computacional aguardavam esses momentos em que o computador estaria livre durante parte de uma hora escalonada.

No início da década de 1960, alguns pesquisadores nesses ambientes notaram que o computador era usado de forma mais eficiente quando o escalonamento e a troca de turnos ocorriam de forma mais precisa. O natural a se fazer a partir de uma observação dessas é se perguntar o que acontece se a levarmos até o limite. Na verdade, nós nos perguntamos o que aconteceria se passássemos de um programa de usuário para outro em um tempo infinitesimal entre essas trocas? Duas coisas emergem imediatamente desse questionamento. Primeiro, fica claro que um programa não pode ser executado até a sua conclusão, antes de passarmos para outro. Segundo, vemos que os usuários não podem alternar o uso de um único dispositivo de E/S para se comunicar com o sistema. Contudo, se pudéssemos resolver essas questões, teríamos um sistema em que múltiplos usuários poderiam executar múltiplos programas com a ilusão de que todos os programas estariam sendo executados simultaneamente.

Essas ideias formam a base do próximo estágio do desenvolvimento do sistema operacional. O primeiro passo é fácil. Basta replicarmos a interface com o usuário, conectando vários terminais com teclado para entrada e com impressora ou monitor de vídeo para saída. Isso atende facilmente à questão de como múltiplos usuários podem usar o sistema simultaneamente. A fim de dar a ilusão de execução simultânea do programa, nos aproximamos do modelo teórico. Em vez de tentar trocar os processos em um tempo infinitesimal, fazemos essa mudança em um intervalo rápido, mas finito. Múltiplos de um décimo de segundo entre as trocas não são incomuns. A técnica inovadora de suspender um programa em execução, salvar seu *status* e restaurar um programa salvo anteriormente a fim de repassá-lo à CPU é chamada de troca de contexto.

Esse novo tipo de sistema operacional é chamado de **sistema operacional de compartilhamento de tempo**, **sistema operacional multiprogramado** ou **sistema operacional multitarefa**. Embora apresentemos esses termos como sinônimos, eles costumam ser usados com sutis distinções de sentido. Particularmente, o termo multiprogramação é muitas vezes usado de forma mais precisa para se referir à manutenção de múltiplos programas na memória de uma só vez. Em geral, pensamos em algo andando de mãos dadas com o compartilhamento de tempo, mas não precisa ser assim. Sem a multiprogramação, o compartilhamento de tempo ainda pode ser implementado, gravando-se no disco uma captura instantânea do programa em execução em cada troca de contexto. Dessa forma, apenas um programa reside na memória por vez. Do contrário, há sistemas em batch multiprogramados, que permitem que um programa seja executado enquanto outro está aguardando por um dispositivo de E/S. Ao fornecer um mecanismo para troca entre vários processos prontos para a execução, quebramos o segundo lado do triângulo "um usuário/um programa/um computador".

1.3.4 Sistemas operacionais distribuídos

O próximo passo natural é quebrar o lado "um computador" do triângulo. Permitir que um usuário ou um programa use múltiplas CPUs ou computadores para cooperarem em um único problema é a área de atuação da computação distribuída. Os vários níveis nos quais sistemas cooperantes são tratados como um grande sistema formam o espectro de técnicas distribuídas analisado em mais detalhes no Capítulo 22. Em uma extremidade do espectro, temos os sistemas de computação em **grid**, em geral identificados por seus domínios administrativos independentes. Eles costumam ser mais distribuídos geograficamente do que outros projetos distribuídos. Esses sistemas cooperam por convenção, mas nenhum sistema pode presumir que o outro está se comportando de acordo com o planejado. Projetos distribuídos populares, como o SETI@home e o folding@home, podem ser classificados como grids. Mais ou menos no meio do espectro temos os **clusters**. Geralmente, esses sistemas são administrados como um sistema único, mas cada máquina executa seu próprio sistema operacional. Os sistemas operacionais individuais costumam estar cientes uns dos outros e esperam que todos os membros do cluster cooperem. Na outra extremidade do espectro, encontramos ambientes em que um único sistema operacional trata todas as CPUs e as memórias dos múltiplos sistemas como um conjunto único de recursos. Os sistemas operacionais escritos com o objetivo de coordenar múltiplas CPUs costumam ser chamados de **sistemas operacionais distribuídos**.

Ainda há outro tipo de suporte a múltiplas CPUs que não cai na categoria de sistemas operacionais distribuídos. Algumas máquinas têm múltiplas CPUs que compartilham uma única memória física e o mesmo conjunto de dispositivos de E/S. Chamamos esses de sistemas de multiprocessamento simétrico (SMP, do inglês symmetric multiprocessing).

Embora o projeto do sistema operacional deva considerar o escalonamento e a coordenação de múltiplos processadores, a memória compartilhada e os dispositivos de E/S diferenciam esses sistemas da categoria de sistema distribuído.

1.4 Técnicas de organização de sistemas operacionais

Como se dá com outros sistemas robustos de software, um sistema operacional deve ser projetado com cuidado. Nesta seção, veremos algumas das técnicas de organização geral comumente usadas. Ao longo desta análise, tenha em mente que, com muita frequência, os projetistas dos sistemas usam uma combinação de técnicas, mesmo que uma delas domine seu projeto.

1.4.1 Modelos monolíticos

Começaremos nossa análise de técnicas de projetos pelos modelos **monolíticos**. Embora seja tentador pensar nesse tipo de modelo como caracterizado pela falta de qualquer outra forma de organização, a verdade é que um modelo monolítico é apenas aquele organizado como um único programa. Como ocorre com qualquer programa, esse projeto deve ser feito com uma estrutura bem organizada. A maioria dos sistemas operacionais foi organizada desse modo.

1.4.2 Modelos em camadas

A seguir, analisaremos a abordagem **em camadas** para o projeto de SO. O conceito de modelo em camadas não é exclusividade dos sistemas operacionais. Muitos do melhores projetos de sistemas de software são estruturados em camadas. A ideia básica é que cada camada aumenta o nível de abstração e é amparada pelas funções fornecidas pelas camadas inferiores. Para quem encara o projeto de modo mais formal, ele pode ser feito de forma a seguir um princípio de camadas, que pode ser definido como "nenhuma função chama outra função ou usa uma estrutura de dados definida em uma camada superior". Na maioria, o uso de bibliotecas segue a abordagem em camadas.

No contexto de projeto de sistemas operacionais, o modelo em camadas pode colocar o gerenciamento de dispositivo de E/S na camada mais baixa, instalar o gerenciamento de memória em cima dele, colocar os sistemas de arquivos como terceira camada e, por fim, o gerenciamento de processos pode existir na camada superior. Essa distribuição é ilustrada na Figura 1-3. Ao irmos do hardware atravessando as camadas até as aplicações, adquirimos mais e mais funcionalidade. Em projetos realistas, a distribuição em camadas não é tão simples como no exemplo dado aqui. De fato, não é incomum que alguns subsistemas sejam divididos em partes inferior e superior que tenham outras camadas funcionais entre elas. O sistema operacional XINU, de Comer, é um bom exemplo de sistema que segue um modelo em camadas.

1.4.3 Modelos de microkernel

Vários projetistas sugerem que boa parte da funcionalidade tradicional do kernel poderia ser retirada dele e movida para outros processos gerenciados por ele. Em princípio, isso tornaria o kernel menor e mais fácil de escrever e manter. Nesse modelo, boa parte do que é feito por meio de chamadas de função em um kernel monolítico é tratada por meio de troca de mensagens em um **microkernel**. A Figura 1-4 ilustra um modelo desses.

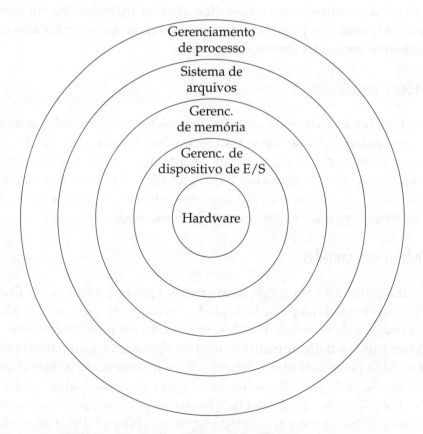

Figura 1-3: Exemplo simplificado do modelo de SO em camadas

Cada caixa acima do microkernel é implementada como um processo independente. O papel principal do microkernel é escalonar os processos e trocar mensagens entre eles.

Um efeito do modelo de microkernel é que a comunicação entre os componentes, que poderia ocorrer de outra forma, por envio de parâmetros ou por variáveis compartilhadas, é executada por meio de mensagens. Como seria de se esperar, essa característica cria maior fardo sobre o modelo do microkernel e sua implementação de troca de mensagens no que se refere à eficiência. O risco é que o esforço para criar eficiência, em um exemplo muito simples, resulte em um microkernel quase tão complexo quanto o kernel totalmente monolítico.

Outro desafio no projeto de um SO com microkernel é a questão da segurança. Queremos o máximo de funcionalidade possível operando como processos comuns. Mas, com toda essa funcionalidade, não queremos que usuários normais possam substituí-la por sua própria versão. Considere o seguinte exemplo (declaradamente artificial). Se as funções de gerenciamento de memória do SO forem implementadas como processos normais, precisaremos permitir que (pelo menos alguns) processos normais possam alocar a memória para outros processos. Como então evitamos que todos os processos normais possam fazer isso? Uma das respostas mais comuns é dar a esses processos que fornecem mecanismos ao SO um *status* especial com privilégios maiores.

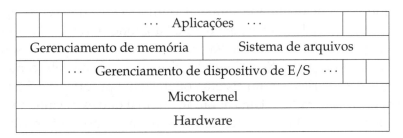

Figura 1-4: Exemplo de modelo de SO com microkernel

Alguns bons exemplos de modelos de microkernel incluem o MINIX de Tanenbaum, The Hurd (parte do ambiente GNU da Free Software Foundation) e o MACH que (entre outros usos) serve de base para o Mac OS X do Macintosh da Apple. Embora o Inferno não seja feito com microkernel, veremos exemplos de como ele também move algumas funções tradicionais para processos do usuário.

1.4.4 Modelos de máquina virtual

A Seção 1.1.3 trata do conceito de máquina virtual como forma de analisar a função de um sistema operacional. Também é possível levar essa ideia um passo além e torná-la a base do projeto do sistema operacional. Em especial, podemos usar de forma literal a ideia de fornecer a ilusão de que existe uma máquina. Essa abordagem nos leva a desenvolver um sistema operacional que dá a cada processo a ilusão de estar sendo executado totalmente sozinho na máquina. Em outras palavras, a principal função de um sistema operacional de máquina virtual é dar a ilusão de muitas cópias do hardware. Nesse ambiente, podemos, e muitas vezes fazemos isso, executar outro sistema operacional em cada máquina virtual. Novamente, como é de se esperar, fazer isso de forma eficiente é um desafio significativo. O exemplo canônico dessa abordagem é o sistema operacional VM da IBM. A Figura 1-5 ilustra essa abordagem com três sistemas operacionais "convidados" executando em um SO de máquina virtual e várias aplicações sendo executadas em cada um deles.

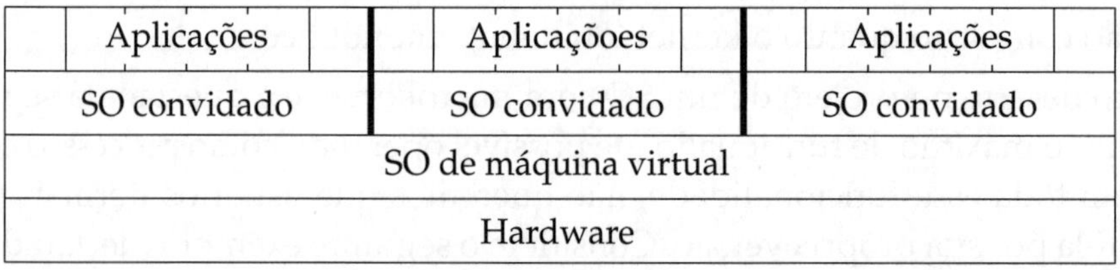

Aplicações		Aplicaçõoes		Aplicações	
SO convidado		SO convidado		SO convidado	
SO de máquina virtual					
Hardware					

Figura 1-5: Exemplo de modelo de SO de máquina virtual

Em anos recentes, surgiram vários produtos com o objetivo de permitir que o usuário execute, de maneira simultânea, mais de um SO. O produto comercial VMware suporta vários sistemas operacionais na arquitetura Intel x86. Esses sistemas operacionais podem ser executados sem modificação. O projeto de software livre Xen fornece funcionalidade similar. Contudo, exige que certas operações de baixo nível sejam portabilizadas para o Xen. Para todos os efeitos, o Xen torna-se a máquina na qual o SO é executado. Vários sistemas operacionais de software livre foram portabilizados para o Xen. Contudo, visto que apenas o fabricante pode fazer as mudanças necessárias em um sistema operacional proprietário, há poucos desses SO disponíveis para Xen. Uma abordagem final que está ganhando espaço é a emulação de um computador completo via software e a execução do SO sobre essa máquina emulada. Embora haja exemplos dessa prática há várias décadas, ela tem sido utilizada por um número maior de aplicações ao longo do tempo. Por exemplo, mesmo em um computador de baixo nível, um PDP-11 emulado é mais rápido do que os reais, feitos pela Digital Equipment Corporation (DEC). (O PDP-11 é a máquina na qual boa parte do desenvolvimento inicial do UNIX ocorreu. Foi fabricada da década de 1970 até a década de 1990.) Essa abordagem nos permite executar sistemas operacionais desenvolvidos para uma arquitetura de computador em outra. Esse emulador também pode ser usado para executar múltiplos sistemas operacionais em uma única máquina. Um dos emuladores mais interessantes em uso para executar sistemas operacionais em paralelo é o QEMU, desenvolvido por Fabrice Bellard. Ao executar código da arquitetura Intel x86 em um x86, o QEMU consegue executar a maior parte do código de forma nativa, em vez de emulá-lo. Ao fazer isso, pode fornecer boa parte da mesma funcionalidade do VMware ou do Xen, mas sem precisar de recursos especiais de hardware ou modificações no SO que está sendo executado.

1.5 Bootstrapping

Em toda a nossa análise até este ponto, deixamos de lado uma questão desafiadora. O SO só pode oferecer todos os serviços que mencionamos depois de estar carregado na memória e em execução. Contudo, alocar memória, carregar código de um dispositivo de armazenamento e iniciar a execução dele são funções que normalmente seriam executadas pelo próprio sistema operacional que precisamos carregar e começar a executar. O efeito é que temos um problema do tipo "quem surgiu primeiro: o ovo ou a galinha?". Como podemos fazer o sistema chegar a um ponto em que o sistema operacional esteja em execução antes de estar disponível para executar as funções normalmente associadas ao carregamento e à execução de um programa? Levar o sistema do hardware puro ao ponto em que temos um SO em execução é um processo que chamamos de **bootstrapping**. (O termo vem da imagem do computador erguendo a si mesmo por suas próprias abas.[2]) Embora o termo bootstrapping esteja em uso corrente atualmente, muitos fabricantes se referem a ele por outros termos, que ainda são usados nesses sistemas. Entre eles, temos: **partida a frio, partida não programada** e **carga do programa inicial** (IPL, do inglês initial program load).

Há três abordagens típicas para o problema do bootstrapping.

- Até a década de 1980, muitos computadores eram fabricados com painel frontal. Esses dispositivos permitiam que o operador ou programador tivessem acesso à CPU e à memória do sistema. Em geral, havia uma ou mais linhas de luzes (normalmente LEDs) que mostravam o estado corrente de vários barramentos e registradores. Para a entrada de dados, em geral havia uma ou mais linhas de chaves alternadas nas quais os usuários podiam determinar um endereço ou um valor de dado em binário. Em geral, o usuário podia usar o painel frontal para examinar e modificar localizações de memória e ligar ou desligar a CPU. Em projetos maiores (especialmente mais tarde), o painel frontal foi substituído por outro computador menor chamado computador-console. Esse pequeno computador dava ao usuário uma interface textual para algumas das funções que eram fornecidas pelo painel frontal.

Com esse tipo de interface, podíamos facilmente passar de um computador visto como uma massa de silício inativo para uma máquina executando um programa. Só precisávamos inserir o programa pelo painel frontal, armazená-lo na memória e daí ligar a CPU que executaria o programa. Naturalmente, inserir um programa grande em binário, uma palavra por vez, é muito entediante. Naturalmente, não carregamos todo o sistema operacional dessa forma. Em vez disso, o sistema carrega um programa pequeno que sabe apenas o suficiente para ler outro programa pequeno em um dispositivo de armazenamento. O programa do primeiro estágio costuma ser chamado carregador de boot ou bootstrap loader. O código lido no

---

[2] Em analogia as abas que ajudam a calçar uma bota, chamadas de *bootstraps*.

dispositivo de armazenamento normalmente é ele mesmo outro carregador de segundo estágio, que sabe o suficiente sobre o SO para encontrá-lo e carregá-lo.

- Em vários projetos de computador de larga escala (em especial os mais antigos), o hardware fornecia um primeiro passo fundamental. Isso ocorria principalmente com dispositivos como leitores de cartão perfurado. Muitas vezes, o hardware era capaz de carregar o conteúdo de um cartão na memória e fazer a CPU executar esse código. Como no caso de carregamento de código pelo painel frontal, colocávamos um pequeno programa de bootstrap no meio de armazenamento e ele sabia o suficiente para dar prosseguimento no próximo passo do processo.

- Para algumas instalações, o sistema incluía o código de vários carregadores de boot em uma memória somente de leitura (ROM, do inglês read-only memory) especial. Isso era especialmente comum em instalações maiores, nas quais o custo incremental de memória adicional era relativamente aceitável. Nesses sistemas, o painel frontal podia ser usado simplesmente para selecionar qual carregador de inicialização usar. O efeito era o de selecionar qual dispositivo de armazenamento seria usado para carregar o carregador de segundo estágio. Com o tempo, os custos relativos de componentes alterados e da ROM foram ficando cada vez menores do que os dos painéis frontais. Como resultado, o painel frontal ficou praticamente extinto e quase todas as máquinas passaram a ser fabricadas com código em ROM, que o computador executa desde o momento de sua reinicialização. Esse código fornece ao operador basicamente o mesmo tipo de interface fornecida pelo computador-console. (De fato, a maioria dos computadores-console passou a executar código em ROM.) O operador pode interagir diretamente com a máquina em alguns casos, mas o uso principal desse código é para carregar os carregadores de segundo estágio a partir de dispositivos de armazenamento.

Independente do método usado para o sistema entrar em execução, acabávamos executando um pequeno programa que carregava o sistema operacional a partir do disco (ou outro dispositivo de armazenamento) e fazia que ele entrasse em execução. Em alguns casos, havia carregadores intermediários adicionais. Costumamos nos referir a cada um dos programas carregadores como um estágio. Os projetos mais comuns usam carregadores de boot com dois ou três estágios. Normalmente, cada carregador faz pouca coisa para inicializar o hardware. Costumamos deixar isso para o próprio SO. Contudo, na maioria dos casos, há alguns jobs que devem ser executados para fazer o sistema chegar ao estado esperado pelo SO, e esses jobs são executados pelo código do carregador.

1.6 Chamadas ao sistema

O tópico final de que trataremos como parte desta introdução é a ligação entre as aplicações e o sistema operacional. Quase universalmente, ela se dá por meio de **chamadas ao sistema**. Conceitualmente, a chamada ao sistema é um mecanismo pelo qual um processo pode solicitar um dos serviços mencionados neste capítulo a partir do sistema operacional.

1.6.1 Exemplo de chamadas ao sistema

Embora analisemos diversos exemplos de chamadas ao sistema nos próximos capítulos, aqui estão alguns exemplos do sistema operacional UNIX:

- *fork*( ): cria um novo processo que é uma cópia do existente;
- *exit*( ): encerra o processo solicitante;
- *open*( ): abre um arquivo para leitura e/ou gravação;
- *read*( ): lê dados de um arquivo ou dispositivo;
- *write*( ): grava os dados em um arquivo ou dispositivo.

Note que cada uma dessas chamadas ao sistema corresponde a um dos serviços do sistema descritos na Seção 1.2. Como no caso de muitos sistemas, as chamadas ao sistema no UNIX são usadas do mesmo modo que as funções comuns de biblioteca. Isso é ilustrado no Exemplo 1.2.

Exemplo 1.2: Como utilizar chamadas ao sistema

A fim de ilustrar seu uso, veja uma amostra de algumas chamadas ao sistema. Vamos supor que queiramos ler o cabeçalho de um arquivo. Uma função para fazer isso, codificada em linguagem C, teria o seguinte aspecto:

```
int load_hdr(char *name, char *buf )
{
    int fd;
    fd = open(name, O_RDONLY);
    if (fd < 0)
        return(fd);
    n = read(fd, buf , HDR_SIZE);
    close(fd);
    return(n);
}
```

Nesse exemplo, começamos abrindo o arquivo para leitura. A chamada ao sistema *open*( ) retorna um descritor de arquivo (número inteiro) que podemos usar, então, para as outras chamadas relativas àquele arquivo. Na chamada ao sistema *read*( ), solicitamos que o SO copie dados de um arquivo para o espaço de memória no local indicado por *buf*. O número de bytes solicitados é dado por HDR_SIZE e *fd* identifica qual arquivo queremos ler. Na conclusão, a chamada ao sistema retorna (e nós atribuímos à variável *n*) o número de bytes realmente lidos. Se o SO detecta um erro e não consegue ler os dados, ele retorna −1 e a variável global *errno* é configurada para indicar qual erro foi detectado.

---

20 ■ Princípios de sistemas operacionais

Embora cada sistema defina suas próprias convenções, esse exemplo ilustra os recursos comuns. Primeiro, precisamos de um mecanismo para especificar quais serviços estamos solicitando. Aqui, é a chamada da função *read*() que especifica o serviço solicitado. Segundo, a maioria das solicitações exige que o processo que faz a solicitação forneça alguns parâmetros. Nesse exemplo, os parâmetros são passados (inicialmente) pelo mecanismo normal de chamada de função. Por fim, quase todas as chamadas ao sistema produzem algum resultado. No mínimo, elas produzem um *status* que indica se a solicitação foi bem-sucedida. Nesse exemplo, o resultado retorna ao processo solicitante usando o mecanismo normal de retorno de função.

1.6.2 Mecanismo de chamada ao sistema

Há várias maneiras em que o mecanismo de chamada ao sistema pode ser implementado, mas descrevemos aqui um modo típico. Note que os exemplos que demos na subseção anterior são apresentados como chamadas de função em uma linguagem de alto nível. Normalmente, o compilador não sabe qualquer coisa de especial sobre as chamadas ao sistema em contraste com as chamadas de função normais. Podemos prescindir disso porque as bibliotecas que utilizamos têm pequenas funções comuns para cada uma das chamadas ao sistema. Essas pequenas funções **stub** em geral não fazem mais do que ajustar os parâmetros da chamada ao sistema de um modo bem definido e depois passar o controle para o sistema operacional.

A transferência de controle costuma ser feita por algum tipo de instrução de interrupção de software (comumente chamada "trap"). Essas instruções especiais fazem a CPU salvar o estado corrente da máquina e transferir o controle para uma função no sistema operacional. São como um cruzamento entre uma instrução comum de chamada de sub-rotina e uma interrupção de hardware. Ao receber a transferência de controle, o sistema operacional em geral suspende o processo solicitante. Posteriormente, quando a solicitação for atendida, o processo solicitante é retomado e os resultados da chamada ao sistema são retornados de um modo bem definido.

1.7 Resumo

Sem software, um computador é apenas uma massa estática de silício. O sistema operacional é o nível base do software no qual as aplicações são executadas. Ele é responsável pelo gerenciamento e pela alocação do hardware do sistema, incluindo a CPU, memória física e dispositivos de E/S. O sistema operacional também fornece suporte para funções adicionais, como sistemas de arquivos e protocolos de rede. Ao fornecer essas funções, podemos encarar o sistema operacional como um gerenciador dos recursos do sistema, como prestador de serviços e como uma máquina virtual. Há vários modos de juntar as peças para construir um sistema operacional completo. Alguns sistemas são estruturados como programas monolíticos convencionais. Outros seguem um modelo em camadas. Ainda, outros se baseiam em microkernels e alguns são modelos de máquina virtual. Independente de como o sistema é estruturado, ele deve ser carregado na memória por algum tipo de carregador de boot. Depois de o sistema ser carregado e estar em execução, ele está pronto para aceitar solicitações de serviço de processos por meio do mecanismo de chamadas ao sistema.

1.8 Exercícios

1. Aliste quatro áreas nas quais o sistema operacional é responsável pelo gerenciamento e pela prestação de serviços. Para cada uma delas, aliste três serviços que costumam ser solicitados por uma chamada ao sistema.

2. Qual é a diferença entre chamada ao sistema e chamada de biblioteca?

3. De que modo o ponto de vista do gerenciador de recursos e o do provedor de serviços estão em conflito?

4. Descreva como os projetos de microkernel são especialmente adequados para sistemas operacionais distribuídos.

5. Deve-se permitir que um processo de usuário com poucos privilégios execute uma chamada ao sistema que muda o clock do sistema? Por quê?

6. Quais são as vantagens e as desvantagens de integrar a interface com o usuário ao sistema operacional?

7. Quais são os aspectos de segurança do gerenciamento de memória? E do gerenciamento de sistemas de arquivos?

8. Por que são usadas instruções especiais para implementar chamadas ao sistema? Por que não usar instruções normais de chamada de sub-rotina?

9. SO de máquina virtual e sistemas como o Xen costumam ser usados para executar múltiplas cópias do mesmo SO convidado. Quais são algumas vantagens dessa abordagem em relação à execução de uma única cópia do SO convidado diretamente no hardware?

10. Por que precisamos de um procedimento especial de bootstrapping? Por que não carregar o SO como carregamos qualquer outro programa?

Capítulo 2

Exemplos de sistemas operacionais

Neste capítulo e nos capítulos 6, 10, 14 e 18, analisaremos diversos exemplos de sistema operacional. Eles representam apenas uma pequena porcentagem da imensa variedade de sistemas operacionais criados ao longo dos anos. Em geral, esses exemplos ilustram a aplicação realista das técnicas que apresentamos no capítulo anterior. Usamos esses exemplos específicos para ilustrar algumas classes particulares de sistemas e para mostrar o progresso da influência ao longo do tempo. A árvore genealógica de alguns deles, em especial o CTSS, Multics, UNIX sexta edição e 4.3BSD, remonta a alguns dos primeiros sistemas com compartilhamento de tempo até chegarem ao Inferno e ao Linux, que analisaremos em detalhes nos Capítulos 3 e 4. O VMS e o Windows NT (e, até certo ponto, o RT-11) ilustram uma linha de influência alternativa e conhecida. O RT-11 fornece um exemplo de sistema operacional de tempo real mínimo. O TinyOS serve para ilustrar as considerações em ambientes embarcados e muito pequenos. Por fim, usamos o Xen como exemplo da crescente utilização de técnicas de máquina virtual. A ordem em que os apresentamos é cronológica. Para cada exemplo de sistema, apresentamos os detalhes da implementação que são instrutivos para ilustrar os princípios gerais abordados em "Introdução a sistemas operacionais". Neste capítulo, analisamos a organização geral, os procedimentos de bootstrapping e o projeto de chamadas ao sistema.

2.1 CTSS

A situação que descrevemos na Seção 1.3.3 é exatamente aquela com a qual os pesquisadores do MIT se defrontaram quando começaram a usar máquinas como o recém-lançado IBM 7094 e DEC PDP-1. Alguns ambientes usavam sistemas em batch, enquanto outros usavam formulários de inscrição. Eles tinham experiência em trabalhar interativamente com máquinas que haviam construído, como o Whirlwind e o TX-0. Em comparação, o processamento em batch e o escalonamento rudimentar eram formas ineficazes de usar as máquinas. Em consequência, alguns pesquisadores do MIT, incluindo John McCarthy, Herb Teager e Marvin Minsky, sugeriram desenvolver um SO com compartilhamento de tempo para o IBM 7094.

O resultado desse esforço foi o Compatible Time-Sharing System (CTSS), um dos primeiros sistemas operacionais com compartilhamento de tempo. Ele foi desenvolvido no MIT para o IBM 7094 pela equipe liderada por Fernando J. Corbató. Ele foi demonstrado pela primeira vez em 1961 e continuou a ser usado até 1973. A palavra "compatível" (compatible) do nome vem do fato de que o CTSS permitia que o sistema em batch nativo, o FORTRAN Monitor System (FMS), fosse executado como um job em segundo plano em conjunto com os jobs que compartilham o tempo.

2.1.1 Organização

O CTSS é estruturado como conjunto de módulos que são ligados a um supervisor no momento do carregamento. Cada uma das principais funções do SO é fornecida por um ou mais módulos. Essas funções também incluem o interpretador de comandos e alguns programas que processam comandos do sistema.

A memória principal do IBM 7094 é dividida em dois bancos chamados memória A e memória B. A memória A mantém o supervisor e os programas residentes do sistema. Os programas do usuário são executados na memória B.

2.1.2 Efetuando boot

O carregador para o CTSS usa um cartão perfurado como entrada, que contém o nome de um arquivo de controle. Esse arquivo contém uma lista dos nomes dos arquivos dos módulos que devem ser carregados para formar o supervisor. Ao manter vários arquivos de controle, o sistema pode ser iniciado com qualquer das várias configurações simplesmente fornecendo um cartão de controle diferente em tempo de boot. Isso facilita o teste de novas implementações de um módulo qualquer e a reversão fácil para uma versão anterior.

2.2 Multics

No início dos anos 1960, quando foram desenvolvidos os primeiros sistemas com compartilhamento de tempo, grandes sistemas computacionais ainda significavam investimentos multimilionários e exigiam operadores altamente qualificados. Uma escola de pensamento dizia que deveríamos enxergar esses recursos da mesma forma que fazemos com o sistema telefônico ou com a rede elétrica. Ou seja, por razões de custo e eficiência, o poder computacional deveria ser fornecido aos clientes por meio de concessionárias de computação.

Foi nesse mundo que nasceu o Multics ("**Multi**plexed **i**nformation and **c**omputing **s**ervice"). Com base em sua recente experiência com o CTSS, Fernando J. Corbató e sua equipe do MIT começaram o desenvolvimento de um novo sistema operacional que desse suporte a essa concessionária de computação. A fim de dar suporte a um modelo de uso baseado em concessionárias, esse novo sistema operacional precisaria ter algumas características:

- acesso remoto;
- armazenamento confiável de arquivos;
- mecanismos de proteção confiáveis;
- modelos de uso flexível tanto para grandes como para pequenos clientes.

Embora essas características tivessem sido amplamente demonstradas em outros sistemas, o Multics exigiria que fossem desenvolvidas a um grau mais alto de desempenho e confiabilidade. O Multics também era um tanto incomum na época, no sentido de que foi implementado em uma linguagem de alto nível, a PL/I.

A fim de dar suporte a esse tipo de uso, o Multics foi desenvolvido para um novo modelo de computador, o General Electric GE-645, construído especialmente para o Multics. Ele baseava-se no antigo GE-635 e incluía características de hardware necessárias para dar suporte às técnicas usadas no Multics. Posteriormente, a maioria das instalações do Multics era executada no Honeywell 6180 e nas máquinas que o sucederam.

O trabalho de desenvolvimento do Multics começou em 1964 como uma colaboração entre o MIT, a GE e a Bell Labs. A Bell Labs se retirou em 1969 e, em 1970, a GE vendeu sua divisão de computadores para a Honeywell. O desenvolvimento do Multics foi cancelado em 1985. O último sistema Multics foi desligado em 30 de outubro de 2000. Muitos dos principais sistemas operacionais desenvolvidos desde então foram influenciados, direta ou indiretamente, pelo Multics.

2.2.1 Organização

Os projetistas do Multics descreveram a organização do sistema como de **nível único**. Essa escolha de terminologia não deve ser encarada como sugestão de que tudo no SO é jogado junto em uma grande caixa embrulhada com fita crepe. Muito pelo contrário, o Multics tem uma estrutura muito bem definida. O termo "nível único" aqui se refere à ideia de que partes substanciais da funcionalidade do SO são fornecidas por software estruturado e que se comporta de forma muito semelhante a software de aplicações comuns. Embora o Multics seja anterior ao termo microkernel e não seja estruturado como um microkernel moderno, ele compartilha o objetivo de mover a funcionalidade do SO para fora de um kernel monolítico.

A fim de atender às questões de proteção que surgem ao se mover para fora a funcionalidade do SO, o Multics implementa um conjunto de **anéis de proteção**. Quanto mais perto um anel está do hardware (anel de número menor), maior o privilégio do código nele contido. Apenas o código no anel 0 pode executar instruções privilegiadas, como aquelas necessárias para modificar o comportamento do gerenciamento de memória e para iniciar operações de E/S. Além disso, todas as interrupções invocam códigos no anel 0. Consequentemente, o supervisor do Multics é executado no anel 0. Outras funções do SO, como funções de E/S de nível mais alto e as funções do sistema de arquivos, são executadas no anel 1. O anel 2 é usado pelas principais bibliotecas do sistema, e o anel 3, pelas aplicações confiáveis do sistema e por bibliotecas que não são do sistema. As aplicações normais de usuário são executadas no anel 4 e, em casos especiais, no anel 5. Por fim, os anéis 6 e 7 são especiais no sentido de que não têm permissão de chamar funções do anel 0, sendo impedidos de forma eficaz que façam chamadas diretas ao sistema. Esses anéis são ilustrados na Figura 2-1. O foco principal do sistema de anéis do Multics é a proteção que fornece, mas do ponto de vista estrutural, ele dá um ar de sistema em camadas. Esse ponto de vista é apoiado pelo fato de que normalmente o código solicitava serviços apenas de anéis com números menores. Além disso, se analisarmos cada conjunto de anéis aninhados da perspectiva de um anel externo, temos, na prática, uma máquina virtual. A fronteira entre cada par de anéis define uma nova máquina virtual.

Nota Histórica: ITS

No fim dos anos 1960, a Bell Labs não era o único grupo que começava a reconsiderar o esforço por trás do Multics. Muitos no laboratório de Inteligência Artificial (IA) do MIT achavam que havia espaço para outras linhas de pesquisa. O resultado do seu esforço foi o Incompatible Time-sharing System (ITS), um evidente jogo de palavras com o nome do CTSS. Os projetistas do ITS intencionalmente decidiram tornar algumas partes do sistema mais primitivas do que o Multics. Em parte por causa dessas escolhas de projeto, eles rapidamente obtiveram um sistema em pleno funcionamento, que se tornou a plataforma principal para outras pesquisas no laboratório de IA. O próprio ITS foi pioneiro em algumas técnicas, incluindo gráficos independentes de dispositivos e sistemas de arquivos em rede. Ele também serviu como ambiente no qual foram desenvolvidos pacotes influentes, como Maclisp, Macsyma e EMACS. O sistema e a cultura ao redor dele também tiveram uma significativa influência social. Boa parte da filosofia e do *etos* da moderna cultura do software de código aberto se desenvolveu no laboratório de IA do MIT e na comunidade do ITS, e muitos pioneiros do software livre, incluindo Richard Stallman, trabalharam no laboratório.

2.2.2 Chamadas ao sistema

Com a perspectiva da máquina virtual em mente, vemos que não há distinção essencial entre o modo no qual as funções da biblioteca são chamadas nas camadas superiores e o modo no qual as chamadas ao sistema são solicitadas no anel 0. Em todos os casos, se o código de uma camada chama o código em uma camada inferior, isso precisa ser feito por meio de uma **porta de chamada** (call gate), que é um mecanismo especial do hardware de gerenciamento de memória. As portas de chamadas definem que pontos de entrada são válidos e quais anéis têm permissão de chamá-los. Quando uma função faz uma chamada por meio dessa porta, ela só tem permissão de chamar os pontos de entrada válidos no segmento de destino, e o código chamado é executado no novo anel inferior. O efeito é a transferência de controle para os pontos de entrada selecionados no código mais privilegiado, o que é, afinal de contas, o que as chamadas ao sistema fazem.

2.3 RT-11

Ao longo dos mais de 30 anos nos quais o PDP-11 foi fabricado e comercializado, primeiro pela Digital Equipment Corporation (DEC) e depois pela Mentec, Inc., vários sistemas operacionais estiveram disponíveis para ele. Um deles era o RT-11, um sistema operacional pequeno, monousuário, focado em aplicações de tempo real. Foi desenvolvido a partir da versão 1, lançada em 1973, até a versão 5.7, lançada em 1999.

2.3.1 Organização

A essência da funcionalidade do SO no RT-11 é fornecida por uma coleção de códigos identificados como monitor residente (RMON, do inglês resident monitor), monitor de teclado (KMON, do inglês keyboard monitor), vários tratadores de dispositivos e a rotina de serviço do usuário (USR, do inglês user service routine). Um aspecto interessante do RT-11 é sua capacidade de ser executado com alguns desses componentes não residentes na memória. Em especial, apenas os tratadores de dispositivos que estão realmente sendo usados precisam ser carregados. Além disso, tanto o USR como o KMON podem ser removidos da memória (swapped out) quando suas funções não forem necessárias. Em outras palavras, as aplicações podem ser executadas apenas com o subconjunto do SO que elas realmente estiverem usando.

Esses componentes podem ser reunidos para formar três configurações diferentes. O primeiro é chamado de monitor de job único (SJ, do inglês single job). Pode ser executada em PDP-11 sem Unidade de Gerenciamento de Memória (MMU, do inglês Memory Management Unit) e, portanto, opera em 64KB de memória. Suporta apenas um único processo por vez. O monitor de primeiro plano/segundo plano (FB, do inglês foreground-background) também é executado em sistemas sem MMU, mas permite que vários processos sejam executados em um modo simples de compartilhamento de tempo. Um dos processos é identificado como de segundo plano e é executado como processo normal de usuário. Os outros processos são chamados de processos de primeiro plano e são executados em resposta a interrupções do hardware. Por fim, os processos de primeiro plano e de segundo plano também são suportados pelo monitor de memória estendida (XM, do inglês extended memory). Essa configuração do sistema usa hardware MMU e, portanto, permite que os processos usem toda a memória disponível.

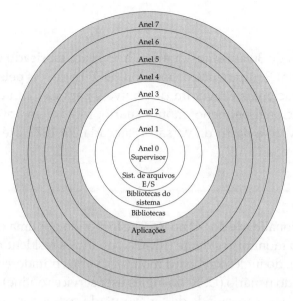

Figura 2-1: Anéis de proteção do Multics

2.4 UNIX sexta edição

Quando a Bell Labs saiu do projeto Multics em 1969, sua equipe envolvida naquele projeto incluía Ken Thompson e Dennis Ritchie. Eles e outros não estavam mais envolvidos no esforço do Multics, mas a Bell Labs, na época, tinha uma visão muito esclarecida sobre a questão da pesquisa industrial. Os "refugiados" do projeto Multics não foram "designados" a outros projetos; esperava-se que gerassem ideias interessantes e que trabalhassem nelas. Thompson começou a trabalhar com um computador PDP-7, que estava em desuso para desenvolver simulações de viagens espaciais. Frustrado com o ambiente de desenvolvimento disponível, decidiu desenvolver um sistema operacional para o PDP-7 que fosse mais simples do que o Multics, mas incluísse algumas das suas melhores ideias, do seu ponto de vista. O sistema operacional que ele desenvolveu então foi o início do UNIX.

Thompson não tentou recriar o Multics para o PDP-7. Ele não teria se adequado aos recursos limitados daquela máquina por mais que ele tentasse. Enquanto o Multics tinha sido desenvolvido para servir a múltiplos usuários com ampla variedade de jobs, Thompson começou a criar um SO pequeno, monousuário, principalmente para sua necessidade de um ambiente de desenvolvimento de software. Em reconhecimento a essa mudança de foco, o nome Unics (**Un**iplex **i**nformation and **c**omputing **s**ervice) foi cunhado como um trocadilho sobre o Multics. (A origem do trocadilho é atribuída ora a Brian Kernighan ora a Peter Neumann.) Bem cedo na história do sistema, a grafia foi mudada de Unics para UNIX.

O UNIX era um tanto incomum no sentido de que não foi realmente lançado em versões, da forma usual. Ele foi evoluindo constantemente, embora estivesse em uso para produção na Bell Labs. À medida que mais e mais mudanças se acumulavam, os manuais correntes ficavam cada vez menos úteis. Em vários locais, uma nova edição dos manuais era montada e impressa. Até hoje, nos referimos às várias versões do UNIX de pesquisa pelas edições do seu manual.

Em 1974, o UNIX tinha sido portado para o PDP-11, reescrito na recém-desenvolvida linguagem C, e os manuais estavam na 5ª edição. Mais ou menos na mesma época, alguns docentes de faculdades de ciência da computação passavam seu tempo na Bell Labs e foram apresentados ao UNIX. Eles acharam o sistema interessante e o levaram de volta consigo para suas respectivas instituições, e a notícia foi se espalhando. Além disso, naquele mesmo ano, Thompson e Ritchie publicaram um artigo na *Communications of the ACM* sobre o novo sistema, resultando em mais solicitações de cópias. Em resposta à necessidade de um sistema em forma distribuível, a Bell Labs produziu a sexta edição do UNIX. Essa versão do sistema foi distribuída amplamente entre universidades. Ela também se tornou muito conhecida como base de um comentário de John Lions. Originalmente, Lions distribuía cópias às instituições que as solicitavam e que tinham licenças do UNIX. Posteriormente, a Bell Labs assumiu a distribuição dos livros e enviou cópias com as distribuições da sexta edição.

2.4.1 Organização

O UNIX sempre usou uma organização monolítica clássica. Isso não significa que seja uma coleção aleatória de funções sem qualquer estrutura. Visto que a maior parte do desenvolvimento inicial do UNIX foi feita em um PDP-11 e que a máquina tinha recursos muito limitados, os desenvolvedores tinham de escolher muito bem quais recursos incluir. Como resultado, o sistema não é muito grande e a modularidade disponível na linguagem C é suficiente em si mesma para organizar o kernel. Especificamente, cada componente funcional principal está contido em um único arquivo de código-fonte. Cada um dos drivers de dispositivo fica no seu próprio arquivo-fonte. A criação e o escalonamento de processos ficam em um único arquivo-fonte. A alocação básica de memória fica em um arquivo-fonte, e assim sucessivamente. O efeito geral é um sistema pequeno com uma estrutura limpa e simples.

2.4.2 Chamadas ao sistema

O UNIX também difere da sua influência do Multics no que se refere ao mecanismo usado para as chamadas ao sistema. No UNIX, as chamadas ao sistema não são tratadas exatamente do mesmo modo que as chamadas das funções comuns. Na linguagem C, uma chamada ao sistema, como *fork*(), é, na verdade, uma chamada de função comum, mas a função chamada é apenas uma função de biblioteca pequena. Essa função de biblioteca é o código que realmente emite a chamada ao sistema. Ela faz isso executando uma instrução "trap". A instrução "trap" no PDP-11 é, na verdade, uma família de instruções. Os oito bits de ordem mais baixa da palavra da instrução são usados para codificar qual chamada ao sistema é solicitada. Como outras formas de interrupção, a instrução "trap" transfere o controle para o kernel, mudando o processador para o modo privilegiado de operação necessário para que o kernel execute suas tarefas.

2.5 VMS

Em 1977, a DEC lançou o VAX, que era para ser o sucessor da sua muito bem-sucedida linha PDP-11 de computadores. A arquitetura do VAX parece claramente uma extensão de 32 bits do projeto de 16 bits do PDP-11. O maior efeito dessa mudança é o aumento do espaço de memória diretamente endereçável de 64KB para 4GB.

Com a máquina, foi lançado um novo sistema operacional chamado VMS. Foi desenvolvido sob a liderança de Roger Gourd com Dave Cutler, Dick Hustvedt e Peter Lipman fornecendo liderança técnica adicional. O VMS visava atender às necessidades de todas as aplicações do VAX em contraste com os muitos sistemas operacionais suportados pelo PDP-11. Em consequência, ele fornece suporte para o processamento em batch e o processamento em tempo real, além do modo de compartilhamento de tempo normal. Em 1992, a DEC lançou sua nova arquitetura de 64 bits projetada para substituir o VAX. Essa arquitetura é a Alpha. Em antecipação ao porte Alpha, o VMS recebeu o novo nome de OpenVMS. Desde então, o desenvolvimento continuou no OpenVMS após a compra da DEC pela Compaq e a subsequente fusão da Compaq com a Hewlett-Packard. Desde a fusão, o OpenVMS foi transferido para o Intel Itanium.

2.5.1 Organização

A organização interna do VMS é altamente modular, bem semelhante ao CTSS. Ela é escrita, em partes basicamente equivalentes, em Bliss, C e Macro-32 (que é a linguagem de montagem (assembly) do VAX). Ao contrário do que se esperaria, a Macro-32 continua a ser usada para os portes Alpha e Itanium do OpenVMS. Nesses casos, a linguagem de montagem do VAX é tratada como se fosse uma linguagem de alto nível e processada por um tradutor (um compilador, na verdade) que a converte em linguagem de máquina do Alpha ou do Itanium.

Um módulo base contido no arquivo **SYS.EXE** fornece a infraestrutura na qual todos os outros módulos são montados. Ele consiste basicamente de vetores de transferência que permitem que o código chame funções por meio do kernel sem saber os endereços de memória onde estão realmente carregados. Esses vetores são mapeados em cada espaço de memória de processo. O **SYS.EXE** e todos os outros módulos que compõem o SO são carregados durante o processo de bootstrapping e inicialização.

O VAX suporta os quatro modos de processador a seguir, que o VMS usa para criar uma graduação em camadas e proteção similar ao do Multics:

- Kernel: a maioria das funções típicas de sistema operacional é executada em modo kernel. Essas funções são divididas em uma camada inferior, um núcleo principal e uma camada superior de serviços do sistema. As rotinas de serviço do sistema são as que implementam as chamadas ao sistema. O núcleo principal de funções de kernel é organizado em três grupos: o subsistema de gerenciamento de memória, o subsistema de E/S e o subsistema de gerenciamento de processos e temporização.

- Executivo: o modo executivo é usado pelo sistema de gerenciamento de registros (RMS, do inglês Record management system) e algumas outras chamadas ao sistema de alto nível. O RMS ocupa uma espécie de camada intermediária. Ele fornece um conjunto de funções que constrói as estruturas de registro no topo dos arquivos. Contudo, em vez de ser implementado como biblioteca comum, ele é um código contido no espaço de memória do sistema e executado em um nível mais alto de privilégio do que o código normal de usuário.
- Supervisor: o interpretador de linha de comandos é executado no modo supervisor. Na maioria dos casos, esse é o interpretador da Digital Command Language (DCL).
- Usuário: por fim, todos os outros processos do usuário são executados no modo usuário. Entre esses se encontram processos especiais do sistema, como o *swapper* e algum suporte ao sistema de arquivos.

O projeto do sistema de arquivos do VMS merece menção especial. O suporte ao sistema de arquivos no VMS é, na maior parte, fornecido pelos Ancillary Control Processes (ACPs). No caso do sistema de arquivos principal, o Files-11, o suporte é dividido em duas partes. Uma parte é fornecida por um ACP, e a outra, pelo processador QIO estendido (XQP), que é executado como thread no modo kernel.

2.5.2 Efetuando boot

O VMS segue um processo de boot em múltiplos estágios, bem semelhante ao que é descrito na Seção 1.5. O programa de bootstrap do primeiro estágio é chamado de VMB. Sua responsabilidade principal é localizar e carregar o programa SYSBOOT.EXE. Esse programa carrega o SYS.EXE e vários outros módulos que fornecem um nível básico de funcionalidade do kernel. O sistema tem agora capacidade suficiente para executar o EXE$INIT, que faz o kernel ser executado normalmente. Ele carrega os módulos restantes do kernel e inicia o sistema de gerenciamento de memória. Seu último passo é se configurar para retornar ao SCH$SCHED, que é o escalonador. O efeito disso é o início do compartilhamento de tempo. Quando o compartilhamento de tempo começa, o único processo disponível é o *swapper*. Uma de suas tarefas é a de iniciar o processo SYSINIT, que realiza o restante das inicializações em modo usuário.

2.5.3 Chamadas ao sistema

O mecanismo de chamadas ao sistema do VMS é interessante. As chamadas de função normais são enviadas para os vetores de transferência do SYS.EXE, que é mapeado no espaço de memória do processo. Depois da entrada, o vetor de transferência emite uma instrução de troca de modo (chmk ou chme no VAX) para trocar o modo do processador da mesma forma que uma interrupção de software faz. O tratador de interrupção do kernel para a instrução de troca de modo envia a solicitação para a rotina adequada de serviço do sistema. Isso permite que o

32 ■ Princípios de sistemas operacionais

programa da aplicação seja criado sem o uso de qualquer instrução especial. Qualquer linguagem que siga a sequência de chamada normal do VMS pode enviar chamadas ao sistema sem suporte especial de compilador ou de bibliotecas. No Alpha, o PALcode do OpenVMS fornece uma instrução que executa as mesmas funções das instruções chmk, chme, chms e chmu.

2.6 4.3BSD

A Universidade da Califórnia em Berkeley foi uma das primeiras a obter uma licença do UNIX. Ao trabalhar no sistema, professores e alunos desenvolveram vários aprimoramentos e extensões para ele. Esses foram lançados em outras licenças do UNIX na forma de Berkeley Software Distributions (BSD). Alguns dos aprimoramentos de Berkeley foram incluídos nas edições de pesquisa da Bell Labs e, por sua vez, alguns dos desenvolvimentos da Bell Labs foram incorporados nos releases BSD. Releases que davam suporte ao PDP-11 foram identificados como 1BSD e várias versões do 2BSD. O 3BSD e várias versões do 4BSD deram suporte à arquitetura VAX, e o release 4.3BSD Tahoe também incluiu suporte ao sistema Computer Consoles, Inc. (CCI) Power 6. Os releases 4BSD foram lançados entre 1980 e 1988.

Com o tempo, porém, as duas linhas de desenvolvimento divergiram, e, quando as versões de Berkeley atingiram 4.3BSD, quase não restava mais código da Bell Labs no sistema. De fato, os subconjuntos do 4.3BSD foram lançados publicamente. O release Net 2, de 1991, tornou-se a base do sistema comercial BSD/386. A BSDI (fornecedora do BSD/386) foi processada pela UNIX Systems Laboratories (USL), que então detinha os direitos do código AT&T anterior. No julgamento final, uma pequena fração do código BSD restante foi considerada suficientemente próxima do código AT&T original a ponto de precisar ser removida do release Net 2. A funcionalidade desse código foi rapidamente substituída por outros projetistas, e o sistema evoluiu rapidamente. O release final de Berkeley (com o código substituído) foi o 4.4BSD, e essa base de código tornou-se a infraestrutura de várias versões distribuídas gratuitamente, incluindo FreeBSD, NetBSD, OpenBSD e DragonflyBSD.

2.6.1 Organização

Como seria de esperar, a organização do UNIX BSD é bem semelhante a uma versão expandida do projeto original do UNIX. A maior diferença na organização do código de origem é um efeito do suporte para CCI Power 6. Como no caso da maioria dos sistemas que dá suporte a múltiplas arquiteturas, o 4.3BSD divide o código de origem em partes independentes ou dependentes da arquitetura. Na medida do possível, o código é desenvolvido de modo independente da arquitetura. Qualquer aprimoramento ou correção de erros no código independente da arquitetura beneficia, então, todas as arquiteturas. O NetBSD, um derivado do BSD, chegou a um grau muito alto nesse suporte a múltiplas arquiteturas. Na época do lançamento do NetBSD 3, a árvore-fonte incluía suporte para 56 sistemas de computador diferentes, baseados em 17 arquiteturas de CPU diferentes.

2.6.2 Chamadas ao sistema

O mecanismo de chamadas ao sistema do VAX BSD usa a instrução chmk, que troca o modo do processador para o modo kernel. (O VAX tem quatro modos de processador: kernel, executivo, supervisor e usuário.) Quando um processo do usuário executa essa instrução, ele se comporta de forma muito semelhante à da instrução "trap" do PDP-11. Ela muda a CPU para o modo kernel e executa uma função do kernel, a qual observa o operando da instrução para determinar que chamada ao sistema está sendo emitida.

2.7 Windows NT

O primeiro SO da Microsoft para o IBM PC baseava-se no QDOS, de Tim Paterson, da Seattle Computer Products. (O QDOS era baseado no CP/M, comercializado pela empresa de Gary Kildall, a Digital Research.) Introduzidas com o IBM PC em 1981, as cópias do SO vendidas pela IBM foram chamadas PC-DOS, enquanto aquelas vendidas diretamente pela Microsoft foram chamadas MS-DOS. Em 1985, a Microsoft lançou uma interface gráfica com o usuário chamada Windows, que rodava como uma aplicação do MS-DOS. Isso originou uma linha de desenvolvimento de SO que resultou em distribuições comercializadas sob o nome Windows, embora o SO subjacente continuasse sendo o MS-DOS.

Em 1988, a Microsoft começou o desenvolvimento de um novo sistema operacional que substituiria o Windows 3.0 (então em desenvolvimento, mas não lançado até 1990) e o OS/2 em sua linha de produtos. Esse novo sistema foi chamado de Windows NT. O desenvolvimento foi liderado por David Cutler, que tinha saído da DEC e entrado para a Microsoft naquele ano.

A primeira versão foi o Windows NT 3.5, lançado em 1993. No ano seguinte, a Microsoft lançou o Windows NT 3.51, o Windows NT 4.0 surgiu em 1996 e, em 1999, a Microsoft lançou a próxima versão do sistema NT, chamando-a de Windows 2000. Releases recentes do sistema NT incluem o Windows XP, lançado em 2001, e o Windows Server 2003, lançado em 2003. O release mais recente do Windows chama-se Vista.

Ao longo da sua vida, o projeto Windows NT foi executado na arquitetura Intel x86, MIPS R4000, DEC/Compaq/HP Alpha, IBM PowerPC e Intel Itanium. As versões mais recentes dão suporte apenas às duas arquiteturas Intel.

2.7.1 Organização

Como se dá com muitos dos sistemas que citamos aqui como exemplo, o Windows NT está estruturado como sistema monolítico com algumas camadas. É escrito predominantemente em C. A funcionalidade principal do SO está estruturada em três camadas.

A camada inferior é chamada de Hardware Abstraction Layer (HAL). A HAL é onde a arquitetura e as dependências de hardware ficam encapsuladas. É o

34 ■ Princípios de sistemas operacionais

mecanismo principal de portabilidade do Windows NT. Todos os outros componentes do SO que precisam executar funções dependentes da arquitetura ou do hardware passam pela HAL.

A segunda camada contém código que a Microsoft chama de kernel e qualquer driver de dispositivo carregado. Esse código de kernel fornece o nível base de funcionalidade do SO, além de serviços como escalonamento, sincronização e tratamento de interrupção.

A terceira camada é chamada de executivo. (Juntos, o HAL, kernel e o executivo do Windows NT fornecem a mesma funcionalidade que chamamos de kernel em outras partes deste texto.) O executivo fornece as funções comuns restantes do SO, incluindo gerenciamento de memória, sistemas de arquivos e parte do gerenciamento de processo. As chamadas ao sistema também são tratadas pelo executivo.

Embora não seja propriamente parte do SO, há outro aspecto interessante que o ambiente Windows NT fornece às aplicações. Especificamente, o Windows NT fornece três subsistemas de ambiente: Win32, POSIX e OS/2. As aplicações escritas para qualquer dessas APIs podem ser executadas no Windows NT usando o subsistema apropriado para mediar entre a aplicação e o executivo. A distribuição desses componentes principais é ilustrada na Figura 2-2.

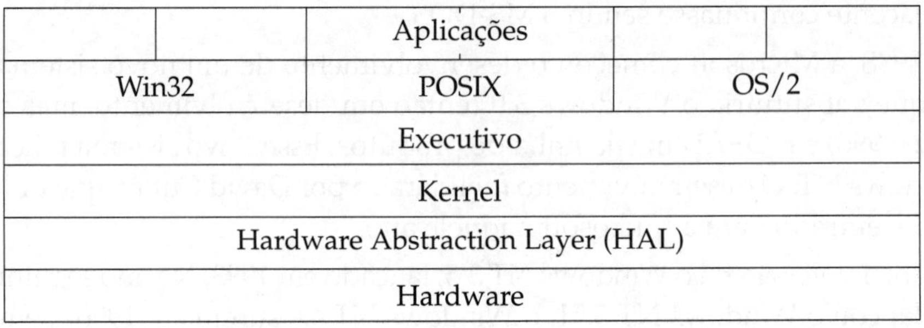

		Aplicações		
Win32		POSIX		OS/2
Executivo				
Kernel				
Hardware Abstraction Layer (HAL)				
Hardware				

Figura 2-2: Organização geral do Windows NT

2.8 TinyOS

O TinyOS foi criado por pesquisadores da Universidade da Califórnia em Berkeley. Os primeiros releases foram feitos em 2002 e ele continua a ser desenvolvido. O foco do TinyOS é dar suporte a aplicações que são executadas em dispositivos muito pequenos, chamados "motes". Há várias maneiras de encarar os "motes". Primeiro, podemos imaginá-los como computadores pequeníssimos cujos dispositivos de entrada são, principalmente, sensores de ambiente (por exemplo, de temperatura, luz, choque, e assim por diante). Ou podemos encará-los como sensores com uma pequena quantidade de capacidade de processamento. Em geral, se comunicam usando alguma forma de rede *wireless*. Essas máquinas têm pouquíssima memória e poder computacional muito limitado em comparação com as máquinas desktop típicas. Em resultado disso, o TinyOS precisa ser muito pequeno em comparação com outros sistemas operacionais que estudamos aqui.

2.8.1 Organização

O TinyOS é estruturado de um modo incomum. O código da aplicação e o código principal do TinyOS são compilados juntos em uma única imagem colocada no "mote". Os principais elementos funcionais de um sistema TinyOS são chamados componentes. Esses componentes se comunicam usando interfaces, e sua execução é controlada por um escalonador muito pequeno. Estão estruturados em uma disposição em camadas. As interfaces são definidas por comandos e eventos. Os comandos são solicitações enviadas de um componente para outro componente de uma camada inferior, e os eventos iniciam ações nas camadas superiores.

O TinyOS e os componentes desenvolvidos para ele são escritos em nesC, que é baseada na linguagem C. O sistema operacional também inclui recursos que permitem aos desenvolvedores definir as interfaces dos componentes e as interconexões entre os componentes.

A distribuição TinyOS vem com vários componentes. Entre eles estão diversos componentes que dão suporte a vários hardwares que podem fazer parte de um "mote". Esse hardware inclui vários tipos de radiotransmissores, sensores de temperatura, sensores de luz e interfaces de barramento I2C.

2.9 Xen

Em 1999, o Systems Research Group da Universidade de Cambridge propôs o projeto Xenoserver. A ideia por trás do projeto era fornecer uma coleção de servidores disponível publicamente, na qual qualquer pessoa pudesse executar seu código. Em certo sentido, ele retrocede à concessionária de computação que inspirou originalmente o Multics. Contudo, o projeto Xenoserver não tem a ver com a criação de um novo sistema operacional. É uma infraestrutura que dá suporte a muitos sistemas operacionais em operação simultânea.

Como parte do projeto, o grupo desenvolveu o hypervisor Xen. O Xen não é em si um sistema operacional, embora tenha várias características em comum com esse. De fato, em alguns aspectos, ele é similar ao VM. O Xen fornece uma plataforma na qual outro sistema operacional é executado. Ele pode dar suporte a muitos sistemas operacionais diferentes, todos executados de forma simultânea em um processador Intel x86. O primeiro release do Xen ocorreu em 2003. A versão 3.0 do Xen foi lançada em 2005.

2.9.1 Organização

Um sistema operacional em execução no Xen é chamado SO convidado, e cada SO convidado é executado em sua própria máquina virtual, chamada domínio. Cada domínio tem sua própria área de memória física separada dos outros domínios. Nem todos os SO convidado têm acesso direto ao hardware de dispositivo de E/S. Ele está reservado ao domínio 0. O SO executado no domínio 0 tem acesso a todos os dispositivos de E/S e os gerencia em favor dos outros SO convidado.

Para a maioria dos membros da família x86, o Xen também fornece certos serviços de gerenciamento de memória para SO convidado. Assim, os sistemas operacionais devem ser portados para o Xen como seriam para outro hardware. Alguns dos sistemas operacionais que foram portados para serem executados no Xen são Linux, FreeBSD, NetBSD, Plan 9 e Microsoft Windows XP (contudo, esse porte em geral não está disponível devido às restrições de licença). Para membros da família x86 que tenham suporte a extensões da Tecnologia de Virtualização (VT, do inglês Vitualization Tecnology), o Xen permite que sistemas operacionais sem modificação sejam executados como convidados. Os aprimoramentos de VT da Intel fornecem recursos que permitem a um monitor de máquina virtual intermediar as tentativas de um SO convidado de acessar recursos de hardware que poderiam afetar outros SO que também estejam sendo executados na máquina.

Para fornecer essa estrutura, o próprio Xen é implementado como um kernel pequeno que fornece um subconjunto das funções comuns do SO. Suas principais responsabilidades são iniciar e parar domínios, alocar memória física para domínios no momento em que são criados, efetuar o compartilhamento de tempo entre domínios e intermediar as funções de gerenciamento de memória em processadores sem recursos de VT.

2.10 Resumo

A variedade de projetos de sistema operacional é enorme. Selecionamos apenas alguns como exemplos neste livro. Esses exemplos servem a vários objetivos. Eles ilustram os princípios gerais tratados no livro. Fornecem um contexto histórico de alguns dos sistemas operacionais mais usados. Por fim, mostram a evolução das ideias que foram introduzidas no Inferno e no Linux, os dois sistemas que examinaremos em detalhes a partir dos próximos dois capítulos.

2.11 Exercícios

1. Por que os projetistas do CTSS projetaram o sistema para permitir que o FMS fosse executado como job normal?

2. Qual é a vantagem de implementar um sistema operacional em linguagem de alto nível (como PL/I no Multics) em vez de em linguagem de montagem?

3. Quais as vantagens e desvantagens de implementar bibliotecas usando uma porta de chamada (ou outros mecanismos semelhantes de chamada ao sistema) como no Multics?

4. Em todo este capítulo, vimos que a tendência de escrever sistemas operacionais mudou de linguagem de montagem para linguagens de alto nível. Vimos também uma mudança de sistemas operacionais escritos para um único tipo de máquina para aqueles portados a uma variedade de máquinas diferentes. De que maneiras essas duas tendências estão ligadas?

5. No RT-11, por que não se deve executar apenas o monitor de primeiro plano/segundo plano (FB), mesmo que haja apenas um job a executar, em vez de usar um monitor de job único (SJ) especial?

6. No VAX, o 4.3BSD e o VMS usam instruções especiais para trocar o modo do processador no mecanismo de chamadas ao sistema. No 4.3BSD, essas instruções são executadas no código normal do usuário, enquanto no VMS são executadas no kernel. O que se deve levar em conta ao escolher um ou outro esquema?

7. Não analisamos as chamadas ao sistema no TinyOS. Foi por esquecimento? Será possível que o TinyOS na verdade não tenha chamadas ao sistema como as estudamos? Como o sistema operacional pode trabalhar sem elas?

8. Que serviços de um sistema operacional típico não são fornecidos pelo Xen?

9. O UNIX foi criado intencionalmente para ser mais limitado do que o Multics. O Multics teve um início melhor no desenvolvimento, mas foi o UNIX que se tornou mais usado. Mencione algumas das possíveis razões para isso ter acontecido.

10. Pesquise e escreva um resumo da história e organização de outro sistema operacional, como o MVS.

Capítulo 3

Estrutura e inicialização do Inferno

Neste capítulo, começamos nosso exame minucioso do Inferno, um de nossos exemplos detalhados de projeto de sistema operacional. O Inferno é descendente do UNIX e é especialmente interessante por várias razões. Primeiro, é compacto e bem escrito, o que o torna ótimo para um estudo detalhado como este. Segundo, ele tem uma característica interessante de estar disponível nativamente em várias plataformas e ser hospedado por vários outros sistemas operacionais. Como resultado disso, é mais fácil fazer experimentos com ele do que com sistemas totalmente nativos, mas, ao mesmo tempo, fornece exemplos de drivers de dispositivo não encontrados em ambiente totalmente hospedado. A terceira razão pela qual o Inferno é valioso neste estudo é que ele ilustra várias técnicas que normalmente não encontramos em outros sistemas. Entre essas estão o sistema de arquivos implementado como programa normal de usuário, o uso avançado de servidores de nomes e uma máquina virtual com compilação *just-in-time*.

Nossa análise tem correspondência com aquela dos exemplos do Capítulo 2 e com as questões gerais de projeto do Capítulo 1. Começaremos analisando o fundo histórico do Inferno. A próxima seção apresenta vários elementos fundamentais do projeto do Inferno. Esses elementos formam os conceitos de organização ao redor dos quais o Inferno foi desenvolvido. Com base nesses conceitos, analisaremos a estrutura geral do sistema e a organização do código-fonte que o implementa. Nosso primeiro exame do código do Inferno é a inicialização do sistema. Encerraremos o capítulo avaliando o mecanismo de chamadas ao sistema do Inferno.

3.1 Origem do Inferno

Para entender as origens do Inferno, temos de recorrer ao restante da história do UNIX. Analisamos o início da história do UNIX (até 1976) na Seção 2.4. De, aproximadamente, 1975 em diante, várias universidades e empresas continuaram o desenvolvimento do UNIX além do trabalho da Bell Labs. Nos anos 1980, o UNIX existia em muitas versões diferentes e incompatíveis. Recursos como rede tinham sido acrescidos ao kernel, e interfaces gráficas do usuário com múltiplas janelas

40 ■ Princípios de sistemas operacionais

tinham sido acrescidas como aplicações. Nesse meio-tempo, a Bell Labs tinha continuado o desenvolvimento de versões de pesquisa do UNIX, às vezes aproveitando o trabalho feito por outros. Esse trabalho culminou com a publicação dos manuais da 10ª edição de versão de pesquisa do UNIX em 1990.

Num sentido bem real, o UNIX tinha perdido o gás. O novo mundo da computação não era mais um sistema central com muitos usuários conectados a terminais periféricos. Em vez disso, era uma coleção de muitos computadores em rede em que os usuários tinham significativo poder computacional diretamente em suas mesas. Essas estações de trabalho locais tinham interfaces com um mar de recursos computacionais. Apesar de todo o trabalho empenhado no UNIX ao longo dos anos, ele não tinha se adaptado bem a esse novo mundo da computação. Além disso, os interesses comerciais do UNIX asseguraram que nem mesmo na Bell Labs, onde tinha nascido o UNIX, todo o código-fonte do sistema estivesse disponível. Por esses motivos, por volta de 1987, vários dos veteranos do UNIX começaram a avaliar o desenvolvimento de um novo sistema operacional. Liderados por Ken Thompson e Rob Pike, o grupo começou a dar um passo atrás e aplicar as lições que tinham aprendido em quase 20 anos de experiência com o UNIX. Em vez de criar outro UNIX, procuraram criar um sistema no qual pudessem corrigir seus erros anteriores e aplicar novas ideias que tinham se desenvolvido a partir de sua pesquisa subsequente. O sistema que criaram foi chamado de Plan 9. (O nome "Plan 9 da Bell Labs" é um jogo de palavras com o nome *Plan 9 from Outer Space*, nome de um filme que já foi chamado de o pior filme já feito.)

Como o UNIX, o Plan 9 é um sistema criado principalmente por e para programadores, e foi criado como objeto de pesquisa e como sistema a ser usado. Contudo, em meados dos anos 1990, o clima na Bell Labs tinha mudado: havia a expectativa de se produzir resultados com valor comercial mais imediato. Para esse fim, vários pesquisadores do Plan 9 desenvolveram um sistema operacional que chamaram Inferno, com base nas ideias do Plan 9, mas voltado para pequenos ambientes de computação, incluindo dispositivos de rede, dispositivos portáteis, robótica e conversores de sinal (set-top boxes).[1] Após usar esse novo sistema operacional para vários produtos internos, a Lucent vendeu os direitos do Inferno para a Vita Nuova Holdings Limited. Em 2003, a Vita Nuova mudou a estrutura da licença, tornando o Inferno software livre para aplicações não lucrativas.

3.2 Conceitos fundamentais

Por um lado, o Inferno é um sistema operacional bastante convencional. Ele gerencia múltiplos processos que podem ser criados e destruídos e que podem se comunicar entre si. Os processos podem alocar memória dinamicamente e podem

---

[1] Dispositivo que converte um tipo de sinal de entrada em outro tipo de sinal de saída, que pode se apresentar com diferentes capacidades, tais como aqueles que convertem a recepção de sinal de TV digital para transmissão em sinal de TV analógica. (N.R.T.)

solicitar serviços de E/S ao Inferno. O sistema fornece um sistema de arquivos convencional armazenado em discos, suporta rede e fornece um modelo de segurança interessante. Suas aplicações de usuário incluem um ambiente gráfico com janelas e vários programas esperados — até jogos, como Tetris. A Figura 3-1 mostra a interface gráfica com o usuário em ação.

Por outro lado, o Inferno é bem incomum. Visto que foi feito para ambientes pequenos, o Inferno é executado sem parte do hardware que normalmente é necessária para sistemas multiusuário de compartilhamento de tempo. Todas as aplicações são escritas na linguagem de programação Limbo, exclusiva do Inferno. Os programas em Limbo são compilados na máquina virtual (VM, do inglês virtual machine) Dis. (A VM Dis é bem semelhante ao mecanismo P-code associado ao UCSD Pascal ou, mais recentemente, à Java Virtual Machine, que executa bytecode[2] compilado a partir do código-fonte em Java.) Isso permite que o mesmo código compilado seja executado em todas as plataformas suportadas. O Inferno não só é executado de forma nativa em várias arquiteturas, mas também pode ser executado como aplicação hospedada em qualquer um de vários sistemas operacionais convencionais. A maior parte do nosso exame da implementação do Inferno se centraliza na versão hospedada. A exceção principal é o nosso estudo do suporte aos dispositivos de E/S, a qual examina o código que faz parte da versão nativa do Inferno.

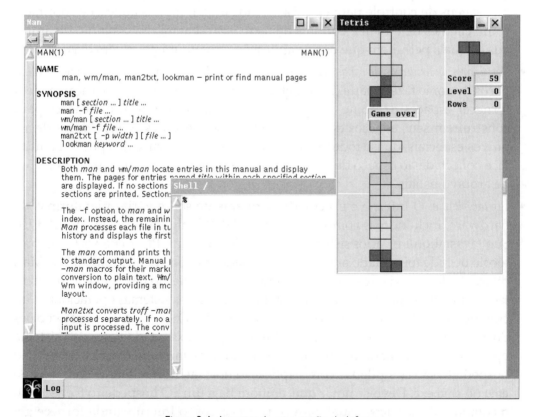

Figura 3-1: Amostra de uma sessão do Inferno

---

[2] Tipo de código intermediário, independente de máquina física, que pode ser executado (interpretado) diretamente por uma máquina virtual. (N.R.T.)

A maioria dessas características vem de uma combinação de várias ideias básicas, mas poderosas. Essas ideias formam o núcleo do modelo básico do kernel do Inferno. Algumas foram herdadas do Plan 9 e algumas são vitais para seu uso em ambientes em pequena escala. Esses elementos principais de projeto incluem:

- *Espaços de nome por processo*: Na maioria dos sistemas operacionais, o mesmo conjunto de nomes está disponível para todos os processos. Referimos-nos a esse conjunto de nomes disponíveis como **espaço de nome**. (Esse conceito é analisado com mais detalhes no Capítulo 17.) No Plan 9 e no Inferno, porém, cada processo pode construir seu espaço de nome exclusivo. Por exemplo, o arquivo **/foo/bar** como visto por um processo talvez não seja o mesmo arquivo visto por outro. De fato, talvez ele nem exista no segundo processo. Além disso, esses espaços de nome podem ser exportados para outras máquinas e importados delas.

- *Recursos como arquivos*: Como seu predecessor, o Plan 9, o Inferno foi desenvolvido sobre a característica do UNIX de que a interface de arquivo pode ser usada para mais do que apenas dados persistentes. De fato, a maioria dos recursos e serviços é fornecida na forma de nomes que parecem arquivos. Esses nomes são fornecidos pelos servidores de arquivos, alguns dos quais são construídos sobre o kernel e são aplicações normais. Por exemplo, em vez de ter chamadas ao sistema especiais para rede, no Inferno abrimos arquivos especiais e escrevemos mensagens de controle para eles. De modo similar, muitas aplicações normais, como clientes de e-mail e editores de texto, apresentam um conjunto de arquivos os quais permitem que outras aplicações se comuniquem com elas.

- *Servidores de arquivos de espaço de usuário*: Nem todos os serviços que fornecem espaços de nome fazem parte do kernel do Inferno. Programas da aplicação podem fornecer espaços de nome que podem ser usados por outras aplicações para construírem seus espaços de nome. De fato, pelo uso desses servidores de arquivos especiais, quase todos recursos e serviços são fornecidos por uma interface conectada ao espaço de nome e podem ser usados por meio das operações de arquivo usuais.

- *Portabilidade*: O Inferno é executado nativamente sobre várias plataformas de hardware, incluindo as compatíveis com IBM-PC, alguns modelos do iPAQ, o Sun Javastation 1 e vários sistemas construídos sobre a CPU do PowerPC. O protocolo de rede foi portado até para o controlador de robô Lego Mindstorms. Mas, diferente da maioria dos sistemas operacionais, o Inferno também é implementado como uma aplicação que é executada sobre outros sistemas operacionais, incluindo Linux, FreeBSD, Solaris, IRIX, HP-UX, Mac OS X, Plan 9 e várias versões do Microsoft Windows. A versão do Inferno que é executada por outro sistema operacional é chamada de Inferno hospedado. As implementações de Inferno hospedado são compiladas como aplicação normal, normalmente chamada de **emu** ou **emu.exe**. Deve-se notar que, embora haja um SO hospedeiro fornecendo o conjunto de serviços usual para seus processos, o Inferno ainda fornece gerenciamento de processo, gerenciamento de memória, sistemas de arquivos e segurança para suas aplicações. A maioria das solicitações para dispositivos de

E/S é retransmitida pelo Inferno ao SO hospedeiro, como também as operações de rede de baixo nível.

- *Limbo e Dis*: Todos os programas de aplicação do Inferno são escritos em Limbo, uma linguagem modular que compila para uma máquina virtual chamada Dis. Essa característica contribui para vários recursos do Inferno. Visto que a linguagem Limbo e o interpretador de máquina virtual foram projetados para limitar os acessos à memória apenas aos que são seguros, o Inferno pode ser executado em máquinas sem hardware de gerenciamento de memória. O uso de um conjunto de instruções de máquina virtual torna as aplicações compiladas portáveis entre plataformas de hardware. Por fim, o código da aplicação compilada é mais compacto do que o código compilado nativamente. Naturalmente, a contrapartida para as instruções interpretadas da máquina virtual é o desempenho. Para compensar essa desvantagem, o interpretador de máquina virtual fornece compiladores *just-in-time* para a maioria das plataformas. Essa facilidade traduz as instruções Dis em instruções nativas durante a execução, permitindo que as aplicações sejam executadas na velocidade dos compilados nativamente.

- *Protocolo Styx*: As aplicações se comunicam com servidores de arquivos por meio do protocolo Styx. Isso acontece independente de o servidor e a aplicação residirem na mesma máquina ou em máquinas diferentes.
  Essa é uma simplificação exagerada. Quando o servidor está na máquina local e é fornecido pelo kernel, a pilha de protocolo (que cria as mensagens) é desviada, e as solicitações Styx são transformadas em chamadas de função. Ao ocultar a distinção entre serviços locais e remotos, o Inferno torna o desenvolvimento de aplicações para os recursos de computação distribuída tão diretos quanto o desenvolvimento deles para computadores individuais.

Ao longo do nosso estudo da estrutura interna do Inferno, veremos como esses conceitos trabalham juntos para fornecer uma plataforma eficiente e capaz para todas as aplicações. Com exceção dos servidores de arquivos de espaço de usuário, nossa apresentação não acompanha esses elementos, mas acompanha as áreas principais de responsabilidade do SO, incluindo processos, memória, dispositivos de E/S e sistemas de arquivos. Contudo, ao longo do caminho, vemos como cada um desses elementos de projeto se junta para formar um sistema bem projetado e poderoso.

3.3 Organização

Com alguns dos conceitos básicos do projeto do Inferno em mãos, voltamos nossa atenção, agora, à estrutura geral do sistema. Há dois aspectos dessa estrutura que destacamos. Primeiro, o modo como os vários subsistemas se ajustam é um reflexo do modo em que os elementos básicos de projeto foram preparados no código real. Segundo, a organização do código-fonte em si é importante ao fazermos nosso passeio pelos detalhes do Inferno.

3.3.1 Arquitetura básica

Em razão do uso generalizado de servidores de arquivos e, especialmente, daqueles executados como aplicações normais, podemos esperar ver um modelo de microkernel. Contudo, esse não é o caso. Todos os servidores que fornecem serviços relacionados ao gerenciamento de processo, gerenciamento de memória e suporte a dispositivos de E/S são integrados ao kernel. Portanto, esse modelo é como o de muitos outros sistemas, em essência um kernel monolítico com o sistema de arquivos persistente convencional implementado como programa de aplicação. Porém o uso da interface padrão (Styx) para todos os servidores integrados resulta em algumas das mesmas vantagens de projeto dos microkernels.

Já sugerimos os elementos básicos da estrutura do Inferno. Todos os programas de aplicação são escritos em Limbo e compilados em módulos de bytecode Dis. Cada programa de aplicação é interpretado (ou compilado durante a execução) pelo interpretador da máquina virtual Dis. As aplicações Limbo completas, em geral, carregam módulos adicionais de suporte no momento da execução. Vários módulos Limbo fundamentais são construídos para o interpretador. Alguns deles incluem:

- um módulo de sistema que fornece uma interface para serviços de sistema operacional de forma bem semelhante ao que fazem as chamadas ao sistema em sistemas operacionais típicos;

- um módulo integrado de desenho que fornece capacidade gráfica básica para os programas Limbo;

- um módulo "keyring" para gerenciar as chaves usadas para autenticar conexões de rede e para criptografia de dados;

- uma biblioteca de funções matemáticas que tem o mesmo papel da biblioteca matemática ANSI/POSIX padrão;

- o módulo Tk, construído sobre o suporte gráfico para fornecer um conjunto de funções de interface de usuário e gerenciamento de janela com base no kit de ferramentas Tk, criado para a linguagem de script TCL.

Subjacente ao interpretador de máquina virtual, temos uma coleção típica de facilidades para gerenciar recursos computacionais. Temos componentes convencionais de gerenciamento de processo, gerenciamento de memória e gerenciamento de dispositivos de E/S. Mais ou menos exclusivo de sistemas como o Inferno e o Plan 9 é o componente de gerenciamento de espaço de nome. Funcionalmente, ele serve aproximadamente como o suporte a sistema de arquivos encontrado em outros sistemas operacionais, mas gerencia apenas como a árvore de diretório por processo é estruturada em vez de gerenciar arquivos normais.

Além dos componentes normais de gerenciamento de recursos, o kernel do Inferno também inclui vários servidores integrados de arquivo. Esses servidores de arquivo fornecem serviços como saída de áudio, display gráfico, acesso a dispositivos de E/S e a facilidades de rede. Uma aplicação, em geral, incorpora os espaços de nome fornecidos por cada um desses servidores em seu espaço de nome exclusivo.

Por fim, muitos dos componentes descritos aqui usam o protocolo Styx para interagir uns com os outros e com componentes em outras máquinas. O protocolo em si, que é descrito em mais detalhes na Seção 19.1.1, fornece a infraestrutura para clientes se comunicarem com servidores de arquivo. Em especial, o protocolo define mensagens para autenticar e conectar-se a servidores, ler e gravar dados, e criar e excluir arquivos. Além dessas operações básicas, o Styx define mensagens que passam por uma árvore de diretório e que leem e atualizam os metadados descritivos dos arquivos. Ao afunilar todos os serviços em um protocolo comum, o Inferno obtém um elemento-chave do seu objetivo de portabilidade. As aplicações podem ser escritas para operar igualmente bem usando serviços locais ou remotos.

Em algum nível, o sistema operacional (hospedado ou nativo) deve acessar dispositivos físicos e alocar memória física. No caso do Inferno hospedado, esses acessos são transmitidos por meio do sistema operacional hospedeiro. No Inferno nativo, eles são manuseados por meio de drivers de dispositivo convencionais. A estrutura geral do Inferno é ilustrada na Figura 3-2.

3.3.2 Organização do código-fonte

Quase todo o código do kernel do Inferno é escrito em linguagem de programação C. Ele é dividido entre vários diretórios, descritos ao longo do restante desta seção. Vamos começar com o dois a seguir:

- **emu**: Esse diretório contém o código-fonte principal para os kernels hospedados. O subdiretório de porte inclui código comum a todos os sistemas operacionais hospedeiros. Também há diretórios nomeados de acordo com os vários sistemas operacionais hospedeiros, como **Linux**, **Plan9** e **Nt**. Esses diretórios contêm código exclusivo do hospedeiro correspondente.

Módulos Limbo					
Interpretador de máquina virtual Dis e Compilador JIT					
Módulos integrados (por exemplo, **Sys**, **Math**, **Draw**, **Tk**)					
Gerenciamento de espaço de nome	Gerenciamento de processo	Gerenciamento de memória	Drivers de dispositivos (Nativos)	Drivers de Hospedeiro (Hospedados)	Styx

Figura 3-2: Organização do sistema Inferno

- **os**: No diretório **os**, encontramos código para os portes nativos do Inferno. Como no caso da versão hospedada, o diretório de porte contém código independente de plataforma e vários diretórios nomeados que contêm código exclusivo das plataformas nomeadas.

As seguintes bibliotecas contêm código que é comum às versões hospedada e nativa do Inferno:

- lib9: Esse diretório contém código que implementa várias funções que fazem parte do ambiente de programação do Plan 9, mas que talvez não estejam presentes em outros ambientes hospedeiro.
- libdraw: Essa biblioteca fornece a implementação do módulo integrado **Draw**. Fornece a interface de baixo nível para desenho no Limbo.
- libfreetype: O diretório libfreetype tem código para renderizar as fontes TrueType. Foi desenvolvido e distribuído pelo projeto FreeType.
- libinterp: Essa biblioteca implementa o interpretador Dis e compiladores *just-in-time*.
- libkeyring: Os arquivos nesse diretório definem várias funções que são usadas para gerenciar listas de chaves usadas para autenticação e criptografia.
- libmath: O diretório libmath contém código para o módulo matemático integrado. Fornece todo suporte de ponto flutuante para o Limbo. A biblioteca é construída sobre uma implementação distribuída gratuitamente da biblioteca matemática ANSI/POSIX desenvolvida pela Sun Microsystems.
- libmemdraw e libmemlayer: O código contido nesses dois diretórios implementa os detalhes do dispositivo de desenho normalmente fornecidos na árvore de diretório cuja raiz se encontra em /dev/draw.
- libtk: Nesse diretório, encontramos o código que implementa o módulo integrado **Tk**. Com base no kit de ferramentas GUI, desenvolvido para a linguagem de script TCL, esse módulo forma a base do desenvolvimento GUI do Limbo.

Um subconjunto selecionado da hierarquia dos diretórios de código-fonte é apresentado na Figura 3-3.

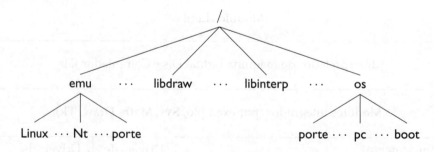

Figura 3-3: Estrutura de diretório de código-fonte do Inferno

3.4 Inicialização

No Capítulo 1, o tópico de bootstrapping é discutido após o de estrutura de SO. No Inferno, o estudo da inicialização do sistema pode tomar dois caminhos. Para o Inferno que é executado nativamente, o processo de bootstrapping é similar ao tratado na Seção 1.5. Os detalhes, porém, dependem muito do sistema real no qual está sendo executado. No caso de um computador convencional, o kernel do Inferno é carregado do disco de forma bem semelhante a qualquer SO. Para sistemas embarcados menores, o kernel provavelmente é armazenado de forma permanente em algum tipo de memória não volátil do qual ele pode ou não ser copiado para a memória principal do sistema.

Visto que a maior parte do nosso estudo se concentra na versão hospedada do Inferno, analisaremos aqui o processo de inicialização apenas nesse caso. A versão nativa do Inferno tem uma estrutura geral similar, mas difere bastante nos detalhes. Ao ser executado de forma nativa, o Inferno é responsável por inicializar todo o hardware. Se hospedado, o SO hospedeiro cuida disso para ele.

Antes de entrar nos detalhes, porém, é bom termos uma visão geral do processo de inicialização. Quando o sistema passa de ser carregado na memória até o ponto em que executa as aplicações, ele percorre as seguintes etapas:

1. Processa os argumentos da linha de comando para configurar vários parâmetros opcionais do sistema. Alguns exemplos desses parâmetros são a geometria do ambiente de janelas, a localização do diretório-raiz do Inferno e se será usado compilador *just-in-time*.

2. Identifica o usuário que tem acesso a dispositivos e outros recursos do sistema, obtendo tal informação do sistema operacional hospedeiro, se possível.

3. Inicializa qualquer coisa específica do ambiente do SO hospedeiro. Nas seções seguintes, usamos o Linux como exemplo de SO hospedeiro. No caso do Linux, uma das inicializações principais é configurar o comportamento adequado dos sinais que podemos receber.

4. Cria um novo processo que serve de ancestral de todos os processos que criamos para executar VMs Dis.

5. Identifica esse processo como pertencendo a um novo grupo de processos, um novo grupo de arquivos e um novo grupo de ambientes. O efeito dessa etapa é declarar que esse processo não herda qualquer característica de um processo-pai no Inferno.

6. Inicializa os dispositivos. Mesmo no caso de Inferno hospedado, temos componentes de SO que se comportam como dispositivos e precisamos inicializar os que necessitarem disso.

7. Prepara um espaço de nome inicial. Ao fazer isso, preparamos um diretório-raiz ao qual tudo o mais fica anexado. Então, conectamos vários "drivers" ao diretório-raiz. Na realidade, esses drivers são todos pequenos servidores de arquivo, e estamos, na verdade, conectando cada uma de suas árvores à árvore principal.

8. Cria um novo processo para executar uma cópia da VM Dis.

9. Cria um estado inicial para o suporte a ponto flutuante.

10. Inicializa a VM Dis.

11. Carrega um módulo Dis inicial. Esse módulo se torna o primeiro código de aplicação a ser executado e, por sua vez, torna-se ancestral de todos os processos de aplicação. Seu objetivo principal é executar qualquer inicialização

48 ■ Princípios de sistemas operacionais

em nível de aplicação que seja necessária e iniciar qualquer programa necessário para permitir que os usuários interajam com o sistema.

12. Configura esse módulo para estar pronto para a execução quando a VM inicializar e para que possa servir como pai para qualquer outro processo de inicialização.

13. Começa a executar a VM Dis, o que resulta no início do compartilhamento de tempo.

Depois que o sistema concluir essas etapas, ele não se comporta mais como um único programa independente. Daí por diante, o sistema Inferno em execução executa principalmente aplicações e código que fornece serviços para essas aplicações.

3.4.1 Como iniciar o Inferno

Conforme descrito na Seção 1.5, o primeiro passo para inicializar um SO é carregá-lo na memória. Nas implementações hospedadas do Inferno, isso é feito pelo sistema operacional hospedeiro. Como é comum em programas C, o ponto de entrada no nível de código-fonte é *main( )*. No Inferno, essa função é definida em emu/port/main.c, como segue:

```
void main (int argc, char *argv [])
{
    char *opt, *p;
    char *enva[20];
    int envc;
```

A maior parte dessas primeiras linhas de *main ( )* processa qualquer variável de ambiente reconhecida. Se for configurado INFERNO ou ROOT, elas apresentam a localização do diretório-raiz do Inferno. Contudo, essa especificação pode ser cancelada com a variável EMU ou a opção de linha de comando −r. Após processar essas variáveis, analisamos as opções dadas na linha de comando para o emu e na variável de ambiente EMU.

```
    quotefmtinstall( );
    savestartup(argc, argv);
    if ((p = getenv ("INFERNO")) ≠ nil ∨ (p = getenv ("ROOT")) ≠ nil)
        strecpy (rootdir, rootdir + sizeof (rootdir), p);
    opt = getenv ("EMU");
    if (opt ≠ nil ∧ *opt ≠ ' \ 0 ') {
        enva [0] = "emu";
        envc = tokenize (opt, &enva [1], sizeof (enva) − 1) + 1;
        enva [envc ] = 0;
        option (envc, enva, envusage);
    }
    option (argc, argv, usage);
```

O Inferno utiliza um usuário especial chamado *eve*. *Eve* também é chamado de proprietário hospedeiro. Muitas políticas de segurança se baseiam na ideia de proprietário. O proprietário de um recurso tem mais privilégios que os outros usuários. O Inferno faz o mesmo, e o *eve* é o usuário que é proprietário dos recursos, como servidores integrados, dispositivos e assim por diante. Até sabermos quem realmente somos, configuramos o valor de *eve* como `inferno`. Esse é o padrão para o Inferno nativo. Para o Inferno hospedado, o usuário que executa o Inferno torna-se o *eve*. Em ambos os casos, isso pode ser cancelado por um processo de login.

eve = *strdup*(`"inferno"`);

Agora temos a opção de imprimir uma mensagem de início. Isso é feito se a opção -v for configurada. A mensagem contém o número de versão do Inferno, o ID do processo hospedeiro e o flag que indica se o compilador *just-in-time* da máquina virtual deve ser invocado.

opt = `"interp"`;
if (*cflag*)
   opt = `"compile"`;
if (*vflag*)
   print (`"Inferno`␣`%s`␣`main`␣`(pid=%d)`␣`%s\n"`,`VERSION`, *getpid*( ), *opt*);

Por fim, chamamos *libinit* ( ). É ali que começamos a inicialização do sistema. Até este ponto, só abordamos alguns parâmetros de ambiente e linha de comando que controlam o comportamento posterior. Nossa inicialização vai operar em duas fases: a primeira é aquela que é necessária para o SO hospedeiro; e a segunda, a inicialização do Inferno independente do SO hospedeiro. Essa função nunca retorna. Não precisamos esperar o fim de *main* ( ) para sair do programa. Isso é algo típico dos sistemas operacionais. Muitas vezes lidamos com o desligamento do sistema de um modo especial em vez de retornar a partir da rotina de entrada. (Em alguns casos, porém, o SO sai retornando a partir de sua rotina de entrada. Nesses casos, retornamos a um carregador que geralmente para o sistema quando o controle retorna.) A variável *imod* é um ponteiro que é inicializado para apontar para a string `/dis/emuinit.dis`, que é o nome de um arquivo que contém o código de inicialização em nível de usuário. Se `emu` for executado com a opção -d, o parâmetro seguinte é usado como nome de arquivo do código de inicialização.

    libinit (*imod*);
}

3.4.2 Inicialização específica do SO hospedeiro

A função *libinit* ( ) é definida no código de sistema por hospedeiro. Para ilustrar, examinaremos a versão Linux, definida em **emu/Linux/os.c**, como segue:

```
void libinit (char *imod)
{
    struct termios t;
    struct sigaction act;
    sigset_t mask;
    struct passwd *pw;
    Proc *p;
    void *tos;
    char sys[64];
```

A primeira parte da função estabelece uma nova sessão para esse processo. Depois, obtemos algumas informações sobre o ambiente do hospedeiro. Nesse ponto, estamos interessados no nome do hospedeiro e no ID de usuário e de grupo do usuário nobody (se ele existir).

```
setsid( );
gethostname(sys, sizeof (sys));
kstrdup (&ossysname, sys);
pw = getpwnam ("nobody");
if (pw ≠ nil) {
    uidnobody = pw→pw_uid;
    gidnobody = pw→pw_gid;
}
```

Se a opção daemon não estiver configurada, precisamos configurar os modos de terminal adequados. (Para quem não conhece daemons, eles podem ser basicamente descritos como processos que não estão associados a qualquer interface de usuário e fornecem serviços a outros processos.) No nosso caso, esse teste se resume à questão de termos ou não um terminal anexado. Se não, não vamos tentar configurar parâmetros de terminal. Visto que o Inferno gerencia a maioria dos processos normais de teclado (eco, deleção de caracteres etc.), desligamos a maior parte dessas funções no SO hospedeiro.

```
if (dflag ≡ 0)
    termset( );
```

A próxima seção grande de código configura o comportamento correto dos sinais. Os sinais são um recurso do UNIX, que opera como as interrupções de software para as aplicações. Quando um sinal é enviado com uma chamada ao sistema kill( ), ele interrompe o processo e o sinal é tratado de acordo com a ação identificada para ele. Aqui, determinamos alguns dos sinais a serem ignorados, mas registramos funções do tratador de sinal para a maioria deles. A maioria desses tratadores na verdade apresenta uma exceção, causando a reinicialização do processo VM que recebeu o sinal.

```
memset(&act, 0, sizeof (act));
act.sa_handler = trapUSR1;
sigaction(SIGUSR1, &act, nil);
sigemptyset(&mask);
sigaddset(&mask, SIGUSR2);
sigprocmask(SIG_BLOCK, &mask, /\);
memset (&act, 0, sizeof (act));
act.sa_handler = trapUSR2;
sigaction(SIGUSR2, &act, nil);
act.sa_handler = SIG_IGN;
sigaction (SIGCHLD, &act, nil);
/* For the correct functioning of devcmd in the face of exiting slaves */
signal(SIGPIPE, SIG_IGN);
if (signal(SIGTERM, SIG_IGN) ≠ SIG_IGN)
    signal(SIGTERM, cleanexit);
if (signal(SIGINT, SIG_IGN) ≠ SIG_IGN)
    signal(SIGINT, cleanexit);
if (sflag ≡ 0) {
    act.sa_handler = trapBUS;
    sigaction (SIGBUS, &act, nil);
    act.sa_handler = trapILL;
    sigaction(SIGILL, &act, nil);
    act.sa_handler = trapSEGV;
    sigaction(SIGSEGV, &act, nil);
    act .sa_handler = trapFPE;
        sigaction(SIGFPE, &act, nil);
}
```

Agora chegamos à inicialização específica do Inferno. A conclusão do restante da função é que criamos um processo inicial que executa a função *emuinit*( ) no módulo inicial Dis. A função *newproc*( ) cria uma estrutura de processo inicial e chama *addprog*( ) (que veremos no Capítulo 7) para colocar o processo na lista de prontos, o que significa que ele está pronto para a execução. Depois, alocamos espaço na pilha para o novo processo.

```
p = newproc( );
p→ kstack = stackalloc(p, &tos);
```

Neste ponto, cancelamos a identidade de *eve* se conseguirmos obter o nome de usuário no hospedeiro. De modo similar, configuramos o ID do usuário e do grupo se eles estão disponíveis.

pw = getpwuid(getuid( ));

if *(pw ≠ nil)*

    kstrdup(&eve, pw→pw_name);

else

    print("`cannot⌴getpwuid\n`*");*

p→env→uid = getuid( );

p→env→gid = getgid( );

A função final, *executeonnewstack( )*, é uma rotina específica do sistema (em linguagem de montagem no caso do Linux). Para uma primeira aproximação, essa função muda para a pilha recém-alocada (da chamada inicial para *stackalloc( )*) e chama a função *emuinit( )*.

    executeonnewstack(tos, emuinit, imod);

}

Neste ponto, devemos admitir que estamos simplificando demais. Até agora, apresentamos o Inferno como se todo processo dele fosse a execução de um programa escrito em Limbo e interpretado pelo interpretador da VM Dis. A realidade é um pouco mais complexa. Há alguns processos que são gerenciados pelo gerenciamento de processo do Inferno, mas que, na verdade, são processos normais do hospedeiro. A função *newproc( )* cria um desses. No Capítulo 7, analisamos as distinções e papéis desses dois tipos de processos em mais detalhes.

3.4.3 Inicialização independente do SO Hospedeiro

Nossa cadeia de inicialização agora nos leva de volta ao **emu/port/main.c**, onde *emuinit( )* é definido como:

void *emuinit* (**void** *∗imod*)

{

    Osenv *∗e;*

Primeiro, configuramos um ambiente para esse processo inicial. A parte principal disso é reconhecer que não estamos herdando qualquer informação de processo, arquivo ou ambiente de um processo-pai. Antes de seguir adiante, esta é a primeira vez que encontramos o *up*. Essa variável global sempre indica a entrada de tabela de processos (analisada no Capítulo 5) do processo em execução corrente.

$e = up{\rightarrow}env;$

$e{\rightarrow}pgrp = newpgrp(\ );$

$e{\rightarrow}fgrp = newfgrp(nil);$

$e{\rightarrow}egrp = newegrp(\ );$

$e{\rightarrow}errstr = e{\rightarrow}errbuf0;$

$e{\rightarrow}syserrstr = e{\rightarrow}errbuf1;$

$e{\rightarrow}user = strdup("\ ");$

Depois, inicializamos o conjunto de dispositivos que temos. A função *chandevinit*( ) faz um loop por um conjunto de dispositivos, chamando uma função de inicialização para cada um deles. Esse conjunto é construído por um script que analisa todos os arquivos de código-fonte de dispositivo e extrai a declaração de estrutura de cada um, no momento em que o SO é compilado. Vemos um exemplo dessa definição de estrutura no Capítulo 19.

links( );

chandevinit( );

As próximas duas linhas fazem parte de uma técnica de gerenciamento de erro usada em todo o Inferno. O modo de encará-la é entender que a "chamada" *waserror*( ) (que, na verdade, é uma macro) avalia como falso quando chegamos a essa parte do código pela primeira vez. Depois, se encontrarmos um erro em uma das funções que chamarmos, chamamos a função *error*( ), que transfere o controle de volta para este ponto, fazendo o *waserror*( ) avaliar como verdadeiro. Quem está familiarizado com os ambientes ANSI POSIX reconhecerá que isso é implementado usando *setjmp*( ) e *longjmp*( ) nesses ambientes. Esse mecanismo é bem semelhante a um cruzamento entre declarações **goto** não locais e mecanismos **throw** /**catch**.

if (*waserror*( ))

 panic(`"setting␣root␣and␣dot"`);

Visto que cada processo pode montar seu próprio espaço de nome exclusivo, cada processo deve ter um local de início. Para a maioria dos processos, o ponto de início é um espaço de nome herdado do pai do novo processo. Como estamos configurando as coisas para o primeiro processo VM, não temos um pai. Então, aqui configuramos a raiz inicial do espaço de nome. A maioria das etapas aqui é normalmente realizada quando instalamos ou conectamos. Contudo, aqui não há algo para instalar ou conectar; então, temos de fazer isso "à mão".

$e{\rightarrow}pgrp{\rightarrow}slash = namec("\#/\ ", Atodir, 0, 0);$

$cnameclose(e{\rightarrow}pgrp{\rightarrow}slash{\rightarrow}name);$

$e{\rightarrow}pgrp{\rightarrow}slash{\rightarrow}name = newcname("/\ ");$

$e{\rightarrow}pgrp{\rightarrow}dot = cclone(e{\rightarrow}pgrp{\rightarrow}slash);$

poperror( );

strcpy(up→text, "`main`");

Essas poucas linhas abrem o console para três descritores de arquivo. Como em ambientes POSIX, os processos do Inferno em geral começam com os descritores de arquivo abertos para os arquivos padrão de entrada, de saída e de erro. Para o nosso processo inicial, esses três se referem ao console.

if (*kopen*("`#c/cons`", `OREAD`) $\neq$ 0)

    fprint(2, "`failed␣to␣make␣fd0␣from␣#c/cons:␣%r\n`");

kopen("`#c/cons`", `OWRITE`);

kopen("`#c/cons`", `OWRITE`);

A próxima parte do código constrói o espaço de nome que nosso processo inicial vai necessitar. A maioria do que fazemos aqui é chamada para *kbind*( ). Essa função interna de kernel tem o mesmo papel que a chamada ao sistema *bind*( ) disponível às aplicações. Ela conecta um conjunto de nomes a outro. Nesses casos, estamos conectando os nomes fornecidos por alguns dos servidores integrados de arquivo do kernel para o espaço de nome que estamos criando. Mas isso cria um problema do tipo "quem surgiu primeiro: o ovo ou a galinha?". Como fazer referência aos nomes que queremos conectar se eles ainda não fazem parte do nosso espaço de nome? A resposta é que fornecemos um espaço de nome separado e pequeno que abranja apenas os servidores integrados de arquivo. Cada servidor integrado tem associado a ele um nome na forma #x, onde x é um único caractere. Cada um desses servidores declara o caractere x que ele usa. Por exemplo, a notação #c se refere ao espaço de nome fornecido pelo servidor de dispositivo de console. Quando o conectamos a /**dev**, estamos dizendo que todos os nomes fornecidos por esse servidor devem estar disponíveis no diretório /**dev**.

/* the setid cannot precede the bind of #U */

kbind("`#U`", "`/`", `MAFTER` | `MCREATE`);

setid(*eve*, 0);

kbind("#^", "/dev", `MBEFORE`);   /* snarf */

kbind("#^", "/chan", `MBEFORE`);

kbind("#m", "/dev", `MBEFORE`);   /* pointer */

kbind("#c", "/dev", `MBEFORE`);

kbind("#p", "/prog", `MREPL`);

kbind("#d", "/fd", `MREPL`);

kbind("#I", "/net", `MAFTER`);   /* will fail on Plan 9 */

/* BUG: we actually only need to do these on Plan 9 */

kbind("#U/dev", "/dev", `MAFTER`);

kbind("#U/net", "/net", `MAFTER`);

kbind("#U/net.alt", "/net.alt", `MAFTER`);

Agora, configuramos mais alguns dados do ambiente. Especialmente, pegamos os argumentos para emu e os configuramos, além de mais alguns detalhes de hospedeiro, como valores de ambiente fornecidos pelo servidor de arquivos de ambiente.

if (*cputype* ≠ *nil*)

    ksetenv("`cputype`", *cputype*, 1);

putenvqv("`emuargs`", *rebootargv, rebootargc*, 1);

putenvq("`emuroot`", *rootdir*, 1);

ksetenv("`emuhost`", *hosttype*, 1);

Essa chamada para *kproc*( ) cria um novo processo que será escalonado pelo sistema operacional hospedeiro. Ele compartilha espaço de memória e arquivos com o processo-pai. Em muitos ambientes, esse tipo de processo é visto como uma thread. Essa thread executa a função *disinit*( ) no módulo Dis inicial. Em muitos sentidos, o *kproc*( ) funciona de forma bem parecida às últimas linhas de *libinit*( ). De fato, o *kproc*( ) também chama *newproc*( ).

kproc("`main`", *disinit, imod*, `KPDUPFDG` | `KPDUPPG` | `KPDUPENVG`);

Aqui, esse processo-pai basicamente vai dormir. Tudo que a função *ospause*( ) faz é ficar dormindo repetidamente por um longo tempo. Ela tem seu próprio loop infinito e é chamada nesse loop. (Não há algo errado em usar cinto e suspensórios ao mesmo tempo.)

for (;;)

    ospause( );

}

3.4.4 Como iniciar o compartilhamento de tempo

Como indica o nome, o *disinit*( ) inicializa o interpretador de máquina virtual e executa o módulo inicial. Ele é definido no arquivo **emu/port/dis.c** como:

void *disinit*(**void** **a*)

{

    Prog **p*;

    Osenv **o*;

    Module **root*;

    char **initmod = a*;

Como no *emuinit*( ), podemos gerar erros em algumas funções que chamamos, de modo que precisamos de um lugar para o qual voltar. Nesse caso, se obtivermos um erro, chamamos *panic*( ), que faz o SO parar.

if (*waserror*( ))

    panic("`disinit␣error:␣%r`");

56 ■ Princípios de sistemas operacionais

Aqui está outra mensagem gerada se a opção –v é usada com emu. Ela reporta o nome do módulo que estamos executando para efetuar as inicializações em nível do usuário.

if (*vflag*)

print("Initial␣Dis:␣\"%s\"\n", *initmod*);

fmtinstall('D', *Dconv*);

Aqui, inicializamos o subsistema de ponto flutuante da VM Dis.

FPinit( );

FPsave(&*up→env→fpu*);

Essas três chamadas concluem a inicialização de vários itens internos. Não há algo de especialmente importante nelas, com uma exceção. A função *modinit*( ) não está definida em qualquer um dos arquivos de código-fonte originais. Outro arquivo de código-fonte chamado **emu.c** é criado durante o processo de compilação e contém o código para essa função.

opinit( );

modinit( );

excinit( );

Agora, finalmente, podemos executar o código no módulo inicial. Primeiro, o carregamos na memória. Depois, chamamos *schedmod*( ), que cria um processo do Inferno para o módulo e o acrescenta à lista de prontos. Por fim, depois de uma pequena contabilidade, chamamos *vmachine*( ), que é encontrada em **emu/port/dis.c** e é o loop principal da máquina virtual. Vamos analisar *vmachine*( ) no Capítulo 7.

root = *load*(*initmod*);

if (*root* ≡ 0) {

  kgerrstr(*up→genbuf*, **sizeof** *up→genbuf*);

  panic("loading␣\"%s\":␣%s", *initmod*, *up→genbuf*);

}

p = *schedmod*(*root*);

memmove(*p→osenv*, *up→env*, **sizeof**(**Osenv**));

o = *p→osenv*;

incref(&*o→pgrp→r*);

incref(&*o→fgrp→r*);

incref(&*o→egrp→r*);

if (*o→sigs* ≠ *nil*)

  incref(&*o→sigs→r*);

o→user = *nil*;

kstrdup(&*o→user*, *up→env→user*);

o→errstr = o→errbuf0;

o→syserrstr = o→errbuf1;

isched.idle = 1;

poperror( );

vmachine(nil);

}

3.5 Chamadas ao sistema

Com a chamada de *vmachine*( ) ao fim de *disinit*( ), começa o compartilhamento de tempo. Nesse ponto, o papel principal do sistema é executar o código Dis de aplicações escritas em Limbo. Como se dá com outros sistemas, essas aplicações podem fazer solicitações de serviços do Inferno. Na Seção 1.6, denominamos essas solicitações de chamadas ao sistema.

O Inferno tem uma abordagem incomum para as chamadas ao sistema. Ele não as tem, no sentido convencional. Embora todas as aplicações e muitos outros módulos do Inferno sejam escritos em Limbo e compilados em código Dis, alguns módulos não são escritos em Limbo. Esses módulos são escritos em C e integrados ao interpretador Dis.

Um dos módulos integrados é chamado de **Sys**. O módulo **Sys** contém a maior parte da funcionalidade que normalmente associamos às chamadas ao sistema. Por exemplo, as chamadas para abrir, fechar, ler e gravar arquivos são encontradas no **Sys**. Algumas funções do **Sys** não são típicas de chamadas ao sistema, mas são mais comuns em bibliotecas convencionais. (A função *tokenize*( ) é um exemplo dessas. Ela divide uma string em tokens.)

Alguns serviços que normalmente têm chamadas ao sistema não são encontrados no **Sys**. A ausência da criação de processo e da alocação de memória é especialmente visível. A razão para isso é que essas operações são recursos da linguagem Limbo. A declaração **spawn** em Limbo é compilada em uma de um par de instruções Dis com base no contexto. A interpretação dessas instruções resulta na criação de um novo processo. A alocação de memória é implícita em operações como carregamento de módulo e declaração de variável.

O efeito geral dessa estrutura é um sistema totalmente funcional, mas pouco convencional. Todos os serviços comuns em sistemas operacionais estão disponíveis às aplicações, mas não há mecanismo de chamadas ao sistema para transferir o controle para o SO. Visto que o interpretador de máquina virtual Dis faz parte do SO, as chamadas ao sistema são implementadas usando instruções Dis para chamadas comuns de função no módulo **Sys**. Por sua vez, as chamadas ao sistema relacionadas a arquivos são usadas para acessar nomes fornecidos por servidores de arquivo. Esse é o mecanismo pelo qual as aplicações solicitam serviços dos servidores, quer sejam integrados ao kernel, implementados como aplicações do servidor local, quer sejam implementados como aplicações de servidor remoto.

3.6 Resumo

O Inferno é o sistema operacional mais recente produzido pelo grupo de desenvolvimento que criou o UNIX. Ele surgiu das pesquisas que resultaram no Plan 9, e se apoia no retorno das linguagens de máquina virtual. É novo em sua habilidade de executar, de forma nativa, em várias plataformas e de ser executado em forma hospedada sobre vários sistemas operacionais. Neste capítulo, examinamos os detalhes da inicialização do sistema Inferno executado em um ambiente hospedado.

3.7 Exercícios

1. A Figura 3-2 não mostra qualquer suporte a sistema de arquivos em algum lugar. Por que não? Como os sistemas de arquivos são gerenciados no Inferno hospedado? E no Inferno nativo?

2. O Inferno não usa uma instrução de interrupção de software para iniciar chamadas ao sistema. Seria viável usar essa instrução no Inferno executado nativamente? E no Inferno executado como hóspede por outro SO?

3. Quantas linhas de código estão contidas em cada um dos diretórios analisados na Seção 3.3.2?

4. O Inferno não tem a noção de superusuário ou outro usuário privilegiado. Compare e contraste o papel do *eve* com o de um superusuário.

5. Em muitos sistemas operacionais de compartilhamento de tempo (incluindo o UNIX), o hardware é propriedade de um superusuário ou outro usuário administrativo. Mas as mesmas pessoas que desenvolveram o UNIX decidiram que essas coisas seriam propriedade do usuário logado no Inferno. Por que usaram uma abordagem diferente com o Inferno?

6. É possível falhar na abertura de todos os três descritores de arquivo iniciais no *emuinit*( ), mas não imprimir uma mensagem de erro? Como?

7. Após inicializar o suporte a ponto flutuante do interpretador VM Dis, salvamos seu *status*. Por que fazer isso?

8. No *emuinit*( ), os comentários indicam que algumas das conexões se aplicam apenas a alguns SOs hospedeiros. Modifique esse código para que um espaço de nome inicial seja descrito por um arquivo armazenado no SO hospedeiro e para que esse arquivo seja usado para controlar a sequência de chamadas para *kbind*( ).

9. Modifique o código de inicialização do Inferno para solicitar ao usuário um módulo inicial para carregar, em vez de entrar em pânico porque o padrão não pode ser carregado.

Capítulo 4

Estrutura e inicialização do Linux

Agora analisaremos o segundo de nossos estudos de casos detalhados, o sistema operacional Linux. O Linux é uma implementação relativamente moderna do UNIX. Como este, o Linux começou como um pequeno projeto de um único indivíduo. Desde então, ele cresceu e transformou-se em referência para o movimento *Código Aberto* e é um dos sistemas operacionais não comerciais mais utilizados no mundo. A familiaridade que as pessoas têm com o sistema faz dele um candidato interessante e valioso para um estudo como este. Combinando o estudo dos detalhes implementacionais de um sistema com o conhecimento sobre a utilização e a programação, desse sistema, construímos uma imagem de como um afeta o outro.

Neste capítulo, seguiremos o esboço definido nos capítulos 1 e 2. Começamos analisando as origens históricas por trás do Linux, seguindo, então, para um estudo de sua estrutura organizacional. Nosso estudo de detalhes implementacionais começa com uma análise dos mecanismos de bootstrapping e de inicialização. Finalmente, veremos como as chamadas ao sistema são implementadas no Linux.

4.1 As origens do Linux

Durante o período em que o UNIX estava no início de sua fase de desenvolvimento, a AT&T era um monopólio legal executando todo o sistema de telefonia a longa distância nos Estados Unidos. Para manter esse *status*, ela foi altamente regulamentada, além de ter sido impedida de entrar em outros mercados, como o da informática. Isso mostrou que, embora o UNIX tenha sido útil nos processos internos da empresa, ele não apresentava valor comercial. Como resultado, a empresa não se importou por ele ter sido utilizado em outras organizações.

No entanto, o cenário mudou quando o Departamento de Justiça dos Estados Unidos tentou acabar com o monopólio da AT&T. O julgamento que pôs fim a esse monopólio aconteceu em 1982. Nesse meio-tempo, criou-se um interesse comercial significativo com relação ao UNIX. Com o rompimento do monopólio, a AT&T pôde entrar no mercado de informática e já possuía um sistema operacional pronto para ser comercializado, o UNIX.

60 ▪ Princípios de sistemas operacionais

Como esse sistema operacional não era mais somente um projeto de pesquisa, mas um fluxo de receita potencial, a licença de baixo custo para as universidades não estava mais disponível, e o livro *Lions' commentary on UNIX* não era mais publicado. Isso gerou um problema para os educadores. Eles não tinham mais um exemplo acessível (tanto para disponibilidade como para o entendimento) de um sistema operacional que pudessem mostrar em sala de aula. Em resposta a essa situação, bem como por outras razões pedagógicas, diversas universidades decidiram criar sistemas operacionais próprios que pudessem ser utilizados para os livros didáticos e em sala de aula. Um deles foi o MINIX, criado por Andrew Tanenbaum.

O MINIX e seu livro didático foram lançados em 1987. Ele foi desenvolvido para ser equivalente, do ponto de vista funcional, à sétima edição do UNIX e executável na maioria dos hardwares da IBM disponíveis na época. Ele podia ser executado, em particular, em uma máquina tão pequena quanto um 8086 com 256 KB de memória. A Prentice Hall deteve os direitos de distribuição do MINIX. O efeito geral disso foi que o MINIX conseguiu com sucesso tornar-se um sistema educacional, e algumas pessoas desenvolveram extensões para ele. Porém, como não podia ser distribuído gratuitamente, ele não teve seu desenvolvimento amplamente divulgado como alguns softwares da época.

Um dos estudantes que comprou o livro e o SO foi Linus Torvalds, na Finlândia. Em 1991, após ter trabalhado com o MINIX, Torvalds desenvolveu um projeto próprio que tinha dois objetivos. Primeiro, ele queria aprender mais sobre como utilizar alguns dos recursos do processador 386 da Intel que o MINIX (na época) não utilizava. Segundo, ele queria desenvolver um emulador de terminal que lhe permitisse utilizar seu computador para conectar-se aos maiores computadores da universidade e para utilizá-los.

Seu primeiro passo foi implementar a troca de contexto no 386 e utilizá-la para gerenciar dois processos, um para imprimir As na tela e um para imprimir Bs. Assim que isso foi possível, ele conseguiu efetuar o boot de seu programa (executando sem o MINIX ou qualquer outro sistema operacional para suporte), e imprimiu AAAAABBBBBAAAABBBBB.... Em seguida, desenvolveu o suporte de E/S para modificar esses dois processos de forma que um enviasse os caracteres do modem para a tela e o outro enviasse os caracteres do teclado para o modem. Assim, ele conseguiu desenvolver seu programa de emulador de terminal.

Um programa emulador de terminal é útil por si só, mas, na maioria dos casos, também se deseja que seja capaz de transferir arquivos entre uma máquina local e outra remota. Torvalds, também ciente disso, resolveu adicionar essa capacidade ao emulador. Como a maioria de seu trabalho estava sendo realizada no MINIX, fazia sentido que seu emulador de terminal pudesse acessar o sistema de arquivos do MINIX. Além do próprio suporte do sistema de arquivos, seu código também precisava do suporte de dispositivos de disco.

O leitor esperto, sem dúvida, pode enxergar o que Torvalds percebeu. Esse programa de emulador de terminal executado sem nenhum sistema operacional de suporte estava começando a assumir muito da funcionalidade de um sistema operacional. A esta altura, a natureza do projeto mudou. O objetivo, então, era desenvolver um sistema operacional.

Em 1991, Torvalds disponibilizou seu primeiro sistema operacional gratuitamente na internet. Conforme o sistema se desenvolvia, os objetivos e ambições também cresciam, de um pequeno sistema apenas para uso pessoal para algo tão funcional quanto o MINIX e, depois, para um sistema totalmente compatível com um POSIX. Então, em 1994, foi lançada a versão 1.0 do Linux. Em todo seu caminho, ele passou de um projeto pessoal para um grande projeto de colaboradores, envolvendo muitas pessoas em todo o mundo.

Desde aquele primeiro contato, o Linux cresceu de uma forma que ninguém imaginara e foi portado para dezenas de arquiteturas. O Linux se tornou a base para diversas empresas comerciais que distribuem e suportam o Linux. Ele deu origem a milhões de linhas de código. Foram lançadas inúmeras revisões do Linux e disponibilizadas diversas distribuições.

4.2 Organização

Dado o modo como o Linux se desenvolveu, sua estrutura geral e sua organização tendem a resultar em um estudo interessante. Pelo fato de ele ter sido, de certa forma, inspirado e modelado de acordo com o MINIX, e por este possuir um modelo microkernel, espera-se que o Linux também o tenha. No entanto, isso não acontece. Se analisarmos o modo como o Linux evoluiu de um simples emulador de terminal para um sistema operacional, nota-se que ele segue um modelo kernel clássico monolítico parecido com o UNIX, o qual serve de modelo tanto para o Linux como para o MINIX.

No restante desta seção, consideraremos como o projeto clássico do UNIX é utilizado no Linux. Para isso, destacaremos três aspectos principais. Primeiro, discutiremos o conjunto de subsistemas que constituem o kernel e como eles interagem. Depois, apresentaremos um elemento que não segue o padrão kernel monolítico clássico, o módulo carregável. E, finalmente, forneceremos uma visão geral da organização do código-fonte.

4.2.1 Arquitetura básica

De modo geral, o Linux é um kernel monolítico convencional com suporte para módulos carregáveis. Em 1999, Bowman et al. relataram sua tentativa de extrair a estrutura do kernel do Linux a partir da documentação e código-fonte existentes. A Figura 4-1 mostra o que eles descrevem como Arquitetura Conceitual do Linux. Na figura, as caixas representam os subsistemas principais do kernel do Linux. Uma seta saindo da caixa x indo para a caixa y indica que o subsistema x depende do subsistema y. Essa relação de dependência geralmente assume a forma de uma função no subsistema x chamando uma função no subsistema y ou utilizando uma estrutura de dados controlada pelo subsistema y. (Em nossa apresentação, simplificamos esse fato sutilmente omitindo um subsistema de Inicialização, que depende de todos os outros, e um subsistema de Biblioteca do qual todos os outros dependem.)

Cada um dos subsistemas apresentados na Figura 4-1 ilustra uma parte das responsabilidades gerais do sistema operacional discutidas na Seção 1.2:

- *Escalonador* (Scheduler) *de Processo*: Este subsistema realiza a troca de contexto e suporta o escalonamento para o gerenciamento de processo. Embora seja um subsistema relativamente pequeno, considerando o conjunto das funções que ele oferece, é um subsistema bem centralizado. Como apresentado na Figura 4-1, todos os outros subsistemas dependem dele.

- *Gerenciador de Memória*: O subsistema do gerenciador de memória é responsável por alocar memória entre vários processos no sistema. Ele também lida com aqueles casos em que a quantidade de memória exigida é maior que aquela fisicamente disponível.

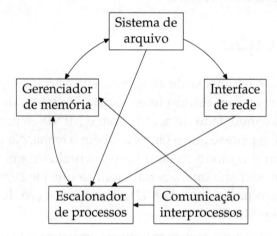

Figura 4-1: Arquitetura conceitual do Linux

- *Sistema de Arquivo*: O Linux suporta uma ampla variedade de layouts de sistema de arquivo. Esse subsistema lida com as funções esperadas para armazenar e acessar arquivos em um dispositivo de armazenamento.

- *Interface de Rede*: O subsistema de interface de rede fornece os vários protocolos que são suportados pelo Linux.

- *Comunicação Interprocessos*: Esse subsistema permite que os processos troquem dados entre si. Há três mecanismos que suportam essa troca: operações com troca direta de mensagens, áreas de memória compartilhada e primitivas que suportam sincronização entre processos.

Antes de concluirmos nosso estudo sobre os subsistemas do kernel, há ainda um fator a ser mencionado. A comparação deste conjunto de subsistemas à lista de responsabilidades no Capítulo 1 revela uma lacuna. Particularmente, esse conjunto não inclui um subsistema para tratar o suporte de dispositivo de E/S discutido no Capítulo 1. No Linux, o suporte de dispositivo de E/S é parte do suporte de sistema de arquivo. Como as outras implementações do projeto UNIX, o sistema de arquivo apresenta os dispositivos de E/S de forma que se pareçam arquivos. Por sua vez, o sistema de arquivo depende de tais dispositivos para o próprio armazenamento de arquivos. Como resultado dessa interdependência, os sistemas de arquivo e o suporte de dispositivo de E/S estão integrados no mesmo subsistema.

4.2.2 Módulos

Nem sempre é desejável construir um sistema operacional com todos os possíveis recursos suportados. No caso do Linux, incluir todos os drivers, sistemas de arquivos e protocolos de rede resultaria em uma imagem do kernel excessivamente grande. Mesmo que isso fosse feito, a maior parte do código nunca seria executada. Porém gostamos de ter disponível um sistema de arquivo específico para quando realmente precisarmos dele. Da mesma forma, há momentos em que gostamos de adicionar capacidades extras ao sistema operacional sem reinicializar a máquina. Para habilitar esses tipos de uso, o Linux suporta **Módulos Carregáveis do Kernel** (LKMs, do inglês Loadable Kernel Modules).

Normalmente, quando se constrói uma aplicação, compilam-se diversos módulos de código-fonte para módulos de código-objeto. Com isso, quando um módulo faz referência a outro, o compilador não sabe onde aquele será locado na memória, então uma referência simbólica (placeholder) é inserida no código-objeto. Depois, um programa chamado **linker** soluciona aquelas referências. Ele seleciona os diversos módulos que compõem o programa e os conecta, substituindo os placeholders pelos endereços de memória corretos. O mesmo acontece quando se constrói um kernel monolítico típico.

Porém, na construção de um LKM, mantém-se a forma de um arquivo-objeto completo com referências não solucionadas para outro código do kernel. Então, quando é necessário carregar o módulo, um programa da aplicação solicita que o kernel carregue o módulo. Este, por sua vez, aloca memória para manter o módulo, carrega-o na memória e soluciona todas as referências que o linker normalmente solucionaria. (Em kernels anteriores à versão 2.6, a resolução de símbolos era feita pelo insmod, a aplicação que carrega os módulos do kernel.)

Depois de ser carregado e ligado dinamicamente, o módulo comporta-se como qualquer outra parte do kernel. Ele pode chamar qualquer função dentro do kernel que não seja de seus próprios módulos. Pode também fazer referência a qualquer estrutura de dados global e pode alocar recursos do kernel assim como partes do kernel que estão ligadas estaticamente. Consequentemente, mesmo que os LKMs não façam parte de uma única grande imagem do kernel, eles ainda funcionam como parte do kernel monolítico.

4.2.3 Organização de código-fonte

A maioria dos sistemas Linux é escrita em C. Algumas porções pequenas de código são escritas na linguagem de montagem de várias arquiteturas. Há uma variedade de lugares em que é necessário utilizar esse tipo de linguagem em vez da escrita em C. Na maior parte são situações em que se utilizam recursos de hardware que exigem instruções que o compilador não gera ou registradores que ele não conhece.

Como a maioria dos sistemas, o código-fonte para o Linux é organizado de acordo com a funcionalidade. Na verdade, há forte correspondência entre os subsistemas na Figura 4-1 e os diretórios que contêm o código. Também se nota uma hierarquia separada do código dependente de plataforma semelhante àquela encontrada em outros sistemas com portes múltiplos. Alguns diretórios da hierarquia são apresentados na Figura 4-2. O diretório de código-fonte de nível mais alto do kernel do Linux contém os seguintes diretórios:

- **arch**: Este é um diretório em que estão todos os códigos específicos do sistema. Todos os outros são independentes de plataforma. Alguns dos subdiretórios de arquitetura são **alpha, arm, i386, ia64, m68k, mips, ppc e sparc**. A maioria desses diretórios de arquitetura contém um subdiretório chamado **boot**. Ele normalmente possui pequenos pedaços de código e scripts necessários para construir a imagem final do kernel como exigido pelo procedimento de bootstrapping para aquele sistema em particular. Outros subdiretórios dos diretórios de arquitetura espelham diretórios de fontes de nível mais alto como o **kernel** ou **mm**. Eles contêm qualquer código específico de arquitetura que suplementa ou substitui o código independente de plataforma.

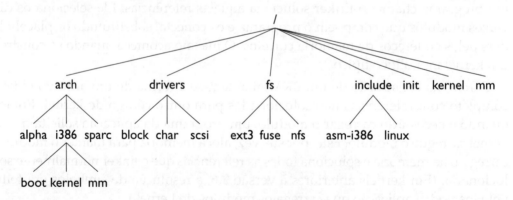

Figura 4-2: Alguns diretórios da árvore de fontes do Linux

- **crypto**: Como o nome sugere, este diretório contém o fonte para uma biblioteca de funções criptográficas. Entre outras aplicações, algumas dessas funções são utilizadas para implementar o protocolo de interconexão de redes seguro conhecido como IPsec.
- **drivers**: Esse é, sem dúvida, o maior diretório de código-fonte. Ele contém os fontes para todos os drivers de dispositivo, sejam eles ligados estaticamente no kernel ou compilados como módulos carregáveis. Os arquivos-fonte, aqui, são organizados em subdiretórios, por tipo de dispositivo. Por exemplo, o diretório net contém o código-fonte do driver para todas as interfaces de rede suportadas pelo Linux. Da mesma forma, o diretório **scsi** contém o código que suporta todos os dispositivos SCSI aceitos.

- **fs:** Como o nome sugere, este diretório contém suporte para vários sistemas de arquivo e, também, contém códigos que tratam formatos de arquivos executáveis.
- **include:** Todos os arquivos de cabeçalho (header) em linguagem C, tanto dependente de plataforma como independente de plataforma, são encontrados neste diretório.
- **init:** Contém o código responsável pela inicialização necessária para executar o kernel do Linux.
- **ipc:** Este diretório contém o código para suportar os mecanismos de comunicação de interprocessos.
- **kernel:** Neste diretório está localizado o código independente de plataforma para funções principais do kernel. Esse código suporta principalmente o gerenciamento do processo.
- **lib:** O código neste diretório forma uma pequena biblioteca de funções utilitárias utilizadas por fora do kernel do Linux. Normalmente, não compilamos um kernel de SO com bibliotecas de aplicações padrão. Consequentemente, a maioria das árvores de fontes dos sistemas operacionais contém (algumas vezes de forma simplificada) implementações de diversas funções utilitárias comuns.
- **mm:** Contém o código independente de plataforma para gerenciamento de memória. Devido ao fato de que controlar as unidades de gerenciamento de memória em hardware é uma função muito específica de cada plataforma, os diretórios de arquitetura contêm subdiretórios chamados mm, que fornecem o código necessário.
- **net:** O Linux suporta uma variedade de protocolos de conexão de redes, além do conjunto usual de protocolos TCP/IP. O código-fonte para todos esses protocolos está localizado no diretório `net`.
- **security:** O código neste diretório fornece diversos recursos de segurança opcionais. Entre eles está o suporte para o security-enhanced Linux (SELinux) da NSA.[1]
- **sound:** Este diretório contém o suporte para áudio do kernel do Linux. Diferente de outros dispositivos, os drivers de dispositivos para som estão em subdiretórios como **drivers, isa, pci, pcmcia** e **usb**.

Nem todo arquivo nesses diretórios é compilado e linkado em uma estrutura do kernel do Linux. Em vez disso, há um processo de configuração que constrói uma variedade de arquivos que controla o processo de compilação. Esses arquivos determinam quais arquivos de código-fonte são compilados para uma configuração específica. Dessa forma, a árvore de fontes completa é transformada em um kernel compilado.

---

[1] Agência de Segurança Nacional dos Estados Unidos. (N.R.T.)

4.3 Inicialização

Agora, partimos de nossa visão geral para começar uma análise das partes do código-fonte do Linux. Neste capítulo, examinamos as porções do código que correspondem aos tópicos nos capítulos 1 e 2, ou seja, a função de bootstrapping e inicialização do sistema e a função de emitir chamadas ao sistema.

A inicialização é uma das partes mais dependentes de plataforma em um SO. Conforme analisamos a inicialização do kernel do Linux, focaremos sua implementação na plataforma compatível IBM-PC. Embora grande parte da estrutura geral do processo de inicialização seja a mesma para todas as plataformas, muitos dos detalhes deste processo são diferentes em outras plataformas.

Seguiremos o processo de bootstrapping e inicialização cronologicamente, desde o primeiro carregamento do SO na memória até o ponto em que os processos de nível de usuário estão sob o controle do sistema. De modo geral, esse processo passa pelas seguintes etapas:

1. Em princípio, carrega-se um arquivo de imagem do kernel compactado (normalmente) na memória. Em geral, isso é feito por um carregador de boot. Os detalhes das rotinas de boot foram omitidos, pois não são parte propriamente do Linux.

2. Como discutido na Seção 4.3.1, começamos executando inicializações de hardware necessárias para executar o código que descompacta a imagem do kernel.

3. A próxima etapa é descompactar o kernel.

4. Assim que o kernel for descompactado, partimos para seu código de inicialização. A primeira parte de seu código inclui inicializações da própria CPU e sua unidade de gerenciamento de memória (MMU, do inglês memory management unit) associada. Essas inicializações são detalhadas na Seção 4.3.2.

5. Depois de completar as inicializações dependentes de processador, seguimos para a inicialização do restante do hardware e das várias estruturas de gerenciamento internas, como discutido na Seção 4.3.3.

6. Após a total inicialização do kernel, estamos prontos para começar o compartilhamento de tempo (time-sharing) com um único processo. Esta etapa é descrita na Seção 4.3.4.

7. Examinaremos o último código de inicialização na Seção 4.3.5. Trata-se do código para o processo inicial, que inicializa o sistema a partir da perspectiva dos processos do usuário. Esse processo é o antecessor imediato de todos os processos criados durante o ciclo de vida do sistema.

Com nosso mapa de inicialização pronto, analisaremos os detalhes de cada etapa.

4.3.1 Bootstrapping

A primeira etapa para efetuar o boot de um compatível IBM-PC é localizar e carregar o bloco de boot. O primeiro bloco de 512 bytes de um disco de boot é o **bloco de boot** também chamado *Master Boot Record* (MBR). Ele contém dois elementos: uma tabela de partição e um pequeno programa de boot. A BIOS pesquisa a lista de dispositivos identificados para o boot e procura no primeiro bloco de cada um. Se o primeiro bloco contém a assinatura correta, então o programa de boot que está nele é carregado e executado. A maioria dos programas comumente encontrado no bloco de boot simplesmente busca na tabela de partição uma partição marcada como ativa. Então, carrega o primeiro bloco daquela partição e transfere o controle para ele.

Embora, originalmente, existam muitas formas de carregar o kernel do Linux na memória, atualmente é quase universal fazê-lo por meio de um carregador de boot como LILO ou GRUB. Com frequência, esses carregadores substituem o código-padrão no bloco de boot, apesar de poderem ser utilizados como o código de boot em uma partição ativa. Esses carregadores são iniciados pela BIOS e transferem a imagem do kernel do disco para a memória. Finalmente, eles transferem o controle para a imagem carregada do kernel.

O tipo mais comum de imagem do kernel (uma com um kernel compactado) contém uma variedade de partes separadas, como ilustrado na Figura 4-3. O setor de boot apresentado é o que restou de antigamente, quando um kernel do Linux podia ser construído para permanecer em um disquete sem qualquer sistema de arquivo. Esse setor de 512 bytes seria o bloco de boot carregado pela BIOS e seria responsável por carregar o resto da imagem do kernel. Hoje, o código do setor de boot simplesmente imprime a mensagem "Direct booting from floppy is no longer supported". Quando o carregador de boot carrega a imagem do kernel, ele transfere o controle para o código de configuração (setup).

4.3.1.1 Configuração (Setup)

O código de configuração (representado pela segunda caixa na Figura 4-3) é responsável por todas essas inicializações necessárias em um compatível IBM-PC a fim de permitir a execução do kernel.

Setor de boot	Configuração	Código de descompactação	Kernel compactado

Figura 4-3: Imagem do kernel do Linux

Há três partes essenciais na inicialização. Primeira: algumas das etapas reúnem informações sobre o sistema que serão necessárias posteriormente. Segunda: outras etapas inicializam vários recursos da CPU, incluindo a MMU e a unidade de ponto flutuante (FPU, do inglês floating point unit). Por último, outro subconjunto importante de etapas inicializa o outro hardware que compõe um compatível IBM-PC. Em vez de nos aprofundarmos nos detalhes do código para configuração, resumimos suas funções:

1. Verifica as duas últimas palavras do código de configuração para garantir que a configuração tenha sido completamente carregada no lugar certo.

2. Verifica para assegurar que uma bzImage[2] do kernel tenha sido adequadamente carregada com um carregador que a posicione no local correto na memória.

3. Determina o tamanho da memória estendida. Dependendo da placa-mãe e da quantidade de memória disponível, há três métodos diferentes que podemos tentar utilizar. Todos envolvem uma consulta à BIOS através da int #15.

4. Configura a taxa de repetição do teclado para o valor máximo.

5. Obtém as informações de configuração de vídeo.

6. Obtém a configuração da unidade de disco deixada na memória pela BIOS.

7. Busca por um mouse PS/2.

8. Testa para verificar se a BIOS suporta gerenciamento avançado de energia (APM, do inglês advanced power management). Esse código de verificação está disponível somente se o kernel foi configurado para suportar o APM.

9. Se o kernel foi configurado com suporte aos serviços da Unidade de Disco Aperfeiçoada (EDD, do inglês Enhanced Disk Drive) da BIOS, solicitamos os dados de configuração do disco usando tais serviços.

10. Desliga interrupções.

11. Move o kernel para um local apropriado na memória, se necessário.

12. Habilita A20. Os processadores 8086 e 8088 tinham apenas 20 linhas de endereço, podendo endereçar somente 1 MB de espaço de memória. (A IBM decidiu dividir o espaço em 640 KB para memória normal e 384 KB para dispositivos de E/S. Essa é a origem do "limite de 640 KB".) Alguns softwares anteriores dependiam dessa limitação, uma vez que a memória reiniciaria no ponto de 1 MB. Para permitir que eles rodassem em máquinas com processadores que suportavam grandes espaços de memória, muitas placas-mães forneciam uma opção para desabilitar a linha de endereço A20. No entanto, preferimos utilizar o espaço total de memória da máquina e habilitar completamente o barramento de endereços.

13. Configura as tabelas de descritor de segmento. Todos os membros da família x86 começam sua execução com os recursos do 8086 para compatibilizar com a versão anterior. Começando com o 80286, um novo modo de gerenciamento de memória, denominado **modo protegido**, foi introduzido. O Linux não utiliza amplamente a capacidade de segmentação da família x86, mas, mesmo

---

[2] bzImage é o nome dado a uma imagem executável do kernel do Linux, compactada usando o algoritmo zlib. Para imagens que excedem limites arquiteturais, utiliza-se um formato particionado e a imagem é chamada "big zImage", ou, simplesmente, bzImage. (N.R.T.)

assim, é necessário configurá-la. Inicialmente, configuramos os segmentos para descrever o espaço de endereçamento de 4 GB completo, assim como um segmento de código que é legível e executável, e um segmento de dados que é legível e gravável.

14. Reinicia o coprocessador matemático, se existir.
15. Configura todas as interrupções externas para serem mascaradas nos controladores de interrupção 8259.
16. Troca o processador para o modo protegido. Esse modo habilita o gerenciamento de memória segmentada mais complexo.
17. Finalmente, salta para o ponto de entrada `startup_32` no arquivo head.S no código de descompactação.

4.3.1.2 Descompactação do kernel

A última etapa do código de configuração transfere o controle para o código de descompactação ilustrado na terceira caixa da Figura 4-3. Esse código, encontrado no **arch/i386/boot/compressed/head.S**, executa uma pequena parte da inicialização e da configuração para descompactar o kernel. O foco principal desses passos é configurar uma chamada para uma função de linguagem C. A maior parte da descompactação é realizada em código emprestado da aplicação GNU gzip. O código em linguagem de montagem no **head.S** executa as seguintes etapas:

1. Configura os registradores de segmento para o código de descompactação em linguagem C.
2. Verifica se a porta A20 foi habilitada.
3. Limpa os flags de *status* do processador.
4. Limpa o espaço de dados. ANSI C exige que o espaço de dados global de um programa C esteja limpo quando começar a executar.
5. Configura e chama o *decompress_kernel* ( ).
6. Por fim, salta para o mesmo símbolo `startup_32` no código **head.S** do kernel.

A etapa final do código de descompactação transfere o controle para o kernel recém-descompactado. O ponto de entrada do código possui o mesmo nome que o ponto de entrada do código de descompactação. Pode parecer um pouco confuso ter dois pontos de entrada, ambos chamados `startup_32`, mas isso evita que o código de configuração tenha que reconhecer se está sendo inicializado um kernel compactado ou descompactado.

De certa forma, o código até este ponto é um código de suporte e não o próprio kernel do Linux. Transferir o controle para o ponto de entrada da imagem do kernel descompactada muda do código de suporte para o Linux apropriadamente.

4.3.2 Inicialização específica de processador

Quando o controle chega a este ponto, estamos prontos para começar a executar o kernel do Linux descompactado. Os primeiros passos da inicialização se preocupam em inicializar corretamente a CPU e MMU, assim como algumas outras inicializações. Essas inicializações para processadores x86 da Intel incluem os seguintes passos:

1. Configurar os registradores de segmento.
2. Limpar a memória de dados global.
3. Fazer cópias dos parâmetros de linha de comando.
4. Inicializar a tabela de páginas do kernel e acionar a paginação. (Os detalhes da tabela de páginas e técnicas de paginação são discutidos no Capítulo 9.)
5. Configurar a tabela de descritor de interrupção.
6. Determinar se existe um coprocessador matemático.
7. Inicializar uma tabela de segmento global.

À primeira vista, parece que muito do arch/i386/kernel/head.S repete o que é feito na configuração e no head.S para o código de descompactação. Porém devemos ter três coisas em mente. Primeiro, se o kernel que está sendo carregado não está compactado, devemos ir diretamente da configuração para o código *head* do kernel. Segundo, alguns dos códigos em ambas as versões do head.S servem para configurar chamadas de funções em linguagem C para duas funções diferentes. Embora o código para ambos os casos seja semelhante, é necessário executar as operações para cada caso separadamente. Terceiro, há uma repetição visível do código de configuração na inicialização das tabelas de segmento. No código aqui, configuramos um conjunto de segmentos mais complexo do que aquele que precisamos no código de configuração para um ambiente de boot. O primeiro passo é configurar nossos registradores de segmento para que se refiram aos segmentos criados na configuração.

```
ENTRY(startup_32)

    cld
    lgdt boot_gdt_descr - __PAGE_OFFSET
    movl $(__BOOT_DS),%eax
    movl %eax,%ds
    movl %eax,%es
    movl %eax,%fs
    movl %eax,%gs
```

Como no caso anterior, queremos que nosso espaço de dados global esteja limpo de acordo com o padrão ANSI C e, no caso, qualquer um dos códigos anteriores que executamos depende disso.

```
xorl %eax,%eax
movl $__bss_start - __PAGE_OFFSET,%edi
movl $__bss_stop - __PAGE_OFFSET,%ecx
subl %edi,%ecx
shrl $2,%ecx
rep ; stosl
```

4.3.2.1 Processando parâmetros do kernel

Copie os parâmetros de boot e os parâmetros de linha de comando para dois vetores em linguagem C para que possamos obtê-los posteriormente.

```
        movl $(boot_params - __PAGE_OFFSET),%edi
        movl $(PARAM_SIZE/4),%ecx
        cld
        rep
        movsl
        movl boot_params - __PAGE_OFFSET + NEW_CL_POINTER,%esi
        andl %esi,%esi
        jnz 2f          # New command-line protocol
        cmpw $(OLD_CL_MAGIC),OLD_CL_MAGIC_ADDR
        jne 1f
        movzwl OLD_CL_OFFSET,%esi
        addl $(OLD_CL_BASE_ADDR),%esi
2:
        movl $(saved_command_line - __PAGE_OFFSET),%edi
        movl $(COMMAND_LINE_SIZE/4),%ecx
        rep
        movsl
1:
```

4.3.2.2 Inicializando o hardware de gerenciamento de memória

Aqui, nós construímos as primeiras tabelas de página. Criamos duas para o kernel. Uma é o mapeamento de identidade do endereço virtual 0 para o endereço físico 0 até o tamanho do kernel. Isso é utilizado quando o kernel está executando dentro de seus próprios privilégios. A outra tabela mapeia o endereço virtual PAGE_OFF-SET para o endereço físico 0 até o tamanho do kernel. Em include/asm-i386/page.h, PAGE_OFFSET é definido como #C0000000. Isso mapeia o kernel até o ponto de 3 GB no espaço de endereçamento.

72 ■ Princípios de sistemas operacionais

```
page_pde_offset = (__PAGE_OFFSET >> 20);

    movl $(pg0 - __PAGE_OFFSET), %edi
    movl $(swapper_pg_dir - __PAGE_OFFSET), %edx
    movl $0x007, %eax          /* 0x007 = PRESENT+RW+USER */
10:
    leal 0x007(%edi),%ecx      /* Create PDE entry */
    movl %ecx,(%edx)           /* Store identity PDE entry */
    movl %ecx,page_pde_offset(%edx) /* Store kernel PDE entry */
    addl $4,%edx
    movl $1024, %ecx
11:
    stosl
    addl $0x1000 ,%eax
    loop 11b
    leal (INIT_MAP_BEYOND_END+0x007)(%edi),%ebp
    cmpl %ebp,%eax
    jb 10b
    movl %edi,(init_pg_tables_end - __PAGE_OFFSET)
```

Agora acionamos o gerenciamento de memória paginada. Os dois passos principais servem para configurar o `cr3` com o endereço do diretório de página e para definir o bit de ordem superior do `cr0`.

```
    movl $swapper_pg_dir-__PAGE_OFFSET,%eax
    movl %eax,%cr3          /* set the page table pointer.. */
    movl %cr0,%eax
    orl $0x80000000,%eax
    movl %eax,%cr0          /* ..and set paging (PG) bit */
    ljmp $__BOOT_CS,$1f /* Clear prefetch and normalize %eip */
1:
```

Em seguida, realizamos mais algumas inicializações, incluindo a inicialização do ponteiro da pilha e limpeza dos flags do processador.

```
    lss stack_start,%esp

    pushl $0
    popfl
```

Essa chamada para `setup_idt` inicializa a tabela de descritor de interrupção. Inicialmente, todas as 256 entradas apontam para uma função chamada `ignore_int`, mas as entradas que precisam apontar para tratadores de interrupções reais mudam conforme os drivers correspondentes são inicializados.

```
call setup_idt
```

A próxima seção do código determina o membro da família x86 de processadores no qual estamos executando. Para membros da família que surgiram posteriormente, essa é uma tarefa bem fácil. Há registradores internos que fornecem essa informação. Para membros mais antigos da família, somos obrigados a tentar utilizar recursos existentes em um e no outro não. O conjunto exato desses recursos em funcionamento nos diz com qual membro da família estamos lidando. (Prezando pela brevidade, foram omitidos detalhes desse processo.)

A próxima chamada determina se há ou não um coprocessador matemático instalado. É uma questão apenas para membros bem recentes da família x86. A maioria o tem incluído na mesma pastilha que a CPU.

```
call check_x87
```

4.3.2.3 Chamando a inicialização em linguagem C

Nossa última inicialização configura a nova estrutura de segmentação. Com isso, configuramos o registrador da tabela de descritor global, o registrador de tabela de descritor de interrupção e o registrador de tabela de descritor local juntamente com os registradores de segmento. O salto para a próxima instrução logo após selecionar as tabelas de descritor de segmentos provavelmente parece estranho. Mas, na verdade, é parte do protocolo para utilização do modo protegido. Se trocarmos a segmentação, seja acionando o modo protegido ou trocando a tabela de descritor que estamos utilizando, temos que realizar um salto intrasegmento para forçar a saída de quaisquer instruções na fila do outro segmento.

```
    lgdt cpu_gdt_descr
    lidt idt_descr
    ljmp $(__KERNEL_CS),$1f
1:  movl $(__KERNEL_DS),%eax   # reload all the segment
    movl %eax ,%ss            # registers after changing gdt.

    movl $(__USER_DS),%eax    # DS/ES contains default USER
                              # segment
    movl %eax,%ds
    movl %eax,%es

    xorl %eax,%eax            # Clear FS/GS and LDT
    movl %eax,%fs
```

74 ■ Princípios de sistemas operacionais

```
movl %eax,%gs
lldt %ax
```

Por fim, estamos prontos para transferir o controle para o código de inicialização em linguagem C. Nunca devemos retornar da função *start_kernel* ( ).

```
cld
pushl %eax                  # fake return address
call start_kernel
```

4.3.3 Inicialização independente de processador

O ponto de entrada para inicialização independente de plataforma no Linux é *start_kernel* ( ), encontrado em init/main.c. A maior parte do que fazemos aqui é chamar as funções de inicialização para cada subsistema. O primeiro passo é conseguir um bloqueio de exclusão mútua no kernel, de modo que, se estivermos trabalhando com outros processadores, eles não interfiram na função uns dos outros. (Discutiremos sobre bloqueios de exclusão mútua mais detalhadamente no Capítulo 5.) À primeira vista, parece que a sequência de inicializações é arbitrária. No entanto, desenvolver códigos dessa forma é como satisfazer os pré-requisitos de um curso. Muitas dessas inicializações dependem do que é feito antes. Não seguir a ordem pode resultar em problemas como a desreferenciação de ponteiros não inicializados. Outro modo de pensar sobre as questões citadas aqui é considerar uma visão em camadas. A ordem de nossa inicialização é vista de baixo para cima. Precisamos inicializar as camadas mais inferiores antes de inicializar as mais superiores, que dependem das inferiores. Organizar a inicialização dessa forma resulta em um código que não parece seguir uma ordem esperada. Durante todo o processo, no entanto, inicializamos diversas partes essenciais do sistema, incluindo gerenciamento de tabela de página, escalonamento e tratamento de interrupção.

asmlinkage void __init *start_kernel* (**void**)
{
    char *command_line* ;
    extern struct kernel_param __*start*___*param*[ ], __*stop*___*param*[ ];
    smp_setup_processor_id ( );
    lockdep_init ( );
    local_irq_disable ( );
    early_boot_irqs_off ( );
    early_init_irq_lock_class ( );
    lock_kernel ( );
    boot_cpu_init ( );

O restante dessa função é uma série de chamadas para várias funções de inicialização. Muitas delas estão relacionadas com o gerenciamento de processo e de memória, e são discutidas com mais detalhes nos capítulos correspondentes. Aqui, as mencionamos de modo bem superficial. Por exemplo, a primeira chamada inicializa uma das estruturas de dados do gerenciamento de memória.

page_address_init ( );

Em seguida, imprimimos a mensagem anunciando a versão do Linux em que estamos efetuando o boot.

printk(KERN_NOTICE);
printk(*linux_banner*);

Então, voltamos para mais algumas inicializações específicas de plataforma. Essas podem ser tratadas em C, diferentemente da inicialização na configuração e no **head.S**, que exigem uma linguagem de montagem.

setup_arch(&*command_line*);

As próximas chamadas inicializam algumas das estruturas de dados de gerenciamento de CPU. Algumas inicializam o escalonador, mas o desabilitam para que nenhum outro processo possa executar até que tenhamos concluído a inicialização.

setup_per_cpu_areas( );
smp_prepare_boot_cpu( );
sched_init( );
preempt_disable( );

Essas são mais algumas inicializações de gerenciamento de memória.

build_all_zonelists( );
page_alloc_init( );

Agora, processaremos opções de linha de comando independentes de plataforma. Predominantemente, percorremos um conjunto de pares "arg=value" e chamamos a função definida para estabelecer o valor de arg.

printk (KERN_NOTICE"Kernel␣command␣line:␣%s\n", *saved_command_line*);
parse_early_param( );
parse_args ("Booting␣kernel", *command_line*, __start___param,
 __stop___param − __start___param, &*unknown_bootoption*);

As próximas chamadas inicializam duas classes de responsabilidades. Uma delas compõe-se de interrupções, traps e exceções que o kernel deve tratar. A outra, de algumas estruturas de dados internas e responsabilidades de gerenciamento. Entre essas responsabilidades está uma tabela hash para procura rápida de IDs de processo, várias funções de temporização e um mecanismo para auxiliar o acesso exclusivo a estruturas de dados.

> *sort_main_extable*( );
> *unwind_init*( );
> *trap_init*( );
> *rcu_init*( );
> *init_IRQ*( );
> *pidhash_init*( );
> *init_timers*( );
> *hrtimers_init*( );
> *softirq_init*( );
> *timekeeping_init*( );
> *time_init*( );

Listamos aqui mais um par de inicializações internas. Alocamos espaço para registrar os resultados do profiling do kernel, se estiver habilitado. Neste ponto, estamos prontos para acionar as interrupções.

profile_init( );
if (¬*irqs_disabled*( ))
   printk ("`start_kernel():␣bug:␣interrupts␣were␣enabled␣early\n`");
early_boot_irqs_on( );
local_irq_enable( );

Podemos, agora, inicializar o driver de dispositivo para o console. Feito isso, podemos reportar quaisquer problemas que podem ter ocorrido durante outros processos de inicialização.

> *console_init*( );
> **if** (*panic_later*)
>   *panic*(*panic_later* , *panic_param*);
> *lockdep_info*( );
> *locking_selftest*( );

O Linux pode ser configurado para executar sua inicialização em nível de usuário a partir de um disco em memória (RAM disk) em vez de um sistema de arquivos baseado em disco. Se for esse o caso, o kernel deve ser compilado com esse suporte, e a imagem inicial do disco em memória também deve ser especificada como um parâmetro do kernel. Com essas condições satisfeitas, inicializamos o disco em memória e começamos a utilizá-lo.

```
#ifdef CONFIG_BLK_DEV_INITRD
```

if (*initrd_start* ∧ ¬*initrd_below_start_ok*

 ∧ *initrd_start* < *min_low_pfn* ≪ `PAGE_SHIFT`) {

 printk (`KERN_CRIT"initrd␣overwritten␣(0x%08lx␣<␣0x%08lx)␣`

  `-␣""disabling␣it.\n"`, *initrd_start* , *min_low_pfn* ≪ `PAGE_SHIFT`);

 initrd_start = 0;

}

#endif

Voltamos agora para mais detalhes sobre a inicialização do gerenciamento de memória. Ao longo do caminho, também realizamos algumas das inicializações das caches do sistema de arquivos. Se estivermos utilizando circuitos temporizadores de última geração[3] encontrados em algumas máquinas, podemos inicializar seu uso quando a inicialização do gerenciamento de memória estiver mais completa.

 vfs_caches_init_early( );

 cpuset_init_early( );

 mem_init( );

 kmem_cache_init( );

 setup_per_cpu_pageset( );

 numa_policy_init( );

 if (*late_time_init*)

  late_time_init( );

A função *calibrate_delay* ( ) é a que calculamos o famoso valor BogoMIPS. O objetivo real aqui é determinar o número de iterações de um loop simples exigido para realizar um atraso de tempo específico. A partir desse valor, calculamos e reportamos uma estimativa bruta da velocidade do processador.

 calibrate_delay( );

Essas chamadas continuam a inicialização das estruturas de dados internas para processos, gerenciamento de memória e uma infraestrutura de árvore de busca por prioridade.

 pidmap_init( );

 pgtable_cache_init( );

 prio_tree_init( );

 anon_vma_init( );

---

[3] Segundo o autor, ele se refere a computadores dotados com High Precision Event Timer. (N.R.T.)

Inicialize a interface de firmware extensível, se habilitada.

```
#ifdef CONFIG_X86
    if (efi_enabled)
        efi_enter_virtual_mode( );
#endif
```

A seguir, veja mais algumas inicializações internas. Elas incluem mais gerenciamento de processo, de memória, bufferização de sistema de arquivo, segurança e bibliotecas de suporte.

fork_init(num_physpages);
proc_caches_init( );
buffer_init( );
unnamed_dev_init( );
key_init( );
security_init( );
vfs_caches_init(num_physpages);
radix_tree_init( );
signals_init( );
page_writeback_init( );

Se houver suporte para sistema de arquivos **/proc** configurado, ele será inicializado.

```
#ifdef CONFIG_PROC_FS
    proc_root_init( );
#endif
```

Essas chamadas finais são responsáveis pelas últimas tarefas necessárias antes de iniciar o compartilhamento de tempo. A primeira inicializa o modo como gerenciamos os grupos de tarefas que devem ser manuseadas conjuntamente. A segunda verifica se a versão do processador utilizada tem bugs conhecidos, para os quais possam ser implementadas soluções alternativas. A última começa a inicialização da Interface de Energia e Configuração Avançada (ACPI, do inglês Advanced Configuration and Power Interface).

cpuset_init( );
taskstats_init_early( );
delayacct_init( );
check_bugs( );
acpi_early_init( );

A última chamada nos leva ao *rest_init*( ), que inicia o compartilhamento de tempo.

```
    rest_init( );
}
```

Com essa chamada, transferimos o controle permanentemente para o código que controla os processos do usuário. Nunca voltamos para o *start_kernel*( ).

4.3.4 Iniciando o compartilhamento de tempo

A função *rest_init*( ), que também está em init/main.c, é onde acontece o constante compartilhamento de tempo. As duas tarefas principais são: criar o primeiro processo (do qual todos os outros descendem) e iniciar o escalonador.

static void noinline *rest_init*(**void**) _ _*releases*(*kernel_lock*)
{

Aqui, criamos um novo processo executando a função *init*( ). Esse processo é o ancestral de todos os processos de usuário que serão criados durante o ciclo de vida do sistema.

   kernel_thread (*init*, Λ, CLONE_FS | CLONE_SIGHAND);

Antes de escalonar essa nova thread, ainda temos mais alguns passos, inclusive configurar a política para gerenciamento de memória NUMA. (Isso se aplica apenas para sistemas com múltiplos processadores com uma arquitetura de memória específica.) Agora, podemos liberar o grande bloqueio do kernel e permitir que outros processadores executem o código do kernel.

   numa_default_policy( );
   unlock_kernel( );

Aqui, podemos habilitar o escalonamento. Particularmente, dizemos que os processos podem ser interrompidos a favor de outros processos. Para continuar a sequência completa da troca de contexto e escalonamento, realizamos a primeira chamada para *schedule*( ). Isso fará com que a função *init*( ) seja executada em seu processo recém-criado.

   preempt_enable_no_resched( );
   schedule( );
   preempt_disable( );

Como veremos mais detalhadamente no Capítulo 8, os processos são associados a números ID em sequência. O que acabamos de criar para a função *init*( ) é o processo 1. Isso faz com que o código a seguir seja executado como processo 0. O código *cpu_idle* ( ) executa quando não há outros processos prontos para executar e fica em um loop infinito até que algo aconteça. (Em processadores em que é possível entrar em modo de economia de energia, faz-se isso quando *cpu_idle* é executado.)

cpu_idle( );

}

4.3.5 Inicialização administrativa

Agora que o compartilhamento de tempo foi iniciado, podemos ativar as inicializações em nível de usuário encontradas na maioria dos sistemas. Isso inclui coisas como disparo de processos servidores, configuração de níveis de áudio, ativação de programas de login e um sistema de janelas. Tudo isso é normalmente tratado por um programa, também chamado de init. A função *init( )*, novamente encontrada em init/main.c, configura o ambiente necessário e executa esse programa.

static int *init*(**void** **unused*)

{

Não queremos que outro processador qualquer execute o código do kernel durante alguma dessas inicializações.

lock_kernel( );   /* init can run on any cpu. */

Há duas coisas principais acontecendo nesse código. A quantidade de código que é responsável por configurar o modo como tratamos múltiplas CPUs. No meio dele, configuramos o valor do *child_reaper*, que identifica qual processo irá tratar processos órfãos. Quando um processo sai, deixa para trás um *status* de saída que é recolhido pelo seu pai. Se, no entanto, o pai já saiu, é necessário ter algum responsável pelos filhos. E esse é o papel do processo init.

set_cpus_allowed(*current*, CPU_MASK_ALL);

child_reaper = current;

smp_prepare_cpus(*max_cp*us);

do_pre_smp_initcalls( );

smp_init( );

sched_init_smp( );

cpuset_init_smp( );

A chamada *do_basic_setup( )* inicializa drivers de dispositivo, sockets de rede e outras inicializações que não iremos comentar. O resto desse código trata o caso em que estamos executando o init a partir de um disco em memória. Descompactamos a imagem do sistema de arquivo raiz e verificamos se o programa init especificado está presente. Se estiver, veremos o que fazer posteriormente; caso contrário, configuramos o comando para que, depois, possamos saber que não devemos utilizá-lo.

populate_rootfs( );

do_basic_setup( );

if (¬*ramdisk_execute_command*)
  ramdisk_execute_command = "/init";
if (*sys_access* ((**const char** _ _user *) *ramdisk_execute_command*, 0) ≠ 0) {
  ramdisk_execute_command = Λ;
  prepare_namespace( );
}

Agora temos o sistema até o ponto em que estamos prontos para trocá-lo pelos programas e scripts de inicialização administrativa. Então, podemos devolver alguma memória alocada apenas para inicialização para o montante livre, liberar o grande bloqueio do kernel e marcar o sistema como "executando".

free_initmem( );
unlock_kernel( );
mark_rodata_ro( );
system_state = SYSTEM_RUNNING;
numa_default_policy( );

Os processos do UNIX normalmente começam com três descritores de arquivos já abertos: descritor 0 para entrada-padrão, descritor 1 para saída-padrão e descritor 2 para erro-padrão. A menos que seja especificado de outra forma, todos esses três são normalmente ligados à interface de terminal na qual o processo foi iniciado. Para o processo init, esse dispositivo é o console. A chamada para *sys_open*( ) nos fornece a entrada-padrão e as duas chamadas para *sys_dup*( ) a copiam como saída-padrão e erro-padrão.

if (*sys_open*((**const char** _ _*user* *) "/dev/console", O_RDWR, 0) < 0)
  printk (KERN_WARNING"Warning:⌴unable⌴to⌴open⌴an⌴initial⌴con-
  sole.\n");
(**void**) *sys_dup*(0);
(**void**) *sys_dup*(0) ;

Agora é o momento de tentar executar o próprio programa init. Se tivermos um para executar a partir do disco em memória, podemos tentar. Se esse programa não for especificado ou se não for possível executá-lo, verificamos se um determinado programa de inicialização foi especificado entre os parâmetros de linha de comando. Se esse for o caso, tentamos executá-lo. Falhando isso (o caso mais comum), tentamos vários locais possíveis para o programa. E caso não consigamos encontrá-lo em local algum em que poderia estar, recorremos à simplesmente iniciar um shell. Se isso também não funcionar, não há mais o que fazer, a não ser usar panic.

82 ■ Princípios de sistemas operacionais

```
if (ramdisk_execute_command) {
    run_init_process (ramdisk_execute_command);
    printk (KERN_WARNING"Failed␣to␣execute␣%s\n", ramdisk_execute_com-
    mand);
}
if (execute_command) {
    run_init_process(execute_command) ;
    printk (KERN_WARNING"Failed␣to␣execute␣%s.␣␣Attempting␣"
        "defaults...\n", execute_command) ;
}
run_init_process("/sbin/init");
run_init_process("/etc/init");
run_init_process("/bin/init");
run_init_process("/bin/sh");
panic("No␣init␣found.␣␣Try␣passing␣init=␣option␣to␣kernel.");
}
```

Pelo fato do processo init ser o último a ser iniciado pelo kernel, todos os outros devem ser seus descendentes. Tradicionalmente, uma de suas principais responsabilidades é iniciar outro programa chamado getty para cada um dos terminais (ou consoles virtuais) nos quais queremos pessoas conseguindo fazer o login. Quando alguém insere um nome de usuário, o getty inicia o login, que, por sua vez, inicia o shell, se o usuário também fornece a senha correta. Como resultado, neste ponto, o sistema passou de um carregador de boot para um ambiente de compartilhamento de tempo completo.

4.4 Chamadas ao sistema

As versões anteriores do Linux utilizavam um mecanismo de chamada ao sistema muito parecido com o descrito na Seção 1.6. Nas versões anteriores do processador Intel x86, a instrução de interrupção de software era a melhor forma de transferir o controle para o kernel. O Linux utilizava a instrução int #80 nas funções de biblioteca stub para chamadas ao sistema. Posteriormente, a Intel introduziu uma nova instrução que deixa a comutação para o kernel muito mais rápida. Ela é chamada sysenter e, durante o desenvolvimento da versão 2.5 do kernel, o Linux adicionou suporte para ela. (A AMD introduziu uma instrução semelhante chamada syscall à sua linha de processadores compatíveis com a arquitetura x86.)

4.4.1 Tratamento de chamadas ao sistema do lado da aplicação

Para suportar esse novo sistema de forma que possa recorrer ao antigo quando necessário, uma página da memória do kernel, chamada página vsyscall, é mapeada

Estrutura e inicialização do Linux ▪ 83

em cada espaço de processo. Essa página de memória contém o código para emitir chamadas ao sistema. As funções de biblioteca stub (às vezes compilada usando inline) apenas emite uma chamada de função comum para essa página especial. No momento do boot, um dos subprodutos da chamada para *check_bugs*( ) é determinar o modelo do processador em que estamos executando. Se for um processador que suporta a instrução `sysenter`, a página do kernel responsável por definir o mecanismo de chamada ao sistema é carregada com o código para utilizar tal instrução. Caso contrário, carregamos a página com o código que utiliza o mecanismo `int #80` anterior. Dessa forma, os mesmos kernel e aplicações podem ser executados tanto nos processadores mais antigos como nos mais novos sem penalidade na velocidade para cada chamada ao sistema.

Como exemplo, consideramos a linha de código

p=brk(q);

que exige que o SO estabeleça o limite entre os dados a pilha no endereço fornecido por *q*. Considerando uma visão levemente simplificada da biblioteca GNU C, descobrimos que essa chamada está linkada à função *__brk*( ), que contém a linha:

newbrk = `INTERNAL_SYSCALL`(*brk, er, 1, addr*);

`INTERNAL_SYSCALL` é uma macro definida de diversas formas, dependendo da maneira que queremos emitir a chamada ao sistema. Uma delas expande a macro para utilizar a instrução `int #80`. Outra expande para uma sequência em linguagem de montagem usando inline que se assemelha a:

```
LOADARGS_1
movl    __NR_brk, %eax
call    *_dl_sysinfo
RESTOREARGS_1
```

onde `_dl_sysinfo` aponta para o código da página vsyscall para emitir uma chamada ao sistema.

Se estivermos executando em um processador que suporta a instrução `sysenter`, o código relevante na página vsyscall começa com:

```
__kernel_vsyscall:
  push    %ecx
  push    %edx
  push    %ebp
  movl    %esp,%ebp
  sysenter
```

A instrução `sysenter` opera de forma muito semelhante a uma versão mais rápida de uma instrução de interrupção de software tradicional.

4.4.2 Tratamento de chamada ao sistema do lado do kernel

O código tratador de interrupção para a instrução `sysenter` começa com alguma sobrecarga que faz parte do protocolo para utilizá-lo.

```
ENTRY(sysenter_entry)
      movl TSS_sysenter_esp0(%esp),%esp
```

Então, habilitamos as interrupções e salvamos os dados necessários para retornar à pilha do kernel.

```
sysenter_past_esp:
    sti
    pushl $(__USER_DS)
    pushl %ebp
    pushfl
    pushl $(__USER_CS)
    pushl $SYSENTER_RETURN
```

Para simplificar, omitimos um pouco da complicação do suporte às poucas chamadas ao sistema que precisam de seis argumentos. Também pulamos a verificação da necessidade de rastrear essa chamada ao sistema. As próximas instruções verificam para garantir que o processo não esteja solicitando um número de chamada maior do que aquele que suportamos. Se for aceitável, chamamos a função especificada na tabela *sys_call_table* indicada pelo registrador `eax`. Esse é o registrador em que, anteriormente, salvamos o valor `__NR_brk`. Para esse valor de `eax`, a função fornecida na tabela é *sys_brk* ( ).

```
cmpl $(nr_syscalls), %eax
jae syscall_badsys
call *sys_call_table(,%eax, 4)
```

Agora concluímos a solicitação. Omitimos a maioria dos detalhes da preparação para retorno ao processo chamador, mas observe que, ao utilizar a instrução `sysenter`, a forma adequada para retornar é utilizar a instrução:

```
sysexit
```

O procedimento para retornar ao código que originalmente enviou a chamada ao sistema segue em grande parte o inverso do procedimento descrito aqui. Por todo o caminho, mantemos o valor retornado da chamada ao sistema no registrador `eax`.

4.5 Resumo

O sistema operacional Linux desenvolveu-se a partir do trabalho de Linus Torvalds, motivado pelo desejo de criar um sistema com as capacidades do UNIX, mas sem as restrições de licença. O sistema resultante disso tornou-se amplamente utilizado. Ele evoluiu para um membro totalmente funcional da família UNIX. Vimos como o sistema faz a transição de uma peça bruta de hardware para um sistema com compartilhamento de tempo, permitindo acesso do usuário. Também analisamos como o mecanismo de chamada ao sistema do Linux adaptou-se às mudanças feitas pela Intel no projeto da família de processadores x86. Essas considerações formam a base para análises detalhadas do kernel do Linux que apresentaremos nos próximos capítulos.

4.6 Exercícios

1. A arquitetura conceitual na Figura 4-1 não endereça explicitamente o processo de criação ou de término. Por que não? O que representa isso na Figura 4-1?
2. Há funções do kernel que não podem ser colocadas em módulos? Dê alguns exemplos e explique.
3. Quais são os conflitos para compactação da imagem do kernel? Quando devemos escolher entre a utilização de um kernel compactado e de um descompactado?
4. Por que o programa de configuração e os dois exemplos do head.S são escritos em linguagem de montagem?
5. Descreva o código que implementa o mecanismo de chamada ao sistema int #80. Qual a diferença do código para a técnica sysenter?
6. Por que o BogoMIPS é uma medida raramente útil do desempenho da CPU? Sob quais circunstâncias ela pode ser útil?
7. Quantas linhas de código são encontradas em cada diretório listado na Seção 4.2.3?
8. Em *start_kernel*( ), desabilitamos a preempção após inicializar o escalonador. Se não houver qualquer outro processo nesse momento, qual a razão de desabilitar a preempção?
9. Modifique o código de inicialização do Linux para imprimir uma mensagem customizada após a mensagem-padrão.
10. Modifique o código de inicialização do Linux para pedir ao usuário um programa de inicialização se os modelos-padrão não estiverem disponíveis.

Capítulo 5

Princípios de gerenciamento de processos

O sistema operacional gerencia os recursos do computador. Começamos examinando esses recursos com a CPU. Conforme abordado na Seção 1.2, um sistema operacional gerencia os recursos da CPU por meio do gerenciamento dos processos que a utilizam. Nas Seções 5.1–5.3, discutimos, em princípio, a definição e a representação de processos. Então, discutimos como o SO cria e finaliza processos na Seção 5.6. No entanto, estamos mais interessados na questão do compartilhamento de tempo da CPU entre processos. Particularmente, o escalonamento (seleção do próximo processo a ocupar a CPU) é o tópico que abordamos com mais detalhes na Seção 5.4. Na Seção 5.7, discutimos sobre os mecanismos para garantir acesso exclusivo às estruturas de dados a fim de evitar que múltiplas threads em execução interfiram umas nas outras. Por fim, consideramos a questão de *deadlock*, quando múltiplos processos estão à espera de recursos bloqueados por algum outro processo.

5.1 Conceito de processo

Diferente de outras entidades gerenciadas pelo SO, um **processo** é algo intangível. Muitas das coisas mais tangíveis relacionadas aos processos são muito familiares. Estamos familiarizados com programas em sua forma de código-fonte e na forma de código de máquina compilado, armazenado no disco. Estamos familiarizados com a ideia de instruções de programas e dados armazenados na memória, assim como a utilização de arquivos e E/S por um programa. Contudo, nada disso é o processo em si.

Se nada disso é um processo, então o que exatamente é um processo? Podemos descrever um processo como uma instância de um programa em execução. Diversas coisas sobre essa definição são dignas de nota. Em princípio, conforme sugestão anterior, não é um processo quando um programa está apenas localizado em um disco ou na memória, como um dado. Em segundo lugar, se dois usuários estiverem executando o mesmo programa simultaneamente, existirão dois processos separados. Isso é verdadeiro mesmo se ambos os processos compartilharem uma cópia das instruções do programa na memória.

Essa definição nos oferece boa base conceitual para compreender um processo. No entanto, uma definição de certa maneira mais formal, às vezes, se torna útil. O modelo formal que normalmente utilizamos para descrever programas é a máquina de Turing. Em sua forma mais simples, a máquina de Turing consiste de um autômato finito e de uma fita. O autômato toma a combinação de seu estado interno e o símbolo da fita sob o cabeçote de leitura/gravação e os transforma de um novo estado interno, um novo símbolo de fita, e uma direção (esquerda ou direita) para mover o cabeçote da fita. A qualquer momento, a configuração da máquina consiste do conteúdo da fita, do estado interno do autômato e da posição do cabeçote. À medida que uma máquina avança em uma computação, ela transforma sequencialmente uma configuração em outra. Essa sequência de transformações corresponde à execução de um programa, em que as alterações na fita e no estado são como as alterações na memória e nos registradores, enquanto as instruções são executadas. Com esse formalismo em mente, podemos afirmar que um processo é a sequência de configurações que uma máquina percorre durante determinada computação.

5.2 Concretizando processos

As descrições na seção anterior nos ajudam a entender o que é um processo. Contudo, eles são mais uma expressão conceitual do que uma definição adequada como base para o projeto e a implementação de um sistema operacional. Como partimos da ideia de uma instância de um programa em execução para as estruturas de dados e algoritmos necessários para implementar o gerenciamento de processos?

A primeira abordagem que adotamos para esse problema é reduzir o processo para um conjunto de componentes mais sólidos. Uma das primeiras abordagens descrevia o processo em termos de seu espaço de memória e um local de controle associado. Ao representar e gerenciar processos na prática, não apenas identificamos e descrevemos o espaço de memória, mas também todos os recursos, incluindo arquivos e dispositivos de E/S correntemente utilizados. A ideia de um local de controle ajuda a preencher a lacuna entre a noção nebulosa de um avanço pelo tempo (conforme captada na visão da máquina de Turing) e as pilhas e registradores que precisamos gerenciar como parte do compartilhamento de tempo. Isso leva à ideia de que, ao ver certos locais de memórias e registradores, podemos observar o avanço de um processo por meio de sua sequência de configurações. Ao salvar e restaurar esses valores, podemos temporariamente interromper um processo e reassumi-lo mais tarde. Como observamos nesta seção, os recursos utilizados por um processo e o conjunto de valores que representam e controlam a execução do programa são peças fundamentais de nossa representação interna de um processo.

5.2.1 Operações sobre processo

Outra perspectiva que nos ajuda a desenvolver uma implementação concreta do gerenciamento de processos é o **tipo abstrato de dado**. Os tipos abstratos de dados são definidos em termos das operações neles realizadas. Eles são implementados como uma combinação de uma ou mais estruturas de dados e um conjunto de funções executadas sobre eles. Embora sistemas diferentes definam conjuntos diferentes de operações, poderíamos, de modo informal, definir os processos em termos do seguinte conjunto de operações típicas:

- *Criar processo*: Na criação de um novo processo, precisamos fazer diversas coisas. Em princípio, precisamos criar a representação interna do processo. Em segundo lugar, precisamos atribuir os recursos iniciais do processo. Finalmente, como um processo é uma instância de um programa em execução, devemos inicializar o programa que será executado nesse processo. Com frequência, denominamos o processo que inicia a criação de outro processo como processo-pai. De modo similar, geralmente chamamos o processo recentemente criado de processo-filho.

- *Terminar processo*: Nossa tarefa principal ao terminar um processo é liberar todos os recursos que ele estava utilizando no momento de seu término. Muitas vezes, também temos que tratar de algumas tarefas administrativas relacionadas a informar outros processos sobre o final deste.

- *Mudar programa*: Normalmente, os sistemas possibilitam que um processo substitua o programa que está executando. Isso poderia parecer violar nossa definição de processo. Afinal, se alterarmos o que o programa está executando, isso seria um novo processo? No entanto, essa operação faz sentido na maioria das implementações práticas, e aceitamos o fato de que nossa definição conceitual somente se aproxima de implementações reais.

- *Definir parâmetros de processo*: Há, normalmente, uma série de parâmetros administrativos que mantemos para cada processo. Por exemplo, um processo pode ter uma prioridade associada. Precisamos oferecer um mecanismo para definir esses parâmetros.

- *Obter parâmetros de processo*: Também precisamos conseguir consultar os parâmetros definíveis. Além desses parâmetros, normalmente guardamos outras informações sobre processos. Por exemplo, frequentemente, cada processo tem uma identificação numérica e, muitas vezes, mantemos um registro do total de tempo de CPU utilizado por cada processo. Também disponibilizamos essa informação para um processo que a solicite.

- *Bloquear processo*: Em diversos momentos durante a vida de um processo, pode ser necessário que ele espere por um evento antes que possa continuar a ser executado. Além de outros eventos, um processo normalmente precisará esperar entre o tempo em que solicita uma operação de E/S e o tempo em que a operação é finalizada.

- *Despertar processo*: Após ter ocorrido o evento pelo qual um processo está esperando, podemos permitir que o processo seja executado novamente.
- *Trocar processo*: A próxima operação que definimos em processos é a troca de contexto. Essa operação tira a CPU de um processo e a entrega a outro.
- *Escalonar processo*: Na maioria dos sistemas, o SO é responsável por selecionar qual processo é atribuído à CPU em cada troca de contexto. Essa seleção é chamada de escalonamento.

Devemos destacar que estamos apresentando essas operações da perspectiva de qualidades intrínsecas ao sistema operacional, e não da perspectiva de processos distribuindo chamadas ao sistema. Muitas dessas operações possuem chamadas ao sistema correspondentes, como criar e terminar processos. No entanto, outras não. Essa lista também não representa todas as chamadas ao sistema que um SO pode suportar.

5.2.2 Estado do processo

As operações para bloquear, despertar e trocar processos afetam o **estado do processo**. A ideia de estado do processo descreve a condição corrente do processo em termos de como o gerenciamos. Esse processo está pronto para utilizar o tempo de CPU? Ele está esperando por algum evento de E/S? Ele está terminado, mas ainda está sendo gerenciado? Normalmente falamos sobre o conjunto de estados possíveis de um processo em termos de uma máquina de estados finitos (autômato finito), tal como um exemplo simples apresentado na Figura 5-1. Nessa máquina, temos três estados:

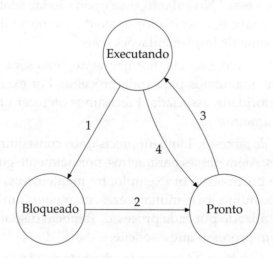

Figura 5-1: Típica máquina de estados do processo

- *Executando*: A CPU está correntemente executando um código que faz parte do processo.
- *Pronto*: Processos no estado de Pronto não estão esperando por evento algum, mas esperam por sua vez na CPU.

- *Bloqueado*: Identificamos processos à espera de algum evento (com frequência operações de E/S) como bloqueado.

Ele também apresenta quatro transições:

1. Um processo faz a transição de estado de Execução para estado Bloqueado quando faz uma solicitação que não pode ser imediatamente satisfeita. Enquanto a solicitação está sendo processada, o processo permanece no estado Bloqueado.

2. Quando uma solicitação for satisfeita e um processo não precisar mais ser bloqueado, ele passa por uma transição para o estado de Pronto.

3. A terceira transição no diagrama representa o caso em que um processo é escalonado. Em outras palavras, um processo foi selecionado como o próximo a ser executado na CPU.

4. Após um processo ser selecionado para se tornar o processo em execução, o processo que estava sendo previamente executado deve retornar ao estado de Pronto. Esse é o caso em que um processo passa por uma **preempção**, ao contrário do caso em que um processo é bloqueado.

Às vezes, utilizamos o termo **estado** para nos referirmos a tudo sobre um processo: seu conteúdo de memória, valores de registradores, representação interna e assim por diante. Contudo, neste livro, usamos o termo **configuração** para descrever essas informações sempre que houver possibilidade de confusão.

5.2.3 Tabela de processos

Se o processo é algo tão intangível, então como o sistema operacional o gerencia? A chave é bastante parecida com o que é para uma série de domínios de aplicação. Não agimos diretamente sobre as entidades, mas, em vez disso, agimos sobre representações. O mesmo é válido para o gerenciamento de processos.

As representações de todos os processos correntemente no sistema são agrupadas em uma estrutura de dados que geralmente denominamos **tabela de processos**. Referimo-nos a uma representação individual de processo como uma **entrada na tabela de processos**. A seguir, há alguns dos itens normalmente encontrados em uma entrada da tabela de processos:

- registradores salvos;
- estado do processo;
- número ID do processo;
- número ID do proprietário;
- número ID do grupo;
- prioridade;
- utilização e mapeamento da memória;

- *status* dos arquivos abertos;
- tempo de execução cumulativo.

Sistemas operacionais reais geralmente possuem um número de elementos adicionais exclusivos para seu próprio gerenciamento de processos. Em vez de discutir sobre esses membros estruturais isoladamente nesse ponto, os observaremos nas seções posteriores, dentro do contexto em que são utilizados.

As entradas são organizadas na tabela de processos por meio do uso de uma variedade de estruturas de dados. Algumas das mais comuns incluem matrizes, listas encadeadas e tabelas hash. Com frequência, observamos tais estruturas de forma combinada por questões de eficiência. Por exemplo, um sistema pode ser originalmente projetado com uma representação da tabela em lista encadeada, mas, posteriormente, pode adicionar uma tabela hash para acelerar as buscas.

5.3 Threads

Ao observar um processo como um espaço de memória e um local de controle, identificamos dois componentes separados, mas cooperativos, de um processo. Esses dois componentes não são completamente independentes visto que um local de controle é significativo somente no contexto de um espaço de memória particular. Contudo, podemos perguntar: "O que acontece se permitirmos mais de um local de controle em um único espaço de memória?". A resposta é que criamos uma técnica de programação útil em que as aplicações podem ser escritas como múltiplas entidades cooperantes.

Esses locais de controle separados compartilhando um espaço de memória comum são normalmente denominados **processos leves** (LWPs, do inglês lightweight processes) ou **threads**. Assim como no caso de processos normais, as threads são escalonadas e trocadas para fornecer compartilhamento de tempo entre elas.

Na prática, observamos dois métodos de implementação de threads. Na primeira forma, um processo gerencia suas próprias threads. Aqui, o programa é linkado a uma biblioteca do código de gerenciamento de thread contendo o código para escalonar e trocar entre as threads compartilhando o espaço de memória do processo. No primeiro tipo de implementação, o SO verifica e gerencia um processo único. As múltiplas threads são invisíveis para o kernel. A segunda forma de implementação é frequentemente denominada **threads do kernel**. Esse termo é normalmente utilizado para descrever threads pertencentes às aplicações, mas gerenciadas pelo kernel. Da perspectiva do sistema operacional, a unidade de escalonamento é a thread em vez do processo. Quando implementado dessa maneira, com frequência pensamos um processo como um contêiner para uma ou mais threads.

As duas abordagens para a implementação de threads oferecem um conjunto de serviços acessado por biblioteca e por chamadas ao sistema. Um conjunto de chamadas particularmente válido de observar é a interface de programação de aplicação (API, do inglês application programming interface) para threads, que faz parte do padrão de interface portável de sistema operacional (POSIX, do inglês portable operating system interface) do Instituto de Engenheiros Eletricistas e Eletrônicos (IEEE). Esse conjunto de chamadas de biblioteca pode ser utilizado como a base de aplicações multithreads portáveis porque foi implementado em uma grande variedade de sistemas operacionais, incluindo implementações dos dois tipos.

À medida que os desenvolvedores ganharam experiência com o uso e a implementação de threads, tornou-se claro que tanto o processo tradicional de única thread como o processo de multithread são casos especiais de uma noção mais geral de processos. Quando um processo-pai cria um filho, há diversos aspectos do pai que poderiam ser relevantes para o processo-filho recentemente criado. Alguns desses são o espaço de memória, o conjunto de arquivos abertos, o espaço do nome e os dados descrevendo o ambiente em que o processo é executado. O filho compartilha, herda uma cópia ou recebe uma substituição de cada um desses aspectos de seu pai. No caso mais geral, podemos selecionar no momento da criação do processo quais serão compartilhados, herdados ou substituídos. Usando essa abordagem, a criação de processo tradicional do UNIX (usando *fork*( ), conforme mencionada na Seção 1.6) pode ser realizada pela criação de um processo que herda todos os aspectos de seu pai. De maneira similar, a criação de thread típica é equivalente à criação de um processo que compartilha todos os aspectos de seu pai.

5.4 Escalonamento

Um dos aspectos mais estudados e analisados do gerenciamento de processos é o **escalonamento de processos**. O escalonador é o mecanismo pelo qual o sistema operacional seleciona que processo é o próximo a obter a CPU. Enquanto discutimos as várias técnicas de escalonamento, também consideramos uma série de motivações e os critérios para o escalonamento. Por exemplo, normalmente desejamos que o escalonador seja justo, mas o que consideramos justo? Damos preferência para alguns processos sobre os outros? Se isso for verdade, até que ponto eles devem receber preferência? Um processo deve ser capaz de executar a exclusão de outros? Impedir que um processo obtenha tempo de CPU quando está pronto denomina-se **starvation**. As respostas para essas questões desempenham um grande papel na definição dos detalhes da política de escalonamento que implementamos.

Quando colocada em prática, a função de escalonamento torna-se a de manter uma estrutura de dados de processos prontos para executar, bem como de selecionar o membro apropriado dessa estrutura. Independente da verdadeira estrutura de dados utilizada, geralmente nos referimos a esse conjunto de processos como **lista de prontos**. Na maioria das implementações, mantemos a lista organizada de forma a encontrar o processo desejado rapidamente. Por exemplo, se utilizamos uma lista encadeada, então normalmente a mantemos classificada na ordem em que desejamos executar os processos nela.

94 ■ Princípios de sistemas operacionais

5.4.1 Primeiro a chegar, primeiro a ser servido

As primeiras técnicas de escalonamento que examinamos são apropriadas para os sistemas operacionais em batch. Em ambientes batch, com frequência falamos sobre **jobs** em vez de processos. Para o propósito de escalonamento, consideramos os dois termos intercambiáveis. Quando pensamos sobre escalonamento em sistemas em batch, é importante lembrar que (particularmente em sistemas mais antigos) grupos de jobs são frequentemente agrupados em um lote, antes que o primeiro do grupo seja executado. Seguindo esse preceito, fazemos uma suposição simplificada em nossa abordagem sobre escalonamento em batch. Focamos o tempo entre o início da execução de um lote de jobs e o tempo em que um job é finalizado.

Talvez, a técnica mais intuitiva e simples seja permitir que o primeiro processo submetido seja executado. Denominamos essa abordagem como escalonamento **primeiro a chegar, primeiro a ser servido** (FCFS[1], do inglês first-come first-served). Efetivamente, os processos são inseridos no final de uma fila, quando são submetidos. À medida que cada processo termina sua execução, o próximo processo é extraído do começo da fila. Essa abordagem é ilustrada no Exemplo 5.1. Essa técnica aplica-se não apenas para o caso comum de um lote que está sendo montado antes da execução, mas também para o caso em que permitimos que novos jobs sejam adicionados após o lote ter sido iniciado.

5.4.2 Job mais curto primeiro

Embora o escalonamento primeiro a chegar, primeiro a ser servido seja bastante objetivo, possui uma característica um tanto infeliz. Suponha que temos um job muito grande e quatro jobs muito pequenos. Se o job grande, por acaso, for submetido antes dos outros quatro, então os responsáveis pelos cinco jobs terão que esperar muito tempo pelos resultados. Mas, se os quatro jobs pequenos forem enviados antes do job grande, os responsáveis pelos quatros jobs pequenos obterão resultados mais rapidamente. Contudo, nesse caso, o responsável pelo job grande verá apenas um pequeno aumento no tempo antes de receber os resultados. Em outras palavras, o tempo médio para esperar pelos resultados pode ser maior do que o necessário por causa da ordem em que os jobs chegam.

Podemos evitar esse fenômeno executando os jobs em ordem crescente de seu tempo de execução. De fato, essa política de escalonamento do **job mais curto primeiro** (SJF, do inglês shortest job first) é ideal, no sentido de que o tempo de retorno médio é minimizado. Para ser mais preciso, seja o tempo necessário para executar o job i denotado por t_i, e sejam os processos executados na ordem $i = 1, 2, 3, \ldots, n$. Para simplificar, consideremos apenas o caso em que o lote é montado antes da execução e consideremos o tempo de início quando o primeiro job começa a ser executado. Isso é equivalente a pressupor que todos os jobs chegam simulta-

---

[1] Também conhecido como FIFO, de first-in first-out (primeiro a entrar, primeiro a sair). (N.R.T.)

neamente. O tempo de vida para o job *i* é o tempo total entre o momento em que o job *i* é submetido e o momento em que o job *i* é finalizado. De acordo com nossa suposição de chegada simultânea, esse tempo de vida é fornecido por $T_i = \sum_{j=0}^{i} t_j$. O Exemplo 5.1 ilustra a comparação entre FCFS e SJF.

Exemplo 5.1: FCFS e SJF

Nesse exemplo, comparamos o tempo de vida médio do escalonamento FCFS e SJF. Suponha que recebamos três jobs, *a*, *b*, e *c* com $t_a = 20$, $t_b = 50$, e $t_c = 10$. Considere que eles cheguem na ordem *a*, *b*, *c*, mas que cheguem tão próximos que os recebemos todos antes de podermos selecionar o primeiro a ser executado. Utilizando o escalonamento FCFS, os organizamos em uma fila, conforme mostra a Figura 5-2.

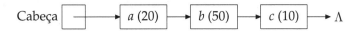

Figura 5-2: Fila primeiro a chegar, primeiro a ser servido

Os tempos de vida para FCFS são

$$T_a = 20$$
$$T_b = 20 + 50 = 70$$
$$T_c = 20 + 50 + 10 = 80$$

e o tempo de vida médio é

$$\tau = \frac{20 + 70 + 80}{3} = 56{,}67$$

Comparando, se utilizarmos o escalonamento SJF, executaremos os jobs na ordem *c*, *a*, *b*, conforme ilustrado na Figura 5-3.

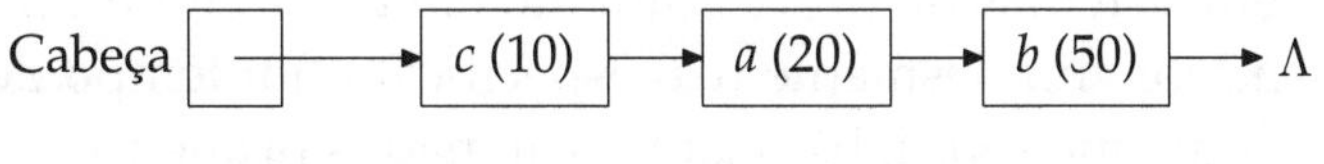

Cabeça → c (10) → a (20) → b (50) → Λ

Figura 5-3: Fila do job mais curto primeiro

Os tempos de vida para SJF são

$$T_c = 10$$
$$T_a = 10 + 20 = 30$$
$$T_c = 10 + 20 + 50 = 80$$

que resulta em um tempo de vida médio de

$$\tau = \frac{10 + 30 + 80}{3} = 40{,}00$$

Nesse exemplo, economizamos 29% do tempo de vida médio utilizando o escalonamento SJF sobre o escalonamento FCFS.

96 ■ Princípios de sistemas operacionais

Agora que temos uma compreensão geral de SJF, estamos prontos para justificar a afirmação de que o job mais curto primeiro é ideal. Suponha, ao contrário, que exista uma ordenação com tempo de vida médio mínimo, mas que não representa a ordenação do job mais curto. Deve haver, pelo menos, um valor de i em que $t_i > t_{i+1}$. O tempo de vida médio para essa sequência é fornecido por

$$\tau = \frac{1}{n} \sum_{j=1}^{n} T_j$$

Ao expandir parcialmente as somas para T_i e T_{i+1}, obtemos

$$\tau = \frac{1}{n} \left(\sum_{j=1}^{i-1} T_j + \left(\sum_{k=1}^{i-1} t_k + t_i \right) + \left(\sum_{k=1}^{i-1} t_k + t_i + t_{i+1} \right) + \sum_{j=i+2}^{n} T_j \right)$$

Agora, considere outra situação em que os jobs são processados na ordem 1, 2, 3, . . ., $i - 1, i + 1, i, i + 2, i + 3, \ldots, n$. Aqui, o tempo de vida médio é fornecido por

$$\tau' = \frac{1}{n} \left(\sum_{j=1}^{i-1} T_j + \left(\sum_{k=1}^{i-1} t_k + t_{i+1} \right) + \left(\sum_{k=1}^{i-1} t_k + t_{i+1} + t_i \right) + \sum_{j=i+2}^{n} T_j \right)$$

Comparando as expressões para τ e τ', observamos que

$$\tau' = \tau + \frac{1}{n} (-t_i + t_{i+1})$$

Mas, como $t_i > t_{i+1}$, $\tau' < \tau$, é violada a suposição de que uma ordenação diferente da ordenação do job mais curto primeiro forneça um tempo de vida mínimo.

Obviamente, utilizar o escalonamento SJF exige que conheçamos o tempo que o job levará para ser executado. Isso é um conceito um tanto estranho. Como pode o sistema operacional saber quanto tempo um programa levará para ser executado antes de ele ser executado? A resposta é: exigimos que o usuário que envia o job especifique seu tempo de execução. Embora isso soe como uma exigência estranha para aqueles usuários de compartilhamento de tempo em segundo plano, era bastante comum em sistemas de processamento em batch. A pergunta natural surge: por que os usuários simplesmente não especificam um tempo de execução muito pequeno, de modo que seus jobs sejam escalonados primeiro? Normalmente, isso é solucionado terminando um job assim que seu tempo de execução especificado for excedido. Para criar um equilíbrio entre um job sendo prematuramente terminado e um job sendo escalonado mais tardiamente do que o necessário, os usuários são motivados a fornecer estimativas precisas de tempo de execução.

5.4.3 Circular

Voltamos nossa atenção para as técnicas de escalonamento aplicáveis aos sistemas de compartilhamento de tempo. No compartilhamento de tempo, a abordagem é para que um processo seja executado por uma pequena fatia de tempo (time-slice) e, então, outro processo seja selecionado a fim de obter a próxima fatia de tempo. Esse ciclo é repetido indefinidamente. A extensão de uma fatia de tempo é denominada **quantum**. Para a maior parte das políticas de escalonamento, o quantum é fixado em um valor, como 0,1 ou 0,01 segundo. Uma fatia de tempo do processo pode terminar de uma entre três formas. Para processos focados em computação (compute-bound), o caso normal é que o processo ainda esteja sendo executado quando sua fatia de tempo terminar e outro processo for escalonado. No entanto, um processo pode não terminar sua fatia de tempo porque outro processo está pronto para ser executado e obtém a CPU, por concessão do processo atual. Outro caso em que um processo não completa sua fatia de tempo é quando o processo faz uma solicitação que causa o seu bloqueio. Afirmamos que o processo é **preemptado** nos primeiros dois casos.

O compartilhamento de tempo parecido com o primeiro a chegar, primeiro a ser servido é uma política que denominamos **circular** (RR, do inglês round-robin). No escalonamento circular, os processos se alternam igualmente. Uma forma de defini-lo é que o próximo processo selecionado para ser executado é o que esperou por mais tempo. A implementação é muito similar ao primeiro a chegar, primeiro a ser servido. Os processos que passam por uma preempção são adicionados ao final da fila, assim como os novos processos. (Apesar de alguns sistemas implementarem uma variação, em que novos processos são posicionados no começo da fila, dando a eles uma fatia de tempo imediata.) Em outras palavras, processos prontos são mantidos em uma fila circular, conforme ilustrado na Figura 5-4. O resultado final é que todos os processos prontos obtêm uma fatia igual do tempo de CPU.

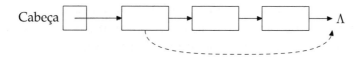

Figura 5-4: Fila circular

5.4.4 Escalonamento por prioridades

Às vezes, não queremos que os processos sejam escalonados com a mesma frequência de seleção. Em vez disso, podemos preferir definir alguma prioridade para determinado processo. Por exemplo, poderíamos administrativamente definir que certos usuários têm prioridade mais alta em todos os seus processos do que outros usuários. Outra motivação para as prioridades é um desejo de dar preferência a processos interativos sobre os processos focados em computação. A razão para isso é ambígua. Em princípio, supõe-se ser mais provável que processos interativos tenham usuários esperando por resultados, enquanto é provável que processos focados em computação sejam executados sem um usuário diretamente observando-os. Ao dar preferência a processos interativos, os usuários notam que o sistema reage mais positivamente. A segunda razão é similar. Como é mais provável que os processos interativos sejam bloqueados em vez de utilizar toda a sua fatia de tempo, dar prioridade a eles consiste, de certa forma, na mesma essência que a política do job mais curto primeiro.

98 ■ Princípios de sistemas operacionais

Até este momento, deixamos intencionalmente a noção de prioridade como um conceito abstrato. Como exemplo um tanto engraçado, suponha que a prioridade de um processo seja representada por uma cor. Poderíamos dizer que processos verdes ganham preferência sobre processos vermelhos. Apesar da natureza abstrata da prioridade, sistemas representam prioridade por meio de um número inteiro mais frequentemente do que não fazem isso. Contudo, valores de números inteiros maiores não significam universalmente uma prioridade mais alta. Para alguns sistemas, quanto menor o número inteiro, mais alta é a prioridade do processo.

Para implementar uma política de escalonamento por prioridades, selecionamos o processo pronto com a prioridade mais alta para ser o próximo a ser executado. Se tivermos mais do que um processo no mesmo nível de prioridade mais alta, selecionamos um entre eles, frequentemente utilizando uma política circular (embora outras políticas também sejam possíveis). Essa política é apresentada no Exemplo 5.2.

Exemplo 5.2: Escalonamento por prioridades

Para ilustrar o escalonamento por prioridades, consideremos cinco processos, a, b, c, d e e. Denotamos a prioridade de processo a por $p(a)$ e, da mesma maneira, para os outros processos. Em nosso exemplo, consideramos $p(a) = 10$, $p(b) = p(c) = p(d) = 5$ e $p(e) = 1$. Esse conjunto de associações de prioridade tem o efeito de fornecer a CPU ao processo a sempre que estiver pronto. Quando a é bloqueado, os processos b, c e d são escalonados de forma circular, caso estejam prontos. O processo e é executado somente quando nada mais estiver pronto para ser executado. Um processo como esse é frequentemente denominado processo de segundo plano ou processo ocioso.

Há diversas abordagens que podemos adotar para implementar um sistema de escalonamento por prioridades. O método mais simples, apesar de não ser particularmente rápido, é examinar cada processo na tabela de processos procurando pelo que estiver pronto, com a prioridade mais alta. Se começarmos sempre a busca pelo último processo que foi executado e buscarmos de maneira circular, então podemos garantir o comportamento circular para processos de igual prioridade. Um pouco mais rápido, podemos manter uma lista de processos prontos e examinar cada processo nela. (A melhora da velocidade surge do fato que não observamos aqueles processos que não estão no estado de Pronto.) Outra abordagem comum é manter uma estrutura de processos prontos organizados por prioridade. Com essa representação, a seleção do próximo processo pode ser feita em tempo constante, mas inserir um processo (cada vez que um deles passa por uma preempção ou que um processo se move do estado de Bloqueado para Pronto) normalmente levará mais tempo. Para uma simples lista linear, a inserção leva um tempo linear. A inserção pode ser acelerada utilizando uma representação em árvore para a fila de prioridades. Por fim, podemos manter uma fila multinível, consistindo em diversas filas, cada uma com um valor de prioridade diferente. Então, apenas escalonamos entre os processos de uma fila que não está vazia, com a prioridade mais alta.

Até este momento, nós não discutimos realmente como o valor da prioridade é definido. Talvez, a abordagem mais simples seja definir as prioridades estaticamente, de acordo com algumas características dos processos. Por exemplo, poderíamos ter um ambiente em que certos usuários recebem uma prioridade mais alta do que outros usuários. Como outro exemplo, considere um projeto de microkernel. Poderíamos definir a prioridade de processos que oferece uma funcionalidade ao sistema operacional mais alta do que os processos normais de usuário.

Mais comumente, porém, as prioridades são definidas de forma dinâmica. Em particular, o sistema ajusta a prioridade de um processo de acordo com regras baseadas no histórico de execução do processo. Um método comum é elevar a prioridade de processos bloqueados, que, portanto, não utilizam tempo de CPU, enquanto reduzimos a prioridade daqueles que utilizam uma grande quantidade de tempo de CPU. Essa política tende a implementar o comportamento desejado em que processos interativos ganham prioridade sobre processos focados em computação. Na maioria dos sistemas reais, uma combinação de prioridades estáticas e dinâmicas é utilizada. Em particular, normalmente permitimos que configurações administrativas limitem os valores máximos e mínimos que podem ser dinamicamente definidos. Os vários sistemas discutidos no Capítulo 6 exemplificam uma série de técnicas de ajuste de prioridades dinâmicas.

5.4.4.1 Filas de retorno multinível

Uma implementação particularmente significativa de prioridades dinâmicas é a **fila de retorno multinível** (do inglês, Multilevel Feedback Queues). Essa estrutura implementa um escalonador de prioridade com ajustes dinâmicos de prioridade, utilizando filas separadas para cada nível de prioridade. Uma das técnicas de ajuste de prioridade mais comuns em filas de retorno multinível escalona cada nível de prioridade de acordo com uma política do tipo primeiro a entrar, primeiro a sair (FIFO), em vez de circular. Quando um processo completa um quantum, não é posicionado no final da fila de onde surgiu. Em vez disso, é posicionado no final da próxima fila de prioridade menor. Obviamente, a fila de prioridades mais baixas é tratada como uma fila circular e escalonada de forma circular. Muito comumente, processos individuais são atribuídos a uma prioridade de base, abaixo da qual não se deslocam para baixo. Neste caso, processos que completam um quantum em sua prioridade de base são posicionados no final da mesma fila. Na maior parte das implementações de filas de retorno multinível, os processos não migram para prioridades mais altas no curso normal de escalonamento. Em vez disso, podem receber um **aumento na prioridade** por uma série de razões. Por exemplo, um processo adicionado à lista de prontos, após ser bloqueado por determinado período, pode ser adicionado em uma prioridade mais alta do que sua prioridade de base. De modo similar, um processo que esteve em uma fila de prioridades baixas durante algum período, sem ser escalonado, pode receber um aumento. Desses níveis aumentados, os processos retornam, então, para suas prioridades de base no curso normal de escalonamento.

Apesar de essa técnica ter tido suas origens em alguns dos primeiros sistemas operacionais de compartilhamento de tempo, ela continua a ser utilizada em muitos escalonadores de prioridade. A Figura 5-5 mostra um exemplo dessa estrutura. As setas sólidas na figura mostram a estrutura de lista encadeada da fila. As setas pontilhadas mostram onde os processos podem se deslocar completando sua fatia de tempo. Elas mostram os dois casos em que processos permanecem no mesmo nível de prioridade e os casos em que migram para um nível de prioridades mais baixas.

5.4.4.2 Inversão de prioridade

Se não formos cuidadosos, a simples política de sempre selecionar o processo de prioridade mais alta com prioridades estáticas pode levar a um fenômeno denominado **inversão de prioridade**. A inversão de prioridade ocorre quando um processo de alta prioridade está esperando por um processo de baixa prioridade que está em starvation por um processo de prioridade média. Esse fenômeno é compreendido de forma mais fácil por intermédio de um exemplo, como no Exemplo 5.3.

Exemplo 5.3: Inversão de prioridade

Suponha que tenhamos três processos *a*, *b* e *c* com prioridades 3, 5 e 7, respectivamente. Além disso, suponha que o processo *c* esteja esperando o processo *a* completar alguma tarefa.

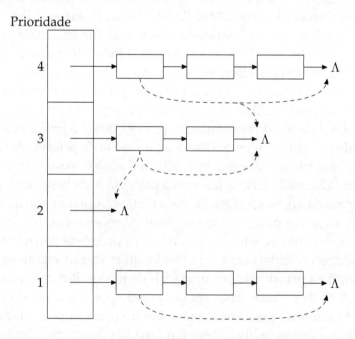

Figura 5-5: Fila de retorno multinível

O problema ocorre se o processo *b* for focado em computação e nunca for bloqueado. Se sempre selecionarmos o processo de prioridade mais alta, pronto para ser executado, então o processo a nunca será executado e, consequentemente, o processo c também não. O comportamento geral é como se a prioridade 5 fosse mais alta do que a prioridade 7. Em outras palavras, suas prioridades são invertidas.

5.4.4.3 Herança de prioridade

Se estivermos utilizando ajustes dinâmicos de prioridades, então a inversão de prioridade pode ser tratada a tempo, à medida que os processos de prioridade média e baixa são ajustados. No entanto, podemos preferir combater o problema mais diretamente. Podemos resolver o problema da inversão de prioridade aplicando a **herança de prioridade**. Essa técnica envolve elevar temporariamente a prioridade de um processo se outro processo de prioridade mais alta for bloqueado à espera dele, conforme é ilustrado no Exemplo 5.4. Se o processo x espera pelo processo y, em que a prioridade de x é maior do que a de y, então definimos a prioridade de y igual a de x, até que x seja desbloqueado.

Exemplo 5.4: Herança de prioridade

No exemplo anterior, quando o processo c espera pelo processo a, definimos temporariamente a prioridade do processo a para 7. Dessa maneira, o processo b não pode causar starvation sobre o processo a. O processo a pode completar a tarefa em que o processo c está esperando, evitando, assim, a inversão de prioridade. Após a completar a tarefa e desbloquearmos o processo c, então a prioridade de a retorna para 3.

5.4.5 Ajuste dos parâmetros de escalonamento

Prioridade não é o único parâmetro que podemos mudar para ajustar o comportamento do sistema. O principal exemplo disso é a forma pela qual o Compatible Time-Sharing System (CTSS) ajusta o quantum do processo. Como é abordado mais detalhadamente na Seção 6.1, o CTSS utiliza uma fila de retorno multinível com uma fatia de tempo crescendo exponencialmente. Se o quantum de base for q segundos, a fila i tem uma fatia de tempo de extensão $2^i q$. No CTSS, a fila 0 tem a prioridade mais alta, e as filas de prioridades mais baixas têm a fatia de tempo mais longa.

Assim como em outras técnicas comuns de ajuste de prioridades, o CTSS dá prioridade para processos focados em E/S sobre processos focados em computação. No entanto, a fatia de tempo mais longa tem o efeito de reduzir o número de trocas de contexto para processos focados em computação.

Na Seção 6.7, discutimos sobre o Windows NT como outro exemplo de sistema que utiliza quanta de diferentes dimensões para dar preferência para alguns processos sobre outros. Nesse sistema, um quantum maior é utilizado para dar preferência ao processo que foca o sistema de janelas.

5.4.6 Escalonamento de dois níveis

No Capítulo 9, abordamos como lidar com um caso em que nem todos os processos podem caber na memória de uma só vez. Se precisamos alocar espaço para criar um processo e não há memória suficiente disponível, é comum gravar a memória de um processo no disco. Normalmente, selecionamos o processo que não tenha sido executado por um tempo maior.

Agora, suponha que estamos prestes a escalonar um processo que foi transferido para o disco. O que fazemos? Reagimos de forma bem parecida com o que faríamos em uma solicitação para criar um processo. Selecionamos o processo que não tenha sido executado por um tempo maior, gravamos no disco, transferimos para a memória o que desejamos escalonar e, então, continuamos onde paramos. Indo um passo mais adiante, suponha que não haja memória suficiente para armazenar todos os processos na lista de prontos e que estamos utilizando o escalonamento circular. Deve estar claro que, nesse caso, o processo selecionado para ser transferido para o disco sempre será o mesmo que escalonaremos da próxima vez. Isso significa que faremos a transferência de dados entre o disco e a memória para cada troca de contexto! Esse é o exemplo de um fenômeno denominado **thrashing** e, como observamos no Capítulo 9, é muito prejudicial para o desempenho do sistema.

Para amenizar esse problema, podemos utilizar uma técnica de **escalonamento de dois níveis**. Utilizando um escalonador de longa duração, de nível mais alto, que é executado mais lentamente, selecionamos o subconjunto de processos que são residentes. Então, um escalonador normal, de nível mais baixo e de curta duração, seleciona apenas entre os processos residentes na memória.

5.4.7 Escalonamento de tempo real

Todas as políticas de escalonamento, até este momento, têm sido direcionadas para sistemas de propósito geral. No entanto, há mais sistemas de propósito específico por aí do que sistemas de propósito geral. A indústria automotiva é um bom exemplo. Contendo entre 10 e 40 microprocessadores em cada carro e milhões de carros produzidos a cada ano, a maioria das pessoas tem muito mais computadores em seus carros do que nas mesas de trabalho. Nesses sistemas de propósito específico, frequentemente, temos exigências muito estritas no tempo de resposta para os eventos. Por exemplo, em um computador de controle de ignição automotiva, um erro de somente 3 mS em acender uma vela de ignição representa 10% (36°) da rotação de um motor em 2000 RPM. Na realidade, erros superiores a 1° de uma rotação podem ter efeito notavelmente prejudicial no desempenho do motor. Em 2000 RPM, 1° somente leva 83 μS.

O exemplo automotivo é bastante típico, no que diz respeito a que muitas aplicações de tempo real têm uma natureza cíclica. Obviamente, se o código envolvido não completa sua função no tempo designado, então nenhuma parte do projeto de escalonamento ajudará.

5.4.7.1 Escalonamento guiado por eventos

Com esses conceitos em mente, podemos agora voltar nossa atenção para os detalhes sobre as técnicas de escalonamento de tempo real. O primeiro caso que consideramos é aquele em que o evento para o qual precisamos responder é sinalizado por uma interrupção de hardware. Sensores de ambiente são um exemplo da fonte de tais interrupções. Para atividades guiadas pelo tempo, um relógio pode fornecer a interrupção de ativação. Nesses casos, o processo que trata o evento permanece bloqueado até que ocorra a interrupção. Quando acontece a interrupção, escalonamos imediatamente o processo adequado e o deixamos ser executado até que seja novamente bloqueado. As coisas se complicam um pouco quando temos mais de um evento desse tipo. Suponha que estamos processando um evento de tempo real e ocorra uma interrupção para outro evento. Devemos realizar a preempção do processo em execução por aquele que trata a nova interrupção? A resposta a essa pergunta é normalmente dada por uma prioridade ou pela especificação de limites de tempo. Portanto, se o novo evento tiver prioridade maior ou exigência de tempo mais restrita do que aquele que está correntemente em execução, então realizaremos a preempção do corrente. Caso contrário, deixamos que o processo corrente se complete antes de servir o novo.

5.4.7.2 Prazo mais próximo primeiro

Nossa próxima técnica de escalonamento em tempo real é a do tipo **prazo mais próximo primeiro** (EDF, do inglês earliest deadline first), semelhante à política SJF para sistemas em batch. O EDF é entendido mais facilmente quando pensamos sobre o trabalho realizado em cada fatia de tempo como uma tarefa independente. Para cada processo, mantemos um parâmetro de escalonamento que especifica o tempo em que a próxima tarefa deve ser cumprida. Esses tempos são prazos que o escalonador tenta cumprir. Como o nome da política sugere, o escalonador sempre seleciona o processo com o prazo mais próximo. Podemos manter uma simples lista ordenada pelo prazo e sempre selecionar o primeiro processo dela. Com efeito, temos um escalonador de prioridade em que a prioridade é inversa do prazo.

Após um processo ter utilizado sua fatia de tempo, definimos o próximo prazo e adicionamos o processo de volta à lista de prontos. Em muitos casos, definimos o próximo prazo adicionando um período constante ao tempo em que sua fatia de tempo terminou. O efeito é fazer com que o processo seja executado pelo menos tão frequentemente quanto o período. Definindo diferentes períodos para diferentes processos, podemos dar a cada processo um compartilhamento desejado da CPU. Vemos como isso ocorre no Exemplo 5.5.

Exemplo 5.5: Prazo mais próximo primeiro

Para ilustrar o escalonamento EDF, selecionaremos um sistema com três processos. Cada processo é executado por 100 mS durante uma fatia de tempo. Suponha que

104 ■ Princípios de sistemas operacionais

os processos *a*, *b* e *c* tenham períodos de 300 mS, 500 mS e 1000 mS, respectivamente. Se todos os três estiverem prontos no tempo $t = 0$ e tiverem prazos iniciais iguais para seus períodos, então o primeiro processo que selecionamos é *a*, e o executamos por 100 mS. No tempo $t = 100$ mS, definimos o próximo prazo para *a* como 400 mS, que ainda é o mais próximo, portanto o processo *a* obtém outra fatia de tempo. Após essa fatia de tempo ser finalizada, seu prazo é definido para 500 mS e é inserido na fila entre *b* e *c*. Colocamo-lo atrás de *b*, que tem o mesmo prazo, para tratar os prazos iguais de alguma forma tipo circular. O processo *b* é, então, executado por 100 mS, e seu novo prazo é definido para 800 mS. O comportamento do sistema para as primeiras diversas fatias de tempo é ilustrado na Figura 5-6. Cada caixa representa uma fatia de tempo, e a letra identifica o processo executado durante essa fatia de tempo. Os números abaixo de cada passo são os prazos para os processos *a*, *b* e *c*, respectivamente naquele momento do tempo.

100	200	300	400	500	600	700	800	900	1000
a	*a*	*b*	*a*	*a*	*b*	*a*	*c*	*a*	*b*

300	400	500	500	700	800	800	1000	1000	1200	1200
500	500	500	800	800	800	1100	1100	1100	1100	1500
1000	1000	1000	1000	1000	1000	1000	1000	1800	1800	1800

Figura 5-6: Exemplo de escalonamento prazo mais próximo primeiro

Esse exemplo ilustra um importante aspecto do escalonamento EDF. Em geral, não tentamos atingir cada prazo exatamente. É aceitável que um processo finalize antes de seu prazo. Isso torna o escalonamento EDF útil para os casos em que uma tarefa deve ser cumprida antes de determinado tempo, mas em que não haja problema com relação a ser concluída antecipadamente.

5.4.7.3 Escalonador de slots

Quando temos exigências de tempo mais severas e não devemos executar um processo com demasiada antecedência, frequentemente nos voltamos para um escalonador com um loop temporizado. Cada ciclo de um loop é dividido em um número de slots, cada um com duração de t_s segundos. Com *n* slots, o ciclo de escalonamento geral é de $T_c = nt_s$ segundos. Os processos são administrativamente atribuídos a slots. Se um processo não precisa de todos ou de qualquer um de seus slots, então a CPU fica ociosa durante este tempo. O Exemplo 5.6 descreve como um escalonador de slots funciona.

Exemplo 5.6: Escalonador de slots

Consideremos um ciclo principal com 100 mS de duração. Dentro do loop, identificamos qual processo obtém qual fatia do loop. Se, em nosso exemplo, cada loop for dividido em 10 fatias, então cada processo pode ter garantido de 10 a 100 mS, de cada 100 mS. As fatias dadas para um processo em particular não precisam ser contíguas. Se um processo precisar de 10 mS de cada 50, então podemos dar a esse processo os slots 1 e 5 dos 10 disponíveis em nosso exemplo. Na Figura 5-7, temos quatro processos em que *a* ocupa 50% da CPU, *b* ocupa 30%, e os dois processos restantes ocupam cada um 10%.

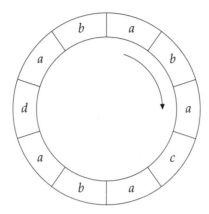

Figura 5-7: Exemplo de escalonamento de slots

5.4.8 Escalonamento em sistemas embarcados

Em sistemas embarcados, encontramos uma variedade de políticas de escalonamento impostas pela aplicação. Alguns sistemas utilizam políticas típicas de escalonamento de compartilhamento de tempo. Um bom exemplo disso é o escalonamento circular do Inferno, examinado em detalhes no Capítulo 7. Também encontramos isso nos casos de sistemas operacionais de propósito geral configurados para ambientes pequenos e embarcados, como as diversas configurações embarcadas do Linux e do Windows.

Em outros sistemas embarcados, as aplicações têm uma natureza mais de tempo real. Nessas aplicações, frequentemente encontramos escalonadores guiados por interrupção (ou eventos), como o que se encontra no TinyOS, abordado na Seção 6.8.

5.5 Troca de contexto

Conforme discutido na Seção 1.3, o conceito fundamental por trás do sistema operacional de compartilhamento de tempo é a ideia de reatribuição da CPU entre processos concorrentes de modo tão rápido que temos a ilusão de que estão todos sendo executados simultaneamente. Obviamente, o fato de que é a própria CPU que deve conseguir realizar isso nos aproxima o máximo de uma crise existencial. Afinal de contas, como pode a CPU se desvincular sozinha de um processo e dar início a outro?

Nota histórica: Apollo 11

A natureza cíclica do software de tempo real foi dramaticamente ilustrada em 20 de junho de 1969. Quando o módulo de viagem lunar da Apollo 11 (LEM, do inglês lunar excursion module) desceu sobre a superfície da Lua, o Computador de Orientação da Apollo (AGC, do inglês Apollo Guidance Computer) relatou diversos alarmes de programa 1201 e 1202. Esses alarmes indicaram que o computador havia sido executado fora do tempo em um ciclo antes de completar a tarefa atribuída a ele. Como os projetistas tiveram a perspicácia de priorizar o trabalho, esses alarmes particulares indicaram que somente tarefas de baixa prioridade não foram concluídas e que a aterrissagem ainda poderia acontecer. Por que o volume de trabalho era excessivamente grande? Aconteceu que um dispositivo de entrada de dados foi deixado ativado por engano durante a aterrissagem. Esse radar rendezvous foi projetado para ser utilizado somente após a partida da Lua e para ajudar no reacoplamento com o módulo de comando.

A resposta é surpreendentemente simples com base em nossa analogia com as Máquinas de Turing da Seção 5.1. Se um processo é uma sequência de configurações que passarão ao longo do tempo, então tirar um processo da CPU resulta em copiar sua configuração de tal maneira que podemos repô-la de volta mais tarde. Do mesmo modo, copiar a configuração de um processo de volta para a CPU efetivamente entrega a CPU a esse processo. A **troca de contexto**, que denominamos o mecanismo que move a CPU de um processo para outro, se resume nos seguintes passos:

1. Transfere o fluxo de controle do processo corrente do usuário para o sistema operacional.
2. Salva a configuração do processo corrente.
3. Seleciona (escalona) o próximo processo.
4. Restaura a configuração (salva previamente) do próximo processo.
5. Retorna o fluxo de controle para o processo corrente (novo) do usuário.

Para tornar essa técnica mais concreta, apresentamos duas amostras de eventos de troca de contexto no Exemplo 5.7.

Exemplo 5.7: Troca de contexto

Nesse exemplo, consideramos dois processos, denominados A e B. No decorrer de nossa ilustração, duas trocas de contexto acontecem como mostra a Figura 5-8. Deslocar-se para baixo nessa figura corresponde a deslocar-se para a frente no tempo. As setas mostram o fluxo de controle à medida que alternamos entre os dois processos.

Começamos com a execução do processo A. Em algum ponto, ocorre uma interrupção, que transfere o controle para o sistema operacional. No decorrer do processamento da interrupção, o SO determina que é necessário uma troca de contexto. Isso é provável ou porque o processo A utilizou toda a sua fatia de tempo ou porque emitiu uma solicitação que causou o seu bloqueio. Após termos determinado que precisamos alternar para outro processo, salvamos informações suficientes sobre o processo A, de forma que podemos reiniciá-lo posteriormente. O próximo passo é executar o escalonador, que seleciona o processo B em nosso exemplo. Antes de retornar da interrupção, restauramos o contexto, previamente salvo, do processo B de volta para os registradores e para a pilha, a partir dos quais o salvamos anteriormente. Durante o retorno da interrupção, o controle passa novamente para o processo B, em vez de para o processo A.

Enquanto o processo B está sendo executado, pode haver interrupções que não acionem uma troca de contexto. Nesses casos, o controle é transferido para o kernel, que processa a interrupção. O retorno da instrução de interrupção transfere, então, o controle de volta para o mesmo código que foi interrompido. Omitimos essas interrupções da Figura 5-8 para simplificar.

Finalmente, uma interrupção ocorre de modo que nos obriga a alternar do processo B para outro processo. Nesse exemplo, esse outro processo é A. Quando isso acontece, seguimos essencialmente os mesmos passos da troca de contexto anterior, com os papéis dos processos A e B invertidos. Após restaurarmos o contexto do processo A e retornarmos da interrupção, o controle é transferido de volta para o mesmo local em que processo A foi interrompido, no início de nosso exemplo. Da perspectiva do processo A, a única coisa que aconteceu foi uma pausa prolongada entre duas instruções. Da perspectiva do sistema geral, estamos compartilhando o tempo.

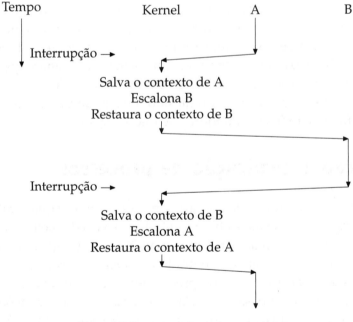

Figura 5-8: Exemplo de troca de contexto

Embora ela pareça bastante clara, vale a pena discutir uma série de pontos. Em princípio, pode parecer que imploramos para saber como a CPU consegue por si própria se desvincular de um processo. Diversas vezes já nos referimos indiretamente ao mecanismo necessário. Quando uma interrupção ocorre, o controle é transferido de um processo de usuário para o sistema operacional. Essa transferência é uma função de hardware, cujos detalhes variam de sistema para sistema. Normalmente, a interrupção faz o processador salvar alguns registradores (como o contador do programa) na pilha. O processador então transfere o controle para um **vetor de interrupção**, que identifica o código do tratador de interrupção apropriado. No processo de transferência de controle para o tratador de interrupção, o hardware também normalmente muda o processador para um modo mais privilegiado, necessário para o SO.

No caso de estarmos realizando a preempção de um processo que tem utilizado todos os seus quantum, a interrupção surge de um relógio, que, em geral, é interrompido de 60 a 100 vezes por segundo. Para a maioria dos sistemas, as interrupções também salvam parte do estado do processo em uma pilha. No final, o hardware normalmente deve salvar ao menos o contador de programa e o ponteiro de pilha, de modo que o processo do usuário possa ser reiniciado após a interrupção. Após o SO decidir que é necessária uma troca de contexto, deve, então, salvar a configuração do processo na tabela de processos. (Há exceções para isso. Em alguns sistemas, as interrupções são processadas em uma pilha separada, que pode ser por processo. Nesses casos, com frequência, mantemos o estado do processo na pilha de interrupção. Às vezes, chegamos a inserir a pilha de interrupção na entrada da tabela de processos!) Normalmente, a configuração salva do processo consiste em todos os registradores. Os que são salvos na pilha pela interrupção são copiados da pilha para a tabela de processos, e o restante é salvo diretamente. Como pode se esperar, restaurar a configuração de um processo faz com que isso seja desfeito. Carregamos a maioria dos registradores com seus valores salvos na tabela de processos e, então, deixamos a pilha ficar como a mesma de antes, quando esse processo foi interrompido pela última vez. O retorno do controle para o novo processo é realizado por meio da execução do mesmo retorno da instrução de interrupção utilizado no final de todos os tratadores de interrupções.

5.6 Criação e finalização de processos

Na maioria dos casos, a tarefa de criar um processo acontece quase totalmente conforme o esperado. O passo mais óbvio é definir o espaço de memória com o código e dados necessários, como abordaremos mais tarde nos capítulos posteriores. O outro passo é inicializar uma nova entrada na tabela de processos. A maior parte dos elementos da tabela é herdada do processo-pai ou definida para valores iniciais coerentes. Embora a ideia básica seja clara, há uma série de variações no tema de criação de processos. Para cada recurso, o filho pode ser criado para compartilhar o recurso do pai, com uma cópia do recurso do pai ou com um recurso novo alocado. Por exemplo, para o código do programa, normalmente permitimos que o filho compartilhe o programa do pai ou iniciamos o filho executando um novo programa. Em frequência, nos referimos ao primeiro caso como bifurcação (fork) de um processo e ao segundo como geração (spawn) de um processo. Na maioria dos casos, queremos que o pai e o filho estejam prontos assim que o filho for criado. Há, no entanto, alguns exemplos de sistemas que bloqueiam o pai até que o filho saia ou tome alguma outra ação que permita ao pai continuar. Como processos-filho criam processos adicionais, construímos uma árvore de processos. Embora um sistema possa impor limites administrativos na profundidade e na largura da árvore, muitos sistemas permitem que processos sejam criados até os limites de recursos.

Há uma parte dessa inicialização que não é tão óbvia assim. Quando chega o momento de escalonar esse novo processo, a troca de contexto funciona sob a hipótese de que esse processo já foi interrompido. Mas, se o processo nunca foi executado, não pode ter sido interrompido. Isso não é realmente um problema. No caso de bifurcação de um processo, o filho herda uma cópia da configuração salva do pai, o que significa que precisará reiniciar no mesmo local que o pai. Para um processo gerado, podemos simplesmente configurar os registradores "salvos" com valores que passem a impressão de que o processo foi interrompido momentos antes da execução de sua primeira instrução. Então, quando ele é escalonado e os registradores são restaurados, o novo processo começará a execução desde o início.

Ao terminar um processo, nossa responsabilidade principal é liberar os recursos retidos pelo processo. Isso inclui memória, qualquer arquivo aberto, qualquer dispositivo de E/S reservado, assim como estruturas de dados internas, como a entrada na tabela de processos. Em alguns casos, os recursos podem ser compartilhados com outros processos. Quando for esse o caso, devemos ficar atentos para liberá-los somente quando todos os processos que estiverem utilizando esses recursos os tiverem liberado. Normalmente utilizamos um **contador de associação** nesses casos. Cada vez que um processo é criado e compartilha um recurso, incrementamos seu contador de associação. Cada vez que um processo utilizando um recurso compartilhado termina, reduzimos o contador de associação do recurso. Somente quando o contador de associação atinge zero, liberamos o recurso. A última ação no término de um processo é o fornecimento de notificação do evento. Normalmente, o pai (ou algum outro processo) consulta o *status* do processo para determinar se ele terminou e por quê. O SO deve registrar esse *status* até que algum processo consulte a seu respeito.

5.7 Seções críticas

O último tópico de destaque que abordamos neste capítulo não é, na verdade, uma função de gerenciamento do sistema operacional. Em vez disso, é uma questão que surge com frequência no projeto do sistema operacional e que também aparece em aplicações em que mais de um processo (ou thread) compartilham algum recurso (normalmente a memória). A questão é, se um processo está atualizando uma estrutura de dados e outro processo recebe permissão para ser executado antes que a atualização esteja completa, o resultado poderá ser inconsistente.

Um exemplo simples: considere dois processos que incrementam uma variável compartilhada:

$++x;$

Para várias máquinas, esse código é compilado em uma sequência de instruções, como:

```
ld    _x, r1
addi  #1, r1
st    r1, _x
```

Desde que todas essas três instruções sejam executadas sem interrupção, não há problema. No entanto, suponha que esse processo A execute a primeira instrução da sequência e sofra, então, uma preempção para o processo B. Durante sua fatia de tempo, o processo B executa as três instruções, começando com o mesmo valor de x que o processo A carregou no registrador r1. O efeito é que o processo B incrementa x conforme o esperado. Mas, quando o controle retorna para o processo A, ele adiciona um ao valor antigo de x e armazena o resultado. O resultado final é que o processo A realmente não altera o valor antigo de x. Apesar de os dois processos terem incrementado a variável, a alteração final é de apenas um. O problema fundamental é que, mesmo que haja apenas um único operador em C, a operação para incrementar uma variável não é **atômica**. Aqui, utilizamos a palavra "atômica" com seu significado de indivisível. Uma operação não atômica pode ser interrompida, permitindo que outro processo acesse o recurso compartilhado antes que a operação esteja completa.

Inserir um elemento em uma lista encadeada fornece outro exemplo comum. Uma implementação típica se assemelha a:

if (*head* $\equiv \Lambda$)
  head = *new_elem*;
else
  tail→next = *new_elem*;
tail = *new_elem*;

Há diversos locais nessa sequência onde um processo pode sofrer preempção para criar um resultado inconsistente. Por exemplo, considere um processo que checa se a lista está vazia e descobre que ela está vazia. No entanto, suponha que ele sofra uma preempção antes de adicionar seu novo elemento. Nesse caso, o outro processo também verá uma lista vazia. Os dois tentarão colocar seus novos elementos no começo da lista, resultando na perda de um dos elementos.

Denominamos situações assim como **condições de disputa**. O conceito-chave para condições de disputa é que a exatidão do resultado depende da sincronização relativa do escalonamento entre dois ou mais processos que compartilham algum recurso. O código que incorpora uma condição de disputa é denominado **seção crítica**. Identificamos uma seção crítica como uma sequência de código que tem uma condição de disputa. Além disso, se uma seção crítica for executada de forma atômica, não há condição de disputa. Essa observação identifica os meios de tratar as condições de disputa. A saber, precisamos desenvolver técnicas para criar seções atômicas de código.

A abordagem básica para implementar atomicidade é utilizar um bloqueio de **exclusão mútua** (mutex). Antes de entrar em uma seção crítica, obtemos um bloqueio. Se outro processo já se encontra em sua seção crítica correspondente, estamos bloqueados até podermos entrar com segurança. Quando deixamos a seção crítica, liberamos o bloqueio. Portanto, nosso código de inserção na lista deve se parecer com:

mutex_lock (&lock);
if *(head ≡ Λ)*
 head = new_elem;
else
 tail→next = new_elem;
tail = new_elem;
mutex_unlock(&lock);

5.7.1 Controle de interrupção

A primeira abordagem para implementar um bloqueio com mutex baseia-se em nosso entendimento sobre a troca de contexto. Sabemos que, para um processo ou qualquer outro código sofrer uma preempção, uma interrupção deve ocorrer e ser atendida. A partir dessa observação, fica claro que podemos bloquear uma seção crítica, evitando as interrupções que poderiam nos causar uma preempção enquanto estivermos na seção crítica. Para alguns tipos de hardware, o único controle que temos é a capacidade de desabilitar as interrupções. Para outros sistemas, há um controle mais refinado em que podemos alterar o nível de interrupções permitidas. Em casos assim, definimos um nível de prioridade de interrupção e todas as interrupções de um nível superior são permitidas, ao passo que são bloqueadas todas as interrupções de nível igual ou inferior.

O controle das interrupções é uma técnica fundamental para proteger seções críticas no sistema operacional, particularmente quando o tratador de interrupções compartilha estruturas de dados com outros componentes do sistema. No entanto, há diversas limitações e precauções na utilização do controle de interrupções. Em princípio, embora essa abordagem seja aplicável ao sistema operacional, não podemos permitir que seja utilizada pelos processos de usuários. Se fosse permitido a um processo normal desabilitar as interrupções, um processo errôneo (ou malicioso) poderia desabilitar as interrupções e nunca mais reabilitá-las, impedindo o primeiro processo de sofrer uma preempção novamente. Obviamente, isso impediria que o sistema funcionasse normalmente. Outra questão sobre a desabilitação das interrupções é o tempo durante o qual retemos o bloqueio do mutex. Se a seção crítica for muito longa ou tiver o potencial para bloquear, então não podemos utilizar o controle de interrupções para implementar o bloqueio diretamente. Um dos problemas mais óbvios de manter as interrupções desligadas por muito tempo é que poderíamos perder as interrupções do relógio, fazendo com que nossa medida interna de tempo real se deslocasse lentamente. Por fim, a natureza do controle de

112 ▪ Princípios de sistemas operacionais

interrupções evita que múltiplos processos esperem pela seção crítica simultaneamente. Isso, por sua vez, não nos oferece qualquer possibilidade de priorizar entre processos que possam desejar obter acesso.

5.7.2 Instruções atômicas

Manipular interrupções funciona bem para um único processador. No entanto, se tivermos mais que um processador compartilhando a memória, impedir interrupções em um processador não impede que o outro acesse a memória. Para esses casos, precisamos de outro mecanismo. A próxima abordagem para implementar a exclusão mútua é criar atomicidade de uma seção de código relativamente grande a partir de uma operação atômica de escala muito reduzida. Em particular, utilizamos instruções de CPU que desempenham pelo menos duas operações atomicamente. Várias máquinas têm diferentes instruções desse tipo. Uma instrução típica é a instrução test-and-set. Essa instrução testa o valor de uma localização de memória associada a instruções condicionais e, então, configura um valor nessa localização da memória (por exemplo, no bit de sinal). Utilizando esse tipo de instrução, podemos implementar as operações de bloqueio e desbloqueio da seguinte maneira:

```
_mutex_lock:
    tas     _lock
    blt     _mutex_lock
    ret
_mutex_unlock:
    move    #0, _lock
    ret
```

O código nesse exemplo foi escrito levando-se em conta um sistema que configura o bit de sinal na instrução test-and-set (`tas`). Quando o bit de sinal é marcado, o bloqueio é retido por algum processo, e quando o bit é limpo, o bloqueio fica disponível. O segredo para entender como esse código funciona é perceber que, após executarmos a instrução `tas`, alguém obtém o bloqueio. A única pergunta é se exatamente nós obtivemos o bloqueio ou se outra pessoa já o obteve? Podemos responder a essa pergunta analisando o valor prévio do bloqueio. Se ele for menor que zero, então outra pessoa obteve o bloqueio antes de tentarmos consegui-lo. A instrução de desvio "se for menor que o valor zero" (`blt`, do inglês branch if less than zero), reconhece esse caso e faz um loop de volta para tentar ganhar o bloqueio novamente. Se o valor prévio do bloqueio for maior ou igual a zero, ninguém obteve o bloqueio anteriormente, então, agora, o temos e podemos retornar.

Algo importante para observar sobre esse exemplo é que ele ainda funciona se estivermos interrompidos entre as instruções `tas` e `blt`. Concluímos isso pelo fato de que a informação sobre o valor prévio do bloqueio salvo pela `tas` também é salvo como parte da configuração do processo, se estivermos interrompido. O segredo para a exatidão dessa implementação é a atomicidade da instrução `tas`. Se fosse possível para outro processo (ou processador) acessar a variável do bloqueio entre o tempo em que salvamos o seu valor e o tempo em que o definimos, então voltaríamos exatamente para onde começamos com a condição de disputa.

Essa implementação é bastante diferente do caso de manipular interrupções, pois um processo esperando pelo bloqueio executa instruções continuamente até ganhar o bloqueio. Nesse caso, trata-se de um loop apertado das instruções `tas` e `blt`. Esse tipo de espera é geralmente classificado como **espera ocupada**, e esse tipo de bloqueio é frequentemente denominado **spin lock**. Se a espera ocupada é um problema, depende da situação. Se o código esperando pelo bloqueio deve esperar por muito tempo, a espera ocupada pode consumir um tempo que poderia ser utilizado por outros códigos. Essa é particularmente uma solução para processos normais em uma máquina de único processador. Quando um processo inicia a espera ocupada, é garantido que ficará esperando (e utilizando tempo de CPU) até que sua fatia de tempo seja esgotada. Alguns sistemas oferecem uma chamada especial ao sistema para liberar a CPU em casos como esse. Essa chamada efetivamente diz "Sei que nada mais útil pode acontecer durante essa fatia de tempo, portanto permita que outro processo seja executado".

5.7.3 Algoritmo de Peterson

As duas técnicas para implementar bloqueios baseiam-se nas instruções de hardware que não apresentam um recurso de linguagem de alto nível correspondente. Uma pergunta natural surge: existe alguma técnica que pode ser implementada em uma arquitetura qualquer utilizando somente instruções normais? Outra forma de fazer essa pergunta é: podemos implementar um bloqueio em uma linguagem típica de programação de sistemas? Ao que parece, a resposta é sim. A técnica mais conhecida para isso foi descoberta por Gary Peterson. Sua abordagem, apresentada em 1981, toma como base a ideia de que normalmente desejamos que dois processos concorrentes se alternem. No entanto, se um processo está interessado em utilizar o recurso compartilhado enquanto o outro não, o primeiro pode obtê-lo mesmo que não tenha chegado a sua vez. Sua solução pode ser implementada da seguinte maneira:

```
int turn;
int want [2];
void mutex_lock (int who)
{
    int other;
    other = 1 − who;
    want [who] = 1;
    turn = other;
    while (want [other] ∧ turn ≠ who) ;
}
```

```
void mutex_unlock (int who)
{
    want [who] = 0;
}
```

A ideia básica é bastante objetiva. Pensamos que, se conseguimos o bloqueio, a próxima vez será do outro processo. Então, devemos esperar, contanto que o outro lado esteja interessado e não seja a nossa vez. No entanto, serve de exemplo investigar o comportamento quando um processo passa por preempção na metade de *mutex_lock*( ). Por exemplo, suponha que o processo A passe por uma preempção entre as fases em que está definindo *want* [*who*] e *turn*. Então, o processo B vasculha todo o código de bloqueio e espera o sinal de ocupado porque o processo A quer o bloqueio e o processo B declarou ser a vez de A. Quando o processo A é executado novamente, muda a *vez*, fazendo com que ele também espere o sinal de ocupado. Mas, quando B é executado, consegue passar pela instrução **while** e obter o bloqueio. Embora tratemos aqui somente do caso de dois processos, essa abordagem pode ser generalizada para qualquer número de processos.

5.7.4 Semáforos

Já mencionamos que não queremos permitir que os processos do usuário manipulem as interrupções. Também destacamos que as outras duas técnicas empregam a espera ocupada, as quais não são convenientes para os processos do usuário. Em geral, fornecemos aos processos do usuário mecanismos de exclusão mútua, criados acima de outros utilizados pelo kernel. Por exemplo, poderíamos fornecer chamadas ao sistema de bloqueio e desbloqueio, em que o sistema operacional utiliza controle de interrupções para proteger as seções críticas em sua implementação.

Um dos modelos mais frequentemente estudados e implementados de exclusão mútua para os processos do usuário é o **semáforo**. Os semáforos são mais bem compreendidos em termos das operações executadas sobre eles. Definimos semáforo pelas operações *up* e *down*. Originalmente, essas operações eram denominadas *V* e *P*, respectivamente. (Como são mnemonicamente significativas em holandês, mas não em inglês, utilizamos *up* e *down*.) Como os próprios nomes indicam, *up*( ) incrementa o semáforo e *down*( ) o decrementa. São definidos mais formalmente da seguinte maneira:

- *up*( ) — Aumente o valor do semáforo em um.
- *down*( ) — Se o semáforo é 0, bloqueie até que se torne > 0. Diminua o valor do semáforo em um.

Essa descrição não trata sobre o que acontece se houver múltiplas threads de execução, todas esperando em uma operação *down* ( ) que o semáforo se torne positivo. Particularmente, o que acontece quando outra thread realiza uma operação *up*( )? Não queremos que todos os processos que estão na espera sejam despertados simultaneamente. Isso violaria uma exclusão mútua. Normalmente, adotamos uma de duas abordagens. Em algumas implementações, mantemos os que estão na espera em uma fila e despertamos o processo que foi bloqueado primeiro. Em outros casos, selecionamos um para despertar aleatoriamente. Algumas implementações fornecem mecanismo para estabelecer prioridade de despertar em vez da ordem de espera.

Observe que, se inicializarmos o semáforo para ter o valor de 1, então o *down*( ) torna-se o mesmo que a operação de bloqueio e o *up*( ) torna-se o mesmo que o desbloqueio. De fato, com frequência definimos um caso especial denominado o **semáforo binário**, em que o valor do semáforo possa assumir somente os valores 0 e 1. Se o valor de um semáforo binário já for 1, então a operação *up*( ) é inoperante. Posteriormente, observaremos alguns exemplos de aplicações em que a natureza contável dos semáforos é útil.

Antes de dar continuidade, precisamos destacar um alerta importante. Lembre-se de que as seções críticas surgem somente quando estamos compartilhando recursos entre duas ou mais threads de controle. Em geral, há duas classes de recursos compartilhados entre os processos de usuário. Em princípio, os processos de usuário frequentemente compartilham arquivos. Como parte do suporte ao sistema de arquivos, o sistema operacional normalmente proporciona mecanismos de bloqueio de arquivos, separados das técnicas neste capítulo. Outro recurso que os processos de usuário podem compartilhar é a memória. Normalmente, esse tipo de compartilhamento ocorre somente quando os processos de usuário solicitarem explicitamente o compartilhamento da memória, como quando estão utilizando um mecanismo multithread, como do POSIX. Consequentemente, as técnicas discutidas durante o restante deste capítulo são, de certa maneira, especializadas com relação aos processos de usuário. (No entanto, às vezes, as vemos implementadas como uma técnica de exclusão mútua de alto nível na implementação do sistema operacional.)

5.7.5 Monitores

O segundo método de exclusão mútua adequado aos processos de usuário é o **monitor**. Mesmo que, às vezes, vejamos o termo monitor aplicado a implementações de bloqueios que se assemelham bastante com as abordadas nas seções anteriores, o termo é mais adequadamente aplicado como uma característica de linguagem. Em particular, algumas linguagens nos permitem declarar um conjunto de funções como sendo um monitor. Quando declarado dessa maneira, somente um processo por vez é permitido acessar o monitor. Qualquer outro processo que tenta chamar uma das funções do monitor é bloqueado até que nenhum outro processo esteja executando código do monitor. Utilizando monitores, as operações de bloqueio e desbloqueio são implícitas, aliviando o programador do fardo de utilizá-las corretamente.

Como exemplo, mostramos como podemos implementar um semáforo utilizando um monitor. Ao fazer isso, provamos um teorema, que pode ser confirmado informalmente como: "monitores são pelo menos tão poderosos quanto semáforos,

116 ■ Princípios de sistemas operacionais

no sentido de que podem ser utilizados para todas as aplicações de semáforos". Com isso, em qualquer aplicação em que utilizamos semáforos, podemos utilizar nossa implementação baseada em monitor com a mesma funcionalidade.

Para sugerir as ideias que levam a uma prova, apresentamos a seguinte implementação, utilizando uma sintaxe parecida com C:

```
monitor semaphore
{
    unsigned int sem;
    void up(void)
    {
        ++sem;
        signal;
    }
    void down(void)
    {
        while (sem ≡ 0)
            wait;
        --sem;
    }
}
```

Observe que C sozinho não fornece um mecanismo de monitor, portanto esse código não é um C válido. Deveria estar claro que essa implementação funciona, contanto que o monitor forneça a atomicidade necessária na implementação de up( ) e down( ).

No entanto, o que não é tão claro assim é a utilização das operações **signal** e **wait**. Quando um processo executa a instrução **wait**, é bloqueado e abre mão do acesso exclusivo para o monitor. Quando um processo executa a instrução **signal**, deixa imediatamente o monitor, e um dos processos bloqueados em uma espera (**wait**) fica pronto, sendo novamente posicionado exclusivamente no monitor.[2] Embora esse tipo de comportamento possa ser implementado sem essas operações especiais, é geralmente mais complicado e envolve a espera ocupada. Por razões similares, o sistema de threads do POSIX fornece um mecanismo similar denominado variáveis de condição. Um processo pode esperar em uma condição muito parecida com nossa instrução **wait** ou isso pode sinalizar uma condição muito parecida com nossa instrução **signal**.

---

[2] Considerando este funcionamento, o código da função down( ) do semáforo com monitor poderia ser escrito apenas com uma instrução **if**, em vez de usar um comando de repetição **while**. Entretanto, segundo o autor, ele costuma programar de forma defensiva. (N.R.T.)

5.7.6 Troca de mensagens

Na maioria dos casos, os dados compartilhados entre dois processos existem para que esses processos se comuniquem. É natural nos indagarmos se podemos conseguir uma comunicação mais direta, por meio de algum tipo de mecanismo do tipo enviar e receber. A resposta é sim, embora não seja sempre a forma mais eficiente de fazer isso. Nesse último caso, considere um conjunto de processos que opere sobre dados de imagens grandes. Para a maior parte das implementações, enviar imagens grandes através de um mecanismo de troca de mensagens seria muito mais lento do que compartilhar a memória que as imagens ocupam.

Tendo em mente que devemos ser cautelosos quanto à utilização de troca de mensagens com dados extensos compartilhados, agora voltamos nossa atenção para o mecanismo real. Na maioria das implementações, consegue-se enviar uma mensagem por intermédio de uma chamada como:

$send$ (p, m);

que envia a mensagem apontada por m para o processo p. De modo similar, receber uma mensagem geralmente se parece com:

$sender = recv$ (p, m);

em que p fornece o processo a partir do qual desejamos receber uma mensagem e m aponta para o buffer em que desejamos inserir a mensagem. Normalmente, há um valor especial que podemos enviar no primeiro argumento para indicar que estamos querendo aceitar uma mensagem de qualquer transmissor. O valor de retorno da chamada nos fornece que processo enviou a mensagem que estamos recebendo.

Na maioria dos casos, o $recv($) é síncrono, o que significa que, se não há mensagem esperando para ser coletada, o processo chamador é bloqueado até que uma mensagem apareça. A pergunta natural é: o que acontece com $send($) quando não há receptor algum esperando? Se escolhemos implementar a operação de tal forma que o processo emissor é bloqueado até que um receptor apareça, então estamos seguindo o **princípio rendezvous**. Seguindo esse princípio, podemos garantir que dois processos estejam sincronizados no sentido de que os dois estejam em locais correspondentes conhecidos em seu código, ao mesmo tempo.

5.7.7 Exemplos

Há uma infinidade de exemplos de problemas típicos que ilustram essas técnicas. Consideramos dois neste momento: os problemas do jantar dos filósofos e do produtor-consumidor.

5.7.7.1 Problema do jantar dos filósofos

No clássico problema do jantar dos filósofos, temos um conjunto de n membros do departamento de filosofia fazendo uma refeição em uma mesa circular, em um restaurante chinês. Entre cada dois filósofos há um hashi; são necessários dois hashis para comer. (Ignore as questões de higiene sugeridas por compartilhar os hashis. Além disso, observamos que a formulação original desse problema coloca os filósofos em um restaurante italiano, utilizando pares de garfos para comer espaguete. O autor prefere a formulação do restaurante chinês porque, embora não seja muito habilidoso utilizando hashis, ele nunca utiliza dois garfos para comer massa.) Cada um dos filósofos trabalha em um ciclo simples, consistindo de uma quantidade aleatória de tempo pensando, durante o qual nenhum dos hashis adjacentes está sendo utilizado por esse filósofo, alternando com uma quantidade aleatória de tempo comendo, em que os dois hashis são necessários.

O problema parece bastante simples, mas há diversas questões que devemos confrontar. Em princípio, não podemos ter mais do que um filósofo segurando determinado hashi a cada vez. Isso significa que, se um filósofo quer pegar o hashi da esquerda, mas ele estiver sendo utilizado, então o pensador faminto deve esperar até que seja liberado. Mas o que acontece se todos os filósofos tentarem comer ao mesmo tempo e todos pegarem primeiro o hashi à sua esquerda? Neste momento, todos devem esperar que o hashi à sua direita fique disponível, mas ninguém nunca terminará, deixando-o disponível. Quando isso acontece, chegamos ao **deadlock**, o qual discutiremos mais detalhadamente na Seção 5.8.

Resolver a primeira questão é fácil. Evitar que os dois filósofos utilizem o hashi compartilhado ao mesmo tempo é apenas uma questão de exclusão mútua, que podemos resolver com nosso mecanismo de bloqueio favorito. A segunda questão é mais problemática. Há diversas soluções para ela. O primeiro é simplesmente limitar o número de filósofos que tentam comer simultaneamente para $n - 1$. Utilizando essa abordagem, nos valemos de semáforos contáveis e obtemos uma solução como:

```
int sticks [N];
int eat_set = N − 1;
void begin_eat (int i)
{
    down(&eat_set);
    down(&sticks [i]);
    down(&sticks [(i + 1) % N]);
}
void end_eat (int i)
{
    up(&sticks [i]);
    up(&sticks [(i + 1) % N]);
    up(&eat_set);
}
```

Uma segunda abordagem é controlar o acesso em termos de participantes à mesa em vez de hashis. Aqui, a ideia é dividir os filósofos em três grupos, os que estão pensando (representados no seguinte código por T, do inglês thinking), os que estão com fome (H, do inglês hungry), e os que estão comendo (E, do inglês eating). Se um filósofo está faminto e nenhum dos colegas ao lado está comendo, então esse filósofo pode comer. Cada vez que o estado de um colega ao lado muda, verificamos para saber se podemos permitir que outra pessoa coma. Podemos aplicar essa abordagem da seguinte maneira:

```
#define T     1
#define H     2
#define E     3
int philo_lock [N], philo_state [N];[3]
int mutex = 1;
void begin_eat(int i)
{
    down(&mutex);
    philo_state [i] = H;
    test(i);
    up(&mutex);
    down(&philo_lock [i]);
}
void end_eat (int i)
{
    down(&mutex);
    philo_state [i] = T;
    test ((i + 1) % N);
    test ((i − 1) % N);[4]
    up(&mutex);
}
void test(int i)
{
```

---

[3] As entradas de philo_state[] devem ser inicializadas, normalmente todas com T, mas, de fato, existem outras possibilidades de inicialização. Se tivermos a garantia de que o compilador inicializa as estruturas com valor default 0, outra alternativa seria definir T = 0, mas esta garantia é um tanto quanto insegura. (N.R.T.)

[4] Esta fórmula se apresenta na forma original. Segundo o autor, a fórmula é tecnicamente possível, muito embora o decremento circular mais seguro deveria ser $(i − 1 + N) \% N$. (N.R.T.)

```
if (philo_state [i] ≡ H ∧ philo_state [(i + 1) % N] ≠ E
    ∧ philo_state [(i − 1) % N]⁵ ≠ E) {
  philo_state [i] = E;
  up(&philo_lock [i]);
}
}
```

Observe a utilização do bloqueio mutex adicional. Precisamos dele porque o estado muda e o código no *test*( ) constitui seções críticas.

Nossa última abordagem para o problema do jantar dos filósofos volta para a ideia de controlar o acesso aos hashis. Assim como a segunda solução, porém, não limitamos artificialmente o comportamento dos filósofos. Em vez disso, construímos uma regra que evita a ocorrência de deadlock. Particularmente, observe como na primeira solução cada filósofo pegou o hashi esquerdo primeiro e o direito depois. Se tivermos numerado os filósofos para pegá-los de outra forma, então a solução é bastante simples e podemos nunca obter um deadlock. Essa abordagem é ilustrada como segue:

```
int sticks [N];
void begin_eat (int i)
{
  int first, second;
  if (i % 2) {
    first = i;
    second = (i + 1) % N;
  }
  else {
    first = (i + 1) % N;
    second = i;
  }
  down(&sticks [first]);
  down(&sticks [second]);
}
void end_eat (int i)
{
  up(&sticks [i]);
  up(&sticks [(i + 1) % N]);
}
```

---

[5] Idem.

Observe que não precisamos nos preocupar com a ordem quando estamos liberando os bloqueios. Em outras palavras, o filósofo pode deitar os hashis sobre a mesa em qualquer ordem e não afetará o potencial para deadlock.

5.7.7.2 Problema do produtor-consumidor

A ideia por trás do problema do produtor-consumidor é que temos um processo que gera dados e outro que utiliza esses dados. Os dois processos não funcionam com a mesma velocidade e, de fato, os dois podem ser, de certa forma, instáveis. Consequentemente, precisamos de um buffer entre eles para manter esses dados que foram gerados, mas ainda não foram utilizados. É óbvio que o buffer deve ser implementado com estruturas de dados compartilhadas entre os dois processos e, com isso, são candidatos naturais para as condições de disputa.

Em nosso exemplo de implementação, fornecemos duas funções, *put*( ) e *get*( ), as quais são chamadas de produtor e consumidor, respectivamente. Construímos essas funções sobre algum código básico de fila, que implementa uma fila ilimitada. Por fim, mantemos um semáforo contador, que rastreia quantos elementos estão na fila.

```
int in_queue = 0;
int mutex = 0;
void put (int i)
{
    down(&mutex);
    enqueue(i);
    up(&in_queue);
    up(&mutex);
}
int get (void)
{
    int i;
    down(&in_queue);
    down(&mutex);
    i = dequeue( );
    up(&mutex);
    return (i);
}
```

5.8 Deadlock

Sempre que permitimos acesso exclusivo, executamos sob o risco de **deadlock** (também denominado "**abraço fatal**"). Independente de estarmos bloqueando a memória, dispositivos de E/S, ou arquivos, existe a possibilidade de que múltiplas entidades possam estar todas à espera de um recurso retido por outra. Seria como se quatro condutores chegassem juntos a uma interseção de quatro vias e cada um estivesse esperando que o outro avançasse primeiro. Se nenhum deles sair do estado de espera, então todos os condutores permanecerão nesse local até que sua gasolina seja esgotada. Durante toda nossa discussão sobre deadlock, utilizamos exemplos de dispositivos de E/S em vez de áreas ou arquivos de memória, porque os dispositivos são mais fáceis de serem visualizados. Além disso, algumas técnicas são mais úteis com dispositivos de E/S do que com a memória ou arquivos.

Suponha que tenhamos dois processos, A e B, e que ambos precisem de acesso exclusivo para a impressora e a unidade de CD-ROM. Digamos que o processo A ganhe um bloqueio exclusivo na impressora, mas, antes de tentar acessar a unidade de CD-ROM, o processo B é executado e bloqueia a unidade de CD-ROM. Em algum momento, B está bloqueado, esperando pelo acesso à impressora que A retém, e A está bloqueado no acesso à unidade de CD-ROM, que B retém. Nesse momento, os dois processos estão bloqueados sem esperança de fugir desse purgatório. Esse é o deadlock.

5.8.1 Condições necessárias e suficientes

Em 1971, Coffman et al. identificaram quatro condições necessárias e suficientes para o deadlock:

1. Exclusão mútua – Não mais que um processo pode reter um recurso ao mesmo tempo.

2. Retenção e espera – Um processo não cede voluntariamente um recurso enquanto espera por outro.

3. Não preempção – Uma vez que concedemos a um processo acesso exclusivo para um recurso, não o retiramos à força.

4. Espera circular – O grafo de dependência é cíclico. O grafo de dependência contém um vértice para cada processo e uma aresta orientada do processo x para o processo y, se y retém um recurso pelo qual x está esperando. A Figura 5-9 mostra um grafo em que os processos 1, 2 e 3 estão em deadlock, e os processos 4, 5 e 6 não estão, apesar de estarem esperando, direta ou indiretamente, por processos em deadlock.

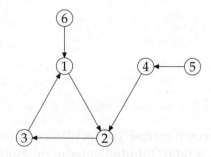

Figura 5-9: Exemplo de grafo de dependência

5.8.2 Lidando com deadlock

Enquanto as condições de Coffman são (conjuntamente) necessárias e suficientes, é a parte necessária que nos interessa. A razão é que, se podemos fazer algo para assegurar que uma das condições não ocorra, então sabemos que não teremos um deadlock. Normalmente, há, contudo, muito pouco a ser feito a respeito das três primeiras condições. Conforme destacamos, alguns casos exigem inerentemente acesso exclusivo. De modo similar, raramente sabemos que podemos liberar com segurança o acesso exclusivo ou tomá-lo de volta uma vez que seja concedido. A impressora é um bom exemplo. Seria problemático para um processo receber permissão para enviar o cabeçalho de um relatório para a impressora e, em seguida, essa impressora ser direcionada para outro processo. Isso nos faz tratar deadlock tomando por base o tratamento da condição de espera circular.

5.8.2.1 Ignorando o deadlock

Nossa primeira abordagem é simplesmente ignorar o problema, com efeito, supondo que o deadlock nunca acontecerá. Em seu livro clássico sobre sistemas operacionais, Tanenbaum chama isso de Algoritmo do Avestruz. Obviamente, deixar um problema potencial tão significante em um sistema deveria ferir a sensibilidade de qualquer bom projetista de software. No entanto, há alguns aspectos da questão que poderiam simplesmente fazer ignorar o problema a escolha certa de engenharia.

O primeiro caso desse tipo é um em que o único risco de deadlock está nos processos da aplicação. Em outras palavras, podemos saber que o próprio sistema operacional é imune ao deadlock. Em uma situação como essa, podemos considerá-la mais preocupante do que importa para tratarmos com o deadlock dos processos da aplicação. Afinal de contas, não podemos lidar com cada bug que a aplicação exibir. Podemos considerar que a adição de código e a complexidade ao sistema operacional a fim de lidar com esse bug não é uma boa utilização de recursos. Podemos até mesmo ir fundo nos fundamentos filosóficos, afirmando que não é responsabilidade do sistema operacional impor como essas aplicações devem se comportar.

Mesmo se houvesse uma possibilidade de o sistema operacional sofrer sozinho um deadlock, deveríamos, mesmo assim, decidir se trataremos o problema racionalmente. Suponha que calculemos que o tempo esperado entre as ocorrências de um deadlock seja de cinco anos, mas o tempo esperado entre reboot por outras razões seja somente de um ano. Em uma situação assim, adicionar o código para lidar com o deadlock poderia, provavelmente, servir mais para introduzir bugs que reduziriam a estabilidade do sistema em vez de aumentá-la. Contudo, a maioria dos projetistas opta por uma estratégia muito mais cautelosa para lidar com o deadlock no kernel e que, provavelmente, permita mais aos programadores negligentes de aplicações receberem o que merecem.

5.8.2.2 Detecção de deadlock

Se lidaremos com deadlock, então como faremos isso? Nossa primeira abordagem é detectar quando aconteceu e corrigi-lo. A definição de espera circular nos fornece uma abordagem para detectar um deadlock. Periodicamente, podemos criar um grafo de dependência e testar se é cíclico ou acíclico. Se for acíclico, então não há deadlock, e prosseguimos. Se há um ciclo no grafo, então temos um deadlock e devemos lidar com ele. Como nada podemos fazer a respeito de outras condições, não temos outra escolha senão romper o ciclo, o que significa termos que terminar um dos processos nele, liberando todos os recursos bloqueados por esse processo.

Em alguns casos, não somos sempre capazes de determinar o processo pelo qual outro está esperando. Para sistemas como esse, podemos ter uma boa ideia com relação a quando o deadlock ocorreu. Periodicamente, verificamos há quanto tempo os processos foram bloqueados à espera de acesso exclusivo a um recurso. Se descobrirmos que dois ou mais estão bloqueados por mais do que algum limiar, então supomos que se encontram em estado de deadlock. Novamente, devemos terminar um deles, na esperança de permitir que o outro continue.

5.8.2.3 Prevenção de deadlock

Enquanto a detecção de deadlock não é particularmente difícil, a ação que tomamos para "corrigi-lo" é bastante draconiana. Estaríamos muito melhores se o deadlock simplesmente nunca tivesse ocorrido. Há momentos em que é possível estruturar o software envolvido de forma que o deadlock pode nunca ocorrer. Como as quatro condições são todas necessárias, essa técnica leva a romper uma delas, com efeito, tornando uma delas impossível.

A primeira abordagem que, às vezes, tomamos afirma essencialmente para não reter e esperar. Há alguns casos em que podemos saber todos os recursos que vamos precisar e, assim, podemos liberar com segurança um deles antes de utilizá-lo. Nesses casos, podemos tentar bloquear todos os nossos recursos necessários antes de fazer alguma coisa com qualquer um deles. Se falharmos em adquirir o bloqueio para algum, liberamos todos os que bloqueamos e tentamos novamente após algum tempo. Nesses casos em que estamos bloqueando uma área da memória ou um arquivo, essa abordagem pode ser, no mínimo, viável, se não eficiente. Quanto mais recursos precisarmos bloquear, maior a probabilidade de que encontraremos pelo menos um que já está bloqueado por alguém. Isso, por sua vez, significa que precisaremos de mais iterações dessa abordagem de tentativa e liberação antes que possamos conseguir todos os recursos de que precisamos. Ao bloquear dispositivos de E/S, essa abordagem pode ser ainda mais problemática. Suponha que estejamos bloqueando um dispositivo com mídia removível, como uma unidade de CD-ROM ou uma unidade de fita. Se a operação de bloqueio também inclui colocar o CD ou fita na unidade, então o bloqueio e a liberação repetitivos seriam estranhos, na melhor das hipóteses. Além disso, o mecanismo de bloqueio também deve oferecer uma operação de bloqueio não bloqueante. Tal operação informaria se o bloqueio foi obtido ou não, e retornaria uma indicação se foi bem-sucedido. Embora essas questões possam, às vezes, ser toleradas nas aplicações, são geralmente inaceitáveis quando o SO está bloqueando um recurso para seu próprio uso.

Por causa das considerações que analisamos, a prevenção de deadlock normalmente resume-se à ideia de assegurar que nunca podemos criar um grafo de dependência cíclico. A maneira mais simples de evitar ciclos de dependência é por meio da imposição de uma ordenação nos recursos. Considere nosso exemplo original. O deadlock somente ocorreu porque o processo A tentou bloquear os dispositivos em uma ordem diferente do processo B. Se os dois tivessem tentado bloquear primeiro a impressora, então não poderia ter ocorrido o deadlock. Essa ideia é generalizada para muitos recursos e processos.

Matematicamente, dizemos que o conjunto de recursos deve ser parcialmente ordenado em que, para quaisquer dois recursos a e b que possam ser retidos exclusivamente de forma simultânea, ou $a \le b$ ou $b \le a$. (Um conjunto parcialmente ordenado (poset), $(P, \le)$, é definido como reflexivo ($\forall a \in P, a \le a$), antissimétrico ($\forall a, b \in P, a \le b \land b \le a \Rightarrow a = b$) e transitivo ($\forall a, b, c \in P, a \le b \land b \le c \Rightarrow a \le c$).) A notação $a \le b$ significa que a deve ser bloqueado antes de b, se forem requisitados simultaneamente. Em outras palavras, enquanto um bloqueio em b é retido, é proibido tentar bloquear a. (Na prática, normalmente supomos que todos os pares de recursos poderiam possivelmente ser retidos simultaneamente. Nesse caso, a exigência se reduz a um conjunto totalmente ordenado.)

Definir a ordenação de recursos é uma solução teoricamente interessante para deadlocks, mas, na prática, é frequentemente difícil de ser executada. Para domínios de aplicação única, como vários componentes de uma base de dados, não é tão difícil definir uma ordem parcial no conjunto de recursos. No entanto, pedir que uma ordem parcial seja definida no conjunto de todos os recursos possíveis, no momento em que o sistema operacional é codificado, equivale a pedir por uma bola de cristal. (No campo da teoria dos autômatos, podemos fazer coisas interessantes com oráculos, mas, no campo de sistemas operacionais, em dado momento, temos que limitar nossas ideias ao código. Até o momento, ninguém descobriu como codificar um oráculo.)

Outro grande impedimento que temos para utilizar a ordenação de recursos é a questão de como podemos permanecer confiantes de que a ordem não foi violada. Em um projeto com um único programador, é uma simples questão de apenas listar os recursos em ordem sobre um pedaço de papel, que serve de referência sempre que uma chamada de bloqueio de recurso for codificada. Até os melhores programadores, às vezes, são negligentes e, em grandes projetos que envolvem diversas pessoas, esperar esse tipo de disciplina é inútil. Os exercícios sugerem um método que pode ser utilizado para forçar a ordenação em tempo de execução. (Qualquer tentativa de verificar o código estaticamente quanto à conformidade é condenada a entrar em conflito com o Teorema de Rice, que é uma generalização do Teorema de Halting e, essencialmente, afirma que determinar se um programa satisfaz uma propriedade não trivial é indecidível.)

5.8.2.4 Evitando deadlock

Nossa última estratégia para lidar com deadlock é analisar cada solicitação de bloqueio para determinar se ela nos levaria a uma situação em que o deadlock é inevitável. Essas solicitações que fariam isso são adiadas até que as condições mudem e possam ser concedidas com segurança. A diferença entre essa precaução quanto ao deadlock e a prevenção de deadlocks na seção anterior está em ser ou não estruturalmente impossível que ocorra um deadlock. Se tivermos projetado o sistema de tal modo que o deadlock se torna impossível (impedindo erros de programação), então prevenimos o deadlock. Se codificarmos o sistema para que detecte quando um deadlock está prestes a ocorrer, podemos evitá-lo.

Considere, novamente, nosso primeiro exemplo de deadlock. Uma vez que concedemos a B acesso exclusivo à unidade de CD-ROM, nosso caminho para o deadlock é irrevogável. Isso é graficamente ilustrado na Figura 5-10. As áreas hachuradas são as que não podem ser invadidas por implicarem a violação da exclusão mútua (ou seja, mais de um processo terá acesso ao recurso). Como a linha no gráfico somente pode se estender para a direita (A obtém tempo de CPU) ou para cima (B obtém tempo de CPU), nunca para a esquerda ou para baixo, entrar na região marcada U seria inseguro, no sentido de que em algum momento levaria a um estado de deadlock. Se pudermos testar a fim de constatar se estamos prestes a entrar em uma região insegura, então podemos evitar o deadlock. Para isso, obviamente, temos que conhecer que recursos cada processo alocará no futuro.

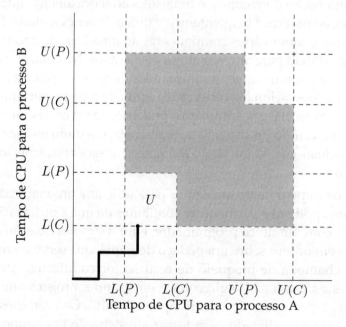

Figura 5-10: Exemplo de espaço da trajetória[5]

---

[5] Nesta figura, as letras L, U, P e C constantes nos eixos significam, respectivamente, do inglês, Lock (Bloqueio), Unlock (Desbloqueio), Printer (Impressora) e CD-ROM.

Se exigirmos que os processos nos avisem com antecedência sobre quais serão suas necessidades de recurso, então podemos utilizar uma técnica denominada Algoritmo do Banqueiro para implementar esse teste. (O algoritmo é chamado assim porque é similar a algumas das considerações que os banqueiros levam em conta para decidir sobre se devem ou não atender a uma solicitação de empréstimo. Se um banco concede empréstimos demais, corre o risco de entrar em apuros financeiros e ficar sem caixa reserva.) O Algoritmo do Banqueiro pode ser definido de forma bem sucinta:

Algoritmo do Banqueiro: dadas as matrizes **N** e **A**, o vetor **E**, e uma solicitação do processo p para um recurso de classe C, determine se a alocação de um recurso de classe C resulta em uma configuração segura. **E** lista o número de cada classe de recurso no sistema. Cada uma das matrizes **N** e **A** tem uma linha por processo. Uma linha da matriz **N** lista os recursos ainda necessários para o processo correspondente. De modo similar, uma linha de **A** lista os recursos alocados atualmente para esse processo. Antes de qualquer solicitação, inicializamos **A** = **0** e definimos **N** com o conjunto de exigências anunciadas pelos processos quando são iniciados.

Para conveniência, mantemos um vetor, **P**, que é a soma das colunas de **A**.

1. Temporariamente, diminua o valor $N_{(p,C)}$ em um e aumente o $A_{(p,C)}$ em um (implicitamente aumentando o elemento P_C em um).
2. Selecione um processo p' tal que todos os elementos da linha $N_{p'}$ sejam menores que ou iguais a **E** − **P**. Se essa linha não existir, então a nova configuração estaria insegura e o algoritmo termina com **N** e **A** sendo restaurados para seus valores anteriores ao passo 1.
3. Desconsidere as linhas p' de **A** e **N** para as próximas verificações. (Aqui a linha $A_{p'}$ é implicitamente subtraída de **P**.)
4. Repita os passos 2 e 3 até encontrar uma configuração insegura ou até que todas as linhas sejam processadas. No último caso, o algoritmo verificou que a solicitação é segura e as alterações do passo 1 se tornam permanentes.

Os Exemplos 5.8 e 5.9 mostram um exemplo simples do algoritmo do banqueiro e um exemplo mais complexo, respectivamente.

Exemplo 5.8: Exemplo simples do Algoritmo do Banqueiro

Agora, apliquemos o Algoritmo do Banqueiro em nosso exemplo. Façamos o processo A ser representado pela linha 1 e o processo B pela linha 2. De modo similar, a impressora está na classe 1 e a unidade de CD-ROM, na classe 2. Se tivermos uma instância em cada classe de recurso, então, inicialmente:

$$\mathbf{A} = \begin{bmatrix} 0 & 0 \\ 0 & 0 \end{bmatrix} \quad \mathbf{N} = \begin{bmatrix} 1 & 1 \\ 1 & 1 \end{bmatrix} \quad \mathbf{E} = [1 \ \ 1] \quad \mathbf{P} = [0 \ \ 0].$$

Ao processar a solicitação de A para uma impressora, alteramos temporariamente a configuração da seguinte forma:

$$A = \begin{bmatrix} 1 & 0 \\ 0 & 0 \end{bmatrix} \quad N = \begin{bmatrix} 0 & 1 \\ 1 & 1 \end{bmatrix} \quad E = [1 \ 1] \quad P = [1 \ 0].$$

Como $E - P = [\ 0 \ 1\ ]$, podemos selecionar a linha 1 no passo 2. Então, na segunda iteração $E - P = [\ 1 \ 1\ ]$, permite que o processo B complete, e verificamos que a nova configuração é segura. Em seguida, avaliamos a solicitação de B para uma unidade de CD-ROM. Novamente, de modo temporário, alteramos a configuração para:

$$A = \begin{bmatrix} 1 & 0 \\ 0 & 1 \end{bmatrix} \quad N = \begin{bmatrix} 0 & 1 \\ 1 & 0 \end{bmatrix} \quad E = [1 \ 1] \quad P = [1 \ 1].$$

No entanto, como $E - P = [\ 0 \ 0\ ]$, nenhuma linha pode ser selecionada no passo 2, o que significa que a configuração não é segura. Como resultado, devemos bloquear o processo B sem conceder a ele acesso exclusivo para a unidade de CD-ROM até o processo A ter liberado a impressora. Observe que executamos o algoritmo para cada nova solicitação que chega, assim como para cada solicitação suspensa sempre que um processo liberar um recurso.

Exemplo 5.9: Outro exemplo de Algoritmo do Banqueiro

Vamos agora considerar um exemplo um pouco mais complicado, com três processos e três classes de recursos. Em algum momento específico, a configuração é:

$$A = \begin{bmatrix} 1 & 1 & 0 \\ 0 & 0 & 0 \\ 2 & 0 & 0 \end{bmatrix} \quad N = \begin{bmatrix} 0 & 1 & 0 \\ 2 & 0 & 1 \\ 1 & 1 & 1 \end{bmatrix} \quad E = [3 \ 2 \ 1] \quad P = [3 \ 1 \ 0].$$

Essa configuração é segura, permitindo que os processos 1, 3 e 2 terminem nessa ordem. Na medida em que verificamos isso, $E - P$ assume os seguintes valores para cada iteração do algoritmo:

Linha Selecionada	P	E – P
	[3 1 0]	[0 1 1]
1	[2 0 0]	[1 2 1]
3	[0 0 0]	[3 2 1]
2	[0 0 0]	[3 2 1]

Observe como, em cada iteração, o valor de $E - P$ é, pelo menos, tão grande quanto a próxima linha selecionada de N.

Agora, considere o que aconteceria se o processo 3 tentasse alocar um dos recursos da classe 3? A nova configuração seria:

$$A = \begin{bmatrix} 1 & 1 & 0 \\ 0 & 0 & 0 \\ 2 & 0 & 1 \end{bmatrix} \quad N = \begin{bmatrix} 0 & 1 & 0 \\ 2 & 0 & 1 \\ 1 & 1 & 0 \end{bmatrix} \quad E = [3 \ 2 \ 1] \quad P = [3 \ 1 \ 1].$$

Essa passa a ser segura, conforme verificado pelo algoritmo:

Linha Selecionada	P	E − P
	[3 1 1]	[0 1 0]
1	[2 0 1]	[1 2 0]
3	[0 0 0]	[3 2 1]
2	[0 0 0]	[3 2 1]

No entanto, em vez disso, o que aconteceria se o processo 2 tentasse alocar um dos recursos da classe 3? Então, a configuração seria:

$$A = \begin{bmatrix} 1 & 1 & 0 \\ 0 & 0 & 1 \\ 2 & 0 & 0 \end{bmatrix} \quad N = \begin{bmatrix} 0 & 1 & 0 \\ 2 & 0 & 0 \\ 1 & 1 & 1 \end{bmatrix} \quad E = [3 \ 2 \ 1] \quad P = [3 \ 1 \ 1].$$

Como anteriormente, o valor inicial de $E − P = [0M1M0]$. Isso nos permitirá selecionar as primeiras linhas das matrizes e permitirá que o processo 1 se complete, fornecendo-nos $E − P = [1M2M0]$. Nesse caso, porém, somos incapazes de continuar. Nem o processo 2 nem o processo 3 podem se completar, porque pelo menos um elemento de suas linhas de N é maior do que o elemento correspondente de $E − P$. Nesse ponto, o passo 2 do algoritmo conclui que a nova configuração seria insegura.

5.9 Resumo

Um dos recursos mais críticos que o sistema operacional deve gerenciar e alocar é a CPU. Em vez de gerenciar o recurso diretamente, gerenciamos os processos que o utilizam. Um dos aspectos mais minuciosamente estudados do gerenciamento de processos é o escalonamento, que representa a tarefa de selecionar o próximo processo a ser executado na CPU. Apresentamos uma série de técnicas de escalonamento neste livro, juntamente com uma série de outros elementos do gerenciamento de processos. Além do gerenciamento direto de processos, discutimos técnicas para fornecer acesso exclusivo a recursos compartilhados. Essas técnicas são úteis tanto dentro do sistema operacional como para aplicações. Quando oferecemos acesso exclusivo, também criamos a possibilidade de deadlock, que discutimos neste capítulo.

130 ■ Princípios de sistemas operacionais

5.10 Exercícios

1. Se um processo focado em computação (que nunca realiza E/S) leva T segundos para ser executado, o tempo para n processos desse tipo será inferior, igual ou superior a nT em um sistema realístico que realiza o escalonamento circular? Por quê?

2. Estenda a linha do tempo no Exemplo 5.5 para mostrar quais processos são escalonados para as próximas 10 fatias de tempo.

3. No Exemplo 5.5, o período para o processo a é 300 mS com um quantum de 100 mS. Isso sugeriria que a deveria obter 33% do tempo de CPU. Quanto ele realmente obtém nesse exemplo? Qual é a fonte de discrepância?

4. Entre os métodos de exclusão mútua, desabilitação de interrupções, instruções test-and-set e semáforos, quais podem ser utilizados pelos processos de usuário e quais deveriam ser reservados para a utilização do sistema operacional? Por quê?

5. Descreva como a desabilitação de interrupções evita que dois processos entrem na seção crítica ao mesmo tempo.

6. Suponha que um lote de jobs seja submetido, identificados por levar 100, 30, 20, 240 e 120 segundos, respectivamente. Suponha que eles cheguem nessa mesma ordem, mas que não haja tempo entre suas chegadas. Qual é o tempo médio de vida para o escalonamento "primeiro a chegar, primeiro a ser servido"? Qual é esse tempo para "job mais curto primeiro"?

7. Qual é a vantagem do escalonamento de dois níveis?

8. No Exemplo 5.6, suponha que o processo a somente utilize 75% de cada um de seus slots, o processo b utilize 80% de cada um de seus slots, o processo c utilize 20% de seu slot, e o processo d utilize 15% de seu slot. Qual é a eficiência do ciclo de escalonamento geral? Ignore qualquer escalonamento e troca de contexto excessivos.

9. Suponha que temos uma fila de retorno multinível, como ilustrada na Figura 5-5, com três processos, a, b e c, em que cada um tem uma prioridade de base igual a 1 e onde cada processo se move um nível para baixo ao completar uma fatia de tempo. Faça $p(a)$ ser elevada para 4, $p(b)$ para 3 e $p(c)$ para 2. Quantas fatias de tempo expirarão antes que todos os três processos retornem para sua prioridade de base? Quanto cada processo obterá durante essa execução?

10. Qual é a diferença entre um programa e um processo?

11. Qual é a diferença entre um processo e uma thread?

12. Complete a prova de equivalência entre os semáforos e monitores. Uma abordagem é demonstrar como um monitor poderia ser automaticamente traduzido em um código equivalente utilizando somente semáforos. (Ignore o uso das instruções **wait** e **signal**.)

13. Demonstre que uma instrução de troca atômica (entre um registrador e uma localização da memória) pode ser utilizada para implementar um bloqueio equivalente ao implementado com a instrução `tas`.

14. Esboce o pseudocódigo para uma implementação de semáforos utilizando uma instrução test-and-set.

15. Suponha que ajustemos uma prioridade do processo em $p' = \alpha p$ para cada fatia de tempo em que está sendo executado e em $p' = 1 - \alpha(1 - p)$ quando é bloqueado. (Não há qualquer troca para processos prontos, mas que não estão sendo executados.) Se $0 < p < 1$ e $0 < \alpha < 1$, é possível que um processo pronto algum dia sofra starvation? Por quê?

16. Escreva uma implementação do problema do jantar dos filósofos utilizando a troca de mensagens para sincronização.

17. Escreva uma implementação do problema do produtor-consumidor utilizando monitores.

18. Descreva como um sistema que não segue o princípio rendezvous (ou seja, a chamada *send*( ) não bloqueia a espera do receptor) pode ser utilizado para fornecer a mesma forma de sincronização como aquele que o segue.

19. Ao lidar com um deadlock detectado, eliminamos um dos processos na espera cíclica. Por que não podemos apenas detectar que a concessão de uma solicitação criará um deadlock e então bloquear o processo que faz a solicitação?

20. Desenhe o grafo de dependência para um exemplo com processos A e B que solicitam uma impressora e um CD-ROM após A ter recebido a impressora e B, o CD-ROM.

21. Projete a função open para uma biblioteca que previne deadlock impedindo a dependência circular. Construa seu projeto impondo a técnica de ordenação de recursos.

22. Por que a linha em uma trajetória, como a exemplificada na Figura 5-10, nunca se desloca para a esquerda ou para baixo?

23. Demonstre que não importa qual linha selecionamos no passo 2 do Algoritmo do Banqueiro quando um valor superior a um é inferior a $\mathbf{E} - \mathbf{P}$.

24. Considere a configuração:

$$\mathbf{A} = \begin{bmatrix} 1 & 1 & 2 \\ 0 & 2 & 0 \\ 1 & 1 & 0 \\ 0 & 0 & 0 \end{bmatrix} \quad \mathbf{N} = \begin{bmatrix} 0 & 1 & 1 \\ 1 & 1 & 1 \\ 1 & 1 & 1 \\ 0 & 1 & 1 \end{bmatrix} \quad \mathbf{E} = [2 \quad 4 \quad 3]$$

Essa configuração é segura? Conceder uma solicitação do processo 2 para um recurso da classe 3 levaria a uma configuração segura?

25. Por que você supõe que o projeto UNIX tem uma estratégia de único ponto de entrada para os drivers de dispositivos de bloco, mas separa os pontos de entrada de leitura e gravação para os dispositivos de caracteres?

Capítulo 6

Alguns exemplos de gerenciamento de processos

Neste capítulo, examinamos como os princípios de gerenciamento de processos são aplicados em nosso conjunto de exemplos de sistemas operacionais. Focamos, particularmente, no conjunto de chamadas ao sistema, que fornece serviços relacionados aos processos, às máquinas de estados utilizadas para gerenciar processos e às políticas e mecanismos de escalonamento. Desse modo, destacamos as questões encontradas na aplicação dos princípios em sistemas reais.

6.1 CTSS

O CTSS não apresenta o mesmo conceito de processo que descrevemos no Capítulo 5. No CTSS, a entidade que é representada e gerenciada está mais para uma instância de usuário conectado.

6.1.1 Estado do processo

Do mesmo modo que a máquina de estados na Figura 5-1 descreve um processo ao longo de sua vida, o CTSS mantém um estado para cada usuário no sistema. A máquina de estados do usuário no CTSS é apresentada na Figura 6-1. Cada um desses estados representa a condição do usuário, assim como os estados apresentados na Figura 5-1 representam as condições dos processos:

- *Inativo*: Esse é o estado em que um usuário entra quando faz login. Representa um estado parado, em que não há programa algum carregado em nome do usuário.
- *Dormente*: Usuários no CTSS podem carregar programas na memória antes de enviar um comando para executá-los. O estado Dormente representa os casos em que o usuário tem um programa carregado, mas não o está executando. Tanto no estado Inativo como no Dormente, o interpretador de comandos espera que o usuário insira comandos.

- *Em Funcionamento*: No CTSS, o estado de Em Funcionamento desempenha a mesma função que os estados de Pronto e Em Execução da Figura 5-1. Quando o usuário envia o comando para executar o programa carregado na memória, o sistema entra no estado Em Funcionamento.
- *Esperando Comando*: Durante o tempo entre o usuário inserir um comando no interpretador de comandos e o comando ser processado, o usuário está no estado de Esperando Comando.
- *Espera Entrada*: Os estados de Espera Entrada e de Espera Saída servem para identificar um usuário como bloqueado, no mesmo sentido discutido na Figura 5-1. No CTSS, somente entramos no estado de Espera Entrada para que um usuário realize entrada de dados a partir de um terminal. Curiosamente, a velocidade da CPU nas primeiras máquinas era relativamente lenta, se comparada com a velocidade das transferências de disco. Como consequência, os projetistas decidiram que não seria eficiente entrar no estado de Espera Entrada e sofrer uma troca de contexto enquanto se aguarda pelos dados do disco.
- *Espera Saída*: Esse estado é análogo ao estado de Espera Entrada e ocorre quando estamos gerando a saída de dados para um dispositivo que não consegue acompanhar a velocidade com a qual a CPU pode lhe enviar dados. Dispositivos mecânicos, como impressoras e plotters, são bons exemplos desse tipo de dispositivo. Contudo, como acontece no estado de Espera Entrada, as transferências para o disco não são significativamente mais rápidas do que a CPU e não levam a um estado de Espera Saída.

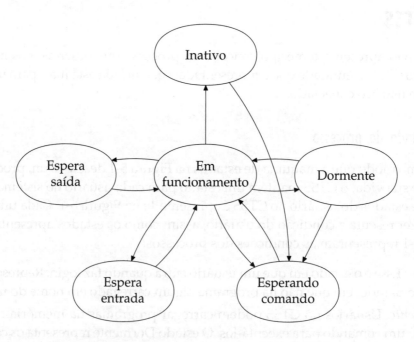

Figura 6-1: Máquina de estados do usuário no CTSS

6.1.2 Chamadas ao sistema

Como os processos no CTSS têm um caráter distinto dos existentes na maioria dos outros sistemas, o conjunto de chamadas ao sistema para lidar com eles também é diferente. Um efeito do gerenciamento de usuários, em vez de processos, é a falta de uma chamada ao sistema para criar um processo. No entanto, existe a chamada CHNCOM (assim como outras chamadas, como XECOM e NEXCOM, construídas sobre a CHNCOM), que inicia uma nova sequência de comandos executada como se fosse submetida de um terminal. Uma ideia típica, contudo, é a de uma chamada que um programa usa para encerrar a si próprio. Há duas versões dessa chamada no CTSS: EXIT e EXITM. A primeira transfere o usuário para o estado Dormente, permitindo que seja utilizado um depurador *post-mortem*.[1] A segunda transfere o usuário para o estado Inativo, permitindo que um novo programa seja solicitado. Observe que, diferente da maioria dos sistemas, essas chamadas não encerram completamente o usuário (processo); elas encerram o programa que está em execução corrente. Por fim, os programas podem suspender a si próprios temporariamente utilizando as chamadas SLEEP e WAIT. A chamada SLEEP coloca o usuário no estado Dormente por certo tempo especificado em segundos, ao passo que a chamada WAIT coloca o usuário no estado especificado até esse total de segundos. Em qualquer um dos três estados de espera, o programa pode reiniciar por causa de outros acontecimentos, antes que o tempo tenha se esgotado.

6.1.3 Escalonamento

Usuários no CTSS são escalonados em uma fila de retorno multinível. Existem nove níveis, numerados de 0 a 8. O escalonador sempre seleciona para processamento o processo do início da fila não vazia no nível de numeração mais baixa. Um processo sendo executado no nível l recebe o tempo $2^l q$, onde q é o quantum, tipicamente configurado em 16 mS. No momento em que esse tempo estiver completo, o processo é, então, deslocado para o final da fila, no nível $l + 1$. Ao contrário, se um processo ficar muito tempo sem que seja selecionado para executar, ele muda do nível l para o nível $l - 1$. Esse tempo de espera máximo é normalmente configurado em 60 S. Novos programas iniciam no nível

$$l_0 = \left\lfloor \log_2 \left(\left\lceil \frac{w_p}{w_q} \right\rceil + 1 \right) \right\rfloor$$

onde w_p representa o número de palavras no novo programa e w_q, o número de palavras que pode ser transferido do disco para a memória em um quantum (120 palavras em uma configuração típica). Dessa forma, na primeira vez em que o novo programa é escalonado, ele obtém permissão para ser executado pelo tempo que

---

[1] Técnica de depuração da execução de um programa, após o mesmo já ter sido executado, normalmente usando informações coletadas durante a sua execução e armazenadas em arquivos de log ou trace. (N.R.T.)

136 ■ Princípios de sistemas operacionais

levou para ser carregado a partir do disco. Também realizamos a mesma atribuição de níveis quando um programa sai dos estados de Espera Entrada e Espera Saída, e retorna para o estado de Em Funcionamento. Se um novo programa entra na fila no nível $l' < l$ quando outro programa no nível l está sendo executado, o escalonador realiza a preempção do programa em execução e seleciona o novo programa (de nível inferior) para ser executado.

O processo batch de segundo plano, que fornece compatibilidade de processamento em batch, é executado em um nível de prioridade inferior em relação a todos os processos interativos. Efetivamente, ele é sempre posicionado no final de uma fila geral de todos os processos, no estado de Em Funcionamento. Com esse processo batch permanentemente posicionado em uma prioridade inferior a todos os processos interativos, existe a possibilidade de que ele sofra *starvation*. Existem dois mecanismos administrativos para evitar isso. Em primeiro lugar, o operador possui um comando de console disponível, que força o processo batch a ser executado e a continuar executando até que outro comando seja inserido e que retorne o sistema para o compartilhamento de tempo normal. Outro mecanismo para evitar o *starvation* do processo batch é um parâmetro no escalonador, que lhe garante certa porcentagem de tempo do sistema.

6.2 Multics

Grande parte de nosso conceito sobre o que é um processo foi desenvolvida juntamente como o sistema Multics. Nas primeiras descrições (antes da implementação do sistema), um processo é descrito como a execução de um programa. Para tornar esse conceito mais concreto, processos em Multics são associados com os detalhes do gerenciamento da memória. De fato, o Multics é a origem de nossa descrição de processo como um espaço de memória com um local de controle associado.

No Multics, todos os processos são criados por outros processos. Em princípio, qualquer processo pode criar outro. Entretanto, na prática, somente o processo de inicialização cria novos processos. Ele e o processo *idle* são construídos para cada CPU "manualmente", em vez de serem criados por outros processos. Novos processos não são criados para cada programa executado. Como a criação de um processo leva muito tempo, um novo processo é, em geral, criado somente quando um usuário entra no sistema, e todos os programas são executados como parte desse processo. Os usuários também têm permissão para criar um novo processo para substituir seu processo corrente.

6.2.1 Chamadas ao sistema

Assim como para o CTSS, processos são criados primordialmente como parte do mecanismo para realização de login de um usuário no sistema. A chamada principal disponível para o gerenciamento de processos é *terminate_process_*( ), que faz o processo chamador finalizar. Um argumento para essa função determina se o processo deve ser desconectado, encerrado por causa de um erro ou substituído por outro processo. Há chamadas adicionais, como *get_process_id_*( ), que permite a um processo solicitar informações sobre si mesmo. O Multics também oferece uma série de chamadas que dão suporte à comunicação entre processos. Duas chamadas essenciais de comunicação entre processos são *ipc_$block*( ), que coloca um processo em estado de Bloqueado, à espera que outro processo o desperte, e *hcs_$wakeup*( ), utilizada para despertar um processo bloqueado.

6.2.2 Estado do processo

O Multics gerencia os estados de processos de forma um pouco diferente que a maioria dos sistemas. A primeira diferença que notamos entre a máquina de estados do Multics, mostrada na Figura 6-2, e a máquina genérica, apresentada na Figura 5-1, é a inclusão do estado de Esperando, que corresponde ao estado de Bloqueado. A diferença entre elas diz respeito ao tempo. O estado de Bloqueado é utilizado quando um processo está esperando por um evento de duração relativamente longa, como a entrada de um usuário. Em contrapartida, o estado de Esperando identifica um processo que está esperando por uma operação, a qual se espera ocorrer rapidamente. Os bloqueios de exclusão mútua e as operações de gerenciamento da memória são exemplos dessas operações.

Outra diferença entre a máquina de estados do Multics e a típica é a inclusão do estado Inelegível. Na realidade, não há um estado Inelegível propriamente dito. Processos prontos na fila podem ser elegíveis ou inelegíveis. Geralmente, adotamos o primeiro processo pronto elegível da fila quando a CPU se torna disponível. Os estados elegíveis e inelegíveis, e o mecanismo para mover processos entre eles implementam um escalonador de dois níveis. O escalonador é responsável pela seleção de processos para a elegibilidade.

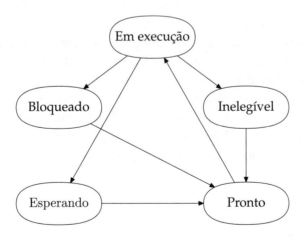

Figura 6-2: Máquina de estados de processos no Multics

6.2.3 Escalonamento

Há três abordagens para o escalonamento utilizado pelo Multics. A primeira abordagem é uma fila multinível similar à utilizada no CTSS. Cada nível obtém uma fatia de tempo duas vezes maior que o próximo nível de maior prioridade . O processo selecionado é o que está no início da fila não vazia de prioridade mais alta. Diferente do CTSS, todos os processos entram na fila de prioridade mais alta. A fila de prioridade mais baixa é denominada fila de segundo plano.

O segundo projeto de escalonador é denominado escalonador de classe de trabalho. Nesse escalonador, cada processo é associado a um de 16 grupos. O grupo para cada processo é administrativamente determinado por um planejamento, sob o qual cada processo está sendo executado. Em cada grupo, o escalonador seleciona processos utilizando o modelo de fila multinível original. Entre os grupos, o escalonador tenta atribuir a cada grupo uma porcentagem do tempo de CPU, conforme designado administrativamente. Se 20% da CPU é atribuído a um grupo, então o escalonador tenta fornecer um de cada cinco quanta para processos desse grupo. Supõe-se que há processos a serem executados em todos os grupos com porcentagens não nulas. Se alguns grupos não tiverem processos prontos, suas porcentagens são divididas entre os outros grupos que possuem processos prontos. Essa abordagem é implementada utilizando-se um sistema de créditos. Quando um processo é executado, os créditos que representam o tempo que ele executa são distribuídos entre os grupos de acordo com a respectiva porcentagem atribuída. O grupo com a maioria dos créditos é sempre o escolhido para ser executado. Detalhes adicionais do algoritmo evitam que qualquer grupo acumule créditos excessivamente quando esse grupo não apresentar processos prontos.

A política de escalonamento final é uma forma de escalonamento de prazo mais próximo primeiro (EDF, do inglês earliest deadline first). Os grupos de classe de trabalho continuam a ser utilizados para oferecer, a alguns planejamentos, tratamento preferencial em relação aos outros. Para estabelecer prazos, cada grupo tem um conjunto de parâmetros, r_1, q_1, r_2 e q_2. Para um processo desbloqueado no tempo t, definimos o seu prazo para $d = t + r_1$. Quando escalonado, o processo recebe, então, permissão para ser executado para um quantum de q_1. Os processos que utilizam toda sua fatia de tempo e terminam no tempo t são, então, reescalonados de acordo com um prazo $d = t + r_2$ e um quantum de q_2. Não é feita qualquer tentativa para, de fato, atender aos prazos. Utilizamos os prazos para definir as prioridades do processo. O escalonador sempre seleciona o processo com o menor valor de d.

6.3 RT-11

No RT-11, os processos são chamados jobs, mas continuamos a nos referir a eles como processos nessa discussão. Quando se executa o monitor de **job único** (SJ, do inglês single job), há apenas um único processo, com frequência denominado job do usuário. Nos monitores de **primeiro e segundo plano** (FB, do inglês foreground-

-background) e de **memória estendida** (XM, do inglês extended memory), um dos processos é identificado como job de segundo plano e executa da mesma forma que o job do usuário no monitor SJ. Todos os outros processos são chamados jobs de primeiro plano e executam principalmente em resposta aos eventos, em vez de interagir com o usuário. Essa terminologia pode parecer um pouco anti-intuitiva quando abordada da perspectiva de um usuário final utilizando uma interface gráfica multijanelas do usuário, em que a janela à frente das outras é a que interage com o usuário. No entanto, ela faz sentido no RT-11, em que os jobs de primeiro plano são normalmente jobs de tempo real, e um job interativo tem a permissão de obter o tempo restante de CPU.

6.3.1 Chamadas ao sistema

Os processos de segundo plano no RT-11 são criados pelo interpretador de comandos em resposta a um comando de usuário, como run ou r. A chamada ao sistema .CHAIN (solicitação programada na terminologia de RT-11) permite que um processo de segundo plano substitua a si mesmo por outro processo. Essa chamada carrega o novo código do programa no mesmo espaço de memória utilizado pelo processo chamador e transfere o controle para ele. Todos os processos de primeiro plano são criados pelos comandos frun ou srun, com srun sendo utilizado para processos especiais de primeiro plano chamados jobs do sistema. Um programa é encerrado pela emissão da chamada ao sistema .EXIT, que transfere o controle de volta para o interpretador de linha de comando, no caso de um processo de segundo plano.

6.3.2 Estado do processo

Em uma primeira análise, a máquina de estados apresentada na Figura 5-1 descreve processos em RT-11. Quando é implementado, o estado Bloqueado de fato inclui uma série de possíveis condições de bloqueio. Essas possíveis condições são armazenadas em uma palavra de bloqueio do job com um bit por condição. Algumas das razões pelas quais um processo pode ser bloqueado são: o processo está esperando pela rotina de serviço de usuário (USR, do inglês user service routine), o processo está terminando e esperando pela E/S para completar ou o processo está esperando pela finalização de E/S normal. Em geral, podemos interpretar em uma palavra de bloqueio do job nula que o processo está pronto e, em uma não nula, que o processo está bloqueado. Há também uma palavra de estado do job que registra informações sobre como esse processo se relaciona com o resto do sistema. Isso inclui bits que registram condições, como se o USR está executando para esse processo ou se esse processo está sendo abortado.

6.3.3 Tabela de processos

Tanto a palavra de estado do job como a palavra de bloqueio do job fazem parte de uma coleção de informações, que podemos considerar uma entrada da tabela de processos. Essa coleção também inclui uma substancial quantidade de informações que descreve as operações de entrada e saída via terminais. Para o monitor XM, esses dados incluem também uma descrição das áreas da memória utilizadas pelo processo. Como há somente um processo sendo executado em um monitor SJ, esses dados são mantidos em variáveis por todo o monitor. Nos monitores FB e XM, cada processo tem esses dados agrupados em um espaço de memória denominado área impura. A área impura para o processo de segundo plano é armazenada como parte do monitor residente (RMON, do inglês resident monitor) e as áreas impuras dos processos de primeiro plano são armazenadas adjacentes aos espaços de memória dos processos. Como resultado, a tabela de processos não é mantida como uma única tabela, mas é distribuída na memória ao longo dos próprios processos.

6.3.4 Escalonamento

O RT-11 utiliza um escalonador de prioridade simples, mas não faz compartilhamento de tempo preemptivo. O escalonador seleciona o processo de prioridade mais alta que não está bloqueado para executar. Esse processo continua a ser executado até ser bloqueado ou até que um processo de prioridade mais alta se torne desbloqueado. O processo único de segundo plano sempre tem a prioridade mais baixa. O processo de primeiro plano que não faz parte do sistema sempre tem a prioridade mais alta, e qualquer processo do sistema pode ser definido para um nível de prioridade intermediário.

6.4 UNIX sexta edição

O UNIX (exceto para a versão monousuário, muito anterior) implementa processos de forma bastante parecida com o que descrevemos no Capítulo 5. Para cada programa executado, um processo é criado. Todos os processos são criados por outros processos existentes, exceto para o primeiro processo após ser efetuado o boot do sistema.

6.4.1 Chamadas ao sistema

Todos os processos são criados pela chamada ao sistema *fork*( ). Ela faz uma cópia do processo chamador. O processo chamador é o pai, e o processo recentemente criado é o filho. Esses dois processos são idênticos, exceto em relação ao valor de retorno do *fork*( ). O valor de retorno para o filho é 0, ao passo que o valor de retorno para o pai é o ID do processo filho.

Embora *fork*( ) seja totalmente capaz de construir uma árvore arbitrária de processos de família, todos estão executando o mesmo programa. É nesse ponto que a chamada ao sistema *exec*( ) surge. Uma chamada para *exec*( ) substitui o programa que está sendo executado correntemente por um novo. De fato, a maioria das chamadas para *fork*( ) é seguida de imediato pela chamada para *exec*( ), porque a justificativa mais comum para se criar um novo processo é a de executar um novo programa.

O término de um processo é tratado por duas chamadas ao sistema. Quando um processo finaliza seu trabalho e deseja encerrar voluntariamente, ele realiza a chamada ao sistema *exit*( ). Outro processo (com os privilégios apropriados) pode enviar um sinal a um processo, que com frequência resulta no encerramento do processo receptor. Os sinais são enviados com a chamada ao sistema *kill*( ).

A última chamada ao sistema relacionada a processos que examinamos é a *wait*( ). Quando um processo termina, produz um *status* de saída que pode ser utilizado por seu pai a fim de determinar se foi bem-sucedido em sua tarefa. Quando um processo-pai está pronto para fazer uma pausa até que um processo-filho tenha sido finalizado e ele possa obter o *status* de saída do filho, ele faz isso com a chamada ao sistema *wait*( ).

6.4.2 Estado do processo

A máquina de estados na Figura 5-1 capta muito bem a natureza dos processos no UNIX. Na implementação da sexta edição, há alguns estados adicionais identificados como:

- SSLEEP: Esse é um estado Bloqueado em que o processo não pode ser despertado por um sinal.

- SWAIT: Esse estado Bloqueado permite que o processo seja despertado para tratar um sinal.

- SRUN: Processos no estado de Pronto e Em Execução, apresentados na Figura 5-1, são identificados pelo valor SRUN. Para distinguir entre o processo em execução e os outros prontos, existe uma variável global, *u*, que contém as informações de tabela de processos sobre o processo corrente em execução.

- SIDL: Um processo é definido para esse estado se, durante sua criação, a cópia do espaço de memória do pai não puder ser feita imediatamente e tivermos que recorrer ao uso do mecanismo de swapping para fazer a cópia.

- SZOMB: Quando um processo-filho termina, mas o pai ainda não emitiu uma chamada ao sistema *wait*( ) para obter o *status* de saída, o filho ainda continua existindo em algum nível. Tais processos são denominados zumbis.

- SSTOP: Esse estado é utilizado para identificar um processo que está sendo rastreado. O rastreamento é uma característica que permite a um processo-pai monitorar o progresso de um filho.

Além do componente da estrutura do processo que detém esses valores de estado, há um componente que detém uma série de flags. Esses flags registram o *status* de um processo com relação à memória e ao rastreamento. Em particular, eles nos dizem se o processo está correntemente na memória, se sofreu *swap* para o disco ou se está em vias de sofrer *swap* para o disco.

142 ■ Princípios de sistemas operacionais

6.4.3 Tabela de processos

Os dados da tabela de processos são divididos em duas partes. A primeira é um vetor de estruturas denominado *proc*. Essas estruturas detêm dados de que precisamos, se o processo for residente na memória ou se sofreu swap para o disco. Entre esses dados estão as informações sobre o estado, informações sobre a identificação e informações do escalonamento.

Outros dados da tabela de processos não são necessários quando o processo sofrer swap para o disco. Esses dados são mantidos na estrutura denominada **estrutura do usuário**. Essas áreas de dados por processo são armazenadas em cada segmento de dados do processo. A estrutura do usuário do processo correntemente em execução também é mapeada para uma localização fixa no espaço de endereçamento do kernel. As estruturas do usuário sofrem swap juntamente como o resto do espaço de memória do processo.

6.4.4 Escalonamento

O escalonador do UNIX de sexta edição é um escalonador de prioridade. O verdadeiro código de escalonamento está na função de troca de contexto *swtch*( ). Ele busca na tabela de processos o processo pronto de prioridade mais alta residente na memória. As versões mais antigas do UNIX utilizam swapping de processos, conforme discutido na Seção 9.6.1, para gerenciar as demandas de memória que excedam a memória disponível. Consequentemente, alguns processos não podem ser residentes na memória. Os processos migram entre a memória e o disco sob controle da função *sched*( ). Juntas, *swtch*( ) e *sched*( ) efetivamente compõem um escalonador de dois níveis. De alguma forma anti-intuitiva, o kernel utiliza valores menores de prioridade para representar a prioridade mais alta. No código-fonte do kernel, o termo escalonador é utilizado para descrever o código que trata de swapping.

Periodicamente, o valor de prioridade de cada processo é recalculado de acordo com a equação

$$p = \min\left(127, \frac{c}{16} + 100 + n\right)$$

onde c representa um uso cumulativo da CPU medido a partir do tempo em que o processo sofreu swap pela última vez para a memória. Isso é incrementado para o processo correntemente em execução em cada interrupção de clock até um valor máximo de 255. O valor n é um parâmetro denominado **nice**. Esse parâmetro é chamado assim porque, se aumentamos o valor de **nice**, o processo obtém uma prioridade inferior. Em outras palavras, podemos ser "nice" com os outros processos no sistema aumentando nosso valor de **nice**. Usuários normais podem definir n para um valor positivo, mas somente o superusuário pode defini-lo para um valor negativo. O efeito desse algoritmo é dar preferência a processos com quantidades menores de tempo cumulativo de CPU. Essa característica é geralmente verdadeira para processos predominantemente focados em E/S.

6.5 4.3BSD

Como o 4.3BSD é uma evolução da sexta edição do UNIX, não deveria ser surpresa que sua abordagem geral para o gerenciamento de processos seja substancialmente similar. Isso deve ser esperado, especialmente porque o foco de desenvolvimento principal na série 4BSD é o suporte a grandes espaços de endereçamento virtual no VAX, em comparação com o PDP-11. No entanto, há algumas diferenças no gerenciamento de processos que valem ser apontadas.

6.5.1 Chamadas ao sistema

A maioria das chamadas ao sistema relacionadas a processos da sexta edição do UNIX também está presente no 4.3BSD. No entanto, há algumas chamadas adicionais e, em alguns casos, uma nova chamada substitui a antiga. Conforme discutido a respeito da sexta edição do UNIX, a chamada ao sistema *fork*( ) faz uma cópia do processo-pai. Isso exige que copiemos todo o espaço de memória gravável do pai. Se *fork*( ) for seguida de imediato por uma chamada a *exec*( ), então o trabalho para copiar a memória do pai é desperdiçado. Por essa razão, os desenvolvedores de BSD adicionaram a chamada ao sistema *vfork*( ). Ela ainda cria um processo-filho, mas o filho compartilha o espaço de memória do pai até transmitir uma chamada ao sistema *exit*( ) ou *execve*( ). Nesse momento, o pai reinicia da mesma maneira que faria caso tivesse chamado *fork*( ). Essa variante salva uma cópia da memória do pai no caso comum em que uma chamada *fork*( ) é rapidamente seguida por uma *execve*( ).

Nota histórica: escalonamento nas versões anteriores do UNIX

Enquanto o escalonador do UNIX, conforme o apresentamos, está codificado na função de troca de contexto *swtch*( ), existe outra função de kernel denominada *sched*( ), descrita como o escalonador. Por que essa aparente discrepância? A resposta nos leva de volta às primeiras versões do UNIX. Nestas, havia apenas um processo na memória por vez e todos os outros processos eram mantidos em um meio de armazenamento em massa, como um disco. Portanto, o swapping e o escalonamento caminhavam juntos. Efetivamente, a decisão sobre qual processo deve ser escalonado era uma decisão sobre qual processo deveria sofrer swap para a memória. De certa maneira, naturalmente, a função que gerenciava o swapping foi denominada *sched*( ). À medida que o sistema evoluiu e múltiplos processos puderam ser mantidos na memória, a funcionalidade real de escalonamento foi transferida para a função de troca de contexto, mas a função de swapping, ainda assim, manteve o nome *sched*( ).

A chamada ao sistema *exec*( ), na sexta edição do UNIX, é substituída pela chamada ao sistema *execve*( ) no 4.3BSD. A nova versão ainda substitui o programa chamador por um novo. Contudo, é mais geral no que diz respeito ao fato de suportar o uso de variáveis de ambiente.

O 4.3BSD continua a fornecer a antiga chamada ao sistema *wait*( ). No entanto, há momentos em que um pai pode desejar verificar se um filho finalizou, mas sem

144 ■ Princípios de sistemas operacionais

bloquear caso não tenha finalizado. A chamada ao sistema *wait3*( ) permite isso. Ela também permite ao pai pedir pelo uso de recursos do filho, além do *status* de saída.

6.5.2 Estado do processo e tabela de processos

Pouco mudou na representação do estado do processo entre a sexta edição do UNIX e o 4.3BSD. Dentro do conjunto real de possíveis estados, o estado SWAIT se reduziu ao estado SSLEEP, de modo que existe apenas um estado Bloqueado. Por outro lado, foi adicionada uma série de novos flags. Muitos deles são utilizados na implementação de novos recursos, como *vfork*( ). A estrutura da tabela de processos do 4.3BSD dá continuidade à tabela *proc* dividida e ao projeto da estrutura do usuário.

6.5.3 Escalonamento

Ao lado das novas chamadas ao sistema, as maiores mudanças no gerenciamento de processos entre a sexta edição do UNIX e o 4.3BSD são os detalhes do algoritmo de escalonamento. O conceito básico é o mesmo; mantemos uma prioridade de processo que induz nossa seleção de processos para processos focados em E/S. Ajustamos, dinamicamente, essa prioridade, com base no histórico do processo, e incluímos um parâmetro **nice**, que permite alguma influência do usuário sobre o escalonamento.

Contudo, há uma série de diferenças nos detalhes. No 4.3BSD, não buscamos em toda a lista de processos o processo pronto de prioridade mais alta. Em vez disso, organizamos os processos prontos em um conjunto de filas, um para cada nível de prioridade, criando uma fila de retorno multinível. Como resultado, o tempo de busca é agora proporcional ao número de níveis de prioridades, em contraste com o proporcional ao número de processos. Em um PDP-11 com UNIX sexta edição, essas duas dimensões são comparáveis; portanto, a complexidade adicional para manter as filas não é justificada. No entanto, em um VAX com 4.3BSD, o número de processos no sistema pode ser muito maior, e essa nova organização resulta em um escalonador mais rápido.

Há também diferenças nos detalhes de como as prioridades são calculadas. A equação de atualização é similar na forma, mas difere no detalhe que existe na sexta edição do UNIX. No 4.3BSD, atualizamos uma prioridade por

$$p = \min\left(127, \frac{c}{4} + 50 + 2n\right)$$

Há também diferenças no cálculo de c. Continuamos a incrementar c para o processo correntemente em execução em cada marcação do relógio. Entretanto, também ajustamos periodicamente c para os processos prontos a fim de conduzi-lo para o tempo mais recente. Essa atualização é fornecida por

$$c' = \frac{2l}{2l + 1} c + n$$

onde l é a média de carga. Esse valor é o número médio de processos prontos durante o último minuto. Para processos bloqueados, ajustamos c no momento em que o processo é desbloqueado. Esse ajuste é fornecido por

$$c' = \left[\frac{2l}{2l + 1} \right]^s c$$

onde s é o número de segundos que o processo acabou de gastar no estado SSLEEP. O resultado final desse ajuste é aumentar a prioridade de um processo bloqueado e, quanto maior for o tempo em que ele esteve bloqueado, mais aumentamos essa prioridade.

6.6 VMS

Assim como no UNIX, o interpretador de linha de comando no VMS é escrito como a maioria das outras aplicações. Entretanto, no VMS, ele reside em uma parte diferente do espaço de memória virtual com relação às outras aplicações. Ele também difere de como inicia as aplicações em resposta aos comandos de usuários. Enquanto no UNIX, o shell cria um novo processo para cada comando, o interpretador de linha de comando do VMS executa programas em seu próprio espaço de processo. A maioria dos processos no VMS é criada pelo programa de login a fim de executar o interpretador de linha de comando.

As versões recentes de VMS adicionaram threads gerenciadas pelo kernel. (Threads gerenciadas por uma biblioteca de aplicações estiveram disponíveis por um período antes que as threads do kernel fossem introduzidas.) Todos os processos possuem uma ou mais threads gerenciadas pelo escalonador. Mesmo um processo que não cria alguma thread adicional é gerenciado por sua thread única do kernel.

O VMS também possui o conceito de jobs. Um job no VMS é um conjunto de processos, incluindo um processo inicial e todos os seus descendentes. Os jobs permitem que os processos compartilhem outros recursos além da memória. Por exemplo, os processos em um job podem compartilhar os dispositivos de E/S.

6.6.1 Chamadas ao sistema

Qualquer processo pode criar outro processo emitindo a chamada ao sistema $CREPRC. Todos os processos, exceto o swapper inicial, são criados pela chamada $CREPRC. Ao criar um novo processo, especificamos o nome do arquivo que contém o código de um programa que executará no novo processo. Contudo, para dar suporte à chamada *fork*( ) do POSIX, o VMS também suporta a criação mínima de processos por meio das chamadas EXE$CRE_MIN_PROCESS e EXE$PSX_FORK_PROCSTRT.

Um processo pode chamar $EXIT para terminar voluntariamente. Um processo pode forçar outro a emitir uma chamada $EXIT, emitindo uma chamada ao sistema $FORCEX.

6.6.2 Estado da thread

A Figura 6-3 mostra a máquina de estados para threads no VMS. Embora a terminologia seja diferente, a organização dessa máquina é essencialmente a mesma que nossa máquina genérica, apresentada na Figura 5-1. No VMS, o estado Corrente corresponde ao que chamamos de estado Em Execução. De modo similar, nosso estado de Pronto é denominado Computável no VMS. O estado Esperando apresentado na Figura 6-3, correspondendo ao nosso estado Bloqueado genérico, não é, na verdade, um estado único no VMS. Na realidade, há uma série de estados individuais representando esperas em condições diferentes. Para facilitar, agrupamos esses estados no estado Esperando.

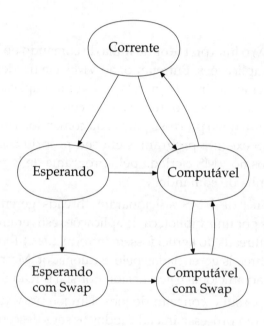

Figura 6-3: Máquina de estados das threads no VMS

Os dois estados restantes se assemelham aos estados Esperando e Computável. Eles representam as situações em que a thread está esperando ou é computável, mas não é residente na memória. Conforme discutimos na Seção 9.6, somos frequentemente forçados a copiar alguns processos para um disco a fim de reservar um espaço para outros processos. Quando um processo sofre swap para o disco, pode normalmente estar pronto para ser executado, mas não pode ser escalonado até que seja carregado de volta à memória.

6.6.3 Escalonamento

O VMS utiliza uma fila de retorno multinível para o escalonamento. Na versão VAX do VMS, há 32 níveis, sendo que os níveis de 0 a 15 são prioridades de aplicações normais e os níveis de 16 a 31 são designados prioridades de tempo real. Na versão Alpha do VMS, há 64 níveis, com os níveis adicionais de 32 a 63 sendo de tempo real de prioridade mais alta. Embora os níveis de prioridade mais alta sejam denominados prioridades de tempo real, nenhum esforço é feito para fornecer tempos garantidos de resposta.

Processos normais recebem um quantum determinado por um parâmetro de configuração em todo o sistema. O valor-padrão de um quantum é 200 mS.

Cada thread tem uma prioridade de base e uma prioridade corrente. Para processos normais, a prioridade de base default, definida na criação da thread, é de nível 4. A prioridade corrente de uma thread normal pode ser elevada acima da prioridade de base ao longo da vida da thread. As prioridades correntes de threads de tempo real são sempre iguais às suas prioridades de base.

Assim como para outras filas de retorno multinível, o escalonador seleciona a thread no começo de uma fila não vazia de prioridade mais alta para ser a próxima a executar. Quando uma thread completa uma fatia de tempo, sua prioridade corrente é diminuída em um nível se for maior do que sua prioridade de base. Ela é, então, posicionada no final da fila correspondente à sua prioridade corrente.

Há dois casos em que a prioridade corrente de uma thread normal pode ser impulsionada acima de sua prioridade de base. O primeiro caso ocorre quando uma thread torna-se desbloqueada. O evento em que a thread estava esperando determina a quantidade do impulso, que pode ser de zero, dois, três, quatro ou seis níveis de prioridades acima da prioridade de base da thread. No entanto, o impulso de uma prioridade é aplicado somente se não impulsionar a prioridade corrente da thread acima do nível 15. Também não é aplicado se a prioridade corrente da thread já for maior que o nível impulsionado. O segundo tipo de impulso é denominado impulso PIXSCAN. Esse impulso resulta de uma varredura periódica das threads nas filas de escalonamento. Se for descoberto que uma thread esteve em uma fila sem obter algum tempo de execução por no mínimo dois segundos, sua prioridade corrente é impulsionada para ser igual àquela de uma fila não vazia de prioridade mais alta.

Versões recentes do VMS também fornecem um mecanismo que permite aos escalonadores fornecidos pelo usuário governar o comportamento de um subconjunto de processos. Eles são denominados escalonadores de classe e podem ser utilizados para fornecer políticas de escalonamento especiais não abrangidas pela fila de retorno multinível padrão.

6.7 Windows NT

O Windows NT não tem uma única unidade de gerenciamento que corresponda ao processo, como discutimos no Capítulo 5. Em vez disso, tem uma hierarquia de entidades que fornecem coletivamente processos e threads em uma série de formas. No nível mais refinado, temos os jobs. Os jobs no Windows NT são conjuntos de processos que compartilham determinados parâmetros de gerenciamento de processos. Os processos no Windows NT são conjuntos de uma ou mais threads que compartilham um espaço de memória comum. As threads são as unidades de execução escalonadas e gerenciadas da maneira que discutimos a respeito do gerenciamento de processos no Capítulo 5. Por fim, uma thread pode ser convertida em uma fibra e novas fibras podem ser criadas por ela. Fibras são unidades de execução gerenciadas estritamente na aplicação e não pelo kernel.

6.7.1 Chamadas ao sistema

A chamada *CreateProcess*( ) do Win32 cria um novo processo e, implicitamente, uma nova thread a ser executada nele. Essa chamada toma como argumento o nome do programa a ser executado no processo recentemente criado. A chamada normal para finalizar um processo é *ExitProcess*( ). De modo similar, as chamadas *CreateThread*( ) e *ExitThread*( ) iniciam e finalizam threads. Ao iniciar uma nova thread, especificamos a função a ser executada no processo que a contém, em vez de um novo programa a ser executado.

6.7.2 Estado da thread

O gerenciamento de threads no Windows NT acompanha uma máquina de estados muito similar à máquina genérica apresentada na Figura 5-1. Há, contudo, alguns estados intermediários adicionais, conforme mostra a Figura 6-4. Nessa figura, o estado marcado como Esperando é o mesmo que o estado marcado como Bloqueado, na máquina típica discutida anteriormente. O estado marcado Inicializada identifica uma thread que está em fase de criação, mas ainda não está pronta para ser executada. Inversamente, o estado Terminada indica que a thread foi finalizada, mas seus recursos ainda não foram recuperados pelo sistema. Uma thread estará no estado Esperando entre o período em que é selecionada pelo escalonador e o momento em que é entregue à CPU pela troca de contexto. Finalmente, o estado de Transição identifica que a thread não está mais bloqueada na condição que a fez entrar no estado Esperando. Entretanto, ela ainda não está pronta para ser executada porque a memória utilizada para sua pilha de kernel sofre swap para o disco. Podemos também observar na Figura 6-4 que a transição de Esperando para Em Execução, que deve passar pelo estado de Pronto em nossa máquina típica, pode ser adotada diretamente no Windows NT.

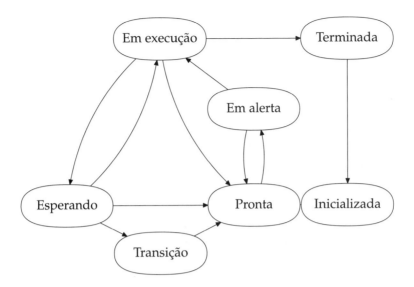

Figura 6-4: Máquina de estados das threads no Windows NT

6.7.3 Tabelas de processo e thread

Dados utilizados para representar e gerenciar processos e threads são difundidos em uma série de estruturas de dados. Começamos com o bloco executivo de processo (EPROCESS). Há um bloco desses para cada processo, sendo mantido no espaço de memória do SO. Entre outras informações, esse bloco contém a ID do processo e informações relacionadas ao uso da memória do processo. Também contém outra estrutura denominada bloco de processo do kernel (KPROCESS, do inglês kernel process) ou bloco de controle de processo (PCB, do inglês process control block). Esse bloco aponta para uma lista de blocos de threads e também contém determinados dados de escalonamento default compartilhados por todas as threads no processo. Outra peça-chave dos dados no bloco KPROCESS é um ponteiro para o diretório de páginas do processo, que define o mapeamento de memória real para o processo. A parte final da estrutura de dados do processo é o bloco de ambiente de processo (PEB, do inglês process environment block), o qual é apontado pelo bloco EPROCESS e armazenado no espaço de memória do processo. Esse bloco contém os dados de gerenciamento do processo que precisa ser acessível ao código e às bibliotecas da aplicação. Os dados principais nesse bloco relacionam-se ao gerenciamento de heap e armazenamento local de thread.

Para as threads, há um conjunto paralelo de dados estruturais. O bloco executivo de thread (ETHREAD, do inglês executive thread) registra o endereço da função inicial da thread, bem como as informações sobre solicitações de E/S pendentes. Ele também mantém dados de ID do processo, incluindo um ponteiro para o bloco EPROCESS. Assim como o EPROCESS, o bloco ETHREAD é mantido no espaço de memória do sistema. Também, paralelamente aos processos, o bloco ETHREAD inclui um bloco de thread do kernel (KTHREAD, do inglês kernel thread). Entre os dados no bloco KTHREAD estão os dados utilizados pelo

150 ■ Princípios de sistemas operacionais

escalonador para selecionar que thread será executada em seguida. Por fim, o bloco KTHREAD aponta para o bloco de ambiente de thread (TEB, do inglês thread environment block), que vive no espaço de memória do processo. Entre outras coisas, esse bloco identifica a localização da pilha da thread.

6.7.4 Escalonamento

O escalonamento no Windows NT é estritamente uma função de threads. O processo a que uma thread pertence não tem qualquer efeito sobre o escalonamento dessa thread, exceto com relação à criação de sua prioridade de base inicial. O Windows NT utiliza uma fila de retorno multinível com 32 níveis de prioridades. O nível de prioridade mais baixo, 0, é reservado para uma thread especial do kernel, que limpa as páginas da memória livre. Os níveis 1–15 são designados como níveis dinâmicos. Esses níveis são utilizados para aplicações normais e são chamados assim porque o nível de prioridade da thread nesses níveis é ajustado pelo sistema para implementar as políticas de escalonamento desejadas. Os níveis de prioridades 16–31 são denominados níveis de tempo real. Eles não são de tempo real no sentido de tempo de resposta garantido ou em termos de escalonamento por prazo. Em vez disso, esses níveis fornecem um nível mais alto de prioridade do que aplicações normais e uma resposta mais previsível por não serem dinamicamente ajustados pelo sistema. Enquanto prioridades internas são gerenciadas numericamente, as aplicações normalmente operam em termos de algumas classes de prioridades: de tempo real, alta, acima do normal, normal, abaixo do normal e ociosa.

Além dos vários níveis de prioridades, uma thread pode também ter um valor de quantum diferente. Em um sistema uniprocessador x86, os valores de quantum variam de 20 mS a 120 mS. Normalmente, esse valor é definido administrativamente para todas as threads no sistema. No entanto, a definição pode opcionalmente fornecer às threads do processo de primeiro plano um quantum maior. (O processo de primeiro plano é identificado pelo sistema de janelas como o processo que possui a janela que correntemente tem o foco.) Independente de como o quantum é definido, o escalonador não se altera sozinho nem depende dele. Ele determina quanto tempo uma thread tem permissão para ser executada antes que o escalonador receba a ordem de substituí-la.

Assim como para todos os escalonadores de filas de retorno multinível, a operação real de escalonamento é simples. Selecionamos a thread no começo da fila não vazia de prioridade mais alta. Essa thread é executada até que uma das duas seguintes opções ocorra: a thread termina seu quantum, em cujo caso é normalmente colocada no final da fila de onde se originou, ou outra thread de prioridade mais alta fica pronta para ser executada, em cujo caso a thread que sofreu uma preempção é colocada de volta para o começo da sua fila.

Entretanto, além disso, o Windows NT também implementa uma série de mecanismos independentes para ajustar a prioridade das threads com o objetivo de melhorar o desempenho do sistema. Todos esses ajustes são feitos somente para processos na faixa dinâmica de prioridades e, de forma alguma, a prioridade desse processo é, em algum momento, elevada acima de 15.

- Quando uma thread é movida para o estado de Pronta, após esperar por uma operação de E/S, o driver de dispositivo associado aumenta a prioridade da thread. A quantidade exata é decisão do driver, e valores típicos variam dos níveis 1 a 8. Esse aumento é aplicado à prioridade de base da thread, mas pode ser desativado por uma chamada do Win32.

- De modo similar, quando uma thread fica novamente pronta, após esperar por um evento executivo ou semáforo, sua prioridade é definida para executar um nível mais alto do que sua prioridade de base. Esse aumento também pode ser desativado.

- Uma thread de primeiro plano é identificada como pertencente ao processo que possui uma janela com foco corrente, conforme determinado pelo sistema de janelas. Quando essa thread é desbloqueada, após esperar por um objeto de kernel, recebe um aumento em sua prioridade corrente, determinado por um parâmetro do sistema denominado *PsPrioritySeparation*. Esse ajuste não pode ser desativado.

- De modo similar, threads que possuem uma janela recebem um aumento de dois níveis de prioridade quando se movem para o estado de Pronta por causa de um evento na janela. Esse aumento é aplicado à prioridade corrente e pode ser desativado.

- Threads que estão em starvation recebem também um aumento de prioridade. Um processo que esteve na fila de prontos por aproximadamente 3 a 4 segundos recebe uma prioridade corrente de 15 e um quantum duplo. Após a thread executar durante seu quantum duplo, sua prioridade imediatamente retorna para seu nível de base.

Para todos os aumentos de prioridade, exceto no tratamento de starvation, a prioridade cai novamente para a prioridade de base da thread de modo gradativo. Cada vez que uma thread completa um quantum na prioridade corrente maior que sua prioridade de base, sua prioridade corrente é diminuída em um. Em outras palavras, ela é colocada no final da próxima fila mais baixa em vez de voltar para a fila de onde foi escalonada.

6.8 TinyOS

O TinyOS não suporta processos no sentido usual. Em lugar disso, componentes definem três classes de códigos executáveis, comandos, tratadores de eventos e tarefas. Os comandos são executados em resposta às solicitações de componentes de camadas mais altas. Tratadores de eventos respondem aos eventos de hardware direta ou indiretamente. Em um sentido abstrato, os eventos são mensagens enviadas de camadas mais baixas para camadas mais altas. Diferente dos comandos e dos tratadores de eventos, as tarefas não são executadas em resposta a disparos externos. Elas são escalonadas para serem executadas em algum momento futuro.

Tarefas e tratadores de eventos podem sinalizar eventos para camadas mais altas, chamar comandos em camadas mais baixas e escalonar tarefas. Para evitar ciclos no tratamento de eventos, os comandos recebem permissão de chamar somente comandos de camadas mais baixas e de escalonar tarefas. Eles não podem sinalizar eventos para camadas mais altas.

Para descrever como essas formas de código executável são tratadas, descrevemos um cenário, começando com o sistema em estado ocioso. Nesse estado, nada pode acontecer até que uma interrupção de hardware seja gerada. Isso resulta na chamada de um tratador de eventos. O tratador de eventos pode, então, gerar mais eventos a serem tratados por camadas mais altas. Ele também pode postar uma tarefa para ser executada posteriormente. Os tratadores de camadas mais altas podem adicionalmente repassar mais eventos, postar outras tarefas ou chamar comandos. A menos que outra interrupção seja gerada durante o tratamento desse evento, toda a cadeia de tratadores de eventos e comandos faz parte de uma única thread de execução. Todas as tarefas postadas são adiadas até que a cadeia completa de processamento esteja completa.

Postar uma tarefa é algo parecido com enviar um pequeno job em lote. Escalonamos esses jobs em lote de acordo com a política primeiro a chegar, primeiro a ser servido (FCFS). O escalonador seleciona a primeira tarefa da lista e a executa. Ao completar, a próxima tarefa na lista é selecionada e entra em execução. Quando a lista fica vazia, o escalonador coloca a CPU em modo de economia de energia para que espere pela próxima interrupção. No TinyOS 1, o escalonador é acoplado ao sistema, assim como encontramos na maioria dos sistemas operacionais. Entretanto, no TinyOS 2, o escalonador é, de fato, outro componente. Esse modelo permite que o escalonador seja facilmente substituído por um mais adequado ao domínio do problema.

6.9 Xen

No Xen, há duas noções de processos que nos interessam. A primeira refere-se aos processos gerenciados por cada um dos sistemas operacionais convidados. O Xen não está ciente dos detalhes desses processos. Contudo, como na maioria das versões de processadores x86, o Xen não virtualiza o hardware por completo, mas exige que os SOs convidados façam uma solicitação para o Xen realizar os detalhes da troca de contexto. A maioria desses detalhes é relacionada com o gerenciamento da memória, que discutimos na Seção 10.9.

A outra concepção de um processo do Xen é realmente a de um SO convidado por si próprio. O Xen deve alternar entre esses SOs da mesma maneira que um SO de compartilhamento de tempo convencional alterna entre processos de aplicações. Na versão 3 do Xen, há dois escalonadores que podem ser selecionados. Eles são um escalonador de tempo virtual emprestado (BVT, do inglês borrowed virtual time) e um escalonador simples de prazo mais próximo primeiro (SEDF, do inglês simple earliest deadline first). (A versão 2 do Xen resultou em um escalonador BVT, um escalonador atropos, que resultou em frações fixas de tempo de CPU e um escalonador circular simples). Embora não apresentemos uma discussão detalhada do escalonamento BVT, a ideia básica é objetiva. Os processos são escalonados de acordo com seu tempo de execução acumulado com um fator de ponderação, que permite a alguns processos receber preferência sobre outros. Quando um processo desperta e precisa ser executado rapidamente, o tempo é emprestado do uso futuro desse processo, por meio da subtração efetiva de um fator desviado de seu tempo acumulado. Todos os parâmetros BVT podem ser definidos no arquivo de configurações e por uma chamada ao sistema para configuração de escalonador. No escalonador SEDF, os prazos são definidos de acordo com um parâmetro por domínio, denominado período. No final de cada fatia de tempo, o próximo prazo é configurado para o tempo corrente mais o período. Efetivamente, o período pode ser utilizado para determinar a fração de CPU que cada domínio obtém. Esse parâmetro também pode ser definido no arquivo de configurações ou por uma chamada ao sistema.

Assim como os processos na maioria dos sistemas operacionais podem tomar ações que alteram seus estados de processo ou que afetam seu escalonamento, os domínios no Xen podem fazer o mesmo. A interface principal para essas mudanças é a hiperchamada *sched_op_new( )*. O primeiro argumento para essa chamada indica que ação deve ser tomada. Há três ações que nos interessam. Se o primeiro argumento for *SCHEDOP_yield*, o domínio é deslocado do estado Em Execução para o estado de Pronto, abandonando o resto de sua fatia de tempo, mas permanecendo disponível para ser escalonado. Se o primeiro argumento for *SCHEDOP_block*, o domínio se move para o estado Bloqueado, em que espera, inelegível para o escalonamento, até que receba um evento. Finalmente, a operação *SCHEDOP_shutdown* é análoga àquela do SO convidado que está sendo desligado ou reinicializado em um hardware real.

6.10 Resumo

Embora as técnicas discutidas no Capítulo 5 sejam a base da maior parte do gerenciamento de processos, os detalhes, normalmente, são mais complexos na prática. Este capítulo apresenta uma série de sistemas reais, focando em como processos são representados, controlados e escalonados. Esses sistemas são uma amostra da ampla variedade de sistemas operacionais desenvolvidos e que está em uso. Ao estudá-los, vemos como as técnicas gerais para o gerenciamento de processos se transformam em implementações específicas. Nos próximos dois capítulos, nos aprofundaremos mais e observaremos os detalhes do gerenciamento de processos nos sistemas operacionais Inferno e Linux.

6.11 Exercícios

1. No CTSS, se $w_q = 120$, e o maior programa não for maior que 32 K palavras (o tamanho de cada banco de memória), então qual é o nível máximo de fila em que um processo pode entrar?

2. No CTSS, a extensão da fatia de tempo crescente exponencialmente tem o efeito de reduzir o número de trocas de contexto para processos focados em CPU. Se t_s é o tempo para desempenhar uma troca de contexto, qual é a fração de tempo gasto na sobrecarga da troca de contexto para um processo na fila de nível l?

3. Descreva uma forma em que o escalonador de classe de trabalho do Multics poderia ser implementado. Assegure-se de relatar os casos em que uma ou mais classes de trabalhos não apresentam processos prontos.

4. No RT-11, temos um processo de segundo plano que não tem garantia de receber algum tempo de CPU, mas que pode ser executado utilizando qualquer tempo não utilizado por outros processos. Esse processo de segundo plano também pode ser utilizado com um escalonador de slots, conforme descrito na Seção 5.4.7.3? Em caso afirmativo, descreva como.

5. O escalonador do UNIX sexta edição é suscetível à inversão de prioridades, supondo que todos os três processos envolvidos tenham o mesmo valor de **nice**? Por quê?

6. Os desenvolvedores do 4.3BSD escolheram implementar cálculos de prioridade diferentes daqueles contidos no UNIX sexta edição. Quais são alguns dos comportamentos indesejáveis que essa sexta edição pode ter apresentado e que o 4.3BSD corrige?

7. O VMS e o Windows NT tratam de threads como uma unidade primária de gerenciamento para o escalonamento, o gerenciamento da tabela de processos e o gerenciamento de estado. Que papéis os processos desempenham em tais sistemas?

8. No RT-11, o processo de segundo plano é associado a um usuário interativo, ao passo que, no Windows NT, o processo de primeiro plano é o que está focado na interface do usuário. Qual é a diferença? Algum dos sistemas utiliza a terminologia errada?

9. Seria viável implementar um escalonador do tipo job mais curto primeiro (SJF) no TinyOS em vez do FCFS? Quais seriam os prós e os contras na tomada dessa decisão?

10. O TinyOS restringe alguns tipos de interações de componentes. Em particular, comandos não têm permissão para gerar eventos. Qual seria o problema se eles tivessem essa permissão?

Capítulo 7

Gerenciamento de processos no Inferno

Os processos no sistema Inferno são, de alguma maneira, incomuns, em razão do uso de uma máquina virtual pelo Inferno. Um interpretador de máquina virtual embarcado no SO apresenta mais controle sobre programas do usuário em execução do que um SO típico. Além dos processos de usuário, o Inferno também utiliza processos do kernel internamente. Neste capítulo, discutimos os processos do usuário e do kernel, assim como alguns elementos sobre seu gerenciamento. Para os dois tipos de processos, discutimos sobre sua representação em suas respectivas tabelas de processos, bem como as máquinas de estados do processo para cada um. Nosso foco, porém, é, em princípio, sobre como o Inferno trata processos de usuário quando interpretados pela máquina virtual Dis. Consequentemente, discutimos sobre sua criação, destruição e escalonamento mais detalhadamente do que sobre os processos do kernel.

7.1 Processos no Inferno

Mesmo que, como um sistema, o Inferno tenha um projeto muito simples e uma implementação objetiva, há facetas que tornam as coisas um pouco mais complicadas. Uma delas é a variedade de tipos de processos no Inferno. O primeiro é o tipo de processo que descrevemos no Capítulo 3, um processo do usuário que executa um código Dis interpretado. Para esses processos, a máquina virtual tem controle total sobre o processo até mesmo sobre a execução de instruções individuais. Conforme observamos posteriormente neste capítulo, isso torna as operações, como a troca de contexto e a determinação do final de uma fatia de tempo, muito simples.

Para muitas plataformas, Inferno inclui um compilador **just-in-time** (JIT),[1] que traduz o código Dis para o conjunto de instruções nativas da máquina. Essa facilidade

---

[1] No momento em que é requisitado, sob demanda, nesse caso, em tempo de execução. (N.R.T.)

cria uma variação nos processos de usuário, a qual executa o código nativo da máquina. Como o interpretador da máquina virtual não tem controle total sobre esses módulos compilados para o código nativo, os detalhes de seu gerenciamento de processos são necessariamente diferentes. Com interesse no espaço e para focar em como o Inferno aplica os princípios do gerenciamento de processos, não abordamos o código JIT aqui.

Por fim, temos o processo do kernel. Os processos do kernel (os quais, às vezes, chamamos de *kprocs* por causa da função utilizada para criá-los) são threads de controle independentes dentro do kernel. No Inferno hospedado, eles são threads gerenciadas pelo SO hospedeiro. Vimos um desses criados na inicialização do sistema, abordada no Capítulo 3. Enquanto o sistema funciona, outros são criados, conforme necessário. Por exemplo, no Inferno hospedado, criamos um *kproc* que escuta os caracteres a serem digitados no teclado e os coloca no buffer utilizado para atender às solicitações de entrada da aplicação. Também criamos diversos *kprocs* de interpretador da máquina virtual à medida que o sistema é executado. Os processos podem emitir solicitações que causam o bloqueio do interpretador. Se não houver outros interpretadores que possam executar o código da aplicação, criamos um novo *kproc* para continuar a executar as aplicações enquanto os outros interpretadores estão bloqueados. Somente um interpretador por vez executa ativamente o código da aplicação. Todos os outros são bloqueados ou se tornam ociosos. Embora discutamos alguns dos elementos do gerenciamento de *kprocs*, o foco principal de nossa apresentação neste capítulo é sobre processos de usuário interpretados pela máquina virtual.

Em termos de nossa discussão de processos e threads na Seção 5.3, todos os processos no Inferno são considerados mais threads. Todos são executados compartilhando um espaço de memória comum. Em consequência, o conjunto de todos os processos do kernel compõe um único programa multithread. Normalmente, não desejaríamos que todos os processos de usuário compartilhassem um espaço de memória comum. Entretanto, a natureza da linguagem Limbo e do projeto da máquina virtual Dis evitam que as aplicações tenham acesso irrestrito entre si. Dessa forma, elas podem ser executadas com segurança em um espaço de memória comum.

7.2 Estado do processo

Como temos duas classes gerais de processos no Inferno (processos do kernel e processos de usuário), temos dois diferentes conjuntos de estados de processos para gerenciar. Mantendo nosso foco principal sobre o gerenciamento de processos de usuário, discutimos brevemente o estado de processo do kernel e, em seguida, observamos os processos de usuário nas máquinas de estados mais detalhadamente.

7.2.1 Processos do kernel

Para o Inferno hospedado, os assuntos principais sobre o estado de processo do kernel são tratados pelo SO hospedeiro, porque ele trata de grande parte da criação do processo e do escalonamento. O Inferno nativo mantém seu próprio conjunto de estados de processos para os processos do kernel, porque é responsável pelo gerenciamento desses processos.

Nos dois casos, entretanto, os *kprocs* que executam o interpretador de máquina virtual merecem uma abordagem especial. Além do escalonamento e do gerenciamento de processos usual para esses *kprocs*, há um nível de escalonamento adicional. Cada um deles é capaz de executar processos de usuário. Para executar os processos de usuário, o código no libinterp é semelhante a uma CPU. Há um único conjunto de registradores e somente um *kproc* pode utilizá-lo por vez. Um *kproc* que não precisa de interpretador, particularmente quando está prestes a fazer algo que possa causar um bloqueio, chama *release*( ) para sinalizar que outro *kproc* pode utilizar o interpretador. Quando um *kproc* precisa novamente de interpretador, chama *acquire*( ) para reivindicá-lo. Normalmente, um *kproc* interpretador compartilha o tempo entre todos os processos prontos de usuário, conforme discutido na Seção 7.6. Se o interpretador bloqueia em nome de um processo de usuário, então precisamos executar outro interpretador. Após o bloqueado despertar, precisamos ser capazes de executá-lo novamente a fim de permitir que termine o que estava fazendo em nome do processo de usuário. Em consequência, o *kprocs* de interpretador pode estar nos seguintes estados, como ilustra a Figura 7-1:

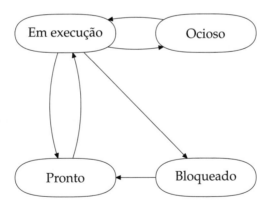

Figura 7-1: Máquina de estados de processo do kernel no Inferno hospedado

- *Em Execução*: Há apenas um *kproc* interpretador por vez que possui controle sobre o interpretador. Ele é identificado como no estado Em Execução por uma variável global, que aponta para sua entrada na tabela de processos.
- *Bloqueado*: Como para nosso uso anterior do termo, um *kproc* interpretador bloqueado é o que está esperando por algum evento.
- *Pronto*: Esse estado representa o caso em que um *kproc* interpretador foi despertado de um estado Bloqueado e, assim, tem um processo do usuário ligado a ele por estar esperando para obter o interpretador.

- *Ocioso*: É o estado que identifica um *kproc* interpretador que não possui processo do usuário associado e, portanto, está disponível se a corrente bloquear.

Diferentemente da maioria das representações de estado de processo, esses estados não são registrados na tabela de processos. Em vez disso, os deduzimos da posição da entrada da tabela de processos do *kproc* em várias listas.

7.2.2 Processos de usuário

No Inferno, os estados dos processos de usuário seguem o modelo básico que discutimos na Seção 5.2.2. O conjunto de estados dos processos de usuário é definido em include/interp.h. O componente principal da máquina de estados dos processos de usuário está ilustrado na Figura 7-2. Os nomes dos estados na figura, com exceção de Em Execução, são os definidos no arquivo de cabeçalho. Nenhum valor é definido para o estado Em Execução; é identificado como um processo único em que um interpretador está trabalhando. Na figura, omitimos dois estados, *Depura* e *Interrompido*, para facilitar, pois representam casos excepcionais e não fazem parte do tempo de vida usual do processo. O conjunto completo de estados é utilizado da seguinte forma:

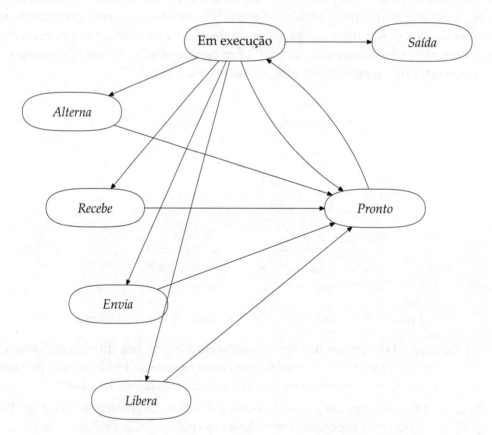

Figura 7-2: Máquina de estados do processo de usuário no Inferno

- *Alterna*: Esse estado é utilizado quando o processo executa uma instrução `alt` correspondente ao construtor **alt** da linguagem Limbo. Ele é utilizado de forma muito semelhante a *select*( ), encontrado na maioria dos sistemas UNIX, que permite a um processo esperar por diversos descritores de arquivos de entrada ou saída simultaneamente. Em Limbo, o construtor **alt** permite ao processo esperar por diversos canais de comunicação.

- *Envia* e *Recebe*: Os estados *Envia* e *Recebe* também são utilizados com canais de comunicação. Eles são utilizados para enviar a ou receber de canais únicos. Esses três são tipos de estados Bloqueados.

- *Depura*: Um processo é posicionado nesse estado quando está sob o controle de um depurador.

- *Pronto*: Processos elegíveis para serem interpretados estão no estado de Pronto, conforme identificado por *Pronto*. Se um processo estiver no estado de Pronto, estará também em uma lista encadeada de processos prontos.

- *Libera*: Um processo é posicionado no estado *Libera* quando a função *release*( ) é chamada. A ideia neste ponto é que um processo está liberando seu pedido de CPU virtual, normalmente de modo temporário. Em grande parte do kernel chamamos *release*( ) imediatamente antes de fazer uma chamada que possa exigir serviço pelo SO hospedeiro e, então, chamamos *acquire*( ) imediatamente depois.

- *Saída*: Quando estamos no processo de limpeza após o término de um processo, configuramos seu estado para *Saída*, de modo que, se algo olhar o seu estado antes de terminarmos, não haverá confusão quanto ao seu estado. A fim de simplificar, exibimos somente a transição do estado Em Execução para o estado de Saída na Figura 7-2. Também é possível que um processo seja forçado a ir para o estado de Saída a partir de outros estados.

- *Interrompido*: Utilizamos o estado *Interrompido* para marcar um processo que saiu enquanto estava sob o controle de um depurador. Mantemos o processo posicionado, de modo que o depurador possa examinar o processo a fim de determinar o que causou sua saída. Também utilizamos o estado *Interrompido* quando um processo termina como resultado da maioria das condições de erro. Isso permite que um depurador seja ligado a ele para uma análise *post-mortem*.

7.3 Estruturas de dados do processo

Para a maior parte dos outros sistemas reais, a tabela de processos do Inferno não é tão simples quanto a ilustração que fizemos no Capítulo 5. Parte disso ocorre em razão da variedade de tipos de processos que gerenciamos e parte disso surge como resultado de mecanismos que melhoram o desempenho.

A Figura 7-3 mostra a tabela de processos completa e as estruturas da fila de prontos. Nessa figura, os quadrados marcados *a*, *b*, *c* e *d* são processos do kernel. Os valores numéricos nos quadrados são os IDs dos processos de usuário. Observe que tanto os processos do kernel como os processos de usuário podem estar em mais do que uma lista encadeada de uma só vez. Todas as instâncias do mesmo quadrado rotulado são a mesma estrutura de dados. Para facilitar, desenhamos estas como quadrados separados em vez de tentar mostrar todas as ligações das listas entrando e saindo de um único quadrado por processo.

7.3.1 Tabela de processos do kernel

A primeira estrutura de dados do processo é a estrutura **Procs**. A definição para ela é encontrada em **emu/port/dat.h** da seguinte forma:

struct Procs {
    Lock *l*;
    Proc **head*;
    Proc **tail*;
};

Ela define a lista duplamente encadeada de todos os processos do kernel. A variável global *procs* é a única instância definida dessa estrutura. O membro *l* da estrutura é um bloqueio utilizado para oferecer exclusão mútua quando diversas threads tentam acessar a lista simultaneamente.

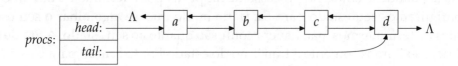

(a) Lista de Processos do Kernel

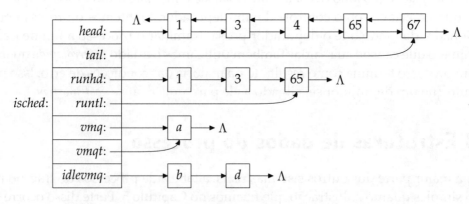

(b) Listas de Processos do Usuário e de Filas de Prontos

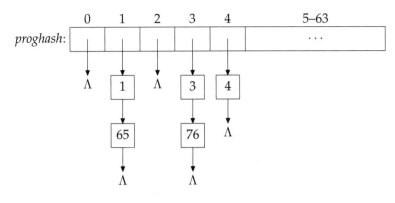

(c) Tabela Hash PID

Figura 7-3: Estruturas de processos e de filas de prontos do Inferno

Quando a lista não é vazia, o primeiro e o último processo na lista são apontados por *head* e *tail*, respectivamente. Cada *kproc* é descrito por uma estrutura **Proc**, descrito a seguir. A lista está ilustrada na Figura 7-3(a).

7.3.2 Entrada da tabela de processos do kernel

A estrutura **Proc**, que é a entrada da tabela de processos para processos do kernel, é declarada da seguinte maneira em **emu/port/dat.h**:

struct Proc {
    int *type*;   /*interpreter or not*/
    char *text* [KNAMELEN];
    Proc **qnext*;   /*list of processes waiting on a Qlock*/
    long *pid*;
    Proc **next*;   /*list of created processes*/
    Proc **prev*;
    Lock *rlock*;   /*sync between sleep/swiproc fot r*/
    Rendez **r*;   /*rendezvous point slept on*/
    Rendez *sleep*;   /*place to sleep*/
    int *killed*;   /*by swiproc*/
    int *swipend*;   /*software interrupt pending for Prog*/
    int *syscall*;   /*set true under sysio for interruptable syscalls*/
    int *intwait*;   /*spin wait for note to turn up*/
    int *sigid*;   /*handle used for signal/note/exception*/
    Bloqueio *sysio*;   /*note handler lock*/
    char *genbuf* [128];   /*buffer used e. g. for last name element from namec*/
    int *nerr*;   /*error stack SP*/

```
osjmpbuf estack [NERR];      /*vector of error jump labels*/
char *kstack;
void (*func)(void *);        /*saved de trampoline pointer for kproc*/
void *arg;        /*arg for invoked kproc function*/
void *iprog;       /*work for Prog after release*/
void *prog;       /*fake prog for slaves eg. exportfs*/
Osenv *env;       /*effective operating system environment*/
Osenv defenv;       /*default env for slaves with no prog*/
osjmpbuf privstack;       /*private stack for making new kids*/
osjmpbuf sharestack;
Proc *kid;
void *kidsp;
void *os;       /*host os specific data*/
};
```

Como nosso foco é o gerenciamento de processos de usuário, descrevemos apenas alguns dos membros da estrutura **Proc**. Se este é um *kproc* interpretador ou não, é indicado pelo valor do membro *type*. É igual a *Interp* para esses *kprocs* que executam o interpretador. O campo *text* é um nome textual que pode ser utilizado para identificar o processo. A lista duplamente encadeada de todos os processos do kernel é definida pelos membros *next* e *prev* dessa estrutura. Quando um processo interpretador do kernel é bloqueado em nome de um processo do usuário ou quando está em um estado de Pronto, o membro *iprog* é utilizado para apontar para a entrada da tabela de processos do usuário. Utilizamos um tipo **void**** aqui porque algum código que inclui o arquivo de cabeçalho dat.h não tem acesso à declaração verdadeira da entrada da tabela de processos do usuário.

7.3.3 Tabela de processos do usuário

Agora, voltaremos nossa atenção da representação de processos do kernel para a representação de processos de usuário. Enquanto processos do kernel são descritos por uma estrutura denominada **Proc**, processos de usuário são descritos por uma estrutura denominada **Prog**. Começamos observando a estrutura que define as listas apresentadas na Figura 7-3(b). Esta estrutura *isched* é definida da seguinte forma em emu/port/dis.c:

```
struct {
    Lock l;
    Prog *runhd;
    Prog *runtl;
    Prog *head;
```

Prog **tail;*

Rendez *irend;*

int *idle;*

int *nyield;*

int *creating;*

Proc **vmq;*   /*queue of procs wanting vm*/

Proc **vmqt;*

Proc **idlevmq;*   /*queue of procs wanting work*/

Atidle **idletasks;*

} *isched;*

A variável *l* de **Lock** é utilizada para fornecer a exclusão mútua aos acessos à estrutura de dados. A lista de processos prontos de usuário para escalonamento é identificada pelos ponteiros *runhd* e *runtl*. Como estamos armazenando o conjunto de processos inteiro em uma lista em vez de uma matriz, precisamos de ponteiros *para as extremidades da* lista. Essa é a função dos ponteiros *head* e *tail*. Quando o escalonador está ocioso (no processo de usuário a ser escalonado), configuramos a flag *idle*. Os ponteiros *vmq* e *vmqt* estão no começo e no final de uma lista encadeada dos *kprocs* de interpretador no estado de Pronto. Esses são os que têm entrada da tabela de processos do usuário ligada ao membro da estrutura *iprog*. Os *kprocs* de interpretador que estão ociosos (ou seja, não têm um processo do usuário associado) estão em uma lista encadeada apontada por *idlevmq*.

7.3.4 Entrada da tabela de processos do usuário

O Inferno representa a tabela de processos do usuário com uma lista encadeada e tabela hash combinadas, conforme ilustrada na Figura 7-3. Os detalhes da entrada da tabela de processos do usuário do Inferno são definidos no arquivo include/interp.h como:

struct Prog {

　　REG *R;*   /*Register set*/

　　Prog **link;*   /*Run queue*/

　　Channel **chan;*   /*Channel pointer*/

　　void **ptr;*   /*Channel data pointer*/

　　enum ProgState *state;*   /*Scheduler state*/

　　char **kill;*   /*Set if prog should error*/

　　char **killstr;*   /*kill string buffer when needed*/

　　int *pid;*   /*unique Prog id*/

　　int *quanta;*   /*time slice*/

　　ulong *ticks;*   /*time used*/

```
    int flags;      /*error recovery flags*/
    Prog *prev;
    Prog *next;
    Prog *pidlink;      /*next in pid hash chain*/
    Progs *group;       /*process group*/
    Prog *grpprev;      /*previous group member*/
    Prog *grpnext;      /*next group member*/
    void *exval;      /*current exception*/
    char *exstr;      /*last exception*/
    void (*addrun)(Prog*);
    void (*xec)(Prog*);
    void *osenv;
};
```

É bastante normal que uma entrada da tabela de processos contenha um membro para manter uma cópia dos registradores do processo quando este não está no estado Em Execução. No caso do Inferno, esse membro é denominado *R*. Isso pode parecer um pouco surpreendente, visto que os processos no Inferno são todos executados pelo interpretador de máquina virtual. Entretanto, a máquina virtual é definida como um conjunto de registradores similares a esses em uma CPU típica. Portanto, enquanto o interpretador está executando outro processo, precisamos manter os registradores que pertencem a esse processo (não corrente) na tabela de processos.

O próximo membro da estrutura, *link*, é um ponteiro para o próximo processo na lista de prontos. Cada entrada da tabela de processos reside em uma lista encadeada de todos os processos, mas somente aqueles prontos para serem executados estão na lista encadeada definida por *link*. O membro *link* é ignorado para processos bloqueados.

O Inferno fornece suporte para um recurso da linguagem Limbo denominado **canais** (channels). Os canais são similares às facilidades mais familiares de "pipe" e "socket" encontradas na maioria dos ambientes C, exceto pelo fato de serem tipificados. O membro *chan* é utilizado para registrar um canal em que um processo está correntemente bloqueado. Isso nos permite realizar uma limpeza de forma apropriada se esse processo for extinto enquanto ainda estiver bloqueado no canal. De modo similar, utilizamos *ptr* para registrar o endereço do buffer de dados que estamos utilizando para enviar ou receber. Isso nos permite saber rapidamente para onde copiar os dados quando a outra extremidade realiza o envio ou recepção correspondente.

O membro *state* contém o estado corrente do processo do usuário. Ele pode assumir os valores descritos na Seção 7.2.2.

Se um programa da aplicação falhar por causa de um erro detectado pelo SO,

Gerenciamento de processos no Inferno ▪ 165

então faremos *kill* apontar para uma mensagem de erro descrevendo a falha. Em alguns casos, alocamos um buffer para conter a string e fazemos *killstr* apontar para esse buffer.

O Inferno atribui um número de ID exclusivo para cada processo, quando este é criado. Esses valores são atribuídos sequencialmente até que o valor do número inteiro estoure e se torne negativo. Quando atinge um número negativo, executamos além dos IDs de processo permitidos, e o sistema deve ser interrompido. O Inferno não reutiliza os IDs de processo. Entretanto, em uma máquina de 32 bits, pode haver mais de dois bilhões de processos criados antes que o sistema desligue em razão do estouro de IDs de processo. (Se criarmos processos uma vez por segundo, em média, isso resulta para nós um pouco mais que 68 anos de tempo em operação.) Esse ID de processo é armazenado no membro *pid* da entrada da tabela de processos.

Os processos de usuário no Inferno podem fazer parte de um grupo. Normalmente, um processo é adicionado ao grupo do qual seu pai faz parte. A lista de processos em um grupo é descrita por uma estrutura apontada por *group*.

O membro *quanta* é inicializado para o valor definido por PQUANTA, configurado para ser 2048. É utilizado para estabelecer o número de instruções que um processo interpretado tem permissão para executar antes de sofrer uma preempção.

Quando ocorrem exceções em um processo, às vezes queremos que a exceção seja repassada para alguns dos outros processos no mesmo grupo. O membro *flags* da estrutura nos permite controlar esse tratamento de exceções. É um bitmap que pode ter uma combinação dos seguintes valores: *Ppropagate, Pnotifyleader, Prestrict, Prestricted* e *Pkilled*.

Já vimos que as entradas da tabela de processos podem residir em uma lista encadeada de processos prontos. Além dessa estrutura de dados, há uma lista duplamente encadeada de todos os processos. Os membros *prev* e *next* são utilizados para identificar os elementos adjacentes da lista. Obviamente, buscar em uma lista encadeada leva um tempo $O(n)$ (proporcional ao número de itens na lista) e, se há muitos processos, então isso pode se tornar significativo. Para ajudar a acelerar a busca, também mantemos uma tabela hash de todos os processos no sistema, conforme ilustra a Figura 7-3(c). Os processos que se dispersam sobre o mesmo bucket são mantidos em outra lista encadeada, que utiliza o membro da estrutura *pidlink* para apontar para os próximos processos na lista. Por fim, processos que fazem parte do mesmo grupo de processos são mantidos em outra lista duplamente encadeada, definida pelos membros *prgprev* e *prgnext*.

Assim como para o membro *flags*, os membros *exval* e *exstr* são utilizados para o tratamento de exceções. Eles apontam para as strings utilizadas para representar a verdadeira exceção.

Os próximos dois membros da estrutura **Prog** são ponteiros para funções. O primeiro, *addrun*, é normalmente *nil*, indicando que, quando adicionamos esse processo à fila de prontos, chamamos a função default, que também atende pelo nome *addrun*( ). Em alguns casos, configuramos esse ponteiro para apontar para outra função. O ponteiro da outra função é denominado *xec* e é normalmente configurado para apontar para a função *xec*( ), que trata a interpretação do valor de um quantum de instruções Dis. Assim como para *addrun*, há alguns casos especiais em que configuramos *xec* para apontar para outras funções.

A parte final da estrutura **Prog** é o membro *osenv*, que aponta para uma estrutura **Osenv**, a qual contém informações adicionais sobre o processo. Entre esses dados estão o espaço de nomes, arquivos abertos e variáveis de ambiente. Para o Inferno hospedado, também armazenamos informações sobre o usuário no ambiente do hospedeiro.

7.4 Criação de processo

Novos processos de usuário no Inferno são criados com a instrução **spawn** no Limbo. Não rastrearemos a cadeia completa do código que processa o comando **spawn**. A ideia básica é que a instrução **spawn** seja reduzida para a instrução Dis `spawn` ou `mspawn`. Na seguinte discussão, rastreamos os passos de criação do processo a partir do ponto em que a máquina virtual processa a instrução até o ponto em que o novo processo é criado e existe nas listas ilustradas anteriormente na Figura 7-3. Esses passos podem ser resumidos da seguinte maneira:

1. Transfere o controle do código da máquina virtual para o código interno do kernel.
2. Cria e inicializa a entrada da tabela de processos para o novo processo.
3. Adiciona o processo à lista encadeada e tabela hash que compõem a tabela de processos.
4. Torna o novo processo pronto.

Entretanto, o fluxo não segue estritamente esta ordem. Em particular, a inicialização da nova entrada da tabela de processos é divida em diversas partes, que estão mescladas com alguns dos outros passos.

7.4.1 Interpretação da instrução de criação de processo

Começamos seguindo o código com a interpretação da instrução `spawn` em libinterp/xec.c:

```
OP(spawn)
{
    Prog *p;
```

O primeiro passo é chamar *newprog*( ), descrito a seguir, para criar um processo com o processo corrente como pai.

```
p = newprog(currun( ), R.M);
```

Agora, configuramos o contador do programa salvo para apontar para a função especificada como parte da instrução **spawn** na aplicação. Quando o novo processo é o próximo escalonado, isso fará com que ele reinicie (comece) a execução no início dessa função.

*p→R.PC = *(***Inst*** **) *R.d;*

Essas duas últimas chamadas criam e configuram a pilha para o novo processo.

newstack(p);

unframe( );

}

7.4.2 Implementação da criação de processos

A interpretação das instruções `spawn` e `mspawn` finaliza na função *newprog( )*, declarada em **emu/port/dis.c** da seguinte forma:

Prog *newprog(**Prog** *p, **Modlink** *m)

{

Heap *h;

Prog *n, **ph;

Osenv *on, *op;

static int *pidnum*;

7.4.2.1 Criação da entrada da tabela de processos

Nosso primeiro passo é alocar espaço para a entrada da tabela de processos (PTE, do inglês process table entry) e para a estrutura que retém informações do ambiente para o processo. Como sempre, tomamos cuidado para verificar falhas antes de continuar.

n = malloc(**sizeof**(**Prog**) + **sizeof**(**Osenv**));

if (*n* ≡ 0) {

   if (*p* ≡ *nil*)

      panic("no␣memory");

   else

      error(exNomem);

}

7.4.2.2 Configuração do PID

Agora, precisamos configurar o número do ID (PID, do inglês process's ID number) do novo processo. Conforme discutido anteriormente, os IDs de processo são sequencialmente atribuídos. Inicialmente, não apontamos para lista de grupos alguma. Posteriormente, adicionaremos esse processo ao grupo de seu pai, caso tenha um pai.

> $n{\rightarrow}pid = {+}{+}pidnum;$
> if $(n{\rightarrow}pid \leq 0)$
> $panic("no{\sqcup}pids");$
> $n{\rightarrow}group = nil;$

7.4.2.3 Inclusão na tabela de processos

Em seguida, inserimos o novo processo no final da tabela de processos. Como sempre, com a inserção em uma lista encadeada, temos um caso especial quando a lista está vazia. Na prática, o único momento em que a lista está realmente vazia é quando criamos o primeiro processo, quando chamamos *schedmod*( ) a partir de *disinit*( ). Caso contrário, essa verificação serve como programação defensiva.

> **if** $(isched.tail \neq nil)$ {
> $n{\rightarrow}prev = isched.tail;$
> $isched.tail{\rightarrow}next = n;$
> }
> **else** {
> $isched.head = n;$
> $n{\rightarrow}prev = nil;$
> }
> $isched.tail = n;$

Algumas vezes, desejamos consultar um processo por seu PID. Buscar a lista linearmente poderia levar muito tempo se tivermos um grande número de processos. Em vez disso, mantemos uma tabela hash utilizando o PID como chave. A função *pidlook*( ) retorna um ponteiro para outro ponteiro (duplamente indireto) para o PTE do processo cujo PID é passado como argumento. Se o processo especificado não existir, então o *pidlook*( ) retorna um ponteiro para o último ponteiro que examinou. Esse é o ponteiro que será utilizado para apontar para o novo processo. O próximo trecho de código coloca o novo processo na tabela.

> $ph = pidlook(n{\rightarrow}pid);$
> **if** $({*}ph \neq nil)$
> $panic("dup{\sqcup}pid");$

$n{\to}pidlink = nil;$

$*ph = n;$

7.4.2.4 Inicialização da entrada da tabela de processos

Nesse ponto, configuramos o restante da entrada da tabela de processos para um novo processo, supondo que não haja algum pai. Posteriormente, anulamos algumas dessas atribuições para herdar propriedades do processo-pai, caso haja um. Fazemos nosso novo ambiente apontar para o espaço que alocamos para ele anteriormente. Além disso, indicamos que o código para esse processo será interpretado pelo interpretador normal de máquina virtual, $xec(\ )$. Cada processo executa o código pertencente a um módulo que obtemos com o parâmetro m. Como agora temos um novo processo que utiliza esse código do módulo, incrementamos a contagem de referência para o módulo.

$n{\to}osenv = (\textbf{Osenv}*) ((\textbf{uchar}*)\ n + \textbf{sizeof}(\textbf{Prog}));$

$n{\to}xec = xec;$

$n{\to}quanta = \texttt{PQUANTA};$

$n{\to}flags = 0;$

$n{\to}exval = H;$

$h = \texttt{D2H}(m);$

$h{\to}ref ++;$

$Setmark(h);$

$n{\to}R.M = m;$

$n{\to}R.MP = m{\to}MP;$

$\textbf{if}\ (m{\to}MP \neq H)$

    $Setmark(\texttt{D2H}(m{\to}MP));$

7.4.2.5 Tornando o processo pronto

Cada novo processo inicia sua vida no estado *Pronto* e, portanto, precisa estar na lista de prontos. Essa é a finalidade de *addrun*(\ ), que examinaremos posteriormente.

$addrun(n);$

7.4.2.6 Herança das propriedades do pai

A última parte da criação de um novo processo é a herança do processo-pai. Obviamente, se não há algum pai, nada será herdado. O caso em que não há algum pai acontece somente quando criamos o primeiro processo em *disinit*(\ ), discutido na Seção 3.4.4. Nesse caso, criamos um novo grupo de processos e finalizamos. Caso contrário, precisamos herdar atributos como flags, o ambiente e o nome de usuário,

170 ■ Princípios de sistemas operacionais

e precisamos adicionar o novo processo ao grupo de processos de seu pai. Assim como para os dados do módulo, precisamos incrementar as contagens de referência para algumas das estruturas de dados compartilhadas com o pai. Também devemos ajustar a lista de processos apontada pelos membros de ambiente *waitq* e *childq*. Eles apontam para filas utilizadas para comunicar strings com outros processos. Em particular, são utilizados para enviar o *status* de saída a um processo lendo o arquivo /proc/*n*/wait, e são utilizados para se comunicar com um processo no SO hospedeiro, que é invocado com o dispositivo de comando.

```
if (p ≡ nil) {
    newgrp(n);
    return n;
}
addgrp(n, p);
n→flags = p→flags;
if (p→flags & Prestrict)
    n→flags |= Prestricted;
memmove(n→osenv, p→osenv, sizeof (Osenv));
op = p→osenv;
on = n→osenv;
on→waitq = op→childq;
on→childq = nil;
on→debug = nil;
incref (&on→pgrp→r);
incref (&on→fgrp→r);
incref (&on→egrp→r);
if (on→sigs ≠ nil)
    incref (&on→sigs→r);
on→user = nil;
kstrdup(&on→user, op→user);
on→errstr = on→errbuf0;
on→syserrstr = on→errbuf1;
return n;
}
```

Nesse ponto, finalizamos a criação de uma nova entrada da tabela de processos e a inclusão do processo à lista de prontos. Nosso último passo é retornar um ponteiro para a nova entrada da tabela de processos de volta para o chamador. No Inferno, isso é tudo que precisamos fazer para criar o processo. Antes que *newprog( )* seja chamado, o módulo contendo o código que o novo processo está para executar já foi carregado. Qualquer memória alocada para o novo processo é tratada em outro local.

7.5 Destruição de processos

Um processo pode chegar ao fim de sua vida de uma das três formas. Em princípio, se a função identificada em uma instrução **spawn** retorna, então o processo criado pela **spawn** sai. Do mesmo modo, se um processo executa a instrução **exit**, ele é encerrado. Por fim, um processo pode ser encerrado por outro processo que escreve uma mensagem `kill` ou `killgrp` em um arquivo de controle especial associado com o primeiro processo. Nos três casos, o controle acaba na função *delprog*( ), onde começamos a rastrear o código. Ele está declarado em **emu/port/dis.c** como:

> **void** *delprog*(**Prog** **p,* **char** **msg*)
> {
>   **Osenv** **o;*
>   **Prog** ***ph;*

É neste ponto que utilizamos *waitq* e *childq* para enviar nosso *status* de saída de volta para o processo que está esperando.

> *tellsomeone(p, msg);*   /* chama antes de ser removido da lista de prog */

O principal feito nesta seção é a liberação do espaço de nomes, arquivos abertos, variáveis de ambiente, e assim por diante, utilizados pelo processo que está sendo deletado. Como essas operações geralmente exigem serviços do SO hospedeiro, precisamos colocá-las entre as chamadas para *release*( ) e *acquire*( ).

> *o = p→osenv;*
> *release( );*
> *closepgrp(o→pgrp);*
> *closefgrp(o→fgrp);*
> *closeegrp(o→egrp);*
> *closesigs(o→sigs);*
> *acquire( );*

Em seguida, tiramos esse processo dos grupos de processos onde ele possa residir.

> *delgrp(p);*

Agora, removemos a entrada da tabela de processos da lista encadeada de todos os processos.

172 ■ Princípios de sistemas operacionais

if ($p{\rightarrow}prev$)

    $p{\rightarrow}prev{\rightarrow}next = p{\rightarrow}next;$

else

    $isched.head = p{\rightarrow}next;$

if ($p{\rightarrow}next$)

    $p{\rightarrow}next{\rightarrow}prev = p{\rightarrow}prev;$

else

    $isched.tail = p{\rightarrow}prev;$

De modo similar, removemos o processo da tabela hash que utilizamos para fazer consultas mais rapidamente.

$ph = pidlook(p{\rightarrow}pid);$

if ($*ph \equiv nil$)

    $panic(\text{"lost\textvisiblespace pid"});$

$*ph = p{\rightarrow}pidlink;$

Em seguida, removemos o processo da lista de prontos, caso esteja nela. Pode parecer estranho não considerarmos o caso em que o processo sendo deletado está pronto, mas não está no início da lista. Acontece que *delprog*( ) é chamada em apenas dois locais. Um é o caso em que o processo correntemente em execução está saindo, caso de que trata esse código. O outro é quando um processo está sendo morto por pedido externo. Nesse caso, os processos prontos são removidos da lista antes que *delprog*( ) seja chamada.

if ($p \equiv isched.runhd$) {

    $isched.runhd = p{\rightarrow}link;$

    if ($p{\rightarrow}link \equiv nil$)

        $isched.runtl = nil;$

}

A etapa final é marcar a entrada da tabela de processos com um valor inválido para o estado, caso alguém tente observar essa entrada da tabela de processos. (Note que utilizamos o valor hexadecimal soletrado pelas palavras "dead beef" para o valor inválido). Então, liberamos as estruturas de dados internas alocadas para esse processo.

$p{\rightarrow}state = {}^{\#}\texttt{deadbeef};$

$free(o{\rightarrow}user);$

if ($p{\rightarrow}killstr$)

    $free(p{\rightarrow}killstr);$

if ($p{\rightarrow}exstr$)

    $free(p{\rightarrow}exstr);$

free(p);

}

Um aspecto do encerramento do processo é ressaltado por sua ausência, a saber, por meio da liberação da memória utilizada pelo processo. Ele é tratado em outro local. O código que chama *delprog( )* também chama o código que percorre a memória utilizada pelo processo, eliminando a contagem de referência em cada bloco de memória. Conforme observamos no Capítulo 11, esses blocos de memória somente se tornam livres quando a contagem de referência vai para 0.

7.6 Escalonamento de processos

O escalonamento de processos no Inferno é tratado em **emu/port/dis.c**. Os dois diferentes tipos de processos são escalonados de maneira distinta. Os processos do kernel são escalonados de maneira muito diferente entre o Inferno hospedado e o nativo. No caso nativo, esses processos são tratados de forma bastante parecida com qualquer outro sistema operacional. Entretanto, como há somente um *kproc* de interpretador executando por vez, o escalonamento equivale a simplesmente selecionar um dos *kprocs* ociosos e deixar que ele execute até bloquear ou entregar a CPU para outro *kproc*. Em um ambiente hospedado, os processos do kernel são threads no SO hospedeiro. Como tal, são escalonados pelo sistema operacional hospedeiro. O segundo tipo de processo é o processo do usuário que está executando o código Dis. Esses processos são escalonados pelo interpretador Dis. Ele interpreta cada instrução uma após a outra. Embora na maioria dos sistemas operacionais o quantum seja uma medida de tempo, para esses processos, é uma quantidade de instruções. Quando o interpretador executou o número apropriado de instruções, realizamos a preempção do processo, escalonamos o próximo e trocamos para o novo a ser interpretado.

7.6.1 Inclusão na lista de prontos

Antes de verificar o escalonador, observamos as funções para manipulação da lista de prontos. Vimos alguns casos de inclusão de um processo na lista de prontos. Conforme discutido anteriormente, esta ação é tratada pela função *addrun( )*. A primeira coisa que ela faz é chamar uma versão especial de *addrun( )*, caso haja uma definida.

```
void addrun(Prog *p)
{
    if (p→addrun ≠ 0) {
        p→addrun(p);
        return;
    }
```

174 ■ Princípios de sistemas operacionais

Para o caso usual, não fomos bem-sucedidos até esse ponto. Agora, definimos o estado do processo para *Pronto*.

p→state = Pready;

Por fim, o inserimos na lista encadeada de processos prontos. Sempre incluímos processos recentemente prontos para o final da lista.

> *p→link = nil;*
> **if** (*isched.runhd ≡ nil*)
>   *isched.runhd = p;*
> **else**
>   *isched.runtl→link = p;*
> *isched.runtl = p;*

7.6.2 Remoção da lista de prontos

Naturalmente, também temos que remover processos do estado de Pronto. Obviamente, temos que especificar o estado para o qual estamos transitando.

> **Prog** *delrun(**int** *state*)
> {
>   **Prog** *p;

Referindo-se, novamente, à máquina de estados na Figura 7-2, observamos que a única transição do estado de Pronto é para o estado Em Execução. Isso significa que o processo corrente é o único que removemos da fila de prontos.

> *p = isched.runhd;*
> *p→state = state;*

Como nunca removemos qualquer item da lista, com exceção do primeiro, esse código de manipulação da lista é significativamente mais simples do que seria para o caso mais geral.

> *isched.runhd = p→link;*
> **if** (*p→link ≡ nil*)
>   *isched.runtl = nil;*
> **return** *p*;
> }

7.6.3 Compartilhamento de tempo

Agora daremos atenção para os detalhes do escalonador, observando a função *vmachine*( ), que vimos ser chamada como o último passo de inicialização de *disinit*( ). Ela também é a função pela qual os novos processos de interpretador do kernel são criados para executar. É definida em **emu/port/dis.c**.

```
void vmachine(void *a)
{

    Prog *r;
    Osenv *o;
    int cycles;
    static int gccounter;
    USED(a);
```

A função *startup*( ) é chamada apenas neste ponto. Ela garante que o processo corrente é identificado enquanto tratado por este *kproc* de interpretador de máquina virtual e limpa o flag *idle*.

```
    startup( );
```

A próxima seção é um tratador de erros. Conforme discutido anteriormente, a chamada *waserror*( ) utiliza o mecanismo *setjmp*( ) em C. Ela marca um ponto onde o controle pode ser transferido de qualquer lugar no código, no caso de um erro. A transferência de controle é acionada por uma chamada para *longjmp*( ). Nunca retornamos a esse ponto em uma operação normal.

```
    while(waserror( )) {
        if (up→iprog ≠ nil)
            acquire( );
        if (handler (up→env→errstr) ≡ 0) {
            propex(currun( ), up→env→errstr);
            progexit( );
        }
        up→env = &up→defenv;
    }
```

Agora, nos deparamos com o loop infinito, onde o sistema operacional permanecerá enquanto realiza o compartilhamento de tempo. Escalonamos e fornecemos um quantum para um processo de cada vez por meio desse loop.

```
    cycles = 0;
    for ( ; ; ) {
```

Para cada iteração, nosso primeiro teste é verificar se há algum processo pronto. Se não, podemos então iniciar nossas tarefas ociosas. A função *execatidle*( ) executa o coletor de lixo, que tenta reivindicar o espaço inutilizado.

```
if (tready(nil) ≡ 0) {
    execatidle( );
    strcpy (up→text, "idle");
    Sleep(&isched.irend, tready, 0);
    strcpy(up→text, "dis");
}
```

Se há processos na lista *vmq*, então queremos dar a eles uma chance para executar periodicamente. Conforme descrito anteriormente, esses processos são outras instâncias de interpretador que foram bloqueadas, mas agora estão novamente prontas. A função *iyield*( ) entrega o controle para outro processo do kernel.

```
if (isched.vmq ≠ nil ∧ (isched.runhd ≡ nil ∨ ++cycles > 2)) {
    iyield( );
    cycles = 0;
}
```

Por fim, chegamos ao verdadeiro escalonamento de processos interpretados. Pegamos o primeiro processo na lista e chamamos sua função de execução. Normalmente, esta é a função *xec*( ) em **libinterp/xec.c**, discutida na Seção 7.6.4. Embora *xec*( ) trate de salvar e restaurar os registradores Dis da máquina virtual, tomamos cuidado com os registradores de ponto-flutuante nesse momento. Consequentemente, o mecanismo de troca de contexto é dividido entre *vmachine*( ) e *xec*( ). Embora seja um pouco incomum para a troca de contexto ser dividida dessa maneira, o tratamento de ponto-flutuante e de outros registradores não é diferente. Para muitas máquinas, o salvamento e a restauração de registradores de ponto-flutuante são realizados com instruções diferentes das utilizadas por outros registradores.

```
r = isched.runhd;
if (r ≠ nil) {
    o = r→osenv;
    up→env = o;
    FPrestore(&o→fpu);
    r→xec(r);
    FPsave(&o→fpu);
```

Agora, é hora de rotacionar a lista para que o próximo processo da lista seja aquele que será o próximo a ser executado por meio do loop. As primeiras três linhas nesse ponto são guardiãs que asseguram que a lista não mudou enquanto demos ao processo corrente um quantum, no sentido de que não está mais no início da lista. Elas também garantem que não haja mais do que um processo na lista. (Reordenar a lista não significa algo se a lista estiver vazia e é insignificante se houver somente um processo nela.) Após passarmos por esses testes, o resto é fácil. Apenas tiramos o primeiro elemento da lista e o inserimos no final. Em resumo, esse é um escalonador circular simples. Não há qualquer noção de prioridade e todos os processos são tratados igualmente, em todos os momentos.

> **if** (*isched.runhd* ≠ *nil*)
> **if** (*r* ≡ *isched.runhd*)
> **if** (*isched.runhd* ≠ *isched.runtl*) {
>   *isched.runhd* = *r→link*;
>   *r→link* = *nil*;
>   *isched.runtl→link* = *r*;
>   *isched.runtl* = *r*;
> }
> *up→env* = &*up→defenv*;
> }

Mesmo quando não estamos ociosos, ainda precisamos executar o coletor de lixo periodicamente. É isso que a última seção desta função faz.

> **if** (*isched.runhd* ≠ *nil*)
> **if** ((++*gccounter* & #FF) ≡ 0 ∨ *memlow*( )) {
>   *gcbusy* ++;
>   *up→type* = *BusyGC*;
>   *pushrun*(*up→prog*);
>   *rungc*(*isched.head*);
>   *up→type* = *Interp*;
>   *delrunq*(*up→prog*);
>   }
>   }
> }

7.6.4 Execução de uma fatia de tempo

A última das funções do gerenciamento de processos no Inferno que discutimos é *xec*( ) em **libinterp/xec.c**. Essa função realmente faz parte do interpretador de máquina virtual, mas discutiremos sobre ela nesse momento porque essa função ilustra como a troca de contexto funciona para processos de usuário no Inferno. A todo

178 ■ Princípios de sistemas operacionais

momento, precisamos acessar a entrada da tabela de processos do processo corrente. Um ponteiro para ela é passado para a função no parâmetro p.

```
void xec(Prog *p)
{
    int op;
```

O primeiro passo é copiar os registradores salvos da entrada da tabela de processos do processo corrente para um conjunto global de registradores utilizado pelo interpretador de máquina virtual. Conforme discutido na Seção 7.3.4, o membro R da entrada da tabela de processos é onde salvamos os registradores da máquina virtual quando um processo é bloqueado ou sofre preempção. A variável global R é uma cópia dos registradores do processo corrente e contém aqueles em que todas as instruções funcionam. Esse passo corresponde a restaurar um contexto do processo como o último passo de uma troca de contexto. Ao mesmo tempo, também configuramos o ponteiro para os dados do módulo. O conjunto de registradores salvo inclui o ponteiro M, que aponta para uma estrutura, descrevendo o módulo de código Dis que o processo está executando correntemente. Essa estrutura, por sua vez, contém o ponteiro MP, que aponta para os dados pertencentes a essa instância deste módulo. Copiamos esse ponteiro diretamente para o registrador corrente configurado para acelerar o acesso.

$R = p{\rightarrow}R;$

$R.MP = R.M{\rightarrow}MP;$

Em seguida, configuramos um contador de instruções para *quanta*, o qual é de 2048 quando o processo é criado. Esse membro IC do conjunto de registradores corrente é decrementado para cada instrução que interpretamos. Quando chega a 0, sabemos que a fatia de tempo finalizou.

$R.IC = p{\rightarrow}quanta;$

Se um evento ocorreu para matar o processo desde a última vez em que foi executado, então tratamos desse caso agora.

```
if (p→kill ≠ nil) {
    char *m;
    m = p→kill;
    p→kill = nil;
    error (m);
}
```

O código compilado em tempo de execução é tratado de forma diferente do código puramente interpretado.

if (*R.M→compiled*)

    comvec( );

Esse loop é o núcleo de execução de programas para processos de usuário interpretados. Assim como uma CPU real, buscamos repetidamente uma instrução e a executamos. Para cada instrução, incrementamos o contador de programa de modo que ele aponte para a próxima instrução a cada vez.

else

    do {

As próximas duas linhas obtêm o código de operação e os operados antes de avançarmos o contador do programa. Como há uma série de diferentes formatos de instruções, a decodificação para uma instrução específica é tratada por um vetor de funções denominado *dec*.

    dec[*R.PC→add*]( );

    op = R.PC→op;

Agora, podemos incrementar o contador do programa. Qualquer referência após isso será para a próxima instrução em vez da corrente.

    R.PC ++;

O vetor *optab* é um vetor de ponteiros de função, um para cada instrução Dis. Nesse ponto, chamamos o que corresponde à instrução corrente. O valor *op* que salvamos antes de incrementar o contador do programa é o código de operação da instrução corrente.

    optab[*op*]( );

O último passo de cada interpretação de instrução é decrementar a contagem de instruções e perguntar se a fatia de tempo finalizou. O membro *IC* do conjunto de registradores corrente foi inicializado antes do loop para o valor de *quanta*. Quando atinge 0, essa quantidade de instruções foi executada e, então, realizamos a preempção do processo, pois sua fatia de tempo acabou.

    } **while** (--*R.IC* ≠ 0);

Antes de retornar, copiamos os registradores do conjunto interno da máquina virtual, *R*, de volta para a estrutura *R* de entrada da tabela de processos corrente.

    p→R = R;

    }

Quando retornamos de *xec*( ), voltamos para *vmachine*( ), onde escalonamos o próximo processo a ser executado.

180 ▪ Princípios de sistemas operacionais

7.7 Resumo

A máquina virtual Dis, no coração do Inferno, leva a uma série de facilidades incomuns de gerenciamento de processos. Temos duas classes de processos no Inferno: processos de usuário e processos do kernel. As duas requerem mecanismos para a criação e o escalonamento. Entretanto, como os tipos de processos são fundamentalmente diferentes, os mecanismos são diferentes. Neste capítulo, apresentamos uma visão geral de assuntos que dizem respeito aos processos do kernel, bem como sua representação. Também observamos com certo detalhe a criação, a destruição e o escalonamento de processos de usuário.

7.8 Exercícios

1. Por que o código compilado com JIT não pode ser tratado da mesma maneira que o código interpretado em termos do quantum?

2. No loop por instrução de $xec( )$, por que não podemos chamar a função de execução de instruções com a seguinte linha?

    $optab[R.PC{\to}op]( );$

3. Se $xec( )$ trata tanto de códigos compilados com JIT como de códigos interpretados, então que valor haveria em fazer o membro xec da estrutura **Prog** apontar para uma função diferente?

4. No loop de escalonamento infinito de $vmachine( )$, verificamos somente a lista vmq para constatar se há algum processo nela. Por que também não verificamos a lista $idlevmq$?

5. Por que você acredita que a estrutura $isched$ tem um ponteiro apontado para o final da lista vmq e não para o final da lista $idlevmq$?

6. Modifique o Inferno de modo que os números de ID de processo sejam reutilizados quando o contador estourar. Você deve se certificar de que não haja dois processos simultaneamente com o mesmo PID. Ao mesmo tempo, garanta que um ID de processo não seja reutilizado até que todos os outros tenham sido utilizados.

7. Estenda a estrutura $isched$ para incluir algumas estatísticas considerando a operação do subsistema de gerenciamento de processos do Inferno. Particularmente, você deve acompanhar quantos processos estão correntemente na fila de prontos e quantos estão correntemente na fila de processos especificada pelos ponteiros $head$ e $tail$. Imprima os dois valores a cada vez que um deles for alterado. Além disso, sempre que o escalonador se tornar ocioso (a fila de execução se torna vazia), verifique os tamanhos das listas a fim de checar a exatidão de seus contadores. Se as contagens não forem equivalentes, crie, então, um relatório para esse efeito e tome qualquer outra medida que seja apropriada.

8. Mude o Inferno para utilizar um escalonador de prioridades. Implemente a estratégia discutida no Capítulo 5, na qual processos interativos ganham prioridade sobre processos focados em CPU.

9. Modifique o Inferno a fim de permitir um número limitado de processos do kernel de interpretador para executar de uma vez. Isso permitiria que o Inferno hospedado tirasse vantagem de diversas CPUs.

10. Modifique o escalonador do Inferno para implementar a fila de retorno multinível do CTSS.

Capítulo 8

Gerenciamento de processos no Linux

Neste capítulo, examinamos como os princípios de gerenciamento de processos abordados no Capítulo 5 são aplicados no kernel do Linux. Nosso foco está na representação, criação e escalonamento de processos. Apresentamos essas técnicas por meio de trechos selecionados de código-fonte do Linux.

Durante toda a história do Linux, houve uma série de alterações nos detalhes de seu gerenciamento de processos. Mais recentemente, uma importante revisão geral do escalonador surgiu no kernel de desenvolvimento das séries da versão 2.5 e, subsequentemente, nos kernel de produção da versão 2.6.

Considerando a aplicação dos princípios de gerenciamento de processos para o Linux, começamos olhando algumas das chamadas ao sistema do gerenciamento de processos do Linux. O próximo tópico que estudaremos é a representação de processos por meio da tabela de processos e o estado do processo lá armazenado. No restante deste capítulo, apresentamos um exame detalhado de partes do código--fonte da versão 2.6 do Linux, que implementam criação de processos e o escalonador do Linux.

8.1 Processos e threads

O Linux não distingue entre processos e threads. Em vez disso, adota uma abordagem unificada, como a discutida na Seção 5.3. A chamada ao sistema *clone*( ) permite-nos criar processos com componentes selecionados do pai sendo compartilhados com o filho. Independente de quais recursos sejam compartilhados, o Linux trata de todos os processos da mesma maneira e utiliza a mesma representação e escalonamento para eles. Internamente, o código-fonte do Linux refere-se a esses processos e threads como **tarefas**. No entanto, o Linux fornece um meio de especificar que alguns processos (threads) fazem parte de um grupo. Ele também oferece suporte a diversas chamadas ao sistema que trabalham sobre todo um grupo de threads.

8.1.1 Threads do kernel no Linux

No Capítulo 5, utilizamos o termo **thread do kernel** para descrever threads de processos do usuário gerenciadas pelo kernel para distingui-las das threads fornecidas por bibliotecas em nível de aplicação. No entanto, no Linux, o termo thread do kernel é utilizado de outra maneira. Aqui, é utilizado para descrever threads de execução que trabalham inteiramente no espaço de memória do kernel em vez de no espaço de memória do usuário. Efetivamente, essa versão de thread do kernel permite-nos escrever o próprio kernel como um programa multithread.

8.1.2 Relacionamentos de processos

Na Seção 4.3.3, discutimos como o processo init no Linux é criado e iniciado. Para fazer isso, criamos uma thread do kernel, ligada ao console para entrada e saída, e executamos o programa init nela. Esse é o ancestral original de todos os processos e threads no sistema. Cada processo é criado por outro. O processo que inicia a criação de um novo processo é denominado **processo-pai**, e o processo recentemente criado é denominado **processo-filho**. Como resultado, cada processo, exceto init, tem um único pai e poderia ter zero ou mais filhos, resultando em uma árvore de processos.

8.2 Chamadas ao sistema

Entre as quase 300 chamadas ao sistema na versão Intel i386 do Linux, um número substancial de chamadas é relacionado ao gerenciamento de processos. Destacamos várias dessas chamadas que são algumas das mais comumente utilizadas e algumas relevantes para uma discussão posterior neste capítulo. Essas chamadas relevantes ao sistema incluem o seguinte:

- *fork* ( ): É a chamada ao sistema para a criação de processos do UNIX original. O processo-filho recentemente criado é uma cópia do processo-pai que emitiu a chamada *fork* ( ). Os dois reiniciam a execução com o retorno de *fork* ( ), com a única diferença sendo o valor de retorno da chamada. O processo-pai recebe a ID de processo do filho como um valor de retorno, ao passo que o filho recebe 0 como o valor de retorno.

- *vfork* ( ): Essa variação do *fork* ( ) foi introduzida na série 4BSD de implementações do UNIX. Sua razão de existir é eliminar a cópia do espaço de memória do pai no caso comum em que *fork* ( ) é rapidamente seguido por uma chamada da família de chamadas *exec*( ). O filho utiliza o espaço de memória do pai até emitir uma das chamadas *exec*( ) ou uma chamada *exit* ( ). Enquanto isso, o pai é suspenso até que o filho não esteja mais utilizando seu espaço de memória. No

Linux, a necessidade para essa chamada foi amplamente eliminada por meio do uso da técnica **cópia-na-escrita** (do inglês, copy on write), discutida em detalhes na Seção 9.6.6. Utilizando essa técnica, copiamos somente as partes do espaço de memória do pai que o filho modifica. Eles compartilham o restante do espaço de memória.

- *clone* ( ): Mencionamos essa chamada na seção anterior. Ela fornece um meio geral de implementar a criação de processos. Permite-nos especificar quais dos recursos do pai serão compartilhados com o filho e quais serão copiados. Desse modo, a função de base para *clone*( ) também é utilizada para implementar as chamadas *fork*( ) e *vfork*( ), assim como a criação de threads pelas chamadas de biblioteca, tal como a chamada *pthread_create*( ) do POSIX.

- *_exit*( ): Ao passo que *clone*( ) é a interface principal para a criação de processos no Linux, *_exit*( ) é o meio principal para o encerramento de processos. As aplicações que estão prontas para terminar geralmente retornam da função *main*( ) ou chamam *exit*( ). O código default linkado às aplicações chama *exit*( ) durante o retorno de *main*( ). A implementação de *exit*( ) desempenha uma limpeza em nível de aplicação dos arquivos abertos e, em seguida, emite a chamada ao sistema *_exit* ( ). O kernel, então, libera os recursos do processo e deixa o *status* de saída disponível para o encerramento do pai do processo.

- *kill* ( ): Há momentos em que não podemos depender de um processo para encerrar voluntáriamente e apropriadamente. No entanto, o Linux, assim como o UNIX antes dele, não permite que um processo encerre diretamente outro. Em vez disso, fornece um mecanismo mais geral chamado **sinais**, que permite a um processo enviar a outro o equivalente a uma interrupção, em nível de aplicação. A chamada ao sistema *kill* ( ) é o meio pelo qual um processo envia um sinal. Para alguns sinais, o comportamento default é terminar o processo. Para a maioria dos sinais, o processo pode configurar um tratador de sinais que é acionado quando o sinal é recebido.

- *wait4* ( ) e *waitpid* ( ): Essas chamadas permitem que um processo-pai investigue sobre o estado de um filho. A finalidade principal dessas chamadas é notificar o pai de que o filho saiu e fornecer o *status* de saída do filho ao pai. Essas chamadas também são bastante flexíveis para permitir que o pai investigue sobre um filho específico ou quaisquer filhos, permitindo ao pai investigar sem causar bloqueio, caso desejado.

- *execve* ( ): Como toda criação de processos, acontece (direta ou indiretamente) através da chamada ao sistema *clone* ( ), que copia o processo-pai, devemos ter algum mecanismo para fazer um processo executar um programa diferente do que com o qual foi iniciado. Essa é a finalidade da chamada ao sistema *execve* ( ). Ela permite que um processo especifique um programa para começar sua execução no lugar do corrente. O processo chamador também especifica uma lista de strings, cada uma das quais representa um parâmetro para o novo programa. Essa lista é utilizada pela interface do usuário a fim de implementar parâmetros de linha de comando. A chamada *execve* ( ) também fornece a interface para o processo chamador para passar uma lista de strings, cada uma definindo uma variável de ambiente para o novo programa. A biblioteca C padrão também fornece uma série de variações na chamada *execve* ( ). Todas elas são implementadas utilizando *execve* ( ).

- *nice* ( ): A chamada ao sistema *nice* ( ) fornece ao processor chamador a capacidade de ajustar seu nível de prioridade. Conforme discutimos na Seção 8.6, esse valor influencia a prioridade de escalonamento dinâmico de um processo. Valores mais altos de **nice** representam prioridades mais baixas. Somente o super-usuário pode chamar *nice* ( ) para diminuir seu valor (aumentar a prioridade).

- *sched_setscheduler* ( ): O Linux fornece três diferentes políticas de escalonamento, duas para processos de tempo real e uma para compartilhamento de tempo normal. Essa chamada permite a um processo com privilégios suficientes alterar a política e o nível de prioridade que o escalonador utiliza para o processo especificado.

- *sched_getscheduler* ( ): Essa chamada permite que um processo consulte qual política de escalonamento está correntemente em vigor para o processo especificado.

- *sched_yield* ( ): Particularmente no caso de escalonamento de tempo real, um processo pode desejar abrir mão do restante de sua fatia de tempo corrente, mas não pode entrar em estado Bloqueado. A chamada ao sistema *sched_yield* ( ) permite a um processo fazer apenas isso.

8.3 Estado do processo

O conjunto de estados de processo no Linux é muito parecido com o que existe em nossa máquina de estados genérica, ilustrada na Figura 5-1. Especificamente, os estados de processo do Linux podem ser descritos da seguinte forma:

- Em Execução (`TASK_RUNNING`): Esse estado engloba o estado em Execução e de Pronto em nossa máquina de estados genérica. Assim como em muitos outros SOs, a distinção entre um processo no estado de Pronto e um no estado Em Execução é feita separadamente das informações sobre o estado mantidas na tabela de processos. Em particular, uma macro chamada *current* avalia esta condição quanto a um ponteiro para a entrada da tabela de processos do processo correntemente em execução.

- Interrupto (`TASK_INTERRUPTIBLE`): Esse estado está entre os três estados no Linux que representam um processo bloqueado. O "Interrupto" no nome do estado indica que um processo nesse estado pode ser despertado por sinais enviados por outros processos emitindo a chamada ao sistema *kill* ( ).

- Ininterrupto (`TASK_UNINTERRUPTIBLE`): Esse estado Bloqueado difere do Interrupto pelo fato de que processos nesse estado não saem de um estado Bloqueado em resposta a sinais.

- Parado (`TASK_STOPPED`): Um processo é posicionado no estado Parado em resposta a um sinal chamado `SIGSTOP`. O processo permanece nesse estado até que receba um sinal `SIGCONT`. Efetivamente, processos no estado Parado são suspensos até serem reiniciados por outro processo. Esses sinais são utilizados para implementar o **controle de jobs** em várias interfaces *shell* do usuário. Embora haja outros sinais que podem resultar em um estado Parado, esses sinais de controle de jobs são o uso mais comum do estado Parado.

- Rastreado (TASK_TRACED): Esse estado é utilizado como parte da implementação de uma facilidade de rastreamento, em que um processo pode controlar a execução de outro processo. É utilizado, principalmente, na implementação de depuradores. Ignoramos imensamente este estado nesta apresentação.
- Zumbi (EXIT_ZOMBIE): Um processo é um zumbi se tiver saído, mas se seu pai ainda não tiver emitido uma das chamadas *wait* ( ) para obter seu *status* de saída.
- Inativo (EXIT_DEAD): Esse estado é utilizado muito rapidamente no caso incomum em que um processo é encerrado e não precisamos notificar seu pai. Um processo assim pode ser removido por completo do sistema imediatamente.

Os relacionamentos entre esses estados são resumidos na máquina de estados apresentada na Figura 8-1. Para facilitar e manter o foco no ciclo de vida de um processo típico, omitimos as elipses que correspondem aos estados Rastreado e Inativo.

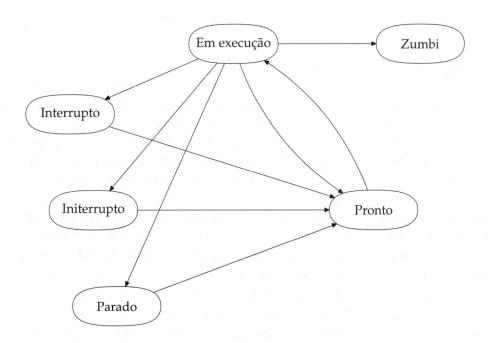

Figura 8-1: Máquina de estados de processo do Linux

O arquivo include/linux/sched.h fornece uma série de definições de constantes, estruturas e protótipos de funções utilizada no gerenciamento de processos. Aquelas que se encontram nesse arquivo são independentes de arquitetura de máquina. As definições específicas de arquitetura são fornecidas em outros arquivos de cabeçalho. Nesse arquivo, encontramos os estados de processo do Linux definidos como:

```
#define TASK_RUNNING   0
#define TASK_INTERRUPTIBLE   1
#define TASK_UNINTERRUPTIBLE   2
#define TASK_STOPPED   4
#define TASK_TRACED   8
#define EXIT_ZOMBIE   16
#define EXIT_DEAD   32
```

(Na realidade, há mais um estado definido, TASK_NONINTERACTIVE, mas este estado é utilizado apenas em casos muito raros.) A primeira coisa que observamos sobre esses valores é que todos são potências de 2. Em outras palavras, a representação binária de todos esses estados são números inteiros, cada um com um conjunto único de bits. A partir daí, poderíamos supor que um processo poderia se encontrar em alguma combinação desses estados, em algum momento. No entanto, esses valores não são utilizados dessa maneira. Criamos, às vezes, valores com mais de um conjunto de bits, porém esses valores são utilizados para testar rapidamente se um processo está em um de um conjunto de estados. Nunca configuramos o estado de um processo para mais que um desses por vez.

8.4 Tabela de processos

Para se obter um quadro geral sobre a estrutura da tabela de processos no Linux, precisamos entender um aspecto do layout de memória do processo. Quando o kernel é executado durante a fatia de tempo de um processo, seja como resultado de uma chamada ao sistema ou de alguma outra interrupção, o kernel deve ter uma pilha sobre a qual atuará. Normalmente, fornecemos ao kernel algum espaço de pilha separado da pilha utilizada pelo processo. Muitas arquiteturas, incluindo o Intel x86, oferecem suporte de hardware para alternar a pilha em uma interrupção. No Linux, reservamos uma pequena parcela do espaço de memória de cada processo para uma pilha que o kernel utiliza quando está executando durante essa fatia de tempo do processo. O tamanho default dessa pilha do kernel é de 8 KB.

Apesar de a conexão entre a pilha do kernel e a tabela de processos poder ser não muito clara, acaba sendo central para a implementação da macro *current* mencionada anteriormente. Quando o código de kernel está executando, o ponteiro da pilha corrente aponta para a pilha do kernel do processo corrente. Como essa pilha está alinhada em um endereço que representa um múltiplo de seu tamanho, podemos encontrar o endereço inferior da pilha do kernel mascarando os bits de ordem inferior do ponteiro da pilha. Essa operação resulta em um ponteiro para a primeira parte da entrada da tabela de processos. Na parte inferior do espaço de memória da pilha do kernel, temos uma estrutura do tipo **struct thread_info**. Os detalhes da estrutura são definidos em include/asm-i386/thread_info.h. A maior parte dessa estrutura não diz respeito à nossa discussão aqui. No entanto, o primeiro membro da estrutura é declarado da seguinte forma:

struct task_struct **task;*

Esse membro da estrutura aponta para a parte principal da entrada da tabela de processos para esse processo. Agora, temos o último componente de que precisamos para a macro *current*. Pegamos o ponteiro da pilha corrente ao executar o código de kernel, mascaramos os bits de mais baixa ordem para obter um ponteiro para um **struct thread_info** e, então, desreferenciamos o membro *task* da estrutura para obter um ponteiro para a estrutura da entrada da tabela de processos principal para o processo corrente. Essa disposição é ilustrada na Figura 8-2. Conforme mencionado anteriormente, a pilha do kernel à esquerda na figura é armazenada no espaço de memória do processo. A estrutura de tarefa à direita é mantida no espaço de memória do kernel. Devemos observar que esse mecanismo depende da arquitetura. Os desenvolvedores para cada arquitetura têm liberdade para implementar *current* conforme considerem adequado. Nossa descrição, aqui, se aplica à implementação para a arquitetura Intel x86.

O ponteiro *task*, que acabamos de descrever, aponta para uma estrutura definida no arquivo include/linux/sched.h. Essa estrutura contém um número substancial de membros que descrevem todos os aspectos de um processo que precisamos gerenciar. Para sermos breves, focamos aqui somente os membros que fazem parte das funções de gerenciamento de processos que examinamos. Os que discutimos aqui representam um conjunto diverso de características de processos principalmente relacionadas ao estado, criação, término e escalonamento de processos.

- **volatile long** *state;* Esse membro mantém o estado do processo discutido na seção anterior. No entanto, mantém somente os que começam com TASK_ e não os que começam com EXIT_. É chamado **volatile** porque pode ser alterado em várias threads de execução diferentes. Essa declaração diz ao compilador que ele não pode fazer otimizações que consideram que o estado não irá se alterar entre as referências.

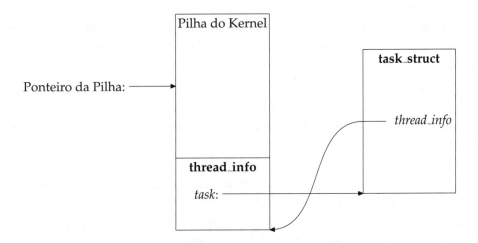

Figura 8-2: Estruturas da tabela de processos do Linux

- **struct thread_info** **thread_info*; Aponta de volta para a estrutura **thread_info** na parte inferior do espaço de pilha do kernel desse processo.

- **int** *prio, static_prio*; Esses dois membros mantêm as prioridades utilizadas no *escalonador*. O chamado *static_prio* mantém o valor do parâmetro nice do processo, e *prio* mantém a prioridade dinâmica corrente do processo. Na realidade, a situação é um pouco mais complicada. O valor armazenado em *static_prio* é, na verdade, $n + 120$, onde n é o valor nice. A razão para isso é ter um conjunto de 100 valores de prioridades designados como prioridades de tempo real, sendo todas maiores do que as prioridades de compartilhamento de tempo normal. Como $-20 \leq n \leq 19$, isso torna todos os valores normais de nice maiores (prioridade inferior) do que todas as prioridades de tempo real.

- **struct list_head** *run_list*; Essa estrutura contém os ponteiros (*next* e *prev*) que compõem a lista duplamente encadeada de processos prontos em uma prioridade particular. A forma como esses ponteiros são utilizados é um pouco incomum e merece explicação. Poder-se-ia esperar que o ponteiro *next* na estrutura apontasse para a estrutura **task_struct** para o próximo processo na lista. No entanto, aponta para a estrutura *run_list* dentro dessa estrutura **task_struct**. Macros disponíveis nos permitem acessar a estrutura que contém a estrutura **list_head** para a qual temos um ponteiro.

- **struct prio_array** **array*; Conforme discutiremos com mais detalhes posteriormente neste capítulo, os processos se movem para trás e para a frente entre duas diferentes filas de retorno multinível, uma para processos prontos, que ainda têm algum tempo disponível para executar, e a outra para aqueles que utilizaram toda a sua fatia de tempo. Esse *vetor* aponta para a estrutura que descreve a fila em que esse processo reside correntemente.

- **unsigned long** *sleep_avg*; O *escalonador* do Linux fornece um aumento na prioridade de processos que passam a maior parte de seu tempo bloqueados. Esse valor registra uma medida de quanto tempo recente foi gasto no estado Bloqueado.

- **unsigned long long** *timestamp*; Utilizamos *timestamp* para registrar os tempos de certos eventos para os quais queremos saber, posteriormente, quanto tempo se passou.

- **unsigned long** *policy*; Esse membro assume um dos três valores SCHED_FIFO, SCHED_RR e SCHED_NORMAL configurado pela chamada ao sistema *sched_setscheduler* ( ). Discutiremos essas três políticas de escalonamento em detalhes posteriormente neste capítulo.

- **unsigned int** *time_slice, first_time_slice*; Quando um processo é posicionado em uma fila de prontos, seu quantum (o tamanho de sua fatia de tempo) é determinado e armazenado em *time_slice*. O flag *first_time_slice* é definido antes que um processo receba sua primeira fatia de tempo e, em seguida, é apagada uma vez que tenha utilizado essa primeira fatia de tempo.

- **struct list_head** *tasks*; Essa estrutura contém os ponteiros que compõem uma lista duplamente encadeada de todos os processos no sistema. É utilizada assim como a estrutura de mesmo tipo usada nas filas de prontos, descrita anteriormente nesta seção.

- **long** *exit_state*; Quando um processo está saindo, é nesse local em que seu estado (Zumbi ou Inativo) é armazenado.

- **int** *exit_code, exit_signal*; Fazemos diversas referências neste capítulo a um estado de saída do processo, recuperado pelo processo-pai quando emite uma chamada ao sistema *wait4* ( ) ou *waitpid* ( ). Esse valor é armazenado em *exit_code*, e o sinal que fez o processo terminar, caso exista, é armazenado em *exit_signal*.

- **pid_t** *pid*; Esse é o número do ID de processo (PID). Em qualquer momento, esse ID é único entre todos os processos apresentados no sistema. No entanto, os números de ID são reutilizados, portanto, um PID não é exclusivo ao longo da vida do sistema.

- **struct task_struct** **parent*; Esse membro aponta para a entrada da tabela de processos do pai desse processo.

- **struct list_head** *children*; A próxima parte da estrutura *children* serve como ponteiro inicial para uma lista dos processos-filhos.

- **struct list_head** *sibling*; Os ponteiros nessa estrutura definem uma lista duplamente encadeada de todos os filhos do pai desse processo.

- **unsigned long** *rt_priority*; Para processos escalonados de acordo com as políticas SCHED_FIFO ou SCHED_RR, a prioridade é armazenada em *rt_priority*.

- **struct thread_struct** *thread*; Essa estrutura mantém os registradores do processo que são salvos e restaurados como parte de uma troca de contexto. Nem todos os registradores são armazenados nessa estrutura, pois alguns são salvos na pilha, como parte do processamento normal de interrupções.

8.5 Criação de processos

Os processos no Linux podem ser criados por qualquer uma das três chamadas ao sistema *fork* ( ), *vfork* ( ) ou *clone* ( ). Para a versão Intel x86 do Linux, as funções que tratam essas três chamadas ao sistema são definidas em arch/i386/kernel/process.c, e as três chamam a função *do_fork* ( ) definida em kernel/fork.c. Essa função possui três responsabilidades principais, discutidas aqui. Em princípio, *do_fork* ( ) chama *copy_process* ( ) para realizar o trabalho de realmente criar o processo-filho. Apesar de seu nome conter a palavra *copy*, ela utiliza o parâmetro *clone_flags* para determinar quais dos recursos do pai são copiados e quais são compartilhados. A segunda responsabilidade de *do_fork* ( ) é configurar a suspensão do pai, se chegarmos até esse ponto por meio da chamada ao sistema *vfork* ( ). Finalmente, *do_fork* ( ) também é responsável por definir o estado inicial do filho. Filhos podem ser criados em um estado de Pronto ou em um estado Parado.

192 ■ Princípios de sistemas operacionais

8.5.1 Tratamento da chamada ao sistema

Na declaração a seguir para *do_fork*( ), o parâmetro que nos interessa mais é *clone_flags*. Esse número inteiro longo é tratado como um conjunto de flags de um bit que controla o comportamento de *do_fork*( ) da cópia *versus* o do compartilhamento. Não tentamos descrever totalmente cada flag. Em vez disso, discutimos alguns deles à medida que os encontramos. Na maioria dos casos, *stack_start* é o ponteiro da pilha corrente do processor chamador. O parâmetro *regs* aponta para uma estrutura que contém os registradores da máquina salvos na entrada da chamada ao sistema. O parâmetro *stack_size* acaba não sendo utilizado, e os dois parâmetros finais são utilizados somente em casos especiais, que não examinaremos aqui.

> **long** *do_fork* (**unsigned long** *clone_flags*, **unsigned long** *stack_start*,
>   **struct pt_regs** **regs*, **unsigned long** *stack_size*,
>   **int __user** **parent_tidptr*, **int __user** **child_tidptr*)
> {
>   **struct task_struct** **p*;
>   **int** *trace* = 0;

8.5.1.1 Atribuição do ID de processo

Nessa declaração de inicialização, atribuímos o PID do novo processo. Em vez de apresentar o código para a implementação de *alloc_pid* ( ), descrevemos o que ele faz basicamente. Mantém uma variável global chamada *last_pid*, que é o PID que ele atribuiu mais recentemente. Quando é chamado, começa configurando uma tentativa para o PID de *last_pid* + 1. Como os PIDs podem ser reutilizados, devemos perguntar se esse PID de tentativa está sendo correntemente utilizado. Grande parte da complexidade de *alloc_pid* ( ) surge da necessidade de fazer essa determinação rapidamente. Ele mantém um bitmap de todos os PIDs possíveis, alocando-os conforme necessário. Se o PID de tentativa estiver sendo utilizado, começamos a busca nesse ponto pelo próximo não utilizado. Se buscarmos até o fim, até chegarmos ao PID mais alto permitido (normalmente 32767), então reiniciamos a contagem e começamos a buscar a partir de PID 301 até *last_pid*. Se falharmos em alocar um PID, retornamos −EAGAIN, o qual indica que a chamada ao sistema falhou, mas que o processo pode tentar novamente mais tarde, porque outro término do processo tornará um PID disponível. Supondo que encontremos um não utilizado nessa busca, o retornamos e atribuímos para *pid*.

> **struct pid** **pid* = *alloc_pid*( );
> **int** *nr*;
> **if** (¬*pid*)
>   **return** −EAGAIN;

```
nr = pid→nr;
if (unlikely (current→ptrace )) {
    trace = fork_traceflag(clone_flags);
    if (trace)
        clone_flags |= CLONE_PTRACE;
}
```

Esse fragmento do código é também o primeiro local em que observamos o uso de *unlikely*( ). Mais tarde, vemos também sua complementar, *likely*( ). Essas são macros que utilizam uma extensão para GCC (oficialmente chamado de Coleção de Compiladores GNU – do inglês, GNU Complier Collection –, mas frequentemente denominado Compilador GNU C – do inglês, GNU C Compiler). Essa extensão nos permite fornecer uma dica para o compilador com relação a se esperamos que uma condição **if** avalie para verdadeiro ou falso.

8.5.1.2 Criação do processo-filho

Nesse ponto, chamamos agora *copy_process*( ) para realizar a maior parte do trabalho na verdadeira criação do processo-filho. Os argumentos essenciais que transmitimos a ele são *clone_flags*, *stack_start*, *regs* e o ID de processo (que salvamos na variável *nr* anteriormente). Mais adiante nessa seção, discutiremos essa operação de cópia de modo mais detalhado. No entanto, há um detalhe que devemos observar nesse ponto. Apesar de o filho ser uma cópia do pai, somente o pai retorna a esse ponto no código. Conforme discutiremos posteriormente, o filho é configurado para ir diretamente ao código que retorna da chamada de criação de processos que o criou.

```
p = copy_process(clone_flags, stack_start, regs, stack_size, parent_tidptr,
    child_tidptr, nr);
```

8.5.1.3 Configuração do comportamento do pai

Supondo que fomos bem-sucedidos na criação do filho como cópia de seu pai, podemos começar agora a configurar o comportamento correto do pai e do filho. O assunto sobre o qual devemos tratar é o comportamento do pai, no caso em que chegamos aqui, através de uma chamada ao sistema *vfork* ( ). Nesse caso, o pai deve bloquear até que o filho recentemente criado emita uma chamada ao sistema *_exit* ( ) ou *execve* ( ). Definir o valor de *p→vfork_done* configura o mecanismo que utilizamos para notificar ao pai de que pode continuar.

```
if (¬IS_ERR(p)) {
    struct completion vfork;
    if (clone_flags & CLONE_VFORK) {
        p→vfork_done = &vfork;
```

```
        init_completion(&vfork );
    }
    if ((p→ptrace & PT_PTRACED) ∨ (clone_flags & CLONE_STOPPED)) {
    sigaddset (&p→pending.signal, SIGSTOP);
    set_tsk_thread_flag(p, TIF_SIGPENDING);
}
```

8.5.1.4 Iniciação do processo-filho

Agora, podemos dar início ao processo-filho recentemente criado. Como o filho é criado como uma cópia do pai, herda o estado de Pronto do pai. No entanto, uma das opções disponíveis permite-nos criar um processo que inicia sua vida no estado Parado. Se esse processo foi criado como esse flag, então mudamos seu estado para Parado. Caso contrário, chamamos *wake_up_new_task* ( ), que insere o processo-filho na fila de prontos adequada.

```
    if (¬(clone_flags & CLONE_STOPPED))
        wake_up_new_task(p, clone_flags);
    else
        p→state = TASK_STOPPED;
    if (unlikely (trace))   {
        current→ptrace_message = nr;
        ptrace_notify ((trace ≪ 8) | SIGTRAP);
    }
```

8.5.1.5 Determinação do comportamento do pai

No caso de uma *vfork*( ), estamos prontos agora para bloquear o pai até que o filho emita a chamada ao sistema necessário. A chamada para *wait_for_completion*( ) define o estado do pai para Ininterrupto para causar o seu bloqueio. Movemos a chamada do estado Bloqueado para o estado de Pronto quando a estrutura *vfork* é modificada, indicando que o filho terminou de utilizar o espaço de memória do pai. Observe como é particularmente crítico que o filho não tenha retornado para sua função durante o processo de criação.

```
    if (clone_flags & CLONE_VFORK) {
        wait_for_completion(&vfork);
        if (unlikely (current→ptrace & PT_TRACE_VFORK_DONE))
            ptrace_notify((PTRACE_EVENT_VFORK_DONE ≪ 8) | SIGTRAP);
    }
}
```

8.5.1.6 Tratamento do caso de falha

Se a chamada para *copy_process*( ) falhou, então devemos notificar ao possível pai que ele não foi capaz de criar um filho.

```
else {
    free_pid(pid);
    pid = PTR_ERR(p);
    }
    return nr;
}
```

8.5.2 Criação do processo

Conforme discutido anteriormente, *copy_process*( ), juntamente com as funções que ela chama, realiza o verdadeiro trabalho de criação de um novo processo. Ela é também encontrada em kernel/fork.c. Essa função é bastante longa por causa de numerosos detalhes fora do escopo de nosso estudo. Com interesse por manter nosso foco na apresentação de como o Linux ilustra os princípios e as técnicas de gerenciamento de processos, discutimos somente partes selecionadas dessa função. O código omitido é indicado por reticências (...). Como mencionado anteriormente, os parâmetros que nos interessam mais são o flag, a pilha, os registradores e o PID. O código que omitimos após as declarações de variável local é em grande parte para assegurar que não recebemos um conjunto de flags insignificante.

```
static struct task_struct *copy_process (unsigned long clone_flags,
    unsigned long stack_start, struct pt_regs *regs,
    unsigned long stack _size, int _ _user *parent_tidptr,
    int _ _user *child_tidptr, int pid)
{
    int retval;
    struct task_struct *p = Λ;
    . . .
```

8.5.2.1 Herança das características do pai

Essa chamada para *dup_task_struct*( ) aloca uma nova estrutura de tarefa e copia a estrutura do pai para ela. Ela também configura os ponteiros entre a estrutura **thread_info** e a estrutura da nova tarefa, conforme ilustrado na Figura 8-2. Nesse ponto, temos uma nova entrada da tabela de processos para o processo-filho, com um conjunto inicial de valores. Muitos dos membros dessa estrutura são alterados posteriormente nessa função.

```
p = dup_task_struct(current);
if (¬p)
    goto fork_out;
retval = −EAGAIN;
...
```

Um processo recentemente criado não tem filhos, portanto inicializamos uma lista vazia para ele. Também inicializamos temporariamente nossos ponteiros dos irmãos para indicar que o novo processo não tem irmãos. Posteriormente, inserimos o novo processo na lista de filhos do pai, que configura os relacionamentos dos irmãos.

```
INIT_LIST_HEAD(&p→children);
INIT_LIST_HEAD(&p→sibling);
...
```

Após inicializar numerosos valores estatísticos, bloqueios e temporizadores, alcançamos diversas linhas de código, as quais chamam várias funções que tratam da cópia ou do compartilhamento real dos recursos do pai. A maior parte dessas funções trata recursos como memória e arquivos, que são os assuntos abordados nos últimos capítulos. Outras tratam aspectos de gerenciamento de processos, como sinais que não abordamos em detalhes. A última, *copy_thread* ( ), é de nosso interesse, por ser onde tratamos a diferença na forma como o pai e filho retornam. Discutiremos sobre ela mais detalhadamente adiante, neste capítulo.

```
if ((retval = copy_semundo(clone_flags, p)))
    goto bad_fork_cleanup_audit;
if ((retval = copy_files(clone_flags, p)))
    goto bad_fork_cleanup_semundo;
if ((retval = copy_fs(clone_flags, p)))
    goto bad_fork_cleanup_files;
if ((retval = copy_sighand(clone_flags, p)))
    goto bad_fork_cleanup_fs;
if ((retval = copy_signal(clone_flags, p)))
    goto bad_fork_cleanup_sighand;
if ((retval = copy_mm(clone_flags, p)))
    goto bad_fork_cleanup_signal;
if ((retval = copy_keys(clone_flags, p)))
    goto bad_fork_cleanup_mm;
if ((retval = copy_namespace(clone_flags, p)))
    goto bad_fork_cleanup_keys;
retval = copy_thread(0, clone_flags, stack_start, stack_size, p, regs);
```

if *(retval)*
    goto *bad_fork_cleanup_namespace;*
   . . .

8.5.2.2 Divisão da fatia de tempo

A função principal de *sched_fork* ( ) é dividir o restante da fatia de tempo do pai igualmente entre pai e filho. Não queremos que outros processos sofram *starvation* devido a um processo que cria filhos continuamente.

   sched_fork (p, clone_flags);
   . . .

8.5.2.3 Configuração das relações de família

Ao utilizar a chamada ao sistema *clone*( ), temos a opção de especificar se o processo recentemente criado é um filho do processor chamador ou do pai do chamador. Os flags CLONE_PARENT e CLONE_THREAD significam que o processo recentemente criado deve ser um irmão do chamador. Caso contrário, o chamador é o pai do novo processo.

   if *(clone_flags* & (CLONE_PARENT | CLONE_THREAD))
      p→real_parent = current→real_parent;
   else
      p→real_parent = current;
   p→parent= p→real_parent;
   . . .

8.5.2.4 Retornando

Agora estamos prontos para retornar a *do_fork* ( ). Se tivermos encontrado qualquer erro ao longo do percurso, acabamos pulando para o rótulo *fork_out* e retornamos esse erro. Caso contrário, retornamos o ponteiro à entrada da tabela de processos para o processo recentemente criado.

    return *p;*
    . . .
  fork_out:
    return ERR_PTR(*retval*);
  }

8.5.3 Passos específicos de arquitetura

A última função que examinamos como parte da criação de processos no Linux é *copy_thread* ( ). Essa função é responsável por três partes principais da criação de um processo. Inicialmente, trata de copiar alguns dos registradores do pai para o filho. Depois, é responsável por copiar as tabelas de descritor de segmento do hardware se necessário. (Essas tabelas de descritor fazem parte das responsabilidades do gerenciamento de memória do SO.) Por fim, configura o retorno do filho, de modo que o filho receba o valor de retorno 0 e que o processo-filho pule o processamento descrito anteriormente na thread de execução do pai. As primeiras duas partes são claramente dependentes de arquitetura. Embora possa não parecer assim, à primeira vista, essa é a terceira parte. Em particular, configurar o valor de retorno do filho exige conhecimento do mecanismo de retorno específico da arquitetura. Adicionalmente, configurar o filho para pular diretamente para o retorno da chamada ao sistema exige modificar seu contador de programa armazenado. Como resultado, esse código é encontrado na parte dependente de arquitetura da árvore de fontes, no arquivo arch/i386/kernel/process.c.

> int *copy_thread* (int *nr*, **unsigned long** *clone_flags*, **unsigned long** *esp*,
>   **unsigned long** *unused*, **struct task_struct** *p, **struct pt_regs** *regs)
> {
>   **struct pt_regs** *childregs;
>   **struct task_struct** *tsk;
>   **int** *err*;

8.5.3.1 Configuração dos registradores do filho

As próximas duas linhas de código fazem uma cópia dos registradores salvos do pai, bem acima da estrutura **thread_info** na parte inferior do espaço de pilha do kernel.

> *childregs = task_ pt_regs (p)*;
> **childregs = *regs*;

As atribuições seguintes parecem suficientemente simples. Em um nível, são bastante objetivas. A primeira atribuição define o valor do que será retornado, em última análise, para o processo-filho, como o valor de retorno da chamada ao sistema. A atribuição do valor *ret_from_fork* define o valor de contador de programa armazenado para o endereço do código rotulado de *ret_from_fork*. Isso irá, em algum momento futuro, fazer o processo-filho reiniciar a execução nesse ponto, que retorna, então, imediatamente da chamada ao sistema. A sutileza está no fato de que estamos lidando com dois conjuntos diferentes de registradores salvos. O primeiro conjunto, que acabamos de copiar, são os valores de registradores salvos na entrada do tratador de chamadas ao sistema. O outro conjunto contém os valores armazenados na estrutura *p→thread*. Esses são os registradores salvos pela última vez durante uma troca de contexto. Em particular, são os que foram salvos da última vez que o pai sofreu preempção. (O processo-filho obteve uma cópia deles quando recebeu uma cópia da estrutura de tarefa do pai.) O resultado final dessas atribuições é configurar os seguintes passos para o encerramento da chamada ao sistema no processo-filho recentemente criado:

1. Quando o filho é o próximo a ser escalonado, começará a executar o código no rótulo *ret_from_fork* porque isso é o que definimos no contador de programa salvo.

2. Quando o filho começa a executar esse código, utilizará o bloco de registradores salvos apontado por *childregs* como sua pilha.

3. O código em *ret_from_fork* assume qual pilha contém os registradores salvos na entrada do tratador de chamadas ao sistema e que, consequentemente, precisará ser restaurado como parte do retorno da chamada ao sistema.

4. Ao retornar da chamada ao sistema, o registrador `eax` reterá o valor 0. Esse valor de registrador é interpretado como o valor de retorno da chamada ao sistema pelo código da biblioteca que emitiu a chamada ao sistema.

5. No retorno da chamada ao sistema, o processo-filho utilizará a pilha especificada. Normalmente, essa é a mesma pilha que o pai utilizou quando emitiu a chamada ao sistema de criação de processo.

childregs→eax = 0;

childregs→esp = esp;

p→thread.esp = (**unsigned long**) *childregs*;

p→thread .esp0 = (**unsigned long**) (*childregs* + 1);

p→ thread.eip = (**unsigned long**) *ret_from_fork*;

8.5.3.2 Configuração da memória do filho

O restante desta função trata de copiar os descritores de segmentos se necessário.

savesegment(fs, p→thread.fs);

savesegment(gs, p→thread.gs);

tsk = current;

if (*unlikely (test_tsk_thread_flag (tsk,* `TIF_IO_BITMAP`))) {

    p→thread.io_bitmap_ptr = kmalloc(`IO_BITMAP_BYTES, GFP_KERNEL`*);*

    if (¬*p→thread.io_bitmap_ptr*) {

        p→thread.io_bitmap_max = 0;

        return −ENOMEM;

    }

```
    memcpy (p→thread.io_bitmap_ptr, tsk→thread.io_bitmap_ptr,
       IO_BITMAP_BYTES);
       set_tsk_thread_flag (p, TIF_IO_BITMAP);
}
if (clone_flags & CLONE_SETTLS) {
    struct desc_struct *desc;
    struct user_desc info;
    int idx;
    err = -EFAULT;
    if (copy_from_user(&info, (void __user *) childregs→esi, sizeof (info)))
       goto out;
    err = -EINVAL;
    if (LDT_empty (&info))
       goto out;
    idx = info.entry_number;
    if (idx < GDT_ENTRY_TLS_MIN ∨ idx > GDT_ENTRY_TLS_MAX)
       goto out;
    desc = p→thread.tls_array+ idx - GDT_ENTRY_TLS_MIN;
    desc→a = LDT_entry_a(&info);
    desc→b = LDT_entry_b(&info);
}
err = 0;
out:
    if (err ∧ p→thread.io_bitmap_ptr) {
    kfree (p→thread.io_bitmap_ptr);
    p→thread.io_bitmap_max = 0;
}

    return err;
}
```

8.6 Escalonamento de processos

Começando pelo trabalho introduzido na série de kernels de desenvolvimento da versão 2.5, o Linux utiliza uma fila de retorno multinível em seu escalonamento. (Conforme veremos posteriormente nesta seção, é mais correto dizer que ele utiliza um par de filas de retorno multinível por CPU.) Essa versão do escalonador Linux é frequentemente designada como escalonador $O(1)$, em reconhecimento ao fato de que funciona em um tempo de limite constante, independente do número de processos no sistema ou em uma lista de prontos.

Embora seja organizado e funcione de forma um pouco diferente do que outros escalonadores em sistemas parecidos com o UNIX, o escalonador atual do Linux ainda fornece preferência para processos interativos e processos como valores inferiores de nice. Os elementos-chave do escalonador Linux incluem os itens a seguir:

- Há duas filas de retorno multinível: uma para processos designados como ativos e uma para processos designados como expirados.

- Assim como para outras implementações de filas de retorno multinível, o escalonador Linux seleciona o processo no começo da fila não vazia de prioridade mais alta. Ele utiliza um bitmap para determinar rapidamente qual fila é a não vazia de prioridade mais alta.

- Processos interativos que utilizam sua fatia completa de tempo são posicionados de volta para a fila de ativos e escalonados em estilo circular com outros processos na mesma prioridade. (Esses são processos que gastaram recentemente uma quantidade significativa de tempo bloqueado.)

- Processos focados em CPU que utilizam sua fatia de tempo completa são movidos para a fila de expirados.

- Quando uma fila de ativos torna-se vazia, é trocada pela fila de expirados.

- A prioridade e o tamanho da fatia de tempo são calculados cada vez que um processo é posicionado em uma fila.

- Os processos escalonados de acordo com a política SCHED_FIFO são processos de tempo real com uma prioridade mais alta que qualquer processo de compartilhamento de tempo. Esses processos são escalonados de maneira primeiro a entrar, primeiro a sair (FIFO), com cada processo sendo executado até que libere a CPU.

- Processos escalonados de acordo com a política SCHED_RR também são processos de tempo real com uma prioridade mais alta do que qualquer processo de compartilhamento de tempo. No entanto, esses processos são escalonados de forma circular com fatias de tempo finitas.

Nas subseções a seguir, discutimos os detalhes da implementação do escalonador Linux.

8.6.1 Prioridades

A partir da perspectiva de prioridades, o Linux tem duas classes de processos: processos de tempo real e processos de compartilhamento de tempo. Os processos de tempo real são escalonados de acordo com as políticas SCHED_FIFO ou SCHED_RR. Cada uma delas tem um valor de prioridade estática na faixa 0–99. Processos de compartilhamento de tempo são escalonados de acordo como a política SCHED_NORMAL. Eles têm prioridades na faixa −20 a 19. Internamente, as

202 ■ Princípios de sistemas operacionais

prioridades de processos de compartilhamento de tempo estão em escala para a faixa 100–139. Valores de prioridades menores representam uma prioridade real mais alta.

Como discutido em relação a chamadas ao sistema, cada processo de compartilhamento de tempo tem um parâmetro denominado nice. Além disso, mantemos um valor na tabela de processos chamado *sleep_avg*, que representa a quantidade de tempo recente gasto no estado bloqueado. Especificamente, em uma transição para o estado de Pronto, incrementamos *sleep_avg* pela quantidade de tempo gasto no estado bloqueado até um máximo de `MAX_SLEEP_AVG` (com default de um segundo nesta versão do kernel). Para cada tique de relógio que o processo gasta executando, o valor de *sleep_avg* é reduzido, por certo período, até zero. A partir dessa medida, calculamos uma prioridade efetiva como:

$$p = n + \frac{s}{M_s} M_b - \frac{M_b}{2}$$

onde n é o valor de nice ao se utilizar a representação interna na faixa 100–139, s é o tempo médio em estado bloqueado, M_s é o tempo médio máximo em estado bloqueado, e M_b é o bônus máximo, o qual é 10. O efeito desse cálculo é mapear linearmente a faixa de tempos médio em estado bloqueado, 0–`MAX_SLEEP_AVG` na faixa de −5 a 5, e somar isso ao valor de nice. Se o valor calculado de p ficar fora da faixa 100–139, é definido para o extremo correspondente da faixa. Como resultado, processos que gastaram mais tempo recente bloqueados são considerados interativos e recebem um aumento na prioridade.

Além dos ajustes de prioridade, o Linux também faz ajustes no tamanho de uma fatia de tempo com base em nice. O tamanho da fatia de tempo é calculado como:

$$t = \begin{cases} 5(140 - n), & n \geq 120 \\ 20(140 - n), & \text{caso contrário} \end{cases}$$

em milissegundos. Isso tem o efeito de dar aos processos valores de nice não negativos (0–19, conforme especificado pelo usuário; 120–139, quando representados internamente) para as fatias de tempo que variam de 5 mS a 100 mS. Processos com valores negativos de nice (−20 a −1, conforme especificado pelo usuário; 100–119, quando representados internamente) recebem fatias de tempo que variam de 420 mS a 800 mS.

8.6.2 Estrutura de fila

A estrutura de dados principal para o escalonador é a estrutura **rq** (acrônimo para "runqueue"). Diversos membros dessa estrutura são particularmente interessantes para nós. Em primeiro lugar, há um membro chamado *lock*, que utilizamos para exclusão mútua. Os outros membros que destacamos são *active*, *expired* e *arrays*. Os elementos de *arrays* são filas de retorno multinível. A qualquer momento, *active* aponta para um elemento e *expired* aponta para outro. Portanto, por certo período, *active* ≡ &*arrays* [0] e *expired* ≡ &*arrays* [1]. Então, quando chega o momento de fazer swap, reconfiguramos os ponteiros de forma que *active* ≡ &*arrays* [1] e *expired* ≡ &*arrays* [0]. A Figura 8-3 mostra essas duas situações. A estrutura **rq** é definida em kernel/sched.c da seguinte forma:

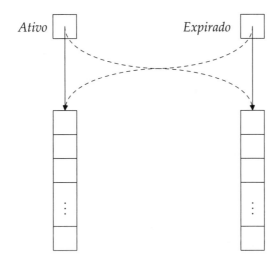

Figura 8-3: Estrutura de filas de retorno multinível no Linux

struct rq {
   spinlock_t *lock*;
   unsigned long *nr_running*;
   unsigned long *raw_weighted_load*;
   unsigned long long *nr_switches*;
   unsigned long *nr_uninterruptible*;
   unsigned long *expired_timestamp*;
   unsigned long long *timestamp_last_tick*;
   struct task_struct **curr, *idle*;
   struct mm_struct **prev_mm*;
   struct prio_array **active, *expired, arrays* [2];
   int *best_expired_prio*;
   atomic_t *nr_iowait*;
   struct lock_class_key *rq_lock_key*;
};

A estrutura de fila de retorno multinível também é declarada em kernel/sched.c. O primeiro dos três membros dessa estrutura simplesmente registra o número de processos em todos os níveis de prioridade da fila. O *bitmap* contém um bit para cada nível de prioridade. Em uma máquina de 32 bits, cada palavra pode acomodar 32 níveis de prioridade. Com um total de 140 níveis de prioridade, o bitmap

204 ■ Princípios de sistemas operacionais

contém cinco palavras em uma máquina de 32 bits. Se uma fila para um determinado nível de prioridade estiver vazia, então o bit correspondente é 0. Isso nos permite determinar qual é a fila não vazia de prioridade mais alta muito rapidamente. Finalmente, as estruturas reais de fila encontram-se no vetor *queue*.

```
struct prio_array {
    unsigned int nr_active;
    DECLARE_BITMAP(bitmap, MAX_PRIO + 1);
    struct list_head queue[MAX_PRIO];
};
```

8.6.3 Marcações de relógio

Agora que examinamos as estruturas de dados do escalonador, voltamos nossa atenção para o código que implementa o escalonador Linux. Começamos com o código chamado para cada tique de relógio. Esse código é encontrado em *scheduler_tick* ( ), em kernel/sched.c.

```
void scheduler_tick (void)
{
    unsigned long long now = sched_clock ( );
    task_t *p = current;
    int cpu = smp_processor_id( );
    struct rq *rq = cpu_rq (cpu);
```

Começaremos com um pouco de contabilidade. Se o processo corrente for o processo ocioso, tratamos como um caso especial. Conforme discutido na Seção 4.3.4, no final de *rest_init* ( ), chamamos *cpu_idle* ( ), que representa o processo ocioso e é executada quando nenhum outro processo está pronto. Nunca ajustamos as prioridades ou deslocamos esse processo nas filas. É possível que, mesmo se esse processador for ocioso, outros processadores possam ter alguns processos prontos. A função *rebalance_tick* ( ) não faz qualquer coisa em uma máquina de um único processador. Em um sistema com mais de uma CPU, essa função move processos entre as CPUs para balancear a carga entre elas.

```
    update_cpu_clock (p, rq, now);
    rq→timestamp_last_tick = now;
    if (p ≡ rq→idle) {
        if (wake_priority_sleeper(rq))
            goto out;
        rebalance_tick (cpu, rq, SCHED_IDLE);
        return;
    }
```

8.6.3.1 Condição de Erro Especial

Se descobrirmos que o processo corrente está na fila de expirados em vez de na fila de ativos, então, metaforicamente, puxaram o tapete sobre o qual nos encontrávamos. Precisamos realizar a preempção desse processo e reescaloná-lo.

> **if** ($p{\to}array \ne rq{\to}active$) {
> $set\_tsk\_need\_resched$ (p);
>   **goto** out;
> }

8.6.3.2 Tratamento de processos de tempo real

Após obter um bloqueio de exclusão mútua na estrutura de dados **rq**, tratamos o caso de um processo de tempo real. As prioridades desses processos nunca são ajustadas e nunca se movem para a fila de expirados. Processos escalonados de acordo com a política SCHED_FIFO são especialmente fáceis de tratar. Eles têm permissão para executar até liberarem a CPU. Para eles, não precisamos fazer algo. Para um processo de tempo real circular, decrementamos outro tique de relógio. Se isso significar que sua fatia de tempo terminou, configuramos um flag para indicar a necessidade de reescalonamento e o colocamos no final de sua fila.

> $spin\_lock$ (&$rq{\to}lock$);
> **if** ($rt\_task(p)$) {
>   **if** (($p{\to}policy \equiv$ SCHED_RR) $\wedge \neg - -p{\to}time\_slice$) {
> $p{\to}time\_slice = task\_timeslice(p)$;
> $p{\to}first\_time\_slice = 0$;
> $set\_tsk\_need\_resched(p)$;
> $requeue\_task(p, rq{\to}active)$;
>   }
>   **goto** out_unlock;
> }

8.6.3.3 Processos de compartilhamento de tempo

A principal parte dessa função diz respeito a processos de compartilhamento de tempo. Assim como para o caso de tempo real circular, decrementamos um tique e perguntamos se a fatia de tempo acabou. Se isso aconteceu, então tiramos o processo corrente de sua fila e recalculamos sua prioridade e fatia de tempo. A referência para *jiffies* merece ser mencionada. Essa variável é global para o kernel e é incrementada uma vez para cada tique de relógio. Consequentemente, é uma medida de quanto tempo o sistema está funcionando, medida em tiques de relógio.

```
if (¬ ‒ ‒p→time_slice) {
    dequeue_task(p, rq→active);
    set_tsk_need_resched(p);
    p→prio = effective_prio(p);
    p→time_slice = task_timeslice(p);
    p→first_time_slice = 0;
    if (¬rq→expired_timestamp)
        rq→expired_timestamp = jiffies;
```

Neste ponto, realizamos a preempção do processo correntemente em execução, pois sua fatia de tempo expirou, e o removemos da fila de ativos. No entanto, como ele ainda está no estado de Pronto, precisamos colocá-lo de volta em uma fila. Nosso próximo passo é determinar se devemos colocá-lo de volta na fila de ativos ou movê-lo para a fila de expirados. Essa decisão pode ser descrita de forma simples ao dizer que, se o processo for focado em CPU ou se os processos na fila de expirados estiverem sofrendo *starvation*, então movemos esse processo para a fila de expirados. A primeira condição baseia-se no aumento da prioridade corrente e no valor nice do processo corrente. Quanto maior for o valor de nice, maior deve ser o aumento da prioridade para que o processo seja considerado interativo. Para a condição de *starvation*, perguntamos se passou tempo suficiente para que todos os processos prontos tenham tido uma chance de obter tanto tempo quanto o tempo médio máximo de bloqueio. Se essa quantidade de tempo tiver passado desde a última vez que fizemos swap para as filas ativa e de expirados, então paramos de colocar processos de volta na fila de ativos e começamos a colocá-los na fila de expirados sem levar em conta seu grau de interatividade.

```
if (¬TASK_INTERACTIVE(p) ∨ expired_starving(rq)) {
    enqueue_task(p, rq→expired);
    if (p→static_prio < rq→best_expired_prio)
        rq→best_expired_prio = p→static_prio;
}
else
    enqueue_task(p, rq→active);
}
else {
```

Se tivermos um processo com uma fatia de tempo muito longa e houver outros processos com a mesma prioridade, podemos dividir a fatia de tempo e permitir que outros processos obtenham algum tempo. Nesse caso, sempre colocamos o processo que sofreu preempção de volta na fila de ativos.

```
if (TASK_INTERACTIVE(p)
    ∧¬((task_timeslice(p) − p→time_slice) % TIMESLICE_GRANULARITY(p))
    ∧(p→time_slice ≥ TIMESLICE_GRANULARITY(p))
    ∧(p→array ≡ rq→active)) {
  requeue_task(p, rq→active);
  set_tsk_need_resched(p);
 }
}
```

Neste ponto, estamos prontos para desbloquear a estrutura de dados **rq** e retornar da interrupção do relógio.

```
out_unlock:
  spin_unlock(&rq→lock);
out:
  rebalance_tick(cpu, rq, NOT_IDLE);
}
```

Se *scheduler_tick*( ) determinar que um novo processo precisa ser escalonado, ele configura um flag no processo corrente, que afirma ser necessário um reescalonamento. Antes de retornar da interrupção do relógio, o kernel verifica se o flag está configurado. Se o flag estiver limpo, o kernel age para completar o retorno da interrupção. Se o flag estiver configurado, o kernel chama *schedule* ( ), discutida na próxima seção, antes de retornar da interrupção.

8.6.4 Escalonador

A função *schedule* ( ) em **kernel/sched.c** contém o código acionado pela configuração do flag, que define a necessidade de reescalonamento. Há uma característica desse código que devemos destacar aqui. Não existem loops nessa função. Esse é um dos elementos-chave para nossa observação anterior de que o tempo de execução do escalonador Linux é limitado por uma constante. (A outra parte para justificar essa alegação é demonstrar que todas as funções chamadas *schedule*( ) também apresentam tempo constante.) Um escalonador $O(1)$ pode ser um benefício significativo em aplicações em larga escala onde possa haver milhares de processos prontos. Um escalonador cujo tempo de execução é proporcional ao número de processos prontos seria significativamente mais lento em casos como esse.

O kernel segue a estratégia geral de identificar quando uma operação de escalonamento deve acontecer, registrando então esse fato. Quando chega o tempo de retornar da interrupção que transferiu o controle para o kernel, de volta ao processo interrompido, o escalonador é chamado para selecionar o processo para o qual devemos retornar. A primeira coisa a observar na declaração de *schedule*( ) é a palavra-chave **asmlinkage**. Isso reflete o fato de que *schedule* ( ) é chamada a partir do código de retorno da interrupção, que é escrito em linguagem de montagem. Chamadas de função em linguagens como C frequentemente envolvem alguma configuração por parte do chamador. Usar **asmlinkage** permite-nos chamar a função utilizando uma simples instrução de salto de sub-rotina sem a configuração.

> **asmlinkage void _ _sched** *schedule* (**void**)
> {
>   **struct task_struct** **prev, *next;*
>   **struct prio_array** **array;*
>   **struct list_head** **queue;*
>   **unsigned long long** *now;*
>   **unsigned long** *run_time;*
>   **int** *cpu, idx, new_prio;*
>   **long** **switch_count;*
>   **struct rq** **rq;*

A primeira coisa que fazemos na entrada do escalonador é verificar se existe alguma condição de erro. Se o processo corrente é assinalado como não passível de preempção no presente momento, então não devemos executar o escalonador. Normalmente, nunca devemos chegar até esse ponto neste caso, mas, se por acaso chegarmos, é de nosso interesse verificar esse caso e relatar o erro.

> **if** (*unlikely(in_atomic*( ) $\land$ ¬*current→exit_state*)) {
>   *printk* (KERN_ERR"BUG:␣scheduling␣while␣atomic:
>   ␣%s/0x%08x/%d\n",
>   *current→comm, preempt_count*( ), *current→pid*);
>   *dump_stack* ( );
> }

Para observar o desempenho do software, frequentemente traçamos o seu perfil. Se tivermos o recurso de traçar o perfil para o kernel ativado, então *profile_hit*( ) incrementa um contador. O primeiro argumento especifica para qual operação estamos traçando um perfil e, consequentemente, qual contador é incrementado.

> *profile_hit*(SCHED_PROFILING, _ _*builtin_return_address* (0));

8.6.4.1 Preempção do processo corrente

Como estamos prestes a selecionar um novo processo para ser executado, o corrente torna-se o processo anterior. Configuramos *prev* para apontar à sua entrada da tabela de processos. As linhas restantes em todo esse fragmento oferecem suporte a multiprocessamento simétrico (SMP, do inglês symmetric multiprocessing) em multiprocessadores. Um deles é relevante para nossa apresentação. Em particular, cada processador possui sua própria estrutura **rq**. Configuramos *rq* para apontar para aquele que contenha o processo corrente que iremos substituir.

need_resched:
   preempt_disable( );
   prev = current;
   release_kernel_lock(prev);
need_resched_nonpreemptible:
   rq = this_rq( );

Aqui temos outro caso de erro. Assim como nunca devemos ser chamados caso o processo corrente não seja passível de preempção, nunca devemos ser chamados se o processo corrente for o processo ocioso e não estiver sendo executado.

if *(unlikely (prev $\equiv$ rq$\rightarrow$idle) $\wedge$ prev$\rightarrow$state $\neq$* `TASK_RUNNING`) {
   printk (`KERN_ERR"bad:␣scheduling␣from␣the␣idle␣thread!\n"`);
   dump_stack( );
}

Há vários locais em **kernel/sched.c** que oferecem suporte à coleta e à emissão de relatório de estatísticas de escalonamento. Essa linha faz parte dessa funcionalidade. Ela registra o número de operações de escalonamento que acontece em cada runqueue.

   schedstat_inc(rq, sched_cnt);

8.6.4.2 Atualização do tempo de execução

Queremos saber por quanto tempo o processo corrente tem sido executado, desde que o escalonamos para ajustar a medida do tempo de bloqueado recente. Esse tempo é fornecido pelo tempo atual menos o tempo que registramos no campo *timestamp*, quando escalonamos este processo. No entanto, desejamos limitar esse valor entre 0 e `NS_MAX_SLEEP_AVG`, que representa um segundo (10 mS em versões antigas do kernel).

   now = sched_clock( );
if *(likely (($\textbf{long long}$)(now − prev$\rightarrow$timestamp) <* `NS_MAX_SLEEP_AVG`)) {
   run_time = now − prev$\rightarrow$timestamp;
if *(unlikely (($\textbf{long long}$)(now − prev$\rightarrow$timestamp) < 0))*
   run_time = 0;
}
else
   run_time = `NS_MAX_SLEEP_AVG`;

Quanto mais interativo for um processo, menos permitimos que o tempo de execução afete a medida do tempo de bloqueado recente. O resultado é que a medida do tempo de bloqueado recente diminui muito lentamente no início e, em seguida, chega ao ponto em que reduzimos a média do tempo de bloqueado na taxa total do tempo de execução, à medida que nos aproximamos de zero. A macro CURRENT_BONUS avalia a expressão $\frac{s}{M_s}M_b$ no cálculo da prioridade efetiva discutido anteriormente. Essa linha de código pode parecer estranha porque não há qualquer expressão entre o ponto de interrogação e os dois pontos da expressão condicional. O compilador GCC oferece suporte para isso na forma de uma extensão. Nesse caso, o resultado da expressão é o mesmo que a condição se não for nulo. Como sempre, se a condição avalia para zero, então a terceira expressão é o valor da expressão condicional. O efeito desse uso particular é dividir o tempo de execução pelo bônus atual, mas, se o bônus for zero, obviamente não podemos dividir por zero, então dividimos por um.

run_time /= (CURRENT_BONUS(*prev*) ?: 1);

8.6.4.3 Ajuste das filas

Aqui, bloqueamos a estrutura de dados **rq**, caso outro processador tente acessá-la. Isso pode parecer algo inesperado de se fazer se há uma fila de execução por processador. No entanto, qualquer processador pode mover processos de uma fila de execução para outra a fim de balancear a carga. Quando isso acontece, outro processador pode acessar nossa fila de execução.

spin_lock_irq(&*rq*→*lock*);
if (*unlikely*(*prev*→*flags* & PF_DEAD))
   prev→*state* = EXIT_DEAD;

Se o processo anterior acabou de ser bloqueado, então precisamos tratar esse caso. Na maioria dos casos, queremos tirar esse processo da fila de execução, que é feito pela chamada *deactivate_task*( ). A exceção é o caso em que temos um estado de Bloqueado ininterrupto, mas onde um sinal para esse processo tiver chegado antes de alcançarmos esse ponto. Nesse caso, seguimos em frente e fazemos a transição de volta para o estado de Pronto e deixamos o processo na fila.

switch_count = &*prev*→*nivcsw*;
if (*prev*→*state* ∧ ¬(*preemp_count*( ) & PREEMPT_ACTIVE)) {
   switch_count = &*prev*→*nvcsw*;
   if (*unlikely*((*prev*→*state* & TASK_INTERRUPTIBLE)
     ∧ *unlikely*(*signal_pending*(*prev*))))
     prev→*state* = TASK_RUNNING;
   else {

```
    if (prev→state ≡ TASK_UNINTERRUPTIBLE)
        rq→nr_uninterruptible ++;
    deactivate_task(prev, rq);
  }

}
```

Se não há algum processo no estado de Pronto nesta CPU, tentamos rebalancear a carga. Se, após isso, ainda não houver algum processo pronto, trocamos para o processo ocioso. A chamada para *wake_sleeping_dependent*( ) somente tem efeito se estivermos executando o suporte de escalonamento especial para o recurso de hyperthreading de modelos recentes de processador Intel x86. CPUs com hyperthreading duplicam uma série de elementos incluindo o conjunto de registradores. Quando uma thread de execução está parada a espera de um acesso à memória, o outro conjunto de registradores é utilizado para executar as instruções de outra thread. Tratamos uma CPU desse tipo como dois processadores, mas também reconhecemos que duas CPUs completas ainda fornecem melhor desempenho. Os detalhes de seu uso estão além do âmbito de nossa discussão neste livro.

```
cpu = smp_processo_id( );
if (unlikely(¬rq→nr_running)) {
    idle_balance (cpu, rq);
    if (¬rq→nr_running) {
        next = rq→idle;
        rq→expired_timestamp = 0;
        wake_sleeping_dependent(cpu);
        goto switch_tasks;
    }
}
```

Agora, está na hora de determinar se devemos fazer swap das filas apontadas por *active* e *expired*. Se não há mais algum processo no vetor de ativos, sabemos que está na hora de fazer swap.

```
array = rq→active;
if (unlikely(¬array→nr_active)) {
    schedstat_inc(rq, sched_switch);
    rq→active = rq→expired;
    rq→expired = array;
    array = rq→active;
    rq→expired_timestamp = 0;
    rq→best_expired_prio = MAX_PRIO;
}
```

8.6.4.4 Seleção do próximo processo

Independente de fazermos swap ou não nesse ponto, *array* deve apontar para uma fila de retorno multinível que tem alguns processos prontos. Podemos, agora, selecionar o processo no começo da fila não vazia de prioridade mais alta. O primeiro passo é encontrar essa fila. A função *sched_find_first_bit*( ) é dependente de arquitetura para tirar vantagem de quaisquer recursos especiais encontrados no conjunto de instruções do processador. Muitos processadores apresentam uma instrução que nos diz qual bit em uma palavra é o primeiro marcado em 1. Essa instrução torna bastante fácil encontrar o primeiro bit no vetor *bitmap* que seja 1. Após conhecermos o nível de prioridade mais alta não vazio, configuramos *next* para apontar para a primeira entrada da tabela de processos na lista. Essa é a parte central da implementação real de escalonamento.

> *idx = sched_find_first_bit(array→bitmap);*
>
> *queue = array→queue + idx;*
>
> *next = list_entry(queue→next, **structtask_struct**, run_list);*

A próxima seção de código trata de um caso bastante especial. Quando um processo fica pronto após ser bloqueado por algum tempo, recalculamos sua prioridade, levando em conta o tempo em que permaneceu bloqueado. No entanto, dependendo da nova prioridade que calculamos para ele, pode haver um tempo considerável em que permanecerá numa fila, ainda sem ser escalonado. Se o processo que acabamos de selecionar para executar for um processo desses, ajustamos sua prioridade para levar em conta o tempo adicional em que permaneceu numa fila.

> **if** (¬*rt_task(next)* ∧ *interactive_sleep(next→sleep_type)* {
>
>   **unsigned long long** *delta = now − next→timestamp;*
>
>   **if** (*unlikely* ((**long long**)(*now − next→timestamp*) < 0))
>
>   *delta = 0;*
>
>   **if** (*next→sleep_type* ≡ SLEEP_INACTIVE)
>
>   *delta = delta* * (ON_RUNQUEUE_WEIGHT * 128/100)/128;
>
>   *array = next→array;*
>
>   *new_prio = recalc_task_prio (next, next→timestamp + delta);*
>
>   **if** (*unlikely(next→prio ≠ new_prio)*) {
>
>   *dequeue_task(next, array);*
>
>   *next→prio = new_prio;*
>
>   *enqueue_task(next, array);*
>
>   }
>
> }
>
> *next→sleep_type* = SLEEP_NORMAL;
>
> **if** (*dependent_sleeper (cpu, rq,next)*)
>
>   *next = rq→idle;*

8.6.4.5 Preparação para a troca de contexto

Agora que temos o próximo processo que desejamos executar, está na hora de fazer a troca de contexto. Há uma quantidade significativa de contabilidade que precisamos fazer na preparação para a troca real.

switch_tasks:
   if (*next* ≡ *rq→idle*)
      schedstat_inc(*rq*, *sched_goidle*);

Essas duas chamadas emitem instruções que melhoram o desempenho da cache na troca de contexto. Nem todos os processadores possuem essas instruções de pré-busca, mas, se as tivermos disponíveis, as utilizamos.

prefetch(*next*);
prefetch_stack(*next*);

Sempre chegamos ao escalonador quando o flag é configurado indicando que uma operação de reescalonamento é necessária antes de retornar de uma interrupção. Agora que estamos prontos para a troca, podemos limpar esse flag.

clear_tsk_need_resched(*prev*);
rcu_qsctr_inc(*task_cpu*(*prev*));
update_cpu_clock(*prev*, *rq*, *now*);

Nesse ponto, utilizamos, então, o valor de *run_time* que calculamos anteriormente para ajustar o tempo médio de bloqueado recente para o processo que estamos causando uma preempção.

prev→sleep_avg −= *run_time*;
if ((**long**) *prev→sleep_avg* ≤ 0)
   prev→sleep_avg = 0;

Agora, registramos o tempo corrente, de forma que posteriormente consigamos saber quanto tempo o processo anterior executou durante os escalonamentos. Se o processo acaba de ser bloqueado, utilizamos esse tempo para determinar quanto tempo permaneceu bloqueado quando for despertado.

prev→timestamp = *prev→last_ran* = *now*;

Se, por acaso, tivermos selecionado o mesmo processo para continuar executando, então, na verdade, não precisamos executar a troca. O trabalho principal da troca é realizado na função *context_switch* ( ). Seu trabalho é dividido em duas partes. O primeiro passo é trocar todos os detalhes do gerenciamento de memória para o novo processo. O segundo passo é trocar os registradores e a pilha para que o retorno da interrupção volte para o novo processo. Este é tratado por uma função específica de arquitetura denominada *switch_to*( ). (A chamada para *barrier*( ) força a ordem de execução evitando que o otimizador reordene os acessos à memória. Todos os acessos à memória no código antes da chamada são feitos antes de qualquer acesso especificado após a chamada).

```
sched_info_switch(prev, next);
if  (likely(prev ≠ next)) {
    next→timestamp = now;
    rq→nr_switches ++;
    rq→curr = next;
    ++*switch_count;
    prepare_task_switch(rq, next);
    prev = context_switch (rq, prev, next);
    barrier( );
    finish_task_switch (this_rq ( ), prev);
}
else
    spin_unlock_irq (&rq→lock);
prev = current;
if  (unlikely(reacquire_kernel_lock (prev) < 0))
    goto need_resched_nonpreemptible;
preempt_enable_no_resched ( );
if  (unlikely(test_thread_flag (TIF_NEED_RESCHED)))
    goto need_resched;
}
```

Conforme mencionamos na Seção 8.6.3, *schedule*( ) é chamada imediatamente antes de retornar da interrupção do relógio. Isso significa que, no final desta função, o controle é transferido para o código que acaba em um retorno da instrução de interrupção. Quando essa instrução é executada, o controle é transferido para o processo recentemente escalonado no ponto onde foi interrompido pela última vez.

8.7 Resumo

O Linux fornece um bom exemplo de implementação moderna de uma abordagem *mainstream* para processos. Ele se aproveita da semelhança subjacente entre processos e threads e, consequentemente, não faz distinção entre eles. O conjunto de chamadas ao sistema e estados de processos é típico de outros sistemas semelhantes ao UNIX. A tabela de processos segue uma estrutura de duas partes em uma organização de lista encadeada. Neste capítulo, examinamos alguns detalhes dos estados de processos e da tabela de processos. Além disso, discutimos a forma como os princípios gerais da criação de processos foram implementados no Linux. Os detalhes sobre o novo projeto do escalonador Linux também foram abordados. Vimos como o Linux implementa um par de filas de retorno multinível que se alternam entre a armazenagem de processos ativos e expirados, e como os ajustes de prioridade são empregados a fim de fornecer preferência para os processos interativos.

8.8 Exercícios

1. Na Seção 8.5, destacamos que o código assume que o processo-filho recentemente criado não retorna para *do_fork*( ) como faz o pai. O que aconteceria se ele retornasse?

2. Na Seção 8.6, examinamos o cálculo do tamanho da fatia de tempo. O código contém uma verificação para configurar o valor para 5 mS, se o cálculo tiver resultado em um valor menor. Isso é possível com a equação que obtemos? Por que sim ou por que não?

3. Não mostramos o estado Inativo (EXIT_DEAD) na Figura 8-1. Onde ele deveria ser adicionado?

4. A partir de uma avaliação do código discutido na Seção 8.5, em que estado na Figura 8-1 os novos processos entram?

5. Considere dois processos focados em CPU, um com valor de nice 0 e um com **nice** 10. Se cada processo for deslocado da fila de ativos para a fila de expirados, no final de cada fatia de tempo, como o processo com nice 0 obtém preferência sobre o que tem nice 10?

6. Qual a finalidade de utilizar uma fila de retorno multinível de expirados? Em particular, que comportamento indesejável ela evita?

7. Em *schedule*( ), o valor de *run_time* é escalado por CURRENT_BONUS. Qual é a quantidade máxima pela qual dividimos *run_time*? Que efeito isso tem sobre o escalonamento do processo?

8. Modifique o escalonador Linux a fim de eliminar o *bitmap* da estrutura **prio_array**. Como você determinará a fila não vazia de prioridade mais alta? Qual é a penalidade sobre o desempenho à qual você está sujeito?

9. Modifique *schedule* ( ) de modo que *sleep_avg* não diminua com base em *run_time* e CURRENT_BONUS. Em vez disso, diminua *sleep_avg* com base na fatia de tempo da CPU que o processo corrente obteve. Em particular, utilize *last_run* e *timestamp* para determinar uma porcentagem do tempo de CPU utilizada no último ciclo de escalonamento e diminua *sleep_avg* em proporção a essa porcentagem. Que efeito, se houver, isso apresenta sobre o comportamento do escalonamento?

10. Adicione um escalonador de tempo real do tipo prazo mais próximo primeiro (EDF) ao Linux. Defina um novo valor de SCHED_EDF para utilizar para ele em *sched_setscheduler*( ).

Capítulo 9

Princípios de gerenciamento de memória

À primeira vista, podemos esperar que o gerenciamento de memória seja a área de responsabilidade mais simples. Afinal, a memória, em geral, é apenas um vetor regular de bytes, cada um com um único endereço. Como veremos neste capítulo, a tarefa de gerenciar memória pode ser bastante direta quando temos excedente de memória. No entanto, se tentarmos operar em um ambiente com memória escassa, nossa tarefa se torna muito mais difícil. Isso é particularmente verdadeiro quando temos de recorrer à utilização do disco para fornecer a ilusão de que dispomos de mais memória do que de fato há. Como os acessos ao disco podem ser até um milhão de vezes mais lentos do que os acessos à memória, é fundamental tomar a decisão correta sobre o que copiar da memória para o disco e vice-versa.

Começaremos esse estudo com uma visão geral do conceito de hierarquia de memória. Em seguida, discutiremos as diferentes abordagens de hardware de gerenciamento de memória. Nossa visão do suporte de gerenciamento em sistemas operacionais começará, então, com uma análise dos serviços comuns e, em seguida, do modo como o espaço de memória é dividido em várias regiões. A maior parte deste capítulo é dedicada ao estudo de várias técnicas de alocação, com particular atenção às políticas de substituição de página.

9.1 Hierarquia de memória

As diferentes formas de armazenamento de dados evoluíram através dos anos para atender a várias demandas de projeto. Costumamos chamar esse conjunto de tecnologias de armazenamento de **hierarquia de memória** e o vemos como apresentado na Figura 9-1. Cada nível da hierarquia possui suas próprias características:

- *Registradores*: Esses locais de armazenamento fazem parte da própria CPU. São projetados para serem acessados em menos tempo do que o necessário para se executar uma instrução. Normalmente, sua quantidade fica entre algumas unidades e algumas centenas. Na maioria dos projetos, são implementados no mesmo chip que as outras partes da CPU.

- *Cache*: A realidade do projeto de hardware determina que a CPU, em geral, seja capaz de solicitar e processar dados da memória mais rápido do que esta consegue fornecê-los. Por esse motivo, geralmente incluímos um ou mais níveis de um buffer chamado memória **cache**. Em termos de velocidade, a cache é mais lenta do que os registradores, porém é mais rápida do que a memória principal. Os tamanhos comuns de cache ficam na faixa de alguns quilobytes a alguns megabytes, aumentando a cada novo projeto. Tal aumento de tamanho é induzido por dois fatores. Conforme o tempo passa, os projetos de aplicações tendem a consumir mais memória, o que exige caches maiores para se obter as mesmas taxas de acerto (a fração de tempo em que se deseja que os dados sejam encontrados na cache). Além disso, está aumentando a diferença entre a velocidade à qual a CPU é capaz de processar os dados e aquela à qual a memória pode fornecê-los. Como consequência, as taxas de acerto devem crescer para que o tempo esperado de acesso continue baixo.

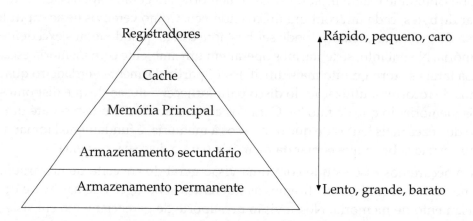

Figura 9-1: Hierarquia de memória

- *Memória principal*: Esse nível da hierarquia também é chamado, algumas vezes, de **armazenamento primário**. Trata-se do foco central do componente de gerenciamento de memória do sistema operacional e ocupa algo como o meio-termo em relação a tamanho e velocidade. Para algumas aplicações embarcadas, a memória principal pode ser de apenas alguns quilobytes, ao passo que, para sistemas de grande escala, pode haver muitos gigabytes de memória.
- *Armazenamento secundário*: O **armazenamento secundário** também é chamado **armazenamento de apoio**. Ele geral, é feito com dispositivos magnéticos mecânicos, como as unidades de disco. Embora seja muito mais lento do que a memória principal, até mesmo os sistemas pequenos frequentemente apresentam dezenas de gigabytes de armazenamento secundário. No contexto de gerenciamento de memória, utilizamos com frequência uma pequena fração do armazenamento secundário para o swapping de dados entre a memória e o disco, quando a demanda

das aplicações excede a memória física disponível. Como os espaços de endereços continuam a crescer, torna-se bastante atraente a ideia de se considerar todo o espaço de armazenamento secundário de um sistema como parte de sua memória endereçável. Consequentemente, embora o gerenciamento de sistema de arquivos seja tratado como parte separada do sistema operacional, os projetos futuros poderão considerá-lo parte do armazenamento secundário, que é o nosso espaço de swapping.

- *Armazenamento permanente*: Com frequência, tratamos o armazenamento de dados de backup como uma questão separada. Assume-se, normalmente, que se trata de um problema de administração do sistema e não uma função inerente ao sistema operacional. Com certeza, são poucos os casos em que ele é considerado parte das responsabilidades de gerenciamento de memória. No entanto, há alguns projetos de pesquisa recentes em que a estrutura do gerenciamento de armazenamento secundário, em geral, foi projetada a partir da ideia de armazenamento permanente de longo prazo. De fato, todos os dados são armazenados de modo que sejam automaticamente preservados para fins permanentes. Os dados nunca são excluídos nesse tipo de subsistema de armazenamento. Observou-se que, para muitos domínios de aplicações, os fabricantes têm sido mais rápidos em produzir capacidades de armazenamento do que os usuários em criar dados para preenchê-las.

Perceba que, conforme subimos e descemos na hierarquia, trocamos velocidade por tamanho e economia. As realidades dos sistemas físicos determinam que, quanto mais rápido fizermos o armazenamento de dados, mais recursos ele consumirá. Isso é válido tanto em termos do número de polegadas cúbicas por bit como em termos de energia consumida pela operação da memória. O efeito final é que descobrimos que a memória mais rápida é maior e mais cara por bit. Consequentemente, construímos sistemas com pequenas capacidades de memória rápida para economizar em custos e espaço físico. Do contrário, nós simplesmente construiríamos toda a hierarquia de memória de mesmo material com que construímos os registradores.

Há um motivo adicional para que tenhamos diferentes tecnologias para diversos níveis de hierarquia. As tecnologias de memória mais rápidas são **voláteis**. Isso significa que, quando a energia é removida, os dados são perdidos. Obviamente, precisamos dispor de outras tecnologias, que permitam que os dados sejam **permanentes**. Por um raciocínio parecido, queremos que pelo menos uma parte de nosso armazenamento permanente seja removível. Se não pudéssemos separar cópias de dados do computador físico, desastres como incêndios e tempestades poderiam destruir o valor do armazenamento permanente. A maioria dos centros de computação mantém cópias de dados importantes em locais separados para reduzir a possibilidade de perda total. No entanto, as exigências de projeto para a construção de dispositivos em que a mídia seja removível tendem a ir no sentido oposto da velocidade de recuperação de dados.

9.2 Tradução de endereços

Posteriormente neste capítulo, discutimos os layouts comuns de memória, tanto em termos do sistema em geral como em termos de processos individuais. Ilustramos ambos os tipos de layout, começando com o endereço 0 e prosseguindo a partir dele. Ao fazer isso, no entanto, não enfatizamos a distinção entre os espaços de endereçamento do layout geral e do layout de processos. Eles obviamente não podem ser o mesmo, pois o espaço de memória inferior não pode ter, ao mesmo tempo, vetores de interrupção e código de programa. No caso do layout geral, falamos em termos de **endereços físicos** ou **endereços reais**. Trata-se dos endereços que determinam diretamente quais locais de memória são endereçados. Em contrapartida, o layout de processo é especificado em termos de **endereços virtuais**, que são os endereços gerados pelo programa em execução. Chamamos o conjunto de endereços físicos possíveis de **espaço de endereçamento físico** (ou **espaço de endereçamento real**) e o conjunto de endereços virtuais possíveis de **espaço de endereçamento virtual**.

Conforme discutido nas subseções seguintes, a discrepância entre esses dois espaços de endereçamento é resolvida por meio de várias formas de **tradução de endereços** (algumas vezes também chamadas de **realocação**). Além da tradução de endereços, a **unidade de gerenciamento de memória** (MMU, do inglês memory management unit) também é responsável pela proteção. Normalmente, exigimos que os processos sejam impedidos de acessar a memória pertencente a outros processos ou ao sistema operacional.

9.2.1 Registradores de base/limite

O primeiro e mais simples método de se fornecer tradução de endereços é pelo uso de registradores de base. A forma mais simples dessa técnica usa um único registrador de base, cujo conteúdo é adicionado a cada endereço virtual fornecendo o endereço físico. Isso é ilustrado na Figura 9-2.

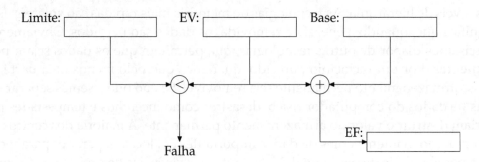

Figura 9-2: Tradução de endereços com registrador de base

Conforme descrito, a técnica de tradução de endereços com registrador de base possui um problema significativo: ela não é muito eficiente para fornecer proteção. Se um processo estiver utilizando menos memória física do que o tamanho do espaço virtual, então, ele poderá acessar a memória além do final de seu espaço alocado. É aí que entra o registrador de limite. Registrador de limite possui duas formas. No primeiro caso, especifica o último endereço que pode ser acessado. Para esse tipo de registrador de limite, comparamos o endereço físico calculado com o registrador de limite e, se ele for maior, negamos acesso e geramos uma interrupção por falha de memória. O outro tipo de registrador de limite especifica o tamanho do espaço de memória alocado. Para esse tipo, comparamos o endereço virtual com o registrador de limite e, se ele for maior, negamos acesso e geramos uma interrupção por falha de memória. A Figura 9-2 ilustra esse segundo uso do registrador de limite. A segunda forma é a mais comum, pois a comparação e a adição podem ser executadas em paralelo no hardware, tornando a implementação mais rápida do que a adição seguida da comparação.

9.2.2 Segmentação

Com muita frequência, desejamos gerenciar as várias partes de um processo separadamente. Por exemplo, considere o caso em que tenhamos mais de um processo que utiliza o mesmo código de programa. Se traduzirmos o endereço para o segmento de código, separadamente dos segmentos de dados e de pilha, poderemos poupar memória, dispondo de dois processos que compartilhem o espaço de código. Essa motivação nos leva a um sistema de gerenciamento de memória segmentada. Um dos modos mais simples de implementá-lo é utilizando registradores de base e de limite separados para cada segmento. Esse tipo de gerenciamento de memória é chamado **segmentação**. Como veremos posteriormente neste capítulo, esse termo também é utilizado para descrever técnicas de divisão de dados em certo número de divisões funcionais distintas. Quando houver a possibilidade de confusão, referimo-nos à técnica de tradução de endereços como **segmentação em hardware**.

Há dois modos comuns para selecionar qual par base/limite deve ser utilizado para um determinado endereço. No primeiro caso, utilizamos os registradores adequados ao tipo particular de acesso. Se estivermos buscando uma instrução, utilizamos os registradores de base e de limite para o segmento de código. Por outro lado, se estivermos inserindo um endereço de retorno na pilha, utilizamos o par de registradores para o segmento de pilha. A segunda abordagem comum é organizar os registradores de base/limite em uma tabela indexada pelos bits de mais alta ordem do endereço virtual. Essa abordagem é ilustrada na Figura 9-3.

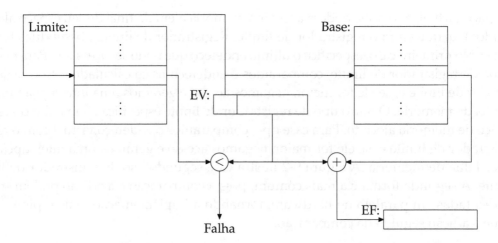

Figura 9.3: Tradução de endereços por segmentação

9.2.3 Paginação

Em geral, os esquemas de segmentação apresentam um número relativamente pequeno de segmentos relativamente grandes de tamanho variável. No entanto, se invertermos esses atributos, obteremos outro tipo de esquema de gerenciamento de memória, ainda mais comumente utilizado. Nós chamamos os esquemas que gerenciam a memória em um grande número de unidades relativamente pequenas e de tamanho fixo de **paginação**.

Em um sistema que utiliza uma unidade de gerenciamento de memória paginada, o espaço de endereçamento virtual é dividido em **páginas** cada uma de 2^k bytes. Se o endereço virtual for de n bits, então o espaço de memória virtual consistirá de 2^{n-k} páginas. Os $n - k$ bits superiores formam um **número de página** e os k bits inferiores são um deslocamento na página. No espaço de memória física, um espaço de 2^k bytes em que uma página possa ser mapeada é chamado **quadro de página**.

9.2.3.1 Tabelas de páginas

Assim como os registradores que determinam a tradução de endereços de segmentos podem ser reunidos em uma tabela, os dados que determinam a tradução de endereços em um sistema de paginação também o podem. Chamamos essas tabelas de **tabelas de páginas**. Uma tabela de página é indexada pelo número de página em um endereço virtual, e a **entrada da tabela de página** (ETP) determina a tradução. Um conjunto completo de campos de uma ETP normalmente inclui:

- *Número de quadro de página* (*NQP*): Esse campo determina o quadro para o qual a página em questão está mapeada. Esse campo é concatenado ao deslocamento para fornecer o endereço físico.

- *Bits de proteção*: Em geral, desejamos poder restringir a utilização de algumas páginas. De modo semelhante ao compartilhamento de partes de memória em um esquema segmentado, também podemos fazer o mesmo em um sistema paginado. Normalmente, desejamos marcar as páginas compartilhadas como de apenas leitura. De modo similar, com frequência queremos impedir que as páginas de dados sejam executadas como instruções.

- *Bit de presença* (P): Esse bit, algumas vezes, é chamado **bit de validade**. Ele é configurado quando há uma tradução desse número de página em um número de quadro. Ao se tentar acessar um local de memória em uma página para a qual não haja tradução válida, será gerada uma interrupção. Tal interrupção é chamada **falha de página**. Ela indica uma entre duas condições. A primeira interpretação de uma falha de página é que a memória solicitada não está alocada para o processo. Nesse caso, ela deve ser automaticamente alocada ou, o que ocorre com mais frequência, dizemos que o processo executou uma operação ilegal e deve ser finalizado. A outra interpretação é que a página não está presente na memória, mas armazenada em disco, devendo ser lida para a memória em resposta à falha. Esse último caso é discutido com mais detalhes na Seção 9.6.3.

- *Bit de sujeira* (M): Esse bit geralmente é chamado **bit de modificação**. Sua configuração (pelo hardware) significa que um acesso de gravação foi feito a determinada página desde a última vez em que o bit foi limpo. Utilizamos essa informação com frequência para saber se precisamos salvar a página de volta no disco antes de realocar seu quadro.

- *Bit de acesso* (A): Nem todos os sistemas incluem esse bit. Quando ele estiver implementado, sua configuração pelo hardware indica que a página foi acessada (para leitura ou gravação) desde a última vez em que o bit foi limpo.

Reunindo esses componentes, obtemos o esquema de tradução de endereços ilustrado na Figura 9-4.

Suponha termos uma máquina com endereços virtuais de 32 bits e páginas de $2^{12} = 4096$ bytes. Isso implica que há $2^{20} = 1.048.576$ páginas e, consequentemente, o mesmo número de entradas na tabela de páginas. Se cada ETP for de 4 bytes, a tabela de página será de 4 MB. Mesmo com espaços de memória física grandes e modernos, ainda é desperdício alocar uma tabela de páginas completa para cada processo se estivermos utilizando apenas uma pequena fração do número de páginas. Há algumas formas pelas quais podemos reduzir a necessidade de espaço para a tabela de páginas. Em primeiro lugar, utilizamos, com frequência, uma abordagem de registrador de base e de limite para definir a tabela de página. Isso funcionará melhor se tivermos alocado a parte inferior do espaço de endereçamento virtual para o processo.

A divisão do espaço de memória virtual em uma hierarquia é outro método para lidar com grandes tabelas de página. Essa hierarquia nos leva a uma tabela de página de dois níveis. Utilizando nosso exemplo, dividimos os 20 bits do número de página em dois conjuntos de 10. Os 10 bits mais significativos indexam uma tabela de página, chamada frequentemente **diretório de página**. O número do quadro de página armazenado na ETP selecionada identifica a página que mantém a tabela de páginas, que é então indexada pelos outros 10 bits do número de página. A Figura 9-5 mostra esse esquema de paginação em dois níveis.

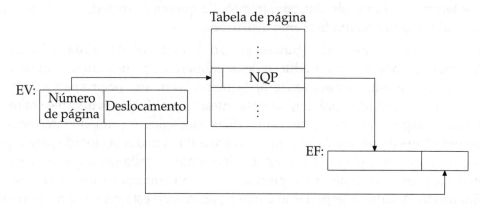

Figura 9-4: Tradução com tabela de páginas de único nível

9.2.3.2 Buffer de tradução de endereço

Como as tabelas de página são armazenadas em memória, surge uma questão significativa de desempenho. Para concluir o acesso à memória, temos de olhar primeiro a ETP do respectivo local de memória, o que envolve por si mesmo um acesso à memória (dois, no caso de uma tabela de página de dois níveis). O resultado é que todo acesso leva duas ou três vezes mais tempo do que se não houvesse tradução de endereços com tabela de páginas.

É desnecessário dizer que isso aumenta o descompasso entre a taxa em que o processador pode solicitar e processar os dados e a taxa em que o subsistema de memória pode fornecê-los. Assim como utilizamos uma cache para sobrepor a perda de desempenho, utilizaremos aqui uma cache especial para melhorar a velocidade do sistema de paginação. Essa cache é chamada **buffer de tradução de endereço** (TLB, do inglês translation lookaside buffer). Ela é endereçada por uma referência ao número de página e, se a ETP estiver contida na TLB, nos poupará um acesso à memória. Do contrário, a tabela de páginas na memória é indexada para localizar a ETP.

9.2.3.3 Tabela de páginas invertida

A ideia básica da unidade de gerenciamento de memória paginada faz sentido para sistemas com endereços de 32 bits. No entanto, se o sistema utilizar endereços de 64 bits, o tamanho da tabela pode ser inviavelmente grande. Considere o caso em que nossas páginas tenham 65.536 bytes cada. Isso significa que a parte de deslocamento do endereço virtual tem 16 bits. Se utilizarmos uma tabela de página de dois níveis, cada nível será endereçado por um número de 24 bits, o que significa que cada tabela terá cerca de 16 milhões de entradas. Cada ETP provavelmente terá 8 bytes, fazendo com que cada uma dessas tabelas tenha 128 MB! Mesmo se passarmos para uma tabela de páginas de três níveis, cada tabela ainda terá meio megabyte, obrigando-nos a lidar com o fato de que as referências às páginas exigiriam até quatro acessos à memória.

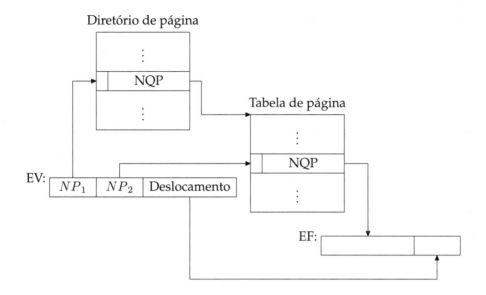

Figura 9-5: Tradução com tabela de páginas de dois níveis

Para lidar com essa questão, podemos empregar **tabela de páginas invertida**, às vezes chamadas **tabela de quadros**. Enquanto uma tabela de página normal mapeia os números de páginas em números de quadros de páginas, uma tabela de páginas invertida mapeia os números de quadros de páginas em números de páginas. Utilizando essas tabelas, o funcionamento da TLB permanece o mesmo. Obviamente, isso não permite que a técnica de hardware utilize o número de página como um índice dentro da tabela. Em vez disso, quando tivermos uma falta na TLB, o sistema operacional é responsável pela alocação da ETP adequada e por seu carregamento na TLB.

9.3 Serviços relacionados à memória

Anteriormente neste capítulo, discutimos o conceito de hierarquia de memória. Em um sentido amplo, o sistema operacional é responsável pelo gerenciamento dessa hierarquia. Em última análise, temos de decidir quais dados devem residir em cada nível. Para alguns níveis, isso é determinado por hardware, mas, na maioria dos casos, é o sistema operacional que deve tomar essas decisões. Todos os serviços relacionados à memória que o SO fornece às aplicações resumem-se a determinar em que nível de hierarquia e em que lugar desse nível os dados devem residir.

Essencialmente, o sistema operacional fornece dois serviços principais de memória para os processos: alocação e liberação. A alocação de memória segue duas abordagens gerais. Na primeira, que pode ser chamada **alocação explícita**, o processo solicitante especifica exatamente quais endereços de memória são solicitados.

Por exemplo, a chamada ao sistema pode especificar o endereço mais alto que deve ser utilizado para o espaço de memória. Pressupõe-se que todos os endereços abaixo também serão utilizados. Como poderíamos esperar, a outra abordagem pode ser chamada **alocação implícita**. Com essa abordagem, o processo solicitante pede um bloco de memória de determinado tamanho, mas não específica onde a memória deve estar. A chamada ao sistema retorna o endereço do bloco recém-alocado. De qualquer modo, as aplicações frequentemente subdividem ainda mais o espaço alocado com seu próprio gerenciamento de memória. No entanto, da perspectiva do sistema operacional, esses espaços são apenas blocos alocados. Não nos importa como a aplicação os utiliza.

De modo similar, podemos identificar as estratégias de liberação explícitas e implícitas. Em alguns casos, a aplicação emite uma chamada ao sistema, especificando qual memória deve ser liberada. Essa especificação normalmente é feita pela passagem do endereço do bloco ou pela redução do tamanho do espaço de memória. No entanto, às vezes, projetamos sistemas de modo que a liberação seja implícita. A ideia aqui é que podemos determinar qual parte da memória ainda está sendo utilizada, analisando todas as referências à memória do sistema. Começamos com os blocos de memória conhecidos e seguimos quaisquer referências contidas neles. Esse processo é executado recursivamente, analisando todas as referências contidas em cada bloco identificado. No final desse processo, todos os blocos de memória que não visitamos não devem mais ser utilizados e, portanto, podem ser liberados. Esse tipo de algoritmo **marque e limpe** (do inglês, mark and sweep)[1] é uma forma de **coleta de lixo**.

Alguns sistemas operacionais fornecem, ainda, serviços que controlam o compartilhamento de memória. Às vezes, desejamos permitir que um processo declare que parte de seu espaço de memória coincide com parte do espaço de outro processo. Embora possamos considerar que esse seja um caso especial de solicitação de alocação, o conjunto comum de serviços fornece chamadas ao sistema distintas para o controle de compartilhamento. Por exemplo, poderíamos fornecer uma chamada ao sistema em que a aplicação passe o endereço e o tamanho de uma memória já alocada e a declare como disponível para compartilhamento. O resultado dessa chamada é que o SO aloca um identificador único em todo o sistema e o retorna ao processo solicitante. Em seguida, outro processo pode emitir uma chamada ao sistema pela qual afirme que gostaria de incorporar ao seu espaço de endereçamento o bloco de memória compartilhada por um determinado número de ID. Uma vez estabelecido esse mapeamento, qualquer coisa que um processo grave no espaço de memória compartilhada poderá ser lida pelo outro processo. Naturalmente, os processos envolvidos devem utilizar técnicas de exclusão mútua, como as discutidas na Seção 5.7, para coordenar o acesso ao recurso compartilhado.

Um último serviço fornecido por alguns sistemas operacionais é o de **arquivo mapeado na memória**. Suponha termos um arquivo armazenado no disco de um

---

[1] Trata-se de uma técnica realizada em duas fases. Na primeira, os blocos acessíveis são marcados. Na segunda, os blocos não marcados são recuperados. (N.R.T.)

sistema de arquivos, conforme discutido no Capítulo 17, e uma solicitação de que ele seja mapeado na memória. Se estivermos programando em C e a solicitação de mapeamento retornar um ponteiro p que aponte para o arquivo mapeado, uma expressão como $p[10]$ se referirá ao byte 10 do arquivo. O efeito é que podemos ler e gravar o arquivo utilizando operações normais de acesso à memória, em vez de chamadas ao sistema específicas para o sistema de arquivos.

9.4 Layouts de memória

Antes de investigar os detalhes de como o sistema operacional fornece serviços de memória, é útil estabelecer seu contexto. Em primeiro lugar, examinaremos o layout de memória geral do sistema. No que se segue, é importante lembrar que, para a maior parte do que dizemos sobre os princípios gerais de layout de memória, há sistemas que apresentam exceções. No entanto, alguns recursos são comuns o suficiente para que possamos montar a imagem de um layout típico.

Comecemos com o espaço de memória definido pelo hardware. Se a arquitetura definir os endereços com n bits de largura, então os endereços de memória possíveis vão de 0 a $2^n - 1$. Outros aspectos do projeto do sistema podem limitar a quantidade de espaço de endereçamento que podemos acessar. Por exemplo, embora a arquitetura possa definir n bits, a implementação real pode apresentar apenas m bits de acesso à memória real, fazendo com que os outros $n - m$ bits sejam ignorados. Além dessas restrições, outras partes do espaço de memória são frequentemente reservadas para fins específicos. O espaço dos vetores de interrupção é um exemplo comum dessas reservas. Em geral, eles são posicionados na base ou no topo do espaço de memória. De modo similar, muitos projetos de sistema definem uma parte do espaço de memória superior para os dispositivos de E/S. Reunindo esses componentes, obtemos um layout similar ao apresentado na Figura 9-6. Tenha em mente que esse layout é especificado em termos de endereços de memória física.

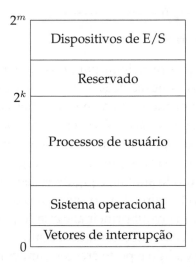

Figura 9-6: Layout típico de memória do sistema

Assim como podemos fazer algumas afirmações gerais sobre o layout geral do sistema, podemos dizer algumas coisas sobre o modo como os processos são dispostos na memória. Para a maioria dos ambientes, o espaço de memória de um processo é dividido em vários **segmentos**. Um segmento típico contém o código do processo. Os bytes no **segmento de código** são os que realizam as instruções executáveis do programa. Outro caso é o **segmento de dados**, que contém alguns dos dados do processo. Tais segmentos, em especial, contêm, normalmente, os dados globais ou alocados dinamicamente por chamadas de alocação. Por fim, geralmente há o **segmento de pilha**, utilizado para armazenar registros de ativação. Esses registros (também chamados quadros de pilha) mantêm os argumentos, variáveis locais, endereços de retorno e outros componentes administrativos gerais relacionados às chamadas de funções e interrupções. Alguns subsistemas dividem um ou mais desses segmentos, e alguns possuem segmentos adicionais.

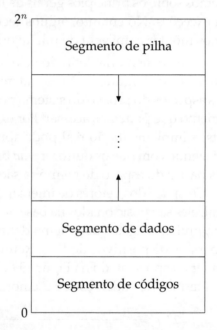

Figura 9-7: Layout típico de memória de processo

Existem duas abordagens principais para posicionar os segmentos no espaço de memória. Ao discutirmos essas técnicas, focamos os três segmentos principais descritos anteriormente. Em primeiro lugar, em sistemas com grandes espaços de memória virtual, os segmentos são, às vezes, posicionados em limites fixos de endereços virtuais. Por exemplo, em um sistema com um espaço de endereçamento de 32 bits, podemos posicionar o segmento de código no endereço virtual 0 e liberar até 1 GB para ele. De modo similar, o gigabyte seguinte pode ser reservado para o segmento de dados e o terceiro, para o segmento de pilha, com o gigabyte final sendo proibido. O segundo layout principal é criado pela alocação do segmento de código apenas de acordo com a necessidade. Assim, o segmento de dados começa no final do segmento de código e pode crescer para cima, ao passo que a pilha começa no topo do espaço de endereçamento e pode crescer para baixo. Essa segunda abordagem é ilustrada na Figura 9-7. Em ambos os casos, o layout é descrito em termos de espaços de endereços virtuais. Mesmo que tenhamos ilustrado esses layouts de processo como contíguos, lembre-se de que a tradução de endereços pode muito bem fragmentá-los e espalhá-los pelo espaço de memória física. Como discutido na Seção 9.2, a segmentação de hardware, a paginação ou ambas podem ser utilizadas para realizar a tradução de endereços.

9.5 Técnicas de alocação de memória

O papel principal do sistema de gerenciamento de memória é satisfazer as exigências de alocação de memória. Algumas vezes, isso fica implícito, como quando um novo processo é criado. Em outros tempos, os processos solicitavam memória explicitamente. De qualquer modo, o sistema deve localizar memória não alocada suficiente e atribuí-la ao processo.

9.5.1 Gerenciamento de espaço livre

Antes de podermos alocar memória, devemos localizar a memória livre. Naturalmente, desejamos representar os blocos de memória livre de um modo que torne a busca eficiente.

Antes de entrar nos detalhes, no entanto, deveríamos nos perguntar se estamos falando sobre a localização de memória livre no espaço físico ou virtual. Ao longo desse capítulo, veremos técnicas de gerenciamento de memória, principalmente da perspectiva do sistema operacional, que gerencia o recurso de memória física. Consequentemente, todas essas técnicas podem ser vistas como operações no espaço físico. No entanto, muitas delas também podem ser utilizadas para gerenciar o espaço de memória virtual. A alocação dinâmica de memória no nível de aplicação, que utiliza operações familiares, como a chamada *malloc( )* em C ou o operador **new** em C++, aloca, com frequência, grandes blocos a partir do SO e, em seguida, os subdivide em alocações menores. Elas podem muito bem utilizar algumas dessas técnicas para gerenciar seu próprio uso de memória. Para o sistema operacional, no entanto, essa utilização das técnicas não é importante.

9.5.1.1 Mapa de bits de blocos livres

Se estivermos operando em um ambiente de páginas de tamanho fixo, a procura torna-se fácil. Não nos preocupamos em qual página escolher, pois todas serão do mesmo tamanho. É muito comum, nesse caso, simplesmente armazenar um bit por quadro de página, que é definido em um, se o quadro estiver livre, ou zero, se alocado. Com essa representação, podemos marcar uma página como livre ou alocada em um tempo constante, apenas indexando nesse **mapa de bits de blocos livres**. A obtenção de páginas livres é simplesmente uma questão de localizar o primeiro bit diferente de zero no mapa. Para tornar essa busca mais fácil, com frequência

230 ■ Princípios de sistemas operacionais

procuramos a primeira página disponível. Ao alocá-la, partimos desse ponto para encontrar a próxima disponível.

O gasto de memória de uma representação por mapa de bits é muito pequeno. Por exemplo, se tivermos páginas de 4096 bytes cada, o mapa de bits utiliza 1 bit para cada 32.768 bits de memória, um gasto de 0,003%.

Geralmente, ao alocarmos em um ambiente que utilize tradução de endereços por paginação, não nos preocupamos com qual quadro de página é fornecido a um processo, e o processo nunca precisa ter controle sobre a relação física entre as páginas. No entanto, há exceções. Uma é o caso em que alocamos memória em unidades de tamanho fixo, mas em que não haja tradução de endereço. Outra é quando nem todos os quadros de página são criados igualmente. Em ambos os casos, pode ser necessário solicitar certo número de quadros de página fisicamente contíguos. Quando alocamos vários quadros de página contíguos, não procuramos pela primeira página disponível, mas por uma série de páginas disponíveis, pelo menos tão grande quanto a solicitação de alocação.

9.5.1.2 Lista de blocos livres

Podemos também representar o conjunto de blocos de memória livre mantendo-os em uma lista encadeada. Ao lidar com páginas de tamanho fixo, a alocação é novamente muito fácil. Simplesmente pegamos a primeira página da lista. Quando as páginas retornarem ao conjunto de livres, simplesmente as adicionamos à lista. Ambas são operações de tempo constante.

Se estivermos alocando memória em unidades de tamanho variável, será necessário fazer uma busca na lista para encontrar um bloco adequado. Em geral, esse processo pode levar uma quantidade de tempo proporcional ao número de blocos de memória livres. Dependendo de escolhermos ou não manter a lista ordenada, a adição de um novo bloco de memória à lista de blocos livres pode levar um tempo $O(n)$ (proporcional ao número de blocos livres). Para acelerar a busca por blocos de um determinado tamanho, é comum utilizarmos estruturas de dados mais complexas. As estruturas de dados mais conhecidas, como as árvores de busca binária e as tabelas hash, estão entre as utilizadas com mais frequência.

Utilizando a representação de lista encadeada comum, temos uma estrutura que contém o endereço inicial, o tamanho e um ponteiro para o próximo elemento da lista. Em um sistema típico de 32 bits, essa estrutura utiliza 12 bytes. Assim, se o tamanho médio de um bloco for de 4096 bytes, a lista de livres consumiria 0,3% do espaço livre disponível. No entanto, há um artifício clássico de que podemos nos valer para reduzir esse gasto a apenas um ponteiro para o início da lista. Esse artifício baseia-se em encontrar outro modo de guardar o caminho do endereço inicial, o tamanho e os ponteiros que determinam a estrutura de lista. Como cada elemento na lista representa espaço livre, podemos armazenar o tamanho e o ponteiro para o elemento seguinte no próprio bloco livre (o endereço inicial fica implícito). Essa técnica é ilustrada no Exemplo 9.1.

Exemplo 9.1: Estrutura da lista de blocos livres

Considere uma lista livre com três blocos livres, de tamanhos 3, 8 e 16. Se o bloco de tamanho 16 for o primeiro na memória, seguido pelos blocos de tamanhos 3 e 8, a estrutura de lista apresentada na Figura 9-8 armazena a lista em ordem crescente de tamanho.

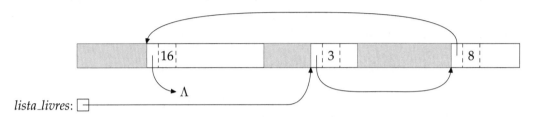

Figura 9-8: Exemplo de lista de blocos livres

Há vários elementos nesse exemplo que devem ser observados. Em primeiro lugar, com exceção do ponteiro global *lista_livres*, armazenamos todo o resto nos próprios blocos livres. O único gasto é esse ponteiro. Segundo, se um bloco tiver o tamanho de 16 KB e os ponteiros e os tamanhos forem armazenados em inteiros de 4 bytes, o espaço não utilizado enquanto o bloco estiver na lista de livres será de 16384 − 8 = 16376. No entanto, os 16384 bytes completos estarão disponíveis à alocação para um processo solicitante. Em terceiro lugar, não armazenamos o endereço inicial de um bloco em suas informações descritivas. Ao seguirmos um ponteiro para um bloco, ele nos fornecerá o endereço inicial.

9.5.2 Fragmentação

A alocação de memória pode resultar em um desperdício de espaço. Isso ocorre de dois modos. Primeiro, se alocarmos mais memória do que de fato foi solicitado, parte do bloco alocado ficará ociosa. Esse tipo de desperdício é chamado **fragmentação interna**. O outro tipo de desperdício é a memória ociosa fora de qualquer unidade alocada. Isso pode ocorrer se houver blocos livres disponíveis muito pequenos para atender a qualquer solicitação. A memória desperdiçada localizada fora das unidades de alocação é chamada **fragmentação externa**.

9.5.3 Particionamento

Os métodos mais simples de alocação de memória baseiam-se na divisão da memória em áreas com **partições** fixas. Em geral, definimos administrativamente as partições fixas entre blocos de tamanho variável. Tais partições funcionam do momento em que o sistema é inicializado até quando é desligado. Todas as solicitações de memória são satisfeitas a partir de um conjunto fixo de partições definidas. Essa abordagem é ilustrada no Exemplo 9.2.

232 ■ Princípios de sistemas operacionais

Exemplo 9.2: Particionamento fixo

Embora o particionamento fixo não seja normalmente encontrado em sistemas modernos de propósito geral, ele parece estar passando por uma espécie de renovação. Alguns sistemas de virtualização utilizam partições fixas simples entre vários sistemas virtuais. Um bom exemplo disso é o Xen. Nesse sistema, a memória utilizada pelo SO identificado como o SO de Domínio 0 é especificada com a opção dom0_mem em qualquer carregador de boot utilizado para carregar o Xen hypervisor na memória. Por exemplo, ao utilizar grub, a linha

```
kernel=/xen.gz dom0_mem=262144 console=vga
```

estabelece que o SO de Domínio 0 possui 256 MB reservados para ele. Para que o SO seja executado em outros domínios, a linha

```
memory = 128
```

em um arquivo de configuração reserva 128 MB para o domínio correspondente.

Em geral, no entanto, desejamos a flexibilidade de alocar memória em unidades grandes ou pequenas, conforme necessário. Quando alocamos memória nesses sistemas, escolhemos um bloco livre e o dividimos em duas partes. A primeira parte é a memória que alocamos para o processo solicitante, e a segunda parte retorna para o conjunto de blocos de memória livres. Nesses sistemas de partições variáveis, utilizamos múltiplos de uma unidade mínima de alocação. Essa unidade é um parâmetro de projeto do SO e não uma função do projeto de MMU do hardware. Isso ajuda a reduzir a fragmentação externa. Na maioria dos casos, essas unidades de alocação são relativamente pequenas – geralmente menores do que os tamanhos de quadros de página que normalmente vemos em sistemas que utilizam paginação. Além disso, se estivermos utilizando uma estrutura de dados de lista de blocos livres armazenada nos blocos livres, temos de assegurar que cada bloco livre seja grande o suficiente para manter a estrutura.

9.5.4 Políticas de seleção

Se mais de um bloco livre for capaz de satisfazer uma solicitação, qual deverá ser escolhido? Há vários esquemas frequentemente estudados e utilizados.

9.5.4.1 Primeiro ajuste

Um deles é chamado **primeiro ajuste**. A ideia básica da alocação por primeiro ajuste é procurar na lista e escolher o primeiro bloco cujo tamanho seja maior ou igual ao solicitado, como ilustrado no Exemplo 9.3. Se chegarmos ao final da lista sem encontrar um bloco adequado, a solicitação falha. Como, com frequência, a lista é classificada por ordem de endereço, a política de primeiro ajuste tende a fazer com que as alocações fiquem aglomeradas em direção aos endereços de memória baixa. O efeito resultante é que a área de memória baixa tende a se tornar fragmentada, enquanto a área de memória alta tende a apresentar blocos livres maiores.

Exemplo 9.3: Alocação por primeiro ajuste

Para ilustrar o comportamento da alocação por primeiro ajuste, bem como as próximas políticas de alocação, traçamos seus comportamentos para um conjunto de solicitações de alocação e liberação. Denotamos essa sequência como A20, A15, A10, A25, L20, L10, A8, A30, L15, A15, em que An denota uma solicitação de alocação para n KB e Ln, uma solicitação de liberação para um bloco alocado com tamanho de n KB (para simplificar a notação, temos apenas um bloco de um dado tamanho alocado por vez. Nenhuma das políticas depende dessa propriedade; ela é aqui utilizada simplesmente para facilitar). Nesses exemplos, o espaço de memória a partir do qual atendemos às solicitações é de 128 KB. Cada linha da Figura 9-9 mostra o estado da memória após a operação identificada à esquerda. Os blocos sombreados são alocados e os não sombreados são livres. O tamanho de cada bloco é apresentado na caixa correspondente da figura. Nessa e em outras figuras de alocação deste capítulo, o tempo avança para baixo. Em outras palavras, cada operação ocorre antes da que está abaixo dela.

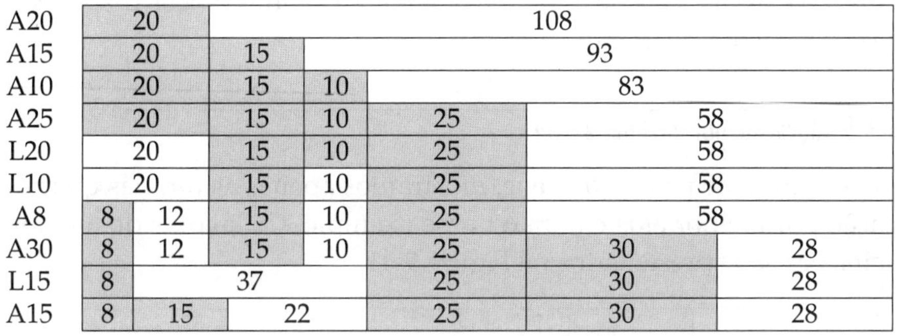

A20	20		108			
A15	20	15		93		
A10	20	15	10		83	
A25	20	15	10	25		58
L20	20	15	10	25		58
L10	20	15	10	25		58
A8	8	12	15	10	25	58
A30	8	12	15	10	25	30	28
L15	8	37		25	30	28
A15	8	15	22	25	30	28

Figura 9-9: Alocação por primeiro ajuste

9.5.4.2 Próximo ajuste

Se quisermos distribuir as alocações de modo mais regular pelo espaço de memória, recorremos com frequência a uma política chamada **próximo ajuste**. Esse esquema é muito parecido com a abordagem do primeiro ajuste, exceto pelo lugar em que a busca começa. Na política de ajuste seguinte, começamos a busca com o próximo bloco livre na lista, após a última alocação. Durante a busca, tratamos a lista como circular. Se voltarmos ao ponto de partida sem encontrarmos um bloco adequado, a busca falha. O Exemplo 9.4 ilustra essa técnica.

234 ■ Princípios de sistemas operacionais

Exemplo 9.4: Alocação por próximo ajuste

Para as próximas três políticas de alocação desta seção, os resultados após as seis primeiras solicitações (até a solicitação D10) são os mesmos. Na Figura 9-10, mostramos os resultados após cada uma das outras solicitações seguindo a política de próximo ajuste.

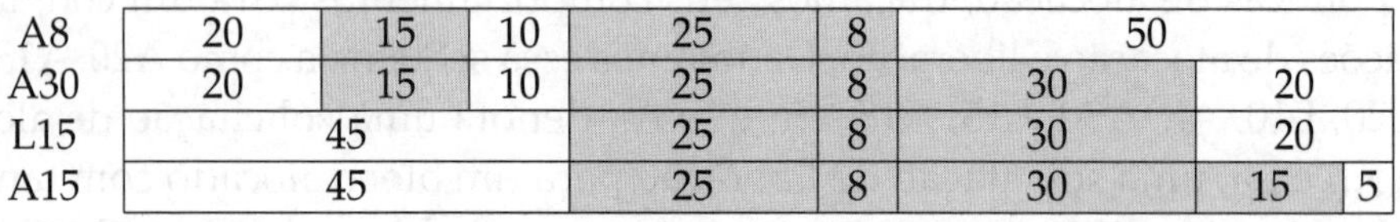

A8	20	15	10	25	8	50		
A30	20	15	10	25	8	30	20	
L15	45			25	8	30	20	
A15	45			25	8	30	15	5

Figura 9-10: Alocação por próximo ajuste

9.5.4.3 Melhor ajuste

Em muitos casos, a abordagem mais natural é alocar o bloco livre mais próximo ao tamanho da solicitação. Essa técnica é chamada **melhor ajuste**. Nela, buscamos na lista o menor bloco que seja maior ou igual ao tamanho solicitado. Isso é ilustrado no Exemplo 9.5. Como no caso do primeiro ajuste, o melhor ajuste tende a criar fragmentação externa significativa, mas mantém grandes blocos disponíveis para possíveis solicitações de grande alocação.

Exemplo 9.5: Alocação por melhor ajuste

Como no exemplo de próximo ajuste, mostramos apenas as últimas quatro etapas da alocação por melhor ajuste para o nosso exemplo. Os layouts de memória dessas solicitações são apresentados na Figura 9-11.

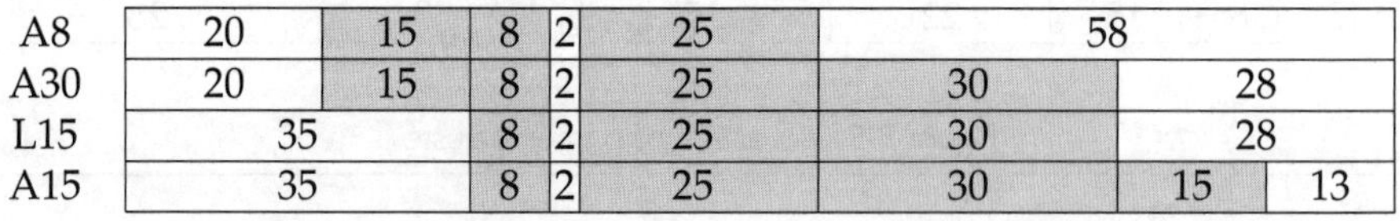

A8	20	15	8	2	25	58		
A30	20	15	8	2	25	30	28	
L15	35		8	2	25	30	28	
A15	35		8	2	25	30	15	13

Figura 9-11: Alocação por melhor ajuste

9.5.4.4 Pior ajuste

Se o melhor ajuste aloca o menor bloco que satisfaça a solicitação, o **pior ajuste** aloca o maior bloco para cada solicitação. Embora o nome possa sugerir que ela nunca deveria ser utilizada, essa política apresenta uma vantagem. Se a maioria das solicitações for de tamanho similar, a política por pior ajuste tende a minimizar a fragmentação externa. Ilustramos essa técnica no Exemplo 9.6.

Exemplo 9.6: Alocação por pior ajuste

Por fim, a Figura 9-12 mostra o layout de memória após cada uma das últimas quatro solicitações em nosso exemplo de alocação por pior ajuste.

A8	20	15	10	25	8	50	
A30	20	15	10	25	8	30	20
L15	45			25	8	30	20
A15	15	30		25	8	30	20

Figura 9-12: Alocação por pior ajuste

9.5.5 Gerenciamento por sistema de companheiros

Há outro sistema de alocação de memória muito elegante e que tende a apresentar muito pouca fragmentação externa. Essa abordagem é chamada **sistema de companheiros** (do inglês, buddy system) e baseia-se na ideia de que todos os blocos alocados possuem tamanho em potência de 2. O algoritmo de alocação por sistema de companheiros pode ser descrito da seguinte maneira:

Alocação por sistema de companheiros: Seja n o tamanho da solicitação, localize um bloco de pelo menos n bytes e retorne-o ao processo solicitante.

1. Se n for inferior à menor unidade de alocação, estabeleça n como a menor unidade.

2. Arredonde n à potência de 2 mais próxima acima. Em particular, selecione o menor k, tal que $2^k \geq n$.

3. Se não houver um bloco livre de tamanho 2^k, aloque recursivamente um bloco de tamanho 2^{k+1} e quebre-o em dois blocos livres de tamanho 2^k.

4. Retorne ao primeiro bloco livre de tamanho 2^k para atender à solicitação.

Chamamos essa técnica de sistema de companheiros, pois cada vez que quebramos um bloco, criamos um par de companheiros que sempre estará separado ou reunido. Nenhum deles será reunido a outro bloco. A partir do deslocamento de um bloco, podemos saber se ele é o companheiro à esquerda ou à direita em um par. Em particular, se tivermos um bloco de tamanho 2^k, o bit k do deslocamento (numerado a partir do bit menos significativo começando em 0) será zero se o bloco for um companheiro à esquerda, e 1, se à direita. Por exemplo, um bloco de 32 bytes começará em um deslocamento cujos últimos seis bits são 000000 ou 100000. No primeiro caso, trata-se do companheiro à esquerda e no segundo, à direita. Para encontrar o companheiro de um bloco, devemos apenas complementar o bit k do deslocamento. Assim, ao liberar um bloco, é possível encontrar facilmente qual bloco pode ser combinado a ele para formar um maior. Se descobrirmos que seu companheiro também está livre e combinarmos os dois, tentaremos recursivamente combinar o novo bloco com seu companheiro. Esse método é ilustrado no Exemplo 9.7.

236 ■ Princípios de sistemas operacionais

A alocação por sistema de companheiros é bastante direta e tende a apresentar muito pouca fragmentação externa. No entanto, o preço a pagar por isso é o aumento da fragmentação interna. O pior caso surge quando a solicitação de alocação é um byte maior do que uma potência de 2. Nesse caso, a alocação será quase duas vezes maior do que o tamanho solicitado. É claro que, na prática, a fragmentação interna real é substancialmente menor, mas ainda tende a ser maior do que a que encontramos em outras técnicas para blocos de tamanho variável.

Exemplo 9.7: Alocação por sistema de companheiros

Voltemos novamente às solicitações de alocação dos exemplos anteriores para ver como o sistema de companheiros as trataria. A Figura 9-13 mostra as alocações de memória sob a política de sistema de companheiros. Em cada bloco alocado, tanto o seu tamanho como o tamanho da solicitação são dados para ilustrar a fragmentação interna.

	128				
A20	32:20	32		64	
A15	32:20	16:15	16	64	
A10	32:20	16:15	16:10	64	
A25	32:20	16:15	16:10	32:25	32
L20	32	16:15	16:10	32:25	32
L10	32	16:15	16	32:25	32
A8	32	16:15	8:8 8	32:25	32
A30	32:30	16:15	8:8 8	32:25	32
L15	32:30	16	8:8 8	32:25	32
A15	32:30	16:15	8:8 8	32:25	32
L8	32:30	16:15	16	32:25	32
L30	32	16:15	16	32:25	32
L15	64			32:25	32

Figura 9-13: Alocação por sistema de companheiros

O conjunto de alocações e liberações deste exemplo ilustra vários aspectos dessa técnica. Na primeira solicitação, desejamos alocar um bloco de tamanho 20, que arredondamos para a próxima potência de 2 acima, que é 32. Não há blocos livres desse tamanho. Assim, tomamos o único bloco livre existente (com tamanho 128) e o quebramos em dois blocos livres com tamanho 64. Ainda não temos um bloco com tamanho 32; portanto, repetimos a etapa e quebramos um dos blocos de tamanho 64 em dois blocos de tamanho 32. Agora temos um bloco que pode ser utilizado para satisfazer a solicitação. As outras solicitações de alocação são relativamente diretas, de modo que podem ser atendidas com um bloco livre disponível ou com uma quebra. As três últimas liberações (além daquelas do exemplo anterior) também merecem atenção. Em cada um desses três casos, o bloco liberado é companheiro de um bloco livre. Assim, nós os combinamos em um bloco livre maior. A última liberação é especialmente interessante. Liberamos o bloco de tamanho 16 (do qual a aplicação utilizava 15). Como seu companheiro (também de tamanho 16) está livre, nós os combinamos em um bloco de tamanho 32. O companheiro desse novo bloco livre também está livre; assim, repetimos a combinação dos dois blocos de tamanho 32 em um de 64.

9.6 Técnicas de alocação saturada

Até agora, assumimos que é possível negar uma solicitação de alocação se não houver algum bloco livre adequado disponível. Em alguns ambientes (por exemplo, supercomputadores), essa é uma política razoável. No entanto, na maioria dos sistemas de propósito geral, desejamos ser capazes de extrapolar um pouco. Nossa justificativa é que é muito raro que todo bloco de memória alocada esteja correntemente em uso por ser acessado com frequência. Se pudermos identificar blocos que não estejam atualmente em uso e armazená-los temporariamente no disco, na maioria dos casos teremos memória suficiente para manter todos os processos correntemente ativos.

Nota histórica: Overlay

Além das técnicas de swapping e paginação discutidas aqui, há outra técnica de alocação saturada que, em grande parte, ficou para a história. Houve um tempo em que os programadores forneciam o gerenciamento de alocação saturada como parte das próprias aplicações. O mecanismo mais comum era o **overlay**. Suponha que a estrutura do programa possa ser dividida em certo número de fases distintas. Um compilador é um bom exemplo. Consideremos um projeto em que a fase de análise sintática é chamada para produzir uma representação intermediária, que é depois tratada pela fase de geração de código, sendo o resultado do gerador de código tratado pelo otimizador. Com a conclusão do analisador sintático, não precisamos mais que o código dele esteja residente na memória. Assim, quando existe pouco espaço de memória virtual ou física, podemos iniciar o compilador com apenas o código do analisador sintático residente e, então, sobrepor esse código com o código do gerador após a análise sintática ter sido concluída. De modo similar, quando o gerador de código conclui sua tarefa, carregamos o código do otimizador na memória sobre esse gerador. A própria aplicação carregará o novo código na memória e transferirá o controle para ele. O sistema operacional não é responsável por gerenciar a memória, exceto na alocação de espaço para o processo como um todo. Como muitas técnicas, o overlay foi utilizado por muitas gerações de computadores, incluindo mainframes, minicomputadores e microcomputadores, em que se utilizavam sistemas operacionais como o CP/M e o MS-DOS. Nos dias de hoje, diante dos grandes espaços de endereçamento virtual dos sistemas modernos e da paginação por demanda, os programadores raramente são sobrecarregados com a implementação de overlays.

Ao lidar com alocação saturada, muitas vezes encontramos o termo **memória virtual**. Considerando nossa discussão anterior, seria bastante razoável que o termo memória virtual se referisse à memória endereçável por um endereço virtual. No entanto, temos utilizado com cuidado o termo espaço de memória virtual para descrever essa situação, pois, no uso comum, o termo memória virtual possui um significado relacionado, mas precisamente diferente. Quando utilizamos o termo memória virtual, geralmente estamos nos referindo à parte do espaço de memória virtual que esteja sendo utilizada por um processo, quando parte ou toda essa memória está atualmente armazenada na memória física. Essa utilização é particularmente comum quando discutimos as técnicas de paginação de que tratamos anteriormente. Em alguns casos, o termo é utilizado principalmente para se referir a parte do espaço de memória virtual que não esteja atualmente armazenada na memória física. Quando aplicado dessa maneira, ele costuma ser visto como sinônimo do armazenamento (como os discos) utilizado para manter esses dados, um conceito que também chamamos **armazenamento de apoio**. Como esse termo pode ser um pouco ambíguo, tentaremos ser mais específicos utilizando termos como espaço de memória virtual, memória residente e memória não residente.

9.6.1 Swapping

Suponha termos um processo que esteja esperando há certo tempo uma entrada do usuário, pois ele minimizou sua janela para fazer outras coisas. Se precisarmos liberar memória para atender a uma solicitação de alocação, podemos simplesmente copiar esse conteúdo de memória do processo ocioso para o disco e colocar sua memória de volta no conjunto de blocos livres. Quando esse processo for acionado em um momento posterior, nós o leremos de volta para a memória e continuaremos como se nada tivesse acontecido. É claro que, quando o carregarmos de volta para a memória, poderá ser necessário escolher outro processo para remoção, abrindo espaço para o que estivermos recarregando. Esse tipo de cópia entre a memória principal (armazenamento primário) e o disco (armazenamento secundário ou de apoio) é chamado **swapping**.

Há algumas questões que tornam o swapping um pouco mais complicado do que o descrito. Primeiro, com frequência configuramos nossa tradução de endereço para mapear a mesma memória física, mantendo um código de segmento para todos os processos que estejam executando o mesmo programa, o que compartilha memória implicitamente entre eles. Se o processo que estiver passando por swap para o disco compartilhar seu segmento de código com outro processo, provavelmente desejaremos fazer swap para o disco apenas dos segmentos de dados e de pilha e deixar o de código onde está. A segunda questão é um assunto mais interessante para estudo. Como escolher o processo para fazer swap para o disco? Idealmente, queremos um que não vá ser utilizado por algum tempo. No entanto, a menos que façamos progressos consistentes em tecnologia de bola de cristal, estamos condenados a basear nossa decisão em informações sobre o passado, em vez do futuro. Ao lidar com blocos de tamanho variável, uma das grandes questões que devemos ter em mente é o tamanho da solicitação. Não há vantagem alguma em fazer swap para o disco que não libere memória suficiente para atender à solicitação. Além da questão do tamanho, o problema de se aplicar padrões de utilização para determinar qual processo sofrerá swap para o disco é muito parecido com o de escolher uma página para o swap para o disco, conforme discutido na Seção 9.6.3.

9.6.2 Swapping de segmentos

A ideia de podermos deixar o segmento de código na memória ao fazermos swap para o disco do restante de um processo sugere que possamos também ser mais seletivos sobre o restante do espaço de memória de um processo. O grau de seletividade de que podemos usufruir é principalmente uma função do hardware de gerenciamento de memória. Se ele fornecer apenas alguns segmentos funcionais, como código, dados e pilha, o tipo de swapping descrito anteriormente é o melhor que podemos fazer. Por outro lado, se tivermos uma MMU que traduza endereços em um número moderado ou grande de segmentos (como ilustrado na Figura 9-3), teremos mais flexibilidade. Fazendo swap para o disco apenas de partes de um processo, poupamos tempo de leitura e gravação em disco e abrimos a possibilidade de que o processo possa ser capaz de continuar sem as partes que passaram por swap para o disco. Como no caso do swapping de processos inteiros, o tamanho de um segmento é um dos fatores de decisão sobre quais segmentos são bons candidatos ao swap para o disco. Fora isso, as considerações para a seleção dos segmentos são muito parecidas com as de páginas, discutidas na próxima seção.

9.6.3 Paginação

Conforme tratado na Seção 9.2, MMUs com paginação gerenciam memória em termos de páginas relativamente pequenas de tamanho fixo. Essas características nos permitem flexibilizar melhor o swapping de segmentos (tanto no sentido de subconjuntos funcionalmente relacionados do espaço de endereçamento, como no de segmentos de hardware). Em particular, como os quadros de páginas são todos do mesmo tamanho, eles são intercambiáveis. A questão do tamanho não importa, pois qualquer página será igualmente útil em termos de quanto ela contribui para atender à solicitação. (Na maioria das vezes, essa é uma afirmação correta; para ser preciso, os acessos a diferentes quadros terão efeitos diferentes na cache. No entanto, isso também depende de acessos passados; poucos sistemas consideram isso na escolha da página para transferir ao disco). Portanto, é muito natural copiar páginas individuais entre a memória e o disco. De fato, podemos fazer swap de páginas de um modo muito parecido com que fazemos swap de processos inteiros ou segmentos. As páginas constituem a unidade natural para swapping em sistemas com MMUs com paginação, o que torna essa técnica a abordagem predominante em sistemas atuais de propósito geral. Essa forma de swapping de página, na maioria das vezes, é chamada **paginação**, apesar da possível confusão decorrente do uso desse termo em referência à técnica de tradução de endereços utilizada por MMUs com paginação. Para evitar essa confusão e enfatizar a semelhança com outras formas de swapping, às vezes utilizamos as expressões **página de swapping** e **swapping de página** para nos referirmos à cópia de página entre a memória e o disco.

Há algumas grandes vantagens no swapping de páginas em relação ao de processos inteiros ou mesmo o de segmentos. Primeiro, tomando as decisões em um nível de divisão mais refinado, podemos limitar o swapping apenas às páginas suficientes para satisfazer a solicitação. Em outras palavras, se a solicitação for de 10 páginas, por que perder tempo fazendo swap para o disco das 100 páginas que compõem um determinado processo? De modo similar, se olharmos as páginas individuais de um processo, podemos escolher para transferir para o disco as partes que atualmente não estejam em uso. É bastante possível que o processo possa realizar sua próxima utilização sem a necessidade de fazer swap para a memória daquelas páginas.

Ao operarmos desse modo, utilizamos o bit de presença (P) (discutido na Seção 9.2) para indicar se a página está correntemente residente na memória ou no armazenamento de apoio. Se a página tiver sofrido swap para o disco, limpamos o bit P, fazendo com que ocorra uma falha de página se ela for acessada. Mediante essa falha, o sistema operacional deve decidir se o processo estava tentando acessar uma página não alocada para ele ou uma página atualmente em swap para o disco. No segundo caso, o sistema operacional deve fazer swap para a memória da página, possivelmente escolhendo outra página para fazer swap para o disco e abrir espaço. Esse carregamento de páginas conforme a necessidade é chamado **paginação por demanda**.

Nota histórica: Ferranti Atlas

Embora seja frequente pensarmos em memória virtual paginada como um recurso de grandes computadores a partir dos anos 1970 e de pequenos computadores a partir das décadas de 1980 e 1990, o conceito foi originalmente apresentado ao mundo em 1961, quando Kilburn publicou uma descrição do Ferranti Atlas. Esse computador utilizava páginas de 512 bytes, que sofriam swap para armazenamento de tambor, o que fornecia um espaço de memória virtual maior do que as configurações de 16 a 48 KWord palavras que estavam disponíveis. No Atlas, o conjunto de registradores de endereço de página (P.A.R.s, do inglês page address registers) lembra as tabelas de páginas invertidas dos sistemas modernos. No entanto, a comparação entre o número da página solicitada e todos os P.A.R.s de 32 a 96 era feita em hardware.

O algoritmo de substituição de página (chamado programa de aprendizagem de transferência em tambor) varre o conjunto de quadros de página uma vez a cada 1024 instruções executadas, salvando os valores dos bits A (chamados de dígitos de "uso") e limpando-os. Esses experimentos são utilizados para calcular dois parâmetros para cada quadro de página: o tempo t desde o último acesso e a duração do último tempo de inatividade, T. As páginas são selecionadas para swapping de acordo com os seguintes critérios:

1. Se uma página estiver ociosa por mais tempo do que seu período anterior de inatividade, o que é indicado por $t > T + 1$, ela provavelmente saiu de uso e é selecionada.

2. Se nenhuma página satisfizer o critério 1, seleciona-se a página com maior valor de $T - t$, entre aquelas com $t \neq 0$.

3. Se todas as páginas tiverem $t = 0$, seleciona-se a página com maior T.

Embora esse algoritmo não corresponda exatamente a qualquer das políticas aqui discutidas, parece ter alguma semelhança com a de "não utilizada frequentemente" (NFU), discutida na Seção 9.6.3.9.

Apenas três Atlas em escala completa e dois em menor escala foram entregues pela Ferranti (posteriormente ICT). No entanto, essa incursão precoce no gerenciamento de memória paginada influenciou direta ou indiretamente quase todos os projetos de paginação posteriores.

No caso extremo, suponha que iniciemos a execução de um processo pulando para o local inicial da memória sem carregar qualquer código nela. Então, a primeira busca de instrução provoca uma falha de página. Portanto, carregamos a página e começamos a executar o código. A princípio, as respostas às falhas de página, incluindo as geradas na primeira busca de instrução, são tudo o que temos de fazer para executar um programa. No entanto, pode parecer que isso cause mais falhas de páginas do que desejaríamos. Afinal, poderíamos esperar incorrer rapidamente em novas falhas de páginas, conforme atingirmos uma "massa crítica" de páginas carregadas na memória. Por esse motivo, é comum empregarmos alguma forma de **pré-paginação** (também chamada **pré-busca** ou **pré-carregamento**). Por exemplo, podemos prever que as primeiras n páginas do segmento de código serão necessárias em breve e carregá-las todas de uma vez. De modo similar, ao carregarmos uma página do segmento de dados, podemos esperar que as páginas seguintes também sejam necessárias em breve e carregá-las ao mesmo tempo.

A escolha da página a sofrer swap para o disco é o foco principal do estudo da paginação. A maioria das subseções seguintes cataloga algumas das políticas de substituição de páginas mais comumente estudadas e implementadas.

9.6.3.1 String de referências à página

Ao estudarmos políticas de substituição de página, é comum querermos testar casos ou verificar o que ocorre quando a política é aplicada a exemplos particulares. Especificamos esses casos por uma sequência ordenada de acessos a páginas. Essa lista de números de página é chamada **string de referências à página**. Em alguns casos, distinguimos as referências que são leituras das que são gravações. Em outros, tratamos a string como uma sequência de acessos, sem nos preocuparmos se estamos lendo ou gravando.

9.6.3.2 Políticas locais *versus* globais

Ao projetar ou selecionar uma política de substituição de página, há uma questão maior com que nos deparamos: selecionamos uma página para substituição a partir de todos os processos no sistema ou apenas do processo que esteja precisando de uma página? O primeiro caso, chamado política de **substituição global**, permite que os processos aumentem o número de páginas que têm na memória. De fato, quando um processo precisa de uma nova página, ele pode "roubar" um quadro de outro processo. Ao contrário, talvez queiramos evitar que os processos afetem os outros dessa maneira, utilizando uma política de **substituição local**, pela qual escolhemos apenas entre as páginas que o processo já possui. Muitas técnicas discutidas no restante desta seção podem ser aplicadas local ou globalmente.

9.6.3.3 Mínimo de Belady

Já sugerimos que uma boa estratégia é escolher a página que será utilizada o menos breve. Em outras palavras, se t_i é o tempo em que a página i terá o próximo acesso,

242 ■ Princípios de sistemas operacionais

escolhemos a página p definida por $p = \text{argmax}_i\, t_i$ para sofrer swap para o disco. Na verdade, essa política não é somente uma boa estratégia; é uma estratégia ótima. Ela assegura que o número de falhas de páginas seja minimizado. Chamamos essa política de **mínimo de Belady**, em homenagem a Laszlo Belady, que realizou pesquisas seminais em paginação na IBM. Ainda que não seja uma prova, há alguma intuição por meio da qual podemos pensar que essa política seja boa candidata a ser ótima. Consideremos os casos extremos. Se uma página nunca for utilizada (seu próximo uso é infinitamente distante no tempo), ela será uma escolha ideal para swap para o disco. Em contrapartida, se uma página estiver para ser referenciada logo, será a pior escolha de página para swap para o disco.

É claro que o mínimo de Belady não é uma política realizável. Não podemos ver o futuro para determinar os valores de t_i. No entanto, como sabemos que ele é ótimo e pode ser implementado em simulações, serve como referência em relação à qual podemos medir outras políticas realizáveis. Comparando-as ao mínimo de Belady, podemos dizer porcentualmente o quanto diferem do ótimo. Mostraremos essa "política", bem como as seguintes, no Exemplo 9.8.

9.6.3.4 Primeiro a entrar, primeiro a sair

A maioria das políticas realizáveis baseia-se na ideia de que as páginas são utilizadas por uma quantidade finita de tempo e que, se a página é "velha" em algum sentido, é grande a possibilidade de que não seja novamente utilizada em breve. A primeira política que consideraremos é a de **primeiro a entrar, primeiro a sair** (FIFO, do inglês first in, first out), uma das mais simples que podemos imaginar. Como o nome diz, definimos "velha" em termos da quantidade de tempo desde que a página foi carregada na memória. Assim, escolhemos para sofrer swap para o disco a página que estiver a mais tempo na memória.

A implementação da política FIFO é muito simples. Mantemos uma fila de todas as páginas na memória. Elas são adicionadas ao final da fila quando lidas para a memória. A página que sofre swap para o disco é sempre escolhida da frente da fila.

9.6.3.5 Segunda chance

O ponto fraco óbvio da política FIFO é que não faz qualquer concessão ao fato de que uma página pode ser carregada e utilizada continuamente por longo tempo. Um modo de lidar com isso é a política de **segunda chance**. A ideia é olharmos uma página na fila e, se ela tiver sido acessada desde a última vez em que foi verificada, é poupada de sofrer swap para o disco.

A implementação da política de segunda chance é uma extensão bastante simples da implementação de FIFO. Quando selecionamos uma página da frente da fila, examinamos o bit de acesso (A) da ETP. Se ele for 0, fazemos swap para o disco da página como na política FIFO. Se ele for 1, limpamos o bit e reinserimos a página no final da fila. Observe que isso garante que será encontrada uma página para swap para o disco. Mesmo se começarmos com todas as páginas tendo sido acessadas, após uma verificação completa da fila, reexaminaremos a primeira página outra vez e faremos swap para o disco. Nesse caso extremo, a política de segunda chance é equivalente à FIFO.

9.6.3.6 Algoritmo do relógio

Em sua forma mais simples, o **algoritmo do relógio** é apenas outro modo de olhar para a política de segunda chance. Imagine o conjunto de páginas organizado em um círculo. Temos um "ponteiro" que gira ao redor do círculo de páginas. Quando precisarmos escolher uma página para swap para o disco, olhamos a página sob o ponteiro e examinamos seu bit A, agindo em relação a ele de acordo com a política de segunda chance. Essa situação é ilustrada na Figura 9-14.

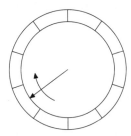

Figura 9-14: Algoritmo do relógio de um ponteiro

Já mencionamos que o algoritmo de segunda chance (e, por extensão, o algoritmo do relógio) funciona corretamente se todas as páginas tiverem sido acessadas. No entanto, essa não é a melhor situação em que podemos estar. Afinal, se passou muito tempo desde a limpeza dos bits A, a ponto de todos terem sido configurados, não podemos realmente dizer qual foi acessado recentemente. Isso pode facilmente ocorrer se tivermos um grande número de quadros de páginas. Ainda que a maioria dos bits A esteja configurada, ainda há uma boa chance de que o ponteiro do relógio encontre alguma página com A = 0. Consequentemente, o ponteiro levará um tempo bastante longo para completar uma volta. Para obter uma boa noção de qual página foi e qual não foi acessada recentemente, desejamos encurtar a quantidade de tempo entre a limpeza do bit A e sua verificação. Podemos fazer isso implementando um relógio de dois ponteiros.[2] Os dois ponteiros se movem compassadamente e a distância entre eles determina quanto tempo a página leva para ser acessada. Se ela não tiver sido acessada nesse tempo, podemos escolhê-la para swap para o disco. A Figura 9-15 mostra a relação entre os ponteiros em um relógio de dois ponteiros.

---

[2] O primeiro ponteiro na ordem do percurso dá a segunda chance (troca cada bit A igual a 1 por 0) e o segundo ponteiro seleciona uma página com bit A igual a 0 para a substituição. (N.R.T.)

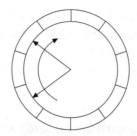

Figura 9-15: Algoritmo do relógio de dois ponteiros

Em muitas implementações do relógio de dois ponteiros, não movemos os ponteiros apenas quando uma falha de página ocorre. Ao contrário, avançamos periodicamente o par de ponteiros por algum número de páginas (até o tamanho do intervalo) e mantemos um registro daquelas que encontramos com A = 0. Quando ocorrer uma falha de página, escolhemos uma para descartar a partir do conjunto registrado.

9.6.3.7 Não utilizada recentemente

Suponha que haja, em um algoritmo do relógio, muitas páginas com A = 0. Qual delas é melhor para swap para o disco? Até este momento, assumimos que a política FIFO é a melhor para nos basearmos. No entanto, há outros fatores a se considerar. Se a página a passar por swap para o disco não tiver sido modificada desde a última vez em que foi gravada no disco, não é necessário gravá-la novamente ao fazermos swap para o disco. Em outras palavras, se tivermos duas páginas com A = 0, mas uma com M = 1 e outra com M = 0, podemos fazer swap da página com M = 0 duas vezes mais rápido do que da outra. (Esse fator dois decorre do fato de que precisamos gravar uma página e ler outra, se a página passando por swap para o disco tiver sido modificada; se não tiver, podemos apenas ler a nova página sobre ela).

Essa observação é a base da política de **não utilizada recentemente** (NRU, do inglês not recently used). Se tratarmos os bits AM como um número de dois bits que identifica as páginas, desejaremos escolher uma página com a menor identificação. Assim, escolheremos páginas com identificação 00, antes das com 01, 10 e 11. Essa política funciona bem em conjunto com o relógio de dois ponteiros. O primeiro ponteiro[3] registra os bits A e M durante sua passagem e mantém a lista classificada por AM. Em seguida, simplesmente escolhemos a página na extremidade da lista com o menor valor de AM.

9.6.3.8 Menos utilizada recentemente

Em certo sentido, essas técnicas baseiam-se na aproximação de quanto tempo se passou desde que a página foi acessada. Pensando o problema dessa maneira, realmente desejamos saber qual página está ociosa há mais tempo. Em outras palavras, queremos escolher a página **menos utilizada recentemente** (LRU, do inglês least recently used) para sofrer swap para o disco.

---

[3] Na ordem do percurso. (N.R.T.)

O LRU é bom enquanto conceito, mas raramente é utilizado na prática para o swapping de página. O motivo é que precisamos responder a questão: quanto tempo se passou desde que a página foi acessada pela última vez? No entanto, não podemos registrar a data e a hora de cada acesso no software, pois os acessos ocorrem à taxa de um ou mais por instrução. Isso significaria que o hardware deveria registrar o momento de cada acesso a uma página. Embora isso seja, a princípio, possível, não se trata de um recurso que encontramos normalmente em hardwares reais.

Consequentemente, é comum aproximarmos o LRU em software utilizando uma medição menos refinada. Uma das aproximações mais diretas de LRU baseia-se na indução de falhas adicionais de página. A ideia é marcarmos periodicamente as páginas como ausentes (configurar P como 0). Quando uma página for acessada, isso provocará uma falha de página. O sistema operacional verificará, então, se a página está realmente presente e, se estiver, a hora de acesso é registrada. Ao mesmo tempo, estabelecemos P como 1 para evitar falhas de página em acessos futuros. Utilizando tal abordagem, obtemos tempos reais de acesso, embora não necessariamente os mais recentes. No entanto, podemos esperar que, em cada varredura que estabeleça os bits P como 0, encontraremos várias páginas que ainda tenham P = 0, ou seja, páginas que não tenham sido acessadas desde a última vez em que foram marcadas. Se esse for o caso, a data e a hora de acesso de todas as outras não serão particularmente relevantes. Todas essas páginas não modificadas foram menos utilizadas recentemente do que aquelas de cuja hora de acesso nós dispomos. Em outras palavras, na verdade, queremos saber apenas quando foi a verificação mais recente em que encontramos a página como acessada. Se tivermos um bit A, podemos fazer isso, sem induzir falhas de página adicionais. É possível varrer periodicamente configurando A para 0 e, fazendo isso, verificar se a página foi acessada desde a última varredura. Assim, as páginas que foram acessadas pela última vez há mais tempo são as selecionadas para substituição.

9.6.3.9 Não utilizada frequentemente

Outra aproximação do LRU baseia-se na contagem de referências. Ao implementar a política de página **não utilizada frequentemente** (NFU, do inglês not frequently used), varremos periodicamente todas as páginas na memória e para cada uma em que A = 1, limpamos A e aumentamos o contador da página. Quando for o momento de escolher uma página para swap para o disco, selecionamos aquela com menor valor no contador.

Infelizmente, essa política tende a prejudicar indevidamente as páginas carregadas recentemente e a manter páginas que tenham sido muito utilizadas há mais tempo do que gostaríamos. Podemos aprimorar o NFU, conferindo às referências recentes mais peso do que às antigas. Chamamos essa técnica de **envelhecimento**. A abordagem mais comum é calcular um novo valor da contagem de referência de acordo com a equação:

$$c' = \alpha c + (1 - \alpha)A$$

em que $0 < \alpha < 1$. É comum definirmos $\alpha = 0,5$ e representarmos c como uma fração de ponto fixo com o ponto binário à esquerda do bit mais significativo. Utilizando essa representação, podemos implementar a técnica de envelhecimento, deslocando o valor de c um bit para a direita e deslocando o valor de A até o bit mais significativo. Há várias sutilezas que devem ser levadas em consideração ao se implementar o envelhecimento. Primeiro, o processo real de envelhecimento (atualização do valor de c) deve ser aplicado a todas as páginas, não apenas às residentes na memória. Em segundo lugar, ao procurarmos uma página para descartar, devemos ter cuidado com as páginas que foram carregadas ou acessadas desde a última passagem de atualização. A página a passar por swap deve ser escolhida entre aquelas com $A = 0$ (a menos que todas possuam $A = 1$). Como $0 \leq c < 1$, podemos buscar entre todas as páginas aquela com valor mínimo de $c + A$ e fazer swap para o disco.

Exemplo 9.8: Políticas de paginação

Como uma maneira de ilustrar essas políticas de paginação, compararemos como elas se comportam ao processar um exemplo de um conjunto de referências de páginas. Para este exemplo, temos um sistema com apenas quatro quadros, todos inicialmente vazios, e sete páginas atualmente em uso. Elas são referenciadas na seguinte ordem: 1, 2, 3, 4, 1, **2**, 5, 6, 2, 7, **3**, **4**, **2**, 6, **7**, 2, 7. Nessa string de referências à página, as listadas em fonte normal são acessos de leitura, e as em negrito, acesso de gravação. Nas Figuras 9-16 e 9-17, a string de referências à página é dada verticalmente na primeira coluna. Em cada linha, os quatro blocos representam os quatro quadros de página, e o número em cada quadro é o número da página nesse quadro após a referência ter sido rotulada nessa linha. Os números de página em itálico são aqueles nos quais o bit A foi configurado, e os em fonte Roman possuem o bit A limpo. As páginas modificadas são representadas por uma caixa sombreada. Por fim, as referências que resultem em uma falha de página são identificadas com a letra F à direita do quadro.

Para simplificar a apresentação, este exemplo utiliza NRU com um algoritmo do relógio de um ponteiro. Além disso, a Figura 9-17, que ilustra a política de NFU, merece atenção especial. As strings binárias à direita e entre cada par de linhas na figura são as representações de ponto fixo do valor c dado anteriormente. Além disso, seguimos o caso comum em que $\alpha = 0,5$. Cada valor de c do quadro de página é dado como uma fração de quatro bits, com um ponto binário implícito à esquerda do bit mais significativo. Varremos o conjunto de páginas e atualizamos c após cada nova referência de página (uma frequência de atualização muito maior do que a que utilizaríamos na prática). Os valores omitidos (e substituídos por um traço horizontal) são de páginas que ainda não foram carregadas. Por fim, quando mais de uma página tiver o mesmo valor mínimo de $c + A$, selecionamos aquela com o menor número de página.

Como isto é apenas um exemplo, não se prova qualquer propriedade geral. No entanto, podemos fazer algumas observações que normalmente se mostram verdadeiras:

- Como se sabe que o mínimo de Belady é ótimo, certamente devemos ver que ele apresenta a menor quantidade de falhas de página, e esse é, de fato, o caso em nosso exemplo.
- Como o mínimo de Belady, o FIFO e o LRU não utilizam o bit A de alguma maneira, esse bit não é limpo.
- Como a política FIFO não leva em consideração quanto ou quando as páginas foram utilizadas, podemos esperar que terá um desempenho ruim. Neste exemplo, vemos que apresenta o pior desempenho entre as seis políticas.
- Como a política NRU evita fazer swap para o disco de páginas modificadas, não é de surpreender que apresente mais páginas modificadas após a última referência do que as outras políticas.
- Lembre-se de que o NFU é uma aproximação do LRU. Por isso, e devido à atualização frequente da medida de utilização, podemos notar que os resultados de NFU e LRU são iguais neste exemplo.

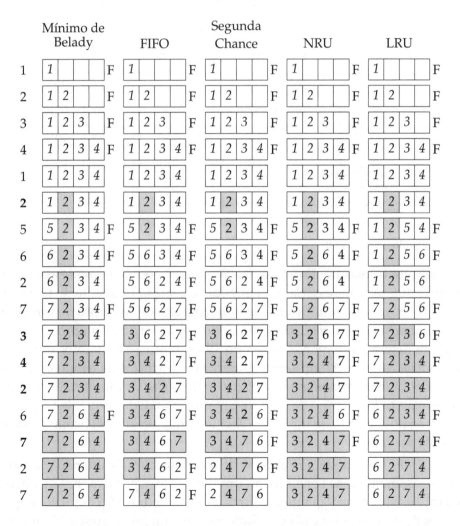

Figura 9-16: Comparação entre as políticas de paginação (Parte 1)

NFU

1		1			F							
2		1	2		F							
3		1	2	3	F	1000	1000	——	——	——	——	——
4		1	2	3	4 F	1000	1000	——	——	——	——	——
1		1	2	3	4	0100	0100	1000	1000	——	——	——
2		1	2	3	4	0100	0100	1000	1000	——	——	——
5		1	2	5	4 F	1010	1010	0100	0100	——	——	——
6		1	2	5	6 F	1010	1010	0100	0100	——	——	——
2		1	2	5	6	0101	0101	0100	0100	1000	1000	——
7		7	2	5	6 F	0101	0101	0010	0010	1000	1000	——
3		7	2	3	6 F	0010	1010	0001	0001	0100	0100	1000
4		7	2	3	4 F	0010	1010	0001	0001	0100	0100	1000
2		7	2	3	4	0001	0101	1000	1000	0010	0010	0100
6		6	2	3	4 F	0001	0101	1000	1000	0010	0010	0100
7		6	2	7	4 F	0000	1010	0100	0100	0001	1001	0010
2		6	2	7	4	0000	1010	0100	0100	0001	1001	0010
7		6	2	7	4	0000	1101	0010	0010	0000	0100	1001

Figura 9-17: Comparação entre as políticas de paginação (Parte 2)

9.6.3.10 Conjunto de trabalho

Ao discutirmos o conceito de pré-paginação, sugerimos haver uma "massa crítica" de páginas que seria necessária para impedir a geração frequente de falhas de páginas. Essa observação intuitiva nos leva ao conceito de **conjunto de trabalho**. Em geral, definimos o conjunto de trabalho como as páginas que um processo está utilizando em determinado ponto no tempo. No entanto, se tomarmos muito literalmente a ideia de um ponto no tempo, durante um intervalo de tempo infinitesimal, utilizaremos apenas uma página. No outro extremo, se considerarmos o tempo em questão como todo o tempo de vida de um processo, todas as páginas que ele utilizar estarão no conjunto de trabalho. Obviamente precisamos encontrar um meio-termo adequado.

Finalmente, a utilidade do conceito de conjunto de trabalho não está em enumerar precisamente esse conjunto em um momento específico. Em vez disso, estamos interessados principalmente em saber qual é uma faixa razoável para os tamanhos de conjuntos de trabalho. Suponha que um processo seja bloqueado por longo período. Conforme utilizemos as políticas de substituição de página aqui discutidas para abrir espaço a novas alocações e efetuar o swap de páginas para a memória, estaremos excluindo uma por uma as páginas desse processo bloqueado. Quando o desafortunado processo for ativado novamente, ele gerará falhas de páginas a altas taxas até que seu conjunto de trabalho seja carregado novamente na memória.

O conceito de conjunto de trabalho pode nos ajudar a lidar com essas situações. Por exemplo, podemos estabelecer um par de limites (geralmente chamados **marcas d'água**), que estabelece as fronteiras superior e inferior do tamanho permitido do conjunto de trabalho. Se alocarmos e carregarmos páginas para um processo de modo a exceder seu tamanho máximo de conjunto de trabalho, na próxima vez em que precisarmos encontrar uma página para swap para o disco, nós a selecionaremos desse processo. Porém, se estivermos retirando páginas de um processo e seu conjunto de trabalho cair abaixo do limite inferior, podemos também executar swap para o disco do restante do processo e liberar todas as suas páginas.

9.6.3.11 Frequência de falha de página

Ao discutirmos o conceito de conjunto de trabalho, pulamos, por conveniência, um determinado aspecto, a saber, como estabelecer os limites de tal conjunto. Para alguns sistemas, esses limites são estabelecidos administrativamente. No entanto, seria interessante poder, de algum modo, ajustar o tamanho do conjunto de trabalho de um processo automaticamente. Esse é o objetivo da política de **frequência de falha de página**. A ideia básica é que, se um processo gera falhas de página com muita frequência, ele provavelmente precisará de mais páginas alocadas. Entretanto, se ele não gerar qualquer falha, é possível que tenha parado de utilizar algumas páginas que havia carregado, podendo continuar com essas páginas em disco.

Para ser mais preciso, se t_i é a hora da i-ésima falha de página, então $f_i = 1/(t_{(i+1)} - t_i)$ é uma estimativa da frequência de falhas de página. Normalmente, obtemos a média dessas estimativas por várias falhas de página consecutivas e comparamos essa média f com um par de limites inferior F_l e superior F_u, sendo $F_l < F_u$. Se $f > F_u$, somamos a página ao tamanho do conjunto de trabalho do processo. Se $f < F_l$, subtraímos a página de tal tamanho. Fora esses casos, não alteramos o tamanho. Os processos para os quais o número de páginas residentes é maior do que o tamanho de seu conjunto de trabalho serão examinados primeiro em uma busca de páginas para sofrerem swap para o disco.

9.6.4 Segmentos paginados

Algumas máquinas possuem suporte tanto à segmentação como à paginação em hardware. Na maioria dos casos, o espaço de endereçamento virtual é dividido em segmentos relativamente grandes e, em seguida, cada segmento é dividido em páginas relativamente menores. Em termos de gerenciamento da alocação saturada nesse sistema, uma opção é ignorar a segmentação e simplesmente fazer swap de páginas utilizando as técnicas da seção anterior. No entanto, da perspectiva do conjunto de trabalho, a segmentação pode potencialmente nos fornecer informações adicionais sobre quais páginas devem passar por swap juntas. Suponha que o compilador posicione cada estrutura principal de dados em um segmento específico. De modo similar, podemos agrupar todas as funções interdependentes de uma biblioteca em um mesmo segmento. Se o espaço de memória virtual estiver organizado desse modo, fica claro se os segmentos inteiros são parte do conjunto de trabalho ou não. Em outras palavras, devemos tomar nossas decisões de swapping para segmentos inteiros em vez de páginas individuais.

Em certo sentido, esse esquema nos dá o melhor de dois mundos. Baseando nossas decisões de swapping em unidades maiores, será mais provável que o conjunto de trabalho completo permaneça residente, e menos provável que uma página de cada estrutura principal de dados sofra swap para o disco, o que forçaria o processo a incorrer em uma falha de página na próxima utilização. No entanto, utilizando unidades de alocação menores, ganhamos flexibilidade no atendimento às requisições. As páginas pertencentes a dois segmentos que sofreram swap para o disco podem ser reunidas e coincidir com uma ou mais solicitações de alocação. De modo similar, quando chegar o momento de fazer swap de um segmento para a memória, não precisaremos de um bloco livre contíguo; precisaremos apenas de um número adequado de quadros de página livres, onde quer que eles estejam.

Se os segmentos paginados apresentam vantagens tão interessantes, por que a maioria dos sistemas utiliza paginação direta? A resposta reside no fato concreto de que os mecanismos não são de graça. A adição de hardware de segmentação exige transistores adicionais, o que leva a custos adicionais no chip da CPU. No entanto, esses mesmos custos podem ser utilizados em outros itens como cache adicional. Além disso, a inclusão de um estágio ao processo de tradução de endereço aumenta o tempo médio de acesso à memória. Quanto ao software, o tratamento de segmentos, assim como o de páginas, acrescenta complexidade ao sistema operacional. Essa complexidade adicional aumenta as chances de falhas, tanto de software como de hardware. Por fim, a otimização do desempenho de swapping simplesmente não é tão crucial como foi no passado. As capacidades de memória física cresceram drasticamente, enquanto o número de usuários por máquina caiu. (Seríamos negligentes, no entanto, se não observássemos que os tamanhos das aplicações também cresceram drasticamente. Os softwares, ou poderíamos dizer "bloatware", num trocadilho com a palavra inglesa *bloat*, que significa inchar, são responsáveis por grande parte do ambiente típico de computação. O conjunto exato de aplicações que alguém utiliza determina se os projetistas de hardware ou os desenvolvedores de software estão vencendo a guerra do tamanho de memória.) Quando o conjunto de trabalho de todos os processos ativos é significativamente menor do que a memória física, a escolha de páginas para sofrerem swap para o disco pode ser pior que a solução ótima sem prejudicar muito o desempenho do sistema.

9.6.5 Arquivos mapeados na memória

O carregamento de páginas (ou segmentos) por demanda fornece um mecanismo natural para a implementação de arquivos mapeados na memória. Quando uma solicitação de mapeamento de um arquivo é recebida pelo sistema operacional, ele aloca o número necessário de páginas no espaço de memória virtual do processo e as marca como se estivessem em swap para o disco. O fundamental é que, em vez de identificar o swap para o disco na área normal de paginação do disco, elas são marcadas nas áreas do sistema de arquivos em que o arquivo sendo mapeado está armazenado.

Quando o processo acessa uma dessas páginas, ocorre uma falha e o bloco adequado do arquivo é lido para a memória. Quando essas páginas forem selecionadas para swap para o disco, as modificadas serão gravadas novamente no arquivo. De modo similar, quando o arquivo é fechado pelo desmapeamento da área da memória ou encerramento do processo, todas as páginas modificadas são gravadas de volta no arquivo.

9.6.6 Cópia-na-escrita

Há vários casos em que nos deparamos com a cópia de grandes quantidades de memória. A chamada ao sistema *fork*( ) do UNIX é um bom exemplo disso, pois cria um processo-filho que é uma cópia do pai. Sistemas mais modernos implementam essa cópia utilizando uma técnica chamada **cópia-na-escrita** (COW, do inglês copy on write). Em vez de realmente fazer uma segunda cópia do espaço de memória do pai, configuramos a unidade de gerenciamento de memória para mapear o espaço de memória virtual do filho na mesma memória física do pai. No entanto, marcamos tudo na memória como apenas leitura, tanto para o pai como para o filho. Consequentemente, qualquer tentativa de gravar no pai ou no filho causará falha de proteção da MMU. Obtendo essa interrupção para uma página ou segmento que normalmente seria de leitura/gravação, fazemos uma nova cópia, mapeando-a no espaço de memória do filho. Ambas as cópias são marcadas como de leitura/gravação e a instrução que provocou a interrupção continua. O efeito final é que fazemos cópias apenas das páginas gravadas.

9.6.7 Questões de desempenho

A ilusão de um espaço de memória maior que nossa memória física não é gratuita. Se não tivermos cuidado em escolher as políticas de alocação e de substituição, o desempenho do sistema pode ser afetado. Além disso, muitas técnicas de alocação saturada apresentam armadilhas em potencial que também podem prejudicar o desempenho. Esta seção discute algumas das questões mais fundamentais com que nos deparamos ao implementar as técnicas aqui descritas.

9.6.7.1 Tempos de acesso

Enquanto o tempo de acesso à memória é medido em nanossegundos (bilionésimos de segundo), o tempo de acesso aos discos é medido em milissegundos (milésimos de segundo). Deixamos o tempo de acesso à memória ser dado por t_m. O termo t_d engloba o tempo de acesso ao disco e o tempo de processamento de falhas de página. Por fim, f é a fração de acessos de memória que resulta em falhas de página. Então

$$t = t_m + ft_d$$

fornece o tempo médio de acesso se nenhuma das páginas substituídas estiver modificada. (Para a fração de páginas modificadas, somamos um termo adicional em t_d). Devido à grande discrepância entre t_d e t_m, f deve ser extremamente pequeno para que t esteja próximo de t_m. Em outras palavras, para que o sistema em geral tenha um desempenho razoável, é necessário que muitos poucos acessos à memória possam induzir falhas de página. Vemos isso no Exemplo 9.9.

Exemplo 9.9: Tempo médio de acesso

Para colocar isso em perspectiva, considere o código executável em linha reta, ignorando quaisquer acessos a dados. Se cada página tiver 4096 bytes e cada instrução, 4 bytes, cruzaremos um limite de página a cada 1024 instruções. Isso implica que $f = 0,000976$ se nenhuma página estiver carregada. Se $t_m = 50$ nS e $t_d = 10$ mS, então $t = 9760$ nS. O efeito final é que a execução dessas instruções será 200 vezes mais lenta do que seria se todas as instruções estivessem residentes na memória.

Devemos destacar que, se o sistema de paginação estiver funcionando bem e o código possuir uma estrutura de loop típica, f, e, consequentemente, a perda de velocidade, será menor, em geral. Outro fator a se considerar é que, em um sistema ocupado com compartilhamento de tempo, a situação não é tão desanimadora como pode parecer. Enquanto o hardware de disco grava a página antiga e lê a nova, a CPU pode executar códigos pertencentes a outros processos.

9.6.7.2 Thrashing

Outra questão a considerar é o fenômeno conhecido como **thrashing**. Esse comportamento ocorre quando não há memória física suficiente para suportar o conjunto de processos prontos. Em vez de tentar formular uma definição precisa de thrashing, nós a discutiremos em termos amplos. Em geral, dizemos que um sistema ou processo está em thrashing se ele estiver concluindo pouca ou nenhuma tarefa produtiva em função de paginação excessiva. Alguns exemplos podem ajudar a tornar isso mais claro. Suponha uma situação degenerada em que todos os processos prontos estão aguardando que uma página seja carregada do disco. Suponha que o primeiro processo a conseguir o carregamento de sua página gere outra falha de página antes que o processo seguinte consiga a sua. Se essa situação persistir, o sistema não conseguirá realizar muita coisa. Em boa parte do tempo, a lista de processos prontos estará vazia e a CPU ficará ociosa, enquanto o subsistema do disco será intensamente utilizado, como ilustrado no Exemplo 9.10.

Exemplo 9.10: Thrashing

Como outro exemplo, considere um processo que opere uma matriz de imagem de 4096×4096, em que cada elemento da matriz é um valor de um único byte na escala de cinza. As linhas da matriz estão dispostas de modo que os elementos adjacentes na mesma linha estão em endereços de memória consecutivos. Além disso, suponha que o processo esteja limitado a não utilizar mais de 4096 páginas de 4096 bytes cada uma e que o código para processar a matriz reside em uma única página. Assim, temos cada linha contida em uma página. Se prosseguirmos na matriz uma linha por vez, sem nada dela carregado na memória, incorreremos em uma falha de página por linha. No entanto, se prosseguirmos na matriz uma coluna por vez, no momento em que chegarmos ao final da primeira coluna, teremos que fazer swap para o disco de uma página. Como a página menos utilizada recentemente será a da primeira linha, ela sofrerá swap para o disco. No entanto, essa é exatamente a página que tentaremos acessar em seguida. O efeito resultante é que toda referência à matriz gera uma falha de página. Nesse caso, o processo gasta muito mais tempo esperando pelo carregamento das páginas do que executando as instruções.

9.6.7.3 Anomalia de Belady

A última questão de desempenho que discutiremos aqui é um estranho fenômeno chamado **anomalia de Belady**. É bastante razoável esperar que, se aumentarmos o número de quadros de página disponíveis, não deveremos ter maior quantidade de falhas de página. Afinal, podemos simplesmente ignorar os quadros de página adicionais e operar com exatamente o número de falhas de antes. Na realidade, porém, para algumas políticas de substituição, essa expectativa pode ser violada. A anomalia de Belady descreve o caso em que, mesmo com $m > n$, a mesma política de substituição de página pode levar a mais falhas com m páginas do que com n. O Exemplo 9.11 apresenta um caso desse comportamento inesperado.

Exemplo 9.11: Anomalia de Belady

É comum ilustrar a anomalia de Belady com a string de referências 1 2 3 4 1 2 5 1 2 3 4 5. (O motivo dessa string ser utilizada com tanta frequência é que se trata do mesmo exemplo apresentado no artigo original de Belady e em um artigo posterior, em que é apresentada a ideia de algoritmos de pilha.) A Figura 9-18 ilustra esse fenômeno utilizando a política de substituição de páginas FIFO. Se tivermos apenas três quadros de páginas, terminaremos com nove falhas de página, mas, se tivermos quatro quadros, haverá 10 falhas. Para as primeiras sete referências de página, vemos o comportamento esperado, isto é, que o número maior de quadros resulta em menos falhas de página. No entanto, para as últimas cinco referências, no caso de quatro quadros, nunca obtemos as páginas certas no lugar certo, e cada referência leva a uma falha. No caso de três quadros, apenas duas das últimas cinco referências resultam em falhas de página.

1	1			F	1				F
2	1	2		F	1	2			F
3	1	2	3	F	1	2	3		F
4	4	2	3	F	1	2	3	4	F
1	4	1	3	F	1	2	3	4	
2	4	1	2	F	1	2	3	4	
5	5	1	2	F	5	2	3	4	F
1	5	1	2		5	1	3	4	F
2	5	1	2		5	1	2	4	F
3	5	3	2	F	5	1	2	3	F
4	5	3	4	F	4	1	2	3	F
5	5	3	4		4	5	2	3	F

Figura 9-18: Anomalia de Belady

Já foi demonstrado que é necessário e suficiente que uma política de substituição de página seja implementada por um **algoritmo de pilha** para ser imune à anomalia de Belady. Algoritmos de pilha são aqueles para os quais vale a **propriedade de inclusão**. A propriedade da inclusão basicamente vale para algoritmos em que todas as páginas residentes devem permanecer residentes, se houver mais quadros de página. De modo mais formal, se $B_t(C)$ é o conjunto de páginas residentes em C quadros de página no momento t, então um algoritmo para o qual $B_t(C) \subseteq B_t(C + 1)$, $\forall t$, C satisfaz a propriedade de inclusão. Sem provar, podemos observar que LRU satisfaz essa propriedade e, assim, é imune à anomalia. De modo similar, a aproximação de NFU a LRU também é um algoritmo de pilha. No entanto, como a política de segunda chance se reduz à FIFO quando todas as páginas são utilizadas, não é difícil mostrar que, para qualquer string de referências à página que apresenta a anomalia no método FIFO, haverá pelo menos uma que a apresente no método de segunda chance. De modo similar, se todas as referências forem leituras (ou gravações), então NRU será equivalente à segunda chance e, assim, pode apresentar a anomalia de Belady.

9.7 Gerenciamento de memória em sistemas embarcados

A maior parte da discussão deste capítulo olha para o gerenciamento de memória a partir da perspectiva dos sistemas de propósito geral. As tarefas de gerenciamento de memória em sistemas embarcados geralmente são mais simples do que aquelas em sistemas de propósito geral. Há muitos motivos para isso. Em primeiro lugar, em diversos sistemas embarcados, o conjunto de processos é determinado no momento em que o sistema é compilado e linkado. Como consequência desse fato, em geral fornecemos memória física suficiente para atender às necessidades de todos os processos que estão no sistema. Além disso, muitos sistemas embarcados não possuem qualquer dispositivo de armazenamento em massa que possa ser utilizado como armazenamento secundário. Todos esses fatores nos levam ao desenvolvimento de sistemas embarcados sem qualquer forma de alocação saturada de memória. Normalmente, não fazemos swapping de processos ou páginas em tais sistemas.

Além desses fatores, os sistemas embarcados raramente apresentam o hardware de gerenciamento de memória que encontramos em sistemas maiores. É comum não haver sequer tradução de endereço. Nesses casos, podemos utilizar duas abordagens. A primeira aloca toda a memória estaticamente no momento da compilação e da linkagem. Assim, não precisamos de qualquer política de alocação de memória durante a execução. Na segunda abordagem, é comum utilizarmos uma das políticas simples de alocação de tamanho variável, como a de primeiro ajuste. No Capítulo 11, veremos os detalhes de um sistema que compartilha muitos aspectos dos sistemas embarcados (embora o conjunto de processos não seja fixo quando o construímos).

9.8 Resumo

Todo processo precisa de uma quantidade de recursos de memória fornecida pelo hardware. Ao mesmo tempo, processos que acessem a memória de outro representam um dos maiores riscos à segurança de um sistema. Assim, um sistema operacional arca com a responsabilidade de trabalhar com o hardware na alocação de memória de acordo com as necessidades dos processos, ao mesmo tempo que evita que estes acessem memória indiscriminadamente.

A natureza da estratégia de alocação do SO geralmente depende da natureza do hardware de gerenciamento de memória. Para sistemas que traduzem endereços para segmentos de tamanho variável, é comum utilizarmos uma estratégia entre primeiro ajuste, próximo ajuste, melhor ajuste ou pior ajuste. Para os sistemas em que a tradução de endereços opera em unidades de páginas de tamanho fixo, a escolha de qual página livre alocar geralmente é arbitrária.

256 ■ Princípios de sistemas operacionais

As coisas ficam mais complicadas quando desejamos dar suporte a processos que, no total, exigem mais memória do que a fisicamente presente no hardware. As duas abordagens principais para esse suporte são o swapping e a paginação, ambas utilizando armazenamento secundário (como espaço em disco) para substituir a memória principal. No swapping, copiamos o espaço inteiro de memória de um processo para um armazenamento secundário quando não houver memória física suficiente para atender solicitações. Ao fazermos swap de páginas individuais, operamos apenas sobre partes do espaço de memória de um processo. Desse modo, podemos manter partes de mais (ou até todos) processos residentes na memória.

Quanto ao swapping de página, a questão principal é quais páginas escolher para descartar quando for necessário abrir espaço para satisfazer solicitações. Todas as políticas práticas são tentativas de se aproximar da política ótima do mínimo de Belady. As estudadas neste capítulo são primeiro a entrar, primeiro a sair, segunda chance, algoritmo do relógio (nas variantes com um e dois ponteiros), não utilizada recentemente, menos utilizada recentemente, não utilizada frequentemente e frequência de falha de página. A última dessas políticas objetiva equilibrar a memória alocada aos processos de modo que todos os processos tenham seus conjuntos de trabalho na memória ao mesmo tempo.

Os dispositivos de armazenamento secundário podem ser mais lentos do que a memória principal em fatores da ordem de centenas de milhares ou mesmo de um milhão. Devido a essa vasta discrepância no tempo de acesso, é fundamental que nossas escolhas de páginas para swap para o disco não resultem em ineficiência, que ocorre quando o sistema gasta a maior parte do tempo fazendo swapping de páginas entre a memória principal e o armazenamento secundário. Quando isso ocorre, o sistema como um todo opera muito lentamente. Como consequência, a capacidade do SO em tratar da tarefa de gerenciamento de memória é um dos fatores mais importantes para o desempenho geral do sistema.

9.9 Exercícios

1. Suponha termos um sistema de segmentação de hardware, como o apresentado na Figura 9-3, em que as tabelas de base e limite possuem oito entradas. O registrador de base i (numerado a partir de 0) contém o valor $i \times 2^{10} +$ 0x100 e cada registrador de limite contém o valor hexadecimal 0x200. Se o endereço virtual de 16 bits for 0x605f, qual endereço físico é computado? Esse endereço gera uma falha?

2. É um bom projeto fazer com que o tamanho mínimo de alocação de memória seja de um único byte? Por quê?

3. O layout de memória de processo apresentado na Figura 9-7 baseia-se no hardware, que diminui o ponteiro de pilha ao fazer inserções nela. Como o projeto mudaria se, em vez disso, o hardware aumentasse o ponteiro de pilha?

Princípios de gerenciamento de memória ■ 257

4. Assumindo uma distribuição uniforme de tamanhos de requisição, que porcentagem de fragmentação interna veríamos, em média, se a unidade mínima de alocação for de 32 bytes e o tamanho médio de alocação de 1 KB?

5. Em um projeto de sistema de companheiros, como poderíamos estruturar a representação de nosso espaço livre para assegurar a possibilidade de se localizar um bloco livre de um dado tamanho (ou determinar que não existe bloco livre assim) constantemente? Quanta memória é utilizada em geral com essa abordagem?

6. Considere um sistema com endereçamento de 64 bits. Se o tamanho de página for de 64 KB, quantos níveis o sistema de paginação deve ter de modo que cada tabela caiba em uma página? (Considere o tamanho da ETP como de 8 bytes.)

7. Se tivermos uma máquina com endereço virtual de 32 bits e tamanho de página de 1 KB, quantas páginas haverá no espaço de endereçamento virtual? Se cada ETP ocupar 4 bytes, quantas páginas serão necessárias para manter uma tabela completa? Se o espaço de endereçamento físico for de 256 MB, quantos bits serão necessários para o número de quadros de páginas (NQP) na ETP?

8. Suponha que você possua um sistema com 128 MB de memória, inicialmente sem alocação. Dada a sequência de alocações (A) e liberações (L): A 10 MB, A 20 MB, A 15 MB, L 20 MB, A 12 MB, A 30 MB, L 15 MB e A 17 MB, mostre a lista livre em cada estágio para primeiro ajuste, próximo ajuste, melhor ajuste e pior ajuste.

9. Assuma que você tenha 128 KB de memória. Dê uma sequência de alocações e liberações que será bem-sucedida com primeiro ajuste, mas falhará com pior ajuste. Dê uma sequência bem-sucedida com pior ajuste, mas falha com primeiro ajuste.

10. Uma versão anterior do UNIX foi desenvolvida para pequenos computadores PDP-11 sem hardware de gerenciamento de memória. Ela mantinha apenas um processo na memória por vez; era necessário fazer swap em cada mudança de contexto. Uma unidade de disco para esses sistemas era o RL01. Essa unidade levava 55 mS para conseguir acessar os dados, que podiam ser transferidos a uma taxa de 512 KB/S. Se cada processo tinha 32 KB de tamanho e o quantum era de 0,3 S, em que fração de tempo o sistema fazia trabalho útil?

11. A maioria dos exemplos estudados utiliza o sistema de paginação para mapear grande espaço de endereçamento virtual em um espaço físico menor. Há utilidade em mapear um espaço virtual pequeno em um espaço físico maior? Por quê?

12. A utilização de hardware de gerenciamento de memória paginada tem alguma utilidade, mesmo se nunca fizermos swap entre o disco e a memória?

13. Escreva o pseudocódigo para implementar uma operação de alocação e uma de liberação utilizando o sistema de companheiros.

14. Se o tempo de acesso à memória for de 70 nS e o de acesso ao disco, de 12 mS, qual é a fração máxima de acessos à memória que podem gerar falhas de página e manter um tempo de acesso esperado de até 100 nS?

258 ■ Princípios de sistemas operacionais

15. Um sistema com quatro quadros de página possui atualmente seis páginas ativas, e nenhuma está carregada. Utilizando a política de substituição de página por segunda chance, quais páginas são residentes em cada etapa para a sequência de acessos 1, 2, 3, 4, 1, 2, 5, 6, 3, 2, 6, 1? E para a política LRU?

16. Suponha que, para um dado job, o mínimo de Belady resultaria em uma taxa de acerto de 99,99%, que o tempo de acesso à memória seja de 70 nS e o de acesso ao disco, de 12 mS. Se NFU resultar em 20% mais falhas de página e a segunda chance em 30% mais falhas de página em relação ao mínimo de Belady, quanto o tempo médio de acesso será prejudicado em cada uma dessas políticas de substituição?

17. Se um sistema possuir um espaço de endereçamento de 4 MB, em que cada página tem 4 KB, e os acessos à tabela de páginas tomarem 100 nS, quanto tempo levará para se carregar uma tabela de página completa? Que fração de um período de tempo de 100 mS isso demorará?

18. Mostre que a string de referências de página utilizada na Figura 9-18 também apresenta a anomalia de Belady sob a política de substituição de segunda chance.

19. A maioria dos sistemas não faz swap para o disco de páginas que fazem parte de um segmento de texto somente de leitura, pois podem ser relidas a partir do arquivo executável original. Haveria alguma vantagem em se fazer isso?

Capítulo 10

Alguns exemplos
de gerenciamento de memória

Quando se passa dos princípios básicos e exemplos simples para implementações reais, as coisas dificilmente ocorrem de modo direto como pode parecer. Isso é verdadeiro tanto para o gerenciamento de memória como para outras áreas de SO. Neste capítulo, utilizamos nosso conjunto de nove sistemas operacionais para exemplificar variações na implementação de técnicas de gerenciamento de memória. Alguns exemplos aplicam diretamente as técnicas discutidas no capítulo anterior, enquanto outros utilizam combinações ou modificações de técnicas básicas.

10.1 CTSS

A máquina na qual o CTSS é executado possui dois bancos de memória de 32K palavras chamados **memória A** e **memória B** (algumas vezes também referidos como núcleo A e núcleo B). O sistema também inclui realocação de memória e registradores de proteção, utilizados para limitar a memória acessada por um processo. O supervisor é mantido na memória A, com certos comandos do sistema. A memória B é utilizada por todos os outros programas executados pelos processos do usuário.

A abordagem que o CTSS assume para o gerenciamento de seu espaço de memória é bastante direta. Após o sistema ser carregado, os conteúdos da memória A são fixados e nenhum swapping ocorre para o banco da memória. A memória B também é gerenciada com uma política ainda mais simples. Em um dado momento, apenas um programa pode ser totalmente residente na memória B. Isso significa que, em qualquer escalonamento que mude para um programa sendo executado na memória B, precisamos ler esse programa a partir do espaço de swap, a menos que coincida de já ser o da memória. (Processos em swap são armazenados em um dispositivo de tambor. Os tambores são similares a discos, mas o meio de gravação é em um cilindro, em vez de em um disco. Em geral, os tambores possuem um único cabeçote de leitura/gravação por trilha, em vez do cabeçote móvel típico das unidades de disco. Isso torna o acesso aos dados mais rápido no tambor do que nos discos.)

Para melhorar a eficiência, o CTSS utiliza uma otimização interessante chamada algoritmo de "casca de cebola". Ao fazermos o swap de um processo para o tambor, não o fazemos necessariamente para todo esse processo. Suponha que estejamos executando o swap para o tambor de um processo que ocupe n palavras, mas o processo cujo swap para a memória executaremos a partir do tambor possui $m < n$ palavras. Nesse caso, fazemos swap para o tambor apenas das primeiras m palavras do primeiro processo e, em seguida, carregamos o segundo processo na memória. O registrador de proteção de memória está configurado para limitar os acessos à memória do segundo processo e impedir que ele acesse os dados do primeiro que ainda estejam na memória. Embora a ideia básica do algoritmo de casca de cebola seja simples, as coisas podem ficar um pouco mais complicadas conforme o sistema seja executado. Se escalonarmos uma série de processos, cada um menor que o anterior, terminaremos com fragmentos de vários processos na memória ao mesmo tempo. Em seguida, se fizermos swap para a memória do primeiro processo novamente, teremos de executar swap para o tambor de todos os fragmentos, mantendo a trilha à qual cada processo pertence.

10.2 Multics

Se existe algum recurso do Multics que o distinga de outros sistemas operacionais e o torne um objeto de estudo válido, trata-se de seu projeto de gerenciamento de memória. Devemos nos lembrar, no entanto, que o Multics é um caso um pouco diferente. Os desenvolvedores do Multics são os que adicionaram hardware de segmentação e paginação ao GE-635, resultando no GE-645. Em outras palavras, a unidade de gerenciamento de memória (MMU) do GE 645 foi projetada especificamente para o Multics, em vez do Multics ser desenvolvido para o hardware existente. De modo similar, o Honeywell 6180, no qual a maioria das instalações do Multics é executada, foi projetado com a mesma organização de gerenciamento de memória.

Para compreender o gerenciamento de memória do Multics, precisamos nos colocar na mente de seus criadores. Eles queriam que o sistema como um todo e os processos individuais do sistema fossem capazes de ver um número ilimitado de segmentos, cada um com seu próprio nome e com tamanho ilimitado. É claro que deve haver limites em qualquer sistema prático. No entanto, em meados da década de 1960, a utilização de 18 bits para especificar o nome do segmento e de 18 bits para especificar a palavra dentro dele era o mais próximo do ilimitado a que os projetistas poderiam razoavelmente esperar chegar. Essa combinação significa que nossos "nomes" de segmentos são, na verdade, números de segmentos. Como discutiremos adiante, no entanto, da perspectiva da aplicação, os segmentos têm, de fato, nomes textuais. Além disso, os segmentos são divididos em páginas, de modo que o deslocamento de segmento de 18 bits é, ele mesmo, dividido em número de página e deslocamento de página, como ilustrado na Figura 10-1.

35		18 17	10 9	0
Número de segmento		Número de página	Deslocamento	

Figura 10-1: Formato de endereço virtual do Multics

10.2.1 Chamadas ao sistema relacionadas à memória

Como toda memória no Multics é dividida em segmentos, não estamos falando em termos de alocação ou liberação de memória. Em vez disso, o Multics fornece chamadas ao sistema para criar e deletar segmentos. Os processos também possuem a capacidade de modificar os direitos de acesso a um segmento. O tamanho de um segmento é determinado por quantos dados nós gravamos nele. O Multics aloca dinamicamente as novas páginas para segmentos, conforme sejam acessadas, até um limite estabelecido por segmento. Como os deslocamentos de segmentos são especificados com 18 bits, o limite máximo de um segmento é 2^{18} palavras. Observe que, sob a perspectiva da aplicação, a segmentação é muito visível, mas a paginação fica oculta.

O Multics não precisa de chamadas ao sistema para o mapeamento de um arquivo na memória no sentido usual. Isso porque há uma correspondência direta entre os segmentos e os arquivos. A criação de um segmento também cria um arquivo. De modo similar, os arquivos são acessados por meio de seus segmentos. Isso também significa que todo segmento possui um nome em um espaço de nomes hierárquico, como os descritos no Capítulo 17. Como o número de arquivos possíveis no sistema é maior do que o de segmentos disponíveis, cada processo atribui um número de segmento a um arquivo conforme necessário.

10.2.2 Layout de memória

Como os números de segmentos são atribuídos conforme as referências aos mesmos, não há layout fixo no espaço de endereçamento virtual. A exceção básica é que o kernel é mapeado nas primeiras centenas de segmentos de todos os processos. Essa combinação torna todos os pontos de entrada de chamada ao sistema do kernel disponíveis no espaço de memória do processo. A proteção, que impede o acesso irregular ao interior do kernel, é fornecida pelos controles de acesso por anéis e pelas portas de chamadas, como discutido na Seção 21.6.

10.2.3 Gerenciamento de segmentos e de páginas

Tanto na segmentação como na paginação do Multics, os processos podem incorrer em falhas de segmentos e de páginas. Uma falha de segmento indica normalmente que ele está sendo acessado pela primeira vez. Em outras palavras, não há mapeamento do nome do caminho para o número do segmento. O estabelecimento desse mapeamento é responsabilidade do tratador de falhas de segmento. Como os nomes de caminhos de segmento são também nomes de caminhos de arquivos, fornecemos detalhes deste procedimento no Capítulo 17. Após o mapeamento no nome do caminho para o número do segmento ter sido estabelecido, ele é armazenado na Tabela de Segmentos Conhecidos para agilizar futuras referências a ele. Ao mesmo tempo, a Palavra de Descritor de Segmento é carregada com o endereço da Tabela de Páginas do segmento.

Como ocorre na maioria dos sistemas de paginação, as falhas de páginas são normalmente causadas por acessos a páginas que não estão residentes na memória principal, mas sim em um armazenamento secundário. O conjunto de todos os quadros de páginas é mantido em duas listas, uma de quadros utilizados e outra de quadros livres. As páginas que precisam sofrer swap para a memória são lidas nos quadros livres. Quando o número de quadros livres disponíveis cai muito, mais quadros são identificados como livres, utilizando-se o algoritmo do relógio.

10.3 RT-11

A principal distinção entre os três monitores do RT-11 é sua utilização de memória. O monitor SJ (do inglês, single job) reserva espaço para apenas um processo. No monitor FB (do inglês, *foreground/background*) há espaço para múltiplos processos, um grande processo em segundo plano e um ou mais processos menores em primeiro plano. Ambos os monitores SJ e FB podem ser executados no PDP-11 sem hardware de gerenciamento de memória e estão limitados a 64 KB de memória. O monitor XM (do inglês extended memory) opera de modo muito parecido com o monitor de FB, mas também inclui suporte para a MMU, permitindo que o sistema acesse até 4 MB de memória.

10.3.1 Chamadas ao sistema relacionadas à memória

Como parte do objetivo do RT-11 é fornecer às aplicações controle praticamente completo sobre o hardware, há poucas coisas relacionadas às chamadas ao sistema para alocação e liberação de memória. No entanto, existem algumas chamadas que permitem que as aplicações tenham algum controle sobre o layout de memória do sistema. A principal delas é .SETTOP. Essa chamada permite que uma aplicação (de segundo plano, no caso de monitores FB ou XM) defina ou altere o maior endereço de memória a ser utilizado. De fato, ela diz ao SO que quaisquer endereços acima de um determinado ponto estão disponíveis para que o SO o utilize.

O monitor XM também fornece chamadas adicionais que permitem que um processo controle diretamente o mapeamento entre as janelas de memória virtual e as regiões de memória física. Um processo pode alocar (ou criar) uma região com a chamada .CRRG e liberar (ou eliminar) tal região com a chamada .ELRG. De modo similar, as chamadas .CRAW e .ELAW alocam e liberam janelas virtuais. A chamada .MAP solicita que o SO configure a MMU para mapear entre uma determinada janela e uma determinada região. Os mapeamentos podem ser removidos com a chamada .UNMAP.

Há, ainda, algumas chamadas ao sistema que lidam mais com gerenciamento de processos, porém possuem implicações relacionadas à memória. Entre elas, está a chamada .CHAIN para substituição de um processo por outro e a chamada de sistema .EXIT para o encerramento de um processo.

Por fim, a chamada .LOCK pode ser utilizada para forçar que a Rotina de Serviços do Usuário (USR, do inglês User Service Routine) seja residente na memória. Para permitir que a USR sofra swap para o disco, a aplicação emite a chamada ao sistema .UNLOCK (o swapping e o papel da USR são descritos com mais detalhes nas seções seguintes).

10.3.2 Layouts de memória

A Figura 10-2 mostra o layout de memória mais geral em um sistema RT-11, como utilizado em um monitor XM. Ambos os monitores, SJ e FB, utilizam um subconjunto dos componentes aqui apresentados. Como o RT-11 pode ser executado em hardware sem uma MMU, a figura mostra o layout de memória apenas em termos de endereços físicos e é dada em unidades de palavras. Os 32 bytes mais baixos são os vetores de trap,[1] conforme definidos pelo hardware. Logo acima desses vetores, encontramos 16 bytes, utilizados para descrever o job corrente em segundo plano. Os vetores de interrupção para os diferentes dispositivos de E/S ocupam os 272 bytes seguintes. A maioria do espaço abaixo do ponto de 28 KW é ocupada pelo job corrente em segundo plano. Nessa área, um espaço de pilha de tamanho fixo fica no fundo do espaço de endereçamento. O restante desse espaço de endereçamento do job apresenta um layout bastante comum, com um código logo acima da pilha. O espaço de dados, cujo topo é estabelecido pela chamada .SETTOP, ocupa a memória diretamente acima do código. O monitor de teclado (KMON, do inglês Keyboard Monitor) localiza-se logo acima do job em segundo plano. Esse código fornece o interpretador da linha de comando e um número de comandos embutidos. Ele normalmente tem tamanho um pouco menor que 4 KW. O USR ocupa os 2 KW seguintes de memória. Ele contém o código que dá suporte a um subconjunto de chamadas ao sistema. Em particular, o USR contém o código que implementa as operações de sistemas de arquivos, como criação, abertura, leitura, gravação e fechamento de arquivos. Ele também trata dinamicamente do carregamento e da recuperação do *status* dos tratadores de dispositivos. Em monitores FB e XM, a área seguinte da memória mantém qualquer job de primeiro plano. O monitor SJ não suporta esse tipo de job. Quaisquer tratadores adicionais de dispositivos residem acima dos processos em primeiro plano. O monitor residente (RMON, do inglês Resident Monitor) ocupa a área seguinte da memória. Esse monitor, que ocupa cerca de 2 KW em um monitor SJ e 4 KW em um monitor FB, fornece as chamadas ao sistema restantes, bufferização de E/S, tratamento do temporizador e escalonamento de monitores FB. O bit final de software nos 28 KW mais baixos da

---

[1] Denominação dada a uma interrupção de software. (N.R.T.)

memória é o tratador de dispositivos do sistema. Trata-se de um driver de dispositivo para o dispositivo em que todos os outros tratadores de dispositivos são armazenados e que encontramos a área de swap para USR e KMON. Nos monitores SJ e FB, o hardware de gerenciamento de memória não é utilizado e os dispositivos de E/S são mapeados para a região entre 28 KW e 32 KW. No monitor XM, qualquer memória física entre 28 KW e 124 KW fica disponível para as aplicações mapear e utilizar.

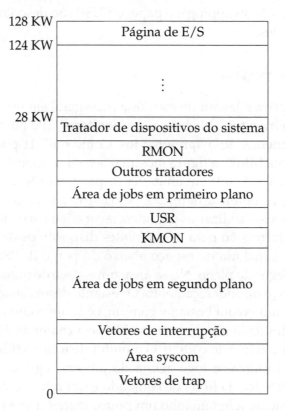

Figura 10-2: Layout de memória do monitor XM do RT-11

10.3.3 Swapping de USR e KMON

De modo muito parecido com o shell dos sistemas UNIX, o KMON do RT-11 é escrito para operar como um job normal em segundo plano. Como só pode haver um único job em segundo plano por vez no RT-11, um job em segundo plano recém-iniciado pode utilizar a memória ocupada anteriormente pelo KMON para seus próprios propósitos. Quando um job em segundo plano termina, o sistema recarrega o KMON e transfere o controle para ele. Desse modo, o KMON efetivamente passa por swap em cada carregamento e encerramento de um job em segundo plano.

Como outra alternativa para possibilitar que um job em segundo plano utilize tanta memória quanto possível nos monitores SJ e FB, o RT-11 permite que um job em segundo plano faça swap para o disco do USR (em sistemas XM, a habilidade de utilizar memória virtual elimina a necessidade de swap do USR). Ele sofre swap para o disco automaticamente, sempre que for carregado um job grande o suficiente para exigi-lo ou for emitida uma chamada .SETTOP que utilizaria esse espaço. Um job pode evitar o swap do USR emitindo uma chamada .LOCK, e o usuário pode fazer isso emitindo um comando SET USR NOSWAP. Os jobs devem ter cuidado para não fazer o swap do USR em momentos em que precisem executar chamadas relacionadas ao sistema ou carregar drivers, pois o código de suporte dessas funções reside no USR.

10.4 UNIX sexta edição

Na época em que o UNIX foi atualizado para a sexta edição, já havia sido projetado para múltiplas plataformas de hardware. No entanto, a plataforma predominante para a execução do UNIX era, sem dúvida, a PDP-11 da DEC (Digital Equipment Corporation). Embora houvesse versões que pudessem ser executadas sem qualquer hardware de gerenciamento de memória, concentramo-nos, neste texto, em um sistema sendo executado em uma plataforma PDP-11 com hardware de gerenciamento de memória.

10.4.1 Chamadas ao sistema relacionadas à memória

No projeto básico do UNIX, apenas quatro chamadas ao sistema permitem que os processos afetem a alocação de memória. Três delas, *fork*( ), *exec*( ) e *exit*( ), são principalmente chamadas de gerenciamento de processos. Ao criarmos um novo processo com *fork*( ), alocamos espaço e copiamos dados e segmentos de pilha do pai. Como o filho é uma cópia do pai, está configurado para compartilhar a memória alocada para o segmento de texto do pai. Ao substituirmos o programa de um processo com *exec*( ), a memória é alocada para texto, segmentos de dados e pilha, assim sendo adequadamente inicializada. Se já houver um processo executando o mesmo programa, então configuramos o chamador para compartilhar o segmento de texto do outro processo. Se o programa for identificado como não possuindo segmento de texto compartilhável, então simulamos que não há segmento de texto e estabelecemos o segmento de dados de modo a incluir tanto o código como os dados. Por fim, a chamada *exit*( ) libera os segmentos de dados e pilhas que pertencem ao processo que faz a chamada. Se for o último processo utilizando seu segmento de texto (não há outros processos existentes compartilhando-o), liberamos também o segmento de texto.

A chamada ao sistema *brk*( ) é a única pela qual um processo pode alterar o tamanho de sua alocação de memória. O argumento dessa chamada estabelece o limite que separa os dados da pilha no espaço de endereçamento virtual. Todos os endereços virtuais a partir do topo do segmento de texto até o ponto de quebra são alocados para dados. Do endereço virtual no topo (177777_8) até a quebra encontra-se uma área de memória na qual a pilha pode crescer. A família de chamadas conhecidas *malloc*( ) e *free*( ) (e os operadores **new** e **delete** de C++ nas implementações posteriores) são construídas na chamada *brk*( ).

10.4.2 Layouts de memória

O MMU do PDP-11 traduz os endereços virtuais para os físicos utilizando um esquema como o exemplificado na Figura 9-3. Embora tenhamos identificado essa abordagem como segmentação, a DEC refere-se às suas regiões de memórias como páginas. Em projetos posteriores (como o VAX e o Alpha), a empresa utilizou o termo página do mesmo modo que nós. Uma tabela de oito segmentos é indexada pelos três bits superiores do endereço virtual de 16 bits. Os tamanhos dos segmentos podem variar na faixa de 64 a 8192 bytes. Para a maioria dos modelos de PDP-11, o endereço físico é de 18 ou 22 bits. Existem duas dessas tabelas, uma utilizada quando o processador está sendo executado no modo de usuário e outra quando está sendo executado no modo kernel. (Em alguns modelos, há ainda um terceiro modo supervisor disponível.) Além disso, alguns modelos fornecem espaços de endereçamento virtual separados para instruções e dados. Nesses casos, há duas tabelas de tradução de endereços em cada modo.

No projeto do PDP-11, os primeiros 512 bytes de memória física estão reservados para vetores de interrupção e os 8 KB do topo do espaço físico estão reservados para dispositivos de E/S. Qualquer memória disponível nesse intervalo está livre para que o sistema operacional a utilize conforme lhe parecer adequado. O kernel do UNIX sexta edição reside na parte inferior da memória física, logo acima dos vetores de interrupção. Ele inicializa o mapeamento de memória no modo kernel, conforme apresentado na Figura 10-3 (utilizando notação octal no estilo de C e assumindo endereçamento de 18 bits). O efeito dessas configurações é criar um mapeamento de identidade nos primeiros 48 KB de memória. Como o kernel é menor do que isso, ele pode funcionar independente da tradução de endereço estar habilitada. O último segmento mapeia os registradores controladores de E/S nos 8 KB superiores do espaço de endereçamento virtual ($160000_8 - 177777_8$) do kernel. O segmento 6 é utilizado como uma pequena janela no restante da memória do sistema. Nós a utilizamos para acessar os dados que precisam ser compartilhados entre os processos de usuário e o sistema operacional. Essa utilização das janelas é necessária apenas porque o espaço de endereçamento físico é maior do que o virtual.

Segmento	Base	Tamanho	Acesso
0	0000000	8 KB	R/W
1	0020000	8 KB	R/W
2	0040000	8 KB	R/W
3	0060000	8 KB	R/W
4	0100000	8 KB	R/W
5	0120000	8 KB	R/W
6	Dependente de Processo de Usuário	1 KB	R/W
7	0730000	8 KB	R/W

Figura 10-3: Mapeamento de memória do kernel do UNIX sexta edição

A memória por processo é alocada em duas áreas contíguas. A primeira, localizada no fundo do espaço virtual, é o segmento de texto. Essa área é mapeada como sendo apenas de leitura e utiliza o suficiente dos descritores de segmento para definí-la completamente. Por exemplo, se o processo utiliza 20 KB de espaço de código, então os três primeiros segmentos de hardware são configurados para o segmento de texto. Os dois primeiros segmentos de hardware são ambos de 8 KB em tamanho e o terceiro é de 4 KB. Os três são especificados como apenas de leitura. Como identificamos o segmento de texto dessa maneira, ele está seguro para compartilhar esse espaço entre todos os processos que estejam executando o mesmo código. Portanto, todos os processos que executam esse programa possuem os mesmos valores nos três primeiros pares de registradores de segmentos.

A outra área de memória contígua é para os segmentos de dados e pilhas. A área dos dados ocupa os segmentos inferiores de hardware e a pilha ocupa os segmentos superiores. Continuando nesse exemplo, suponha que tenhamos 15 KB de espaço de dados e 6 KB de espaço de pilhas correntemente em uso. Para acomodar essa necessidade, alocamos uma área de 21 KB na memória e estabelecemos o quarto e o quinto segmentos de hardware para mapear os 15 KB inferiores da área. A pilha nos 6 KB superiores é mapeada pelo oitavo segmento de hardware, deixando o sexto e o sétimo segmentos sem uso. Como os segmentos de dados e pilhas são adjacentes, mudar seus tamanhos cria uma complicação. Se um processo emitir uma chamada *brk( )* para alterar o tamanho do segmento de dados, então precisamos ampliar a área combinada dos segmentos de dados e de pilhas e copiar a pilha para o novo topo da área ampliada. Além disso, se a memória imediatamente acima dessa área combinada não estiver livre, precisamos encontrar outra área livre grande o suficiente para acomodar a nova área e, em seguida, copiar ambos, os dados e a pilha, para essa área recém-alocada. Disso resulta que o modo mais fácil de lidar com essa expansão é aproveitar a infraestrutura de swapping discutida na Seção 10.4.5.

10.4.3 Gerenciamento de espaço livre

O espaço livre no UNIX sexta edição é representado por um vetor de estruturas, cada uma identificando o tamanho e o endereço de um bloco livre. O vetor possui espaço para 50 dessas estruturas, mas a última da lista é uma sentinela com tamanho configurado para 0. Portanto, pode haver apenas 49 áreas livres distintas no sistema. As estruturas no vetor são classificadas por endereço. Quando um bloco é liberado, se ele for adjacente a mais um ou dois blocos livres, esses blocos contíguos são combinados em um único bloco maior. Se um bloco recém-liberado for separado de todos os outros, as estruturas que representam os blocos em endereços superiores são deslocadas no vetor para criar espaço para o novo.

10.4.4 Alocação

As solicitações de alocação são tratadas com uma política de primeiro ajuste. O vetor de blocos livres é pesquisado sequencialmente até que seja encontrado um bloco cujo tamanho seja maior ou igual ao da solicitação. Se o bloco livre for maior, ele é dividido em duas partes, a primeira das quais é voltada para atender à solicitação. A parte remanescente do bloco permanece na lista de livres. A alocação e o espaço livre são gerenciados em unidades de 64 bytes, de modo que não seja criado fragmento menor que 64 bytes.

Se for feita uma tentativa de se colocar dados sobre a pilha, mas isso utilizar memória não alocada para o processo, uma falha de endereçamento interromperá o sistema. Nesse caso (assumindo-se que haja espaço virtual disponível entre o topo corrente da pilha e a quebra), alocamos memória implicitamente para a pilha e reiniciamos a instrução que havia sido interrompida.

10.4.5 Swapping

Quando a memória total alocada para processos no sistema exceder a memória física disponível, o UNIX sexta edição faz swap dos processos entre a memória e o disco. Em muitos casos, apenas os segmentos de dados e de pilha são gravados no disco. No entanto, se todos os processos que compartilham um segmento de texto particular sofrerem swap para o disco, então, a memória ocupada por esse segmento será liberada. Para simplificar o swapping de espaços de texto, o código de programa é copiado no espaço de swap para que cada programa seja executado com a chamada ao sistema *exec*( ). Quando um segmento de texto "sofre swap para o disco", ele não é, de fato, gravado, pois todos esses segmentos são configurados para somente leitura, o que implica que a cópia no disco sempre coincide com a da memória. Por fim, para evitar que programas comuns sejam copiados para o espaço de swap com frequência, o UNIX implementa um "sticky bit" que pode ser configurado para programas executáveis. Se um processo que utiliza o segmento de texto de um programa configurado com o "sticky bit" for o último processo desse tipo a ser finalizado, a cópia no espaço de swap não é removida, no caso de outro processo executar esse programa em um futuro próximo.

10.5 4.3BSD

Passemos agora do UNIX antigo para o 4.3BSD, um dos nove exemplos que estamos estudando. Em termos de gerenciamento de memória, a maior diferença entre as versões mais antigas do UNIX e as distribuições 4BSD é o uso de paginação. A distribuição 4BSD do UNIX, de Berkeley, foi projetada originalmente para o hardware DEC VAX, que introduziu o hardware de paginação nos produtos de informática da DEC. Posteriormente, essas distribuições foram adaptadas a outros hardwares, formando a base tanto das distribuições comerciais, como das de código aberto, como o SunOS, NetBSD, FreeBSD, OpenBSD e DragonflyBSD.

10.5.1 Chamadas ao sistema relacionadas à memória

Em sua maioria, as distribuições BSD mantiveram as mesmas chamadas ao sistema para alocação de memória. Uma das maiores diferenças é a introdução da chamada *vfork*( ). Como discutido na Seção 10.4.1, a tradicional chamada *fork*( ) faz uma cópia completa do espaço de memória do processo-pai (exceto para o segmento de texto, se ele for compartilhado ou apenas de leitura). No entanto, uma chamada *fork*( ) é rapidamente seguida por uma *exec*( ). O efeito dessa combinação é que o SO faz uma cópia dos espaços de dados e de pilha do pai logo antes de liberá-los e de alocar nova memória para o programa que está sendo carregado. O propósito da *vfork*( ) é a eliminação da cópia, nesse caso comum. Quando um processo emite essa chamada ao sistema, ele é suspenso e o processo-filho recém-criado é executado, utilizando-se o espaço de memória do pai, até que ele seja finalizado ou emita um *exec*( ). É claro que isso impõe algumas restrições sobre o que o processo-filho pode fazer entre retornar de uma chamada *vfork*( ) e chamar *exec*( ). Qualquer coisa que se faça para alterar o espaço de dados globais é vista pelo processo-pai. Mais seriamente, se o filho retornar da função que chamou *vfork*( ), a pilha que o pai espera ver no retorno é destruída.

10.5.2 Layouts de memória

Os lançamentos originais do 4BSD foram projetados para o computador DEC VAX. Em termos de memória física, o BSD UNIX no VAX utiliza um layout muito parecido com o ilustrado na Figura 9-6. Os vetores de interrupção ocupam a primeira página (512 bytes) do espaço de memória física. Quando o sistema é carregado, o kernel do BSD ocupa então a área inferior da memória. O topo dessa memória do kernel é identificado pela variável *firstfree*. Durante a inicialização do sistema, o kernel determina quanta memória física está instalada no sistema e estabelece a variável *maxfree* no topo dessa memória, deixando um pequeno espaço para o armazenamento de mensagens de console, que podem ser utilizadas para depuração após uma falha de sistema.

O endereço virtual de 32 bits do VAX consiste em três campos, como ilustrado na Figura 10-4. Os 9 bits de baixa ordem especificam um deslocamento de byte dentro de uma página. Como resultado, cada página possui $2^9 = 512$ bytes. Os bits 9-29 formam um número de página de 21 bits. Os dois bits finais (30 e 31) especificam um número de região. Cada região pode ter até $2^{21} = 2.097.152$ páginas para um total de 1 GB. Os quatro valores possíveis para o campo da região são interpretados como se segue:

- 00: Essa é definida como a região de programa por processo, frequentemente chamada de região P0.
- 01: A região 01 é a região de controle por processo, também chamada de região P1.
- 10: A região do sistema é identificada pelo valor 10. Todos os processos compartilham o mesmo mapeamento de endereços para a região do sistema.
- 11: Essa região é reservada e não utilizada.

Os endereços dentro de cada região são traduzidos por uma tabela de página de um único nível. Todos os processos compartilham a mesma tabela de página para a região do sistema. Cada processo possui suas próprias tabelas para as regiões P0 e P1. A localização e a extensão das tabelas de página são especificadas por uma forma de par de registradores de base e de limite. Como cada EPT possui 4 bytes, uma tabela de página totalmente preenchida de cada região ocuparia 8 MB. Todas as tabelas de páginas são armazenadas na região do sistema.

Figura 10-4: Formato de endereçamento virtual do VAX

O espaço de memória virtual visto por processos é algo como um cruzamento entre as duas técnicas descritas na Seção 9.4. O hardware de gerenciamento de memória divide o espaço virtual em quatro regiões. Na região P0, cobrindo os endereços 00000000_{16}–$3FFFFFFF_{16}$, os segmentos de texto e dados apresentam layout como o da Figura 9-7. O código de processo ocupa os endereços virtuais de baixa ordem, começando no endereço 0. No início do limite da próxima página, os dados estáticos são alocados para os endereços seguintes na região P0. Por fim, a área de heap (memória alocada dinamicamente) é alocada a partir do restante da região P0, crescendo em direção a endereços de memória mais altos. O segmento de pilha está localizado na região P1 (endereços 40000000_{16}–$7FFFFFFF_{16}$), começando no topo da região e crescendo para baixo, em direção à região P0. Há, na verdade, três estruturas nessa região. Em seu topo, há um espaço fixo reservado para a pilha do kernel, utilizado ao se tratar chamadas ao sistema. Uma estrutura de dados por processo é armazenada logo abaixo da pilha do kernel. A pilha do modo de usuário cresce para baixo a partir daí. Por fim, o kernel também é mapeado em cada espaço virtual do processo na região do sistema, o que estende os endereços 80000000_{16} – $BFFFFFFF_{16}$. O layout é ilustrado na Figura 10-5.

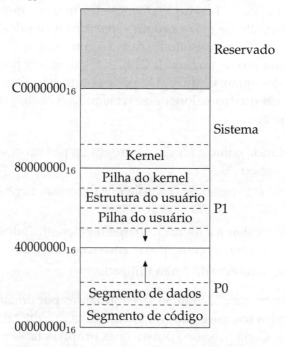

Figura 10-5: Layout de memória virtual no 4BSD

10.5.3 Gerenciamento de espaço livre

A versão anterior 3BSD do UNIX gerenciava memória em termos de páginas de 512 bytes, conforme definido pelo hardware de gerenciamento de memória. No entanto, com um grande espaço de memória física, o número de páginas a gerenciar também é grande. Consequentemente, no 4BSD, o gerenciamento de memória foi alterado para operar em unidades de clusters, cada uma das quais possuindo um número integral de páginas de hardware. (Para o VAX executando 4.3BSD, o tamanho do cluster é de duas páginas ou 1 KB.) Essa utilização de cluster cria efetivamente um tamanho de página maior, utilizado para todo o gerenciamento de páginas.

O conjunto de clusters que abrange a memória física é representado por um vetor chamado mapa central. Cada elemento do vetor é uma estrutura *cmap* representando um único cluster. Os clusters livres no vetor são mantidos em uma lista duplamente encadeada, classificada por ordem de menos utilizada recentemente (LRU, do inglês least recently used). As alocações são feitas a partir dos clusters menos utilizados recentemente. Essa política de alocação permite-nos reutilizar um cluster sem relê-lo a partir do disco, se acharmos que um cluster foi liberado prematuramente.

10.5.4 Swapping e substituição de página

As distribuições 4BSD utilizam uma combinação de swapping de página (cluster) e swapping de processo inteiro. Normalmente, o sistema opera com swapping de página enquanto puder manter memória livre disponível para atender solicitações. No entanto, se a memória se tornar muito escassa, o sistema recorrerá ao swapping de processos inteiros para gerar espaço. Para simplificar o gerenciamento do espaço de swap, nós o alocamos para manter o espaço completo de memória de todos os processos, independente de ser utilizado ou não.

A memória no 4BSD normalmente é paginada sob demanda. Ou seja, quando uma falha de página ocorre, o SO lê a página desejada a partir do disco. No caso de um segmento de código do processo, podemos ler a página desejada diretamente a partir do arquivo executável, em vez de a partir do espaço de swap. Além disso, também aplicamos alguma pré-busca. Carregamos até 16 clusters adjacentes junto com o desejado. Apenas esses clusters adjacentes, tanto no disco como na memória virtual, são carregados como parte da página lida. As páginas pré-carregadas são colocadas na lista de livres, mas no final (o que implica que elas foram acessadas recentemente, mas ainda estão livres). Se elas forem referenciadas antes da lista de livres ser utilizada, podemos marcá-las como em uso sem incorrer em um excesso de leitura de disco.

A política de substituição de páginas no 4.3BSD é implementada por um relógio de dois ponteiros, conforme descrito na Seção 9.6.3. Os ponteiros são separados por 2 MB na maioria dos sistemas. (Em sistemas muito pequenos, com menos de 2 MB de memória física, a distância é igual ao tamanho da memória física e o algoritmo é reduzido ao relógio de um ponteiro.) A frequência e a velocidade de varredura são determinadas pela comparação do tamanho corrente da lista de livres a um limiar chamado *lotsfree* (normalmente estabelecido em 512 KB). Essa comparação ocorre quatro vezes por segundo. Se houver mais do que a memória *lotsfree* na lista de livres, nada se faz com o relógio, e os ponteiros permanecem onde estavam na última partida. Se a quantia de espaço livre for menor que *lotsfree*, a taxa de varredura é estabelecida para

$$r = f - \frac{(f - s)}{l} m$$

em que f é a taxa máxima de varredura (normalmente de 200 páginas por segundo), s é a taxa mínima de varredura (normalmente de 100 páginas por segundo), l é o *lotsfree* e m é a quantidade de memória livre.

Nada disso nos surpreende, dada nossa discussão no capítulo anterior. No entanto, há uma faceta do hardware VAX que faz com que as coisas não sejam tão simples. A MMU do VAX não possui o bit (A) de acesso. No entanto, na Seção 9.6.3, o algoritmo do relógio é descrito utilizando-se o bit A para determinar se uma página foi utilizada desde a última vez em que o ponteiro passou por ela. Sendo assim, como os desenvolvedores do BSD lidaram com esse dilema? A resposta é que eles simularam o bit A. No momento em que, normalmente, o ponteiro posterior do relógio limpava o bit A, eles fizeram com que ele limpasse o bit P. Se a página fosse acessada, uma falha de página ocorreria e esse caso seria reconhecido, registrando o acesso e estabelecendo o bit P de volta para 1. Acessos posteriores não incorreriam em falhas de página adicionais e o bit P poderia ser examinado pelo ponteiro anterior, como se fosse o bit A.

Há algumas circunstâncias em que um sistema 4.3BSD recorre ao swapping de processos inteiros. O primeiro caso é quando a quantidade de memória livre cai abaixo do valor do parâmetro *minfree* (normalmente de 64 KB), apesar de o relógio varrer essencialmente na taxa máxima. Um processo que esteja ocioso por mais de 20 segundos é o segundo caso em que faremos swap. O último caso é um resultado do modo com que o 4.3BSD gerencia tabelas de páginas. Se elas se tornarem fragmentadas, o único modo de reorganizá-las é executar swap dos processos para o disco e depois trazê-los de volta para a memória.

10.6 VMS

Quando a DEC apresentou o VAX e o sistema operacional VAX/VMS, ela o fez com uma abordagem interessante de gerenciamento de memória. Em comparação com a abordagem adotada pelos desenvolvedores do BSD, temos uma visão de como o projeto de hardware determina algumas escolhas do desenvolvedor do SO. Ao mesmo tempo, vemos espaço para criatividade e originalidade. Além disso, no VMS podemos perceber como um sistema pode evoluir para acomodar mudanças importantes em sua plataforma de hardware. Na passagem do VAX de

32 bits para o Alpha de 64 bits, os projetistas do VMS tiveram que equilibrar a necessidade de mudança no projeto de gerenciamento de memória com a de manter tantos recursos em comum quanto possível.

10.6.1 Tabelas de páginas

Enquanto o VAX utiliza um tamanho de página de 512 bytes, o projeto do Alpha permite que as páginas variem na faixa de 8 KB a 64 KB. No entanto, todas as implementações da arquitetura utilizam páginas de 8 KB. O projeto da tabela de página também é diferente. O VAX utiliza uma tabela de página de um único nível por região do espaço de memória virtual. No Alpha, essa tabela está organizada como uma tabela de três níveis, em que cada uma tem exatamente o tamanho de uma página. Para um tamanho de página de 8 KB e um ETP de 8 bytes, cada tabela mantém 1024 entradas, tomando 10 bits do endereço para indexar. Com três níveis dessas tabelas, há um total de 30 bits especificando o número de páginas. Os 13 bits inferiores do endereço são o deslocamento da página, o que significa que 43 bits do endereço são utilizados. Os 21 bits superiores são uma extensão de sinal do 43º bit. Ou seja, o 43º bit é copiado nos bits 43-63.

10.6.2 Layouts de memória

Como ambos são executados no mesmo hardware, não é de surpreender que o 4.3BSD e o VAX/VMS utilizam layouts de memória virtual similares. Ambos colocam o código e os dados de um processo na região P0, ou de programa, como apresentado na Figura 10-5. De modo similar, ambos colocam o código e os dados do sistema operacional na região do sistema e a pilha do processo na região P1, ou de controle. Diferente do BSD, o VMS utiliza quatro modos de processador (usuário, supervisor, executivo e kernel). As pilhas dos quatro modos também estão incluídas no espaço P1. Enquanto o BSD coloca a estrutura do usuário na região de controle, logo acima da pilha de processo, o VMS inclui estruturas de processo entre as estruturas de dados do SO na região do sistema. O VMS, na verdade, não possui uma estrutura de usuário exatamente como o BSD do UNIX. No entanto, o Bloco de Controle de Processos (PCB, do inglês Process Control Block) e o Cabeçalho de Processo (PHD, do inglês Process Header) executam uma função muito parecida no VMS.

O VMS no Alpha utiliza layout similar, mas com espaço de endereçamento virtual muito maior. As regiões P0, P1 e de sistema (S0) do VAX mapeiam diretamente para as regiões no Alpha. A região de sistema é colocada no topo do espaço de memória virtual, como resultado da extensão de sinal no endereço virtual. A área entre a região P1 e a região S0 é preenchida com duas novas regiões: a P2 e a S2. Esse projeto permite que seja gravado o máximo de códigos possível escritos para que o VAX seja executado sem alterações no Alpha.

10.6.3 Gerenciamento de espaço livre

O gerenciamento de espaço livre é outra área em que o BSD e o VMS são similares. Ambos utilizam uma fila para manter a lista de páginas livres. (O VMS mantém páginas individuais na fila, o oposto dos clusters do BSD.) Conforme as páginas são marcadas como livres, elas são adicionadas ao final da fila e outras páginas são alocadas do começo da lista. Se uma página for referenciada outra vez enquanto estiver passando do final para o começo, ela pode ser removida da lista e marcada como ativa novamente, sem a necessidade de acesso ao disco. Esse tipo de organização da lista resulta em uma lista de livres classificada na ordem LRU. As páginas livres modificadas são as primeiras em uma lista de modificadas, a partir da qual elas também podem ser recuperadas. Uma função do processo que realiza swap é pegar essas páginas da lista de modificadas, gravá-las no disco e movê-las para a lista de livres. Além disso, o VMS também implementa um mecanismo por meio do qual ele mantém um número de páginas zeradas disponíveis para atender às solicitações de novas páginas vazias. Outro processo de baixa prioridade pega a página da lista de livres, zera-as e coloca-as na lista de páginas zeradas.

10.6.4 Swapping e substituição de página

Tanto o VMS como o BSD também fornecem uma combinação de swapping do processo inteiro e de páginas individuais. Uma das maiores diferenças, no entanto, é a política de substituição de páginas. A Seção 10.5.4 descreve como os projetistas do BSD se dedicaram para simular o bit A no VAX, de modo que eles pudessem implementar a política do relógio de dois ponteiros. Assumindo que os grupos de desenvolvimento de hardware e software da DEC estavam certos, poderíamos esperar que o VMS utilizasse uma política de substituição de página que não necessitasse do bit A. De fato, ela utiliza uma interessante combinação de FIFO e LRU que a DEC chama de FIFO Segmentado.

Para entender a paginação do VMS, é importante compreendermos como a memória é particionada. O conjunto de quadros físicos de página é particionado em vários subconjuntos, um para a lista global de livres e um para cada processo residente. A lista de livres é mantida em cerca de 20% a 30% da memória física. (Os estudos de simulação feitos na DEC indicam que o desempenho da política não é particularmente sensível ao equilíbrio exato entre páginas ativas e páginas na lista de livres no LRU.) O VMS utiliza o modelo de conjunto de trabalho, de modo que os processos individuais estão limitados a um tamanho máximo para conjunto de trabalho.

Se um processo necessitar de nova página e o tamanho de seu conjunto de trabalho corrente for menor do que seu limite superior, então uma será retirada da frente da lista de livres e adicionada ao processo. Por outro lado, se um processo já estiver no seu tamanho máximo de conjunto de trabalho, quando ele precisar de uma nova página, terá de liberar uma antes que outra seja adicionada. A página tomada do processo será a mais antiga do conjunto de trabalho. Como na lista de livres, a manutenção desse comportamento FIFO é uma simples aplicação de fila. As páginas recém-alocadas são adicionadas ao final da lista do conjunto de trabalho do processo. Quando tivermos de retirar uma página do processo, retiraremos a página na frente da lista e a adicionaremos ao final da lista global de livres (após gravá-la no disco se estiver modificada). O efeito resultante dessa política é que obtemos desempenho próximo ao de LRU com uma implementação de simplicidade similar à da FIFO.

Em todas as versões do VMS, exceto a primeira, há uma otimização adicional à política de FIFO. Ao se olhar para o conjunto de trabalho, se descobrimos que a página que iríamos escolher para fazer swap para o disco está no *buffer de tradução de endereço* (TLB, do inglês translation lookaside buffer), como discutido na Seção 9.2.3.2, nós pulamos essa página e passamos para a próxima. Isso é um pouco similar à política de segunda chance. Como a natureza do TLB é armazenar traduções de páginas recentes, qualquer página cujo ETP esteja no TLB deve ter sido acessada recentemente. Por isso, nós a consideramos uma escolha ruim para fazer swap para o disco.

Nas versões mais antigas do VMS, os limites do tamanho do conjunto de trabalho eram estabelecidos administrativamente. O tamanho máximo do conjunto de trabalho era um parâmetro definido por usuário e armazenado no arquivo de permissões do usuário (UAF, do inglês user authorization file). Versões posteriores do VMS adicionaram uma política de ajuste do tamanho do conjunto de trabalho com base nas ideias de técnica de frequência de falhas de páginas, discutidas na Seção 9.6.3.

Se a lista de livres se tornar muito pequena (cair abaixo de um limiar administrativo), o VMS recorre ao swapping para o disco do conjunto de trabalho inteiro de um ou mais processos para restabelecer a lista de livres. Os processos bloqueados aguardando por E/S sofrem swap antes dos que estão bloqueados aguardando por paginação, que, por sua vez, passam por swap antes dos que estão prontos. Os dois últimos grupos sofrem swap para o disco apenas se um processo de prioridade mais alta necessitar novamente de swap para a memória. Os processos que passam por swap para o disco e, posteriormente, mudam para o estado Pronto, sofrem swap para a memória se houver memória livre suficiente para manter seu conjunto de trabalho. Se não, eles aguardam até que possa ser liberada memória suficiente por meio do swap para o disco dos processos bloqueados e daqueles de prioridade mais baixa. Além do swapping de processo inteiro, o VMS também implementa um mecanismo de recorte do conjunto de trabalho. Se houver processo cujo conjunto de trabalho tenha crescido em um momento em que havia baixa demanda por memória, podemos retirar páginas de seu conjunto de trabalho para aumentar a lista de livres sem fazer swap para o disco de todos juntos. No entanto, se todos os processos já estiverem em seu nível mínimo de conjunto de trabalho, precisaremos selecionar um para sofrer swap para o disco.

10.6.5 Chamadas ao sistema relacionadas à memória

As duas primeiras chamadas ao sistema relacionadas à memória do VMS são SYS$EXPREG e a SYS$CNTREG. A primeira é utilizada para expandir a região de programa ou a de controle, e a segunda, para contraí-la. Como no layout ilustrado na Figura 10-5, a região de programa cresce para cima com a chamada SYS$EXPREG, e o programa de controle cresce do topo da região para baixo. Um processo que deseje utilizar uma área arbitrária do espaço de endereçamento virtual deve chamar SYS$CRETVA para alocar esse espaço e SYS$DELTVA para liberá-lo. O VMS também dá suporte a arquivos mapeados em memória. Ele fornece algumas chamadas ao sistema que gerencia essas seções, conforme as áreas de memória mapeadas são chamadas. Há também certas chamadas ao sistema que controlam o comportamento do gerenciamento do conjunto de trabalho. Algumas delas são SYS$LKWSET para bloquear páginas no conjunto de trabalho, SYS$ADJWSL para alterar o limite do conjunto de trabalho e SYS$LCKPAG para bloquear páginas na memória. É claro que o tamanho do conjunto de trabalho não pode exceder os limites estabelecidos administrativamente para esse processo. Os códigos de proteção de uma página podem ser alterados com a chamada SYS$SETPRT. Para controlar swapping, a chamada SYS$SETSWM permite a um processo declarar que ele não deveria sofrer swap para o disco. Por fim, a chamada SYS$SETSTK fornece ao processo um controle sobre o tamanho de suas pilhas. Processos, no entanto, não estão autorizados a alterar as pilhas pertencentes aos modos do processador que são mais privilegiados do que o modo no qual o processo está sendo executado.

10.7 Windows NT

Uma das novidades da série Windows NT em relação às versões anteriores do Windows é o uso direto de gerenciamento de memória paginada. Nas versões do Windows que antecederam a série de kernels NT, o espaço de memória física acessível pelas aplicações não estava limitado à memória alocada a esse processo. Como resultado, essas aplicações tinham frequentes acessos perigosos a outros processos e ao sistema operacional.

10.7.1 Chamadas ao sistema

No nível mais baixo, as chamadas de memória do Win32 operam em páginas. A alocação é tratada por meio das chamadas *VirtualAlloc* e *VirtualAllocEx*. As chamadas *VirtualFree* e *VirtualFreeEx* liberam memória. A aplicação também pode marcar as páginas como imunes a swapping com a chamada *VirtualLock*. Embora cada alocação solicite resultados de atribuição de certo número de páginas ao processo, todas essas alocações começam em um limite de 64 KB. Por fim, a chamada *CreateFileMapping* é utilizada tanto para mapear os arquivos na memória como para estabelecer as áreas de memória compartilhadas por múltiplos processos.

10.7.2 Layouts de memória

Há muitas variações no layout do espaço de memória virtual de um processo no Windows NT. O mais comum ocorre quando executamos a configuração default em um processador Intel x86. (Consideramos os detalhes apenas de sistemas com endereçamento de 32 bits; os com 64 bits possuem um layout de memória diferente.) Nesse caso, os dois primeiros 2 GB (endereços 00000000_{16} a $7FFFFFFF_{16}$) são alocados a processos do usuário. Todos os códigos, dados por processo, dados de thread e páginas alocadas dinamicamente residem nessa área. O 1 GB seguinte (endereços 8000000_{16} a $BFFFFFFF_{16}$) mantém o SO, incluindo a camada de abstração de hardware (HAL, do inglês Hardware Abstraction Layer), o kernel e o executivo. A região de 8 MB, na faixa do endereço $C0000000_{16}$ e $C07FFFFF_{16}$, é principalmente utilizada para tabelas de páginas de processos. Por fim, o restante do espaço de endereçamento virtual é utilizado para diversos buffers, estruturas de gerenciamento de espaço livre e tabelas de páginas do sistema. Embora os 2GB superiores do espaço de endereçamento virtual de todos os processos contenham o código de SO e as estruturas de dados, essa parte do espaço de memória não é acessível aos processos executados no modo de usuário.

10.7.3 Gerenciamento de páginas

O Windows NT utiliza uma técnica de gerenciamento de páginas baseada no conjunto de trabalho. Cada processo possui os tamanhos mínimo e máximo do conjunto de trabalho determinados administrativamente. Os valores padrão são baseados na quantidade de memória do sistema. Quando um processo precisar ler uma página e estiver utilizando seu tamanho máximo de conjunto de trabalho, então a escolha da página a ser substituída virá desse conjunto. Normalmente, quando um processo estiver abaixo de seu tamanho máximo do conjunto de trabalho e precisar ler uma página, essa nova página será adicionada ao seu conjunto. Para manter páginas livres suficientes disponíveis a esse processo, o sistema verifica periodicamente o número de páginas livres e, se houver muito poucas, ele executa o gerenciador de conjuntos de trabalho. Esse código apara os conjuntos de trabalho de processos que estejam acima de seu limite mínimo e libera as páginas recortadas.

As políticas de substituição de páginas do Windows NT se aplicam tanto ao caso em que um processo precise retirar uma página de seu conjunto de trabalho, de modo que uma nova página possa ser carregada, como ao caso em que uma página seja selecionada para o recorte do gerenciador de conjuntos de trabalho. Essas políticas se desenvolveram nas diferentes versões do Windows NT. A política encontrada nas versões anteriores é uma política FIFO modificada, como no VMS. A página selecionada para remoção é aquela que está há mais tempo no conjunto de trabalho. No entanto, as páginas removidas são, em princípio, colocadas em uma lista a partir da qual elas podem ser adicionadas novamente ao conjunto de trabalho se forem referenciadas antes de seus quadros sofrerem realocação. Com o passar do tempo, começando com versões para servidores monoprocessadores, em seguida para todas as versões de monoprocessador e, finalmente, para todas as versões do sistema, a política FIFO foi substituída por uma política NFU. As páginas sofrem varredura periodicamente e, se tiverem sido acessadas desde a última varredura, aumenta-se sua contagem de utilização. A contagem também é relacionada ao tempo, de modo a fazer com que os acessos recentes tenham mais peso que os antigos. As páginas selecionadas de acordo com essa política ainda são adicionadas a uma lista a partir da qual podem ser realocadas se necessário.

O gerenciamento de páginas no Windows NT pode ser melhor descrito com a máquina de estados ilustrada pela Figura 10-6. Esses estados funcionam da seguinte maneira:

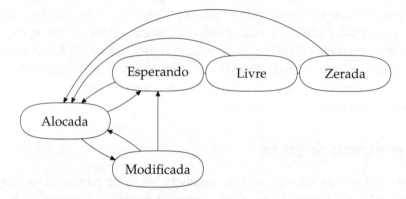

Figura 10-6: Máquina de estados do quadro de página no Windows NT

- *Alocada*: Os quadros de página nesse estado mantêm as páginas que fazem parte do conjunto de trabalho de um processo.
- *Modificada*: Quando uma página é selecionada para ser removida de um conjunto de trabalho, seu quadro é movido para a lista de Modificadas se o bit de modificação da página estiver assim estabelecido.
- *Esperando*: De modo similar, quando uma página com o bit de modificação limpo é retirada de um conjunto de trabalho, ela é movida para a lista de Espera. Além disso, há uma thread que leva as páginas da lista de Modificadas e grava-as no espaço de paginação. Conforme são gravadas no disco, elas são movidas da lista de Modificadas para a lista de Espera.
- *Livre*: Quadros de página nessa lista estão disponíveis para alocação. Para os quadros de página que atendam as solicitações do kernel e para aqueles que serão carregados com páginas lidas a partir do disco, podemos alocar diretamente a partir desta lista, quando os conteúdos anteriores já não importam.
- *Zerada*: A thread de páginas zeradas move as páginas da lista de Livres para a lista de Zeradas, limpando-as. Os quadros nessa lista estão disponíveis para alocação por processos de usuário que os solicitem por meio da chamada *VirtualAlloc*. Os dados anteriores dessas páginas não devem estar disponíveis ao processo que aloca o quadro.

Os quadros de páginas podem ser movidos das listas de Modificadas e de Espera para os conjuntos de trabalho se as páginas forem referenciadas antes de passarem à lista de Livres. As falhas de páginas que ativem essa movimentação são chamadas falhas leves de páginas. Os quadros que passam das listas de Livres ou Zeradas para os conjuntos de trabalho são aqueles que estão sendo alocados.

10.8 TinyOS

Em termos de gerenciamento de memória, o TinyOS representa um caso extremo, mas comum, no mundo dos sistemas embarcados. Os sistemas que executam o TinyOS possuem quantidades de memória excepcionalmente pequenas e nenhum hardware de gerenciamento de memória. Em ambientes como esse, há, em geral, pouco ou nenhum valor no suporte à alocação dinâmica de memória. De fato, a linguagem NesC, na qual os componentes do TinyOS são escritos, não suporta esse tipo de alocação. Além disso, como as aplicações do TinyOS são compostas de alguns componentes compilados juntos, os processos não são criados ou destruídos. Consequentemente, não há recursos de alocação de memória no código que compõe o sistema operacional. O layout dos componentes na memória é determinado no momento da compilação pelo linker.

10.9 Xen

O gerenciamento de memória é uma das áreas fundamentais na qual o Xen fornece suporte aos sistemas operacionais executados em seus domínios. De fato, o Xen possui as tabelas de páginas e de segmentos para hardware tipo x86, e os sistemas operacionais executados sobre ele solicitam ao Xen alterações nessas tabelas.

10.9.1 Hiperchamadas

Assim sendo, o Xen fornece algumas hiperchamadas que permitem que os SOs convidados solicitem alterações nas tabelas de páginas. As principais chamadas são *mmu_update*( ) e *update_va_mapping*( ). De modo similar, o Xen permite alterações nas tabelas de segmentos com as chamadas *set_gdt*( ) e *update_descriptor*( ). Os domínios podem utilizar a chamada *memory_op*( ) para alterar a quantidade de memória alocada para eles. Há ainda uma hiperchamada adicional de tradução de endereços. A *vm_assist*( ) pode ser utilizada para ativar um modo em que o SO convidado pode fazer alterações em tabelas de páginas "diretamente", sem utilizar *mmu_update*( ) ou *update_va_mapping*( ). Quando esse modo está habilitado e o SO convidado tenta escrever na tabela de página, o Xen interrompe a operação e tira de uso a tabela de página por tempo suficiente para que o SO faça sua alteração. Em seguida, o Xen verifica se ela é permitida e coloca a tabela em uso novamente.

Por fim, o Xen fornece uma chamada adicional de gerenciamento de memória que é central para o mecanismo de troca de contexto. A chamada *stack_switch*( )

solicita que o hipervisor altere a pilha do kernel. Normalmente, isso é feito no kernel do SO, mas os SOs convidados são executados em um modo privilegiado, em que é proibido o acesso direto ao ponteiro de pilha do kernel.

10.9.2 Layouts de memória

Na inicialização do sistema, o Xen é carregado na memória e reserva uma pequena área para si. Normalmente, conforme os domínios sejam criados, seu tamanho é especificado e utilizado para alocar uma área de memória física para eles. O efeito é um particionamento simples da memória. No Exemplo 9.2, sugerimos que essas partições sejam fixas. Embora os domínios lidem frequentemente com essas partições fixas, é possível que solicitem uma alteração de tamanho. Se um domínio emitir uma hiperchamada para alterar seu tamanho, as coisas ficam mais complicadas. Em geral, o atendimento a uma solicitação de domínio por mais memória pode criar uma situação em que sua memória física não seja contígua. A alocação é feita em unidades de páginas e o Xen implementa-a utilizando um alocador sistema de companheiros.

10.9.3 Gerenciamento de página

Muitos sistemas operacionais que podem ser executados como convidados no Xen são escritos pressupondo-se que sua memória física seja contínua. Para ajudar no suporte a esses SOs, o Xen mantém um conjunto de tabelas que fornecem algo como um mapeamento de endereçamento virtual para físico e de físico para virtual. No entanto, o conceito de tradução virtual para físico já existe nos SOs convidados. No Xen, referimo-nos à memória da máquina como a memória física real. A memória atribuída a um domínio e utilizada como se fosse a memória física do sistema, é chamada, no Xen, de memória pseudofísica. O Xen mantém uma tabela global de máquina para física, para todo o sistema, e de física para máquina, para cada domínio. O código no gerenciador de memória de um domínio pode, então, continuar a trabalhar com o pressuposto de memória física contígua e, assim, utilizar as tabelas para traduzir da memória pseudofísica para os números de quadros de páginas da máquina, imediatamente antes de emitir uma chamada para modificar a tabela de página. Isso reduz a quantidade de código que precisa ser modificado no SO convidado quando suportado pelo Xen.

10.10 Resumo

Embora os princípios de gerenciamento de memórias sejam, em geral, diretos, nos sistemas reais, frequentemente há fatores que complicam a implementação. Os sistemas discutidos neste capítulo ilustram isso. Por exemplo, a ausência do bit de acesso no VAX tornou mais difícil a implementação de um algoritmo do relógio pelos desenvolvedores do BSD. Também vimos alguns exemplos de como os desenvolvedores de diferentes sistemas escolhem políticas e técnicas diferentes, mesmo para o mesmo hardware. Apesar de nossa tendência a ver a memória como um recurso relativamente simples, os sistemas aqui discutidos representam apenas um exemplo da variedade de técnicas de gerenciamento de memória.

10.11 Exercícios

1. O algoritmo de "casca de cebola" do CTSS traria algum benefício a outros sistemas que tivessem swapping completo de processos? E quanto àqueles que fazem swap apenas de páginas?

2. De tempos em tempos, sugere-se que o Multics seja reimplementado para processadores de mercado, como o Intel x86. Que efeito teria um endereço virtual de 32 bits sobre o projeto do Multics? Quantos segmentos haveria e quais seriam seus tamanhos?

3. Normalmente, a entrada da tabela de segmentos contém um campo que especifica o endereço físico de base do segmento. No entanto, a abordagem combinada de segmentação/paginação utilizada no Multics não é assim. O que a entrada da tabela de segmentos armazena em vez do endereço de base do segmento? Quantos bits são necessários para esse campo? Com os bits necessários para a proteção e tamanho dos segmentos, entre outros, qual é o tamanho natural de uma entrada da tabela de segmentos? Quantos são armazenados em uma página?

4. O projeto de gerenciamento de memória do RT-11 é otimizado, tanto para máquinas com pequenas quantidades de memória como para processamento rápido em tempo real. Discuta como suas decisões de projeto diferiam em uma máquina mais moderna com endereçamento de 32 bits e uma MMU paginada.

5. Considere o exemplo da Seção 10.4.2 com 20 KB de código de leitura apenas, 15 KB de dados e 6 KB de pilha. Se o disco utilizar blocos de 512 bytes, quantos blocos de discos devem ser gravados para fazer swap para o disco do processo se houver outro processo compartilhando o espaço de código? Uma versão anterior experimental do UNIX no PDP-11 implementou paginação por demanda, com todas as páginas possuindo 8 KB. Qual é o número mínimo de blocos que devem ser gravados para fazer swap para o disco de uma parte desse processo? Quantos bytes de fragmentação interna são criados para esse processo como resultado do tamanho fixo de página?

6. No 4.3BSD, qual é a taxa de varredura se tivermos 2 MB de memória livre ao se utilizar o valor default do *lotsfree*? E se tivermos 1 MB livre, 512 KB livres e 4 MB livres?

7. Os sistemas que utilizam o modelo de conjuntos de trabalho em geral combinam swapping de páginas individuais e de processos inteiros. O 4.3BSD também implementa ambos os mecanismos, mas não utiliza o modelo de conjuntos de trabalho. Discuta as semelhanças e diferenças entre a abordagem do 4.3BSD e o modelo de conjuntos de trabalho.

282 ■ Princípios de sistemas operacionais

8. Como o VMS, os sucessores do 4BSD foram adaptados para o Alpha. Se o layout geral do espaço de memória virtual for dividido do mesmo modo que no VAX, qual será o tamanho dos equivalentes aos espaços P0, P1 e de sistema, utilizando os 43 bits de endereço virtual do Alpha?

9. Tanto o VMS como o Windows NT possuem threads de baixa prioridade que zeram páginas livres. Que vantagem isso fornece em relação a zerá-las no momento em que são alocadas? E quanto a zerá-las no momento em que são retiradas do conjunto de trabalho?

10. No Windows NT, as páginas podem passar para o estado Alocado tanto a partir do estado de Espera como do Livre. Mas nenhuma mudança é feita no conteúdo da página quando passada de Espera para Livre. Assim, qual a diferença entre esses estados?

Capítulo 11

Gerenciamento de memória no Inferno

A característica predominante do gerenciamento de memória no Inferno é a simplicidade que decorre da natureza das plataformas-alvo desse sistema. Por exemplo, nem as plataformas PDAs nem as integradas normalmente utilizam o hardware de gerenciamento de memória paginada de propósitos gerais, encontrado com tanta frequência nos computadores. Em geral, sistemas como esses não carecem de uma forma de tradução de endereços. Também é muito comum que não tenham dispositivos de armazenamento em massa que possam ser utilizados para armazenamento de apoio. De modo similar, quando o Inferno é hóspede de outro sistema operacional, é executado no espaço de endereçamento de um processo ou de vários processos que compartilham um único espaço de memória. O resultado disso é que o Inferno foi projetado para operar com um modelo mínimo de memória. Há um único espaço de endereçamento gerenciado pelo kernel do Inferno e alocado conforme necessário para os diferentes processos. Não é utilizado hardware de tradução de endereço ou de proteção de memória nem há tentativas de fazer swap de processos, tanto inteiros como em partes.

Se o Inferno não utiliza qualquer forma de tradução de endereço ou proteção de hardware, como consegue evitar que os processos se atropelem uns aos outros? A resposta reside no uso da linguagem de programação Limbo. Todos os processos de aplicação no Inferno são escritos na linguagem Limbo e executados em uma máquina virtual gerenciada pelo kernel do Inferno. O projeto da linguagem, do compilador e da máquina virtual toda, proíbe os processos de tentar acessar memória fora daquela que lhes foi alocada.

Começaremos nosso estudo do gerenciamento de memória no Inferno com uma visão de alto nível de como a memória é alocada nesse sistema, focando três unidades de gerenciamento diferentes. Prosseguiremos com uma breve discussão dos layouts de memória. Em seguida, faremos uma análise detalhada da estrutura de dados que o Inferno utiliza durante o gerenciamento da memória. Por fim, passaremos por várias funções que executam a alocação e liberação real de memória, encerrando com o coletor de lixo do Inferno.

11.1 Visão geral

No sistema Inferno, a memória é gerenciada em três níveis diferentes de refinamento. As três unidades de alocação e gerenciamento são chamadas **pool**, **arena** e **bloco**. A Figura 11-1 ilustra a relação entre elas. Os pools são feitos de arenas que, por sua vez, são divididas em blocos. Nessa figura, as caixas identificadas com linha cheia são arenas e as com linhas tracejadas são blocos. Os blocos sombreados estão livres e os não sombreados estão alocados. Conforme descrevermos essas três estruturas de memória com mais detalhes, enfatizaremos aspectos adicionais do gerenciamento de memória do Inferno ilustrados nesta figura.

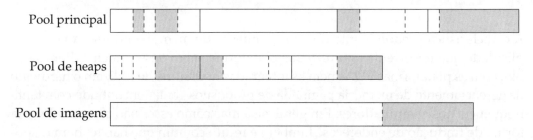

Figura 11-1: Relação entre pools, arenas e blocos

No nível mais alto, há três pools: o pool principal, o de imagens e o de heaps. A maioria das solicitações de memória é atendida pelo pool principal. O pool de imagens é utilizado pela biblioteca de desenho, e o pool de heaps para algumas alocações da máquina virtual Dis.

Cada pool consiste de uma ou mais arenas. Uma arena constitui uma área relativamente grande da memória alocada a partir de um nível subjacente ao restante do kernel. No caso de uma implementação hospedada, as arenas são alocadas a partir do SO hospedeiro. No Inferno nativo, as arenas são similares às partições. De modo simplificado, podemos imaginar que toda a memória inicie livre. Quando uma nova arena é necessária, ela é tomada a partir do início da memória livre restante. Após uma arena ser alocada para um pool, ela permanece fazendo parte dele até que o sistema seja desativado. Consequentemente, a memória ainda não alocada para qualquer pool é sempre uma região contígua. Como ilustrado na Figura 11-1, as arenas de um dado pool são, em geral, do mesmo tamanho, com duas exceções. Se for feita alocação de uma arena para atender a uma solicitação maior do que seu tamanho, outra arena maior será alocada. A segunda exceção surge quando uma arena recém-alocada for adjacente a uma já pertencente ao mesmo pool. Nesse caso, elas são combinadas em uma arena maior. Isso implica um aspecto adicional: ao contrário do que pode parecer na figura, as duas arenas pertencentes ao mesmo pool nunca são adjacentes na memória física.

As arenas podem ser divididas dinamicamente em blocos. Blocos são alocados para atender solicitações de memória. Tais solicitações podem proceder do próprio kernel ou de aplicações, e são atendidas com blocos únicos, de tamanhos adequados, conforme ilustrado na Figura 11-1. São alocados de acordo com uma política de melhor ajuste, com atenção especial para evitar a fragmentação externa. Os blocos livres são armazenados em uma árvore de busca binária para acelerar a busca por melhor ajuste. Se não houver bloco livre para satisfazer uma solicitação, a alocação de uma nova arena é solicitada para o pool. Como também ilustrado na figura, os blocos livres nunca são subdivididos em blocos menores; são sempre únicos e contíguos.

Internamente, o kernel utiliza esse mecanismo de alocação de blocos por meio de chamadas que atuam como as conhecidas rotinas *malloc*( ) e *free*( ). Os programas do usuário escritos em Limbo não alocam memória diretamente, como fazem os processos do UNIX, utilizando a chamada ao sistema *brk*( ) ou a chamada à biblioteca *malloc*( ). Consequentemente, o Inferno não fornece qualquer forma de chamada ao sistema de alocação de memória para processos do usuário. Há, no entanto, alguns construtores em Limbo que realizam implicitamente a alocação de memória. A declaração **spawn** implicitamente aloca memória ao criar um novo processo. De modo similar, a declaração **load** deve alocar espaço para o carregamento de um novo módulo na memória. Como na maioria dos sistemas, o espaço de pilha cresce automaticamente conforme o uso. Por fim, há duas instruções Dis: `new` e `newa`, utilizadas quando um programa cria dinamicamente uma nova estrutura de dados ou um novo vetor. Os programas em Limbo não liberam diretamente qualquer memória alocada. Em vez disso, o Inferno utiliza uma combinação de contadores de referência e coleta de lixo do tipo *marque e limpe* para identificar e liberar a memória que não estiver mais sendo utilizada por um processo do usuário.

11.2 Layouts de memória

A maior parte de nossas discussões sobre layouts de memória distingue entre espaço de memória virtual e espaço de memória física. Como o Inferno não utiliza nenhuma tradução de endereços, esses dois espaços são iguais e podemos nos referir a eles, simplesmente, como espaço de memória.

A estratégia de alocação de pool/arena tem implicações significativas para o layout geral de memória. Além da própria imagem do kernel, a memória é simplesmente dividida em arenas de acordo com os tamanhos das solicitações conforme são emitidas. Não há associações fixas de componentes no espaço de memória.

Como na maioria dos sistemas, os processos do Inferno possuem áreas separadas de memória para códigos e dados. No entanto, diferente da maioria dos sistemas, o Inferno não posiciona essas áreas em locais específicos do espaço de endereçamento. Cada um dos módulos utilizados por um processo possui seu próprio código que ocupa o bloco de memória em que foi carregado. De modo similar, cada módulo possui um bloco de dados global. Todos os itens de dados dinâmicos e a pilha também ocupam os blocos alocados para eles. Como não é realizada qualquer tradução de endereço, um processo não pode depender de que essas várias áreas de memória estejam em localizações conhecidas. Além disso, como o Limbo não fornece o recurso de manipulação de ponteiros arbitrários, um processo do usuário não dispõe de qualquer modo para utilizar essa informação de qualquer maneira.

O restante deste capítulo apresenta uma análise detalhada da implementação do gerenciamento de memória do Inferno. Começaremos com as estruturas de dados utilizadas para representar a memória e passaremos para as funções que tratam da alocação e liberação de blocos.

11.3 Estruturas de dados de gerenciamento de memória

Veremos agora os detalhes de como as técnicas gerais de gerenciamento de memória do Inferno são implementadas. Há duas estruturas de dados principais que representam a memória no sistema. A primeira representa os pools. Existe um vetor para cada pool. A segunda estrutura é utilizada para representar tanto arenas como blocos. Eles são representados por um par de estruturas que formam um cabeçalho e um corpo. As arenas não possuem uma estrutura de dados própria que as descreva. Em vez disso, são tratadas como se fossem grandes blocos subdivididos em blocos menores.

11.3.1 Pools de memória

Como explicado anteriormente, os blocos de memória são alocados a partir do **pool principal**, do **pool de heaps** e do **pool de imagens**. Para alocações feitas dentro do kernel ou em um dos módulos embutidos, utiliza-se o pool principal. O pool de imagens é utilizado pelo código em libdraw para o armazenamento de dados de imagem. O pool de heaps é utilizado pelo código em libinterp para algumas alocações necessárias à interpretação do bytecode Dis.

Cada pool é representado pela seguinte estrutura de dados, declarada em emu/port/alloc.c para as compilações hospedadas e em os/port/alloc.c para as compilações nativas:

```
struct Pool {
    char *name;
    int pnum;
    ulong maxsize;
    int quanta;
    int chunk;
    int monitor;
```

```
    ulong ressize;    /* restricted size */
    ulong cursize;
    ulong arenasize;
    ulong hw;
    Lock l;
    Bhdr *root;
    Bhdr *chain;
    ulong nalloc;
    ulong nfree;
    int nbrk;
    int lastfree;
    void (*move)(void *, void *);
};
```

Antes de olharmos cada membro da estrutura, analisaremos como as instâncias dessa estrutura são inicializadas:

```
struct {
    int n;
    Pool pool [MAXPOOL];
        /* Lock l; */
} table = {
    3,
    {
        {"main", 0, 32 * 1024 * 1024, 31, 512 * 1024, 0, 31 * 1024 * 1024},
        {"heap", 1, 32 * 1024 * 1024, 31, 512 * 1024, 0, 31 * 1024 * 1024},
        {"image", 2, 32 * 1024 * 1024 + 256, 31, 4 * 1024 * 1024, 1,
            31 * 1024 * 1024},
    }
};
Pool *mainmem = &table.pool [0];
Pool *heapmem = &table.pool [1];
Pool *imagmem = &table.pool [2];
```

Nessa estrutura chamada *table*, o membro *n* é o número de pools. Como indicado anteriormente, há três pools. O restante de *table* é um vetor de três estruturas de pools que são parcialmente inicializadas.

Na estrutura **Pool**, o membro *name* mantém uma string descritiva para esse pool. Aqui, temos os pools chamados `main`, `heap` e `image`. O membro *pnum* é um identificador numérico igual ao índice no vetor de estruturas de pool. Ao alocarmos novas arenas para um pool, devemos ter o cuidado de nunca exceder *maxsize* bytes para o pool. Conforme afirmamos anteriormente, cada pool está limitado a 32 MB. Para uma implementação hospedada, esses tamanhos máximos podem ser ignorados por argumentos em linha de comando. Em geral, qualquer sistema de alocação de memória operará apenas em múltiplos de um tamanho mínimo de alocação. Especificamos esse mínimo no membro *quanta*. No entanto, esse valor não fornece diretamente a unidade de alocação. Na verdade, ele é armazenado como $2^q - 1$, em que 2^q é o tamanho mínimo de alocação. Outro modo de se pensar sobre isso é que *quanta* é uma máscara com valores 1 nos bits que devem ser 0 para qualquer tamanho de alocação válido. Mais adiante, veremos exatamente como isso é utilizado. De modo similar, ao alocarmos uma nova arena para o pool, o fazemos com um tamanho mínimo especificado pelo membro *chunk*. O flag *monitor* é utilizado como uma chave para habilitar ou desabilitar a chamada a uma função de monitoramento quando a memória é alocada ou liberada de um pool. Essa função está habilitada somente para pools de imagens. O último membro da estrutura inicializado no momento da declaração é *ressize*. Como o comentário indica, trata-se de um tamanho restrito para o pool. O efeito desses valores de tamanho restrito é que apenas alguns processos podem alocar o último megabyte do espaço permitido ao pool.

Como poderíamos suspeitar, *cursize* é utilizado para registrar o tamanho de memória corrente alocada do pool. No entanto, *arenasize* fornece a quantidade total de memória alocada para o pool. Para fins de registro, utilizamos *hw* para gravar a quantidade de pico de memória alocada fora do pool durante o histórico do sistema (uma marca de máximo). Como a atualização de uma estrutura de dados desse tipo é uma operação complexa, há inevitavelmente condições de disputa relacionadas à alocação e liberação. Utilizamos a variável de bloqueio *l* para fornecer acesso exclusivo. Na subseção seguinte, discutiremos como os blocos livres são armazenados em uma árvore binária. O membro *root* da estrutura de um pool aponta para a raiz da árvore de blocos livres. Já o *chain* aponta para a lista encadeada de estruturas **Bhdr** (discutidas a seguir) que descrevem as arenas alocadas para o pool. A Figura 11-2 mostra a relação entre a estrutura **Pool** e as várias estruturas **Bhdr**. Nessa figura, o ponteiro *clink* é parte da estrutura **Bhdr**. Os três membros seguintes da estrutura são utilizados principalmente para fins estatísticos: com *nalloc* registrando o número de vezes que um bloco é alocado do pool; *nfree*, o número de vezes que um bloco é liberado; e *nbrk*, o número de vezes que uma nova arena é adicionada ao pool. O membro *lastfree* registra o número de blocos livres que havia na última vez em que o pool foi compactado. Ele é utilizado de modo a não repetirmos a compactação sem que tenha havido operações de liberação no período. O último membro da estrutura é um ponteiro de função chamado *move*. Essa função é utilizada como parte da operação de compactação do pool.

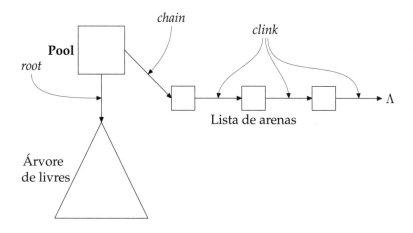

Figura 11-2: Estrutura de dados do pool, lista de arenas e árvore de livres

11.3.2 Blocos de memória

Passaremos agora à estrutura do cabeçalho no começo de cada bloco. Essa estrutura é declarada em include/pool.h da seguinte maneira:

```
struct Bhdr {
    ulong  magic;
    ulong  size;
    union {
        uchar data [1];
        struct {
            Bhdr *bhl;
            Bhdr *bhr;
            Bhdr *bhp;
            Bhdr *bhv;
            Bhdr *bhf;
        } s;
#define clink u.l.link
#define csize u.l.size
        struct {
            Bhdr *link;
            int  size;
        } l;
    } u;
};
```

290 ■ Princípios de sistemas operacionais

O membro *size* da estrutura **Bhdr** fornece o tamanho do bloco em bytes. O *Magic* é utilizado para registrar o *status* corrente do bloco em questão. Ele pode assumir um dos seguintes valores:

```
enum {
    MAGIC_A  = #a110c,       /* Allocated block */
    MAGIC_F  = #badc0c0a,    /* Free block */
    MAGIC_E  = #deadbabe,    /* End of arena */
    MAGIC_I  = #abba         /* Block is immutable (hidden from gc) */
};
```

Como mostram os comentários, `MAGIC_A` é utilizado para marcar um bloco que esteja associado a uma utilização particular, seja ela interna ao kernel ou parte de um processo do usuário. Os blocos disponíveis para associação são marcados com `MAGIC_F`. O valor `MAGIC_E` é utilizado como um marcador para identificar o final de uma arena subdividida para alocação. Por fim, os blocos marcados com o valor `MAGIC_I` são alocados apenas dentro do sistema, não em resposta a solicitações de processos por memória. A diferença entre um bloco imutável e um bloco alocado regular é que pulamos os imutáveis ao fazermos a varredura de coleta de lixo. Em outras palavras, não precisamos dispor de referência explícita alguma a esses blocos para que sejam mantidos alocados.

Esses valores são similares ao "dead beef" hexadecimal utilizado no Capítulo 7 para marcar processos terminados. Aqui, podemos ver que os blocos alocados são identificados com a palavra *alloc* se forçarmos um pouco tomando o 1 (um) como a letra "l" e o 0 (zero) como a letra "o". De modo similar, os blocos livres são identificados como *bad cocoa*, o final de uma arena, como *dead babe*, e o bloco que não permitimos sofrer a coleta de lixo é uma homenagem ao grupo musical dos anos 1970, o ABBA.

O restante da estrutura de dados merece um pouco mais de explicação. A ideia básica é que seja muito direta. Quando um bloco é alocado, temos um cabeçalho mínimo (o tamanho e o número *mágico*), seguido pelos dados propriamente ditos. No entanto, quando um bloco for liberado, ficamos livres para utilizar o espaço de dados do bloco em nossa lista de livres. Assim, por vezes, os bytes que se seguem ao tamanho são utilizados para os dados cujo tipo é determinado pelo processo ao qual o bloco é alocado, enquanto, outras vezes, utilizamos esses mesmos bytes como valores administrativos. Esse tipo de multiplicidade de propósitos é exatamente a função para a qual o tipo **union** em C foi criado. Aqui, temos uma união chamada *u* com três elementos. O primeiro, *data*, é utilizado quando o bloco é alocado. Esse vetor de um elemento serve para nos fornecer um ponteiro para a área de dados de um bloco alocado. Por exemplo, nós o utilizamos na macro:

```
#define B2D(bp) ((void *) bp→u.data)
```

para prover o mapeamento de um ponteiro para um bloco para um ponteiro para sua área de dados.

A estrutura s é utilizada para os blocos marcados com o número mágico MAGIC_F – isto é, os que são blocos livres normais. Os ponteiros que compõem essa estrutura são utilizados para manter uma árvore de blocos livres, em que cada nó é uma lista duplamente encadeada de blocos de tamanhos iguais. Se os blocos anexados a um determinado nó possuírem $size = n$, então, os blocos na subárvore à esquerda terão $size < n$ e os na subárvore à direita, $size > n$. Com as seguintes definições encontradas em emu/port/alloc.c:

#define *left*   u.s.bhl
#define *right*   u.s.bhr
#define *fwd*   u.s.bhf
#define *prev*   u.s.bhv
#define *parent* u.s.bhp

podemos utilizar os membros *left* e *right* para o filho de um nó na árvore. A macro *parent* identifica um ponteiro para o pai do nó na árvore. De modo similar, os macros *fwd* e *prev* são ponteiros que constituem a lista duplamente encadeada de blocos de tamanhos iguais. O efeito final dessa organização é uma árvore de busca binária, em que cada nó representa um determinado tamanho de bloco livre. Vários blocos livres do mesmo tamanho são mantidos em uma lista duplamente encadeada em que somente a cabeça faz parte da estrutura de árvore. A Figura 11-3 ilustra esse modelo com um pequeno exemplo de árvore livre (ou parte de uma árvore maior). Nessa figura, o número em uma caixa é o tamanho do bloco livre representado pela caixa. Identificamos todos os ponteiros para mostrar o mapeamento desde a figura até a definição da estrutura, mas a estrutura da lista encadeada é apresentada apenas para o nó central. Observe que todos os blocos livres na subárvore à direita, abaixo do bloco de 128, são maiores. Note também que todos os blocos na lista encadeada no centro da figura são do mesmo tamanho.

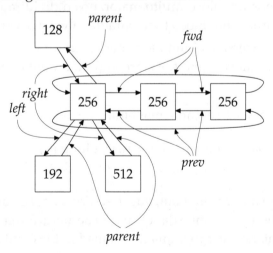

Figura 11-3: Blocos livres

A última estrutura na união, chamada *l*, é utilizada nos cabeçalhos de bloco marcados com o número mágico `MAGIC_E`. Esses cabeçalhos de bloco são utilizados como parte da contabilidade quando uma nova arena é adicionada ao pool. Em particular, o número de bytes na arena é mantido em *size*, e *link* aponta para a estrutura de cabeçalho de bloco da próxima arena na lista.

Cada bloco também contém uma estrutura **Btail** no final. O único membro dessa estrutura é o ponteiro *hdr*, que aponta de volta para a estrutura **Bhdr** no início do bloco. Esse encadeamento do bloco nos permite encontrar com rapidez o cabeçalho pertencente ao bloco imediatamente anterior ao que estamos usando.

11.4 Implementação de gerenciamento de memória

Tendo definido as estruturas de dados que representam a memória, voltamos nossa atenção para o código que manipula tais estruturas para alocar e liberar memória. Em um sentido bastante prático, podemos dizer que todas as operações de gerenciamento de memória se resumem a adicionar e remover blocos livres de uma árvore.

11.4.1 Alocação de memória

A maioria das alocações de memória no kernel do Inferno é feita por meio de variações da conhecida chamada *malloc*( ), mas, em última análise, todas são tratadas pela função *dopoolalloc*( ), definida em **emu/port/alloc.c**. Concentraremos nossos estudos nessa função. A estratégia básica de *dopoolalloc*( ) pode ser resumida nas seguintes etapas:

1. Atravessar a árvore para encontrar o bloco de melhor ajuste.
2. Se o tamanho do bloco encontrado é próximo o suficiente do tamanho da solicitação, retornamos o bloco.
3. Se encontrarmos um bloco muito maior, nós o dividimos em um bloco alocado para retorno e um bloco livre para devolver à árvore.
4. Se não encontrarmos nenhum bloco pelo menos tão grande quanto à solicitação, tentamos alocar uma nova arena para o pool e repetimos a tentativa de alocação.

A função é declarada da seguinte maneira:

static void *dopoolalloc*(**Pool** *p, **ulong** *asize*, **ulong** *pc*)
{

em que *p* aponta para a estrutura **Pool**, que descreve o pool a partir do qual estamos alocando, e *asize* fornece o tamanho da solicitação de alocação em bytes. O terceiro argumento, *pc*, é o contador de programa do chamador. Ele é utilizado apenas ao rastrearmos o comportamento do gerenciador de memória. Quando uma alocação é bem-sucedida, *dopoolalloc( )* retorna um ponteiro para o bloco recém-alocado. Mediante falha, ele retorna *nil*. A seguir, temos algumas variáveis locais típicas utilizadas para gerenciar o espaço livre:

Bhdr **q, *t*

int *alloc, ldr, ns, frag;*

int *osize, size;*

As boas práticas de programação sempre preconizam que devemos ter o cuidado de evitar agir com parâmetros irracionais. Nesse caso, devemos nos assegurar de que *asize* não esteja fora dos limites do razoável.

if (*asize* ≥ 1024 * 1024 * 1024)   /* for sanity and to avoid overflow */

    return *nil*;

11.4.1.1 Ajuste do tamanho solicitado

Chegou a hora de ajustar o tamanho da solicitação. Precisamos arredondá-la para o quantum mais próximo acima, tomando o cuidado de não nos esquecermos de abrir espaço para a estrutura de cabeçalho do bloco.

size = asize;

osize = size;

size = (size + **BHDRSIZE** *+ p→quanta) & ~(p→quanta);*

As duas linhas seguintes representam um código adicional administrativo. Primeiro, temos de obter o bloqueio de exclusão mútua para evitar que qualquer outra thread de controle interfira enquanto trabalharmos com a estrutura de dados. Em seguida, registramos o fato de que nossa contagem de alocação é incrementada de um.

lock (&p→l);

p→nalloc++;

11.4.1.2 Busca do melhor ajuste

A técnica básica de alocação do Inferno segue uma estratégia de melhor ajuste. O primeiro loop busca um bloco em nosso pool que se ajuste perfeitamente. Se, por enquanto, ignorarmos a grande declaração **if**( ) dentro do loop, ele será uma busca típica em uma árvore ordenada. Durante essa busca, mantemos a variável *q* apontando para o menor bloco que ainda seja maior do que o que estamos procurando.

t = p→root;

q = nil ;

while (*t*) {

294 ■ Princípios de sistemas operacionais

```
if (t→size ≡ size) {
    t = t→fwd;
    pooldel(p, t);
    t→magic = MAGIC_A;
    p→cursize += t→size;
    if (p→cursize > p→hw)
        p→hw = p→cursize;
    unlock (&p→l);
    if (p→monitor)
        MM(p→pnum, pc, (ulong) B2D(t), size);
        return B2D(t);
}
if (size < t→size) {
    q = t;
    t = t→left;
}
else
    t = t→right;
}
```

Voltamos agora nossa atenção para a declaração **if( )** que havíamos pulado anteriormente. Ela se aplica ao caso em que de fato encontramos uma correspondência exata. Assim, precisamos apenas remover o bloco do pool e atualizar *cursize*. Vale a pena notar que adiantamos *t* para o segundo elemento da lista se houver um. (Existindo apenas um elemento, *t→fwd* deixa *t* inalterado.) Isso reduz a quantidade de trabalho que temos de fazer ao retirar o bloco da estrutura de dados, pois apenas a cabeça da lista faz parte da árvore. Por fim, antes de retornar, devemos liberar o bloqueio de exclusão mútua.

11.4.1.3 Separação de um grande bloco livre

No entanto, o que acontece se não encontrarmos uma correspondência exata, mas tivermos pelo menos um bloco maior que o qual estamos procurando? Nesse caso, podemos retornar o bloco como ele está ou separá-lo em duas partes, uma do tamanho da solicitação e a outra permanecendo como espaço livre. Primeiro, removemos o bloco do pool e calculamos quanto restará se fizermos a separação.

```
if (q ≠ nil)   {
    pooldel(p, q);
    q→magic = MAGIC_A;
    frag = q→size − size;
```

Não precisamos nos dar ao trabalho de separar o bloco se o espaço livre remanescente for pequeno demais para ser útil. Definimos essa condição dizendo que, se o fragmento for menor que 32 KB e também menor que um quarto do tamanho da alocação, ele será muito pequeno para ser útil. O valor hexadecimal é 2^{15}, que é 32 K. Nesse caso, simplesmente retornamos o bloco inteiro.

```
if (frag < (size >> 2)/\ frag < #8000)  {
    p→cursize += q→size;
    if (p→cursize > p→hw)
        p→hw = p→cursize;
    unlock(&p→l);
    if (p→monitor)
        MM(p→pnum, pc, (ulong) B2D(q), size);
    return B2D(q);
}
```

Se o fragmento for útil, separamos o bloco em duas partes. Fazemos isso construindo novas estruturas de cabeçalho e corpo no centro do bloco, obtendo, assim, dois blocos adjacentes. Retornamos o bloco alocado e colocamos o restante de volta na estrutura de blocos livres do pool.

```
ns = q→size − size ;
q→size = size;
B2T(q)→hdr = q;
t = B2NB(q);
t→size = ns;
B2T(t)→hdr = t;
pooladd(p, t);
p →cursize += q→size;
if (p→cursize > p→hw)
    p→hw = p→cursize;
unlock(&p→l);
if (p→monitor)
    MM(p→pnum, pc, (ulong) B2D(q), size);
return B2D(q);
}
```

11.4.1.4 Alocação de uma nova arena

Temos agora a situação mais complexa que poderíamos encontrar. A saber, não encontramos qualquer bloco grande o suficiente para a solicitação. Isso significa que precisamos de mais memória alocada para o pool. Começamos calculando qual deve ser o tamanho da arena. Desejamos que seja do tamanho de *chunk* (da estrutura **Pool**) e *size* (o tamanho ajustado da solicitação).

```
ns = p→chunk;
if (size > ns)
    ns = size;
ldr = p→quanta + 1;
alloc = ns + ldr + ldr;
p→arenasize + = alloc;
```

É possível que a adição de memória suficiente faça com que seja excedido o limite *maxsize* para o tamanho do pool. Nesse caso, tentamos compactá-lo com a função *poolcompact( )*. Se conseguirmos fazer alguma compactação, tentamos alocar novamente. Caso contrário, não há nada a fazer, exceto negar a solicitação de alocação.

```
if (p→arenasize > p→maxsize) {
    p→arenasize − = alloc;
    ns = p→maxsize − p→arenasize − ldr − ldr;
    ns &= = ~p→quanta;
    if (ns < size) {
        if (poolcompact(p)) {
            unlock (&p→l);
            return poolalloc(p, osize);
        }
        unlock (&p→l);
        print ("arena␣%s␣too␣large:␣size␣%d␣cursize␣%lud
            ␣arenasize␣%lud␣maxsize␣%lud\n", p→name, size,
            p→cursize, p→arenasize, p→maxsize);
        return nil;
    }
    alloc = ns + ldr + ldr;
    p→arenasize + = alloc;
}
```

Por fim, chegamos ao momento de tentar adicionar mais memória ao pool. No Inferno nativo, chamamos uma função, a *xalloc( )*, que é específica para a plataforma de hardware e sabe como alocar permanentemente grandes blocos de memória para os pools. No Inferno hospedado, solicitamos que o SO hospedeiro forneça mais memória. Podemos fazer isso por meio da tradicional chamada do UNIX *sbrk( )*, que move a borda entre os espaços de dados e de pilha de forma incremental. Para sistemas operacionais hospedeiros que não suportem diretamente a chamada *sbrk( )*, é fornecida uma função para emulá-la.

```
p→nbrk ++;
t = (Bhdr *) sbrk(alloc);
if (t ≡ (void *) − 1) {
    p→nbrk −−;
    unlock(&p→l);
    return nil;
}
t = (Bhdr *) (((ulong) t + 7) & ~7);
```

Com a adição da nova arena ao pool, é hora de adicioná-lo à lista encadeada dessas arenas. No entanto, se essa arena se mostrar contígua à última adicionada ao pool, podemos combiná-las. Com a chamada original *sbrk( )*, isso ocorrerá exatamente quando não houver alocações interpostas para outros pools. O mecanismo real de combinação é muito simples. Simulamos que o novo bloco estava previamente alocado, marcamos o bloco antigo como sendo maior em *alloc* bytes e, por fim, solicitamos que o bloco recém-alocado seja liberado. Como no caso da compactação, após termos terminado o trabalho, tentamos recursivamente atender à solicitação.

```
if (p→chain ≠ nil ∧ (char *) t − (char *) B2LIMIT(p→chain) − ldr ≡ 0) {
    if (0)
        print("mergingⴄchainsⴄ%pⴄandⴄ%pⴄinⴄ%s\n", p→chain, t,
            p→name);
    q = B2LIMIT(p→chain);
    q→magic = MAGIC_A;
    q→size = alloc;
    B2T(q)→hdr = q;
    t = B2NB(q);
    t→magic = MAGIC_E;
    p→chain→csize += alloc;
    p→cursize += alloc;
    unlock(&p→l);
    poolfree (p, B2D(q));        /* for backward merge */
    return poolalloc(p, osize);
}
```

Se a arena recém-alocada não for adjacente à antiga, nós a adicionamos como uma arena separada ao pool. Podemos fazer isso construindo a estrutura de cabeçalho de bloco dessa arena e inserindo-a no início da lista do pool. Ao final, reinicializamos t para apontar para a área de dados que se segue ao novo cabeçalho criado.

```
t→magic = MAGIC_E;       /* Make a leader */
t→size = ldr;
t→csize = ns + ldr;
t→clink = p→chain;
p→chain = t;
B2T(t)→hdr = t;
t = B2NB(t);
```

Feito o gerenciamento de arena, podemos separar da área de dados o espaço necessário para atender à solicitação.

```
t→magic = MAGIC_A;       /* Make the block we are going to return */
t→size = size;
B2T(t)→hdr = t;
q = t;
```

Caso a solicitação não utilize a nova arena inteira, adicionaremos o restante à árvore de livres. Por fim, limpamos tudo e retornamos.

```
ns −= size;              /* Free the rest */
if (ns > 0) {
    q = B2NB(t);
    q→size = ns;
    B2T(q)→hdr = q;
    pooladd (p, q);
}
B2NB(q)→magic = MAGIC_E;         /* Mark the end of the chunk */
    p→cursize += t→size;
    if (p→cursize > p→hw)
        p→hw = p→cursize;
    unlock (&p→l);
    if (p→monitor)
        MM(p→pnum, pc, (ulong) B2D(t), size);
    return B2D(t);
}
```

O resultado do esquartejamento da arena recém-criada é apresentado na Figura 11-4. Nela, as caixas marcadas com E são as estruturas **Bhdr** com *magic* ≡ MAGIC_E. Em outras palavras, trata-se de marcadores no início e no final da arena, com o primeiro posicionado na lista encadeada de arenas anexadas à estrutura **Pool**. A caixa marcada com A é a estrutura **Bhdr** para o bloco alocado e a marcada com L é para o bloco livre. As setas mostram os ponteiros do encadeamento de blocos em direção aos cabeçalhos.

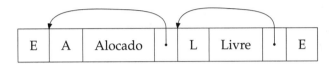

Figura 11-4: Uma nova arena dividida em blocos alocados (A) e livres (F), com marcadores de arena (E)

11.4.2 Remoção de um bloco livre da árvore

Com *dopoolalloc*( ), utilizamos duas funções que atualizam a árvore de blocos livres: *pooldel*( ) e *pooladd*( ). Como o atendimento a uma solicitação de alocação implica a necessidade de se remover um bloco livre da árvore, examinamos *pooldel*( ) agora e deixaremos *pooladd*( ) para a próxima seção.

O caso mais evidente é aquele em que o bloco que desejamos remover faz parte de uma lista encadeada, mas não está na cabeça da lista. Quando determinamos que esse seja o caso, temos de ter o cuidado de tratar a lista root de modo diferente. As cabeças de todas as outras listas apontam para seus pais. Nesse caso, simplesmente a removemos da lista encadeada e pronto.

```
void pooldel(Pool *p, Bhdr *t)
{
    Bhdr *s, *f, *rp, *q;
    if (t→parent ≡ nil ∧ p→root ≠ t) {
        t→prev→fwd = t→fwd;
        t→fwd→prev = t→prev;
    return;
}
```

11.4.2.1 Remoção da cabeça de uma lista

Dividimos o restante em dois casos. O primeiro ocorre quando o bloco que estamos removendo é a cabeça, mas não o único bloco da lista. (A lista é mantida como circular, de modo que se o item seguinte na lista não for igual ao que estamos removendo, sabemos que esse é o único item.) Isso significa que não é necessário mover o filho para cima para tomar seu lugar. No entanto, precisamos estabelecer o próximo item da lista como o novo filho do pai e o novo pai dos filhos.

300 ■ Princípios de sistemas operacionais

```
if (t→fwd ≠ t)  {
    f = t→fwd;
    s = t→parent;
    f→parent = s;
    if (s ≡ nil)
        p→root = f;
    else {
        if (s→left ≡ t)
            s→left = f;
        else
            s→right = f;
    }
    rp = t→left;
    f→left = rp;
    if (rp ≠ nil)
        rp→parent = f;
    rp = t→right;
    f→right = rp;
    if (rp ≠ nil)
        rp→parent = f;
    t→prev→fwd = t→fwd;
    t→fwd→prev = t→prev;
    return;
}
```

11.4.2.2 Remoção de um único bloco livre

Esse é o último caso. Aqui, temos um bloco que é o único da lista. Como não representamos listas vazias, é necessário promover um dos descendentes desse bloco para o seu lugar. Se uma das subárvores estiver vazia, então outra pode ser promovida.

```
if (t→left ≡ nil)
    rp = t→right;
else {
    if (t→right ≡ nil)
        rp = t→left;
    else {
```

Se ambas as subárvores estiverem presentes, percorremos a extremidade esquerda da subárvore à direita para encontrar o menor nó, desde que seja maior que o qual estamos removendo.

```
f = t;
rp = t→right;
s = rp→left;
while (s ≠ nil) {
    f = rp;
    rp = s;
    s = rp→left;
}
```

Se houver um ramo à esquerda da subárvore à direita, removemos o descendente mais à esquerda na subárvore à direita e o utilizamos para substituir o bloco que estamos excluindo.

```
        if (f ≠ t) {
            s = rp→right;
            f→left = s;
            if (s ≠ nil)
                s→parent = f;
            s = t→right;
            rp→right = s;
            if (s ≠ nil)
                s→parent = rp;
        }
        s = t→left;
        rp→left = s;
        s→parent = rp;
    }
}
q = t→parent;
if (q ≡ nil)
    p→root = rp;
else {
    if (t ≡ q→left)
        q→left = rp;
    else
```

302 ■ Princípios de sistemas operacionais

```
        q→right = rp;
    }
    if (rp ≠ nil)
        rp→parent = q;
}
```

11.4.3 Liberação de memória

Comparativamente, a função principal de liberação de memória é bastante direta.
O ponto de entrada *poolfree*( ) é declarado em **emu/port/alloc.c**. A maioria do código
desta função dedica-se à combinação de blocos livres adjacentes em blocos maiores.
Ela é declarada como:

```
void poolfree(Pool *p, void *v)
{
    Bhdr *b, *c;
    extern Bhdr *ptr;
```

Como no *dopoolalloc*( ), temos algumas tarefas administrativas, inclusive o bloqueio da estrutura de dados do pool.

```
    D2B(b, v);
    if (p→monitor)
        MM(p→pnum | (1 ≪ 8), getcallerpc(&p), (ulong) v, b→size);
    lock(&p→l);
    p→nfree ++;
    p→cursize −= b→size;
```

11.4.3.1 União de blocos livres adjacentes

Agora, se o bloco imediatamente anterior ou posterior a esse estiver livre, combinamos esse bloco com eles. Por certo tempo, esses blocos livres são retirados da estrutura de livres para adicionarmos de volta exatamente o bloco correto.

```
    c = B2NB(b);
    if (c→magic ≡ MAGIC_F) {          /* Join forward */
        if (c ≡ ptr)
            ptr = b;
        pooldel (p, c);
        c→magic = 0;
        b→size += c→size;
```

```
    B2T(b)→hdr = b;
}
c = B2PT(b)→hdr;
if (c→magic ≡ MAGIC_F) {          /* Join backward */
    if (b ≡ ptr)
    ptr = c;
    pooldel(p, c);
    b→magic = 0;
    c→size += b→size;
    b = c;
    B2T(b)→hdr = b;
}
```

Por fim, retornamos o bloco recém-liberado (possivelmente maior) para a árvore de livres e, em seguida, desbloqueamos a estrutura de dados.

```
    pooladd(p, b);
    unlock(&p→l);
}
```

Como *poolfree*( ) trata da combinação de blocos livres adjacentes, ela é a interface principal para retornar a memória para a lista de livres.

11.4.4 Inserção de um bloco livre na árvore

Como mencionado anteriormente, tanto *dopoolalloc*( ) quanto *poolfree*( ) fazem uso de *pooladd*( ) para colocar os blocos livres na árvore de blocos livres.

```
void pooladd(Pool *p, Bhdr *q)
{
    int size;
    Bhdr *tp, *t;
```

A primeira etapa consiste em configurar o bloco como o único livre de seu tamanho. (Podemos alterar isso posteriormente se necessário.)

```
q→magic = MAGIC_F;
q→left = nil;
q→right = nil;
q→parent = nil;
q→fwd = q;
q→prev = q;
```

11.4.4.1 Localização do ponto de inserção

Agora, procuramos por meio da árvore de busca binária o local da árvore em que esse bloco deve ser colocado. Se descobrirmos que a árvore está vazia, nossa tarefa será fácil. O novo bloco livre será a raiz da árvore.

```
t = p→root;
if (t ≡ nil) {
    p→root = q;
    return;
}
```

11.4.4.2 Adição a uma lista existente

Há, ainda, dois outros casos. No primeiro, encontramos um nó existente da árvore em que já há blocos livres do mesmo tamanho. Ao nos depararmos com um caso assim, inserimos esse bloco no final da lista.

```
size = q→size;
tp = nil;
while (t ≠ nil) {
    if (size ≡ t→size) {
        q→prev = t→prev;
        q→prev→fwd = q;
        q→fwd = t;
        t→prev = q;
        return;
    }
    tp = t;
    if (size < t→size)
        t = t→left;
    else
        t = t→right;
}
```

11.4.4.3 Criação de uma nova lista

Nesse último caso, não temos outro bloco do mesmo tamanho e precisamos adicionar um novo nó folha à árvore. Esse nó terá uma lista encadeada contendo apenas o novo bloco.

```
    q→parent = tp;
    if (size < tp→size)
        tp→left = q;
    else
        tp→right = q;
}
```

Quando retornarmos de *pooladd*( ), o bloco que tomamos como parâmetro terá sido adicionado à árvore. Essa operação é necessária quando liberamos um bloco de volta à lista de livres, quando adicionamos um novo espaço livre resultante de uma alocação de arena, ou movemos blocos de memória ao redor para reduzir a fragmentação. A maioria dos casos de retorno de um bloco à lista de livres, como o da próxima seção, dá-se por meio de *poolfree*( ), de modo que o bloco recém-liberado pode ser combinado com quaisquer blocos livres adjacentes.

11.5 Coleta de lixo

Para os pools principal e de imagens, toda alocação e liberação de memória é feita por meio de chamadas que invocam diretamente o código que acabamos de explicar. Em outras palavras, toda alocação e liberação é, explicitamente, controlada pelo kernel e pelos módulos Limbo embutidos. No entanto, o pool de heap é tratado de modo diferente. Sempre que um processo criar dinamicamente um vetor, lista ou outra estrutura de dados, a memória dessa estrutura é alocada a partir do heap. Há recursos da linguagem Limbo que resultam nessas alocações. No entanto, não há recursos que destruam ou liberem essas estruturas. Sendo assim, como a memória de tais estruturas de dados é recuperada quando não estiver mais sendo utilizada? Esse é o foco desta seção.

11.5.1 Estrutura da Heap

Cada bloco alocado para a heap possui uma estrutura descritiva do tipo **Heap** no início. Há três membros dessa estrutura que nos interessam. Primeiro, há um membro chamado *color*. Esse inteiro é utilizado para identificar cada bloco de heap durante a coleta de lixo. Mais adiante, discutiremos seu uso em detalhes. O segundo item interessante é a contagem de referência, *ref,* que também será discutida depois. Por fim, há um ponteiro para um descritor de tipo, *t*. Para nossa perspectiva, a parte mais importante de um descritor de tipo é um mapa de todos os ponteiros no interior da estrutura de dados. Como a linguagem Limbo não permite que um programador assuma o endereço de um objeto arbitrário nem manipule os ponteiros diretamente, podemos conhecer, com certeza, todos os ponteiros na heap.

11.5.2 Contagens de referência

O principal mecanismo de gerenciamento de alocação de heap é a contagem de referência na estrutura **Heap**. Quando um novo bloco de heap é alocado por meio de *dopoolalloc*( ), a contagem de referência é estabelecida como 1, representando a variável à qual o endereço da estrutura é associado. Sempre que o endereço for copiado, como quando uma estrutura alocada é passada como um parâmetro por referência, nós aumentamos a contagem. Cada vez que uma referência for perdida, como no caso de variáveis e parâmetros locais no final de uma função, a contagem de referência é diminuída. Quando ela atingir 0, podemos liberar esse bloco utilizando a chamada *poolfree*( ) explicada anteriormente.

Essa abordagem de contagem de referência para o gerenciamento de blocos de heap funciona bem e cobre 98% dos casos. Há uma situação em que ela não funciona: se houver um conjunto cíclico de referências, a contagem nunca atingirá 0. Por exemplo, se tivermos uma lista encadeada circular, cada elemento tem pelo menos uma referência a ela. Para acessar a lista, no entanto, também deve haver mais uma referência de fora da lista que se refira a um dos elementos. Se essa referência se perder, não poderemos acessar a lista, mas todos os elementos ainda terão uma contagem de referência maior que 0.

11.5.3 Coleta de lixo muito concorrente

Lidamos com casos em que as contagens de referência são impossíveis por coleta de lixo. A maioria das técnicas de coleta de lixo é variação da abordagem *marque e limpe*. A ideia básica é que passemos por todos os blocos de memória, limpando os flags que indicam que eles são acessíveis. Em seguida, passamos por todas as referências a estruturas de dados, marcando como acessíveis todas as que possuírem referências. Por fim, varremos a memória procurando as que ainda possuem o flag de acessível limpo e as liberamos. A técnica de coleta de lixo do Inferno é feita sobre essa abordagem básica de *marque e limpe*. Ela é uma variação sobre um algoritmo chamado Coleta de Lixo Muito Concorrente (VCGC).[1]

O VCGC é um daqueles algoritmos cuja compreensão em alto nível é indispensável antes de se investigar o código. Conforme sugerido anteriormente, ele opera em blocos de heap, atribuindo-lhes cores. Há quatro cores utilizadas na implementação do Inferno: **mutador**, **marcador**, **varredor** e **propagador**. (A formulação original do VCGC não incluía a cor **propagador**, encontrada na implementação do Inferno.) As cores, na verdade, representam o tipo de thread de controle que é "proprietária" de um bloco e, fazendo isso, indica-nos a acessibilidade desse bloco.

Cada passagem pela heap é chamada **época**. Conforme examinamos cada bloco durante uma época, identificamos quais sabemos que são acessíveis, quais não são acessíveis e que podem ser liberados, e quais parecem ser inacessíveis e podem ser liberados na próxima época. Essas identificações são associadas às seguintes cores:

---

[1] Acrônimo do inglês *Very Concurrent Garbage Collection*. (N.R.T.)

- *mutador*: Um mutador pode alterar a alocação de um bloco. Os mutadores são os processos do usuário que alocam as estruturas de dados. Os blocos marcados com essa cor são conhecidamente acessíveis. Blocos recém-alocados são marcados assim.

- *marcador*: A cor marcador controla a marcação dos blocos acessíveis. O melhor modo de compreendê-la é saber que, no início de cada época, todos os blocos mutadores são alterados para marcadores. Cada bloco marcador acessível é novamente colorido como um mutador. Ao chegarmos ao final de uma época, os blocos que ainda estão como marcadores são inacessíveis.

- *varredor*: O varredor é uma thread conceitual que passa por todos os blocos marcadores no final de uma época e os libera. A implementação real é um pouco mais inteligente. No início de uma época, todos os blocos marcadores são registrados como blocos varredores. Em seguida, conforme passamos por todos os blocos de heap, qualquer bloco encontrado que esteja marcado como varredor pode ser liberado. Sabemos que sua liberação é segura, pois determinamos que fossem inacessíveis na época anterior.

- *propagador*: Podemos imaginar os propagadores como flags na cor do marcador. Quando seguirmos um ponteiro para um bloco marcador, nós o alteramos para um bloco propagador. Isso registra o fato de que nós sabemos que ele é acessível, mas ainda não marcamos recursivamente nenhum bloco para o qual aponta. Quando fizermos essa marcação recursiva, alteraremos de propagador para mutador. Isso nos permite estabelecer um limite de quantos blocos visitamos em uma passagem antes de fazer a recursão, sem perder o encadeamento de quais ainda precisam ser processados. Isso significa, no entanto, que pode ser necessário fazer mais de uma passagem por todos os blocos para limpar todos os propagadores. Na primeira passagem, na qual não marcamos novos propagadores, sabemos que terminamos e podemos passar para a próxima época.

Além dos papéis das cores, há quatro observações que as reúnem para nós.

1. O modo como os pools são compostos de arenas e as arenas são divididas em blocos torna possível visualizar facilmente todos os blocos de heap. Basta começarmos pelo início de uma arena, olharmos o primeiro bloco e, em seguida, passarmos para o próximo utilizando a macro B2NB, que nos fornece um ponteiro para ele.

2. Os descritores de tipos identificam todos os ponteiros para uma estrutura de dados. Controlando-os recursivamente, podemos localizar todos os blocos acessíveis.

3. Não é necessário processar uma época inteira de uma vez. Podemos fazer parte de uma época e, em seguida, voltar mais tarde e continuar. Apenas duas alterações poderiam ocorrer durante o caminho. Se um novo bloco for alocado, ele é marcado como um bloco mutador e, assim, identificado como acessível durante a época. No caso de uma estrutura perder sua última

308 ■ Princípios de sistemas operacionais

referência exterior, mas, se já tivermos passado por ela marcando-a como acessível, simplesmente a identificaremos como inacessível na época seguinte.

4. Não é necessário fazer a varredura explícita por todos os blocos alterando suas cores. Podemos representar as cores com inteiros e alterar a associação entre estes e a cor a cada vez. Por exemplo, suponha que a cor mutador seja identificada com 0, a varredor com 1 e a marcador com 2. Renumerando as cores de modo que a mutador seja 1, a varredor 2 e a marcador 0, teremos feito todas as alterações de cores necessárias no início de uma época.

11.5.4 Implementação do VCGC

Com *vmachine*( ), descrito no Capítulo 7, encontramos dois modos para chamar *rungc*( ). Primeiro, forçamos uma coleta de lixo uma vez a cada 256 fatias de tempo, ou quando a memória estiver ficando baixa. Segundo, há também uma chamada para *rungc*( ) em *execatidle*( ), que é executada quando não há *kprocs* e processos do usuário prontos para execução.

A função *rungc*( ) é o ponto de entrada principal para o coletor de lixo. Ela executa o algoritmo VCGC em certo número de blocos antes do retorno. Se for bem-sucedida em completar uma passagem pelo pool de heap, independente de ser o final da época, ela também retorna. Essa função é encontrada em libinterp/gc.c.

```
void rungc(Prog *p)
{
    Type *t;
    Heap *h;
    Bhdr *b;
    gcnruns++;
    if (gchalt) {
        gchalted++;
        return;
    }
}
```

11.5.4.1 Inicialização da passagem

Mantemos, todas as vezes, a variável global *base* apontando para o próximo bloco a ser processado. Se não houver um próximo bloco, isso se deve ao fato de ser a primeira vez em que executamos ou a última em que fomos chamados; ou seja, encerramos uma passagem completa pelo pool. Assim, inicializamos *base* para apontar para o início da primeira arena e configuramos *limit* para o final da arena.

```
if (base ≡ nil) {
    gcsweeps++;
```

```
b = poolchain(heapmem);
base = b;
ptr = b;
limit = B2LIMIT(b);
}
```

Somente no caso de o pool estar de algum modo corrompido, faremos uma verificação para assegurar que o cabeçalho do bloco seja válido. Em particular, ele deve ter um dos valores *magic* definido.

```
if (¬okbhdr(ptr)) {
base = nil;
gcbroken++;
return;
}
```

11.5.4.2 Processamento de blocos de heap

A parte substancial dessa função está contida no loop **for**. Olhamos os *quanta* blocos antes de fornecer o controle de volta para *vmachine*( ). No entanto, pulamos totalmente os blocos livres; não os processamos e não os contamos em relação a *quanta*.

```
for (visit = quanta; visit > 0 ; ) {
    if (ptr→magic ≡ MAGIC_A) {
        visit−−;
        gct++;
        gcinspects++;
```

Se encontrarmos um bloco marcado como propagador saberemos que, em uma passagem anterior, nós o encontramos como acessível, mas ainda não processamos qualquer um dos blocos para os quais ele aponta. A chamada a *t→mark*( ) solicita uma função de marcação adequada ao tipo de dado nesse bloco de heap. Essas funções de marcação tomam os blocos marcados com a cor marcador, remarcam-nos como propagadores e processam, recursivamente, todos os blocos para os quais eles apontam. No ponto em que descemos para a recursão, alteramos a cor de propagador para mutador.

```
h = B2D(ptr);
t = h→t;
if (h→color ≡ propagator) {
    gce−−;
```

310 ■ Princípios de sistemas operacionais

```
    h→color = mutator;
  if (t ≠ nil)
    t→mark(t, H2D(void *, h));
}
```

Sabemos que qualquer bloco marcado com a cor varredor é inacessível e pode, portanto, ser liberado. Utilizamos a função *poolfree*( ) discutida anteriormente. Além disso, se esse bloco apontar para um descritor de tipo, precisaremos liberá-lo também.

```
    else if (h→color ≡ sweeper) {
      gce ++;
      if (0 ∧ mflag)
        domflag(h);
      if (heapmonitor ≠ nil)
        heapmonitor (2, h, 0);
      if (t ≠ nil) {
        gclock( );
        t→free(h, 1);
        gcunlock( );
        freetype(t);
      }
      gcdestroys++;
      poolfree (heapmem, h);
    }
}
```

11.5.4.3 Processamento da próxima arena

Aqui verificamos o valor de *limit* configurado anteriormente. Se o tivermos atingido, isso significa que também atingimos o fim da arena. Como pode haver várias arenas no pool, passamos agora para a seguinte e continuamos.

```
ptr = B2NB(ptr);
if (ptr ≥ limit) {
  base = base→clink;
  if (base ≡ nil)
    break;
  ptr = base;
  limit = B2LIMIT(base);
}
}
```

Gerenciamento de memória no Inferno ■ 311

11.5.4.4 Encerramento da passagem

Nesse ponto, saímos do loop **for**, o que indica que processamos todos os blocos permitidos nessa chamada. A primeira etapa de limpeza é estabelecer o número de blocos a ser processado da próxima vez. A razão entre *gce* e *gct* mede a fração dos blocos processados que foram liberados em relação aos encontrados como propagadores. A ideia é que, se estivermos obtendo a recuperação de muita memória, poderemos gastar mais tempo do sistema com a coleta de lixo. Se obtivermos pouca, desejaremos entrar e sair da coleta de lixo o mais rápido possível.

> *quanta* = (*MaxQuanta* + *Quanta*)/2
>   + ((*MaxQuanta* − *Quanta*)/20) ∗ ((100 ∗ *gce*)/*gct*);
> **if**(*quanta* < *Quanta*)
>   *quanta* = *Quanta*;
> **if** (*quanta* > *MaxQuanta*)
>   *quanta* = *MaxQuanta*;

Como nós asseguramos a passagem para a próxima arena no final do loop, o único caso em que *base* será *nil*, nesse ponto, é se tivermos alcançado o final da última arena. Isso significa que, na maioria das vezes, retornaremos a esse ponto, pois ainda teremos mais a fazer nessa passagem.

> **if** (*base* ≠ *nil*)   /∗ Completed this iteration? ∗/
>   **return**;

No entanto, se tivermos alcançado o final da última arena, saberemos que a passagem por todos os blocos do pool de heap foi concluída. Se na última passagem não tivermos marcado algum novo propagador, saberemos, também, que chegamos ao final de uma época, pois *nprop* estará limpo. Trata-se de um flag que sempre configuramos ao marcar um bloco como propagador. Se estivermos no final da época, aumentamos *gcolor* e chamamos *rootset*( ). Quando acionados juntos, o primeiro tem o efeito de reassociar as cores, transformando todos os marcadores em varredores e todos os mutadores em marcadores. Feito isso, *rootset*( ) passa por toda a tabela de processos e verifica cada módulo de cada processo, marcando seus espaços de dados como blocos propagadores. Da mesma maneira, ele faz o mesmo com os frames de pilha do processo. Esses blocos serão, assim, os pontos de partida para a marcação recursiva dos blocos na próxima época.

> **if** (*nprop* ≡ 0) { /∗ Completed the epoch? ∗/
>   *gcepochs*++;
>   *gccolor*++;
>   *rootset*(*p*);
>   *gce* = 0;

312 ■ Princípios de sistemas operacionais

```
        gct = 1;
        return;
    }
    nprop = 0;
}
```

Nesse ponto, voltamos para *vmachine*( ) para retomarmos o compartilhamento de tempo. Posteriormente, *rungc*( ) será chamado novamente para continuar essa época ou iniciar uma nova. A chamada a partir do *executidle*( ) ocorre múltiplas vezes para assegurar que todos os blocos inacessíveis sejam liberados.

11.6 Resumo

O Inferno é projetado para dois ambientes de execução que não exigem gerenciamento de memória extensivo. No Inferno hospedado, dependemos do SO hospedeiro para fazer a maioria das tarefas de gerenciamento de memória, fornecendo memória alocada ao emu. O Inferno nativo é executado em várias plataformas de hardware, algumas das quais sem suporte para tradução de endereços ou proteção de memória. Como resultado, o próprio Inferno é responsável por dividir a memória física em três pools. No entanto, ao fazer isso, ele não precisa implementar paginação ou swapping. O efeito final é um sistema de gerenciamento de memória relativamente simples no Inferno.

Nosso estudo do gerenciamento de memória no Inferno ilustra uma implementação particular de alocação de memória de melhor ajuste. Utilizamos uma árvore de busca binária para acelerar a procura por esse ajuste. O espaço em cada árvore decorre de uma ou mais arenas alocadas do ambiente de execução. Há uma dessas árvores para cada um dos três pools de memória. Em geral, o Inferno utiliza uma implementação eficiente de uma das estratégias simples de alocação de memória de tamanho variável descritas no Capítulo 9. Por fim, ele incorpora uma combinação de contagens de referência e coleta de lixo para gerenciar blocos alocados como parte das operações em Limbo.

11.7 Exercícios

1. Considerando nossa discussão sobre sua utilização de memória, o Inferno é capaz de dar suporte a código compartilhado entre processos? Podem múltiplos processos compartilharem os dados globais de um módulo?

2. O que restringe o valor do membro *quanta* da estrutura **Pool**? Podemos torná-lo menor que 31? Se afirmativo, quão menor? Se negativo, por quê?

3. O número 31 pode ser muito pequeno para ser útil como um valor para *quanta*? Descreva um modo de determinar isso.

4. Ao se adicionar um bloco de volta à árvore de livres de um pool, verificamos se os blocos adjacentes também estão livres e, se estiverem, nós os reunimos. É possível, dessa maneira, unir, acidentalmente, blocos pertencentes a pools diferentes? Por quê?

5. Adicione saída de depuração à função *dopoolalloc*( ). Em particular, exiba o pool e o tamanho da solicitação na entrada. Tanto na entrada como na saída, você deve exibir uma lista de tamanhos e contagens para o pool especificado. Uma forma possível de resultado seria a seguinte:

```
Solicitando 1024 bytes do pool principal
Blocos livres antes da alocação:
1x256, 3x394, 2x512, 1x16384
Blocos livres após a alocação:
1x256, 3x394, 2x512, 1x15360
```

em que os termos $n \times m$ se referem aos n blocos de m bytes cada. (Observe que esses números exatos não são o que você veria ao executar o kernel hospedado revisado.) Você pode obter o valor de n contando o comprimento da lista encadeada e o valor de m a partir do cabeçalho do bloco.

6. Colete estatísticas para determinar a solicitação de alocação média e o tamanho médio dos blocos livres. Exiba esses valores todas as vezes que um bloco for alocado.

7. Modifique o Inferno para fazer alocação de memória de pior ajuste, em vez de melhor ajuste.

8. Apresente uma função que crie uma lista de todos os blocos de memória utilizados por um processo em particular.

9. Substitua a árvore de busca binária de listas encadeadas por uma única lista encadeada de blocos livres. Quanto do desempenho você perde com esse novo projeto?

10. Substitua a árvore de busca binária de listas encadeadas por uma tabela hash de blocos livres. Esse novo projeto melhora o desempenho do sistema?

Capítulo 12

Gerenciamento de memória no Linux

O subsistema de gerenciamento de memória do Linux é bastante complexo. Os processos podem alocar memória implicitamente como parte da criação de processo e como resultado do crescimento da pilha. Eles também podem solicitar memória explicitamente por meio de duas chamadas diferentes ao sistema. Além disso, o próprio kernel faz uma quantidade substancial de alocação dinâmica de memória. Para dar suporte a todas essas formas de alocação, o Linux implementa vários mecanismos que operam em páginas de tamanho fixo e em blocos de tamanho variável. A alocação variável pode ser na forma de múltiplas páginas contíguas ou de alocações menores dentro das páginas.

Como a maioria dos sistemas modernos, o Linux usa a paginação sob demanda e o swapping de página para dar suporte a uma demanda de memória maior do que está fisicamente disponível. Ele também implementa o mecanismo copy-on--write, analisado na Seção 9.6.6, para reduzir a alocação e cópia desnecessária de página.

Começamos nossa análise do gerenciamento de memória do Linux com o modo em que ele atribui espaços de endereçamento físico e virtual. Em seguida, temos uma discussão sobre chamadas ao sistema relacionadas à memória. Apresentamos, então, uma visão geral dos mecanismos de alocação interna e da infraestrutura de gerenciamento de página. Por fim, a maior parte deste capítulo é dedicada a pequenas amostras do código que implementa o gerenciamento de memória do Linux. Nossa análise da implementação focaliza as estruturas de dados que representam as alocações de memória, a alocação de memória em resposta a solicitações de processos e o tratamento de falha de página.

12.1 Layouts de memória

O layout da memória física de qualquer sistema depende muito do modelo tanto do hardware como do sistema operacional. Tanto o modelo da CPU como o modelo do sistema como um todo influenciam no uso da memória física. Para nossa análise do gerenciamento de memória do Linux, nos concentraremos na implementação de sistemas compatíveis com a IBM usando a arquitetura Intel x86. O uso da memória física do Linux nessa plataforma é apresentado na Figura 12-1. Devido a várias limitações no projeto global do sistema, áreas diferentes de memória têm condições diferentes. No Linux, usamos o termo **zonas** para identificar essas áreas.

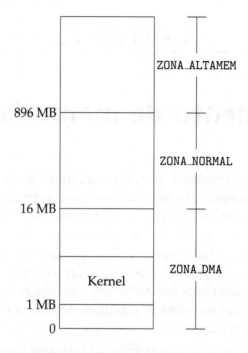

Figura 12-1: Layout da memória física do Linux

O primeiro megabyte de memória basicamente não é usado, exceto durante a inicialização e exceto para os 360 KB de espaço de memória física usados para acessar os controladores de E/S mapeados na memória. Os próximos vários megabytes têm a imagem não comprimida do kernel. No IBM PC, o controlador de acesso direto à memória (DMA, do inglês direct memory access) é capaz de endereçar apenas os primeiros 16 MB de memória. Assim, a área entre o topo do kernel e o final dos primeiros 16 MB é usada principalmente para buffers de E/S. Todos os primeiros 16 MB são identificados como `ZONA_DMA`. Em máquinas com espaços de memória relativamente pequenos, o restante da memória é identificado como `ZONA_NORMAL`. Contudo, o kernel mapeia apenas 1 GB de espaço virtual. Portanto, em sistemas com muita memória (mais de 1 GB), dividimos o restante do espaço de memória em uma `ZONA_NORMAL`, que termina no limite de 896 MB, e uma `ZONA_ALTAMEM`, que ocupa o restante do espaço de memória. O kernel mapeia a memória da `ZONA_ALTAMEM` nos 128 MB superiores de seu espaço de memória virtual conforme a necessidade.

O layout de memória virtual de um processo Linux se parece ao que é ilustrado pela Figura 12-2. No geral, é bem similar ao layout genérico que vimos na Figura 9-7. Neste caso, porém, não são usados os endereços de memória mais baixos. Os primeiros 128 MB de espaço virtual não são mapeados pela MMU, exceto em algumas aplicações menos comuns. Normalmente, deixamos essa área sem mapear para que uma classe comum de erros de programação possa ser encontrada rapidamente. Com frequência, os ponteiros que não são inicializados com valores úteis são inicializados com endereços relativamente pequenos. Um caso bem comum é o ponteiro nulo, que aponta para o endereço 0. Se deixarmos a parte inferior do espaço de memória sem mapear, qualquer tentativa de referenciar esse ponteiro resulta em falha na página.

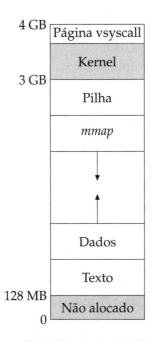

Figura 12-2: Layout do espaço de endereçamento virtual de processos no Linux

Assim, o SO pode detectar o problema e encerrar o programa. Os segmentos de texto e dados seguem a abordagem geral delineada na Seção 9.4, com o espaço de dados crescendo em direção a endereços de memória mais altos, conforme a necessidade. (No Linux, esses segmentos são chamados **seções** para distingui-los da segmentação definida por hardware do processador x86. Contudo, continuaremos a nos referir a eles como segmentos, em harmonia com a terminologia estabelecida no Capítulo 9.) Visto que o Linux tem dois mecanismos para os processos alocarem memória dinamicamente, precisamos de duas regiões que possam crescer. A mais alta dessas duas regiões é usada para dar suporte à chamada ao sistema *mmap*( ) a qual permite que um arquivo seja mapeado na memória, como descrito na próxima seção. Em versões anteriores do sistema, iniciávamos a seção que o *mmap*( ) usa em um endereço fixo, permitindo alocação normal na heap até esse endereço e permitindo a alocação de *mmap*( ) até a pilha (stack). Contudo, as limitações que criava eram mais inconvenientes do que as impostas por um limite no tamanho da pilha. De fato, sempre havia um limite para o tamanho da pilha. Descrevemos o crescimento da pilha como um acontecimento de modo automático sempre que é feita uma tentativa de inserir na pilha mais do que o espaço disponível. Sistemas reais, porém, limitam isso. Se um programa tem um erro que o faz usar o espaço da pilha de maneira descontrolada, precisamos para-lo. Portanto, a maioria dos sistemas verifica a alocação de pilha com algum limite antes de alocar uma nova página para ela. No Linux, simplesmente reservamos a quantidade máxima de espaço permitido para a pilha e depois deixamos a seção *mmap*() crescer para baixo em direção ao segmento de dados tradicional. A área acima de 3 GB no espaço de endereçamento é o espaço de memória do kernel. Essa região entre 3 GB e 4 GB mantém 1 GB de espaço de endereçamento virtual para o kernel, como descrito antes. Apesar de o kernel ser mapeado dessa maneira nas tabelas de páginas do processo, ele não é legível quando o processador é executado no modo usuário. Contudo, quando o processador passa para o modo de kernel em uma chamada ao sistema, o espaço de memória do kernel já está mapeado e disponível. A última página no espaço de memória virtual é acessível ao processo e contém a página vsyscall descrita na Seção 4.4. Essa página contém o código que usa o mecanismo de chamadas ao sistema apropriado para a versão do processador no qual está sendo executado.

12.2 Chamadas ao sistema

Como se dá com outras implementações do projeto do UNIX, o Linux fornece várias chamadas ao sistema que afetam o uso de memória por parte de um processo. Algumas dessas, como *fork*( ) e *execve*( ), são principalmente chamadas ao sistema de gerenciamento de processos, mas têm grandes implicações no gerenciamento de memória. Ao processar a chamada ao sistema *fork*(), devemos, de alguma maneira, fazer uma cópia do espaço de memória do processo pai. No Linux, isso é feito usando a técnica copy-on-write (COW) analisada na Seção 9.6.6. Isso não só reduz a quantidade de cópias apenas às páginas necessárias, mas também permite compartilhar os segmentos de texto (código) como consequência. A chamada ao sistema *execve*( ) exige que liberemos toda memória usada previamente pelo processo e então aloquemos a memória para conter o novo programa e o novo espaço de dados. Visto que um processo costuma compartilhar boa parte do seu espaço de memória com seu pai, liberar a memória é uma questão de reduzir o número de processos que compartilham cada página. Em contraste com modelos anteriores de inicialização de um novo programa, o Linux não carrega diretamente o código executável na memória em resposta à chamada *execve*( ). Em vez disso, ele trata o executável essencialmente como um arquivo mapeado na memória, e então usa o mecanismo de paginação sob demanda para carregar páginas executáveis, conforme a necessidade. Como descrito na Seção 9.6.5 e como criado pela chamada *mmap*( ) descrita brevemente, os arquivos mapeados na memória são aqueles associados a uma região do espaço de memória virtual. Acessos à memória naquela região tornam-se acessos ao arquivo mapeado.

Há outras duas chamadas ao sistema que afetam de forma mais direta o uso de memória de um processo. A primeira é a tradicional chamada ao sistema *brk*( ) do UNIX. Seu único parâmetro especifica o primeiro endereço que não faz parte do segmento de dados. Em seu uso tradicional, tudo mais na parte de dados e pilha combinados do espaço de endereçamento virtual está disponível para a pilha. No Linux, porém, o ponto de quebra (break point) define a separação entre os dados e a área usada pela chamada *mmap*( ). O kernel ainda aumenta a pilha quando é feita uma tentativa de colocar dados em página não alocada para a pilha. Contudo, o tamanho máximo da pilha não depende do tamanho do segmento de dados, como no modelo tradicional de memória de processo no UNIX. A outra chamada ao sistema principal para organizar diretamente o espaço de memória de processo é *mmap*( ). Sua principal razão de ser é o mapeamento de um arquivo no espaço de memória do processo. Se, porém, não for especificado um arquivo, o sistema cria um mapeamento para uma área anônima, que é composta de páginas anônimas não associadas a qualquer arquivo. Essas páginas são alocadas pela função *do_anonymous_page*( ), analisada mais adiante neste capítulo. O efeito desse mapeamento é uma alocação normal de memória, que pode ser compartilhada com outros processos. Internamente, a chamada ao sistema *brk*( ) é implementada de forma muito similar ao mapeamento anônimo.

12.3 Mecanismos de alocação

Embora o Linux tenha apenas dois mecanismos principais para os processos solicitarem memória, vários mecanismos são definidos para alocação interna. De fato, veremos em seções à frente que os mecanismos de alocação para os processos de usuário são alguns dos mais simples.

12.3.1 Alocação de páginas por zoneamento

O coração de toda alocação de memória no Linux é a alocação de página. Embora os processos de usuário precisem apenas de páginas mapeadas para certos intervalos de endereços virtuais, há necessidades de memória no kernel que exigem páginas contíguas na memória física. Assim, o mecanismo de alocação de página deve se comportar de forma muito semelhante a um alocador de memória de tamanho variável. No Linux, isso é implementado com o alocador do sistema buddy.

Na Seção 12.1, notamos que em muitos sistemas, incluindo o IBM PC, há restrições quanto a como usar algumas partes da memória. O alocador de páginas do sistema buddy suporta isso permitindo que o código solicitante especifique que zona seria usada para satisfazer à solicitação. Se o solicitante pede páginas da ZONA_DMA usando o flag _ _GFP_DMA, o pedido deve ser satisfeito a partir daquela zona ou ele falha. Se o solicitante pede páginas da ZONA_ALTAMEM usando o flag _ _GFP_HIGHMEM, o alocador tenta satisfazer a solicitação a partir daquela zona. Se não houver blocos livres de páginas suficientemente grandes naquela zona, tentaremos satisfazer a solicitação a partir da ZONA_NORMAL; tentaremos alocar na ZONA_DMA se isso falhar. Por fim, solicitamos páginas da ZONA_NORMAL se não for especificado um flag. Se não estiver disponível algum bloco de páginas de tamanho adequado naquela zona, voltamos à ZONA_DMA para satisfazer a solicitação.

320 ■ Princípios de sistemas operacionais

Se nenhuma zona adequada tem as páginas livres necessárias, tentaremos fazer swap de páginas para o disco a fim de criar páginas livres suficientes para satisfazer a solicitação.

12.3.2 Alocador de slab

É claro que nem toda alocação precisa de múltiplas páginas ou mesmo de uma página inteira, em tamanho. Muitas vezes precisamos alocar espaço para uma instância de uma estrutura de dados que talvez tenha apenas algumas dezenas de bytes. Para atender a essas solicitações, o Linux implementa um mecanismo chamado alocador de **slab**. A motivação por trás do alocador de slab é a observação de que nem todos os tamanhos são igualmente prováveis na alocação do kernel. De fato, em geral temos um número relativamente pequeno de tamanhos possíveis, que são os tamanhos das estruturas definidas quando o kernel é escrito. Veja, por exemplo, as entradas da tabela de processos. Quando criamos um novo processo, alocamos espaço para essa entrada. Quando o processo termina e o *status* de saída é obtido, liberamos aquela memória. Se então reutilizarmos aquela memória para a entrada da tabela de processos do próximo processo que criarmos, poupamos a nós mesmos o trabalho de localizar e construir um bloco do tamanho apropriado.

Slabs são coleções de blocos livres de memória de determinado tamanho. Quando é feita uma solicitação para aquele tamanho, respondemos com o slab. Se o slab estiver vazio, alocamos uma ou mais páginas dividindo-as em blocos do tamanho necessário e as adicionamos ao slab. Quando um bloco é liberado, é acrescentado de volta ao slab de seu tamanho. O conjunto total de slabs pode ser examinado lendo-se o arquivo /proc/slabinfo.

12.3.3 Alocação de memória no Kernel

A maioria das solicitações de memória no kernel não é feita diretamente ao alocador de página ou de slab. Há uma função chamada *kmalloc*( ), similar à chamada *malloc*( ) da biblioteca C padrão. Além de especificar o tamanho da solicitação, essa chamada permite que o solicitante passe vários flags, que controlam detalhes da alocação. Por exemplo, se o conjunto de flags definidos como GFP_KERNEL for especificado, a memória é alocada para o kernel. A zona da qual solicitamos memória também pode ser especificada nos flags. Como é de se esperar, há uma função *kfree*( ), que libera a memória alocada com *kmalloc*( ).

12.4 Gerenciamento de página

A implementação do gerenciamento de tabela de página e swapping de página no Linux é bastante complexa. Assim, apresentamos apenas uma visão geral dessas partes do gerenciamento de memória do Linux. Em especial, analisaremos primeiro a estrutura das tabelas de páginas no Linux e como elas são generalizadas em uma grande variedade de arquiteturas. Depois, faremos uma análise da política de substituição de páginas e da implementação no Linux. Por causa do tamanho e complexidade do código, usamos aqui apenas uma visão geral descritiva.

12.4.1 Tabelas de página

Para obter portabilidade, o Linux abstrai seu gerenciamento de página de qualquer representação de tabela de página específica. Ele usa um modelo de tabela de página de quatro níveis. (Versões anteriores à 2.6.11 usavam um modelo de três níveis.) Nessa abstração, os bits superiores do endereço virtual (EV) indexam um **diretório global de página** (pgd, do inglês page global directory). A entrada selecionada aponta para um **diretório superior de página** (pud, do inglês page up directory), que é indexado pelos próximos bits mais significativos do endereço virtual. Essa entrada do pud, por sua vez, aponta para um **diretório médio de página** (pmd, do inglês page mid-level directory), indexado pelo terceiro grupo de bits. Por fim, a entrada da pmd aponta para uma **tabela de página** (pt, do inglês page table), indexada pelo quarto grupo de bits. Os bits menos significativos do endereço virtual representam o deslocamento no quadro[1] (frame) da página apontado pela entrada de tabela de página selecionada, que contém a parte do número do quadro da página do endereço físico (EF). A Figura 12-3 ilustra esse modelo de tradução de endereço.

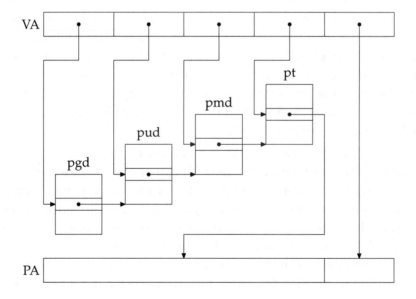

Figura 12-3: Modelo da tabela de página de quatro níveis do Linux

---

[1] A memória real (física) é dividida em quadros de páginas, que assim são denominados porque são locais definidos para armazenar as páginas dos processos, que são as páginas virtuais. Entretanto, é comum chamarmos os quadros de páginas apenas de páginas reais. (N.R.T.)

322 ■ Princípios de sistemas operacionais

O modelo básico não especifica o número de bits usados para cada um dos campos no endereço virtual ou físico. Para hardware como o Intel x86, que tem menos níveis de tabelas de página, o Linux agrupa níveis. Para o Intel x86, as tabelas pud e pmd são agrupadas à pgd, resultando em uma tabela de dois níveis que corresponde ao hardware. Tanto pgd como pt são indexadas por 10 bits do endereço virtual de 32 bits. Isso deixa 12 bits para especificar o deslocamento de página, resultando em um tamanho de página de 4096 bytes.

12.4.2 Substituição de páginas

A política de substituição de páginas no Linux é, de certa forma, uma combinação das técnicas analisadas no Capítulo 9. Internamente, as estruturas de dados e os nomes das funções se referem à política LRU. Contudo, a política real é uma combinação de "segunda chance" (ou algoritmo de clock) com "listas múltiplas" ligeiramente similares às do VMS e do Windows NT. As listas de páginas também são similares à técnica chamada LRU 2Q. Além disso, leva-se em conta as páginas inalteradas (clean) *versus* páginas modificadas (dirty), como acontece na NRU.

O Linux mantém duas listas de páginas por zona, uma lista **ativa** e uma **inativa**. Como os nomes indicam, espera-se que a lista ativa contenha os conjuntos de trabalho de todos os processos e a inativa, páginas disponíveis para alocação. O sistema tenta manter um equilíbrio entre os tamanhos dessas duas listas. Quando o número de páginas da lista inativa cai, a função *refill_inactive_zone*() transfere páginas da lista ativa para a inativa. Essa transferência usa uma política de segunda chance. São usadas páginas do final da lista ativa. Se elas foram marcadas como "referenciadas" desde que foram colocadas na lista, são remarcadas como "não referenciadas" e colocadas de volta no início da lista. Páginas não referenciadas que são removidas da lista ativa são movidas para a inativa. As páginas são acrescidas ao início da lista inativa e são liberadas páginas do final dela.

Quando uma página está para ser marcada como acessada, a função *mark_page_accessed*() costuma ser chamada. Essa função passa a página por uma série de estados. Uma página da lista inativa que não foi referenciada é mantida na lista, mas marcada como referenciada. Uma página da lista inativa que está marcada como referenciada é movida para a lista ativa, mas marcada como não referenciada. Uma página não referenciada na lista ativa é marcada como referenciada. A consequência é que uma página deve ser marcada como acessada três vezes antes de poder ser mantida na política de segunda chance, se ela começa como não referenciada na lista inativa. Esse comportamento de *mark_page_accessed*( ) é ilustrado na Figura 12-4.[2] Cada seta representa uma transição executada pela função. Os números adjacentes a cada seta mostram o comportamento do bit de acesso (A). O número antes da barra (/) mostra o valor de A antes da transição e o número após a barra mostra o valor de A após a transição.

---

[2] Convém observar que a figura não mostra a transição associada ao uso de páginas inativas para alocação. (N.R.T.)

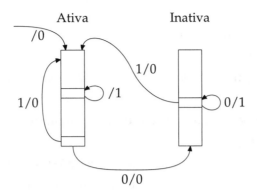

Figura 12-4: Listas de páginas no Linux

A thread **kswapd** do kernel varre a memória em busca de páginas que possam ser disponibilizadas quando a memória livre ficar pouca. Na maior parte do tempo, a **kswapd** está dormindo. Ela é acordada por uma tentativa de alocação de páginas quando não há páginas livres suficientes para satisfazer a solicitação. Ela tenta encolher cada zona para disponibilizar páginas. Duas das suas principais fontes de páginas são as páginas de processo na lista inativa e as páginas não alocadas nos slabs. Depois de acordada, a **kswapd** processa as alocações de memória até que cada zona tenha páginas livres suficientes.

12.5 Estruturas de dados de gerenciamento de memória

Agora passamos do projeto geral do gerenciamento de memória do Linux para pontos específicos da implementação. Começaremos com as estruturas de dados que representam a memória que gerenciamos. As estruturas que examinaremos são as mais usadas no código que analisaremos mais adiante neste capítulo. Uma delas representa todas as áreas de memória que são alocadas para um processo e a outra representa uma dessas áreas de memória.

12.5.1 Representação de alocação de processo

A primeira estrutura de dados que examinaremos é a **mm_struct**, que define o uso de memória por parte de um processo e é declarada em include/linux/sched.h. Cada entrada de tabela de processos contém um ponteiro para uma dessas estruturas. Em especial, o ponteiro é membro da parte **task_struct** da entrada da tabela de processos. Para cada novo processo criado, essa estrutura é copiada como parte do trabalho feito por *copy_process*( ). Durante a criação de uma nova thread que compartilha o espaço de memória do seu pai, a entrada de tabela de processos do processo-filho aponta para o **mm_struct** do pai, fazendo com que ambas as threads compartilhem a estrutura.

```c
struct mm_struct {
    struct vm_area_struct *mmap;  /* list of VMAs */
    struct rb_root mm_rb;
    struct vm_area_struct *mmap_cache;   /* last find_vma result */
    unsigned long (*get_unmapped_area)(struct file *filp,
        unsigned long addr, unsigned long len, unsigned long pgoff,
        unsigned long flags);
    void (*unmap_area)(struct mm_struct *mm, unsigned long addr);
    unsigned long mmap_base;      /* base of mmap area */
    unsigned long task_size;
    unsigned long cached_hole_size;
    unsigned long free_area_cache;
    pgd_t *pgd;
    atomic_t mm_users;
    atomic_t mm_count;
    int map_count;   /* number of VMAs */
    struct rw_semaphore mmap_sem;
    spinlock_t page_table_lock;
    struct list_head mmlist;
    mm_counter_t _file_rss;
    mm_counter_t _anon_rss;
    unsigned long hiwater_rss;      /* High-watermark of RSS usage */
    unsigned long hiwater_vm;       /* High-water virtual memory usage */
    unsigned long total_vm, locked_vm, shared_vm, exec_vm;
    unsigned long stack_vm, reserved_vm, def_flags, nr_ptes;
    unsigned long start_code, end_code, start_data, end_data;
    unsigned long start_brk, brk, start_stack;
    unsigned long arg_start, arg_end, env_start, env_end;
    unsigned long saved_auxv [AT_VECTOR_SIZE];
    unsigned dumpable:2;
    cpumask_t cpu_vm_mask;          /* Architecture-specific MM context */
    mm_context_t context;          /* Token based thrashing protection. */
    unsigned long swap_token_time;
    char recent_pagein;            /* coredumping support */
    int core_waiters;
    struct completion *core_startup_done, core_done;      /* aio bits */
    rwlock_t ioctx_list_lock;
    struct kioctx *ioctx_list;
};
```

Alguns membros da estrutura que ilustram a aplicação dos princípios de gerenciamento de memória do Linux incluem:

- *mmap* e *mm_rb*: Esses dois membros da estrutura são ponteiros para estruturas de dados que representam o conjunto de todas as **áreas** de memória. Para cada processo, um intervalo de endereços contíguos de memória virtual é chamado de "área". A estrutura *mmap* aponta para uma lista encadeada de estruturas, que descreve as áreas que pertencem a esse processo. O membro *mm_rb* aponta para uma árvore vermelho-preta das mesmas estruturas. (Uma árvore vermelho-preta é uma representação binária de uma árvore 2-3-4, que é uma variação da árvore 2-3 balanceada, encontrada na maioria dos livros textos sobre estruturas de dados.) Visto que a árvore vermelho-preta é balanceada, podemos usá-la para fazer operações nas áreas em tempo $O(\log n)$ em vez de $O(n)$, onde n é o número de áreas para esse processo.

- *mmap_cache*: Descobrimos que cerca de 30% das solicitações de procura por uma área de memória localizam a mesma área da solicitação anterior. Esse membro mantém os resultados da última procura para obter vantagem no desempenho quando repetirmos uma solicitação.

- *mmap_base*: Esse valor identifica o limite entre a área usada pela chamada ao sistema *mmap* e a área usada pela pilha do processo. Novas alocações para essa área crescem para baixo a partir desse ponto, como ilustrado na Figura 12-2.

- *pgd*: Um ponteiro para a definição do diretório global de página é armazenado nesse membro. No Intel x86, essa definição é uma estrutura que mantém apenas o endereço virtual do próprio pgd. Visto que é uma estrutura de dados no kernel, seu endereço virtual fica acima de 3 GB.

- *mm_users* e *mm_count*: Visto que essas estruturas podem ser compartilhadas ao criarmos threads, mantemos uma contagem do número de processos que usa essa estrutura de gerenciamento de memória para sabermos quando o último processo foi concluído, indicando que podemos liberar a estrutura.

- *map_count*: Esse membro guarda o número de áreas de memória virtual usado nessa estrutura.

- *mmap_sem* e *page_table_lock*: Fornecem bloqueio de exclusão mútua sobre as estruturas de dados de gerenciamento de memória.

- *start_code, end_code, start_data, end_data, start_brk, brk* e *start_stack*: Os segmentos de código, dados e pilha apresentados previamente na Figura 12-2 são definidos por esses membros.

12.5.2 Representação de áreas da memória virtual

A próxima estrutura de gerenciamento de memória que examinaremos é a **vm_area_struct**, já mencionada. Essa estrutura define uma área de memória contígua no espaço de endereçamento virtual. Sua declaração é fornecida em include/linux/mm.h. Como veremos na nossa análise seguinte dos membros da estrutura, embora todas as áreas sejam contíguas, um intervalo contíguo de endereços virtuais pode ser representado por mais de uma estrutura de área.

```c
struct vm_area_struct {
    struct mm_struct *vm_mm;
    unsigned long vm_start;
    unsigned long vm_end;
    struct vm_area_struct *vm_next;
    pgprot_t vm_page_prot;
    unsigned long vm_flags;
    struct rb_node vm_rb;
    union {
        struct {
            struct list_head list;
            void *parent;
            struct vm_area_struct *head;
        } vm_set;
        struct raw_prio_tree_node prio_tree_node;
    } shared;
    struct list_head anon_vma_node;
    struct anon_vma *anon_vma;
    struct vm_operations_struct *vm_ops;
    unsigned long vm_pgoff;
    struct file *vm_file;
    void *vm_private_data;
    unsigned long vm_truncate_count;
    atomic_t vm_usage;
};
```

Alguns dos membros relevantes da estrutura incluem:

- *vm_mm*: Esse ponteiro é um link de volta ao **mm_struct** do qual essa área faz parte.
- *vm_start* e *vm_end*: Esses dois membros apresentam os endereços virtuais iniciais e finais dessa área. Visto que cada área é uma região contígua da memória virtual, eles são suficientes para descrever toda a área.
- *vm_next* e *vm_rb*: Como analisado no contexto da estrutura **mm_struct**, cada estrutura de área de memória é mantida tanto numa lista encadeada como numa árvore vermelho-preta. Esses dois membros implementam essas estruturas de dados.

Gerenciamento de memória no Linux ■ 327

- *vm_page_prot*: Cada área de memória virtual tem seu próprio conjunto de permissões de acesso. Elas são armazenadas em *vm_page_prot*. Todas as páginas que pertencem a essa área compartilham essas permissões. Áreas adjacentes com permissões diferentes não são combinadas mesmo que tenham endereços virtuais contíguos.

- *shared*: Essa união é usada para manter outra estrutura de dados que contém áreas. A estrutura é uma árvore de busca por prioridade "radix", que é usada para procurar rapidamente uma estrutura de área usando o endereço virtual da área.

- *vm_pgoff* e *vm_file*: Se essa área estiver mapeada para um arquivo, ele é especificado pelo *vm_file*, e o deslocamento dentro do arquivo é dado por *vm_pgoff*.

12.6 Implementação de gerenciamento de memória

Para ilustrar a implementação do gerenciamento de memória do Linux, seguiremos a sequência de eventos que acontece quando um processo aloca espaço adicional de dados e então acessa essa nova memória. Em alto nível, essa sequência de eventos inclui os seguintes passos:

1. Ajustar as áreas de memória virtual para responder por essa nova alocação de memória. Normalmente, aumentamos o tamanho da área de memória existente pelo segmento de dados.

2. Retornar ao processo solicitante. Nesse ponto, não alocamos memória física para corresponder à memória virtual recém-alocada.

3. O processo acessa a nova memória, que então causa uma falha de página.

4. No tratador de falha de página, determinamos que a falha foi causada por um acesso à página alocada no espaço virtual, mas ainda não no espaço físico.

5. Se estiver disponível uma página livre para dar a esse processo, fazemos isso.

6. Se não houver página livre, acionamos o *swapper* de página para obter uma página livre.

Para tornar nossa análise mais concreta, vamos considerar um exemplo específico e examinar o código. No nosso exemplo, temos um processo que tem 254 KB de código e 510 KB de dados.[3] O segmento de código ocupa, então, os endereços virtuais de #00000000 a #0007f7ff e o segmento de dados, os endereços de #00080000 a #000bf7ff, com a quebra corrente configurada para #000bf800. (Todos os endereços estão no formato de 32 bits para a arquitetura x86 e em notação hexadecimal.) O processo precisa aumentar seu espaço de dados em 256 KB. Acrescentar 256 KB (#00040000 em hexadecimal) à quebra corrente causa uma

---

[3] Esses valores de código e dados foram equivocadamente trocados entre si, pois o texto que segue é coerente com 510 KB de código e 254 KB de dados. (N.R.T.)

328 ■ Princípios de sistemas operacionais

nova quebra no endereço #000ff800. Então, o processo faz uma chamada ao sistema para configurar a nova quebra com uma instrução como:

$p = brk(#000ff800);$

A análise seguinte rastreia a resposta do kernel para essa chamada ao sistema.

12.6.1 Tratamento da chamada ao sistema para alocação

O ponto inicial desse processo é a função *sys_brk*( ), que é definida em mm/mmap.c. Essa é a função chamada para efetuar a chamada ao sistema *brk*( ). O argumento é o novo ponto de quebra que separa o espaço de dados do espaço alocado por *mmap*( ).

asmlinkage unsigned long *sys_brk*(**unsigned long** *brk*)
{
    unsigned long *rlim, retval;*
    unsigned long *newbrk, oldbrk;*

Operamos no espaço de memória do processo que acabou de enviar a chamada ao sistema. Isso quer dizer que operamos na pilha do kernel, que faz parte do espaço de memória do processo, o qual, por sua vez, significa que a macro *current* descrita no Capítulo 8 aponta para a entrada da tabela de processos do referido processo. Para conveniência e eficiência, configuramos a variável *mm* para apontar para a estrutura **mm_struct** do processo corrente.

struct mm_struct **mm = current→mm;*

Como seria de esperar, precisamos bloquear essa estrutura de dados para que nenhuma outra thread possa tocá-la enquanto ela estiver sendo manipulada.

down_write (&mm→mmap_sem);

12.6.1.1 Verificação da chamada

Essa verificação de erro assegura que não estejamos tentando empurrar a quebra para o segmento de código. Fazer isso nos faria liberar a memória que contém o código causando grandes problemas se tentássemos executar instruções a partir desses endereços. Se não tivéssemos alocado nova memória de dados nesse meio-tempo, simplesmente geraríamos uma falha de página, que resultaria no término do processo. Se tivéssemos alocado novo espaço de dados onde o espaço de código estava, tentaríamos executar esses dados como se fossem instruções, e é quase certo que as consequências seriam indesejadas. No nosso exemplo, *mm→end_code* contém #0007f800, de modo que o teste falha e prosseguimos com o restante da função.

if (*brk < mm→end_code*)
    goto *out;*

Nesse ponto, queremos nos certificar de que o processo não ultrapasse qualquer limite administrativo imposto a ele. Se ultrapassar, causamos uma falha. Para que nosso exemplo seja interessante, vamos presumir que o limite não está sendo violado.

rlim = *current→signal→rlim*[RLIMIT_DATA].*rlim_cur*;

if (*rlim* < RLIM_INFINITY ∧ *brk* − *mm→start_data* > *rlim*)

    goto *out*;

Embora o parâmetro do ponto de quebra seja especificado em termos de bytes; internamente, toda a alocação é feita em termos de páginas. Assim, precisamos arredondar para o limite de página mais próximo. Visto que o x86 usa páginas de 4096 bytes, estes passos arredondam os dois valores para cima, para o múltiplo mais próximo de 4096. Isso torna *newbrk* igual a $^{\#}00100000$ e *oldbrk* igual a $^{\#}000c0000$.

newbrk = PAGE_ALIGN(*brk*);

oldbrk = PAGE_ALIGN(*mm→brk*);

Depois de arredondar para cima o antigo e o novo ponto de quebra, se descobrirmos que eles são, na verdade, o mesmo, então, na realidade, não precisamos ajustar qualquer uma das nossas alocações de memória. Visto que nossa nova quebra é maior que a antiga, deixamos de lado os próximos dois testes e prosseguimos para o caso de expansão de segmento de dados.

if (*oldbrk* ≡ *newbrk*)

    goto *set_brk*;

12.6.1.2 Encolhimento do segmento de dados

De outro modo, se acontecer de o novo ponto de quebra estar em um endereço inferior ao do antigo, sabemos que estamos liberando memória. Nesse caso, chamamos *do_munmap*( ) para fazer o trabalho sujo de ajustar a estrutura de área associada liberando páginas e ajustando as tabelas de página.

if (*brk* ≤ *mm→brk*) {

    if (¬*do_munmap*(*mm*, *newbrk*, *oldbrk* − *newbrk*))

        goto *set_brk*;

    goto *out*;

}

12.6.1.3 Expansão do segmento de dados

O próximo teste verifica se o novo espaço de dados que estamos solicitando já faz parte de uma área de memória virtual existente. Se fizer, não precisamos fazer algo e podemos retornar.

> **if** (*find_vma_intersection(mm, oldbrk, newbrk* + PAGE_SIZE))
>   **goto** *out;*

A maior parte do trabalho real em aumentar o tamanho da nossa área de dados é feito em *do_brk*( ). Talvez, inesperadamente, ele retorne o ponto de quebra antigo em caso de sucesso. Se não obtivermos o ponto de quebra antigo, ocorreu uma falha, e o ponto de quebra fica inalterado. Devido às suposições que acabamos de fazer, atingimos este ponto no código. Na chamada para *do_brk*( ), o segundo argumento é calculado como #00040000.

> **if** (*do_brk(oldbrk, newbrk − oldbrk)* ≠ *oldbrk*)
>   **goto** *out;*

Neste ponto, sabemos que mudamos com êxito o ponto de quebra e podemos atualizar nosso **mm_struct** de acordo com isso. Em especial, configuramos *mm→brk* para #000ff800 e retornamos esse valor para o processo que fez a chamada.

> *set_brk:*
>   *mm→brk = brk;*
> *out:*
>   *retval = mm→brk;*
>   *up_write(&mm→mmap_sem);*
>   **return** *retval;*
> }

12.6.2 Acréscimo de uma região

O objetivo principal do *do_brk*( ) é determinar exatamente como acrescentar uma nova região ao espaço de endereçamento virtual. Se houver uma área existente que a abrange parcialmente, precisamos removê-la antes de acrescentar essa outra. Se houver uma área existente imediatamente antes ou depois dessa, podemos mesclá--las. Por fim, se não houver área existente com a qual mesclar, criamos uma nova área para essa região. A nova área é identificada por seu *addr* e *len*. No nosso exemplo, *addr* é a quebra antiga, que está no endereço #000c0000 e *len* está no endereço #00040000.

> **unsigned long** *do_brk*(**unsigned long** *addr*, **unsigned long** *len*)
>   {

Como no caso de *sys_brk*( ), configuramos *mm* para apontar para o **mm_struct** do processo solicitante.

struct mm_struct **mm = current→mm;*

struct vm_area_struct **vma, *prev;*

unsigned long *flags;*

struct rb_node ***rb_link, *rb_parent;*

A melhor maneira de encarar o *pgoff* é como o número da primeira página da nova área. No nosso exemplo, fica no endereço #000002fe.

pgoff_t *pgoff = addr* >> PAGE_SHIFT;

int *error;*

Queremos que o tamanho seja um número inteiro de páginas, por isso o arredondamos. Se acontecer de não haver páginas a acrescentar, nossa tarefa terá sido facilitada e teremos concluído.

len = PAGE_ALIGN(*len*);

if (¬*len*)

    return *addr;*

Esse teste determina se estamos solicitando quantidades desarrazoadas de memória. Se isso nos faria ultrapassar o limite, ou se *len* é tão grande que passa para um número negativo, precisamos negar a solicitação. Nenhuma dessas condições se aplica ao nosso exemplo.

if ((*addr* + *len*) > TASK_SIZE $\lor$ (*addr* + *len*) < *addr*)

    return −EINVAL;

Visto que estamos expandindo o segmento de dados, configuramos os flags adequadamente a essa nova área. Na maioria das arquiteturas, incluindo a x86, *arch_mmap_check*( ) é uma operação nula.

flags = VM_DATA_DEFAULT_FLAGS | VM_ACCOUNT | *mm→ def_flags;*

error = *arch_mmap_check(addr, len, flags);*

if (*error*)

    return *error;*

12.6.2.1 Tratamento de regiões bloqueadas fisicamente

Esta próxima seção de código trata das verificações e da contagem de limites especiais no caso em que a solicitação é para uma área de memória virtual que deve ser bloqueada na memória física (o que significa que o sistema não permite fazer o swap dessas páginas para o disco).

332 ■ Princípios de sistemas operacionais

```
if (mm→def_flags & VM_LOCKED) {
    unsigned long locked, lock_limit;
    locked = len >> PAGE_SHIFT;
    locked += mm→locked_vm;
    lock_limit = current→signal→rlim[RLIMIT_MEMLOCK].rlim_cur;
    lock_limit >>= PAGE_SHIFT;
    if (locked > lock_limit∧ ¬capable(CAP_IPC_LOCK))
        return −EAGAIN;
}
```

Não deveremos estar aqui a menos que tenhamos o mutex da estrutura **mm_struct** bloqueado. Essa chamada verifica se ele está e nos avisa se não está bloqueado. Contudo, a função real do *verify_mm_writelocked( )* é vazia, a menos que tenhamos compilado o kernel com a opção de depuração apropriada.

```
verify_mm_writelocked(mm);
```

12.6.2.2 Remoção de áreas sobrepostas

Esta seção do código é, na realidade, um loop que testa se há uma área existente que inclua o endereço inicial da área que queremos acrescentar. Se houver, excluímos seu mapeamento e verificamos de novo. Após removermos todas as áreas que incluam o ponto de início da nova área, podemos seguir em frente e acrescentá-la.

```
munmap_back:
    vma = find_vma_prepare(mm, addr, &prev, &rb_link, &rb_parent);
    if (vma ∧ vma→vm_start < addr + len) {
        if (do_munmap(mm, addr, len))
            return −ENOMEM;
        goto munmap_back;
    }
```

12.6.2.3 Verificação da validade da chamada

Se essa solicitação fosse colocar esse processo acima do limite administrativo por processo referente ao número de páginas no segmento de dados, negamos a solicitação. De modo similar, devemos negar a solicitação se o número de áreas de memória virtual já for o máximo. Por fim, verificamos a solicitação em comparação com outro limite que faça parte da política de segurança do sistema. Somente após fazermos todos esses testes é que passamos para o próximo estágio.

```
if (¬may_expand_vm(mm, len >> PAGE_SHIFT))
    return −ENOMEM;
```

if (*mm→map_count* > *sysctl_max_map_count*)

    return −ENOMEM;

if (*security_vm_enough_memory*(*len* ≫ PAGE_SHIFT))

    return −ENOMEM;

12.6.2.4 Combinação com áreas adjacentes

A função *vma_merge*( ) trata o caso em que há uma área existente adjacente (antes ou depois) à nova. Essa função verifica se há alguma área imediatamente antes da nova que possa ser expandida para incluir a nova. De modo similar, ela verifica se há uma existente imediatamente após a nova. Se houver uma área adjacente livre, o *vma_merge*( ) expande-a para incluir a nova área. Se ambas as áreas adjacentes estiverem livres, a função combina todas as três áreas em uma. Se nenhuma das áreas adjacentes estiver livre, a função retorna um Λ. Ao expandir o segmento de dados existente, a área de memória virtual existente, incluindo o segmento de dados existente, fica realmente adjacente à nova área que está sendo alocada. No nosso caso, a área existente termina e a nova área começa no endereço #000c0000, e o *vma_merge*( ) gerencia a expansão.

if (*vma_merge*(*mm, prev, addr, addr* + *len, flags,* Λ, Λ, *pgoff,* Λ))

    goto *out*;

12.6.2.5 Criação de uma área

Se chegarmos a este ponto, é porque não há uma área existente à qual poderíamos acrescentar o intervalo do novo endereço. Embora não seja o caso no nosso exemplo, isso significa que precisamos criar uma nova área. O primeiro passo é alocar espaço para a nova estrutura usando o alocador de slab.

vma = *kmem_cache_zalloc*(*vm_area_cachep*, GFP_KERNEL);

if (¬*vma*) {

    vm_unacct_memory(*len* ≫ PAGE_SHIFT);

    return −ENOMEM;

}

Agora que temos uma estrutura válida, nós a inicializamos para descrever essa nova área.

vma→ vm_mm = *mm*;

vma→ vm_start = *addr*;

vma→ vm_end = *addr* + *len*;

vma→vm_pgoff = *pgoff*;

vma→vm_flags = *flags*;

vma→vm_page_prot = *protection_map*[*flags* &

    (VM_READ | VM_WRITE | VM_EXEC| VM_SHARED)];

334 ■ Princípios de sistemas operacionais

Agora, acrescentamos a nova estrutura à lista encadeada e à árvore vermelho-preta para a estrutura de mapeamento de memória do processo corrente.

vma_link(mm, vma, prev, rb_link, rb_parent);

O processamento da nossa chamada de exemplo recomeça aqui. Ao chegarmos neste ponto, é hora de concluir o processo de alocação. Primeiro, precisamos contabilizar o novo espaço na memória total usado por este processo.

out:

 $mm{\rightarrow}total\_vm += len \gg$ PAGE_SHIFT;

Por fim, se esta área tiver de ser bloqueada na memória (não passar por swap), nos certificamos de que todas as páginas virtuais estejam mapeadas para os quadros das páginas físicas. Depois de cuidarmos disso, podemos retornar com sucesso.

> **if** (*flags* & VM_LOCKED) {
> $mm{\rightarrow}locked\_vm += len \gg$ PAGE_SHIFT;
> *make_pages_present(addr, addr + len)*;
> }
> **return** *addr*;
> }

12.6.3 Processamento de falhas de página

Normalmente, quando um processo aloca novo espaço de dados, ele logo tenta acessar esse espaço na memória. A menos que a área que acabamos de alocar esteja marcada como VM_LOCKED, porém, ainda não associamos quadros de páginas físicas às novas páginas virtuais. Isso significa que, quando o processo tentar acessar essa memória, ele causará uma falha na página. No Intel x86, a interface principal para tratar falhas de página é a função *page_fault*( ), definida em arch/i386/mm/fault.c. Essa função é um tanto complexa, visto que é responsável por determinar qual de várias possíveis causas resultou nessa falha de página. Ela faz uma triagem na falha e chama uma função apropriada para a ação específica que o sistema precisa executar. No caso de algumas falhas, a ação adequada é enviar um sinal ao processo com a ação padrão de encerrar o processo. Essas falhas incluem as que resultam de uma tentativa de escrever em uma área somente de leitura na memória ou de uma tentativa de referenciar um ponteiro no início dos 128 MB de espaço de endereçamento virtual. Se a falha foi causada por uma tentativa de inserir na pilha, e fazer isso ultrapassa de uma página alocada para uma não alocada, então, o sistema aloca, automaticamente, uma nova página na pilha de processo.

12.6.3.1 Tratamento de páginas não-residentes

O caso que mais nos interessa é aquele em que é feita uma tentativa para acessar a memória virtual que foi alocada, mas para a qual não há mapeamento para a memória física. Duas razões comuns para isso são a página passar por swap para o disco ou a página ainda não ter sido alocada. Continuando com o nosso exemplo de alocação de espaço de dados adicional, suponhamos que, imediatamente após a alocação do espaço, o processo escreva na primeira página do espaço recém-alocado, digamos, no endereço #000c0020. Esse é um exemplo da segunda razão. Ambas as razões são tratadas por _ _handle_mm_fault( ) em mm/memory.c. O papel principal dessa função é assegurar que as tabelas de página incluam os mapeamentos necessários para a memória que tentamos referenciar.

> **int** _ _handle_mm_fault(**struct mm_struct** *mm,
>   **struct vm_area_struct** *vma, **unsigned long** address,
>   **int** write_access)
> {
>
>   **pgd_t** *pgd;
>   **pud_t** *pud;
>   **pmd_t** *pmd;
>   **pte_t** *pte;

Começamos nos assegurando de que o processo esteja no estado "Pronto". Quando voltamos do tratamento da falha, reassumimos a instrução que causou a falha.

> _ _set_current_state(TASK_RUNNING);

Essa linha registra a falha da página para fins de registro.

> count_vm_event(PGFAULT);

O Linux é capaz de suportar páginas muito grandes em certos contextos. Elas são gerenciadas pelas várias chamadas hugetlb. Visto que essas páginas grandes normalmente não são usadas na área de dados, continuamos a nos concentrar no caso mais comum de páginas normais.

> **if** (unlikely(is_vm_hugetlb_page(vma)))
>   **return** hugetlb_fault(mm, vma, address , write_access);

12.6.3.2 Configuração das tabelas de página

Aqui, configuramos pgd para apontar para a entrada do diretório global de página associada ao endereço que causou a falha. Note que esse é o endereço que o processo tentou acessar, não o endereço da instrução que estava sendo executada no momento. Em sistemas x86 de 32 bits, a tabela de página de nível mais alto é indexada

336 ■ Princípios de sistemas operacionais

pelos 10 bits mais significativos do endereço virtual. Para o nosso exemplo, esse índice é 0, de modo que *pgd* aponta para a entrada 0 da tabela de página de nível mais alto.

pgd = pgd_offset(mm, address);

Em processadores que têm tabelas de página de três ou quatro níveis, estas próximas linhas de código asseguram que tenhamos as tabelas pud e pmd correspondentes ao endereço que falhou. Visto que o x86 usa uma tabela de página de dois níveis, essas são, na verdade, operações nulas.

pud = pud_alloc(mm, pgd, address);
if (¬*pud*)
    return VM_FAULT_OOM;
pmd = pmd_alloc(mm, pud, address);
if (¬*pmd*)
    return VM_FAULT_OOM;

A chamada para *pte_alloc_map( )* primeiro aloca a tabela de página se necessário. Daí, ela configura a entrada da pmd para apontar para a tabela de página recém-alocada. O segundo papel do *pte_alloc_map( )* é similar ao do *pgd_offset( )*. Ele retorna o ponteiro para a entrada da tabela de página de nível inferior no caso do endereço que falhou. No nosso caso, o índice na tabela são os segundos 10 bits do endereço, ou seja, #000000c0.

pte = pte_alloc_map(mm, pmd, address);
if (¬*pte*)
    return VM_FAULT_OOM;

O último passo dessa função é chamar *handle_pte_fault( )*, responsável pelo swap da página necessária de volta para a memória ou pela alocação de página.

    return *handle_pte_fault(mm, vma, address, pte, pmd, write_access);*
}

12.6.4 Solução de falha para página faltante

Essa função, encontrada em mm/memory.c, determina o modo correto de satisfazer a necessidade de acesso a uma página que correntemente não está na memória física. Os dois casos principais são páginas que sofreram swap para o disco e novas páginas que foram alocadas em espaço virtual, mas não em espaço físico. Além desses casos, essa função também abrange o caso de cópia-na-escrita (COW).

Gerenciamento de memória no Linux ▪ 337

```
static inline int handle_pte_fault(struct mm_struct *mm,
    struct vm_area_struct *vma, unsigned long address, pte_t *pte,
    pmd_t *pmd, int write_access)
{
    pte_t entry;
    pte_t old_entry;
    spinlock_t *ptl;
    old_entry = entry = *pte;
```

Primeiro determinamos se esse é um caso em que precisamos de um COW ou se precisamos endereçar uma página que não está fisicamente presente. Se o bit de presença da PTE[4] estiver marcado, é o caso de se utilizar o COW. Senão, precisamos lidar com uma página que não está na memória. Este último caso se aplica a memória recém-alocada em resultado de uma chamada ao sistema *brk( )*.

```
if (¬pte_present(entry)) {
```

12.6.4.1 Alocação de um quadro de página

Se não houver página presente na memória, o primeiro caso que consideraremos é aquele em que nunca alocamos um quadro para a página. Seguindo nosso exemplo de um processo que move o seu ponto de quebra para cima, esse é o caso que temos. Sabemos que ainda não há PTE mapeando essa página para um quadro de página. Assim, precisamos alocar um quadro de página física para ele. No caso de algumas áreas de memória, definimos funções especiais para tais operações. A chamada *do_no_page( )* invoca uma função especial. Contudo, no caso de alocação de memória de dados regular, não usamos essa função especial e, sim, a chamada *do_anonymous_page( )*.

```
if (pte_none(entry)) {
    if (¬vma→vm_ops ∨ ¬vma→vm_ops→nopage)
        return do_anonymous_page(mm, vma, address, pte, pmd,
            write_access);
    return do_no_page(mm, vma, address, pte, pmd, write_access);
}
```

12.6.4.2 Colocação de uma página na memória

Se a página foi mapeada, mas não está residente correntemente, então ela pode ser mapeada para um arquivo ou passar por swap para disco em um espaço normal de swap. As próximas linhas identificam qual é o caso e chamam a função adequada.

---

[4] Em português, ETP, de entrada da tabela de páginas. A sigla está sendo mantida em inglês para compatibilizar com o código que está sendo analisado. (N.R.T.)

338 ■ Princípios de sistemas operacionais

```
    if (pte_file(entry))
        return do_file_page(mm, vma, address, pte, pmd, write_access, entry);
    return do_swap_page(mm, vma, address, pte, pmd, write_access, entry);
}
```

12.6.4.3 Tratamento de Cópia-na-escrita

Neste ponto, estamos quase manipulando diretamente as estruturas de dados do gerenciamento de memória. Como de costume, precisamos obter um bloqueio de exclusão mútua sobre elas.

```
    ptl = pte_lockptr(mm, pmd);
    spin_lock(ptl);
```

Talvez essa pareça ser uma condição estranha de se verificar. Afinal, *entry* foi configurada para *pte no início da função e não foi alterada. Contudo, durante esse tempo, as estruturas de dados não foram bloqueadas. Em resultado disso, a entrada de tabela de página para a qual *pte* aponta pode muito bem ter sido alterada. Se for esse o caso, não devemos fazer algo que poderia ser potencialmente prejudicial.

```
    if (unlikely(¬pte_same(*pte, entry)))
        goto unlock;
```

Aqui, veremos o caso COW. A cópia real é tratada pela função *do_wp_page( )*. Se acontecer de obtermos uma falha ao escrever em uma página que pode ser escrita, então nós mesmos estamos implementando o bit de página modificada.

```
    if (write_access) {
        if (¬pte_write(entry))
            return do_wp_page(mm, vma, address, pte, pmd, ptl, entry);
        entry = pte_mkdirty(entry);
    }
```

12.6.4.4 Falsificação de recursos MMU faltantes

O restante dessa função suporta os casos em que usamos falhas de página para implementar bits de página modificada e bits de páginas acessadas sobre máquinas que não fazem isso no hardware.

```
    entry = pte_mkyoung(entry);
    if (¬pte_same(old_entry, entry)) {
        ptep_set_access_flags(vma, address, pte, entry, write_access);
        update_mmu_cache(vma, address, entry);
        lazy_mmu_prot_update(entry);
```

```
        }
    else {
        if (write_access)
            flush_tlb_page (vma, address);
    }
unlock:
    pte_unmap_unlock(pte, ptl);
    return VM_FAULT_MINOR;
}
```

12.6.5 Tratamento de novos quadros de páginas

Antes de rastrear os detalhes de *do_anonymous_page*( ), resumimos seu comportamento. Ele opera de forma diferente dependendo se a operação em falha é de leitura ou de escrita. No caso do processo estar tentando escrever em página não alocada, alocamos um quadro de página zerado e configuramos a entrada de tabela de página para ele. Esse é o caso no nosso exemplo de escrever no endereço virtual #000c0020. Por outro lado, se o processo estiver lendo a partir dessa página, mapeamos uma página fixa de zeros no espaço de memória do processo. Essa página é marcada como "somente leitura", do tipo "cópia-na-escrita". Enquanto o processo continua a apenas ler a página, tudo continua sem falhas de página. Se o processo tentar escrever na página, será iniciada outra falha de página e o mecanismo COW será invocado.

```
static int do_anonymous_page(struct mm_struct *mm,
    struct vm_area_struct *vma, unsigned long address,
    pte_t *page_table, pmd_t *pmd , int write_access)
{
    struct page *page;
    spinlock_t *ptl;
    pte_t entry;
```

12.6.5.1 Alocação para acesso de escrita

Como já descrito, o caso em que ocorre falhas na escrita é diferente daquele em que há falhas de leitura. Normalmente, esperamos que a falha seja de escrita, porque não costumamos esperar que processos leiam dados não inicializados. As primeiras linhas deste caso são as que podemos, com segurança, ignorar. A chamada *pte_unmap*( ) só se aplica a certas configurações, e *anon_vma_prepare*( ) é uma macro definida para ser 0.

340 ■ Princípios de sistemas operacionais

```
if (write_access) {
    pte_unmap(page_table);
    if (unlikely(anon_vma_prepare(vma)))
        goto oom;
```

Aqui, alocamos uma página para o processo, certificando-nos de que esteja zerada. Por razões de segurança, é prática-padrão certificar-se de que todas as novas alocações sejam zeradas para que um processo não possa acessar dados antigos liberados por outro processo. Neste ponto, também criamos uma entrada de tabela de página para a nova página, marcando-a com permissão de escrita e modificada.

```
page = alloc_zeroed_user_highpage(vma, address);
if (¬page)
    goto oom;
entry = mk_pte(page, vma→vm_page_prot);
entry = maybe_mkwrite(pte_mkdirty (entry), vma);
```

Agora, verificamos se já existe uma página mapeada aqui. Normalmente, não deveria haver. Ao mesmo tempo, bloqueamos a PTE para que nenhuma outra thread possa tocá-lo durante o nosso trabalho.

```
page_table = pte_offset_map_lock(mm, pmd, address, &ptl);
if (¬pte_none(*page_table))
    goto release;
```

Visto que estamos acessando essa página, nós a marcamos como referenciada e a colocamos na lista ativa. Criamos também um mapeamento reverso para ela para que possa encontrar facilmente os endereços virtuais mapeados.

```
    inc_mm_counter(mm, anon_rss);
    lru_cache_add_active(page);
    page_add_anon_rmap(page, vma, address);
}
```

12.6.5.2 Mapeamento de página zerada para acesso de leitura

Agora, vejamos o caso de uma falha de leitura. É similar à escrita no sentido de que criamos uma PTE para apontar para a página adequada. Nesse caso, porém, a página que usamos é fixa, só com zeros, marcada como COW. Como se deu antes, bloqueamos a PTE e verificamos se já havia mapeamento no local.

```
else {
    page = ZERO_PAGE(address);
    page_cache_get(page);
    entry = mk_pte(page, vma→vm_page_prot);
    ptl = pte_lockptr(mm, pmd);
    spin_lock(ptl);
    if (¬pte_none(*page_table))
        goto release;
    inc_mm_counter(mm, file_rss);
    page_add_file_rmap(page);
}
```

Neste ponto, podemos escrever a nova PTE na tabela de página, liberar o bloqueio e retornar.

```
    set_pte_at(mm, address, page_table, entry);
    update_mmu_cache(vma, address, entry);
    lazy_mmu_prot_update(entry);
unlock:
    pte_unmap_unlock(page_table, ptl);
    return VM_FAULT_MINOR;
release:
    page_cache_release(page);
    goto unlock;
oom:
    return VM_FAULT_OOM;
}
```

Depois de retornarmos de *do_anonymous_page*( ), estamos prontos para percorrer todo caminho de volta por *handle_pte_fault*( ) e _ _*handle_mm_fault*( ), e para, por fim, voltar da interrupção até o processo que falhou. Nesse ponto, a CPU continua a instrução que o processo executava e que causou a falha de página. Desta vez, a página necessária está mapeada no espaço de memória do processo, e a instrução pode ser concluída com êxito.

12.7 Resumo

O gerenciamento de memória como conceito é bastante claro, mas os aspectos práticos da criação de um sistema de gerenciamento de memória de alto desempenho podem ser bem complexos. O Linux, sem dúvida, é um exemplo disso. Ele fornece

342 ■ Princípios de sistemas operacionais

múltiplos mecanismos para os processos alocarem memória e até mais para alocação interna no kernel. Para dar suporte a uma variedade de processadores e grandes espaços de memória, o Linux usa uma tabela de página com quatro níveis como abstração. Na maior parte do hardware, porém, um ou mais níveis precisam ser mesclados com outros para combinar as tabelas de página com um número menor de níveis. O modelo de swap de página do Linux é outro exemplo de como técnicas básicas se tornam mais complexas e são combinadas com outras técnicas quando implementadas na prática. Até mesmo o código para implementar essas características é bastante complexo, conforme evidenciado pelas poucas amostras que detalhamos aqui.

12.8 Exercícios

1. Se, em adição aos 128 MB não mapeados na parte inferior do espaço de endereçamento virtual, o Linux reservar um buffer de 128 MB entre a pilha e a área para a chamada *mmap*( ), que porcentagem do espaço utilizável de memória do processo não está disponível dessa maneira?

2. Na Figura 12-1, a ZONA_ALTAMEM é apresentada como começando em 896 MB. Se uma máquina tem exatamente 1 GB de memória, ela ainda precisa de uma ZONA_ALTAMEM? Por quê?

3. O membro *pgd* da estrutura **mm_struct** aponta para uma estrutura que tem um ponteiro para o pgd do processo. Esse ponteiro aponta para o espaço de memória do kernel acima de 3 GB. Um processo pode ter acesso ao seu próprio pgd? É desejável fazer isso? Por quê?

4. No *sys_brk*( ), se os valores de *oldbrk* e *newbrk* são iguais, ainda assim atualizamos *mm→brk* em vez de apenas retornar. Por que precisamos fazer isso? Por que pulamos para *set_brk* em vez de *out*?

5. Quando criamos uma nova área no *do_brk*( ), inicializamos apenas algumas partes da **vm_area_struct** recém-alocada. Por que precisamos configurar valores para os outros membros da estrutura?

6. Em *do_anonymous_page*( ), o Linux aloca diretamente uma nova página se o processo falhou num acesso de escrita, mas mapeia uma página zero COW se a falha foi no acesso de leitura. Uma alternativa é alocar uma nova página em ambos os casos. Quais as diferenças entre essas opções? É relevante se o processo mais tarde escrever na página? Qual é a possibilidade do processo não escrever na página?

7. Que mudanças seriam necessárias na estrutura da lista ativa e na da inativa para dar suporte ao modelo de working set? Como as páginas alocadas para o kernel se encaixam nisso?

8. Acrescente a manutenção de registros do **mm_struct** para rastrear o número de chamadas *brk*( ) que aumentou o segmento de dados e o número que

diminuiu. Em cada chamada ao sistema *brk*( ), imprima o PID do processo e essas duas estatísticas.

9. Modifique o *do_anonymous_page*( ) para que ele aloque diretamente uma nova página tanto para falhas de leitura como de escrita.

10. Modifique o *do_brk*( ) para que as alocações de página sejam feitas imediatamente em vez de aguardar uma falha de página.

Capítulo 13

Princípios do gerenciamento de dispositivos de E/S

Como analisamos no Capítulo 1, fornecer uma interface clara entre a CPU e os dispositivos de entrada/saída (E/S) é um dos elementos mais importantes de qualquer sistema operacional. Os primeiros sistemas operacionais evoluíram de bibliotecas de rotinas de E/S projetadas para facilitar o trabalho do programador. Mesmo que haja apenas um programa proprietário de toda a memória no sistema, ainda queremos que o sistema operacional nos ajude, tornando a interface com os dispositivos de E/S mais clara.

Mas esse papel central de gerenciamento de dispositivos de E/S não é gratuito. A razão para querermos tornar a interface de E/S mais clara é que cada dispositivo é diferente. Um código que gerencia os detalhes de uma unidade de disco muitas vezes não nos ajuda a acessar outra unidade. O mesmo pode ser dito a respeito de interfaces de rede ou de vídeo, e assim por diante. Assim, o sistema operacional precisa conter códigos para todos os tipos diferentes de dispositivos que talvez queiramos usar. Isso torna a coleção de drivers de dispositivo a parte maior e mais complexa da maioria dos sistemas operacionais.

A diversidade de dispositivos de E/S também afeta nossa abordagem de projeto de outra maneira. Visto que há tão poucos mecanismos em comum, há menos princípios e técnicas gerais que se apliquem a dispositivos de E/S do que aqueles que se aplicam a outras partes dos sistemas. Contudo, neste capítulo, tentamos resumir as técnicas e os modelos mais comuns. Começamos este exame com uma visão geral em um nível bem alto do hardware de dispositivos de E/S, incluindo técnicas de programação de controladores de E/S. Este exame é seguido por uma análise da classificação dos dispositivos, das características desejáveis de um subsistema de E/S e de chamadas ao sistema relacionadas a E/S. A maior parte do capítulo é uma análise dos drivers de dispositivo e uma amostra de técnicas usadas por eles.

13.1 Elementos do subsistema de E/S

Para evitar confusão, precisamos ser específicos sobre alguns dos termos que usamos ao lidar com sistemas de E/S. Quando falamos de um **dispositivo**, estamos falando do objeto que realmente armazena os dados ou com o qual estamos nos comunicando. Por exemplo, uma unidade de disco ou uma impressora é um dispositivo. O dispositivo, porém, não é o hardware que realmente controlamos com o sistema operacional. Em vez disso, há uma interface entre a CPU e o dispositivo, chamada **controlador do dispositivo**. A Figura 13-1 mostra uma configuração típica da CPU e vários dispositivos com seus controladores. O controlador é a parte do sistema com a qual o software se comunica. Alguns controladores só fornecem controle simples para operações básicas, enquanto outros permitem que o software programe sequências complexas de operações que são executadas pelo próprio controlador, independentemente da CPU. Em alguns sistemas, especialmente em mainframes IBM, os controladores são chamados de canais e costumam ser computadores muito flexíveis por si mesmos. Em outros sistemas, computadores independentes que controlam dispositivos de E/S são chamados de Processadores de E/S (IOPs, do inglês I/O Processors). Por fim, notamos que há uma tendência no projeto de controladores para desenvolver interfaces generalizadas de controlador-dispositivo e não específicas de determinados dispositivos. A SCSI (Small Computer System Interface), USB (Universal Serial Bus) e IEEE 1394 (também conhecida como FireWire) são exemplos dessa tendência. Dispositivos que vão de unidades de disco a câmeras podem ser conectados a essas interfaces.

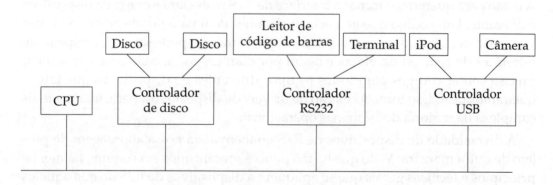

Figura 13-1: Configuração típica de dispositivos de E/S

O software que se comunica com o controlador é chamado de **driver de dispositivo**. É no driver de dispositivo que encapsulamos conhecimento específico sobre o hardware de E/S que estamos gerenciando. A última peça do quebra-cabeça é o **tratador de interrupções**. Essa é, na verdade, uma parte do driver de dispositivo que responde a sinais que o controlador de dispositivo gera para solicitar serviço.

Dadas essas definições, porém, devemos reconhecer que a terminologia nem sempre é usada de forma tão precisa quanto indicamos. Por exemplo, ao falarmos sobre interfaces de rede, muitas vezes pensamos nelas como se fossem o próprio dispositivo. De acordo com a terminologia que definimos, devemos chamar de interface, o controlador e o dispositivo de rede. De modo similar, quando temos uma interface muito genérica, como a interface serial RS-232, muitas vezes ignoramos que dispositivo real está conectado do outro lado do cabo. No que nos diz respeito, estamos programando apenas o controlador. Essa perspectiva surge em consequência de o conjunto de possíveis dispositivos conectados não estar determinado antes de escrevermos o sistema operacional. Em vez disso, o sistema operacional deve fornecer uma facilidade geral para se comunicar com dispositivos seriais, deixando as aplicações responsáveis por saber os detalhes do dispositivo. Em outros casos generalizados, como USB, o SO fornece suporte para vários dispositivos específicos tão bem quanto o próprio controlador. Outro exemplo que torna menos clara a linha divisória é a unidade de disco **IDE** (do inglês, integrated drive electronics, também chamada integrated device electronics). A maioria da funcionalidade normalmente associada ao controlador está presente na unidade. O dispositivo chamado de controlador IDE, na verdade, é pouco mais que alguns circuitos de buffer. Da perspectiva do driver, ainda há um controlador com uma unidade conectada, mas, abrindo a caixa, não encontramos os circuitos eletrônicos que implementam o controlador como seria de esperar.

13.2 Características de hardware dos dispositivos de E/S

Nas subseções a seguir, destacamos algumas das principais características dos dispositivos de E/S que afetam o modo de escrevermos o suporte de E/S em um sistema operacional. As primeiras duas subseções analisam dispositivos de comunicação e armazenamento representativos. Na terceira, examinamos a interface entre o software do driver de dispositivo e o hardware do controlador de dispositivo.

13.2.1 Unidades de disco

As unidades de disco são usadas para dar suporte ao gerenciamento de memória e aos sistemas de arquivos. Fornecem o armazenamento secundário para o qual o gerenciador de memória pode fazer o swap de páginas ou de processos inteiros. O sistema de arquivos, naturalmente, implementa o uso mais frequente de unidades de disco, armazenando dados persistentes em arquivos. Em casos menos comuns, aplicações como bancos de dados usam unidades de disco para armazenamento, independente de um sistema de arquivos. Todos esses usuários de disco enviam suas solicitações para o driver de disco.

13.2.1.1 Características físicas

Uma unidade de disco consiste em vários **discos**, em geral feitos de alumínio ou vidro e revestidos de uma substância que pode ser magnetizada em pequenas regiões. Nas primeiras unidades de disco, esse revestimento era similar ao que era usado em fitas de áudio e vídeo. Os discos eram todos montados em um **eixo** e giravam juntos. As primeiras unidades giravam a 3.600 RPM (em resultado da tensão de 60 Hz usada nos Estados Unidos). Unidades mais modernas giram em velocidades maiores, de 7.200 RPM a 10.000 RPM. Há vários **cabeçotes** que flutuam acima da superfície do disco e que leem e gravam os dados. Em geral, há um cabeçote por superfície de disco. Os cabeçotes são conectados a um **braço**, que move os cabeçotes de perto da borda externa do disco para perto do centro. Em cada posição do braço, cada cabeçote cobre um círculo na superfície de um disco. Esse círculo onde se pode armazenar dados é chamado de **trilha**. O conjunto de trilhas inscritas por todos os cabeçotes em determinada posição do braço é chamado de **cilindro**. Esses elementos de uma unidade de disco são ilustrados na Figura 13-2. Por questão de clareza, mostramos apenas os cabeçotes na superfície superior dos discos; normalmente, também há cabeçotes na superfície inferior.

Nota histórica: IOPs Série CDC-6000

As máquinas da série Control Data Corporation 6000 tinham um projeto de processador de E/S muito interessante. O projeto IOP tinha uma instância da maioria dos elementos da CPU, como a unidade lógica e aritmética (ALU, do inglês arithmetic logic unit) e a decodificação e controle de instruções. Havia, porém, 10 cópias dos registradores e 10 interfaces independentes com a memória. A ALU conseguia executar uma operação em 100 nS, enquanto o acesso à memória levava 1 µS. Quando era iniciada uma operação de memória entre uma interface com a memória e um conjunto de registradores, o hardware da CPU executava operações nas outras nove e voltava ao ponto de partida bem a tempo da operação de memória ser concluída e para executar uma operação naqueles dados. Desse modo, a CPU era compartilhada de um modo que fazia parecer que havia 10 processadores de E/S; eles eram chamados de Processadores Periféricos (PPs, do inglês Peripheral Processors). Essa organização era chamada de processador cilíndrico. Um dos aspectos mais interessantes desse modelo era que o sistema operacional não era executado nas CPUs principais. Em vez disso, era executado em um dos PPs, que tinha uma instrução especial que podia executar a troca de contexto nos processadores principais.

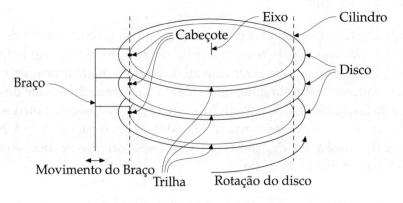

Figura 13-2: Estrutura da unidade de disco

13.2.1.2 Considerações sobre a programação

A primeira característica predominante das unidades de disco que afeta nossa abordagem é a natureza em bloco das transferências de dados. Em vista da natureza dos registros magnéticos e do modo como os dados são distribuídos nas trilhas, ler e gravar sempre ocorre em unidades de blocos, que costumamos chamar de **setores**. No caso das unidades de disco, comumente chamadas de "unidades rígidas" (isto é, aquelas com discos rígidos), os setores costumam ter 512 bytes. Embora os disquetes possam ser formatados de várias maneiras, os setores de 256 bytes são bastante comuns.

As operações de leitura e gravação estruturadas em bloco das unidades de disco implicam certas restrições ao comportamento do driver. Geralmente, os drivers usam uma de duas abordagens para criar a interface entre o restante do sistema e o controlador de disco. A maioria dos modelos de driver define que as solicitações de E/S em disco devem ser especificadas em múltiplos de setores em vez de em bytes. Cabe então ao código que enviou a solicitação identificar o bloco adequado. Esse código também precisa lidar com o excesso de dados entregues numa leitura e com o preparo de um bloco completo para gravação. Mas alguns modelos de driver cuidam desses assuntos para o código solicitante. Nesses modelos, se é recebida uma solicitação de leitura que não é de um ou mais blocos inteiros, o driver deve ler todos os blocos que contêm a solicitação, mas retornar apenas os dados realmente solicitados. A gravação de blocos incompletos é mais complicada. Nesses casos, precisamos ler os blocos que contêm os dados, alterar os dados especificados e depois escrever os blocos de volta no disco.

A segunda característica dos discos que afeta significativamente o modelo do driver é a latência de acesso ao dado. As unidades de disco são dispositivos mecânicos e, em resultado, são muito mais lentas do que os componentes eletrônicos. Para acessar determinado bloco, a unidade deve posicionar o braço no cilindro adequado, selecionar a superfície apropriada e depois aguardar o disco girar até o setor correto. O tempo de acesso total é, então $t_a = t_h + t_s + t_r$, onde t_h é o tempo para selecionar o cabeçote correto, t_s é o tempo de procura para mover o braço, e t_r é a latência rotacional. Selecionar o cabeçote correto é uma operação eletrônica e, como tal, não é uma fração significativa do tempo de acesso total. Além disso, até aquela pequena quantidade de tempo pode ser sobreposta por outros tempos. Em resultado disso, normalmente omitimos t_h dos nossos cálculos. O tempo de procura (para mover o braço) é complexo, envolvendo o tempo para acelerar o braço, o tempo para o braço se movimentar até o cilindro desejado, o tempo para desacelerar o braço e para que sua posição receba o ajuste fino. Contudo, o tempo de procura costuma ser citado como um único tempo médio. A latência rotacional é simples de entender. Depois que o braço é posicionado no cilindro correto, o disco deve girar 180°, em média, para chegar ao setor correto. Assim, a latência rotacional média é a metade do tempo necessário para uma rotação completa. Todos esses fatores são ilustrados no Exemplo 13.1.

Exemplo 13.1: Tempo de acesso ao disco

Suponhamos que temos uma unidade de disco que gira a 10.000 RPM com tempo de procura médio de 10 mS. A 10.000 RPM, uma rotação completa do disco leva 6 mS, de modo que a latência rotacional média é de 3 mS. Isso torna o tempo de acesso médio t_a = 10 mS + 3 mS = 13 mS. A título de comparação, veja o acesso à memória. Se a memória do sistema pode ser acessada em 50 nS, o disco é 260.000 vezes mais lento do que a memória para acessar um único item de dado. Naturalmente, o disco chega a um setor completo em cada um desses acessos. Se o setor tem 512 bytes, e o comparamos com a leitura de cada byte em um acesso separado à memória, o disco é ainda mais lento por um fator de 508.

A área final que avaliaremos, na qual as características do disco afetam o projeto do driver, é o tratamento de erro. Geralmente, presumimos que a CPU opera sem problemas ou que qualquer erro interno é corrigido pelo hardware. O mesmo acontece na memória principal do sistema. Contudo, as unidades de disco são menos confiáveis. Devido à natureza da gravação magnética, às vezes encontramos erros na leitura de um bloco do disco. A maioria das unidades ou controladores tem alguma correção de erro integrada, mas também há ocasiões em que a unidade detecta um erro incorrigível. Nesses casos, o controlador envia um sinal de erro incorrigível e o driver é responsável por gerenciá-lo. Normalmente, os drivers são escritos de forma a tentar executar a operação novamente até que o controlador mostre uma transferência bem-sucedida ou até ser atingido certo número máximo de novas tentativas. Desse modo, o driver fornece o máximo de confiabilidade possível ao restante do sistema.

13.2.1.3 Interfaces de disco

À primeira vista, esperaríamos que o sistema operacional não tivesse ligação com a interface entre o controlador e a unidade de disco. Mas o que vemos na prática é que os controladores para determinado tipo de interface tendem a ter características de programação similares. Por exemplo, os controladores SCSI especificam o bloco desejado apenas com um número de bloco, sem levar em conta o cilindro, o cabeçote e o setor onde esse bloco está. De outro modo, o controlador IDE muitas vezes nos permite especificar o bloco usando os números de cilindro, cabeçote e setor ou então um número de bloco. Para interfaces IDE, especificar um único número de bloco é conhecido como **endereçamento de bloco grande** (LBA, do inglês large block addressing). Em resultado dessas diferenças, cabe a nós saber algo sobre a variedade de interfaces de disco.

Na escala final dos sistemas grandes, costumamos encontrar modelos de interface específicas de cada fabricante em mainframes e minicomputadores mais antigos. Por essa razão, e visto que a maioria das pessoas não encontra esses sistemas, não vamos nos concentrar neles. Nos data centers atuais, muitas vezes encontramos máquinas projetadas como servidores. Essas máquinas não são muito diferentes daquelas que chamamos de estações de trabalho ou computadores pessoais, exceto que, em geral, podem acomodar fisicamente mais unidades de disco e às vezes mais memória também. Nesses ambientes, é mais comum encontrarmos SCSI em suas várias implementações. Cada vez mais, vemos que o armazenamento em disco nos data centers é fornecido por **redes de área de armazenamento** (SANs, do inglês storage area networks). Nessas redes, os subsistemas de armazenamento, muitas vezes com unidades de disco, estão conectados a sistemas clientes por redes convencionais, como Ethernet. As mensagens nessas redes falam em blocos em vez de em arquivos, como encontrado em sistemas de arquivos de rede. Um dos protocolos mais comuns usados em SANs é o iSCSI, que transporta mensagens de controle SCSI usando os protocolos de rede TCP/IP.

Em sistemas menores, de laptops a estações de trabalho, encontramos uma mistura de tecnologias. Algumas, como a **interface aprimorada de disco pequeno** (ESDI, do inglês enhanced small disk interface), praticamente desapareceram de cena. Especificamente em estações de trabalho, encontramos unidades de disco SCSI em uso. Contudo, as interfaces mais comuns em computadores pequenos são as IDE. Essa interface evoluiu do controlador de disco original do IBM PC/AT. Posteriormente, o original foi incorporado à própria unidade, criando a unidade IDE. A interface IDE também é chamada de interface **anexo de tecnologia avançada** (ATA, do inglês advanced technology attachment). As unidades IDE são conectadas ao restante do sistema por um conjunto de sinais bem semelhantes aos encontrados no barramento **arquitetura padrão da indústria** (ISA, do inglês industry standard architecture). Com o tempo, os detalhes do controlador evoluíram por várias iterações para acomodar unidades cada vez maiores. A encarnação mais recente da abordagem IDE é chamada de **ATA serial** (SATA) e usa uma interface serial de altíssima velocidade, em contraste com a comunicação paralela da interface ATA original.

13.2.2 Comunicações seriais

Agora, passaremos das questões mais frequentemente encontradas em dispositivos de armazenamento para aquelas encontradas em dispositivos de comunicação. Diferentemente das unidades de disco, não existe um dispositivo de comunicação tão comum que possa ser usado como representante dos demais. Mas há uma interface de comunicação que é usada para conectar quase todo tipo de dispositivo de comunicação, como terminais, impressoras, redes, leitores de código de barras e assim por diante. Trata-se da interface serial RS-232. A interface USB foi criada para servir basicamente à mesma função com taxas de transferência de dados muito mais altas. Muitos novos modelos de dispositivo usam a interface USB em vez da RS-232. Contudo, usamos a interface RS-232 no nosso exemplo porque ela é mais fácil de entender e porque ainda há um número grande (embora decrescente) de dispositivos que a utilizam.

Uma questão relevante é a velocidade de comunicação. Por sua natureza, a comunicação serial ocorre um bit por vez. No padrão RS-232, cada byte é iniciado por um **bit de início** e seguido por um ou mais **bits de parada**. Notamos que as portas seriais podem ser configuradas para operar em uma variedade de números de bits de dados, geralmente sete ou oito. Também podemos selecionar se a transmissão inclui um bit de paridade. Pensando em um caso no qual transmitimos oito bits, nenhuma paridade e um bit de parada, então há 10 bits para cada byte que enviamos, como ilustrado na Figura 13-3. Embora haja alguns padrões de interface serial que operem em velocidades muito altas, o RS-232 geralmente opera a milhares de bits por segundo. No exemplo dos 10 bits por byte, se a interface opera a 19.200 bits por segundo (bps), então podem ser transferidos, no máximo, 1.920 bytes/s. (Às vezes, as unidades de bits por segundo são chamadas de **baud**. Tecnicamente, um baud é um símbolo por segundo. Ao se comunicar diretamente pela interface RS-232, cada bit é um único símbolo. Contudo, com modem, vários bits são geralmente combinados em um único símbolo. Assim, um modem que opere a 19.200 bps pode, de fato, se comunicar com outro modem a uma taxa de transmissão em baud de 4.800, se cada símbolo codificar quatro bits.)

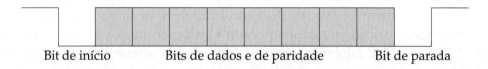

Figura 13-3: Transmissão de dados serial no RS-232

A próxima questão interessante é a bufferização. Nas unidades de disco, obtemos apenas o que solicitamos e preparamos para receber. De outro modo, nos dispositivos de comunicação, recebemos um stream de dados na taxa que o remetente escolhe enviar. Essa observação leva a vários aspectos do projeto do driver. Primeiro, o driver deve ser capaz de processar dados à taxa em que eles chegam. A maioria das interfaces RS-232 gera interrupções para cada byte (ou, em alguns casos, cada grupo de alguns bytes) recebido. Isso significa que o tratador de interrupções precisa gerenciar o byte que chega em tempo equivalente ao necessário para transmitir o próximo. O tamanho do buffer é outra questão que surge da natureza streaming das comunicações. Se não soubermos que dados esperar, não sabemos quanto espaço reservar para eles. Raramente, porém, é prático aumentar dinamicamente o buffer à medida que mais dados chegam.

Várias dessas questões levam a uma técnica chamada **controle de fluxo**. Geralmente, o controle de fluxo fornece ao receptor um mecanismo para dizer ao transmissor para pausar até que o receptor consiga lidar com mais dados. Em alguns casos, esse sinal é feito por meio de conexões elétricas diferentes daquelas usadas na transmissão de dados. Nesses casos, dizemos que estamos usando **controle de fluxo de hardware** ou **controle de fluxo fora de banda**. Às vezes, transmitimos um byte especial do receptor para o transmissor para dizer para parar. Ao usar o conjunto de caracteres ASCII, geralmente usamos os caracteres Ctrl-S (13_{16}) para isso. O caractere Ctrl-Q (11_{16}) sinaliza que o transmissor deve retomar a transmissão. Usar caracteres especiais para controlar o fluxo é chamado de vários nomes, incluindo **controle de fluxo XON/XOFF, controle de fluxo de software** e **controle de fluxo dentro de banda**.

Como acontece nos dispositivos de armazenamento, a transferência de dados por dispositivos de comunicação não é perfeita. Vários erros podem acontecer no processo. Por exemplo, se o driver não responde rápido o bastante a uma interrupção para um byte de chegada, então o próximo byte pode chegar antes de o anterior ter sido lido pelo controlador. Isso geralmente sinaliza um **erro de overrun do receptor**. Em casos nos quais a taxa de transmissão precisa ser mantida, pode ocorrer também um **erro de underrun do transmissor**. Se a taxa na qual o transmissor gera os bits não é a mesma que aquela em que o receptor espera os bits, então o bit de parada talvez não apareça quando esperado, levando a um **erro de enquadramento**. Esse erro também pode ocorrer se houver falha na conexão elétrica entre o transmissor e o receptor durante uma transmissão. Se as duas extremidades estiverem usando paridade para verificar a integridade da transmissão; então, um erro de paridade significa que os bits recebidos não têm a paridade esperada. O driver do dispositivo é responsável pelo gerenciamento adequado de todos esses tipos de erros. Na maioria dos casos, eles são relatados ao software que solicita o serviço ao driver.

13.2.3 Técnicas de interface do controlador

A visão do software em relação ao controlador é normalmente de uma coleção de registradores. Esses registradores são usados para definir que operação queremos que o controlador execute. Por exemplo, veja o caso de um controlador de disco. Pode haver um registrador, muitas vezes chamado de **registrador de *status* de controle** (CSR, do inglês control *status* register), que nos dá informações sobre o *status* do controlador quando lemos a partir dele. Quando escrevemos no CSR, dizemos ao controlador para executar determinada operação. Para identificar onde no disco queremos ler ou gravar dados, alguns controladores têm um ou mais registradores onde especificamos o cilindro, o cabeçote e o setor do disco. Outros controladores têm um registrador onde especificamos um número de bloco. De modo similar, precisamos especificar um local de memória que identifique onde obtemos dados para gravar no disco e onde colocamos os dados lidos do disco. Esse endereço também ocupará um dos registradores. Além disso, é bastante comum haver outros registradores para coisas como contagem de setor, gerenciamento de erro e informações adicionais de *status*.

A programação de um controlador tende a seguir um padrão geral. Ao inicializar o driver do dispositivo e abrir novo acesso ao dispositivo, o driver escreve os comandos de inicialização necessários para o controlador. Para cada solicitação, escrevemos todos os parâmetros necessários para a operação nos registradores apropriados e, depois, iniciamos a operação escrevendo o comando no registrador de controle (ou, às vezes, configurando determinado bit no registrador de controle). Em alguns casos, a operação (comando) é implícita, e iniciamos a operação escrevendo uma parte dos dados a ser transmitida.

354 ■ Princípios de sistemas operacionais

Para alertar o sistema ao fato de que uma operação foi concluída, quase todos os controladores geram uma interrupção que o sistema operacional precisa tratar. Nos casos em que o controlador não gera uma interrupção, o sistema deve consultá-lo continuamente (polling) para determinar quando a operação foi concluída.

Outro elemento comum da função do controlador é o **acesso direto à memória** (DMA, do inglês direct memory access). Os controladores que têm suporte a DMA gravam os resultados das operações de leitura na área de memória especificada, sem intervenção da CPU. De modo similar, eles pegam os dados necessários para operações de escrita diretamente em uma área de memória especificada. Esse recurso é especialmente comum em dispositivos de bloco, como discos e interfaces de rede que operam um pacote por vez. Há algumas alternativas ao DMA. A mais simples é interromper a CPU para cada byte (ou palavra) transferida. Não é preciso dizer que essa abordagem leva uma fração substancial do tempo da CPU para dispositivos que transferem dados em alta velocidade. Outra abordagem é um meio-termo. O controlador pode manter seu próprio buffer que a CPU usa para um bloco completo. Na gravação de um bloco, a CPU o copia para o buffer do controlador e dispara a operação de gravação. De modo similar, na operação de leitura, a CPU dispara a leitura e depois copia os dados do buffer, em resposta à interrupção de conclusão. Em todos os casos, os detalhes da transferência são programados por meio dos registradores do controlador.

Há uma variedade de mecanismos pelos quais acessar os registradores do controlador. Em algumas máquinas, os registradores são mapeados no espaço de memória normal. No nosso exemplo de controlador de disco, o CSR pode ser mapeado na localização de memória $FF000100_{16}$, o registrador de endereçamento de disco na localização $FF000104_{16}$ e o registrador de endereço de memória na localização $FF000108_{16}$. Instruções de load e store normais que acessam essas localizações de memória fornecem o modo de dizer ao controlador o que queremos que ele faça. Em outras máquinas, o conjunto de instruções inclui instruções especiais de E/S. Os operandos para essas instruções normalmente são o número da porta e o registrador. Uma instrução out escreverá o valor do registrador na porta. Se os registradores do nosso exemplo de controlador de disco estiverem mapeados para as portas 100_{16}, 101_{16} e 102_{16}, uma instrução como out r1, 101 executa a mesma operação que a instrução st r1, ff000104, no caso mapeado na memória. Em especial, ambas as instruções gravam o valor do registrador r1 no registrador de endereço de disco do controlador.

Em instruções de E/S mapeadas na memória e em instruções de E/S especiais, às vezes encontramos controladores projetados para não apresentar todos os registradores no esquema de acesso normal. Em outras palavras, não temos endereços (portas) distintos para cada registrador. Nesses casos, é comum fornecer dois registradores: um que especifica qual registrador interno estamos acessando e um que fornece dados àquele registrador. Assim, em vez de ler o *status* do controlador diretamente na porta 100_{16}, primeiro gravamos 0 na porta 100_{16} e depois lemos o *status* na porta 101_{16}. (Nesse caso, a porta 101_{16} não é mais o registrador de endereço de disco; é a porta de dados usada para acessar todos os registradores.) Ambos os estilos de programação de controlador de E/S são ilustrados no Exemplo 13.2.

Princípios do gerenciamento de dispositivos de E/S ▪ 355

Exemplo 13.2: Programação de controlador de dispositivo

Para ilustrar as várias técnicas de programação de controlador de dispositivo, suponhamos que temos três variáveis que descrevem a operação que queremos executar. A variável *addr* indica o endereço de memória onde se encontra o primeiro byte do dado em uma gravação ou onde deve ser colocado em uma leitura. O número de bytes a transferir é dado por *count*. Por fim, temos a operação que queremos executar na variável *cmd*. Presumimos que todas essas variáveis guardem seus valores da mesma forma como esperado pelo controlador. Além disso, presumimos que o comando deva ser escrito por último.

O primeiro caso que analisaremos é aquele em que os registradores do controlador são mapeados na memória na ordem registrador de comando, registrador de endereço e registrador de contagem. Se todos os registradores tiverem o tamanho de um número inteiro, podemos definir a seguinte estrutura C que mapeia os registradores do controlador.

```
struct ctlr {
    int csr;
    int address;
    int count;
};
```

Com essa definição, podemos criar um ponteiro inicializado para apontar para os registradores do controlador na memória. Nesse exemplo, o controlador é posicionado na parte alta de um espaço de endereço de 64 bits.

```
struct ctlr *ctl = #ffff800100000000;
```

Usando esse ponteiro, podemos gravar nossa solicitação ao controlador como segue:

```
ctl→ address = addr;
ctl→ count = count;
ctl→ csr = cmd;
```

O segundo caso é aquele em que cada registro tem sua própria porta, que acessamos com uma instrução especial de saída. Presumimos que temos macros definidas para CTL_CSR, CTL_ADDRESS e CTL_COUNT, que apresentam os respectivos números de porta. Presumimos também que há uma pequena função solicitável de C, chamada *out*( ), que coloca o valor do segundo argumento na porta identificada primeiro. Os sistemas que usam essa abordagem em geral incluem também uma função chamada *in*( ), que retorna um valor lido na porta especificada do controlador. Com isso no lugar, podemos programar o controlador com uma sequência como esta:

356 ■ Princípios de sistemas operacionais

out (CTL_ADDRESS, *addr*);

out (CTL_COUNT, *count*);

out (CTL_CSR, *cmd*);

O último caso que analisaremos é aquele em que usamos instruções especiais de saída para gravar em um controlador onde devemos identificar o registrador adequado em uma porta e o valor em outra. Para esse caso, precisamos de dois valores mais definidos, que chamamos de CTL_PORT e CTL_DATA, e que apresentam as duas portas onde realmente gravamos. Uma sequência típica de código para programar esse controlador seria algo assim:

out (CTL_PORT, CTL_ADDRESS);

out (CTL_DATA, *addr*);

out (CTL_PORT, CTL_COUNT);

out (CTL_DATA, *count*);

out (CTL_PORT, CTL_CSR);

out (CTL_DATA, *cmd*);

Em todos os três casos, os exemplos de código só iniciam a operação. Também é preciso código que solicite o estado do controlador e trate qualquer interrupção que o controlador gerar.

13.3 Tipos de dispositivos de E/S

Há duas classificações que podemos aplicar aos dispositivos de E/S. A primeira se baseia no papel que o dispositivo desempenha no sistema como um todo. Especificamente, ela é usada para armazenamento ou comunicação de dados? A segunda se baseia em como interagimos com o dispositivo: um byte por vez ou em blocos de bytes. Essas diferenças afetam o modo como fazemos os drivers de dispositivo e como interagimos com os controladores. Assim, muitas das técnicas que abrangemos mais adiante neste capítulo se aplicam a uma classe de dispositivos ou a outra, mas, na verdade, não se aplicam a todos os dispositivos.

13.3.1 Dispositivos de comunicação *vs.* armazenamento

Lembre-se de que um algoritmo é definido como tendo pelo menos uma saída; os computadores seriam inúteis se não houvesse mecanismos pelos quais os dados pudessem ser transmitidos para o mundo exterior. Essa observação indica nossa primeira classe de dispositivos, ou seja, os **dispositivos de comunicação**. Os dispositivos de comunicação como teclados, monitores de vídeo, impressoras e interfaces de rede são bem familiares. Alguns dos dispositivos mais simples, porém, são os usados em sistemas embarcados para controlar o mundo físico. O termostato computadorizado move umidificadores de ar e liga ou desliga compressores. O computador de controle de ignição em um carro controla a faísca nas velas. Todos esses dispositivos passam informações entre a CPU e o mundo externo, que consiste em usuários e outros dispositivos.

O outro tipo de dispositivo é o **dispositivo de armazenamento**. Raramente é desenvolvido um sistema que não produza dados que precisam persistir. Sem dispositivos de armazenamento, tudo teria de ser mantido na memória. Não haveria dados mantidos de uma execução do editor de texto para a próxima. Os programas teriam de ser reescritos toda vez que religássemos o sistema. (Estamos ignorando, aqui, o fato de que certas tecnologias de memória podem manter dados sem energia. Embora possamos usar esses tipos de memória para armazenar código e dados, elas têm suas limitações que nos impedem de usá-las universalmente para todo armazenamento de longo prazo.) As unidades de disco e de fita, os CD-ROMs e alguns tipos de dispositivos de memória são exemplos de dispositivos de armazenamento que o sistema operacional gerencia. Embora nosso enfoque nos dispositivos de armazenamento seja os detalhes de programação dos próprios dispositivos, tenha em mente que, no Capítulo 17, analisaremos os sistemas de arquivos que organizam os dados que armazenamos neles.

Nota histórica: computadores híbridos

Talvez um dos dispositivos mais interessantes a serem conectados a um computador digital é um computador analógico. Os computadores analógicos, também conhecidos como analisadores diferenciais, eram máquinas projetadas para resolver sistemas de equações diferenciais. Em contraste com computadores digitais com programas armazenados, os computadores analógicos em geral precisavam de reorganização da fiação para mudar o problema que estava sendo resolvido. Apesar da dificuldade de programação, eles eram muito bons para gerar curvas que mostravam o comportamento de um sistema ao longo do tempo. Para certo nível de exatidão, eles conseguiam operar tão rápido quanto os computadores digitais da época. Reconhecendo que cada tipo de computador tinha seus pontos fortes, era natural colocá-los juntos para criar computadores híbridos. Para o software executado no computador digital, o computador analógico parecia um dispositivo de E/S. O computador digital normalmente era capaz de iniciar e parar o computador analógico e de configurar parâmetros para ele. Além disso, o computador digital geralmente podia usar conversores analógico/digital (A/D) e digital/analógico (D/A) para ler os sinais do computador analógico e enviar sinais para ele. Esses computadores híbridos foram comuns nos anos 1960 e 1970 e sistemas híbridos para fins especiais foram usados em tudo, de sintetização de música a controle de ignição automotiva, até os anos 1990.

Devemos notar que essas definições não são imutáveis. De fato, aceitamos prontamente o fato de que alguns dispositivos podem muito bem ter um papel ambíguo. Por exemplo, se gravamos dados em um cartão perfurado, usamos um dispositivo de armazenamento ou de comunicação? Se depois lermos o cartão em outro computador, ele parece ter sido usado como um dispositivo de comunicação. No entanto, se depois lermos o cartão no mesmo computador, ele se parecerá mais a um dispositivo de armazenamento. Para tornar as distinções ainda mais difíceis, os métodos que usamos para controlar as perfurações nos cartões são mais similares àqueles usados para controlar a maioria dos dispositivos de comunicação. O ponto é que, embora possa ser conveniente distinguir entre dispositivos de

358 ■ Princípios de sistemas operacionais

armazenamento e de comunicação, não permita que a distinção se torne um ponto de confusão ou conflito.

Há uma classe particularmente importante de dispositivos que não se encaixa bem em nenhuma dessas duas classificações. Esse tipo de dispositivos é o **clock** ou **timer**. O clock gera interrupções em intervalos regulares. Para muitos sistemas, o clock é impulsionado pela tensão elétrica que aciona o sistema. Nos Estados Unidos, os clocks geram uma interrupção 60 vezes por segundo. Os timers são dispositivos que podem ser configurados para gerar uma interrupção após um intervalo programado. A maior parte do hardware de timer pode operar em um modo de geração de interrupção única ou em um modo de clock, gerando interrupções em uma taxa regular. Os clocks são especialmente importantes porque suas interrupções são eventos que acionam o escalonamento preemptivo.

13.3.2 Dispositivos de stream *vs.* de bloco

Embora o papel do dispositivo de E/S determine como o usuário o encara, é o modo como interagimos com ele que determina como o programamos. Alguns tipos de dispositivos nos permitem posicionar aleatoriamente, em qualquer lugar do dispositivo, para ler ou escrever dados. Esses dispositivos em geral exigem que nos comuniquemos com eles em termos de unidades de dados chamadas **blocos**. Com frequência, esses **dispositivos de bloco** também são dispositivos de armazenamento.

De modo oposto, os dispositivos de comunicação com mais frequência caem na classificação de **dispositivos stream** ou **de caracteres**. Podemos encarar os dispositivos stream imaginando que os dados sempre passam por eles um byte por vez. Após uma parte do dado ter passado, não temos como voltar e olhá-la de novo. Nem temos como olhar à frente, para os dados que ainda não chegaram. Há um componente temporal inerente aos dados que passam pelo dispositivo stream.

Como no caso da distinção entre dispositivos de armazenamento e de comunicação, não queremos ser dogmáticos sobre a distinção entre os dispositivos de bloco e os de stream. Por exemplo, os dados são lidos e gravados em várias formas de fitas de dados em blocos, mas as fitas raramente podem ser acessadas de forma aleatória. Contudo, visto que podemos rebobiná-las e ler seus dados de novo, elas não se ajustam à ideia de dispositivos stream. De fato, embora o código que escrevemos para controlar determinado dispositivo possa ter as características de um tipo, podemos ter uma interface para o restante do sistema que se parece com o outro tipo. Um exemplo notável é a interface de rede. Por sua própria natureza, as interfaces de rede são principalmente dispositivos de comunicação. Contudo, a maior parte da transmissão em rede é definida em torno de grupos de bytes de forma variada chamados de **quadros**, **pacotes** e **datagramas**. Em termos de suporte de SO, esses quadros podem ser tratados de forma bem semelhante aos blocos de um disco. Contudo, os blocos de dados não podem ser acessados aleatoriamente, mas devem ser processados como um stream.

13.4 Objetivos do design do subsistema de E/S

Mais ainda do que outros subsistemas, o suporte a dispositivos de E/S incorpora a natureza do SO como coleção de serviços. Afinal de contas, não seria viável incluir códigos para cada dispositivo em cada aplicação. Ao fornecer serviços de E/S, nossos objetivos de projeto incluem várias características desejáveis desses serviços.

Um dos primeiros, e mais importantes, objetivos é a **confiabilidade**. A maioria dos dispositivos de E/S é inerentemente menos confiável que outros componentes do sistema, como a CPU e a memória. Para lidar com a pouca confiabilidade do dispositivo, o suporte a dispositivos do SO em geral trata a detecção de erros, nova tentativa de operações e relatórios de erros ao código que faz a solicitação.

Fornecer **independência de dispositivo** é outro objetivo importante. Programar para tipos diferentes de dispositivos envolve conjuntos diferentes de detalhes. Contudo, não queremos que as aplicações sejam responsáveis pela implementação de detalhes de todos os vários dispositivos que elas possam usar. Em vez disso, o subsistema de E/S do SO apresenta uma interface consistente, que permite às aplicações usar códigos similares (muitas vezes o mesmo) para acessar todos os dispositivos. Em muitos casos, o modelo vai a ponto de permitir que os dispositivos sejam acessados da mesma forma que os arquivos.

Como os outros subsistemas de um sistema operacional, o subsistema de E/S deve ser eficiente e agradável. Novamente, os detalhes do que constitui uso eficiente de um dispositivo varia dependendo do tipo de dispositivo. Ao implementar esses detalhes no SO, todas as aplicações podem tirar vantagem deles. Além disso, o SO pode otimizar o uso de dispositivos entre os processos de maneiras que os próprios processos não podem.

13.5 Serviços dos dispositivos de E/S

Em grande parte, os serviços que precisamos para os dispositivos de E/S são basicamente os mesmos que precisamos para os arquivos. As aplicações precisam ganhar e liberar o acesso de uma forma bem parecida como abrir e fechar arquivos. Precisam também ser capazes de transferir dados para o dispositivo em uma operação de escrita e recuperar dados do dispositivo lendo-os. As aplicações e outras partes do SO precisam obter acesso exclusivo a dispositivos com mais frequência ainda do que acessam arquivos. Afinal, se vários processos enviarem dados a uma impressora simultaneamente, o resultado seria uma bagunça. É curioso imaginar os usuários com estiletes e cola tentando remontar suas impressões.

Ao projetar as operações de leitura e escrita, há uma questão básica a que devemos responder. Se o dispositivo não estiver pronto para a operação de leitura ou escrita, devemos bloquear o processo solicitante ou devolvemos o controle a ele? O primeiro caso é chamado de leitura e escrita **bloqueante**. A maior parte do código da aplicação é escrita presumindo que uma solicitação de leitura não retorna

360 ■ Princípios de sistemas operacionais

até que os dados solicitados estejam disponíveis. De outro modo, podemos implementar uma política de **não bloqueante** e permitir que os processos continuem fazendo seu trabalho enquanto os dados são lidos. A maioria dos sistemas implementa leituras bloqueantes e um tipo de meio-termo para as escritas. O sistema em geral coloca os dados de escrita em um buffer e, depois, volta imediatamente ao processo. Contudo, se não houver espaço no buffer (porque escritas anteriores ainda não foram transmitidas para o dispositivo), então o processo é bloqueado até que o espaço de buffer esteja disponível. Às vezes nos referimos às operações bloqueantes como **síncronas** e às não bloqueantes como **assíncronas**. (Visto que esses termos também são usados, às vezes, com sentidos ligeiramente diferentes, aqui usamos os termos bloqueante e não bloqueante.)

Em contraste com as similaridades dos arquivos, porém, os dispositivos muitas vezes exigem operações adicionais de controle. Dois exemplos desse são rebobinar uma fita e ejetar um CD-ROM. Os dispositivos também costumam ter parâmetros operacionais que precisam ser configurados, como a taxa de transmissão de uma porta serial ou o volume de um dispositivo de saída de áudio. Os sistemas variam bastante em como essas funções são suportadas. Em alguns, chamadas especiais ao sistema são implementadas para cada função especial. Em outros, é usada uma chamada geral ao sistema. Em uma das abordagens mais interessantes, são usadas as operações comuns de leitura e escrita. As operações especiais são iniciadas abrindo-se uma interface especial de controle e escrevendo nela mensagens de controle.

13.6 Estrutura do driver de dispositivo

O objetivo principal de um driver de dispositivo é fornecer uma interface entre um controlador de dispositivo e o restante do software no sistema. Ele precisa aceitar solicitações de múltiplos processos e de outras partes do SO e tem de convertê-los em parâmetros e comandos que acionam o controlador. Para explicar a estrutura desse software, vejamos um cenário em que várias solicitações chegam mais rápido do que um dispositivo pode atender. Começamos com o Processo A que solicita uma leitura em disco. O driver de dispositivo converte os parâmetros genéricos de leitura em parâmetros apropriados ao controlador do disco e escreve-os nos registradores do controlador. Então, o driver dispara a leitura escrevendo o comando de leitura no registrador de controle do controlador. Naturalmente, um dos principais benefícios de um sistema operacional com compartilhamento de tempo é que, enquanto o dispositivo de E/S está desligado, a CPU pode trabalhar em outros processos. Assim, enquanto a unidade de disco procura e transfere dados, podemos escalonar o Processo B e permitir que seja executado. Durante sua fatia de tempo, ele envia uma solicitação de escrita no mesmo disco que está correntemente ocupado com a solicitação de leitura do Processo A. Assim, o driver de dispositivo coloca a solicitação numa fila para que seja processada depois.

Depois que o controlador do disco termina com a solicitação de leitura do Processo A, ele avisa o driver de dispositivo enviando uma interrupção. A primeira tarefa do tratador de interrupções é providenciar que o Processo A seja desbloqueado e tenha seus dados entregues no local de memória que ele especificou na solicitação original. Depois de feito isso, o tratador de interrupções olha a fila de solicitações pendentes. Se a fila não estiver vazia, o tratador de interrupções tira uma solicitação da fila e programa o controlador para atendê-la. Após iniciar o controlador, o tratador de interrupções volta da interrupção e o sistema continua de onde parou.

Com essa explicação em mente, como organizar o código que compõe o driver de dispositivo? A primeira coisa a ter em mente ao fazer o projeto de nossa estrutura de driver é que temos duas entidades cooperando, que compartilham uma estrutura de dados. Temos uma thread de controle que é executada em favor de um processo de usuário solicitando um serviço de E/S e uma thread de controle que é executada em resposta a interrupções. Visto que a thread em favor do processo de usuário pode ser interrompida na maioria dos casos, essas duas threads precisam coordenar seus acessos à fila de solicitação que elas compartilham. De modo similar, precisam ter o cuidado de não tentar comandar o controlador ao mesmo tempo.

A primeira técnica para organizar um driver de dispositivo também é a mais comum. De forma conceitual, dividimos o driver em duas metades, a metade superior e a inferior, como ilustrado na Figura 13-4. A metade superior é a parte que entende o lado das solicitações dos usuários e a inferior, o controlador. Quando a metade superior recebe uma solicitação, ela a coloca na fila e, se a fila estava vazia (indicando que o controlador estava ocioso), ela também chama o código da metade inferior para iniciar a operação. Quando é gerada uma interrupção, o código da metade inferior chama o da metade superior para desbloquear o processo e dar o resultado. Daí, ele remove a solicitação recém-concluída da fila, pega outra (se houver) e a inicia. As duas threads de controle usam técnicas de exclusão mútua, como as tratadas na Seção 5.7, para evitar corrupção da fila compartilhada.

No caso de controladores que podem se conectar a uma grande variedade de dispositivos, como SCSI e USB, o modelo do driver de dispositivo é um pouco mais complicado. Nesses casos, acrescentamos mais camadas ao código do driver criando uma pilha de elementos de driver. O modelo de duas metades ilustrado na Figura 13-4 ainda é comumente usado. Esse driver fornece uma interface bruta, de baixo nível, para o controlador, independente do tipo de dispositivo conectado a ele. Contudo, quando outro software lê ou escreve no dispositivo, ele precisa fazer isso de maneira adequada ao dispositivo em si. Portanto, acrescentamos outra camada de funcionalidade do driver, acima do driver de baixo nível. Podemos ter um de tais elementos de driver que conheça unidades de disco, outro que conheça impressoras e outro que conheça câmeras. A solicitação é roteada para o componente que é adequado ao dispositivo conectado ao controlador. Esse componente, então, cria a mensagem de controle do dispositivo adequado e usa o driver de baixo nível para enviar a mensagem ao dispositivo.

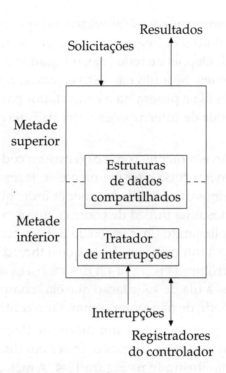

Figura 13-4: Estrutura geral do driver de dispositivo

Alguns sistemas usam outra organização, com base em técnicas de troca de mensagens, analisadas na Seção 5.7. Nesses sistemas, os drivers de dispositivo são organizados como processadores de mensagem. As solicitações de usuário vão ao driver como mensagens, que então são processadas mais ou menos do mesmo modo que o driver tradicional de duas metades. As interrupções nesse sistema de troca de mensagens são gerenciadas por uma parte pequena de código, que transforma a interrupção em outro tipo de mensagem para o driver de dispositivo. Os passos para tratar essas mensagens de interrupção são os mesmos para tratar interrupções no driver de dispositivo tradicional. Ao projetar o sistema para que o tratador de mensagem processe apenas uma mensagem por vez, asseguramos que nunca haja mais de uma thread de controle com acesso à fila de solicitação.

13.7 Técnicas de gerenciamento de dispositivo

Cada tipo de dispositivo tem seu próprio conjunto de técnicas-padrão e até de truques. É impossível termos espaço suficiente para fornecer uma análise completa dessas técnicas. Contudo, apresentamos alguns representantes, incluindo técnicas para gerenciar buffers, para organizar e procurar dados em unidades de disco, considerações especiais ao receber dados inseridos por operadores humanos e, finalmente, pseudodispositivos.

13.7.1 Bufferização

Já mencionamos a ideia de bufferização. Sempre que há uma discrepância entre a taxa em que um produtor gera dados e a taxa em que o consumidor processa esses dados, usamos um buffer como interface entre o gerador e o consumidor. No caso de um driver de dispositivo, esses buffers muitas vezes têm os dois papéis. Primeiro, quando a metade superior recebe as solicitações, nós as armazenamos em um buffer do qual a metade inferior os apanha à medida que for possível. Segundo, ao ler dados de um dispositivo, muitas vezes precisamos armazená-los até que a aplicação esteja pronta para usá-los. Nesses papéis, os buffers fazem parte das estruturas de dados compartilhados entre a metade superior e inferior do driver de dispositivo. Como tal, o acesso a eles normalmente é controlado por alguma forma de bloqueio de exclusão mútua, em geral pela desativação das interrupções.

Em ambos os casos, geralmente tratamos os buffers como filas. Os dados tirados do buffer são os mais antigos que ele contém. Isso resulta em solicitações sendo tratadas na ordem "primeiro a chegar, primeiro a ser servido" (FCFS). Preserva também a ordem em que os dados chegam a um dispositivo de stream. Em outra subseção, examinaremos uma técnica pela qual reordenamos as solicitações como método para melhorar o desempenho.

Visto que normalmente preferimos estruturas estáticas de dados dentro do kernel, esses buffers são geralmente implementados com vetores. O mais comum é esses buffers serem tratados como filas circulares. Nas filas circulares, os ponteiros de início e fim (ou índices) se movem na mesma direção ao acrescentarmos ou removermos dados. Quando um ponteiro chega ao fim do vetor, ele retorna ao início.

13.7.2 Intercalamento

Suponhamos que estejamos lendo setores consecutivos da trilha de uma unidade de disco, um por vez. Depois de ler o setor 0, obtemos uma interrupção que nos diz que a operação está concluída, e o driver prepara a próxima solicitação. Contudo, durante o processamento da interrupção, os discos continuam girando. Em vista disso, pelo menos parte do setor 1, com muita probabilidade, já terá passado sob o cabeçote antes de a solicitação de leitura ser executada pelo controlador. Em resultado disso, o disco terá de fazer quase uma rotação completa antes de o setor 1 poder ser lido. Ler oito setores dessa maneira exige oito rotações do disco, quando esperaríamos poder ler esses oito setores em uma rotação ou menos (dependendo de quantos setores há por trilha).

Muitas vezes, cuidamos desse assunto fazendo o **intercalamento** dos setores em uma trilha. Em vez de dispor os setores consecutivamente, pulamos setores na numeração e voltamos atrás para preencher os que pulamos. Ao fazer isso, damos ao tratador de interrupções tempo para processar a próxima solicitação antes de os dados da próxima solicitação estarem sob o cabeçote. Usando o intercalamento 1:1 (um setor ignorado para cada setor designado), a ordem dos setores é 0, 4, 1, 5, 2, 6, 3, 7, quando, sem intercalamento, seria 0, 1, 2, 3, 4, 5, 6, 7. Usando essa distribuição, leva duas rotações, em vez de oito, para ler oito setores. De modo similar, com o intercalamento 2:1, a ordem é 0, 3, 6, 1, 4, 7, 2, 5, e leva três rotações para ler toda a trilha. A Figura 13-5 ilustra isso no caso de oito setores por trilha.

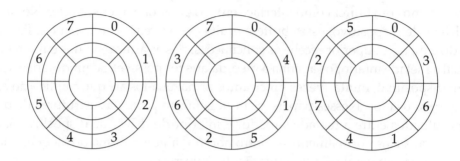

Figura 13-5: Sem intercalamento, intercalamento 1:1 e intercalamento 2:1

Essa figura ilustra duas propriedades gerais que observamos aqui. Primeira, se temos um intercalamento x: 1, leva $x + 1$ rotações para ler toda a trilha, se lermos os setores consecutivamente. A segunda observação é que o número de setores por trilha é divisível igualmente por $x + 1$, então não é possível manter um espaçamento igual dos setores na trilha. Se isso será um problema, depende de se tentaremos ler consecutivamente dois setores que estão mais próximos do que o normal.

O intercalamento pode ser implementado de duas maneiras que afetam o modelo do driver de dispositivo. Se o intercalamento é implementado no controlador, a responsabilidade principal do driver de dispositivo é configurar o controlador para especificar qual é o fator de intercalamento. Em oposição, podemos escolher implementar o intercalamento completamente dentro do driver. Uma abordagem simples é computar o número desejado de setores como de costume e convertê-lo em número de setores físicos. Podemos fazer isso criando um vetor, indexado pelo número do setor lógico, no qual cada elemento contém o número de setores físicos. Esse vetor para intercalamento 1:1 de oito setores por trilha conteria os elementos 0, 2, 4, 6, 1, 3, 5, 7.

O intercalamento é desnecessário na maioria das unidades de disco modernas. A primeira razão é que muitas unidades modernas implementam o intercalamento elas mesmas de um modo que é completamente transparente ao software do driver. A segunda razão é que raramente especificamos o número do cilindro, cabeçote e setor diretamente nas unidades modernas. Em vez disso, normalmente especificamos apenas um número de bloco, tratando o disco inteiro como uma sequência linear de blocos. A unidade determina internamente o cilindro, cabeçote e setor correspondentes. A razão final pela qual o intercalamento não costuma ser uma preocupação típica dos drivers modernos é que muitas unidades modernas implementam uma cache de trilha. Quando acessamos um setor dessas unidades, elas leem a trilha inteira em um buffer interno e atendem a futuras solicitações a partir desse buffer, até que os dados de outra trilha sejam colocados ali. Com os dados nesse buffer, a ordem que lemos os setores não afeta o tempo de acesso.

13.7.3 Algoritmo elevador

Em nossa análise até este ponto, temos sido um pouco ambíguos sobre o comportamento do tratador de interrupções. Especificamente, dissemos várias vezes que ele apanha uma solicitação da fila de solicitações, mas não dissemos qual delas. Visto que a chamamos de fila, a implicação é que processamos as solicitações da forma "primeiro a chegar, primeiro a ser servido". Em muitos tipos de dispositivos, é exatamente isso que fazemos. Contudo, nas unidades de disco, podemos nos perguntar se é possível reduzir o tempo gasto procurando atender às solicitações em alguma outra ordem.

Nota histórica: caminhamento nas unidades de disco

Embora seja natural pensar no algoritmo elevador em termos de melhoria do tempo de acesso, houve outro ponto levado em consideração na redução do percurso do braço nas unidades de disco mais antigas. O braço tinha de se mover muito mais em unidades mais antigas, visto que o tamanho dos discos era muito maior. A tecnologia usada nessas unidades também significava que os braços eram muito maiores do que os das unidades modernas. Visto que esses braços tinham uma massa substancial, era necessária uma força substancial para movê-los e pará-los rapidamente. De acordo com a terceira lei do movimento de Newton, o descanso do conjunto da unidade de disco sofre a força oposta ao mover e parar o braço. Embora essas unidades fossem muitas vezes do tamanho de uma pequena máquina de lavar roupa, se essa força fosse repetida na proporção certa, a unidade podia começar a vibrar mais ou menos como faz uma máquina de lavar fora de equilíbrio. Isso acontecia em especial quando o braço era movido para lá e para cá por toda a superfície do disco. Em casos mais extremos, a vibração era tão grande que a unidade começava a "andar" pelo chão.

A resposta é sim, e a estratégia que usamos para pegar o próximo para processar segue uma política bem familiar. Quando vamos usar um elevador, precisamos dizer se queremos subir ou descer. Quando entramos nele, precisamos dizer o andar em que queremos descer. Alguém pode achar que a primeira indicação de direção é desnecessariamente redundante, mas não é. O elevador usa a informação de direção para decidir se para ou não em certo andar. Suponhamos que queremos subir, mas o elevador está, no momento, se movendo para baixo. Ao passar pelo nosso andar, ele o ignora. Ele para apenas para pegar passageiros que querem ir na mesma direção que ele está. Quando não houver mais o que fazer nessa direção, ele reverte o movimento e começa a seguir a mesma política na direção oposta.

À primeira vista, não parece que os hábitos dos elevadores tenham algo a ver com unidades de disco. Afinal, as solicitações de acesso a disco não chegam ao driver do dispositivo com direções anexadas. Mas, se olharmos o restante da política, veremos uma correlação. Digamos que o braço do disco é o carro do elevador e os cilindros são os andares do prédio. Agora, imagine que o braço se move em determinada direção e, ao passar por cada cilindro, atende às solicitações pendentes para aquele cilindro. Se não há mais solicitações naquela direção, ele reverte o movimento do braço e começa a seguir a mesma política na outra direção. Ao seguir essa política, não prestamos atenção à ordem em que as solicitações chegaram. Note que essa política afeta apenas o comportamento do tratador de interrupções. Se uma

366 ■ Princípios de sistemas operacionais

solicitação chega à metade superior e não houver outras solicitações sendo processadas, o controlador recebe o comando de mover o braço para o cilindro apropriado, independente da direção em que se encontra. Para tornar nosso algoritmo
de seleção um pouco mais preciso, executamos o seguinte **algoritmo elevador** após
remover da fila uma solicitação recém-concluída.

Algoritmo Elevador: O tratador de interrupções segue este algoritmo. As solicitações são colocadas na fila pela metade superior do driver, que também determina a direção inicial ao acrescentar uma solicitação em uma fila vazia.

1. Se a fila está vazia, saia do tratador de interrupções.
2. O cilindro atual será c.
3. Se a direção atual for PARA CIMA, selecione uma solicitação com pedido de
   menor cilindro, $n \geq c$.
4. Se a direção atual for PARA BAIXO, selecione uma solicitação com pedido de
   maior cilindro, $n \leq c$.
5. Se nenhum cilindro n satisfaz os critérios, mude de direção e repita os Passos
   3 e 4.

Essa técnica não é muito diferente da política de escalonamento "job mais curto
primeiro" (SJF) analisada na Seção 5.4. De fato, há um análogo direto, chamado
tempo de busca mais curto primeiro (SSTF, do inglês shortest seek time first), no
qual sempre selecionamos a solicitação com o cilindro mais próximo do atual. Mas
há dois problemas com a abordagem SSTF. Primeiro, mantemos o disco ocupado de
forma que os extremos (números de cilindro muito altos ou muito baixos) talvez
acabem nunca sendo atendidos. Segundo, cada vez que uma solicitação é processada, o braço se move, mudando a distância de outros cilindros solicitados. Na verdade, o ato de selecionar uma solicitação muda a ordem em que devem ser
atendidas. O algoritmo elevador fornece um tipo de meio-termo entre atender ao
cilindro mais próximo e atender às solicitações na ordem em que são recebidas,
como ilustrado no Exemplo 13.3.

Exemplo 13.3: Algoritmo elevador

Suponhamos que o driver acabou de concluir uma solicitação e a lista de solicitações pendentes contenha solicitações para os cilindros 10, 30, 22, 100, 15, 6, 42, 90 e
74, alistados na ordem em que foram recebidos. Suponhamos também que o braço
foi movido por último de um cilindro inferior para o n. 40. Se as solicitações forem
processadas na ordem "primeiro a chegar, primeiro a ser servido" (FCFS), então o
número de cilindros que o braço precisa mover é

$$30 + 20 + 8 + 78 + 85 + 9 + 36 + 48 + 16 = 330$$

Se aplicarmos o algoritmo elevador, processamos as solicitações na ordem 42,
74, 90, 100, 30, 22, 16, 10 e 6. Nesse caso, o número de cilindros que o braço precisa
mover é

$$2 + 32 + 16 + 10 + 70 + 8 + 6 + 6 + 4 = 154$$

Ambos esses casos são ilustrados na Figura 13-6, onde o eixo x representa o tempo medido no número de cilindros que o braço percorre, e o eixo y representa a posição do braço.

As unidades de disco modernas jogam um balde de água fria nas nossas boas intenções. Presumimos várias coisas ao usar o algoritmo elevador. Primeiro, presumimos que conhecemos o cilindro para onde iremos a fim de atender a determinada solicitação. Nem sempre isso é totalmente verdade. Nem todas as unidades são projetadas de forma a nos permitir saber em que cilindro está determinado bloco. Para complicar ainda mais, as unidades muitas vezes fazem relocação de blocos ou trilhas danificadas. Assim, mesmo que tivéssemos uma boa ideia de onde certo bloco estaria, talvez não tivéssemos a mínima ideia de onde ele realmente está. O outro grande fator complicador é o fato de que as unidades muitas vezes fornecem seu próprio cache para melhorar o desempenho. Em resultado disso, podemos evitar atender a uma solicitação de um bloco por causa da distância do cilindro atual, quando, na realidade, ele estava todo o tempo no cache, só esperando para ser lido. Os exercícios pedem algumas opiniões quanto a se esses fatos invalidam completamente o algoritmo elevador ou se ainda podemos esperar alguma melhora no desempenho ao usá-lo.

13.7.4 RAID

Em 1988, Patterson, Gibson e Katz apresentaram um estudo que descrevia uma técnica para usar múltiplos discos como se fossem um só. O termo que cunharam foi **conjunto redundante de discos baratos** (RAID, do inglês redundant array of inexpensive disks). (Mais recentemente, o conceito costuma ser descrito como conjunto redundante de discos independentes.) Há várias vantagens de usar múltiplos discos dessa maneira. A mais óbvia é a maior capacidade. Maior desempenho é outro benefício. Por fim, se registrarmos dados redundantes entre os discos, podemos tornar o conjunto mais tolerante a falha do que um único disco.

As implementações de maior desempenho de RAID são feitas no controlador. Para o SO, todo o conjunto RAID parece um único disco. Na maior parte, com uma implementação de hardware de RAID, o driver de dispositivo não precisa se preocupar com a natureza RAID do "disco". Contudo, alguns sistemas operacionais fornecem suporte a implementações de software de RAID. A ideia é que o driver de dispositivo apresenta uma interface que parece estar acionando um único disco, mas internamente opera sobre várias unidades por meio de um ou mais controladores.

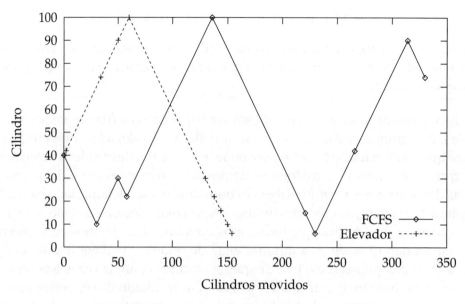

Figura 13-6: Escalonamento de disco elevador *versus* FCFS

Nota Histórica: DataVault da Connection Machine-2

Um dos exemplos mais interessantes e mais extremos de organização de discos era encontrado no supercomputador Connection Machine-2 (CM-2) da Thinking Machines Inc. O DataVault, lançado em 1985, usava uma organização, que era essencialmente o que foi depois identificado como RAID-2, com um total de 42 unidades. Cada palavra de 64 bits era dividida em duas partes de 32 bits, e cada bit era escrito em uma de 32 unidades. Sete unidades tinham códigos de correção de erro (ECC) para a metade da palavra, de 32 bits. As outras três unidades eram sobressalentes, que podiam ser usadas para substituir qualquer das outras 39 unidades que falhassem. Para aumentar ainda mais o desempenho do sistema, o modelo permitia que até oito DataVaults fossem usados em uma configuração distribuída. No seu tempo, o DataVault fornecia um sistema de armazenamento de altíssima capacidade e desempenho para supercomputadores.

Embora os níveis de RAID 0, 1, 2, 3, 4 e 5 tenham sido formalmente especificados, os níveis mais comumente usados são o 0, 1 e 5.

- RAID *Nível 0*: No RAID Nível 0, os dados são **distribuídos** entre múltiplos discos. Isso significa que blocos consecutivos de dados são escritos em unidades diferentes. Se temos três discos no conjunto, os blocos 0, 3, 6, 9,... são escritos na primeira unidade, os blocos 1, 4, 7, 10,... na segunda e os blocos 2, 5, 8, 11,... na terceira. Visto que não há dados redundantes, esse nível não fornece maior tolerância a falha. Contudo, visto que buscas e transferências podem acontecer em paralelo, em múltiplas unidades, esse nível fornece maior desempenho.

- RAID *Nível 1*: Dados **espelhados** são a característica principal do RAID Nível 1. Com o espelhamento, os dados são replicados em múltiplas unidades. Uma implementação de RAID Nível 1 com dois discos precisa de duas vezes mais espaço para armazenar os dados, mas fornece a habilidade de acessá-los mesmo que uma das unidades tenha um mau funcionamento. Também, visto que os mesmos dados podem ser lidos em qualquer das unidades, as leituras podem ser feitas em paralelo, aumentando o desempenho.

- RAID *Nível 5*: O RAID Nível 5 fornece tolerância a falha sem um aumento muito drástico no espaço necessário. Faz isso armazenando as informações de paridade com os dados. Os dados em si são distribuídos como no RAID Nível 0. Para cada distribuição, é calculado e armazenado um bloco de paridade em uma das unidades. Os blocos de paridade são distribuídos entre as unidades para que nenhuma delas tenha todos eles. Suponhamos que temos quatro unidades. Os blocos 0, 1 e 2 formam a primeira distribuição e são armazenados nas três primeiras unidades. Um bloco de paridade para esses três blocos de dados é colocado na quarta unidade. No caso da próxima distribuição (blocos 3, 4 e 5), o bloco de paridade é colocado na terceira unidade, e os blocos de dados são distribuídos pelas outras três unidades. Ler qualquer dado dentro da distribuição exige que leiamos a distribuição inteira para podermos verificar a paridade. Em resultado disso, as implementações do RAID 5 não têm vantagens de desempenho em relação a unidades sozinhas. Esse nível é usado principalmente por causa da sua tolerância a falha.

Existem ainda várias extensões e combinações informais dessas técnicas. Por exemplo, distribuindo múltiplos conjuntos de RAID 5, podemos ter a tolerância a falha dele e o benefício de desempenho do RAID 0.

13.7.5 Marcas d'água

A próxima técnica se aplica em muitos casos nos quais temos um produtor e um consumidor de informações e que operam em velocidades diferentes. Nossa abordagem natural para cuidar de desencontros de velocidade é fornecer um buffer que permita ao produtor ir temporariamente à frente do consumidor. É bem fácil imaginar que podemos parar o produtor quando o buffer está cheio e reiniciá-lo quando está vazio, como no caso do controle de fluxo usado com dispositivos de comunicação seriais. Contudo, se ele é um buffer no receptor que está ficando cheio e se há significativa latência nas comunicações, então o produtor talvez envie mais antes de receber a mensagem de parada.

Lidamos com isso colocando duas marcas no buffer. A marca mais próxima do fim do buffer é chamada de **marca d'água alta**, e aquela do outro lado, de **marca d'água baixa**. Se acrescentarmos um item ao buffer e isso resultar em ele encher até a marca d'água alta, a mensagem de parada é enviada ao transmissor. De modo similar, se removermos um item do buffer e isso resultar em ele não ter mais itens no ponto da marca d'água baixa, enviamos a mensagem de início.

Os valores exatos das marcas d'água alta e baixa não são fundamentais. Contudo, se a marca d'água alta for alta demais, o remetente pode enviar muitos itens antes de processar a parada, deixando o buffer sobrecarregado. De modo similar, se a marca d'água baixa estiver baixa demais, o buffer pode esvaziar antes de o remetente poder responder à mensagem de início. Esse caso resultaria em o receptor ocioso desperdiçar tempo que poderia ser usado para processar a entrada. Ao contrário, se as duas marcas estiverem próximas demais, enviaremos mensagens de início e parada em excesso. Isso não só usará mais o canal de comunicação do que é necessário, mas causará processamento desnecessário no remetente e no destinatário. Mostramos como as marcas d'água funcionam no Exemplo 13.4.

Exemplo 13.4: Marcas d'água

Para ilustrar o uso das marcas d'água, pense em uma aplicação para a qual o transmissor envia 1 byte/mS durante a transmissão. À medida que esses bytes chegam ao destinatário, este os coloca em um buffer. Uma aplicação do sistema receptor pega os dados do buffer a 100 bytes por vez e faz isso a cada 150 mS. Suponhamos também que o destinatário leve 0,25 mS para processar um byte que chega e determinar se precisa enviar um sinal de parada para o transmissor; e suponhamos que o sinal de parada leve 1 mS para ser transmitido. De modo similar, quando o destinatário atende a uma solicitação da aplicação e avisa ao transmissor para reiniciar a transmissão, leva 1 mS para transmitir o sinal de início. Por fim, vamos presumir que o transmissor leve 1 mS para processar o sinal de início ou parada e para iniciar ou parar a transmissão.

Visto que sabemos que o transmissor envia os dados mais rápido do que a aplicação os usa e visto que sabemos quantos dados a aplicação lê por vez, podemos configurar o tamanho do buffer para um valor conveniente maior que o tamanho da solicitação da aplicação. Um valor desses é 128 bytes.

Para configurar a marca d'água alta, observe que esperamos que leve 2,25 mS para tratar a condição de buffer cheio. Isso significa que, no momento que esperamos que a transmissão pare, o terceiro byte depois da marca d'água alta já terá sido enviado. Como resultado, precisamos permitir pelo menos 3 bytes entre a marca d'água alta e o topo do buffer. Contudo, os sistemas com frequência não respondem no tempo esperado. Se o sistema que transmite estiver mais ocupado do que de costume, pode levar mais tempo para processar o sinal de parada do que o esperado. Outra fonte potencial de atraso ocorre quando usamos o controle de fluxo dentro de banda. O byte que sinaliza a parada talvez não seja recebido corretamente pelo transmissor. Assim, ele talvez não reaja até o envio de outro sinal de parada. Para compensar esses problemas em potencial, em geral incluímos uma margem para erro. Por exemplo, podemos configurar a marca d'água alta 6 ou até 8 bytes abaixo do alto do buffer em vez do valor mínimo de 3. No nosso caso, é bem razoável colocar a marca d'água alta em 120.

Ao configurar a marca d'água baixa, há uma situação que devemos evitar. Não queremos a situação na qual não há dados suficientes no buffer para atender à solicitação de uma aplicação e, ao mesmo tempo, não ter o buffer suficientemente vazio para que o transmissor reinicie. Um modo de enfrentar o problema é dizer que queremos a marca d'água baixa do tamanho da solicitação. Desse modo, sempre que não houver bytes suficientes no buffer, diremos ao transmissor para reiniciar. Isso determina que a marca d'água baixa será 99. (Os exercícios perguntam o que aconteceria se tivéssemos outros tamanhos de solicitação de aplicação.)

13.7.6 Processamento de entrada humana

Outro problema de comunicação que analisaremos tem relação com o recebimento de entradas por parte dos usuários. Ao receber entrada de um dispositivo como um leitor de código de barra ou outro computador por meio de um dispositivo de comunicação, podemos presumir razoavelmente que a entrada que recebemos se destinava a nós. Nesses casos, podemos com segurança passar os dados recebidos para uma aplicação sem nos preocuparmos com que o remetente "mude de ideia". Contudo, ao receber entradas de usuários, não podemos fazer essas suposições. Seres humanos têm a tendência de cometer erros e mudar de ideia. Assim, o driver de dispositivo para entrada de usuário tem que considerar esses comportamentos.

Há vários recursos que normalmente vemos nesses drivers. O primeiro é o **eco**. Quando o usuário digita caracteres no teclado, o driver em geral envia esses mesmos caracteres de volta na saída para que o usuário veja o que está efetivamente sendo recebido. Em geral, esse recurso não é necessário (e costuma ser incômodo) ao lidar com outras máquinas que geram entradas. Mesmo ao lidar com usuários, às vezes desabilitamos o eco, como ao ler uma senha. Assim, um driver de dispositivo típico para um dispositivo de entrada que pode ser usado por um usuário humano fornece a habilidade de seletivamente habilitar o eco.

Além de ver o que digitam, os usuários também gostam de poder excluir o que digitaram para corrigir erros ou porque mudaram de ideia quanto ao que digitaram. Esse comportamento é normalmente suportado pelo uso do buffer. À medida que os caracteres são recebidos, são acumulados no buffer. Mesmo que uma aplicação espere por eles, nenhum caractere é entregue pelo driver até ser recebido o caractere de fim de linha (normalmente um retorno de cursor ou um pula-linha). Nesse meio-tempo, certos caracteres são interpretados como apagando caracteres ou linhas inteiras. Em geral, se um caractere como o "backspace" ou "delete" é recebido, o caractere anterior é removido do buffer. Para fins de eco, geralmente enviamos para a saída o caractere de backspace seguido por um espaço e outro backspace. Essa sequência de três caracteres tem o efeito de apagar o caractere na tela. Naturalmente, isso não funciona em um terminal de impressão, no qual usamos outras técnicas para exibir as mudanças. Também precisamos ter o cuidado de nos certificar de não retornarmos cegamente no buffer se o usuário tentar fazer um retorno além do início. Se o driver recebe um caractere como Ctrl-U, ele o interpreta como significando que toda a linha deve ser descartada.

Embora esse tipo de processamento de entrada normalmente seja o que queremos quando as aplicações lidam com usuários, há ocasiões em que não queremos isso. Por exemplo, há aplicações que operam um caractere por vez e não uma linha por vez. Também podemos querer usar a mesma interface de hardware para um dispositivo que não é de entrada humana. Por exemplo, podemos conectar um leitor de código de barras na mesma porta RS-232 à qual conectaríamos um terminal. Nesses casos em que não queremos esse tipo de processamento, o driver de dispositivo precisa dar suporte ao que costuma ser chamado de **modo bruto**. No modo bruto, os

372 ■ Princípios de sistemas operacionais

caracteres de entrada são colocados em um buffer sem serem interpretados. As solicitações de entrada para a aplicação são atendidas a partir do buffer sem levar em conta os limites de linha. O modo como fazemos o processamento de entrada recebe nomes diferentes em sistemas diferentes. Entre esses nomes estão **modo normal**, **modo canônico** ou até **modo processado** (porque processado é o oposto de bruto).

Essas questões nos levam a observar um fenômeno interessante. Os detalhes da negociação com dispositivos mecânicos em geral são mais complexos do que com os dispositivos usados por humanos. Seria de se esperar que isso significasse que os drivers de disco são mais complexos do que os drivers de terminal. Contudo, o oposto costuma ser verdade. A diferença se deve ao número de casos especiais necessários para gerenciar o comportamento humano.

13.7.7 Pseudodispositivos

Em princípio, não há razão para um driver de dispositivo ter que controlar hardware real. De fato, muitas vezes, criamos drivers "de dispositivo" que não estão associados a algum dispositivo físico. Muitas vezes chamamos esses "dispositivos" de **pseudodispositivos** ou **dispositivos virtuais**. Um exemplo especialmente comum é o dispositivo null (às vezes chamado informalmente de "balde de bits"). Qualquer tentativa de gravar no dispositivo null é bem-sucedida, embora o driver apenas descarte os dados gravados. Quando um processo lê o dispositivo null, a maioria das implementações indica que o processo chegou ao fim do arquivo. Variações do dispositivo null incluem aquelas que permitem que o processo leia um stream infinito de bytes nulos e aquelas que permitem que o processo leia um stream infinito de bytes aleatórios.

Outro pseudodispositivo comum é o **ramdisk**. Para o restante do sistema, o driver de ramdisk apresenta uma interface que se parece à de qualquer outra interface de disco. Internamente, ele simplesmente usa um ou mais blocos grandes de memória como se fossem uma unidade de disco. Entre outros usos, essa abordagem permite que o sistema seja carregado e executado sem ter inicialmente um driver de dispositivo para as unidades físicas de disco. Fornece também uma "unidade de disco" muito rápida para conjuntos relativamente pequenos de arquivos que precisam ser acessados com frequência. À medida que o desenvolvimento dos sistemas operacionais progrediu, os desenvolvedores encontraram cada vez mais usos para esses tipos de drivers de dispositivo.

13.8 Resumo

Sem dispositivos de E/S, um sistema computacional é inútil, visto que os resultados das computações não têm para onde ir. Contudo, o software para os dispositivos de E/S tende a ser complexo e propenso a erros. Por essas razões, o suporte para dispositivos de E/S é uma responsabilidade básica do sistema operacional. Pela própria natureza do seu projeto, como vimos neste capítulo, o suporte para os dispositivos varia muito. Contudo, à medida que o projeto dos sistemas operacionais se desenvolveu, o mesmo aconteceu com várias abordagens unificadoras.

13.9 Exercícios

1. Qual a diferença entre um controlador de dispositivo e um driver de dispositivo?

2. Pense em um controlador RS-232 sem recurso de interrupção. Se suportamos uma taxa de dados de 19.200 bps com sete bits de dados, paridade par e um bit de parada, com que frequência devemos consultar o controlador? Se cada operação de consulta levar 200 μs, que fração do tempo do sistema é gasta com consultas?

3. Qual é o tempo de acesso médio para uma unidade de disco que gira a 3.600 RPM com tempo médio de busca de 50 mS? E se a unidade girar a 10.000 RPM? A velocidade de rotação faz uma diferença significativa? E se a tecnologia avançar e tornar o tempo médio de busca igual a 9 mS?

4. Ao usar DMA, o driver de dispositivo ainda precisa de um tratador de interrupções? Por quê? Se precisar, quais são as diferenças entre um tratador de interrupções para um controlador que usa DMA e para o que não usa?

5. Que mecanismo de bloqueio a metade superior do driver de dispositivo usa para proteger as seções críticas que acessam a fila de solicitações compartilhada?

6. Se um controlador Ethernet não usa DMA, mas gera uma interrupção para cada byte, e se cada interrupção leva 10 μs para processar, será que o sistema pode usar de forma eficaz a taxa de dados de 10 Mbit/S? Por quê?

7. Suponhamos que uma unidade de disco gire a 3.600 RPM e tenha 32 setores por trilha, e que o tratador de interrupções e o controlador juntos levem 1 mS para processar a conclusão da leitura e para preparar a próxima leitura. Que taxa de intercalamento deve ser usada nesse sistema?

8. Qual o benefício de usar o algoritmo elevador? Como ele faz isso?

9. Que condições precisam ser satisfeitas para que o algoritmo elevador forneça algum benefício?

10. Dê um exemplo que mostre que o algoritmo elevador não é o melhor. Especialmente, mostre que há conjuntos de solicitações para os quais o algoritmo elevador é, na verdade, mais lento que o FCFS.

11. O algoritmo elevador é de algum valor se usado com unidades de disco que encaminham mal as trilhas e que fornecem caches de bloco? Por quê?

12. Por que não configuramos a marca d'água alta no topo do buffer nem a marca d'água baixa em 0?

13. Nossa apresentação do algoritmo elevador se concentrou nos dados especificados por cilindro. Contudo, na maioria das unidades modernas, o setor dos dados é especificado por número de bloco. O algoritmo elevador é aplicável a essas unidades? Por quê?

374 ■ Princípios de sistemas operacionais

14. No Exemplo 13.4, configuramos as marcas d'água alta e baixa sabendo exatamente o quanto a aplicação solicitaria por vez. Será que nosso projeto funcionaria bem com todas as aplicações que solicitam poucos bytes por vez? E aquelas que solicitam mais?

15. Quantos dados podem ser armazenados em um conjunto RAID 5 com cinco unidades de disco, cada um com 100 GB?

Capítulo 14

Alguns exemplos de gerenciamento de dispositivos de E/S

Agora voltamos a atenção para nosso conjunto de exemplos de como o suporte a dispositivos de E/S é implementado neles. Nosso foco é na estrutura e projeto do subsistema de E/S como um todo em vez de em detalhes de dispositivos individuais. Neste capítulo é instrutivo notar as variações do projeto do subsistema de E/S, bem como as similaridades nas linhas das famílias.

14.1 CTSS

Embora não seja grande pelos padrões modernos, a versão final do CTSS suporta uma grande variedade de dispositivos de E/S. Entre esses dispositivos estão os seguintes:

- o relógio que gera interrupções regulares para acionar o escalonador
- vários terminais de digitação de diversos tipos
- sistema de display gráfico com canetas óticas conectadas por um computador PDP-7
- unidades de fita magnética
- duas unidades de disco magnético
- tambores magnéticos
- impressoras
- leitores e perfuradores de cartão perfurado

O CTSS faz uma distinção entre dispositivos de caracteres e de bloco. Ele fornece certo grau de independência de dispositivo, em especial ao lidar com discos e tambores.

O CTSS fornece uma variedade de chamadas ao sistema para diversos dispositivos, incluindo chamadas para configurar vários parâmetros de dispositivos. A chamada para gravar uma linha de saída em um terminal é diferente daquela para gravar um bloco em uma fita. Em alguns casos, o sistema fornece versões com e sem buffer das operações de leitura e escrita. Nesse caso, a bufferização é em nível de bloco, similar à bufferização de sistema de arquivos que analisamos no Capítulo 17.

Há vários aspectos interessantes no projeto dos drivers de dispositivo do CTSS. O primeiro deles é a divisão de tarefas entre vários componentes do sistema de E/S. Especialmente ao lidar com arquivos, as chamadas de E/S primeiro vão para o Coordenador de Arquivos. Esse módulo verifica a validade da solicitação e a transfere para o módulo de E/S adequado. No caso de dispositivos estruturados em blocos, o próximo passo é o Módulo de Controle de Buffer, que implementa a bufferização já descrita. Parte dessa responsabilidade é determinar se uma operação de leitura ou escrita deve ser gerenciada diretamente no espaço de memória do processo do usuário ou pelo espaço de buffer do kernel. O Módulo de Controle de Buffer usa essas informações para construir uma solicitação que é enviada ao Módulo de Estratégia do dispositivo apropriado. Os Módulos de Estratégia do CTSS são essencialmente às metades superiores dos drivers de dispositivos. Eles pegam as solicitações e as colocam em filas para serem processadas pelos Adaptadores de E/S, que atuam no papel das metades inferiores do driver de dispositivo. Os Módulos de Estratégia também estão onde qualquer escalonamento de solicitação, como o algoritmo do elevador, é implementado. Os Adaptadores de E/S fornecem a interface entre o restante do sistema e o hardware do dispositivo. Eles incluem também os tratadores de interrupções. Quando uma operação é concluída, o Adaptador de E/S sinaliza para o Módulo de Estratégia enviar os resultados de volta ao Módulo de Controle de Buffer.

Outro elemento interessante do projeto de E/S do CTSS é o modo em que gerencia a entrada orientada a caracteres. Todos os terminais estão conectados a um computador IBM 7750 separado, que se comunica com o 7094 por meio de um canal de dados. Para cada caractere recebido, o canal de dados grava em um buffer de entrada de adaptador o caractere e uma indicação da linha de terminal pela qual ele foi recebido. Como é comum em muitos controladores de dispositivo de caracteres, o canal gera uma interrupção após o caractere ser colocado no buffer. Contudo, a maior parte do processamento normal de caracteres não é feita no tratador de interrupções. Em vez disso, o tratador de interrupções apenas transfere os caracteres do buffer de entrada de adaptador para um buffer de pool de caracteres e os converte do número de linha de terminal físico para o usuário que está logado naquela linha. Uma das funções do tratador de interrupção do relógio é chamar uma função que executa o restante do tratamento comum de interrupções. Essa função lê os caracteres do buffer de pool de caracteres e os coloca nos buffers de entrada dos respectivos usuários. Após essa transferência ser concluída, os buffers de entrada são verificados para detecção de algum caractere especial. Entre esses caracteres especiais estão os de quebra de linha, como o retorno de cursor, e os de edição de linha de entrada, como apagar e cancelar. Se houver um caractere de quebra de linha, então, uma linha de caracteres será movida para outro buffer a partir do qual as solicitações de entrada do programa do usuário serão atendidas.

14.2 Multics

Como seu predecessor, o CTSS, o Multics suporta uma variedade de dispositivos de E/S, incluindo terminais, discos, tambores, fitas, impressoras e dispositivos de cartão perfurado. O projeto do subsistema de E/S do Multics também tem alguma similaridade com o do seu predecessor. Contudo, o projeto de E/S do Multics também representa um avanço significativo, em especial em termos de independência de dispositivo. Os programas dos usuários são escritos em termos de **streams** sem correspondência predefinida entre um stream e um dispositivo de E/S. Desse modo, a saída do programa pode ir para o terminal no qual o programa é executado, para um arquivo ou impressora, sem que o programa tenha sido escrito para lidar com todos esses casos. O Multics também fornece flexibilidade similar para a entrada.

Todas as solicitações de E/S feitas por processos de usuários vão para o Switch de E/S. Uma das responsabilidades principais do Switch de E/S é gerenciar a correspondência entre streams e dispositivos ou arquivos. Essas correspondências, que podem ser estabelecidas no momento em que o programa é executado, são mantidas na Tabela de Anexos. Por default, um stream de entrada ou de saída padrão é associado ao terminal onde o programa é executado. O Switch de E/S usa as informações da Tabela de Anexos para enviar a solicitação para um Módulo de Interface de Dispositivo (DIM, do inglês Device Interface Module) adequado. Os DIMs fornecem boa parte da mesma funcionalidade dos Módulos de Estratégia do CTSS. Para operações de arquivo, o Switch de E/S envia a solicitação para o Módulo de Interface de Sistema de Arquivos (FSIM, do inglês File System Interface Module), que opera como um DIM especial sem um dispositivo físico associado. O FSIM, contudo, não volta pela mesma infraestrutura de E/S para acessar o disco. Em vez disso, usa a mesma infraestrutura que dá suporte a paginação. O sistema de paginação é implementado separadamente do restante da infraestrutura de E/S por razões de desempenho. A Figura 14-1 ilustra essa organização para um conjunto simples de dispositivos incluindo apenas terminal, fita e impressora.

A figura mostra os DIMs enviando para o Módulo de Interface GIOC (GIM). O GIM é um driver para o Controlador Geral de E/S (GIOC). Esse controlador é encontrado apenas no GE-645 e fornece uma interface uniforme de programação para uma grande variedade de dispositivos. No Honeywell 6180, o GIOC foi substituído pelo Multiplexador de E/S (IOM), que serve basicamente ao mesmo objetivo. As interrupções são tratadas no sentido inverso em relação ao fluxo de solicitações. Para dispositivos anexados ao GIOC, o GIM gerencia inicialmente as interrupções vindas do GIOC. Se uma interrupção exige atenção de um nível mais alto do subsistema de E/S, ela é passada para cima pelo DIM até que todos os módulos necessários sejam informados sobre o evento.

Há mais uma característica do subsistema de E/S do Multics que vamos analisar. Trata-se do Interfaceador de E/S. Esse recurso permite que o código em execução nas camadas do usuário (fora do kernel) seja interfaceado com o restante da infraestrutura de E/S. O efeito desse modelo é que os drivers de dispositivo podem ser implementados no código da aplicação de forma semelhante ao do kernel. Embora essa habilidade de controlar os dispositivos diretamente a partir de aplicações seja comum em sistemas operacionais embarcados e de tempo real, é muito raro entre sistemas operacionais de propósito geral, apesar de ter sido implementada no Multics há mais de trinta anos. Contudo, boa parte do projeto do Multics influenciou muitos projetos de SO desde então.

14.3 RT-11

Visto que o RT-11 foi projetado para ambientes onde o controle direto dos dispositivos de E/S pode ser importante, ele tem várias características que não são comuns na maioria dos sistemas operacionais de compartilhamento de tempo. Uma dessas características incomuns é o fato de fornecer chamadas ao sistema de leitura e escrita bloqueantes e não bloqueantes. Outro recurso incomum é a habilidade de o programa acessar diretamente o controlador de dispositivo. Na verdade, esse programa inclui seu próprio driver de dispositivo, talvez incluindo o tratador de interrupções. Tal acesso direto permite que o programa use o dispositivo em

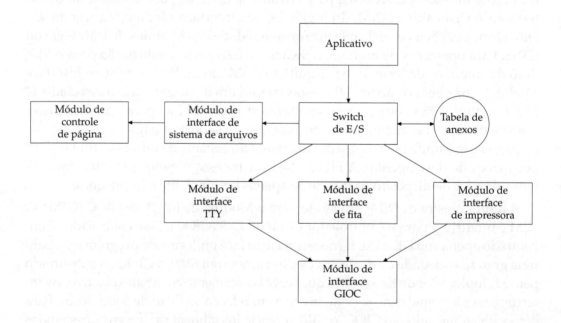

Figura 14-1: Organização do subsistema de E/S do Multics

situações nas quais o tempo é crítico e em que um driver de dispositivo normal poderia ser lento demais. Esse acesso direto surge de uma combinação do fato de que todos os controladores de dispositivo são mapeados na memória no PDP-11 e da falta de tradução de endereço ao usar os monitores de job único (SJ) e de primeiro e segundo planos (FB). Até mesmo no monitor de memória estendida (XM), alguns processos podem ter acesso direto aos registradores do controlador de dispositivo.

A maior parte do acesso a dispositivo, porém, ocorre por meio de drivers de dispositivo, ou **tratadores** na terminologia do RT-11. Por meio desses drivers, a maior parte da E/S no RT-11 é independente de dispositivo, usando as mesmas chamadas ao sistema .READ e .WRITE que são usadas para arquivos. Essa independência de dispositivo é implementada por meio de uma tabela que traduz nomes de dispositivos em ponteiros para os pontos de entrada dos drivers de dispositivo associados. Essa tabela é preparada na inicialização do sistema por meio da identificação de todos os drivers que foram configurados quando o sistema foi gerado. Ademais, testes são realizados para ver quais dos drivers têm o hardware necessário instalado.

A estrutura geral do subsistema de E/S do RT-11 é um pouco incomum. O suporte a dispositivos é uma combinação do monitor residente (RMON) e de tratadores de dispositivos carregados dinamicamente. O RMON contém dois elementos principais do subsistema de E/S. O primeiro deles é o suporte para E/S de terminal. Esse código se concentra no suporte a usuários humanos em terminais conectados a portas RS-232. É a única grande exceção à independência de dispositivo, visto que fornece um conjunto separado de chamadas ao sistema para a E/S de terminal. (Um tratador de dispositivos separado, o TT, é fornecido para dar suporte às operações normais de leitura e escrita. Ele é usado quando se faz a interface com um dispositivo conectado a uma porta RS-232 que não precisa usar processamento de entrada humana.)

O outro grande elemento do suporte de E/S no RMON é um recurso de fila para solicitações de E/S. Na verdade, o RMON serve como a metade superior de todos os drivers de dispositivo. À medida que as solicitações chegam ao RMON, ele as coloca em filas, uma para cada dispositivo. Daí, ele transfere o controle para o tratador apropriado sempre que uma nova solicitação alcança o início da respectiva fila. Ele ordena as solicitações por número de processo, com os números mais altos recebendo prioridade em relação aos mais baixos. As solicitações do mesmo processo são ordenadas com base em FCFS.

Os tratadores de dispositivos fornecem, então, a funcionalidade das metades inferiores dos drivers de dispositivo. Eles contêm o código que programa os registradores do controlador e o código que compõe os tratadores de interrupções. Esses tratadores são montados em arquivos carregados dinamicamente conforme a necessidade. Um tratador especial sempre é carregado: o tratador de dispositivo do sistema, que é o tratador do dispositivo que contém o sistema de arquivos a partir do qual o sistema foi inicializado. Esses tratadores de dispositivo do sistema têm uma característica especial interessante: eles contêm o código necessário para o processo de bootstrapping. Quando um disco (ou outro dispositivo de bloco) é inicializado, o código de bootstrapping do tratador de dispositivo associado é copiado para um local fixo no disco. Esse código de bootstrapping não é carregado na memória quando o tratador de dispositivo é carregado.

Há um aspecto final interessante dos tratadores de dispositivo que examinaremos aqui, muitos dos quais têm parâmetros que podem ser configurados pelo usuário.

380 ■ Princípios de sistemas operacionais

Esses parâmetros são armazenados nos primeiros dois blocos do arquivo que contém o código executável do tratador. Um comando-padrão chamado SET permite que o usuário mude esses parâmetros modificando os dados relevantes nos arquivos do tratador. Cada parâmetro tem uma rotina no código do tratador que verifica a validade do valor solicitado e configura o valor adequado nas tabelas de parâmetros. Depois de o parâmetro ser configurado, os dois blocos são gravados de volta no arquivo. Em resultado disso, esses parâmetros são configurados em todos os processos do sistema e permanecem em vigor até serem alterados, mesmo após reinicializações.

Embora o projeto geral do subsistema de E/S do RT-11 não seja comum, ele é bem adequado para seu objetivo pretendido. Ele facilita muito aos desenvolvedores acrescentarem suporte a novos dispositivos, além de permitir que sejam escritos programas, os quais ignoram o modo-padrão de acessar um dispositivo e usam técnicas especiais adequadas exclusivamente à aplicação.

14.4 UNIX sexta edição

O UNIX continua a evolução da independência de dispositivo iniciada por seus ancestrais, o CTSS e o Multics. Todas as operações de entrada e saída são executadas pelas mesmas chamadas ao sistema *read*( ) e *write*( ) usadas para operações com arquivos. Os dispositivos também são abertos da mesma maneira que os arquivos usando nomes gerenciados pelo sistema de arquivos (chegando a ponto de serem representados por estruturas de dados no disco). A procura e as configuração de parâmetros de porta serial são gerenciadas por meio das chamadas ao sistema *gtty*( ) e *stty*( ), respectivamente. Os drivers de dispositivo do UNIX em geral são estruturados como descrevemos os drivers no Capítulo 13. Diferente de alguns dos outros sistemas que já analisamos aqui, porém, os drivers de dispositivo do UNIX não são carregados dinamicamente enquanto o sistema está em execução; eles são incluídos como parte da imagem do kernel carregada na inicialização.

Os dispositivos do UNIX são agrupados em dispositivos de bloco e de caracteres. Normalmente, as aplicações só abrem, fecham, leem e gravam diretamente os dispositivos de caracteres. O acesso aos dispositivos de bloco normalmente é gerenciado pelo sistema de arquivos, que, por sua vez, é processado pela camada de buffer de E/S de bloco. Às vezes, porém, precisamos acessar um dispositivo de bloco sem passar pela interface do sistema de arquivos, como ao construir um novo sistema de arquivos em um dispositivo. Para dar suporte a isso, a maioria dos drivers de dispositivo em bloco também dá suporte a uma interface bruta que fornece a mesma interface dos dispositivos de caracteres.

A representação dos dispositivos no sistema de arquivos é o coração da independência de dispositivo do UNIX. Quando um nome de dispositivo, como /dev/tty, é referenciado, o sistema de arquivos converte-o em três itens de dados: um número principal de dispositivo, um número secundário de dispositivo e um flag que indica se o dispositivo é de caracteres ou de bloco. Ao gerenciar uma chamada ao sistema enviada por um processo, o flag de bloco/caracteres é usado para selecionar uma de duas tabelas, *bdevsw* e *cdevsw*, que determina como a chamada é processada. O número principal de dispositivo é usado para indexar a tabela selecionada. Cada entrada da tabela é uma estrutura que contém ponteiros para funções que gerenciam operações específicas. (Leitores mais familiarizados com a terminologia de orientação a objetos do que com ponteiros de função podem pensar nessas tabelas como se fossem vetores de objetos, cada qual com um método para cada operação.) O número secundário de dispositivo é enviado ao driver, que pode usá-lo como achar apropriado. Na maioria dos casos, pelo menos um uso do número secundário de dispositivo é determinar qual entre vários dispositivos conectados ao controlador está sendo acessado. Em alguns outros casos, o número secundário de dispositivo pode determinar outras coisas, tal como se a fita foi rebobinada ao ser fechada.

Os drivers de dispositivo de bloco têm três pontos de entrada pela estrutura do switch de dispositivo: uma rotina de abertura, uma rotina de fechamento e uma rotina de estratégia. A rotina de abertura é chamada com mais frequência para preparar o dispositivo quando o sistema de arquivos que ele contém é montado (anexado à árvore de diretório geral do sistema de arquivos). De modo similar, a função principal da rotina de fechamento é gerenciar qualquer limpeza necessária quando o sistema de arquivos é desmontado. A rotina de estratégia é o ponto de entrada principal de todas as leituras e gravações. Se o driver faz alguma otimização de escalonamento, essa é feita na rotina de estratégia. A rotina de estratégia também inicia o controlador se este está ocioso quando chega uma solicitação. Se não, as solicitações que chegam são enfileiradas para serem gerenciadas pelo tratador de interrupções.

Os drivers de dispositivo de caracteres têm cinco pontos de entrada chamados por meio da tabela do switch de dispositivo. Quatro das cinco rotinas correspondem diretamente às chamadas ao sistema *open*( ), *close*( ), *read*( ) e *write*( ). A quinta rotina é chamada para ambas as chamadas ao sistema *gtty*( ) e *stty*( ).

O UNIX usa uma abordagem interessante para gerenciar o espaço de buffer nos dispositivos de caracteres. Em vez de tentar gerenciar alocações de tamanho variável ou determinar limites *a priori* para os vetores, ele usa um número variável de blocos de tamanho fixo, chamados **cblocks**. No UNIX sexta edição, o **cblock** contém um ponteiro de 2 bytes para o próximo **cblock** no buffer e seis caracteres. O buffer completo é representado por um **clist**, que contém um contador de caracteres, um ponteiro para o primeiro caractere e um ponteiro para o último caractere do buffer. Ao assegurar que cada **cblock** é armazenado em uma região de 8 bytes, o sistema pode determinar facilmente se o caractere que está sendo removido de um **cblock** é o último ou se um caractere está sendo acrescentado a um **cblock** completo. Esse alinhamento também facilita mapear desde um ponteiro para um caractere em um **cblock** até o ponteiro para o próximo **cblock**.

O último elemento do projeto antigo de E/S do UNIX que analisaremos é o tratamento do processamento de caracteres de entrada. Evidentemente, não queremos implementar o mesmo processamento de entrada de usuário nos drivers para cada controlador com o qual possamos conectar um terminal. Essa repetição seria

382 ■ Princípios de sistemas operacionais

sujeita a erro e desperdício. No UNIX, há um módulo separado que trata o processamento de entrada. As funções desse módulo são chamadas de todos os drivers de dispositivo que tratam a entrada do usuário.

14.5 4.3BSD

O projeto do subsistema de E/S do UNIX não mudou muito entre a sexta edição e o 4.3BSD. Assim, veremos aqui as mudanças nas funções que analisamos. Uma das mudanças mais evidentes é o acréscimo da chamada ao sistema *ioctl*( ). Essa chamada na verdade foi introduzida na sétima edição do sistema e fornece uma interface mais geral para o controle de dispositivos que as chamadas *gtty*( ) e *stty*( ) da sexta edição. A chamada *ioctl*( ) raramente é descrita como elegante. Contudo, forneceu um mecanismo para dar suporte a várias funções especiais como rebobinar fitas e ejetar CDs sem acrescentar novas chamadas ao sistema.

O 4.3BSD continua usando o mecanismo de **clist** para gerenciar os buffers de caracteres. À medida que aumentou a capacidade de memória dos sistemas, tornou-se apropriado aumentar o tamanho do **cblock**. No 4.3BSD, os **cblocks** têm 60 caracteres de buffer e ponteiro de 4 bytes para o próximo **cblock**.

O 4.3BSD também tem gerenciamento aprimorado de caracteres. As interfaces seriais nem sempre são usadas para interfaces humanas, sendo empregadas para comunicação entre computadores via modem. Às vezes, são utilizadas para conectar dispositivos como impressoras e leitores de código de barra. Assim, o processamento de dispositivos de caracteres pode ter requisitos diferentes dependendo do uso da interface. No 4.3BSD, os tipos diferentes de processamento são tratados por meio de uma generalização do mesmo modelo de processamento de caracteres encontrado em sistemas UNIX anteriores. Vários desses módulos de processamento fornecem uma variedade de **regras de linha**. Uma regra de linha pode ser selecionada com base na interface. A implementação de regras de linha usa uma tabela de switch de linha bem semelhante à tabela de switch de dispositivo que seleciona pontos de entrada nos drivers de dispositivo.

14.6 VMS

O VMS fornece uma interface independente de dispositivo para que as aplicações o acessem. Os dispositivos são identificados pelo nome. Contudo, as chamadas ao sistema para acessar os dispositivos são, em parte, distintas daquelas que acessam os arquivos. As chamadas ao sistema principais para os dispositivos incluem:

- $ALLOC solicita acesso exclusivo a um dispositivo.
- $DALLOC libera o controle exclusivo de um dispositivo.
- $ASSIGN cria uma correspondência entre um dispositivo e um canal de E/S. Na prática, essa chamada abre o dispositivo.

Alguns exemplos de gerenciamento de dispositivos de E/S = 383

- $DASSGN é bem semelhante a uma operação de fechar que remove o link entre o dispositivo e o canal.

- $QIO é uma interface geral, com fila para leitura e escrita. A versão $QIO da chamada é não bloqueante. As chamadas para $QIOW executam leituras e escritas bloqueantes.

Os dispositivos de E/S, controladores, drivers e solicitações são todos gerenciados por meio de uma coleção de estruturas internas de dados conhecidas como banco de dados de E/S. De interesse especial para nós são as tabelas que dão suporte aos drivers de dispositivo. A primeira delas é a tabela de prólogos de driver (DPT, do inglês driver prolog table), que fornece as informações necessárias para carregar os drivers dinamicamente. A segunda é a tabela de repasses de driver (DDT, do inglês driver dispatch table). Há uma tabela dessa em cada driver, cuja função é fornecer os pontos de entrada para certas rotinas que são necessárias para todos os drivers. Por fim, a tabela de seleção de função (FDT, do inglês function decision table) do driver fornece o mapeamento da maioria das operações de E/S para as funções que as implementam. Ela inclui também a máscara de bits que especifica que operações de E/S são suportadas pelo driver.

Os drivers no VMS são estruturados em uma de duas maneiras. A primeira estrutura segue a estrutura de metades superior/inferior que analisamos no Capítulo 13. As solicitações entram no driver por meio da chamada ao sistema $QIO, e o driver faz todo processamento necessário antes de atender à solicitação. O driver passa, em seguida, a solicitação de volta para o código de suporte da chamada $QIO para colocá-la em uma fila. Se o dispositivo está ocioso, então, o código de enfileiramento chama a rotina do driver para iniciar a E/S. Nesse ponto, o driver aguarda que ocorra uma interrupção indicando a conclusão da operação. Depois de concluir sua resposta à interrupção, o tratador de interrupções passa o controle de volta para o código de suporte da $QIO para retornar os resultados ao processo solicitante.

A outra organização de driver divide os drivers em duas partes – driver de classe e de porta. O suporte de terminal é um exemplo esclarecedor a esse respeito. Visto que muito do suporte necessário para os terminais é independente dos detalhes da interface de hardware, não repetimos o código de edição de linha para cada driver. O driver de classe de nível mais alto inclui a implementação de políticas relacionadas a uma determinada classe de dispositivos, tais como terminais. Quando uma operação de nível mais baixo é necessária, como a transmissão de uma string de bytes pela porta, o driver de classe chama o driver de porta para o hardware específico envolvido. Um resultado especialmente interessante dessa organização é que, ao usar um driver de porta adequado que transmite solicitações pela rede, o mesmo driver de classe pode usar dispositivos locais e remotos.

O VMS dá suporte a vários pseudodispositivos, como o dispositivo null. As caixas de correio são um exemplo bastante notável de pseudodispositivo no VMS. Esses "dispositivos" permitem que os processos se comuniquem entre si usando as mesmas chamadas ao sistema que usam ao trocar dados com outros dispositivos.

384 ■ Princípios de sistemas operacionais

Chamadas especiais ao sistema permitem que os processos criem caixas de correio e lhes deem nomes, que podem ser referenciados por outros processos. Qualquer processo que quiser usar a caixa de correio pode abri-la com a chamada costumeira, $ASSIGN, e usar as chamadas $QIO para ler e escrever nela.

14.7 Windows NT

As operações de E/S no Windows NT envolvem várias camadas de processamento. Quando uma aplicação envia uma solicitação de E/S, a camada do subsistema é responsável pelo primeiro estágio do processamento. Se a aplicação estiver lendo um dispositivo ou arquivo, ela pode enviar a chamada *read*( ) se executada no subsistema POSIX, ou *ReadFile*( ) se executada no subsistema Win32. O subsistema de ambiente envia então uma chamada para o SO. Nesse caso, a chamada é *NtReadFile*( ). Ela é gerenciada pelo gerenciador de E/S, que trata o enfileiramento e repasse de solicitações aos drivers. São suportadas chamadas de E/S bloqueantes e não bloqueantes. O gerenciador de E/S pode transferir o controle para um único driver de dispositivo ou para um conjunto de drivers em várias camadas. De fato, o sistema de arquivos é tratado como driver de nível máximo. Os drivers são escritos independente dos detalhes da maioria dos processadores e controladores de interrupção. Eles chamam rotinas na Camada de Abstração de Hardware (HAL, do inglês hardware abstract layer) para lidar com esses detalhes.

Drivers de dispositivo individuais são, eles mesmos, muitas vezes implementados em camadas. Na camada superior, encontramos drivers de classe que gerenciam um tipo de dispositivo, como CD ou disco. Esses drivers então solicitam serviço do driver de porta que trata os detalhes de determinado tipo de interface. O driver de classe de disco pode chamar diferentes drivers de porta para discos IDE, em vez de discos SCSI. O projeto e modelo específicos do controlador são tratados pelo driver de miniporta, que recebe solicitações do driver de porta. Em termos de implementação, o driver de miniporta é o código que geralmente consideramos como o driver de dispositivo, e ele chama a biblioteca de funções que compõem o código do driver de porta.

Considerando a versão Windows 2000 do projeto Windows NT, foi acrescida outra divisão de responsabilidade do driver com o Modelo de Driver do Windows (WDM, do inglês Windows driver model). Esse modelo define três tipos de drivers. Os drivers de barramento gerenciam os detalhes de determinado tipo de barramento de interconexão. Isso inclui barramento interno tradicional, como PCI ou ISA, bem como interfaces externas -USB ou IEEE 1394 (também conhecida como FireWire). Qualquer recurso "Plug and Play" (PnP) ou de gerenciamento de energia desses barramentos é tratado pelos drivers de barramento. As responsabilidades costumeiras do driver de dispositivo se encontram nos drivers chamados de drivers de função no WDM. Por fim, outros drivers podem ser acrescidos para fornecer características e funções adicionais. Esses drivers adicionais são chamados de drivers de filtro. Por exemplo, podemos incluir um driver de filtro que fornece criptografia aos dados enviados pela porta USB.

Outro elemento do tratamento de dispositivos no Windows NT que merece ser mencionado é o mecanismo de tratamento de interrupção. Os tratadores de interrupções em si não fazem todo o processamento necessário para concluir a operação de E/S. Em vez disso, eles fazem o trabalho mínimo para reduzir a quantidade de vezes que as interrupções são bloqueadas. Depois do tratador de interrupções registrar os detalhes da interrupção e executar todo o reconhecimento necessário sobre o controlador, ele emite uma chamada de procedimento diferida (DPC, do inglês deferred procedure call). Essa chamada faz referência a outra rotina no driver que termina o processamento da interrupção. A infraestrutura geral da DPC envia a chamada real pouco tempo depois. A rotina chamada pelo DPC trata o despertar da thread bloqueada naquela operação e entrega qualquer resultado à thread. Depois disso, ela pega a próxima operação da fila e a envia para o controlador, assim como faria uma rotina normal de interrupção.

14.8 TinyOS

Mais do que em outros sistemas operacionais, o ponto forte do TinyOS é gerenciar dispositivos de E/S. Os dispositivos gerenciados pelo TinyOS em geral são de três tipos. O primeiro tipo, dispositivos sensores, inclui hardware para medir temperatura, luz, movimento, e assim por diante. Muitas vezes, o papel principal dos motes",[1] nos quais o TinyOS é executado, é captar informações ambientais dessa maneira. Essa é a principal razão de serem costumeiramente chamados de sensores. O segundo tipo de dispositivo é um indicador simples de saída. Com frequência, trata-se de um ou alguns diodos emissores de luz (LEDs, do inglês light emitting diodes), embora outros dispositivos de saída sejam possíveis. O grupo final de dispositivos são os de comunicação, geralmente dispositivos de rede RF,[2] como Bluetooth, 802.11b ou 802.15.

Assim como outras partes do sistema, os drivers de dispositivo são escritos como componentes. Eles recebem solicitações dos componentes de nível mais alto na forma de comandos. Esses comandos podem fazer o componente do driver retornar os dados coletados de um dispositivo, ou podem fazer o componente executar alguma ação no hardware. As interrupções chegam aos componentes do driver como eventos. Dependendo do modelo do driver, os eventos podem ser gerenciados completamente dentro do componente ou, com mais frequência, podem resultar em outros eventos que são repassados a componentes de nível mais alto.

---

[1] Denominação para um nó de processamento com capacidade de sensoriamento, podendo ser visto também como um sensor com capacidade de processamento. (N.R.T.)

[2] Acrônimo para "Radio Frequency", usado na concepção de redes sem fio de baixo consumo.

14.9 Xen

O Xen não gerencia dispositivos de E/S por ele próprio. Essa responsabilidade pertence a um dos sistemas operacionais "convidados" que executam sobre ele. Principalmente, o SO executado em um domínio chamado de domínio de driver (em geral, Domínio 0) tem *status* especial. Ele tem acesso aos dispositivos de E/S do sistema da mesma maneira que outros SO executados diretamente no hardware.

Os SOs executados em outros domínios usam um driver de dispositivo de duas partes para acessar os dispositivos de propriedade do SO no domínio de driver. As duas partes desses drivers são chamadas "frontend" e "backend". O "frontend" é executado nos SOs sem acesso direto ao dispositivo. Ele apresenta a mesma interface ao SO que outros drivers de mesmo tipo de dispositivo. Contudo, sua única função real é enviar solicitações para o driver "backend" por meio de um bloco de memória compartilhada. Essa memória serve como interface entre o "frontend" em um SO não privilegiado e o "backend" no SO executado no domínio de driver. O driver "backend" captura as solicitações do bloco de memória compartilhada e, após verificar sua validade, atende-as por meio dos drivers normais de dispositivo naquele SO.

A rede em geral é tratada de um modo um pouco diferente. O "backend" de rede implementa uma interface que permite que cada um dos SOs convidados se comunique com os outros por meio de suas interfaces de rede. Na prática, parte dessa E/S, que seria normalmente tratada pelos drivers de dispositivo, é tratada por meio dos protocolos de rede no Xen. Por exemplo, embora cada SO convidado possa normalmente controlar diretamente um buffer de quadro para fornecer um sistema de janelas, só um deles pode fazer isso no Xen. Por meio do convidado único que fornece o sistema de janelas, o usuário pode então acessar os ambientes virtuais de janelas dos outros sistemas usando uma aplicação como VNC.[3]

14.10 Resumo

Como vimos com processos e memória, as implementações reais do suporte a dispositivos de E/S se baseiam em, mas variam em relação aos princípios gerais amplamente conhecidos. Neste capítulo, fizemos uma análise de nove projetos de SO e como os dispositivos de E/S são suportados em cada um deles. Verificamos como o domínio da aplicação-alvo dita parte do projeto. Vimos também como várias técnicas e princípios de suporte a E/S evoluíram com o tempo à medida que cada geração de SO influenciava as gerações sucessivas. No geral, apresentamos a tendência em direção a interfaces genéricas e técnicas que ocultam detalhes dos dispositivos. Essa tendência inclui até projetos onde os dispositivos de E/S e arquivos são unificados até certo ponto.

---

[3] Acrônimo do inglês Virtual Network Computing, denominação de protocolo para prover acesso remoto com recursos gráficos. (N.R.T.)

14.11 Exercícios

1. Ao passar do CTSS para o Multics, os desenvolvedores passaram de chamadas exclusivas ao sistema para dispositivos diferentes para uma abordagem mais genérica em que as mesmas chamadas eram usadas independente de dispositivo. Quais as vantagens e desvantagens dessa mudança?

2. A primeira parada das solicitações de E/S no CTSS é o Coordenador de Arquivos. No Multics, é o DIM. Esses dois elementos fazem a mesma coisa? Quais as diferenças entre eles?

3. Ao implementar interfaces genéricas de dispositivo, não queremos perder a oportunidade de incluir técnicas específicas de dispositivos, como o algoritmo elevador. Como ter o melhor de dois mundos, com aplicações que veem a mesma interface de todos os dispositivos, mas, internamente, cada dispositivo pode ser suportado com otimizações apropriadas?

4. A implementação de buffer no UNIX sexta edição parece um pouco complicada. Na maioria das aplicações, alocamos os buffers dinamicamente conforme a necessidade ou usamos buffers fixos com limites configurados no momento da implementação. Por que os projetistas incluíram a abordagem de **cblock** para bufferização em vez de uma abordagem de aplicação mais típica? Que vantagens os **cblocks** têm em relação a essas abordagens?

5. Os sistemas que executam 4.3BSD têm espaço de memória física muito maior do que os que executam o UNIX sexta edição. Um efeito dessa diferença são **cblocks** maiores. Há outras maneiras pelas quais a memória física adicional afeta o projeto do buffer? Será que a memória "barata" torna totalmente óbvia a necessidade de **cblocks**? Por quê?

6. Alguns dos sistemas que analisamos implementam apenas operações de E/S bloqueantes e alguns, tanto operações bloqueantes como não bloqueantes. Há uma diferença substancial quanto à complexidade de driver entre essas duas escolhas de modelo? Como as operações bloqueantes podem ser implementadas sobre operações não bloqueantes?

7. Tanto o VMS como o Windows NT exibem uma tendência de separar o tipo de dispositivo e o suporte a barramento do suporte específico a dispositivos. Como esses modelos afetam o projeto básico do driver, ilustrado na Figura 13-4?

8. No VMS, vemos bastante interação entre o driver de dispositivo e o código $QIO. Será que todas essas chamadas "indo e vindo" violam o modelo em camadas? Há um modo de encarar o código $QIO e o driver de dispositivo como um bom modelo em camadas?

9. Apontamos que o TinyOS não inclui suporte a E/S no próprio SO. Mesmo assim, quase todos os outros sistemas fornecem infraestruturas substanciais além dos drivers de dispositivos específicos. Por que os desenvolvedores do TinyOS não incluíram isso na sua infraestrutura? Haveria vantagens em incluí-los? Como técnicas genéricas seriam suportadas pelo projeto atual?

388 ■ Princípios de sistemas operacionais

10. Tradicionalmente, em especial no mundo dos PCs IBM, cada sistema operacional precisa incluir código para dar suporte a uma variedade muito grande de dispositivos. Isso significa que os desenvolvedores de SO implementam basicamente o mesmo código repetidas vezes, o que aumenta substancialmente a demanda sobre as equipes de desenvolvimento. O uso crescente do Xen afeta isso? Como podem grupos de desenvolvimento menores usar o Xen para utilizar todos os dispositivos sem ter de implementar drivers para todos eles?

Capítulo 15

Dispositivos de E/S no Inferno

Diferente do restante de nossa análise do Inferno, neste capítulo examinaremos principalmente o código nativo. A razão para isso é simples. No Inferno hospedado, a maior parte do trabalho de controle dos dispositivos é realizada pelo sistema operacional hospedeiro. Assim, para estudar os detalhes de programação de dispositivos, precisamos nos concentrar nas implementações nativas do Inferno, nas quais o próprio Inferno é responsável por gerenciá-los.

15.1 Estrutura do driver de dispositivo

Quase todo suporte a dispositivos no Inferno é tratado por meio de servidores especiais de arquivos que apresentam os dispositivos como recursos no espaço de nome. Examinaremos o aspecto do servidor de arquivos desses drivers de dispositivo em mais detalhes no Capítulo 19. Aqui, nos concentraremos principalmente nos aspectos de controle de dispositivo dos nossos drivers. Contudo, alguns elementos da estrutura geral dos drivers de dispositivo do Inferno ajudarão na contextualização.

Os drivers de dispositivo no Inferno têm uma estrutura um tanto incomum como resultado da funcionalidade de seu servidor. Essa estrutura alternativa resulta em drivers bem diretos quando comparados a muitos outros sistemas. Quando vistos do restante do kernel, os drivers de dispositivo são uma coleção de funções que fornecem um conjunto-padrão de pontos de entrada. Uma função é chamada para inicializar o dispositivo e outra para desligá-lo. Há funções chamadas para ler dados, escrever dados e executar diversas outras operações. Em grande parte, essas funções correspondem a mensagens do protocolo Styx, detalhado na Seção 19.1.1. Cada driver define uma estrutura que contém ponteiros para essas funções. Essas estruturas formam uma interface consistente entre todos os drivers e o restante do sistema.

No caso de dispositivos de armazenamento, levamos essa abstração um passo além. Uma quantidade substancial de processamento para dispositivos de armazenamento é independente de dispositivo físico. Em vez de implementar essa funcionalidade comum em cada driver de dispositivo de armazenamento, criamos um driver que a gerencia e que implementa as funções que reagem a mensagens do Styx. Daí, em resposta a mensagens do Styx, esse driver chama o código específico de dispositivo físico. A interface entre o código independente de dispositivo e o código dependente de dispositivo é similar à interface entre o Styx e os drivers de dispositivo. Em especial, cada módulo dependente de dispositivo define uma estrutura que contém um conjunto de ponteiros de função, fornecendo um conjunto-padrão de chamadas para cada driver dependente de dispositivo.

Em comparação com a estrutura de driver com metades superior/inferior da Figura 13-4, a maior parte da funcionalidade da metade superior é fornecida pela infraestrutura de tratamento geral do Styx. O código identificado como o próprio driver de dispositivo fornece, principalmente, a funcionalidade da metade inferior. Esse código também contém o tratador de interrupção se um for necessário para o dispositivo. A função de inicialização de dispositivo é responsável por conectar a função que implementa o tratador de interrupções com a interrupção de hardware.

Para ilustrar a operação de um driver no Inferno, analisaremos o exemplo de uma solicitação enviada para o driver, ilustrada na Figura 15-1. As setas indicam o fluxo de controle e os números ao lado das setas, a ordem dos eventos. Todo o código da linha pontilhada para baixo faz parte do driver de dispositivo. Novamente, no caso de dispositivos de armazenamento, a linha de funções que processa as operações Styx é dividida em linha independente de dispositivo e linha dependente de dispositivo.

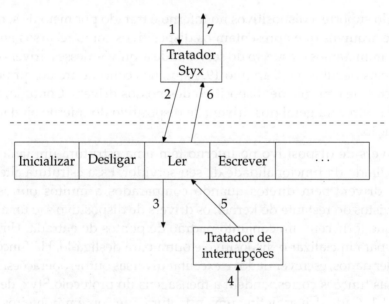

Figura 15-1: Operação de driver de dispositivo no Inferno

Começamos com uma mensagem Styx, digamos, para ler do dispositivo, indicada pela seta 1 na figura. Essa mensagem pode ser gerada localmente por meio de uma chamada ao sistema, ou pode chegar por uma conexão de rede. Para tornar isso mais específico, vamos analisar o caso de uma chamada ao sistema. De qualquer forma, o código de tratamento do Styx reconhece isso como solicitação de leitura e chama a função para ler entre aqueles ponteiros de função mencionados anteriormente (seta 2). Antes de acessar uma estrutura interna de dados associada a um dispositivo específico, a função de leitura obtém um bloqueio de exclusão mútua. Esse código é executado como parte do *kproc*. Especialmente no caso de chamada ao sistema, é o *kproc* que interpretava a aplicação que enviou a chamada ao sistema. Além disso, suponhamos que esse é o driver para um dispositivo que talvez leve algum tempo para atender à solicitação. Nesse caso, o *kproc* que chamou a função de leitura vai bloqueá-la após configurar o controlador para ler os dados solicitados (seta 3).

Enquanto nosso *kproc* original está bloqueado, outros processos podem fazer solicitações ao mesmo dispositivo. Visto que não conseguirão obter o bloqueio mutex, eles serão bloqueados. Quando os dados estiverem disponíveis, o controlador gerará uma interrupção. Durante a inicialização, esse driver associou uma de suas funções com a interrupção associada, de modo que essa função é chamada agora, correspondendo à seta 4. Naturalmente, essa função não está sendo executada como parte do *kproc* que enviou a solicitação original. O código do tratador de interrupção desperta a thread original de *kproc* para concluir a operação. Indicamos a operação de despertar pela seta 5 na figura, mas note que essa não é uma transferência típica de controle resultante de uma chamada ou de um retorno.

Antes de devolver o controle para a aplicação que emitiu a chamada ao sistema (setas 6 e 7), o código do driver desbloqueia a estrutura de dados daquele dispositivo. Se houver outros *kprocs* aguardando pelo bloqueio, o próximo é desbloqueado e o bloqueio é transferido. Usamos uma operação de bloqueio que preserva a ordem das solicitações de bloqueio. Em consequência disso, o código de bloqueio implementa a fila de operações pendentes para nós. Os drivers individuais não precisam incluir o código de enfileiramento.

15.2 Suporte à porta paralela

Começamos nosso exame de exemplos de drivers de dispositivo específicos com um dos dispositivos mais simples do sistema. É o hardware que faz a interface com impressoras e outros dispositivos paralelos. O código para esse driver de dispositivo é encontrado no arquivo **os/pc/devlpt.c**.

A primeira parte do código que analisaremos é a declaração de um vetor que lista os endereços dos registradores do controlador para cada interface. Alistamos os conjuntos de registradores para até três interfaces. Se tivermos menos de três dispositivos realmente instalados no sistema, apenas ignoraremos os extras.

```
/* base addresses */
static int lptbase[] = {
    # 378,      /* lpt1 */
    # 3bc,      /* lpt2 */
```

```
    # 278        /* lpt3 (sic) */
};
```

15.2.1. Atendimento a uma solicitação de escrita

Embora portas paralelas modernas possam ser usadas para comunicação bidirecional (entrada e saída), o uso tradicional das portas paralelas é para saída. Assim, restringiremos nossa atenção ao caso de escrita na porta. Chegamos a esse ponto como resultado de uma mensagem de escrita do Styx, como descrito anteriormente.

A função de escrever na porta paralela é declarada como segue, onde *a* é um ponteiro para os dados que precisam ser escritos na porta *n* representa o número de bytes a serem escritos. O parâmetro de canal *c* aponta para uma estrutura que identifica, entre outras coisas, qual porta estamos acessando.

```
static long lptwrite (Chan *c, void *a, long n, vlong)
{
    char str[16], *p;
    long base, k;
    if (n ≤ 0)
        return 0;
```

15.2.1.1 Tratamento de operações de controle

Acontece que algumas escritas não são dados enviados na porta. Em vez disso, visam modificar diretamente os registradores de controle do controlador de dispositivo. Nesses casos, escrevemos os dados solicitados no registrador correspondente para o arquivo aberto. Podemos saber se é um acesso de dados ou de controle dependendo do arquivo que está aberto. A parte *qid* da estrutura *c* é uma identificação única do arquivo aberto. Quando o arquivo de dados é aberto, seu membro *path* é configurado como *Qdata*. Há outros valores definidos nos arquivos de controle.

```
    if (c→qid.path ≠ Qdata) {
        if (n > sizeof str − 1)
            n = sizeof str − 1;
        memmove(str, a, n);
        str[n] = 0;
        outb(c→qid.path, strtoul(str, 0, 0));
        return n;
    }
```

15.2.1.2 Escrita no buffer de saída

Se a solicitação de escrita é em um canal conectado à porta real, chegamos a este ponto no código. As três primeiras linhas apenas configuram algumas variáveis que facilitam nossa vida ao escrever os dados.

```
p = a;
k = n;
base = lptbase[c→dev];
```

Como descrito em capítulos anteriores, configuramos esse como um ponto em que podemos capturar condições de erro. Se detectarmos uma condição de erro, devemos reiniciar os sinais de saída da porta para um estado ocioso normal. *Qpcr* é definido como um deslocamento a partir da porta de base de E/S para o registrador de controle. De modo similar, o *Qpsr*, que veremos mais adiante, refere-se ao registrador de *status*. Nessa e na próxima função, também vemos várias constantes com nomes que começam com "F," como *Finitbar*. Todas correspondem a bits específicos de controle e *status* nos registradores de controle e *status*.

```
if (waserror( )) {
    outb (base + Qpcr, Finitbar);
    nexterror( );
}
```

No fluxo de controle normal, chegamos ao ponto em que temos *n* bytes para escrever na porta. A maior parte do trabalho que realiza a escrita em si é tratada pela função *outch* ( ).

```
while (-- k ≥ 0)
    outch (base, *p++);
poperror( );
return n;
}
```

15.2.2 Escrita de um único byte

Aqui está, então, a função que transfere um byte para a porta paralela. É neste ponto em que falamos diretamente com o hardware usando as chamadas *inb*( ) e *outb*( ). Essas chamadas buscam um byte do endereço de porta de E/S e escrevem um byte no endereço de porta de E/S, respectivamente.

```
static void outch (int base, int c)
{
    int status, tries;
```

15.2.2.1 Espera por um controlador ocioso

Não podemos escrever um byte na porta se o sinal de ocupado da interface estiver ativo. Então, consultamos continuamente esse sinal até que esteja desabilitado. No caminho, procuramos sinais de "sem papel" e de erro.

```
for (tries = 0; ; tries ++) {
    status = inb(base + Qpsr);
    if (status & Fnotbusy)
        break;
    if ((status & Fpe) ≡ 0 ∧ (status & (Fselect | Fnoerror)) ≠ (Fselect | Fnoerror))
        error (Eio);
```

Para não sobrecarregarmos o uso da CPU enquanto consultamos os sinais de ocupado, atrasamos 1 mS nas primeiras 10 vezes. Após os primeiros 10 mS de consulta, dormimos por 100 mS em cada vez. Habilitamos também a interrupção do controlador para podermos ser despertados do nosso sono quando a interface estiver disponível.

```
    if (tries < 10)
        tsleep (&lptrendez, return0, nil, 1);
    else {
        outb(base + Qpcr, Finitbar | Fie);
        tsleep(&lptrendez, lptready, (void *) base, 100);
    }
}
```

15.2.2.2 Envio de byte

Agora que sabemos que podemos escrever com segurança na porta, enviamos o byte para a porta e, momentaneamente, ativamos o sinal "strobe". O strobe informa ao dispositivo conectado que um novo byte de dados está disponível nas linhas de dados.

```
    outb(base + Qdlr, c);
    outb(base + Qpcr, Finitbar | Fstrobe);
    outb(base + Qpcr, Finitbar);
}
```

Nesse ponto, retornarmos ao loop estreito, de caractere por caractere, no *lptwrite*( ). Note que não usamos a interrupção gerada quando o caractere é enviado para disparar o envio de outro byte. Em vez disso, consultamos continuamente o controlador para determinar quando é seguro enviar outro caractere.

Contudo, visto que liberamos a CPU ao dormir e consultar apenas periodicamente, não incorremos nos costumeiros efeitos negativos da consulta. Contudo, usamos a interrupção para nos despertar do sono, para não precisarmos aguardar mais tempo que o necessário. O efeito desse projeto é um código mais simples do que o uso tradicional de interrupções, e, ainda assim, capaz de reduzir muito a ineficiência da consulta tradicional.

15.3 Suporte ao teclado

Examinaremos a seguir o driver para o teclado integrado em PCs compatível com IBM, conforme definidos em **os/pc/kbd.c**. O teclado nessas máquinas, na verdade, está conectado a um microprocessador Intel 8042 separado. Em implementações mais recentes do projeto compatível com IBM, esse microprocessador é apenas uma de muitas funções incorporadas em um ou alguns chips que contêm a maior parte das funções originais de interface. Para os nossos fins, a principal função desse processador de teclado é interromper a CPU principal e entregar códigos de teclas para cada evento de teclado. Esses eventos incluem cada vez que se pressiona e libera a tecla do teclado. O mesmo código de tecla é produzido para cada evento, independente de haver ou não algum modificador ativo. Por exemplo, o código de tecla que obtemos quando a tecla "A" é pressionada não nos diz se é um "a" minúsculo, um "A" maiúsculo ou um Ctrl-A. O código de tecla também não corresponde ao valor ASCII (do inglês, American Standard Code for Information Interchange) do caractere correspondente. Para lidar com essas excentricidades, definimos os seguintes três vetores que mapeiam códigos de teclas a caracteres e funções modificadoras. Nesses vetores, a notação [#00] é uma extensão de C suportada pelo compilador usado para construir o Inferno nativo. Essa notação permite que o programador especifique que elemento do vetor recebe o próximo inicializador. Nesses casos específicos, não estamos omitindo valores, de modo que eles servem, basicamente, como ajuda ao leitor.

```
Rune kbtab [ ] =
{
[#00]No,#1b, '1', '2', '3', '4', '5', '6',
[#08]'7', '8', '9', '0', '-', '=', '\b', '\t',
[#10]'q', 'w', 'e', 'r', 't', 'y', 'u', 'i',
[#18]'o', 'p', '[', ']', '\n', Ctrl, 'a', 's',
[#20]'d', 'f', 'g', 'h', 'j', 'k', 'l', ';',
[#28]'\'', '`', Shift, '\\', 'z', 'x', 'c', 'v',
[#30]'b', 'n', 'm', ',', '.', '/', Shift , '*',
[#38]Latin, '␣', Ctrl, KF |1, KF|2, KF|3, KF|4, KF| 5,
[#40]KF |6, KF|7, KF|8, KF|9, KF|10, Num, Scroll, '7',
[#48]'8', '9', '-', '4', '5', '6', '+', '1',
```

396 ■ Princípios de sistemas operacionais

```
[#50]'2', '3', '0', '.', No, No, No, KF  |  11,
[#58]KF  |  12, No, No, No, No, No, No, No,
[#60]No, No, No, No, No, No, No, No,
[#68]No, No, No, No, No, No, No, No,
[#70]No, No, No, No, No, No, No, No,
[#78]No, View, No, Up, No, No, No, No,
};
Rune kbtabshift [ ] =
{
[#00]No, # 1b, '!', '@', '#', '$', '%', '^',
[#08]'&', '*', '(', ')', '_', '+', '\b', '\t',
[#10]'Q', 'W', 'E', 'R', 'T', 'Y', 'U', 'I',
[#18]'O', 'P', '{', '}', '\n', Ctrl, 'A', 'S',
[#20]'D', 'F', 'G', 'H', 'J', 'K', 'L', ':',
[#28]'"', '~', Shift, '|', 'Z', 'X', 'C', 'V',
[#30]'B', 'N', 'M', '<', '>', '?', Shift, '*',
[#38]Latin, '␣', Ctrl, KF | 1, KF | 2, KF | 3, KF | 4, KF | 5,
[#40]KF | 6, KF | 7, KF | 8, KF | 9, KF | 10, Num, Scroll, '7',
[#48]'8', '9', '-', '4', '5', '6', '+', '1',
[#50]'2', '3', '0', '.', No, No, No, KF | 11,
[#58]KF | 12, No, No, No, No, No, No, No,
[#60]No, No, No, No, No, No, No, No,
[#68]No, No, No, No, No, No, No, No,
[#70]No, No, No, No, No, No, No, No,
[#78]No, Up, No, Up, No, No, No, No,
};
Rune kbtabesc1 [ ] =
{
[#00]No, No, No, No, No, No, No, No,
[#08]No, No, No, No, No, No, No, No,
[#10]No, No, No, No, No, No, No, No,
[#18]No, No, No, No, '\n', Ctrl, No, No,
[#20]No, No, No, No, No, No, No, No,
[#28]No, No, Shift, No, No, No, No, No,
[#30]No, No, No, No, No, '/', No, Print,
[#38]Latin, No, No, No, No, No, No, No,
[#40]No, No, No, No, No, No, Break, Home,
```

[#48] *Up, Pgup, No, Left, No, Right, No, End,*

[#50] *Down, Pgdown, Ins, Del, No, No, No, No,*

[#58] *No, No, No, No, No, No, No, No,*

[#60] *No, No, No, No, No, No, No, No,*

[#68] *No, No, No, No, No, No, No, No,*

[#70] *No, No, No, No, No, No, No, No,*

[#78] *No, Up, No, No, No, No, No, No,*

};

15.3.1 Inicialização do controlador de teclado

A primeira função que examinaremos é a que inicializa o controlador de teclado. O primeiro trecho pequeno de código é bem comum em drivers de dispositivo, em especial na inicialização ou no início de operações. Muitas vezes, os controladores de dispositivo são incapazes de aceitar novos comandos enquanto estão ocupados tratando outra operação. Aqui, consultamos continuamente o *status* do controlador até percebermos que não está ocupado. Em cada consulta, se o *status* indica que o controlador tem um novo evento de entrada, precisamos capturá-lo, mas o ignoramos. Os valores de *Status* e *Data* são os números das portas correspondentes.

```
void kbdinit (void)
{
    int c;
    /* wait for a quiescent controller */
    while ((c = inb(Status)) & (Outbusy | Inready))
        if (c & Inready)
            inb (Data);
```

O restante dessa função configura o controlador de teclado, habilitando a funcionalidade do teclado, habilitando uma interrupção para o buffer de saída cheio e configurando o teclado para um modo compatível com IBM. Note que primeiro temos de escrever 20_{16} na porta de comando antes de lermos o valor de configuração corrente, e temos de escrever 60_{16} para escrever um novo valor de configuração. Esse é um exemplo de uma das técnicas comuns analisadas no Capítulo 13. Para reduzir o número de portas que usamos, ou para simplificar o projeto de hardware, o controlador muitas vezes tem um processo de duas etapas para ler e escrever seus registradores internos.

```
    /* get current controller command byte*/
    outb (Cmd, #20);
    if (inready ( ) < 0) {
        print ("kbdinit:⎵can't⎵read⎵ccc\n");
```

398 ■ Princípios de sistemas operacionais

```
        ccc = 0;
    }
    else
        ccc = inb(Data);
    /* enable kbd xfers and interrupts */
    /* disable mouse */
    ccc &= ~Ckbddis;
    ccc |= Csf | Ckbdint | Cscs1;
    if (outready ( ) < 0)
        print ("kbd init failed\n");
    outb (Cmd, #60);
    if (outready ( ) < 0)
        print ("kbd init failed\n");
    outb (Data, ccc);
    outready ( );
}
```

15.3.2 Gerenciamento de interrupção do teclado

Agora, chegamos à essência do driver de teclado: o tratador de interrupções. Na função anterior, habilitamos as interrupções a serem geradas por cada um dos eventos de teclado (pressionar ou liberar), e em outras partes providenciamos que essas interrupções chamassem essa função. Essa função, como no caso da maioria dos tratadores de interrupção, ignora seus argumentos. O primeiro argumento é um ponteiro para uma estrutura que contém os registradores do processo interrompido, caso o tratador precise acessá-los. O segundo argumento é o valor de dado definido quando o tratador é registrado. Isso permite que a mesma função de tratador seja associada a mais de uma interrupção e que seja capaz de dizer qual interrupção fez com que fosse chamada.

```
    /* keyboard interrupt */
    static void i8042intr (Ureg *, void *)
    {
        int s, c, i;
        static int esc1, esc2;
        static int alt, caps, ctl, num, shift;
        static int collecting, nk;
        static Rune kc[5];
        int keyup;
```

É possível obter interrupções para outras coisas além de eventos de teclado. Assim, se não tivermos entradas aguardando por nós, ignoramos a interrupção. A variável de bloqueio, *i8042lock*, é global e, portanto, compartilhada por todas as threads que poderiam executar esse código.

```
/* get status */
lock (&i8042lock);
s = inb(Status);
if (¬(s & Inready)) {
    unlock (&i8042lock);
    return;
}
```

15.3.2.1 Buscar o código de tecla

Agora, recuperamos a entrada do controlador. Depois disso, podemos liberar o bloqueio que tínhamos.

```
/* get the character */
c = inb (Data);
unlock (&i8042lock);
```

Se essa entrada vem do mouse, então colocamos o byte na fila de entrada para o driver do mouse; caso contrário, continuamos a tratá-lo como evento real de teclado.

```
/* if it's the aux port... */
if (s & Minready) {
    if (auxputc ≠ nil)
        auxputc (c, shift);
    return;
}
```

15.3.2.2 Tratamento de escapes de caractere composto

Os valores $E0_{16}$ e $E1_{16}$ são usados como prefixos para valores de caracteres multibytes. Esses valores são usados em teclas como Page Up e não para caracteres ASCII.

```
/* e0's is the first of a 2 character sequence */
if (c ≡ #e0) {
    esc1 = 1;
    return;
}
```

400 ■ Princípios de sistemas operacionais

```
else if (c ≡ #e1) {
    esc2 = 2;
    return;
}
```

15.3.2.3 Diferenciação entre pressionamento e liberação de tecla

Se o bit mais significativo de byte de entrada está marcado, o evento é uma liberação de tecla. Os sete bits inferiores indicam o código de varredura para pressionar ou para a liberação. (O código de varredura, essencialmente, indica qual tecla física está sendo pressionada ou liberada.)

```
keyup = c & #80;
c &= #7f;
if (c > sizeof kbtab) {
    c |= keyup;
    if (c ≠ #FF)          /* these come fairly often: CAPSLOCK U Y */
        print ("unknown␣key␣%ux\n", c);
    return;
}
```

15.3.2.4 Conversão de código de tecla para caractere

Agora, usaremos as tabelas definidas antes para converter o código de tecla para o caractere ASCII que desejamos para aquela tecla. Note que usamos a variável de estado *shift* para determinar qual vetor consultamos.

```
if (esc1) {
    c = kbtabesc1[c];
    esc1 = 0;
}
else if (esc2) {
    esc2 --;
    return;
}
else if (shift)
    c = kbtabshift [c];
else
    c = kbtab [c];
if (caps ∧ c ≤ 'z' ∧ c ≥ 'a')
    c += 'A' − 'a';
```

Dispositivos de E/S no Inferno ■ 401

15.3.2.5 Tratamento de modificadores

No caso dos caracteres normais, só nos preocupamos com o pressionar de uma tecla. No caso de teclas modificadoras, como Shift e Control, porém, precisamos saber se a outra tecla está sendo pressionada no momento. Então, nesses casos, é importante conferirmos a liberação, além do pressionar das teclas.

```
/* keyup only important for shifts */
if (keyup ) {
    switch (c) {
    case Latin:
        alt = 0;
        break;
    case Shift:
        shift = 0;
        mouseshifted = 0;
        break;
    case Ctrl:
        ctl = 0;
        break;
    }
    return;
}
```

15.3.2.6 Envio do caractere de volta

Na maior parte, no caso de teclas regulares, basta colocá-las na fila para serem apanhadas pela função que trata as solicitações de leitura. Essa função faz parte do driver de dispositivo de console independente da máquina. Há alguns casos especiais que precisamos tratar. Se a tecla Control estiver pressionada, mantemos apenas os cinco bits inferiores do caractere. Naturalmente, seguimos as convenções e tratamos a combinação Ctrl-Alt-Delete como um caso à parte. Assim como a função padrão de biblioteca $exit()$ transfere o controle de volta para o código que iniciou a execução do programa, a chamada $exit()$ transfere aqui o controle de volta para o código de bootstrapping que iniciou o kernel. Esse código de bootstrapping normalmente reinicia ou para o computador nesse caso. Por fim, se a tecla pressionada for de um modificador, alternamos a variável de estado adequada.

```
if (¬(c & (Spec | KF))) {
    if (ctl) {
        if (alt ∧ c ≡ Del)
```

```
        exit (0);
    c &= # 1f;
}
if (¬collecting) {
    kbdputc (kbdq, c);
    return;
}
kc[nk ++] = c;
c = latin1(kc, nk);
if (c < -1)          /* need more keystrokes */
    return;
if (c ≠ -1)          /* valid sequence */
    kbdputc (kbdq, c);
else          /* dump characters */
    for (i = 0; i < nk ; i++)
        kbdputc (kbdq,kc[i]);
    nk = 0;
    collecting = 0;
    return;
}
else {
    switch (c) {
    case Caps:
        caps ⊕= 1;
        return;
    case Num:
        num ⊕= 1;
        return;
    case Shift:
        shift = 1;
        mouseshifted = 1;
        return;
    case Latin:
        alt = 1;
        if (¬ctl) {
            collecting = 1;
            nk = 0;
```

```
        }
        return;
    case Ctrl:
        collecting = 0;
        nk = 0;
        ctl = 1;
        return;
    }
}
kbdputc (kbdq, c);
}
```

Neste ponto, passamos o caractere recém-digitado para *kbdputc*( ). Essa função trata o eco do caractere para a tela e acrescenta-o a uma fila. A edição de entrada é feita pela função de leitura do driver de console quando uma aplicação lê o dispositivo de teclado.

15.4 Suporte a disco IDE

Nosso driver de dispositivo final, neste capítulo, é o IDE (do inglês, integrated device electronics). Embora o código que apresentamos nesta seção seja mais extenso do que o dos outros dois drivers do capítulo, não deixe que isso o engane. Os detalhes de programação do dispositivo são mais complexos do que os do teclado. Contudo, o código que não apresentamos para o restante do dispositivo de console é quase tão complexo quanto o driver de disco como um todo. Isso é típico. Os componentes de um sistema que interagem com os usuários humanos costumam ser mais complexos do que aqueles que interagem, estritamente, com dispositivos mecânicos e eletrônicos.

Encontramos o código para esse driver em **os/pc/sdata.c**. A primeira coisa que examinaremos aqui é o método que usamos para gerenciar múltiplos controladores. O projeto do controlador IDE suporta até duas unidades por controlador, de modo que, para suportar mais de duas unidades, precisamos de suporte a múltiplos controladores. Essas estruturas são inicializadas por um processo de sondagem que tenta escrever em endereços-padrão do controlador e ver se o suposto controlador responde conforme esperado. Em caso afirmativo, acreditamos que haja um controlador ali, e inicializamos uma dessas estruturas para ele.

```
typedef struct Ctlr {
    int cmdport;
    int ctlport;
    int irq;
    int tbdf;
```

```
int bmiba;        /* bus master interface base address */
Pcidev *pcidev;
void (*ienable)(Ctlr *);
void (*idisable)(Ctlr *);
SDev *sdev;
Drive *drive [2];
Prd *prdt ;       /* physical region descriptor table */
void *prdtbase;
QLock;        /* current command */
Drive *curdrive;
int command;       /* last command issued (debugging) */
Rendez;
int done;
Lock;        /* register access */
} Ctlr;
```

Vários membros dessa estrutura são de interesse particular no código seguinte. Primeiro, os dois membros *cmdport* e *ctlport* são usados para manter os números das portas de E/S que usamos para nos comunicar com o controlador. O vetor *drive* contém ponteiros para até duas estruturas, cada uma das quais descreve uma unidade conectada. A razão para termos um conjunto de dois elementos para as unidades é que a especificação do controlador IDE só permite até duas unidades por controlador. Ele também especifica que apenas uma unidade pode estar ativa por vez, de modo que usamos o membro *curdrive* para rastrear qual unidade está ativa correntemente.

15.4.1 Processamento de solicitação de E/S

O driver IDE faz parte do suporte a dispositivo de armazenamento mais genérico do Inferno. As solicitações são passadas pela maioria dos níveis de abstração para dispositivos de armazenamento em termos de comandos SCSI. Começamos com a função *atagenio*( ), que é chamada após sabermos a unidade para a qual a solicitação foi enviada e que é uma unidade IDE. Aqui, convertemos a estrutura de comando SCSI para os parâmetros de comando de que precisamos para falar diretamente com o controlador IDE.

```
static int atagenio (Drive *drive , uchar *cmd, int)
{
    uchar *p;
    Ctlr *ctlr;
    int count, max;
    vlong lba, len;
```

$\textbf{if } ((\textit{cmd}\,[1] \gg 5) \wedge \textit{cmd}\,[0] \neq {}^{\#}12)$
    $\textbf{return } \textit{atasetsense}\,(\textit{drive},\, \textit{SDcheck},\, {}^{\#}05, {}^{\#}25,\, 0);$

15.4.1.1 Interpretação da mensagem de comando SCSI

Estamos nos concentrando nas operações de leitura e escrita que compõem a maior parte do uso desses dispositivos. Portanto, vamos pular a declaração **switch**, que gerencia a maior parte do restante dos comandos SCSI.

```
switch (cmd [0]) {
default:
    return atasetsense (drive, SDcheck, #05, #20, 0);
case #00:          /* test unit ready */
    return SDok;
case #03:          /* request sense */
    . . .
    return SDok;
case #12:          /* inquiry */
    . . .
    return SDok;
case #1B:          /* start/stop unit */
    /* NOP for now, can use the power management feature set later. */
    return SDok;
case #25:          /* read capacity */
    . . .
    return SDok;
case #9E:          /* long read capacity */
    . . .
    return SDok;
case #28:          /* read */
case #2A:          /* write */
    break;
case #5A:
    return atamodesense (drive, cmd);
}
```

15.4.1.2 Extração de parâmetros de solicitação

Neste ponto analisaremos as solicitações de leitura e escrita. Nossa primeira tarefa é extrair os parâmetros reais da string de comando SCSI. Essa extração em geral assume a forma de juntar bytes individuais em números inteiros de vários tamanhos.

```
ctlr = drive→ctlr;
lba = (cmd[2] ≪ 24) | (cmd[3] ≪ 16) | (cmd[4] ≪ 8) | cmd[5];
count = (cmd[7] ≪ 8) | cmd[8];
if (drive→data ≡ nil)
    return SDok;
if (drive→dlen < count * drive→secsize)
    count = drive→dlen / drive→secsize;
```

Não queremos ninguém mais mexendo em nossas estruturas de controle enquanto trabalhamos. Como mencionado antes, esse bloqueio também permite o enfileiramento de solicitações pendentes.

```
qlock (ctlr);
```

15.4.1.3 Processamento das solicitações em partes

Embora os níveis superiores de abstração possam solicitar a transferência de um número muito grande de setores, o controlador tem um limite mais estrito quanto ao número de setores que pode ser transferido em uma solicitação. O limite exato depende de qual versão de especificação IDE esse controlador usa.

```
while (count) {
    max = (drive→flags & Lba48) ? 65536 : 256;
    if (count > max)
        drive→count = max;
    else
        drive→count = count;
```

Essa chamada para *atageniostart( )* é onde realmente escrevemos nos registradores do controlador para fazer as coisas acontecerem. Se algo dá errado, limpamos e tentamos de novo.

```
if (atageniostart (drive, lba)) {
    ilock(ctlr);
    atanop(drive, 0);
    iunlock(ctlr);
    qunlock(ctlr);
```

return *atagenioretry(drive)*;

}

A seguir, determinamos o ponto ao qual voltamos se ocorrer um erro no caminho usando a operação *waserror( )* que encontramos primeiro na Seção 3.4.3.

while *(waserror ( ))*

　;

15.4.1.4 Processamento da próxima parte

Agora aguardamos a solicitação ser concluída. Se isso não acontecer em 30 segundos, o controlador não mostrará que está concluído e tentará reiniciar o controlador e tentará a operação de novo.

```
tsleep (ctlr, atadone, ctlr, 30 * 1000);
poperror( );
if (¬ctlr→done) {
    atadumpstate(drive, cmd, lba, count);
    ataabort(drive, 1);
    qunlock(ctlr);
    return atagenioretry(drive);
}
```

Se o controlador não detectou erro, podemos seguir adiante para o próximo conjunto de setores.

```
    if (drive→status & Err) {
        qunlock(ctlr);
        return atasetsense(drive, SDcheck, 4, 8, drive→error);
    }
    count −= drive→count;
    lba += drive→count;
}
```

Agora terminamos o loop, o que significa que terminamos com todos os setores da transferência. Assim, podemos desbloquear as estruturas de dados e retornar uma indicação de sucesso.

```
    qunlock(ctlr);
    return SDok;
}
```

15.4.2 Início de uma operação do controlador IDE

A função *atageniostart* ( ) é responsável por se comunicar com o controlador e configurar a transferência em si.

> **static int** *atageniostart*(**Drive** **drive*, **vlong** *lba*)
> {
>
>   **Ctlr** *ctlr*;
>   **uchar** *cmd*;
>   **int** *as, c, cmdport, ctlport, h, len, s, use48*;

15.4.2.1 Configuração de parâmetros de transferência

A interface original de disco IBM PC/AT (na qual se baseou o projeto do IDE) foi projetada em uma época quando uma típica unidade de disco de computador pequeno guardava cerca de 20 MB de dados. Hoje, qualquer um pode comprar unidades nas prateleiras de lojas locais que contam com uma capacidade de 100 GB ou mais. Com uma proporção de 5.000 para 1 como essa, não deve ser surpresa que os detalhes das especificações da interface tenham mudado ao longo dos anos. Atualmente há três modos de especificarmos qual bloco do disco estamos acessando, e visto que a maior parte dos circuitos eletrônicos do controlador encontra-se na própria unidade, cada unidade pode usar um método diferente. O método original para especificar um bloco envolvia a identificação de qual cilindro, cabeçote e setor dentro da trilha são solicitados. No total, há 28 bits usados para especificar o cilindro, cabeçote e setor. Uma vez que o número de bits alocados a cada um dos três parâmetros geométricos não acompanhou o modo como a capacidade das unidades cresceu, uma nova forma de endereçamento, chamada de **endereçamento de bloco grande** (LBA, do inglês large block addressing) foi especificada, na qual todos os 28 bits são usados para especificar um número de bloco absoluto. Com o LBA, cabe à unidade determinar onde determinado bloco está localizado. Mesmo com 28 bits, porém, uma unidade só pode acessar $2^{28} \times 512$ bytes, ou cerca de 128 GB. (Cada bloco de disco normalmente contém 512 bytes.) O padrão mais recente especifica um número de 48 bits para o endereço de bloco, permitindo discos além desse limite. Com esse número de bits, podemos agora endereçar 128 PB de dados. (Um PB é aproximadamente 10^{15} bytes.) O primeiro desses casos que tratamos é o último, no qual temos um endereço de bloco de 48 bits. Apenas identificamos esse caso e trabalhamos a partir da variável *lba* quando chega o momento de programar o controlador.

>   *use48* = 0;
>   **if** ((*drive→flags* & *Lba48always*) ∨ (*lba* >> 28) ∨ *drive→count* > 256) {
>   **if** (¬(*drive→flags* & *Lba48*))
>   **return** −1;
>   *use48* = 1;

$$c = h = s = 0;$$

}

O segundo caso é o endereçamento LBA de 28 bits. Aqui, dividimos os bits do endereço de bloco nos valores que programamos nos registradores usados para o número de cilindro, de cabeçote e de setor no esquema de endereçamento antigo. Os quatro bits de ordem superior vão para o número do cabeçote, os oito bits de ordem inferior são programados no registrador de setor e os 16 bits do meio são armazenados onde o cilindro deveria estar.

else if ($drive{\to}dev$ & Lba) {

$c = (lba \gg 8)$ & $^{\#}\texttt{FFFF}$;

$h = (lba \gg 24)$ & $^{\#}\texttt{0F}$;

$s = lba$ & $^{\#}\texttt{FF}$;

}

No último caso, determinamos o cilindro, cabeçote e setor adequados que correspondem ao número do bloco solicitado. Colocamos setores consecutivos ao longo de uma única trilha. Quando saímos de uma trilha, vamos para o próximo cabeçote no mesmo cilindro e preenchemos aquela trilha. Ao chegar ao fim da última trilha do cilindro, vamos para o próximo cilindro. Assim, o número do cilindro equivale ao número do bloco dividido pelo número de blocos por cilindro. Por sua vez, o número do cabeçote equivale ao módulo do número do bloco dividido pelo número de setores por trilha pelo número de cabeçotes. Por fim, o número de setor é o módulo do número do bloco pelo número de setores por trilha.

else {

$c = lba / (drive{\to}s * drive{\to}h)$;

$h = ((lba / drive{\to}s) \% drive{\to}h)$;

$s = (lba \% drive{\to}s) + 1$;

}

15.4.2.2 Espera por um controlador disponível

Agora que temos as variações na especificação do número de bloco, precisamos nos certificar de que o controlador esteja pronto para darmos um comando a ele.

$ctlr = drive{\to}ctlr$;

$cmdport = ctlr{\to}cmdport$;

$ctlport = ctlr{\to}ctlport$;

if ($ataready$ ($cmdport$, $ctlport$, $drive{\to}dev$, Bsy | Drq, 0, 101 * 1000) < 0)

  return −1;

15.4.2.3 Configuração do comando do controlador

O próximo passo é determinar que comando enviaremos ao controlador. Esse comando não só depende do fato de estarmos lendo ou escrevendo, mas também de alguns recursos do controlador. Queremos aproveitar os controladores que têm acesso direto à memória (DMA, do inglês *direct memory access*), bem como aqueles que podem trabalhar com múltiplos setores.

```
ilock(ctlr);
if (drive→dmactl ∧ ¬atadmasetup(drive, drive→count * drive→secsize)) {
    if (drive→write)
        drive→command = Cwd;
    else
        drive→command = Crd;
}
else if (drive→rwmctl) {
    drive→block = drive→rwm * drive→secsize;
    if (drive→write)
        drive→command = Cwsm;
    else
        drive→command = Crsm;
}
else {
    drive→block = drive→secsize;
    if (drive→write)
        drive→command = Cws;
    else
        drive→command = Crs;
}
drive→limit = drive→data + drive→count * drive→secsize;
cmd = drive→command;
```

15.4.2.4 Programação do controlador

Chegamos agora ao coração do driver, a programação de controlador. As unidades que usam LBA48 utilizam um esquema de programação um pouco diferente daqueles que usavam os métodos antigos. Ao usar o LBA48, escrevemos dois bytes em uma fila para cada um dos registradores de geometria, enquanto, em outros casos, escrevemos um byte em cada registrador. Note também que a última coisa que escrevemos é o comando. O ato de escrever no registrador de comando faz o controlador executar o comando usando os parâmetros que já foram escritos nos outros registradores.

```
if (use48) {
    outb(cmdport + Count, (drive→count >> 8) & #FF);
    outb(cmdport + Count, drive→count & #FF);
    outb(cmdport + Lbalo, (lba >> 24) & #FF);
    outb(cmdport + Lbalo, lba & #FF);
    outb(cmdport + Lbamid, (lba >> 32) & #FF);
    outb(cmdport + Lbamid, (lba >> 8) & #FF);
    outb(cmdport + Lbahi, (lba >> 40) & #FF);
    outb(cmdport + Lbahi, (lba >> 16) & #FF);
    outb(cmdport + Dh, drive→dev | Lba);
    cmd = cmd48[cmd];
    if (DEBUG & Dbg48BIT)
        print ("using␣48-bit␣commands\n");
}
else {
    outb(cmdport + Count, drive→count);
    outb(cmdport + Sector, s);
    outb(cmdport + Cyllo, c);
    outb(cmdport + Cylhi, c >> 8);
    outb(cmdport + Dh, drive→dev | h);
}
ctlr→done = 0;
ctlr→curdrive = drive;
ctlr→command = drive→command;          /* debugging */
outb(cmdport + Command, cmd);
```

Se estivermos lendo sem DMA, então já fizemos tudo que precisávamos para iniciar a transferência. Contudo, se estivermos usando o DMA, precisamos iniciar o controlador de DMA. De modo similar, se estivermos gravando na unidade sem DMA, precisamos iniciar a transferência, copiando o primeiro bloco de dados para o controlador.

```
switch(drive→command) {
case Cws :
case Cwsm :
    microdelay (1);
```

412 ■ Princípios de sistemas operacionais

```
    as = ataready(cmdport, ctlport, 0, Bsy, Drq | Err, 1000);
    if (as < 0 ∨ (as & Err)) {
        iunlock(ctlr);
        return -1;
    }
    len = drive→block;
    if (drive→data + len > drive→limit)
        len = drive→limit - drive→data;
    outss(cmdport + Data, drive→data , len/2);
    break;
case Crd:
case Cwd:
    atadmastart(ctlr, drive→write);
    break;
}
```

Acabamos, assim, de programar o controlador para executar a leitura ou gravação. É hora de desbloquear as estruturas de dados e retornar. Apenas iniciamos a operação de leitura ou gravação; não foram, na verdade, transferidos dados com o disco. Isso, naturalmente, é função do controlador.

```
    iunlock(ctlr);
    return 0;
}
```

15.4.3 Tratamento de interrupção do controlador IDE

Por fim, chegamos ao tratador de interrupções do driver ATA. No contexto do código que estivemos estudando, chegamos aqui após uma solicitação de leitura ou gravação ter sido executada. Agora é hora de gerenciar a conclusão da solicitação. Podemos terminar completamente a transferência geral, ou temos algo mais para transferir e precisamos configurar outro bloco.

```
    static void atainterrupt (Ureg *, void *arg)
    {
        Ctlr *ctlr;
        Drive *drive;
        int cmdport, len, status;
        ctlr = arg;
        ilock(ctlr);
```

15.4.3.1 Verificação de condições de erro

Visto que normalmente esperamos obter uma interrupção apenas quando o controlador concluiu uma operação, só retornamos se ele ainda estiver ocupado. Embora essas interrupções espúrias sejam inesperadas, o bom projeto de software exige que levemos esses casos em consideração.

> **if** (*inb*(*ctlr→ctlport* + *As*) & *Bsy*) {
>> *iunlock*(*ctlr*);
>> **if** (DEBUG & *DbgBsy*)
>>> *print* ("IBsy+");
>> **return**;
> }

De modo similar, se chegarmos aqui, mas não tivermos uma unidade corrente, então, algo definitivamente está errado. Precisamos retornar imediatamente.

> *cmdport* = *ctlr→cmdport*;
> *status* = *inb*(*cmdport* + *Status*);
> **if** ((*drive* = *ctlr→curdrive*) ≡ *nil*) {
>> *iunlock*(*ctlr*);
>> **if** ((DEBUG & *DbgINL*) ∧ *ctlr→command* ≠ *Cedd*)
>>> *print*("Inil%2.2uX+", *ctlr→command*);
>> **return**;
> }

Se a interrupção ocorre porque o controlador detecta um erro, em vez de terminar uma transferência completa, precisamos recuperar o erro exato do controlador e seguir em frente.

> **if** (*status* & *Err*)
>> *drive→error* = *inb*(*cmdport* + *Error*);
> **else**
>> **switch** (*drive→command*) {
>> **default**:
>>> *drive→error* = *Abrt*;
>>> **break**;

15.4.3.2 Transferência de dados

Se a operação corrente for de leitura sem o uso de DMA, então o controlador leu o(s) setor(es) solicitado(s) para um buffer interno, e o próximo passo é copiar esses dados do buffer do controlador para o espaço de memória do solicitante.

```
case Crs:
case Crsm:
    if (¬(status & Drq)) {
        drive→error = Abrt;
        break;
    }
    len = drive→block;
    if (drive→data + len > drive→limit)
        len = drive→limit − drive→data;
    inss(cmdport + Data, drive→data, len/2);
    drive→data += len;
    if (drive→data ≥ drive→limit)
        ctlr→done = 1;
    break;
```

Se estamos gravando, uma interrupção significa que o controlador terminou de gravar o(s) setor(es) do seu buffer para o disco. Se ainda sobram setores para gravar, podemos carregar outro buffer.

```
case Cws:
case Cwsm:
    len = drive→block;
    if (drive→data + len > drive→limit)
        len = drive→limit − drive→data;
    drive→data += len;
    if (drive→data ≥ drive→limit) {
        ctlr→done = 1;
        break;
    }
    if (¬(status & Drq)) {
        drive→error = Abrt;
        break;
    }
    len = drive→block;
    if (drive→data + len > drive→limit)
        len = drive→limit − drive→data;
    outss (cmdport + Data, drive→data, len/2);
    break;
```

case *Cpkt*:

    atapktinterrupt (*drive*);

    break;

Esses dois casos representam situações em que a operação corrente é de leitura ou gravação usando o DMA. Nesses casos, não temos que transferir de maneira programada os dados, de modo que nosso tratamento de interrupções é, principalmente, uma questão de programar o controlador DMA para a próxima transferência.

```
case Crd :
case Cwd:
    atadmainterrupt(drive, drive→count * drive→secsize);
    break;
case Cstandby:
    ctlr→done = 1;
    break;
}
iunlock (ctlr);
if (drive→error) {
    status | = Err;
    ctlr→done = 1;
}
```

15.4.3.3 Despertar o driver

Se o controlador tiver sucesso na transferência solicitada, podemos despertar o driver do *tsleep*( ) no qual ele aguarda que a operação seja concluída.

```
if (ctlr→done) {
    ctlr→curdrive = nil;
    drive→status = status;
    wakeup(ctlr);
}
}
```

Neste ponto, o tratamento da interrupção está concluído. Se outra transferência teve início, o sistema retorna para a execução dos processos de usuário até que o controlador gere outra interrupção para a nova transferência. Caso contrário, a thread de controle que iniciou a transferência original é despertada para obter os resultados.

15.5 Resumo

A estrutura geral dos drivers de dispositivo em implementações nativas do Inferno é pouco convencional. Esses drivers aceitam solicitações, programam controladores e tratam interrupções, mas não mantêm suas próprias filas de solicitações. Diferente dos drivers da maioria dos sistemas, os do Inferno são implementados como servidores, aceitando solicitações Styx. Neste capítulo, analisamos elementos de três exemplos de driver, incluindo o suporte para porta paralela, teclado e unidade de disco IDE.

15.6 Exercícios

1. Qual é o número máximo de teclas (sem contar as de função) que pode ser suportado por um teclado em uma máquina compatível com IBM?

2. No EBCDIC (do inglês, extended binary coded decimal interchange code), as letras não são contíguas (por exemplo, há valores de caracteres entre as letras "i" e "j"). Contudo, a diferença entre uma letra maiúscula e a correspondente minúscula ainda é constante. A técnica para tratar Caps Lock, usada no *i8042intr*( ), ainda funciona no EBCDIC? Por quê?

3. Quantos bits são usados para especificar a contagem de setores para transferências ao usar LBA48? Quantos são usados em casos de endereçamento LBA ou cilindro-cabeçote-setor?

4. Usando o endereçamento cilindro-cabeçote-setor antigo, pense em um disco com 1.024 cilindros, 4 pratos com duas faces e 34 setores por trilha. Qual é o número total de setores nesse disco? Quais são os números de cilindro, cabeçote e setor correspondentes ao número de bloco 100.000?

5. Nas chamadas para *outss*( ) e *inss*( ), o argumento final é *len* /2. Se houver bytes de *len* que precisem ser transferidos, é um erro dividi-lo por dois? Por quê? (É mais fácil responder a essa pergunta procurando a definição de *inss*( ) no código-fonte do Inferno.)

6. No *outch*( ), enquanto aguardamos a porta ficar pronta, não habilitamos interrupções para as primeiras 10 tentativas a 1 mS cada. Por que não começar diretamente a dormir por 100 mS por vez e deixar uma interrupção nos despertar?

7. No início do *kbdinit*( ), aguardamos o controlador ficar pronto para receber comandos. Não há condição à prova de falha. Especialmente, se o controlador nunca ficar pronto, ficaremos presos em um loop infinito. Isso é um problema? Por quê?

8. Como você acrescentaria escalonamento do braço do disco no Inferno, como no Algoritmo Elevador? Pense em como o enfileiramento de solicitações é tratado e projete um mecanismo que permitiria um ordenamento diferente de FIFO.

Dispositivos de E/S no Inferno ■ 417

9. Estenda a funcionalidade do servidor de arquivos do dispositivo de console para incluir um dispositivo zero. O código para esse servidor está em **emu/port/devcons.c**. O dispositivo zero deve ser atendido no arquivo **/dev/zero**. Sua função é similar aos dispositivos nulo e aleatório. Ao escrever nele, o dispositivo zero deve aceitar qualquer dado sem problemas, mas descartar esse dado. Ao ler a partir dele, deve retornar um buffer cheio de bytes com o valor inteiro 0.

10. Como no Exercício 9, estenda a funcionalidade do servidor de arquivos do dispositivo de console para incluir um dispositivo **procq**. Quando um processo ler a partir desse novo arquivo de dispositivo, ele deve obter dois números separados por um espaço. O primeiro número deve ser a contagem do número de processos na lista de processos cheios e, o segundo, o número na fila de prontos.

11. Apenas para o Inferno nativo: Modifique o driver de teclado para permitir que o usuário selecione entre dois mapeamentos diferentes de teclado. Use a sequência Ctrl-Alt-Insert para alternar entre eles. Use o layout de teclado Dvorak como mapeamento alternativo.

Capítulo 16

Dispositivos de E/S do Linux

Neste capítulo, analisaremos como o Linux lida com as responsabilidades de gerenciamento de dispositivo. Visto que até drivers de dispositivo simples do Linux envolvem uma quantidade substancial de código, neste capítulo abrangeremos apenas os pontos principais. Em harmonia com o foco apresentado no Capítulo 13, avaliaremos principalmente a organização e a estrutura gerais dos drivers de dispositivo do Linux e exploraremos alguns detalhes da interação entre dispositivos. Vamos começar com uma olhada na parte do subsistema de E/S que dá suporte a muitos dos dispositivos de bloco e, depois, examinaremos o projeto de duas partes dos tratadores de interrupções. O restante deste capítulo é dedicado a um exame de partes de um exemplo de dispositivo de caracteres e de um exemplo de dispositivo de bloco. Embora quase todos os drivers de dispositivo do Linux possam ser compilados como módulos carregáveis dinamicamente, não analisaremos aqui os detalhes do projeto do módulo e da implementação.

16.1 Suporte à solicitação de bloco

Visto que a maioria dos detalhes do gerenciamento de solicitações de E/S para dispositivos de bloco são independentes de dispositivo, o Linux abstrai esses detalhes dos drivers de dispositivo de bloco em uma **camada de E/S de bloco**. Essa camada fornece duas áreas principais de suporte. Primeira, ela fornece funções que gerenciam as filas de solicitações. Solicitações do tipo **struct request** são acrescidas à fila pelo sistema de arquivos. Elas são, então, divididas em uma ou mais estruturas do tipo **struct bio**. Cada uma dessas estruturas representa uma operação de E/S. Os drivers de dispositivo de bloco especificam uma função a ser chamada cada vez que há uma operação de E/S em bloco que fica disponível para processamento. Isso acontece quando uma nova solicitação é acrescida a uma fila vazia e quando uma solicitação foi concluída e removida da fila. Como veremos na Seção 16.4, essa função de retorno de chamada é o ponto de partida para o trabalho do driver no processamento de solicitações.

420 ■ Princípios de sistemas operacionais

A segunda grande área de suporte à solicitação de bloco é um conjunto de **escalonadores de E/S**. O Linux suporta diversas variações do algoritmo elevador, já analisado na Seção 13.7.3:

- *Escalonador noop*: Esse escalonador não faz qualquer otimização real de busca. Mas ele mescla solicitações adjacentes. Quando uma solicitação é acrescida à fila e ela acessa setores adjacentes àqueles acessados por uma solicitação já na fila, as duas solicitações são combinadas em uma só.

- *Escalonador de prazo:* Esse escalonador é uma variação do escalonador de elevador Linus, encontrado nas versões do Linux anteriores à 2.4. Ele mescla solicitações como o escalonador noop e mantém três filas: uma que contém todas as solicitações de leitura na ordem primeiro-a-entrar, primeiro-a-sair (FIFO); uma que contém todas as solicitações de escrita na ordem FIFO; e uma que contém todas as solicitações ordenadas de acordo com os critérios do elevador Linus. Na fila ordenada (e no elevador Linus), novas solicitações são inseridas na fila, ordenadas pelo número de setor. Mas, se a fila contiver solicitações muito antigas, todas as novas solicitações serão inseridas no fim da fila até que as solicitações antigas sejam atendidas. Essa última condição evita que as solicitações sofram starvation.

  Ao ser inserida, cada solicitação tem um horário de expiração associado. No caso das solicitações de leitura, esse prazo de expiração ocorre 500 mS depois do momento da inserção e, no caso de solicitações de escrita, cinco segundos após o momento da inserção. A menos que as solicitações na frente das filas de leitura ou escrita tenham expirado, o escalonador pega as solicitações da fila ordenada à medida que o driver fica disponível para tratá-las. Mas, se há solicitações expiradas em qualquer das outras filas, elas são processadas até não haver mais solicitações expiradas nas filas. Os horários de expiração são selecionados de forma a dar preferência a leituras em relação às gravações. A razão para isso é que os processos ficam bloqueados até as leituras serem concluídas. No entanto, as escritas são bufferizadas para que os processos continuem, pois a solicitação de escrita pode ser atendida mais tarde.

- *Escalonador antecipatório*: Este é uma variação do escalonador de prazo. Ele reconhece que, quando atendemos a uma solicitação de uma aplicação e então retornamos a ela, há uma boa chance de que ela envie outra solicitação para setores próximos muito em breve. Esse escalonador, então, introduz um atraso de alguns milissegundos (por default, seis) no fim de cada serviço de solicitação. Se nesse meio-tempo chega outra solicitação para a mesma área do disco, ela é tratada imediatamente. Senão, o atraso expira e o escalonador volta a processar as filas normalmente.

- *Escalonador regular de filas:* Mantém uma fila separada por processo. As solicitações são mescladas e inseridas na ordem do número de setor. Ele escalona entre as filas na ordem circular, pegando um número configurável de solicitações de cada fila. Por default, ele processa até quatro solicitações de uma fila de processos antes de ir para a próxima. Desse modo, nenhum processo sozinho pode causar starvation a outros processos no acesso ao disco.

No momento que o sistema é inicializado, um desses escalonadores de E/S é selecionado para uso em todas as atividades da camada de E/S de bloco. Essa seleção não é alterada enquanto o sistema está em execução.

16.2 Estrutura do tratador de interrupções de duas metades

Principalmente em drivers de dispositivo de bloco do Linux, a funcionalidade que descrevemos como metade superior na Seção 13.6 e ilustrada na Figura 13-4 é basicamente gerenciada pela camada de E/S de bloco. A maior parte da funcionalidade do próprio driver de dispositivo está na funcionalidade da metade inferior. Contudo, no Linux, os tratadores de interrupções são eles mesmos projetados em duas metades, chamadas de metade superior e metade inferior. A metade superior é a parte invocada diretamente pela interrupção. Ela faz um trabalho mínimo de reconhecer a interrupção do hardware e para recuperar o *status* do controlador. A metade superior escalona, então, a metade inferior para executar em algum momento posterior. Esse código diferido da metade inferior gerencia o restante do trabalho do tratador de interrupções. Essa escolha de terminologia talvez pareça estranha em vista da colocação do tratador de interrupções na metade inferior de nosso projeto de driver genérico geral. Contudo, faz sentido do ponto de vista de modelo em camadas. Em especial, a metade superior depende da metade inferior no sentido de que executa o código da metade inferior, como se tivesse sido executado por uma chamada de função. A Figura 16-1 ilustra a estrutura completa de driver de dispositivo para dispositivos de bloco.

Há três mecanismos no projeto do kernel da versão 2.6 para executar essas metades inferiores. O primeiro são as solicitações de interrupção do tipo soft, muitas vezes chamadas de **softirqs**. Em vários momentos, o kernel verifica se há softirqs para serem tratadas e chama o tratador apropriado. O conjunto de softirqs disponível é limitado e estabelecido no tempo da compilação. Uma das softirqs é ela mesma o gerenciador do segundo tipo de função diferida, a **tasklet**. O terceiro mecanismo é a **fila de trabalhos**. Tanto para tasklets como para filas de trabalhos, qualquer driver pode declarar, no momento de compilação ou no de execução, a função adequada a ser executada posteriormente. A unidade de disquete (mencionada na Seção 16.4) ilustra o uso das filas de trabalhos no projeto do driver.

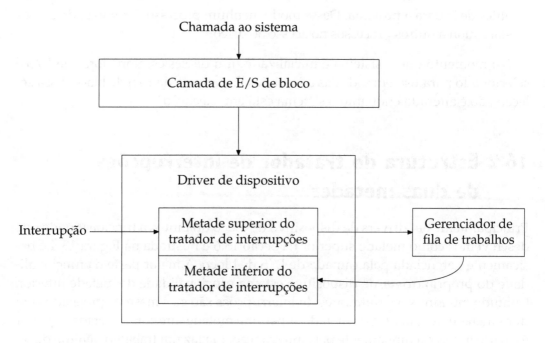

Figura 16-1: Estrutura do driver de dispositivo do Linux

16.3 Driver da porta paralela

Vamos começar analisando um driver de caractere relativamente simples: o driver da porta paralela. As portas de impressora dos PCs evoluíram de simples dispositivos que passam dados apenas em uma direção com sinais de controle relativamente simples para dispositivos mais complexos que podem transferir dados tanto para entrada como para saída do sistema. Esses vários comportamentos foram padronizados na norma IEEE 1284, que especifica vários modos operacionais diferentes. O comportamento desse driver pode ser bem complexo ao suportar vários modos bidirecionais. Para manter a análise dentro do razoável, vamos nos restringir ao caso em que o hardware opera como o de uma máquina compatível com o IBM original. Isso, em parte, significa que examinaremos apenas a saída, visto que o hardware original não podia ser usado diretamente para entrada. Esse comportamento é chamado de **modo de compatibilidade** na norma IEEE 1284.

16.3.1 Tratamento de chamada ao sistema

Quando uma aplicação envia uma chamada ao sistema *write*( ) em um descritor de arquivo conectado a uma porta paralela, a função *lp_write*( ) do driver é chamada. Ele pega como argumentos um ponteiro para uma estrutura que descreve o arquivo aberto, um ponteiro para os dados no espaço de memória do processo do usuário e um contador que dá o número de bytes a escrever. O código-fonte dessa função é encontrado em **drivers/char/lp.c**.

static ssize_t *lp_write*(**struct file** *file,* **const char** _ _ **user** *buf,* **size_t** *count,*
  loff_t *ppos*)
{

  unsigned int *minor = iminor(file→f_dentry→d_inode);*
  struct parport *port = lp_table[minor].dev→port;*
  char *kbuf = lp_table[minor].lp_buffer;*
  ssize_t *retv = 0;*
  ssize_t *written;*
  size_t *copy_size = count;*
  int *nonblock = ((file→f_flags &* O_NONBLOCK) ∨ (LP_F(*minor*) & LP_ABORT));

16.3.1.1 Preparação para atender à solicitação

O primeiro passo é limitar o tamanho da operação àquele do buffer disponível. Esse tamanho é configurado para o mesmo tamanho de uma página. Dividimos a solicitação em uma série de operações de escrita, cada uma com uma página de tamanho.

  if (*copy_size* > LP_BUFFER_SIZE)
    copy_size = LP_BUFFER_SIZE;

Visto que estamos para manipular as estruturas de dados para essa porta, queremos obter acesso exclusivo a elas. O bloqueio de exclusão mútua usado para esse fim é um semáforo binário. Depois de obtermos o bloqueio com sucesso, qualquer saída dessa função ocorre pelo código de desbloqueio, no final.

  if (*down_interruptible(&lp_table[minor].port_mutex)*)
    return −EINTR;

16.3.1.2 Buscar os dados para a escrita

Agora, copiamos os dados do espaço de memória do processo do usuário para o nosso próprio buffer. Há duas razões para isso. Primeiro, deixa-nos imunes se esse espaço de memória do processo é mapeado no espaço de memória do kernel. Depois de copiar os dados para o espaço de memória do próprio kernel, podemos acessá-lo sem precisar manipular o hardware de gerenciamento de memória. Segundo, depois de termos feito uma cópia dos dados, a página que contém os dados originais pode passar por swap com segurança, sem afetar nossa habilidade de executar a solicitação.

  if (*copy_from_user(kbuf, buf, copy_size)*) {
    retv = −EFAULT;
    goto *out_unlock;*
  }

424 ■ Princípios de sistemas operacionais

16.3.1.3 Configuração do hardware

Neste ponto, queremos ganhar acesso exclusivo à porta de hardware. Se múltiplas threads de controle tentarem acessar a porta simultaneamente, podem interferir uma na outra e causar mau funcionamento na porta.

lp_claim_parport_or_block(&lp_table[minor]);

Essa próxima chamada tenta determinar qual de vários modos é o adequado para uso. Para manter o foco da nossa análise nas técnicas de driver gerais, vamos supor que a porta opera no modo de compatibilidade, no qual ela se comporta como o hardware original da porta paralela.

lp_table[minor].current_mode = lp_negotiate(port, lp_table[minor].best_mode);

O último passo na preparação para transferir dados é configurar o tempo de espera. Se tentarmos escrever um byte na porta, mas, se o hardware não responder a ele, não queremos ficar esperando para sempre.

parport_set_timeout(lp_table[minor].dev,

   (nonblock ? `PARPORT_INACTIVITY_O_NONBLOCK`: *lp_table[minor].timeout));*

Ao operar no modo de compatibilidade, precisamos verificar a porta para determinar se o controlador está pronto para receber bytes de saída. A chamada *lp_wait_ready( )* faz um loop verificando o *status* do controlador até que ele indique que o controlador está pronto para receber dados de saída.

if ((*retv = lp_wait_ready(minor, nonblock)) ≡ 0*)

16.3.1.4 Escrita de páginas de dados

Aqui é que chamamos *parport_write( )*, uma vez para cada página de dados de saída. A função subjacente é responsável pela cópia de bytes da maneira definida pelo hardware específico nessa porta.

do {
   written = parport_write(port, kbuf, copy_size);

Se alguma coisa foi escrita, fizemos progresso e ajustamos os contadores e ponteiros necessários pelo número de bytes escritos.

if (*written* > 0) {
   copy_size −= written;
   count −= written;
   buf += written;
   retv += written;
}

Se o processo de solicitação recebeu um sinal enquanto escrevíamos bytes na porta, paramos e configuramos nosso valor de retorno para indicar que fomos interrompidos.

```
if (signal_pending(current)) {
    if (retv ≡ 0)
        retv = -EINTR;
    break;
}
```

16.3.1.5 Compartilhamento de recursos

Se escrevemos menos que o buffer completo, encaramos isso como uma indicação de que precisamos permitir que outra pessoa tenha acesso à porta, se necessário. Reiniciamos a porta primeiro para o modo de compatibilidade e, então, damos a outra pessoa que estiver aguardando a chance de usar a porta. Depois de recuperar o controle, colocamos a porta de volta no modo que estávamos usando.

```
if (copy_size > 0) {
    int error;
    parport_negotiate(lp_table[minor].dev→port, IEEE1284_MODE_COMPAT);
    lp_table[minor].current_mode = IEEE1284_MODE_COMPAT;
    error = lp_wait_ready(minor, nonblock);
    if (error) {
        if (retv ≡ 0)
            retv = error;
        break;
    }
    else if (nonblock) {
        if (retv ≡ 0)
            retv = -EAGAIN;
        break;
    }
    parport_yield_blocking(lp_table[minor].dev);
    lp_table[minor].current_mode = lp_negotiate(port,
        lp_table[minor].best_mode);
}
```

Colocamos o escalonador em execução, se necessário.

426 ■ Princípios de sistemas operacionais

else if (*need_resched*( ))
    schedule( );

16.3.1.6 Buscar a próxima página

Se aquele não era o último dado que precisávamos escrever, nos preparamos para repetir o processo pegando outra página do espaço de memória do processo. Continuamos com isso enquanto houver dados para serem escritos.

```
if (count) {
    copy_size = count;
    if (copy_size > LP_BUFFER_SIZE)
        copy_size = LP_BUFFER_SIZE;
    if (copy_from_user(kbuf, buf, copy_size)) {
        if (retv ≡ 0)
            retv = -EFAULT;
        break;
    }
}
} while (count > 0);
```

16.3.1.7 Limpeza

Se houver alguém aguardando a porta, nós a liberamos porque terminamos.

```
if (test_and_clear_bit(LP_PREEMPT_REQUEST, &lp_table[minor].bits)) {
    printk(KERN_INFO"lp%d␣releasing␣parport\n", minor);
    parport_negotiate(lp_table[minor].dev→port, IEEE1284_MODE_COMPAT);
    lp_table[minor].current_mode = IEEE1284_MODE_COMPAT;
    lp_release_parport(&lp_table[minor]);
}
```

Antes de retornar, liberamos o bloqueio mutex da estrutura de dados dessa porta. Nesse meio-tempo, o *retv* acumulou o número total de bytes escritos, a menos que nossa configuração tenha resultado em um valor de erro para ele. Esse é o valor que devolvemos ao processo solicitante.

```
out_unlock:
    up (&lp_table[minor].port_mutex);
    return retv;
}
```

Dispositivos de E/S no Linux ■ 427

16.3.2 Seleção da escrita adequada de nível baixo

A próxima função que examinaremos é *parport_write*( ), chamada a partir de *lp_write*( ) para transferir dados de nosso buffer interno para o controlador. Seu objetivo principal é identificar e chamar a função adequada para o hardware e o modo operacional específicos. É encontrada em drivers/parport/ieee1284.c.

> **ssize_t** *parport_write*(**struct parport** *∗port*, **const void** *∗buffer*, **size_t** *len*)
> {

O kernel pode ser construído com ou sem suporte para modos avançados. Se for construído sem esse suporte, sempre chamamos a função para modo de compatibilidade.

> **#ifndef** CONFIG_PARPORT_1284
>   **return** *port→ops→compat_write_data*(*port*, *buffer*, *len*, 0);
> **#else**

A abordagem geral para o restante da função é configurar o ponteiro de função *fn* para apontar para a função adequada com base no modo. Para cada porta, a estrutura *port→ops* contém ponteiros para as funções adequadas para aquele hardware.

> **ssize_t** *retval*;
> **int** *mode* = *port→ieee1284.mode*;
> **int** *addr* = *mode* & IEEE1284_ADDR;
> **size_t** (*∗fn*)(**struct parport** *∗*, **const void** *∗*, **size_t**, **int**);
> *mode* &= ~(IEEE1284_DEVICEID | IEEE1284_ADDR);
> **switch** (*mode*) {

Para os dois modos mais básicos, sempre caímos de volta no modo de compatibilidade.

> **case** IEEE1284_MODE_NIBBLE:
> **case** IEEE1284_MODE_BYTE:
>   *parport_negotiate*(*port*, IEEE1284_MODE_COMPAT);

Aqui, caímos no modo de compatibilidade dos modos nibble ou byte, ou então a porta foi configurada diretamente no modo de compatibilidade. Seja como for, configuramos *fn* para apontar para a mesma função de compatibilidade que chamamos quando o kernel é compilado sem o suporte a modo avançado.

> **case** IEEE1284_MODE_COMPAT:
>   DPRINTK(KERN_DEBUG"%s:␣Using␣compatibility␣mode\n", *port→name*);
>   *fn* = *port→ops→compat_write_data*;
>   **break**;

Cada um dos outros modos é usado de forma similar. Visto que o nosso foco é o caso de compatibilidade, não os examinaremos em detalhes.

```
case IEEE1284_MODE_EPP:
    DPRINTK(KERN_DEBUG"%s:␣Using␣EPP␣mode\n", port→name);
    if (addr) {
        fn = port→ops→epp_write_addr;
    }
    else {
        fn = port→ops→epp_write_data;
    }
    break;
case IEEE1284_MODE_EPPSWE:
    DPRINTK(KERN_DEBUG"%s:␣Using␣software-emulated␣EPP␣mode\n",
        port→name);
    if (addr) {
        fn = parport_ieee1284_epp_write_addr;
    }
    else {
        fn = parport_ieee1284_epp_write_data;
    }
    break;
case IEEE1284_MODE_ECP:
case IEEE1284_MODE_ECPRLE:
    DPRINTK(KERN_DEBUG"%s:␣Using␣ECP␣mode\n", port→name);
    if (addr) {
        fn = port→ops→ecp_write_addr;
    }
    else {
        fn = port→ops→ecp_write_data;
    }
    break;
case IEEE1284_MODE_ECPSWE:
    DPRINTK(KERN_DEBUG"%s:␣Using␣software-emulated␣ECP␣mode\n",
        port→name);
    if (addr) {
        fn = parport_ieee1284_ecp_write_addr;
    }
```

```
    else {
        fn = parport_ieee1284_ecp_write_data;
    }
    break;
default:
    DPRINTK(KERN_DEBUG"%s:␣Unknown␣mode␣0x%02x\n", port→name,
        port→ieee1284.mode);
    return -ENOSYS;
}
```

Por fim, chamamos a função para a qual o *fn* aponta agora. Seu valor de retorno nos dá o número de bytes escritos com êxito.

```
retval = (*fn)(port, buffer, len, 0);
DPRINTK(KERN_DEBUG"%s:␣wrote␣%d/%d␣bytes\n", port→name, retval, len);
return retval;
#endif
}
```

16.3.3 Escrita de bytes a partir do buffer

Em drivers/parport/parport_pc.c, o membro de estrutura *compat_write_data* é configurado para a função *parport_ieee1284_write_compat( )*. Essa função trata dos detalhes da escrita para uma porta paralela no modo de compatibilidade e é definida em drivers/parport/ieee1284_ops.c.

```
size_t parport_ieee1284_write_compat(struct parport *port, const void *buffer,
    size_t len, int flags)
{
    int no_irq = 1;
    ssize_t count = 0;
    const unsigned char *addr = buffer;
    unsigned char byte;
    struct pardevice *dev = port→physport→cad;
    unsigned char ctl = (PARPORT_CONTROL_SELECT | PARPORT_CONTROL_INIT);
```

16.3.3.1 Configuração do hardware

Se tivermos um vetor de interrupção para esse controlador, ativamos as interrupções no controlador.

430 ■ Princípios de sistemas operacionais

```
if (port→irq ≠ PARPORT_IRQ_NONE) {
    parport_enable_irq(port);
    no_irq = 0;
}
```

As próximas linhas confirmam se a porta está configurada para saída. No caso do hardware que só dispõe de saída, isso é desnecessário, mas mal também não faz.

```
port→physport→ieee1284.phase = IEEE1284_PH_FWD_DATA;
parport_write_control(port, ctl);
parport_data_forward(port);
```

16.3.3.2 Processamento do buffer

Neste ponto, estamos prontos para começar a enviar bytes para a porta. Esse loop continua até termos escrito todos eles ou até encontrarmos uma razão para parar antes.

```
while (count < len) {
    unsigned long expire = jiffies + dev→timeout;
    long wait = msecs_to_jiffies(10);
    unsigned char mask = (PARPORT_STATUS_ERROR | PARPORT_STATUS_BUSY);
    unsigned char val = (PARPORT_STATUS_ERROR | PARPORT_STATUS_BUSY);
```

Esse loop interno aguarda até que o dispositivo conectado à porta esteja pronto. Se o dispositivo é uma impressora, talvez não consigamos enviar dados por estar sem papel ou por causa de alguma condição de erro. Quando *parport_wait_peripheral( )* retorna 0, sabemos que o dispositivo não está ocupado nem demonstrando uma condição de erro. Nesse ponto, podemos prosseguir e enviar um byte. Se não, aguardamos até que o valor de tempo de espera expire.

```
do {
    if (¬parport_wait_peripheral(port, mask, val))
        goto ready;
    if ((parport_read_status(port)
            & (PARPORT_STATUS_PAPEROUT | PARPORT_STATUS_SELECT
            | PARPORT_STATUS_ERROR)) ≠ (PARPORT_STATUS_SELECT
            | PARPORT_STATUS_ERROR))
        goto stop;
    if (¬time_before(jiffies, expire))
        break;
```

```
    if (count ∧ no_irq) {
        parport_release(dev);
        schedule_timeout_interruptible(wait);
        parport_claim_or_block(dev);
    }
    else
        parport_wait_event(port, wait);
    if (signal_pending (current))
        break;
    wait *= 2;
} while (time_before(jiffies, expire));
```

Se chegamos a esse ponto, é porque esperamos até o período de tempo de espera expirar, sem que o dispositivo tenha ficado pronto. Não temos escolha a não ser desistir. O código a seguir é, porém, um pouco estranho. Rompemos o loop para sair incondicionalmente. Contudo, ainda verificamos se há algum sinal pendente. A única diferença entre um sinal e nenhum sinal é uma mensagem de depuração que imprimimos. Se saímos do loop por causa de um sinal e não pelo término do tempo de espera, não ocorreu uma condição de erro.

```
    if (signal_pending(current))
        break;
    DPRINTK(KERN_DEBUG"%s:␣Timed␣out\n", port→name);
    break;
```

16.3.3.3 Transmissão de byte

A seguinte pequena seção de código é o coração do driver da porta paralela. É o código que realmente transmite o byte para a porta. Os passos básicos são:

1. Escrever o byte na porta.
2. Queimar 1 μS em um loop estreito.
3. Ligar o sinal strobe.
4. Aguardar mais um μS.
5. Desligar o sinal strobe.
6. Aguardar mais um μS.

```
ready:
    byte = *addr++;
    parport_write_data(port, byte);
    udelay(1);
```

parport_write_control(port, ctl | PARPORT_CONTROL_STROBE);

udelay (1);

parport_write_control(port, ctl);

udelay (1);

count++;

16.3.3.4 Limpeza

Verifique se precisamos liberar a CPU para outro processo.

if (*time_before(jiffies, expire)*)

    if (¬*parport_yield_blocking(dev)* ∧ *need_resched*( ))

        schedule( );

}

Chegamos aqui sob várias condições. Primeiro, podemos chegar aqui se escrevemos com êxito todos os bytes que deveríamos ter escrito. Segundo, se aguardamos o tempo de espera para o dispositivo ficar pronto. Terceiro, se o dispositivo mostrou algum tipo de erro que sabemos que não vai ser liberado enquanto aguardamos. Em todos os casos, marcamos a porta como ociosa e retornamos o número de bytes que escrevemos com êxito.

stop:

    port→physport→ieee1284.phase = `IEEE1284_PH_FWD_IDLE`;

    return *count*;

}

16.3.3.5 Escrita de dados no controlador

O símbolo *parport_write_data* é definido como *parport_pc_write_data* nas máquinas compatíveis com IBM. No **include/linux/parport_pc.h**, essa função é definida como segue. A linha única de código funcional apenas chama uma função que executa a instrução `out` para escrever os bytes de dados na porta de dados do controlador.

static __inline __void *parport_pc_write_data* (**struct parport** **p*,

    unsigned char *d*)

{

#ifdef `DEBUG_PARPORT`

    printk(`KERN_DEBUG`*"*`parport_pc_write_data(%p,0x%02x)\n`*", p, d);*

#endif

    outb(d, `DATA`*(p));*

}

16.3.4 Configuração do controlador

Há duas outras funções que usamos as quais ilustram técnicas típicas de controle.

16.3.4.1 Habilitação de interrupções

A primeira dessas habilita a geração de interrupções no controlador. Isso é feito configurando o bit 4 (numerado a partir de 0, o bit menos significativo) do registrador de controle.

```
static __inline__ void parport_pc_enable_irq(struct parport *p)
{
    __parport_pc_frob_control(p, #10, #10);
}
```

16.3.4.2 Configuração da direção da porta

Esta configura os sinais paralelos para serem saídas. Configuramos esse modo limpando o bit 5 do registrador de controle. Para controladores mais antigos que não suportam modos bidirecionais, esse bit é ignorado.

```
static __inline__ void parport_pc_data_forward(struct parport *p)
{
    __parport_pc_frob_control(p, #20, #00);
}
```

16.3.4.3 Manipulação do registrador de controle

Ambas essas funções chamam __parport_pc_frob_control( ), que modifica o registrador de controle da porta descrita pelo primeiro argumento. Os bits configurados do segundo argumento são limpos no novo registrador de controle. Os bits configurados do terceiro argumento são complementados no novo registrador de controle. São feitos ajustes no valor do registrador de controle armazenado na estrutura da porta. Embora seja comum ler o valor corrente e depois ajustá-lo, o controlador da porta paralela não suporta ler de volta o registrador de controle.

```
static __inline__ unsigned char __parport_pc_frob_control(struct parport *p,
    unsigned char mask, unsigned char val)
{
    struct parport_pc_private *priv = p->physport->private_data;
    unsigned char ctr = priv->ctr;
```

434 ■ Princípios de sistemas operacionais

A próxima linha faz a atualização propriamente dita. Efetuar um *and* no valor do registrador de controle com o complemento de um da máscara limpa os bits que queremos desligar. Depois, pegamos o OU exclusivo do resultado com o terceiro argumento.

$ctr = (ctr \& \sim mask) \oplus val;$

Alguns bits do registrador de controle não podem ser escritos. Limpamos esses bits antes de prosseguir.

$ctr \&= priv{\rightarrow}ctr\_writable;$

Por fim, escrevemos o valor recém-computado no registrador de controle do controlador. Também salvamos esse valor para uso futuro e retornamos o valor recém-computado.

```
outb(ctr, CONTROL(p));
priv→ctr = ctr;
return ctr;
}
```

16.4 Driver de disquete

O driver de disquete é um bom exemplo de driver que usa filas de trabalhos para gerenciar sua atividade. Nesta seção, examinaremos partes do driver que ilustram vários detalhes de gerenciamento desse dispositivo. Omitiremos diversos detalhes para nos concentrarmos nas técnicas organizacionais dos drivers de dispositivo do Linux e em técnicas de controle de dispositivos de E/S. Todo o código que veremos aqui se encontra em drivers/block/floppy.c.

Visto que o driver de disquete usa a camada de E/S de bloco, ele não precisa tratar a maioria das tarefas do driver da metade superior e não tem pontos de entrada para todas as chamadas ao sistema. Contudo, ele deve informar à camada de E/S de bloco, de alguma maneira, os pontos de entrada que tem. Há basicamente três mecanismos para fazer isso que nos interessam. O primeiro identifica o ponto de entrada da função de inicialização do driver. Esse ponto de entrada é estabelecido por uma definição no código-fonte do driver. Essa definição depende muito dos recursos do compilador e do linker. Seu resultado é colocar um ponteiro para a função de inicialização em um vetor que é usado durante a inicialização do sistema para inicializar todos os drivers integrados. O segundo mecanismo é configurar uma estrutura com os pontos de entrada para algumas funções que tratam operações como *open* ( ), *close* ( ) e *ioctl* ( ). Durante a inicialização, os drivers para as unidades de disco identificam essas estruturas com o número de dispositivo principal relevante por meio de chamadas à camada de E/S de bloco. Essas estruturas dão à camada de E/S de bloco a habilidade de chamar as funções de driver corretas em resposta a

Dispositivos de E/S no Linux ■ 435

essas chamadas ao sistema. O mecanismo final para conectar o driver e a camada de E/S de bloco endereça as operações de leitura e escrita. Isso também é cuidado durante a inicialização. O driver cria uma fila para gerenciar solicitações pendentes. Como parte da chamada de criação, o driver passa o ponteiro para uma função que é chamada sempre que a camada de E/S de bloco acrescenta uma solicitação a uma fila vazia. Com esse ponteiro, a camada de E/S de bloco consegue transferir o controle para o ponto de entrada de leitura e escrita do driver.

16.4.1 Tratamento de solicitação

Para o driver de disquete, a função de inicialização associa a função *do_fd_request*( ) à fila de solicitações. Como já mencionado, ela é chamada toda vez que uma solicitação é acrescentada a uma fila vazia e sempre que uma solicitação é removida de uma fila.

> **static void** *do_fd_request*(**request_queue_t** **q*)
> {

16.4.1.1 Verificação de erros

De maneira usual, a primeira coisa que fazemos é verificar a existência de erros. Se o dispositivo não tiver sido aberto, a variável global *max_buffer_sectors* não terá sido configurada. Esse é um teste conveniente para determinar se podemos permitir alguma solicitação. De modo similar, quando o driver de disquete abre um dispositivo e quando faz certas inicializações, ele aloca a solicitação de interrupção (IRQ, do inglês *interrupt request*) e o canal de acesso direto à memória (DMA, do inglês *direct memory access*). Nesse momento, ele incrementa *usage_count*. Se for zero, então não temos dispositivos de disquete ativos correntemente.

```
if (max_buffer_sectors ≡ 0) {
    printk ("VFS:⎵do_fd_request⎵called⎵on⎵non-open⎵device\n");
    return;
}
if (usage_count ≡ 0) {
    printk("warning:⎵usage⎵count=0,⎵current_req=%p⎵exiting\n",
        current_req);
    printk("sect=%ld⎵flags=%lx\n", (long) current_req→sector,
        current_req→flags);
    return;
}
```

436 ■ Princípios de sistemas operacionais

16.4.1.2 Passagem pela solicitação

Mas o controlador pode realmente estar ocupado no momento tratando outra solicitação. Se formos chamados, nesse caso inesperado, também não poderemos tratar a solicitação.

```
if (test_bit(0, &fdc_busy)) {
    is_alive("do fd request, old request running");
    return;
}
```

Nesse ponto, sabemos que podemos tratar a solicitação. Para fazer isso, solicitamos um bloqueio e chamamos *process_fd_request*( ) para escalonar o processamento real.

```
lock_fdc(MAXTIMEOUT, 0);
process_fd_request( );
is_alive("do fd request");
}
```

16.4.2 Escalonamento das operações do disquete

O objetivo principal dessa função é configurar o trabalho a ser executado posteriormente para processar a solicitação. A função *schedule_bh*( ) é basicamente uma chamada para *schedule_work*( ), que enfileira a função *redo_fd_request*( ), a ser executada assim que for razoável. A estrutura *rw_cont* contém um conjunto de ponteiros para funções que são chamadas para gerenciar interrupções e erros que podem ocorrer durante o tratamento dessa solicitação. Contém também um ponteiro para a função que chamaremos quando a solicitação for concluída.

```
static void process_fd_request(void)
{
    cont = &rw_cont;
    schedule_bh(redo_fd_request);
}
```

16.4.3 Execução de uma operação no disquete

Com base na nossa descrição de como o controle atinge essa função, pode parecer estranho ser chamada de *redo_fd_request*( ). A razão para esse nome é que ela também é um ponto de entrada, pelo qual o controle é transferido, se precisarmos tentar novamente uma solicitação. Contudo, apesar do nome, executamos esse código da primeira vez que tentamos processar a solicitação.

static void *redo_fd_request*(**void**)
{
#define REPEAT { *request_done*(0); **continue;** }
   int *drive*;
   int *tmp*;

Registraremos o tempo corrente para podermos dizer, mais tarde, quanto tempo se passou desde que começamos a tentar processar essa solicitação.

lastredo = jiffies;

16.4.3.1 Escalonamento de desligamento do motor do disquete

Ao contrário do que seria de se esperar com base no nome, o *floppy_off*( ), na verdade, não desliga algo diretamente. Em vez disso, se o motor da unidade corrente estiver em funcionamento, ele configura um temporizador de inatividade. Se não cancelarmos o temporizador devido à atividade na unidade, a função de retorno de chamada desligará o motor quando o temporizador expirar. Naturalmente, se *current_drive* não identifica uma unidade válida, não queremos tentar desligar seu motor.

   if (*current_drive* < N_DRIVE)
     floppy_off(*current_drive*);

16.4.3.2 Ciclo de solicitações pendentes

Chegamos, então, a um loop que tenta continuamente obter uma solicitação e configurá-la para processamento. Se formos bem-sucedidos, retornamos diretamente do corpo do loop.

   for (; ;) {

16.4.3.3 Obtenção de solicitação para processar

Aqui, verificamos se o driver tem uma solicitação atualmente em processamento. Se não, bloqueamos a fila e obtemos a próxima solicitação. Note que classificamos uma função chamada *elv_next_request*( ) para recuperar a solicitação. Embora o nome implique que a função usa um algoritmo elevador, ela é um pouco mais complexa do que isso. Ela chama funções definidas como parte do escalonador de E/S que foi invocado quando o sistema foi inicializado. Com exceção do escalonador noop, eles, de fato, usam algumas variações do algoritmo elevador.

   if (¬*current_req*) {
     struct request *req ;
     spin_lock_irq(*floppy_queue→queue_lock*);

438 ■ Princípios de sistemas operacionais

$$req = elv\_next\_request(floppy\_queue);$$
$$spin\_unlock\_irq(floppy\_queue{\rightarrow}queue\_lock);$$

Se não recebermos de volta uma solicitação, a fila deverá estar vazia e poderemos retornar o driver para o estado ocioso. Se não, configuraremos *current_req* para apontar para a nova solicitação.

```
if (¬req ) {
    do_floppy = Λ;
    unlock_fdc( );
    return;
}
current_req = req ;
}
```

16.4.3.4 Seleção de unidade

A chamada para *set_fdc( )* identifica o controlador que precisamos usar para essa solicitação e configura a variável global *fdc* para apontar para essa estrutura descritiva. De forma similar, a chamada para *set_floppy( )* configura a variável global *_floppy* para apontar para uma estrutura que descreve o formato do disquete na unidade. As informações de tipo de disquete identificam a geometria do disco e algumas outras informações necessárias para programar adequadamente o controlador.

$$drive = (\textbf{long}) \; current\_req{\rightarrow}rq\_disk{\rightarrow}private\_data;$$
$$set\_fdc(drive);$$
$$reschedule\_timeout(current\_reqD, \text{``redo}_{\sqcup}\text{fd}_{\sqcup}\text{request''}, 0);$$
$$set\_floppy(drive);$$

Vamos configurar a sequência real de comandos para essa operação posteriormente, mas algumas chamadas intermediárias exigem uma estrutura de comando válida.

$$raw\_cmd = \&default\_raw\_cmd;$$
$$raw\_cmd{\rightarrow}flags = 0;$$

16.4.3.5 Ativação do motor

Por questão de simplicidade, analisemos o caso em que o motor da unidade já está funcionando. Então, *start_motor( )* retorna 0, e vamos para o restante do código. No caso em que o motor não está funcionando, *start_motor( )* inicia um temporizador e retorna 1. Retornamos da função nesse momento. Contudo, quando o temporizador expira, a função chamada é essa. Retornamos pelo mesmo código para chegar a esse ponto, mas, é claro, já temos uma solicitação para processar. Então, chamamos *start_motor*( ) novamente e, dessa vez, ela retorna 0 indicando que o motor está funcionando.

> **if** (*start_motor* (*redo_fd_request*))
>   **return**;

16.4.3.6 Verificação do disco correto

A chamada para *disk_change*( ) indaga o controlador a fim de determinar se o disquete que esteve por último na unidade foi removido. Se foi, ou se colocamos um sinalizador para agir como se tivesse sido, repetimos o loop. O objetivo principal de repetir o loop é reinicializar o *_floppy* agora que as informações de formato antigas talvez não sejam mais válidas.

> *disk_change*(*current_drive*);
> **if** (*test_bit*(*current_drive*, &*fake_change*) ∨ TESTF(FD_DISK_CHANGED)) {
>   DPRINT("disk␣absent␣or␣changed␣during␣operation\n");
>   REPEAT;
> }

Se não tivermos informações de formato sobre o disquete correntemente na unidade, começamos a tentar o acesso ao disco usando formatos diversos até acharmos um que funcione. Chamamos esse processo de **sondagem** de disco.

> **if** (¬ *_floppy*) {
>   **if** (¬*probing*) {
>   DRS→*probed_format* = 0;
>   **if** (*next_valid_format*( )) {
>   DPRINT("no␣autodetectable␣formats\n");
>   *_floppy* = Λ;
>   REPEAT;
>   }
>   }
>   *probing* = 1;
>   *_floppy* = *floppy_type* + DP→*autodetect*[DRS→*probed_format*];
> }
> **else**
>   *probing* = 0;

440 ■ Princípios de sistemas operacionais

16.4.3.7 Preparação dos comandos

Agora estamos prontos para formatar os bytes reais do comando, os quais precisamos que sejam escritos no controlador. A chamada para *make_raw_rw_request*( ) determina o cilindro, cabeçote e setor apropriados, e os coloca no formato correto para os registradores do controlador.

> *errors = &(current_req→errors);*
> *tmp = make_raw_rw_request*( );
> **if** (*tmp* < 2) {
>   *request_done(tmp);*
>   **continue**;
> }

Aqui testamos para ver se precisamos desligar o motor e depois reiniciá-lo imediatamente para o valor que gravamos na nossa cópia interna do registrador de controle. Esse processo é chamado de "twaddling" no código-fonte do Linux. Só é executado aqui no caso de recebermos uma interrupção e se os registradores de *status* indicam que não há dados a ler.

> **if** (TESTF (FD_NEED_TWADDLE))
>   *twaddle*( );

16.4.3.8 Escalonamento de comando

Por fim, escalonamos a execução real do comando usando as filas de trabalhos normais. A função que executaremos momentaneamente para realizar a solicitação é *floppy_start*( ).

>   *schedule_bh(floppy_start);*
>   *debugt*("queue⎵fd⎵request");
>   **return**;
>   }
> **#undef** REPEAT
> }

16.4.4 Iniciação do comando

A função *floppy_start*( ) não faz muita coisa sozinha. Para nossos objetivos, ela simplesmente chama *floppy_ready*( ). Não é chamada diretamente, mas colocada em uma fila de trabalhos por *redo_fd_request*( ) um pouco antes de retornar a quem chamou.

> **static void** *floppy_start*(**void**)
> {

reschedule_timeout(*current_reqD*, "floppy␣start", 0);
scandrives( );
SETF(FD_DISK_NEWCHANGE);
floppy_ready( );
}

16.4.5 Preparação para transferência de dados

Essa função verifica se tudo está pronto para que a solicitação seja executada e depois chama a função apropriada para isso.

static void *floppy_ready*(**void**)
{

CHECK_RESET;

16.4.5.1 Preparação da unidade

Aqui, nos certificamos de que o motor esteja funcionando. Note que usamos o mesmo truque do *redo_fd_request*( ) chamando essa função novamente após o motor ter tido tempo para girar.

if (*start_motor*(*floppy_ready*))
    return;

Depois, configuramos a taxa de transferência de dados. Se já não estiver configurada com o valor correto, o *fdc_dtr*( ) liga um temporizador, que chama *floppy_read*( ) quando esse expira.

if (*fdc_dtr*( ))
    return;

Neste ponto, já devemos ter cuidado de qualquer mudança real em disco que tenha acontecido. Contudo, às vezes, vemos a linha de mudança de disco ainda exibindo uma mudança. O "twaddling" da unidade limpa essa linha em alguns hardwares.

if (¬(*raw_cmd→flags* & FD_RAW_NO_MOTOR) ∧ *disk_change*(*current_drive*)
        ∧¬DP→*select_delay*)
    twaddle( );

16.4.5.2 Tratamento de DMA falso

Em arquiteturas como o Intel x86, o DMA se restringe a certas áreas da memória. Além disso, o controlador DMA usado em máquinas compatíveis com IBM tem limitações adicionais. Se estivermos em execução em uma máquina dessas, verificamos se podemos usar o DMA real ou se precisamos falsificá-lo fazendo-o em um buffer interno e depois copiando o setor para o destino final.

```
#ifdef fd_chose_dma_mode
    if ((raw_cmd→flags & FD_RAW_READ)∨(raw_cmd→flags & FD_RAW_WRITE)) {
        unsigned long flags = claim_dma_lock( );
        fd_chose_dma_mode(raw_cmd→kernel_data , raw_cmd→length);
        release_dma_lock(flags);
    }
#endif
```

16.4.5.3 Busca do cilindro correto

Neste ponto, estamos no cilindro correto e podemos fazer a operação de leitura e escrita ou, então, precisamos buscar o cilindro correto. No último caso, chamamos *seek_floppy( )*, que manda o controlador buscar o cilindro correto. Quando recebemos uma interrupção indicando que a busca está concluída, o tratador de interrupções escalona *floppy_ready( )* novamente. Quando chegamos a esse ponto do código de novo, estamos de volta ao caso anterior e chamamos *setup_rw_floppy( )* para iniciar a operação de leitura ou de escrita.

```
    if (raw_cmd→flags & (FD_RAW_NEED_SEEK | FD_RAW_NEED_DISK)) {
        perpendicular_mode( );
        fdc_specify( );
        seek_floppy( );
    }
    else {
        if ((raw_cmd→flags & FD_RAW_READ)∨(raw_cmd→flags & FD_RAW_WRITE))
            fdc_specify( );
        setup_rw_floppy( );
    }
}
```

16.4.6 Programação do controlador

Essa função finalmente inicia a solicitação. Antes de realmente mandar o controlador iniciar a operação, configuramos a transferência DMA e o tratador de interrupções que será chamado quando a operação terminar.

Dispositivos de E/S no Linux ■ 443

```
static void setup_rw_floppy (void)
{

    int i, r, flags, dflags;
    unsigned long ready_date;
    timeout_fn function;
    flags = raw_cmd→flags;
```

Leituras e escritas são operações que resultam em interrupções. Distinguimos entre operações interruptivas e não interruptivas mais adiante na função.

```
if (flags & (FD_RAW_READ | FD_RAW_WRITE))
    flags |= FD_RAW_INTR;
```

16.4.6.1 Verificação do motor

Dê tempo suficiente para o motor girar após ligá-lo. Se não tiver feito isso, ajuste um temporizador que nos traga de volta a este ponto, direta ou indiretamente, por meio de *floppy_start( )*.

```
if ((flags & FD_RAW_SPIN)∧¬(flags & FD_RAW_NO_MOTOR)) {
    ready_date = DRS→spinup_date + DP→spinup;
    if (time_after(ready_date, jiffies + DP→select_delay)) {
        ready_date -= DP→select_delay;
        function = (timeout_fn) floppy_start;
    }
    else
        function = (timeout_fn) setup_rw_floppy;
    if (fd_wait_for_completion(ready_date, function))
        return;
}
```

16.4.6.2 Configuração para a operação

Configure o controlador DMA para esta operação.

```
dflags = DRS→flags;
if ((flags & FD_RAW_READ)∨(flags & FD_RAW_WRITE))
    setup_DMA( );
```

Para leituras e escritas, queremos que nossas interrupções sejam gerenciadas por *main_command_interrupt( )*. (Para algumas outras operações, como buscas, temos outros tratadores escalonados no tratador de interrupções da metade superior.)

444 ■ Princípios de sistemas operacionais

```
if (flags & FD_RAW_INTR)
    do_floppy = main_command_interrupt;
```

16.4.6.3 Programação do controlador

Essas próximas linhas são as que realmente programam o controlador para iniciar a operação. Simplesmente passamos pelos bytes do comando e os escrevemos nos registradores do controlador apropriados, um por vez. Se encontrarmos um erro ao tentar falar com o controlador, não há muita coisa a fazer, a não ser reiniciá--lo e tentar novamente. É claro que, se tivermos muitos erros, não há escolha, a não ser desistir.

```
r = 0;
for (i = 0; i < raw_cmd→cmd_count; i++)
    r |= output_byte(raw_cmd→cmd[i]);
debugt("rw_command:␣");
if (r) {
    cont→error( );
    reset_fdc( );
    return;
}
```

Por hora, terminamos. Se essa é uma operação não interruptiva, chamamos a função de trabalho de interrupção da metade inferior, como se tivéssemos sido interrompidos. Se for uma operação interruptiva (especialmente, leitura ou escrita), ligamos um temporizador para nos certificar de não sermos interrompidos no tempo esperado.

```
if (¬(flags & FD_RAW_INTR)) {
    inr = result( );
    cont→interrupt( );
}
    else if (flags & FD_RAW_NEED_DISK)
        fd_watchdog( );
}
```

16.4.7 Tratamento de interrupção de disquete

Pouco antes de programar o controlador em *setup_rw_floppy*( ), configuramos *do_floppy* para apontar para *main_command_interrupt*( ). Quando o controlador do disquete emite uma interrupção, a função *floppy_interrupt*( ) é executada. Ela desliga a operação DMA, verifica se nossa interrupção é significativa, recupera os

Dispositivos de E/S no Linux ■ 445

resultados do controlador, e escalona a função indicada por *do_floppy* para ser executada depois. No nosso caso, a função é *main_command_interrupt*( ), que deleta o temporizador "watchdog" e chama a função de interrupção para essa operação. Para leituras e escritas, trata-se de *rw_interrupt*( ). Após uma quantidade significativa de verificação de erro, *rw_interrupt*( ) chama a função identificada como aquela a ser executada quando a solicitação é feita. Para solicitações de leitura e escrita, a função é *request_done*( ).

static void *request_done* (**int** uptodate)
{
    struct request_queue *$*q = floppy_queue$;
    struct request *$*req = current_req$;
    unsigned long flags ;
    int block;

Caso estivéssemos tentando determinar o formato do disquete, desligaríamos o flag de sondagem.

probing = 0;
reschedule_timeout (**MAXTIMEOUT**,"request␣done␣%d", *uptodate*);

16.4.7.1 Verificação de interrupções espúrias

No caso de sermos chamados sem uma solicitação corrente ativa, não queremos estragar tudo ao referenciar ponteiros nulos e semelhantes.

if ($\neg req$) {
    printk("floppy.c:␣no␣request␣in␣request_done\n");
    return;
}

16.4.7.2 Verificação do êxito da operação

Consideramos que *uptodate* $\equiv$ 1 indica que a transferência foi concluída com sucesso e que podemos nos despedir dessa solicitação. Caso contrário, temos um erro e precisamos deixar o código de gerenciamento de fila de solicitações tentar novamente. (O código, tecnicamente, trata qualquer valor diferente de zero para *uptodate*, a fim de indicar uma transferência bem-sucedida. Contudo, essa função só é chamada se o argumento for 0 ou 1. É por isso que falamos em termos de considerar o argumento igual a 1.) Seja como for, chamamos *floppy_end_request*( ). Chamar a função com um argumento 1 indica transferência bem-sucedida e, com argumento 0, indica erro.

446 ■ Princípios de sistemas operacionais

```
    if (uptodate) {
        block = current_count_sectors + req→sector;
        INFBOUND(DRS→maxblock, block);
        if (block >_floppy→sect)
            DRS→maxtrack =1;
        spin_lock_irqsave(q→queue_lock, flags);
        floppy_end_request(req, 1);
        spin_unlock_irqrestore(q→queue_lock, flags);
    }
    else {
        if (rq_data_dir(req) ≡ WRITE) {
            DRWE→write_errors ++;
            if (DRWE→write_errors ≡ 1) {
                DRWE→first_error_sector = req→sector;
                DRWE→first_error_generation = DRS→generation;
            }
            DRWE→last_error_sector = req→sector;
            DRWE→last_error_generation = DRS→generation;
        }
        spin_lock_irqsave(q→queue_lock, flags);
        floppy_end_request(req, 0);
        spin_unlock_irqrestore(q→queue_lock, flags);
    }
}
```

16.4.8 Conclusão da operação do disquete

Esta é a função final do driver de disquete para tratar a solicitação. Ela entrega o controle da solicitação de volta ao código de gerenciamento de solicitação de bloco.

```
static void floppy_end_request(struct request *req, int uptodate)
{
    unsigned int nr_sectors = current_count_sectors;
    if (¬uptodate)
        nr_sectors = req→current_nr_sectors;
```

16.4.8.1 Verificação de operações concluídas

A função *end_that_request_first*( ), encontrada em block/ll_rw_blk.c, observa a solicitação e o número de bytes transferidos e determina se a solicitação foi concluída. Se não foi, ela retorna 1, e voltamos. Então, cabe ao escalonador de solicitação enviar uma nova chamada para *do_fd_request*( ) a fim de concluir a solicitação. Se ela foi solicitada, *end_that_request_first*( ) retorna 0, e continuamos.

 if (*end_that_request_first*(*req, uptodate, nr_sectors*))
  return;

Vários drivers de dispositivo no kernel contribuem para o gerador interno de número aleatório por meio da imprevisibilidade de seus eventos. É aqui que o driver de disquete contribui para a entropia do gerador.

 add_disk_randomness(*req→rq_disk*);

16.4.8.2 Escalonamento de desligamento do motor

Agora que a solicitação foi concluída, podemos programar o motor do disco para se desligar, se não forem processadas mais solicitações nos próximos segundos.

 floppy_off ((**long**) *req→rq_disk→private_data*);

16.4.8.3 Atualização da fila de solicitações

Solicitações concluídas podem ser removidas da fila.

 blkdev_dequeue_request (*req*);

A próxima chamada diz ao escalonador de solicitação que a concluímos e a removemos da fila.

 end_that_request_last (*req, uptodate*);

O último passo do processo é limpar o ponteiro para a solicitação corrente. Isso indica que o driver está ocioso e pronto para receber outra solicitação.

 current_req = Λ;
}

16.5 Resumo

O Linux inclui suporte para uma grande variedade de dispositivos de E/S. Fornece infraestrutura substancial para ajudar no desenvolvimento do driver de dispositivo. Os drivers de dispositivo de bloco podem contar com o gerenciamento de

448 ■ Princípios de sistemas operacionais

fila e escalonamento de solicitações na camada de E/S de bloco. Todos os drivers podem minimizar o tempo gasto com interrupções desativadas e podem simplificar seu projeto pelo uso de trabalho diferido nas metades inferiores de seus tratadores de interrupções. Examinamos detalhes selecionados do driver da porta paralela como exemplo de driver de dispositivo de caracteres e o driver de disquete como exemplo de driver de dispositivo de bloco. Embora ambos esses drivers sejam alguns dos exemplos mais simples da sua classe, ambos ilustram várias técnicas significativas e comuns, encontradas em todos os drivers de dispositivo.

16.6 Exercícios

1. Por que é bom minimizar a quantidade de trabalho executado na metade superior do tratador de interrupções?

2. No escalonador antecipatório, faz sentido distinguir entre leituras e escritas ao se decidir pelo uso de atraso antes de retomar o processamento da fila? Por quê?

3. Suponhamos que fosse sugerido que a fila FIFO de escrita no escalonador de prazo fosse eliminada. Há algum perigo nisso? Isso poderia causar problemas?

4. Haveria alguma vantagem em modificar o escalonador regular de filas para usar três filas como faz o escalonador de prazo? Por quê?

5. No _ _parport_pc_frob_control( ), usamos o OU exclusivo no parâmetro val em vez do OU inclusivo. Especule sobre por que fazemos isso. Que vantagem isso nos traz? Como podemos forçar um bit a ser ligado como faríamos com um OU inclusivo?

6. Em vários pontos, o driver de dispositivo de disquete faz chamadas ao temporizador que resultam em uma mesma função ser chamada novamente no fim do período. Seria melhor dividir a função em duas, em que uma parte faz o trabalho antes do temporizador ser iniciado e a outra, após ele expirar? Por quê?

7. Estude o código das funções *end_that_request_first*( ), *blkdev_dequeue_request*( ) e *end_that_request_last*( ) e descreva como a próxima solicitação é tirada da fila e passada para *do_fd_request*( ).

8. Além de sondar o disco automaticamente para determinar seu formato, o processo de usuário também pode especificar certo formato usando o número de dispositivo secundário. Estude o outro código do driver de disquete e descreva como é tratado. O que nos impede de sondar nesse caso?

9. Pesquise o projeto e implementação do Linux e escreva uma descrição de como uma interface do tipo USB é suportada. Especialmente, como o sistema suporta a variedade de dispositivos que pode ser conectada enquanto, ao mesmo tempo, implementa-se um único driver para o controlador?

Capítulo 17

Princípios de sistemas de arquivos

Além da interface de usuário, o aspecto mais reconhecível de um sistema operacional é seu sistema de arquivos. Isso não é de estranhar. Afinal, todo programa que executamos, toda imagem exibida e todos os nossos dados são gerenciados pelo sistema de arquivos. É o sistema de arquivos que determina como esses arquivos são armazenados e como podem ser identificados.

Note que tomamos o cuidado de descrever a função do sistema de arquivos em duas partes: fornecimento de serviços de armazenamento e fornecimento de sistema de nomes. Classicamente, quando falamos sobre sistemas de arquivos, concentramo-nos no gerenciamento de armazenamento e pensamos nos nomes apenas como atributos dos arquivos. Contudo, projetos mais modernos aproveitam para fornecer esses dois serviços de modo independente. Embora seja difícil imaginar a utilidade de arquivos armazenados sem nomes, veremos neste capítulo que os nomes podem existir sem arquivos tradicionais.

Este capítulo examina vários aspectos de projeto de sistema de arquivos. Primeiro, examinamos o conjunto de serviços normalmente fornecidos por um sistema de arquivos e, então, observamos a estrutura geral da implementação do sistema de arquivos. Com essa perspectiva determinada, vemos o gerenciamento de espaço de armazenamento e de nomes. Em toda esta análise, devemos ter cuidado com terminologia potencialmente ambígua. Às vezes, usamos o termo sistema de arquivos para nos referir ao código e estruturas de dados dentro do sistema operacional que implementam esses serviços de nomes e de armazenamento. Outras vezes, usamos o termo para descrever o conjunto de estruturas de dados em um dispositivo de armazenamento. Na maioria dos casos, é óbvio pelo contexto o que queremos dizer. Contudo, em casos em que não estiver claro, tentaremos esclarecer isso por meio de outros termos descritivos.

17.1 Serviços do sistema de arquivos

De uma forma ou outra, todos os sistemas de arquivos fornecem às aplicações a habilidade de:

450 ■ Princípios de sistemas operacionais

- criar arquivo
- remover arquivo
- abrir um arquivo existente
- ler um arquivo aberto
- gravar em um arquivo aberto
- fechar um arquivo aberto
- obter metadados de um arquivo
- modificar metadados de um arquivo

Com exceção das que lidam com metadados, essas operações são familiares e não precisam de muita explicação. Contudo, há diversas variações que vale a pena mencionar. Primeiro, note que relacionamos as operações de criar e abrir separadamente. Alguns sistemas as fornecem como serviços separados. Alguns também, ou apenas, fornecem criação de arquivo como caso especial do serviço de abertura. Normalmente, no segundo caso, se estivermos abrindo para gravação um arquivo que não existe, ele é criado para nós como parte do processo de abertura.

17.1.1 Acesso compartilhado e exclusivo

Se já tivermos um arquivo aberto e outro processo quiser abri-lo também, temos de tomar uma decisão. Permitimos que ambos os processos compartilhem o arquivo aberto, ou implementamos acesso exclusivo para o arquivo? Na prática, encontramos casos nos quais cada abordagem é desejável. De fato, se ambos os processos estiverem apenas lendo o arquivo, não há perigo em permitir que ambos tenham acesso ao arquivo. Contudo, como se dá com dados compartilhados na memória, permitir que um ou mais dos processos grave no arquivo pode resultar em dados inconsistentes que serão lidos por outros. Se mais de um gravar no arquivo, temos um conflito no qual o arquivo não fornece os resultados que obteríamos se os dois processos acessassem o arquivo em sequência.

Assim, a maioria dos projetos de sistema de arquivos suporta tanto o acesso compartilhado aos arquivos como o exclusivo. Em geral, o padrão da implementação é o acesso compartilhado. Há dois métodos comuns de solicitar acesso exclusivo. No primeiro, é passado um flag para a chamada ao sistema que abre o arquivo indicando que ele deve ser aberto exclusivamente. Em outras palavras, se o arquivo já estiver aberto por outro processo, essa solicitação de abertura aguarda até que ele esteja disponível. De modo similar, se outro processo tenta abrir o arquivo enquanto o mantemos aberto, esse processo também precisa aguardar até terminarmos. O segundo método comum para solicitar acesso exclusivo é fornecido por uma chamada ao sistema adicional. Essa chamada fornece a um processo, a habilidade de bloquear um arquivo ou partes dele. Esse bloqueio é similar ao bloqueio de exclusão mútua analisado na Seção 5.7. Os processos solicitam acesso exclusivo a um arquivo e são bloqueados se outro processo já tiver esse acesso.

Vemos uma diferença na abordagem de bloqueio de arquivo em comparação com o bloqueio de uma área da memória. Visto que os processos muitas vezes declaram se pretendem gravar no arquivo, temos as informações necessárias para permitir que múltiplos leitores tenham acesso simultaneamente. Assim, se um processo solicita acesso exclusivo apenas para fins de leitura, podemos concedê-lo, mesmo se já houver outros leitores com esse acesso. Contudo, se um escritor tem acesso, o leitor precisa aguardar até que ele termine. Qualquer solicitação de acesso exclusivo para gravação deve aguardar até que todos os outros processos com acesso tenham terminado de usar o arquivo. Essa política pode ser resumida no seguinte algoritmo:

Acesso exclusivo a arquivo: Quando um processo, P, solicita acesso exclusivo a um arquivo, determinamos se vamos conceder o acesso ou bloquear o processo. Mantemos uma fila, F, de processos aguardando acesso.

1. Se F não está vazia, acrescente P ao final de F e retorne.
2. Se nenhum processo tem correntemente acesso exclusivo ao arquivo, dê a P acesso ao arquivo e retorne.
3. Se P solicita acesso somente de leitura e F está vazia e os processos com acesso corrente são leitores, dê a P acesso ao arquivo e retorne.
4. Acrescente P ao final de F e retorne.

Esse algoritmo preserva a ordem de solicitações. Especificamente, nenhum processo recebe acesso exclusivo antes daquele que emitiu solicitação anteriormente. Contudo, dentro dessa restrição, o algoritmo permite quantos leitores simultâneos forem possíveis, mantendo, no mínimo, o número de processos bloqueados.

17.1.2 Padrões de acesso

Parece que omitimos da lista qualquer maneira de nos posicionarmos no arquivo. Com muita frequência, um processo espera a abertura do arquivo para começar a ler ou escrever no início. Cada leitura ou escrita subsequente ocorre a partir de onde a outra parou na última vez. Esse tipo de **acesso sequencial** implica que o sistema operacional mantém uma **posição corrente**, que é usada para determinar a localização do próximo acesso. Há, porém, momentos em que queremos usar um padrão de **acesso aleatório** para os arquivos. Podemos projetar as operações de leitura e gravação de modo que a posição do arquivo seja sempre especificada explicitamente. Como vimos em capítulos anteriores, o tratamento de dispositivos de baixo nível para dispositivos de armazenamento funciona em termos de posições explícitas. Em muitos sistemas, no entanto, tentamos fornecer o melhor de dois mundos. As leituras e escritas têm como padrão o acesso sequencial e não exigem que o programador de aplicação mantenha o controle da posição corrente. Nesses sistemas, a posição do arquivo pode ser trocada por uma ou mais chamadas adicionais ao sistema. Às vezes, um tipo de operação de **rebobinamento** é fornecido. Rebobinar um arquivo é bem parecido com rebobinar uma fita; essa ação torna o início do arquivo a posição corrente. Em geral, isso é suficiente porque, para chegar a

452 ■ Princípios de sistemas operacionais

qualquer posição aleatória, podemos rebobinar e depois ler o arquivo até a posição desejada. Contudo, chegar a uma posição aleatória dessa maneira é bem ineficiente. Por essa razão, a maioria dos sistemas fornece às aplicações um modo de buscar uma posição aleatória em um arquivo por meio de outra chamada ao sistema. Normalmente, a aplicação pode buscar uma localização absoluta dentro do arquivo ou uma posição específica relativa à posição corrente.

17.1.3 Estrutura de arquivo

Há várias abordagens que um projetista de sistema operacional pode usar para atender à questão de como estruturar os dados dentro do arquivo. A decisão tomada sobre esse assunto tende a se refletir na abordagem filosófica geral do projetista na relação entre o SO e as aplicações.

Em um extremo, tratamos o conteúdo de cada arquivo como uma coleção não estruturada de bytes. O sistema operacional por si próprio não precisa saber e não se importa como a aplicação que gravou esses bytes pretendia que eles fossem usados. É deixada completamente a cargo de cada aplicação, a forma como os dados dentro do arquivo são organizados. Essa abordagem minimalista tem a vantagem de que o projeto e a implementação do sistema de arquivos são mais simples. Ela não exige que o projetista do sistema de arquivos identifique um conjunto abrangente de estruturas e organizações no momento em que o sistema de arquivos é criado. De fato, mesmo quando os sistemas de arquivos fornecem estruturas de dados mais complexas, fornecem também um stream de bytes não estruturados para compatibilidade. A desvantagem do stream de bytes não estruturados está em levar a complexidade para as aplicações. Em vez de implementar os detalhes das estruturas de dados uma única vez, eles são implementados em cada aplicação. Mesmo quando esses detalhes estão encapsulados em bibliotecas usadas por muitas aplicações, não há garantia que todas as aplicações tratem os mesmos tipos de dados com as mesmas estruturas.

Um modo de acrescentar estrutura ao conteúdo do arquivo se baseia na evolução de sistemas antigos de processamento de dados. Nos sistemas antigos, onde a maior parte da entrada era por cartão perfurado, era natural armazenar e processar dados em termos de **registros** de 80 (ou algum outro número fixo de) caracteres. Assim como era feito naquela época, muitas vezes subdividimos os registros em campos de tamanho fixo. Por exemplo, os primeiros nove caracteres podem ser o número do Seguro Social (SSN, do inglês social security number), os próximos 15, o primeiro nome, e assim por diante. Ao lidar com esses registros de tamanho fixo, o tamanho do registro em geral é armazenado nos metadados do arquivo ou especificado quando o arquivo é aberto. Depois de aberto, as leituras e gravações no arquivo são especificadas em unidades de registros em vez de em bytes. Em alguns casos, o sistema suporta uma mistura de registros de tamanhos variáveis em um único arquivo. Nesses casos, o tamanho de determinado registro costuma ser armazenado no arquivo como prefixo do próprio registro.

Podemos levar isso além e projetar um sistema de arquivos com acesso indexado. Se o arquivo é um conjunto linear de n registros, podemos indexar o arquivo com números inteiros de 0 a $n - 1$. Contudo, talvez estejamos mais interessados em indexar o arquivo pelo SSN. Em outras palavras, em vez de enviar uma chamada ao sistema para ler o registro de número i, podemos enviar uma chamada para ler o registro com SSN s, e o próprio sistema de arquivos localiza o registro correto. Como acontece em bancos de dados, o índice normalmente é implementado usando estruturas de dados como tabelas hash e árvores B. Naturalmente, essas estruturas de arquivo mais complexas têm o conjunto oposto de vantagens/desvantagens quando comparadas aos projetos com stream de bytes não estruturados. Essas estruturas resultam em projeto e implementação do sistema de arquivos mais complexos, e nem sempre atendem às necessidades de toda aplicação. Contudo, para aplicações que realmente se ajustam a um modelo orientado por registros, esses projetos de sistema de arquivos simplificam consideravelmente o desenvolvimento de aplicações e bibliotecas de apoio.

Um caso especial particularmente interessante dessas questões é o arquivo de texto normal. O armazenamento do texto em si não é um grande problema; é a representação da natureza orientada por linha dos arquivos de texto que levanta certas questões. Quase toda abordagem imaginável já foi usada. Na abordagem orientada por registros, podemos determinar um limite superior para o tamanho da linha e para os registros de tamanho fixo que são usados, nos quais as linhas mais curtas são preenchidas com espaços. Como alternativa, podemos usar uma abordagem de registro de tamanho variável e usar um prefixo nos dados da linha que inclua o tamanho dela. Alguns sistemas usam um stream de bytes e marcam o fim de cada linha com um ou mais caracteres especiais. Entre as opções para terminar a linha estão o byte nulo, o avanço de linha, o retorno de carro ou ambos. Naturalmente, essa variedade de abordagens para representar linhas torna desafiadora a escrita de aplicações que são portáveis para uma variedade de sistemas.

17.1.4 Metadados

Outro item que merece ser analisado são os **metadados**. Metadados são os dados a respeito do arquivo. Por exemplo, a maioria dos sistemas mantêm uma lista de atributos do arquivo, como o nome, tamanho, data da última modificação, proprietário e códigos de proteção. Além disso, o sistema de arquivos pode incluir dados como flag de "somente-anexação", flag de bloqueio do arquivo, comprimento do registro, horário de criação, último horário de acesso, vários tamanhos ou limites de acesso. Embora esses dados sejam mantidos principalmente para uso pelo próprio sistema operacional, também há serviços que permitem que as aplicações consultem e modifiquem esses dados.

Em muitos sistemas, o conjunto de metadados é definido pelo projeto do sistema de arquivos como parte de uma estrutura fixa que descreve o arquivo. Outros sistemas permitem mais flexibilidade. Alguns projetos de sistema de arquivos permitem que qualquer metadado possa ser atribuído a um arquivo por uma aplicação.

454 ■ Princípios de sistemas operacionais

Vamos destacar agora um metadado específico – o tipo de arquivo. Antes de analisar o tipo de arquivo, devemos notar que nem todos os sistemas suportam alguma noção de tipo de arquivo. Esses sistemas deixam a interpretação do arquivo para qualquer aplicação que o abrir. Para os sistemas que suportam o conceito de tipo de arquivo, o tipo identifica se o arquivo é de texto, imagem gráfica, programa executável, documento de editor de texto, PDF, ou qualquer um entre vários outros tipos de arquivos. Os tipos de arquivos são usados de várias maneiras. Por exemplo, podem ser usados para controlar certos aspectos da leitura e da gravação, como convenções de fim de linha para arquivos de texto. De modo similar, arquivos identificados como compactados podem ser descompactados automaticamente ao serem lidos. Outro uso importante dos tipos de arquivo é associar uma aplicação ao arquivo. Principalmente ao usar uma interface gráfica com o usuário, muitas vezes queremos selecionar o arquivo e abri-lo em uma aplicação que, de certo modo, é a aplicação natural para ele. No caso de imagem gráfica, por exemplo, a aplicação-padrão pode ser um visualizador de imagens. Há dois modos comuns em que essa associação é realizada. A aplicação pode ser atribuída como metadado adicional, normalmente definido pelo programa que cria o arquivo. Uma alternativa é definir uma aplicação separada, possivelmente parte da interface com o usuário, que conheça as associações entre arquivos e aplicações. Essa aplicação é responsável por transformar uma seleção de arquivo feita pelo usuário no ato de executar um programa tendo como entrada os dados daquele arquivo.

17.1.5 Arquivos mapeados pela memória

Leituras e gravações não são os únicos mecanismos que podemos usar para acessar os dados em um arquivo. Muitos sistemas fornecem aplicações com a habilidade de mapear um arquivo no espaço de memória do processo. Assim, o conteúdo do arquivo transforma-se em dados do processo como qualquer outro dado que o processo acessa. O conteúdo do arquivo é acessado usando as instruções normais de memória load e store.

Essa técnica pode ser implementada facilmente em um sistema com paginação. Basta alocarmos as páginas virtuais para o arquivo e marcá-las como não residentes, mas registrar que estão paginadas para o arquivo que mapeamos. Então, quando o processo tentar acessar o espaço de memória do arquivo mapeado, recebemos uma falha de página e um swap da página necessária do arquivo é feito para a memória.

É interessante avaliar o uso dessa técnica elegante no lugar das leituras e gravações. Como veremos na Seção 18.2, o Multics fazia exatamente isso. Há, porém, alguns problemas, relacionados ao espaço de memória virtual, que devem ser tratados antes. Primeiro, se todos os acessos a arquivo forem mapeados, restringimos o tamanho do arquivo para ter, no máximo, o tamanho do nosso espaço de memória virtual (ou de um segmento do Multics). Para máquinas com 32 ou menos bits de endereço, essa pode ser uma limitação significativa. Com endereços de 32 bits, apenas 4 GB de espaço virtual podem ser endereçados. Todos os códigos, dados e arquivos mapeados na memória não podem totalizar mais de 4 GB. Contudo, com espaços de memória de 64 bits ou mais, essa técnica pode ser bastante prática. Com um endereço de 64 bits, o uso virtual total pode ser de até aproximadamente 16×10^{18}, ou 16 exabytes. O segundo problema que enfrentamos é o de estender o tamanho do arquivo. Em um sistema segmentado, basta dizermos que escritas além do tamanho do arquivo, mas dentro do mesmo segmento, estendem o tamanho do arquivo. Contudo, se não tivermos uma estrutura de segmentação, há poucas coisas que podemos fazer. Primeiro, podemos simular os segmentos definindo um tamanho máximo para o arquivo que é menor do que o nosso espaço de memória virtual. Se tivermos uma máquina de 64 bits, podemos usar 48 bits para endereçar o conteúdo do arquivo. Isso permite até 65.536 arquivos com até 2^{48} bytes (256 TB) cada. Se mapearmos todos os arquivos nos limites que são múltiplos de 2^{48}, cada arquivo pode crescer até seu tamanho máximo sem colidir com outro arquivo. Uma alternativa é colocar várias páginas não mapeadas além do tamanho máximo do arquivo. Se o processo tentar gravar nessas páginas protegidas, a falha de página indica que o arquivo ficou grande demais.

17.2 Projeto geral do sistema de arquivos

Por meio do exame dos serviços fornecidos pelo sistema de arquivos, voltamo-nos agora para a questão de como o sistema de arquivos se encaixa na estrutura geral do sistema operacional. O primeiro aspecto que merece ser notado é que o sistema de arquivos não funciona sozinho. O suporte ao sistema de arquivos é o cliente principal dos drivers de dispositivo para dispositivos de armazenamento. O componente de sistema de arquivos do SO em geral não tenta controlar diretamente os dispositivos de armazenamento. É escrito para ser independente dos detalhes do dispositivo real e usa os drivers de dispositivo de armazenamento como usam as aplicações que precisam acessar esses dispositivos.

17.2.1 Forma do sistema de arquivos

Desde os projetos mais antigos, a questão se o sistema de arquivos deveria fazer parte do kernel tem sido uma pergunta espinhosa. Por um lado, parece natural implementar o sistema de arquivos no kernel. Ele fornece alguns dos serviços principais do sistema de arquivos em resposta a chamadas ao sistema. Ele lê dados dos espaços de memória dos processos e escreve neles – e, exceto quando compartilha memória explicitamente, queremos que somente o kernel tenha acesso à memória dos processos. Por fim, o sistema de arquivos precisa acessar algumas informações sobre o processo que, normalmente, mantemos na tabela de processos do kernel.

Por outro lado, parece natural mover o sistema de arquivos para fora do kernel e deixá-lo operar como uma aplicação normal. Se o sistema de arquivos acessa dispositivos de armazenamento apenas por meio de drivers de dispositivo no kernel, ele não precisa de acesso especial a hardware. Pode ser executado como processo

456 ■ Princípios de sistemas operacionais

normal, fazendo solicitações do subsistema de E/S para acesso aos dispositivos de armazenamento bruto. Embora fosse de se esperar que a separação do sistema de arquivos do kernel fosse mais comum com projetos de microkernel, conforme analisados na Seção 1.4, nota-se que os sistemas de arquivos também são implementados fora de vários kernels monolíticos. Contudo, há algumas questões que precisam ser tratadas para tornar isso possível. Se for um processo normal em vez de parte do kernel, então como ele pode gerenciar chamadas ao sistema? Segundo, o que fazemos com a questão de acesso ao espaço de memória do processo solicitante? Terceiro, o que fazemos com as informações de processo de que o sistema de arquivos precisa e que se encontram na tabela de processos? Por fim, para os projetos em que os dispositivos são identificados como parte do espaço normal de nomes de arquivos, acabamos com um tipo de dilema. Se o sistema de arquivos é uma aplicação e não tem conexão especial com os drivers de dispositivo, e se todas as aplicações passam pelo sistema de arquivos para acessar os drivers de dispositivo, como o sistema de arquivos acessa os drivers de dispositivo que lhe dão suporte?

Para os sistemas que movem o sistema de arquivos para fora do kernel, essas questões precisam ser tratadas. Na realidade, elas não são tão problemáticas como sugerimos. Vários sistemas tratam de diversos problemas ao mesmo tempo ao definir um protocolo de troca de mensagens entre processos. Em especial, esse protocolo pode ser usado para fazer solicitações do sistema de arquivos e para obter resultados dele. Naturalmente, os serviços de troca de mensagens são fornecidos pelo kernel, de modo que fica fácil para as chamadas ao sistema serem transformadas em mensagens e para os dados das mensagens serem copiados para o espaço de memória do processo e recuperados dele. Além disso, se definirmos as mensagens de forma que operem por rede bem como localmente, os processos poderão acessar os sistemas de arquivos em máquinas remotas com a mesma facilidade que o fazem na máquina local.

17.2.2 Estruturas de dados principais

Independente se o sistema de arquivos está no kernel ou não, há vários pontos-chave que ele precisa gerenciar. Normalmente, há duas estruturas de dados ao redor das quais essas funções de gerenciamento são organizadas. A primeira é a **tabela de arquivos abertos**. Para cada arquivo aberto por um processo, o sistema de arquivos mantém vários atributos. Alguns são cópias em memória dos metadados do arquivo. Por exemplo, é muito conveniente ter o tamanho do arquivo corrente disponível ao gerenciar solicitações de leitura e gravação. Mantemos também a localização dos metadados do arquivo para que atualizações possam ser escritas no dispositivo de armazenamento. O sistema de arquivos precisa também manter o caminho do dispositivo no qual cada arquivo está armazenado. O código de suporte do sistema de arquivos no SO, em geral, gerencia múltiplos sistemas de arquivos armazenados em disco. Sabendo qual dispositivo tem o arquivo, saberemos que driver de dispositivo usar e que parâmetros apresentar-lhe ao acessar o arquivo. No caso de arquivos abertos compartilhados entre múltiplos processos, em geral, precisamos manter o controle de quais processos têm o arquivo aberto e quais têm partes do arquivo bloqueadas. Somente quando todos os processos que compartilham um arquivo o fecharem é que podemos liberar as estruturas de dados internas relacionadas a esse arquivo. Embora os itens que analisamos aqui sejam típicos e representativos, a maioria das implementações reais armazena informações adicionais na tabela de arquivos abertos.

> ## Nota Histórica: Explorador de Marte: Spirit
>
> Em 21 de janeiro de 2004, problemas do sistema de arquivos atingiram o bem-sucedido explorador Spirit, em Marte. Quando ele deveria ter reconhecido a retransmissão de uma atualização de software parcialmente bem-sucedida, ele não respondeu. Acontece que o número total de arquivos no sistema incluía não só a atualização parcial, mas todos os dados coletados até aquele ponto e vários arquivos de atualização enviados durante o voo. Mais cedo naquele dia, o explorador tinha tentado alocar mais arquivos para dados, mas o número de arquivos tinha ultrapassado a capacidade das estruturas de dados na memória. Isso causou uma reinicialização do sistema. Depois de reinicializado, ele tentou montar o sistema de arquivos, que, então, tinha arquivos demais. A alocação das estruturas de dados na memória falhou novamente, levando à reinicializações repetidas. A NASA finalmente conseguiu recuperar o controle do explorador e corrigir o problema ao mandar que ele fizesse a inicialização sem montar o sistema de arquivos e que trabalhasse a partir disso.

A outra estrutura de dados principal é a **tabela de montagem**. Visto que existem múltiplos dispositivos de armazenamento (ou partições em um ou mais dispositivos), pode haver múltiplos sistemas de arquivos disponíveis. A qualquer momento, os arquivos em alguns ou em todos esses sistemas de arquivos podem ser acessados pelos processos. Na maioria dos casos, o conjunto de sistemas de arquivos acessível pode ser alterado enquanto o sistema está em execução. Tornar um sistema de arquivos acessível é chamado de **montar**. Usamos o termo **desmontar** para nos referir à remoção do sistema de arquivos do conjunto acessível. Podemos pensar na montagem do sistema de arquivos como se fosse uma conexão dele ao restante do sistema. Os detalhes da montagem do sistema de arquivos variam bastante entre um sistema e outro. Em alguns sistemas, não há muito a fazer na montagem do sistema de arquivos. Nesses sistemas, um dispositivo (ou partição) é referenciado explicitamente, e os metadados do sistema de arquivos são lidos naquele momento. Em outros sistemas, precisamos acrescentar o novo sistema de arquivos em um esquema uniforme geral de nomes. Nesses sistemas, os nomes que identificam os arquivos no sistema de arquivos recém-montado são determinados pela operação de montagem e não pelo dispositivo físico.

A tabela de montagem contém, então, estruturas de dados que descrevem o conjunto de sistemas de arquivos atualmente montado. Essas estruturas de dados incluem informações como onde no espaço de nomes o sistema de arquivos é montado, a capacidade total do sistema de arquivos, a quantidade de espaço livre no sistema de arquivos e assim por diante. Uma informação fundamental na tabela de montagem é o dispositivo no qual o sistema de arquivos está armazenado. Quando acessamos dados de um sistema de arquivos, o dispositivo associado determina qual driver de dispositivo chamamos para gerenciar os detalhes da solicitação.

17.3 Espaço de nomes

Como sugerido na introdução, uma das principais responsabilidades de um sistema de arquivos é fornecer nomes que são associados a dados ou outros recursos persistentes. Cada sistema de arquivos define o conjunto de todos os nomes possíveis e as regras pelas quais os nomes podem ser criados. Esse conjunto de possíveis nomes é o que chamamos de **espaço de nomes**. No caso comum de arquivos de dados persistentes, o sistema de arquivos precisa converter elementos do espaço de nomes em localizações nos dispositivos de armazenamento. Em outros casos, os nomes podem converter para drivers de dispositivo, para canais de comunicação ou para interfaces que controlam outros processos. Embora possamos identificar vários usos comuns para os nomes, é melhor não tentar definir a ideia de nome pelas coisas a que os nomes podem fazer referência. Nomes podem se referir a dados tangíveis, dados gerados durante a execução ou a nenhum dado. Como veremos posteriormente, podemos até ter "**aliases**", nos quais múltiplos nomes podem se referir à mesma coisa. Como as variáveis da álgebra, os nomes em um espaço de nomes devem ser encarados como entidades abstratas com qualquer número de significados possíveis.

O termo espaço de nomes vem da ideia matemática de um espaço. Em matemática, normalmente pensamos em espaço como o conjunto de possíveis valores sujeito a alguma restrição. Por exemplo, o sistema de coordenadas cartesianas $\mathbf{R}^2 = \{(x, y) \mid x, y \in \mathbf{R}\}$ é um espaço. Além disso, muitas vezes definimos um espaço em termos do conjunto de resultados de alguma operação. Por exemplo, podemos definir um espaço que é o conjunto de todas as combinações lineares de dois vetores de base $\mathbf{e}_1$ e $\mathbf{e}_2$, $S = \{\alpha \mathbf{e}_1 + \beta \mathbf{e}_2 \mid \alpha, \beta \in \mathbf{R}\}$. De modo similar, definimos um espaço de nomes usando operações em alfabetos de símbolos.

Antes de analisar mais detalhadamente os espaços de nomes, começaremos com a notação, que é similar à usada em teoria de autômatos e no projeto de linguagens de programação. Usamos letras maiúsculas em itálico ($A, B, C, \ldots, Z$) para denotar conjuntos de símbolos ou de strings, e as operações teóricas comuns de conjuntos são usadas para operar sobre esses conjuntos. De modo similar, usaremos parênteses no seu papel costumeiro de agrupar expressões. Além disso, definiremos a concatenação entre dois conjuntos, A e B como $AB = \{ab \mid a \in A, b \in B\}$. Usamos a exponenciação como forma abreviada para concatenação entre um conjunto e ele mesmo. Especificamente, $A^1 = A$, $A^2 = AA$, $A^3 = AAA$, e assim por diante. A^0 é a string vazia que denotamos como ϵ. Outra notação abreviada inclui A^* para denotar uma string de zero ou mais elementos de A ($A^* = \bigcup_{i=0}^{\infty} = A^i$), A^+ para denotar uma string com um ou mais elementos de A ($A^+ = AA^*$) e $A^{[j, k]}$ para se referir a uma string entre elementos j e k, inclusive, de A ($A^{[j, k]} = \bigcup_{i=j}^{k} A^i$). Por fim, usamos opt subscrito para denotar um elemento opcional.

Com essa notação em mãos, agora podemos dar alguns exemplos de típicos espaços de nomes. Era bastante comum em sistemas antigos definir o alfabeto como consistindo em letras e dígitos, sem distinção entre letras maiúsculas e minúsculas, especificamente $A = \{A, B, C, \ldots Z, 0, 1, 2, \ldots, 9\}$. Também era frequente os nomes serem restringidos quanto ao número de caracteres. Por exemplo, um nome podia ser especificado com seis caracteres, ponto e três outros caracteres, como em $N = A^{[1,6]}.A^3$. Em alguns casos, a primeira parte poderia ter oito caracteres, como em $N = A^{[1,8]}.A^3$.

Naturalmente, não é a construção sintática dos nomes dos arquivos o que mais nos interessa; é o sentido que atribuímos ao nome que queremos estudar. O restante desta seção analisa um subconjunto da variedade de modos pelos quais os projetistas de sistema de arquivos têm usado o nome do arquivo para especificar algo mais a respeito deste.

17.3.1 Especificadores de unidade

Nos sistemas mais antigos, o armazenamento de arquivo se dava, predominantemente, na forma de fitas. Os arquivos eram simplesmente organizados pela unidade de fita na qual estavam. Havia pouca motivação para desenvolver um esquema formal de nomes que identificasse como os arquivos estavam organizados. Em vez disso, os arquivos em uma fita eram apenas enfileirados um atrás do outro, identificados somente pelo nome. A única ocasião em que tínhamos de especificar mais do que o nome do arquivo era quando havia mais de uma unidade de fita e mais de uma fita montada simultaneamente. Embora as fitas costumassem ter um nome de volume lógico associado a elas, as referências aos arquivos eram normalmente feitas por uma combinação de unidade física e nome de arquivo.

Quando os discos se tornaram comuns, era natural continuar com o mesmo esquema de nomes. Muitas vezes a única organização dos arquivos nesses primeiros sistemas era a organização física em diferentes unidades de disco. Obviamente, era preciso um modo de especificar que unidade continha o arquivo desejado. Aqui, era bastante comum usar um espaço de nomes como $N = (A :)_{opt} A^{[1,6]}.A^3$ ou $N = (A^3 :)_{opt} A^{[1,6]}.A^3$. Em casos como esse, um nome de arquivo como DX0:FOO.TXT se refere a um arquivo chamado FOO.TXT em uma unidade chamada DX0. Em termos de projeto, a escolha de dois-pontos (ou outro caractere não usado em nome de arquivo) torna mais fácil a análise do nome. Se não houver dois-pontos, o especificador da unidade opcional também não aparecerá. Caso contrário, quebramos a string nos dois-pontos. A parte antes dos dois-pontos é a unidade e a parte depois dos dois-pontos, o arquivo.

À medida que as unidades de disco foram aumentando, os projetistas começaram a particioná-las para que uma unidade física fosse dividida em várias unidades lógicas. Embora um pouco grosseiro, era um método eficaz de impor alguma organização a um conjunto de arquivos. Em um sistema particionado, os especificadores de unidade não identificam mais a unidade física e, sim, a partição da unidade.

17.3.2 Especificadores de conta

Conforme os sistemas de compartilhamento de tempo evoluíram, os projetistas precisaram de um modo de distinguir entre os arquivos de um usuário e os de outro.

Alguns projetistas analisaram a possibilidade de um especificador de unidade referir-se a uma partição e estenderam a ideia para permitir que os especificadores se referissem a subconjuntos menores do disco. Assim, criaram uma unidade lógica para cada usuário.

Outros projetistas trataram da identificação de usuários como um problema em separado. Era comum para os usuários serem identificados como contas e receberem um número de conta ou um par de números para identificá-la. Ao usar um par de números, geralmente um número identificava o projeto e o outro, uma pessoa que trabalhava nele. Os números de projetos nos primeiros sistemas evoluíram para a ideia mais genérica de grupos que encontramos em muitos sistemas atuais. Se definirmos o conjunto de dígitos $D = \{0, 1, 2, \ldots, 9\}$, então o espaço de nomes para arquivos com um par da conta pode ter esta aparência, $N = ([D^+, D^+])_{opt} A^{[1,6]}.A^3$. Um exemplo desse nome é [130,14]FORTH.ASM. Embora nossa especificação de N permita números arbitrariamente grandes na conta, a maioria dos sistemas limitava os números a um intervalo menor de três ou quatro dígitos cada.

Devemos tomar cuidado aqui para não confundir especificadores de conta em nomes com as informações de propriedade encontradas nos metadados do arquivo. No primeiro caso, usamos informações sobre um usuário ao organizar o espaço de nomes e para evitar colisões entre nomes usados por usuários diferentes. No segundo caso, usamos a propriedade do arquivo para determinar os direitos de acesso. Esse tipo de proteção de recurso é analisado em mais detalhes no Capítulo 21.

Não é muito diferente implementar contas com nomes em vez de contas com números. Desse modo , se permitirmos nomes de conta com até oito caracteres com letras e dígitos, nosso espaço de nomes é definido por $N = ([A^{[1,8]}])_{opt} A^{[1,6]}.A^3$, e o exemplo anterior de nome de arquivo poderia ser [STUART]FORTH.ASM.

Também é fácil entender como poderíamos usar especificadores de unidade e de conta no mesmo sistema. Se nosso espaço de nomes for definido por

$$N = (A^3:)_{opt} ([D^+, D^+])_{opt} A^{[1,6]}.A^3$$

podemos ter um nome como DX0:[130,14]FORTH.ASM. Essa construção nos permite ter áreas separadas de usuário em cada unidade física. Mais uma vez, note como o uso de caracteres normalmente não permitidos nos nomes de arquivos facilita a análise. Podemos determinar rapidamente que componentes opcionais estão presentes e facilmente dividir a string inteira em suas partes componentes.

17.3.3 Nomenclatura hierárquica

Ao usar especificadores de conta, damos, de forma eficiente, a cada usuário um espaço de nomes distinto daqueles dos outros usuários. Um arquivo chamado TESTE.C pertencente a um usuário é diferente de um com o mesmo nome pertencente a outro. Isso é bom até certo ponto. Contudo, talvez queiramos ir além e permitir que os usuários organizem seus arquivos em espaços de nomes separados. Por exemplo, um usuário talvez queira agrupar alguns arquivos sob a ramificação de **DOCUMENTOS** e alguns sob a ramificação de **PROJETOS**. De fato, sob a ramificação de **PROJETOS**, o usuário pode querer dividir o espaço de nomes ainda mais, nomeando os projetos como: **CALVIN**, **HOBBS** e **LUTHER**.

Nessa descrição, note como passamos naturalmente para uma visão hierárquica dos espaços de nomes. Isso nos leva a uma estrutura de árvore para eles, como ilustrado na Figura 17-1. Ao longo dos anos, vários projetistas de sistema de arquivos flertaram com a ideia de usar um grafo direcionado mais geral como base para a organização do espaço de nomes. Do ponto de vista da implementação, não há problema com isso. Todavia, muitos projetistas retornaram à organização do espaço de nomes com estrutura de árvore porque as dificuldades administrativas inerentes com grafos possivelmente cíclicos superavam os benefícios da estrutura mais geral.

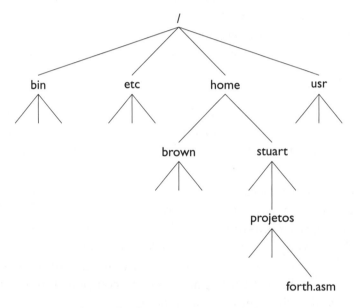

Figura 17-1: Espaço de Nomes Hierárquico

A título de exemplo, suponhamos que definimos um espaço de nomes hierárquico por

$$N = /_{opt} (A^{[1,14]}/)^* A^{[1,14]} /_{opt}$$

no qual nosso alfabeto é dado por A = {A, B, C, ... , Z, a, b, c ... , z, 0, 1, 2, ... , 9, .}. Nesse caso, o espaço de nomes consiste em uma barra inicial opcional, seguida por um ou mais nomes separados por barras, e, por último, uma barra final opcional. Cada um desses nomes pode ter, no máximo, 14 caracteres de comprimento. Um nome como **/home/stuart/forth.asm** é válido nesse espaço de nomes.

Note como esse tipo de organização inclui o caso especial de um especificador de conta. Embora alguns sistemas usem uma combinação de especificadores de unidade e diretórios hierárquicos, esse espaço de nomes hierárquico também pode incluir a notação de unidade. No nível administrativo, podemos definir que a árvore cuja raiz é **/home** está armazenada em uma unidade distinta daquela que

462 ■ Princípios de sistemas operacionais

armazena os arquivos na árvore /usr. Essa associação é feita no momento em que montamos os sistemas de arquivos contidos em várias unidades.

17.3.4 Extensões de arquivos

Até este ponto, muitos dos exemplos de nomes de arquivos basearam-se em nomes com duas partes, onde a segunda consiste em três caracteres. Nessa técnica comum, a segunda parte do nome é chamada de **extensão**, e ela, muitas vezes, identifica o tipo do arquivo. Essa abordagem, em geral, é uma alternativa aos metadados de tipo de arquivo, analisados na Seção 17.1.4. Por exemplo, muitos dos arquivos que compõem este livro têm a extensão .tex, que os identifica como arquivos fonte para um pacote de editoração TEX. Por sua vez, o arquivo que contém o texto deste capítulo é chamado fs_princ.tex. De modo similar, o código-fonte em linguagem C está contido em arquivos que terminam em .c, na maioria dos ambientes. Vimos exemplos dessa convenção em capítulos que descreveram detalhes do Inferno e do Linux. Vários sistemas também têm extensões, como .exe, que indica que o arquivo é um binário executável.

A questão fundamental de projeto das extensões dos nomes de arquivo é: "Em que nível é feita a identificação?" Em alguns projetos, essas identificações são apenas uma questão de convenção, e a associação entre extensão e tipo existe apenas na mente do usuário.

O próximo passo entre os vários projetos possíveis dá às aplicações a capacidade de usar extensões como acharem necessário. Voltando ao exemplo dos arquivos .tex, os comandos tex e latex assumem a extensão .tex se não lhes for dada extensão. Do mesmo modo, o comportamento-padrão de um compilador C apresentado pela opção −c é criar um arquivo de saída cujo nome é o mesmo que o do arquivo de código-fonte, no qual .c é substituído por .o. Assim, compilar um arquivo chamado dis.c criará um arquivo de objeto chamado dis.o.

Também é possível projetar aplicações que saibam quais extensões não "pertencem" a elas. Uma utilização comum dessa técnica é em um navegador de arquivos que permite ao arquivo agir do modo adequado quando selecionado. Suponha que tenhamos uma aplicação que nos permita selecionar um arquivo clicando nele com o mouse. Se clicarmos em um arquivo com a extensão .tex, ele pode abrir um editor para modificar o arquivo, enquanto, se clicarmos em um arquivo que termine em .jpg, como friend.jpg, um visualizador de imagens pode ser aberto para mostrar a imagem contida no arquivo. Outro exemplo é a extensão .doc, usada com frequência em arquivos gerados por editores de texto. Clicar no arquivo outline.doc abre o editor de texto e carrega o arquivo. Aplicações dessa forma, normalmente, dão ao usuário um mecanismo para definir o mapeamento entre a extensão e a ação.

O extremo final na escala de interpretação de extensão é o caso em que o próprio sistema operacional conhece as extensões. Um exemplo desse tipo de projeto é o sistema operacional no qual um arquivo não pode ser executado a menos que o nome termine em .exe. De modo análogo, os diretórios de alguns sistemas têm a extensão

.dir. Sistemas nos quais o kernel não usa a extensão; normalmente, usam outros metadados ou um número mágico no conteúdo do arquivo.

17.3.5 Versões de arquivos

Qual programador já não se deparou com uma situação em que uma mudança não funcionou como esperado? Nesses casos, geralmente, queremos voltar para a versão anterior (ou, ainda, alguma outra precedente a essa) do arquivo. Na maioria dos sistemas operacionais, é responsabilidade do usuário salvar uma cópia de backup para o caso de ser necessário um retrocesso. Algumas aplicações, como editores de texto, fazem isso para você. Mas alguns sistemas operacionais fornecem esse mecanismo automaticamente. Quando um arquivo é gravado, a versão anterior é mantida juntamente com a nova. Uma técnica para identificar determinada versão do arquivo é usar um número de versão separado do nome do arquivo por ponto e vírgula. Então, o espaço dos nomes pode se parecer com $N = A^{[1,6]}.A^3(; D^{[1,3]})_{opt}$. Embora tenhamos identificado o número de versão como opcional aqui, todo arquivo tem um número de versão. Se especificarmos um arquivo sem número de versão, isso será encarado como uma referência ao mais recente (número de versão mais alto).

17.3.6 Arquivos especiais e diretórios

Como sugerido anteriormente, a ideia do espaço de nomes pode ser estendida além dos dados persistentes nos quais costumamos pensar quando tratamos de arquivos. Dar nomes de nós de árvore internos em um espaço de nomes hierárquico é o primeiro passo. Esses nós internos são chamados **diretórios**. O próximo passo é definir o modo de se referir aos dispositivos por meio dos nomes no espaço de nomes. Já vimos exemplos de identificação de unidades de disco (por exemplo, **DY0:**), como parte de um nome de arquivo. Se permitirmos que **DY0:** exista sozinho e seja usado nas mesmas chamadas para abrir arquivos, temos um modo de endereçar a unidade de disco inteira. De modo similar, podemos especificar uma linha tripla índiceterminalterminal tal como **TT3:**. Em sistemas que fornecem espaço de nomes uniforme, podemos ter nomes como **/dev/hda** e **/dev/tty02**.

Até o momento todos os nossos exemplos de nomes fizeram referência a coisas relativamente concretas, tais como dados armazenados no disco, diretórios de nomes de arquivos e dispositivos físicos. O próximo passo no desenvolvimento do espaço de nomes é pensar em maneiras de identificar aspectos efêmeros do sistema por meio do espaço de nomes. Um dos primeiros modos de fazer isso é fornecer uma hierarquia de diretório que representa os processos. Nesse sistema, o diretório **/proc/35** representa o processo cujo PID é 35. Dependendo do projeto, esse diretório pode conter arquivos **mem**, a partir do qual um processo pode preparar uma captura instantânea do espaço de memória de outro processo, ou conter um diretório chamado **fd** com informações sobre todos os descritores de arquivos abertos.

464 ■ Princípios de sistemas operacionais

Também não é incomum colocar vários nomes em /proc que se referem ao sistema como um todo.

Agora que avançamos na ideia de nomes como referência a outros recursos além de dados persistentes e dispositivos, podemos começar a imaginar todos os serviços, como sistemas de redes e de janelas, que são candidatos para nomes. O último grande salto conceitual é uma nova perspectiva sobre quem atende aos nomes. Até esse ponto, o kernel é que tem sido responsável por fornecer os nomes e sua interpretação. Contudo, ao fornecer os mecanismos certos, tornamos possível que as aplicações forneçam a maior parte dessa funcionalidade. Já vimos exemplos do kernel fornecendo esse tipo de serviço no Capítulo 15, e veremos aplicações fazendo o mesmo no Capítulo 19.

17.3.7 Nomes relativos e absolutos

Há mais um aspecto da interpretação de nomes que é quase universal entre sistemas operacionais que têm estruturas de diretório hierárquicas. Imagine como seria difícil inserir o nome completo do caminho de cada referência de arquivo. Em vez de simplesmente se referir ao arquivo fs_princ.tex, teríamos de nos referir a:

/usr/stuart/inferno/book/fs_princ.tex

Naturalmente, esperamos que o contexto diferencie entre essa instância do nome fs_princ.tex e qualquer outra. A ideia de **diretório corrente** atende a isso. Cada processo está na verdade em execução no diretório corrente, e todos os nomes de caminho que não começam na raiz são avaliados em relação a este. Os processos muitas vezes herdam seu diretório corrente do seu pai, mas podem mudar depois.

No exemplo aqui apresentados, os nomes que começam com barra (/) são **nomes de caminho absoluto**. Eles descrevem o caminho da raiz do espaço de nomes até o arquivo ao qual se faz referência. Por outro lado, se o diretório corrente for /usr/stuart, então o nome inferno/fs_princ.tex se refere ao mesmo arquivo. Esses nomes são chamados de **nomes de caminho relativo**. Como descrevemos, temos um modo de nos referirmos de forma absoluta a qualquer nome do espaço de nomes e um modo relativo de nos referirmos a tudo na árvore enraizada no nosso diretório corrente. A única coisa que falta é um modo relativo de rompermos com essa árvore. Tudo o que precisamos para isso é um modo de identificar o diretório-pai. Se usarmos o nome .. para identificar o pai, então podemos usar o nome ../inferno/fs_princ.tex para nos referirmos ao nosso arquivo se o nosso diretório corrente for /usr/stuart/etc.

17.4 Gerenciamento do espaço de armazenamento

A seção anterior forneceu uma visão completa satisfatória dos nomes e de como podem descrever recursos. No entanto, ainda não tratamos da questão de como realmente armazenar dados persistentes em disco e depois recuperá-los pelo nome. Esse é o foco desta seção. Ao analisar os nomes, já identificamos a principal tarefa do gerenciamento de armazenamento. Especificamente, o sistema de arquivos deve fornecer meios de converter o nome do arquivo na localização do disco onde os dados dele estão armazenados. Além disso, a maior responsabilidade do sistema de arquivos é gerenciar a alocação do espaço em disco.

17.4.1 Metadados do sistema de arquivos

Exatamente como acontece com alguns arquivos, pacotes de rede e outros dados que muitas vezes têm cabeçalhos, a maioria dos sistemas de arquivos também os têm. Essa coleção de dados descreve o sistema de arquivos como um todo e nos dá um ponto de partida para localizar os arquivos no sistema de arquivos. Em outras palavras, são metadados do sistema de arquivos, e são esses dados que usamos ao montar um sistema de arquivos para preparar as estruturas de dados internas necessárias para usar o sistema de arquivos. Normalmente, esses metadados incluem itens como o tamanho total do sistema de arquivos, a quantidade de espaço livre nele, a data da última montagem, a localização das estruturas de dados do espaço livre e a localização do ponto de início para procura de qualquer nome.

Obviamente, o SO precisa saber onde encontrar os metadados do sistema de arquivos. A maioria dos sistemas usa uma de duas abordagens. A primeira abordagem coloca os metadados em um local fixo, como o primeiro bloco do disco ou partição que contém o sistema de arquivos. Como alternativa, alguns sistemas colocam um ponteiro em uma localização fixa, como o primeiro bloco. Ele aponta para um arquivo comum que contém os metadados. A chave de ambas as abordagens é o SO conseguir reunir as informações necessárias antes de saber os detalhes do layout do sistema de arquivos. Também não é incomum haver cópias em duplicata dos metadados espalhadas pelo sistema de arquivos. Desse modo, se a principal ficar corrompida, pode-se usar no lugar dela uma cópia de backup.

17.4.2 Unidades de dados

Ao lidar com sistemas de arquivos armazenados em dispositivos de armazenamento, os dados são alocados e transferidos em unidades muito maiores que um byte. Como analisado no Capítulo 13, a maioria dos discos magnéticos armazena e transfere dados em unidades de setores. Na maioria das unidades de disco rígido, os setores têm 512 bytes, ao passo que muitas unidades de disquete operam com setores de 256 bytes.

A maioria dos sistemas de arquivos opera em unidades de um ou mais setores. Costumamos chamar essas unidades de **blocos**. (Infelizmente, a terminologia às vezes não é tão precisa, pois, também falamos de blocos de discos ao nos referirmos a dados do mesmo tamanho que os setores.) É comum ver projetos de sistema de arquivos com tamanhos de blocos entre 512 bytes e 8192 bytes. A maioria dos primeiros projetos definia um tamanho de bloco fixo, usado por todas as instâncias daquele sistema de arquivos. Em alguns projetos mais recentes de sistemas de

466 ■ Princípios de sistemas operacionais

arquivos, o tamanho de bloco é um parâmetro configurado quando o sistema de arquivos é inicializado pela primeira vez no dispositivo de armazenamento. Nesses casos, o administrador que cria o sistema de arquivos pode escolher entre vários tamanhos possíveis de bloco.

17.4.3 Gerenciamento de espaço livre

Visto que a alocação de espaço no sistema de arquivos é feita em blocos de tamanho fixo, gerenciar o espaço livre é similar em alguns aspectos ao gerenciamento de páginas na memória, conforme analisado no Capítulo 9. Mas há algumas diferenças significativas. Em princípio, não precisamos de política de substituição para blocos de disco. Se não tivermos um bloco livre para alocar, o sistema de arquivos está cheio e há um erro. Desta forma, podemos simplesmente pegar um bloco livre arbitrário – em geral, o primeiro da lista. Todavia, como acontece com o algoritmo elevador, muitas vezes selecionamos blocos livres próximos para reduzir as buscas. Com frequência, os arquivos são lidos de forma sequencial, do início até o fim. Se pudermos manter todos os blocos de um arquivo próximos, teremos um tempo de busca total menor, caso nenhum outro processo solicite serviços de disco enquanto estivermos lendo o arquivo. Para ajudar a manter próximos os blocos de um arquivo, se estivermos estendendo um arquivo existente, podemos pegar os blocos livres que estão mais próximos do último bloco existente do arquivo. De modo similar, ao criarmos um novo arquivo, podemos pegar um bloco livre no início de uma sequência de vários blocos livres, presumindo que o arquivo novo utilize vários blocos.

A representação real do conjunto de blocos livres, em geral, assume uma entre várias formas. Primeiro, temos o **bitmap de livres**. Nessa representação, cada bloco é representado por um único bit que é 1 se o bloco estiver livre e 0 se estiver alocado. Aqui, o bitmap de livres costuma ser uma área fixa no disco e, como tal, é gasto excedente; assim, ocupa espaço que não pode ser usado para dados. Em alguns projetos, o bitmap de livres é armazenado em um arquivo comum.

A segunda representação é uma **lista de livres**, normalmente implementada como uma lista encadeada. Como se dá com os blocos de memória livre, podemos incluir links nos próprios blocos livres. Se representarmos nosso espaço livre dessa maneira, só precisaremos de um único ponteiro na cabeça da lista como gasto excedente.

A terceira representação básica dos blocos livres é uma lista simples de blocos livres. Podemos reservar espaço para conter a lista, assim como fazemos para um bitmap. No entanto, isso não é necessário. Note que, a menos que a lista esteja vazia, temos pelo menos um bloco livre no disco. Assim, podemos armazená-la nos próprios blocos livres. Naturalmente, precisamos de um modo de identificar outros blocos se a lista de livres não couber inteira em um bloco. Uma abordagem simples é criar uma lista encadeada desses blocos de lista usando o último ponteiro no bloco para apontar para o próximo bloco na lista. Note que também é correto interpretar esse bloco como livre porque usamos apenas blocos livres para armazenar a lista de livre. Como no caso da lista encadeada, essa abordagem tem um único ponteiro para o primeiro desses blocos como gasto excedente. Esses três métodos de representar a lista de livres são ilustrados no Exemplo 17.1.

Exemplo 17.1: Listas de livres do sistema de arquivos

Com o fim de ilustrar os vários métodos de representar a lista de livres, vamos considerar um sistema de arquivos bem pequeno. Temos apenas oito blocos no nosso sistema de arquivos e cada bloco pode manter apenas quatro números de bloco. Nesse exemplo, os blocos 0, 1, 4, 5 e 7 estão livres. A Figura 17-2 mostra uma representação em bitmap da lista de livres, na qual quatro blocos são identificados por 1. Nessa representação, os números de bloco reais não aparecem em parte alguma.

| 1 | 1 | 0 | 0 | 1 | 1 | 0 | 1 |

Figura 17-2: Bitmap de blocos livres

Fazer uma lista endadeada dos blocos resulta na disposição apresentada na

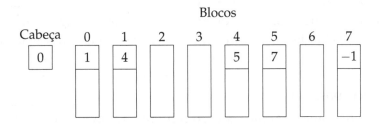

Figura 17-3: Lista encadeada de blocos livres

Por fim, se armazenarmos a lista de blocos livres como uma lista simples, o conjunto de blocos livres parece o que é ilustrado na Figura 17-4. Há várias abordagens para os detalhes dessa lista. Nesse exemplo, usamos a lista como segue. A *cabeça* tem o número do primeiro bloco que contém a lista de blocos livres. Visto que esse bloco é ele mesmo implicitamente livre, nós não o alistamos. Dessa forma, nesse exemplo, esse bloco é o 5, e alista os blocos 0, 1 e 4 como blocos livres. A última entrada nos dá o número do próximo bloco que contém uma lista de blocos livres. Quando precisamos de bloco livre, olhamos na lista o bloco identificado pela *cabeça*. Se a única entrada nessa lista é a última, que é o número de bloco da próxima lista, então alocamos o bloco identificado pela *cabeça* e a configuramos para o próximo bloco de lista. Se encontramos um −1, sabemos que estamos no fim da lista e que não há mais blocos livres disponíveis.

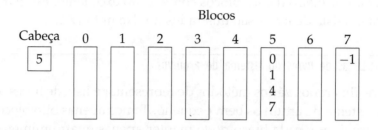

Figura 17-4: Lista de blocos livres

17.4.4 Arquivos Regulares

Visto que os blocos livres do disco foram alocados para arquivos, precisamos localizar esses blocos. Em outras palavras, como armazenar a lista de blocos que pertencem a um arquivo? Nos projetos de sistema de arquivos mais simples, exigimos que os blocos do arquivo sejam contíguos. Assim, se um arquivo começa no bloco x e precisa de n blocos para conter o arquivo, todos os blocos do intervalo $[x, x + n - 1]$ pertencem a esse arquivo. Conhecer o bloco inicial e o tamanho é suficiente para encontramos o conteúdo completo do arquivo. As duas vantagens da alocação contígua são a simplicidade e o desempenho. É trivial localizar um byte aleatório em um arquivo contíguo. Ao ler um arquivo inteiro (sem outros acessos intermediários ao disco), o armazenamento contíguo assegura que moveremos o cabeçote pela menor distância possível.

A principal desvantagem da alocação contígua fica evidente quando queremos ampliar um arquivo existente. Uma de duas coisas deve acontecer. Ou temos espaço livre o suficiente no disco imediatamente após o último bloco existente do arquivo ou copiamos o arquivo inteiro para uma nova localização no disco onde haja espaço contíguo suficiente. É no mínimo difícil assegurar se a primeira alternativa é verdadeira para cada arquivo que queremos ampliar, e a segunda, não é muito agradável. Desse modo, em geral, projetamos sistemas de arquivos a fim de permitir que o arquivo se espalhe entre blocos arbitrários do disco, mas tentamos manter esses blocos o mais contíguos possível.

Uma lista encadeada é o modo natural de representar os blocos de um arquivo e, ao mesmo tempo, permitir que se espalhem pelo disco. Como no caso da representação da lista de livres, podemos embutir os links nos próprios blocos de dados, ou podemos manter uma estrutura de dados separada. Como exemplo do primeiro caso, suponhamos que cada bloco do disco tenha 512 bytes e que os blocos sejam identificados por um índice de 4 bytes. Em cada um desses blocos, pode-se usar 508 bytes para dados e os primeiros quatro bytes dão a localização do próximo bloco do arquivo. A Figura 17-5 mostra essa abordagem.

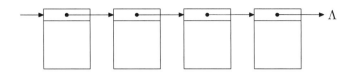

Figura 17-5: Alocação de arquivos com lista embutida

Se optarmos por manter uma estrutura de dados separada, naturalmente, pensaremos em termos de uma estrutura de dados que contenha um número de bloco e um ponteiro para a próxima estrutura. Contudo, visto que todos os dados do disco estão alocados em unidades de blocos, queremos colocar o máximo dessas estruturas que for possível em um bloco. Se mantivermos as estruturas classificadas, o ponteiro para a próxima estrutura é redundante, e nossa representação se reduz a uma lista de números de bloco. Se houver mais blocos de arquivo do que pode ser alistado nesse bloco de disco, podemos encadear os blocos de índice usando o último índice de bloco para identificar o próximo. Essa distribuição é ilustrada na Figura 17-6. Note a similaridade com o modelo de tabela de páginas com nível único analisado no Capítulo 9.

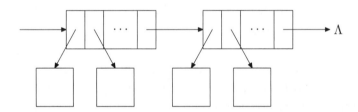

Figura 17-6: Alocação de arquivo estruturada em lista

Uma variação dessa segunda abordagem usa somente um vetor de ponteiros, sendo um para cada bloco de dados do sistema de arquivos. O vetor é indexado pelos mesmos números de bloco configurados para os blocos de dados. Cada entrada no vetor apresenta o próximo bloco do arquivo. O último bloco do arquivo é identificado por um valor especial. Alguns sistemas chamam isso de **tabela de alocação de arquivos** (FAT, do inglês file allocation table). Suponhamos que temos dois arquivos em um sistema de arquivos muito pequeno. O primeiro arquivo usa os blocos 5, 3, 2 e 6, nessa ordem. Os blocos 4, 1 e 8 compõem o segundo arquivo. O único bloco livre nesse sistema de arquivos pequeno é o 7. A tabela para esse caso fica parecida com a Figura 17-7.

Continuando a utilizar o exemplo do bloco de 512 bytes, vemos que a primeira forma da estrutura de lista nos permite organizar arquivos de até 63.5 KB com um bloco de índice apenas. Para arquivos maiores que isso, devemos acessar linearmente cada bloco de índice para ler o bloco que indexa um bloco selecionado aleatoriamente no arquivo. Como de costume, podemos usar uma estrutura de árvore para tornar nosso tempo de acesso logarítmico em vez de linear. Suponhamos que temos uma árvore com dois níveis de blocos de índice.

Figura 17-7: Alocação de arquivo estruturada em lista alternativa

Com nosso bloco de 512 bytes, o bloco de índice raiz contém 128 ponteiros indiretos que endereçam 128 blocos de índice, cada qual indexando 128 blocos de dados de 512 bytes cada. Essa distribuição permite arquivos de até 8 MB de tamanho. Se projetarmos nossa árvore para ter três níveis de blocos de índice, poderemos ter arquivos com até 1 GB. Nesse caso, o bloco raiz conterá ponteiros duplamente indiretos para blocos de ponteiros unicamente indiretos para os blocos de dados. A Figura 17-8 mostra essa estrutura. Embora essa estrutura nos permita gerenciar arquivos bem grandes, endereçar aleatoriamente qualquer bloco do arquivo exige quatro leituras no disco, independente do tamanho do arquivo. Nos Capítulos 18, 19 e 20, veremos exemplos de projetos híbridos que permitem acesso aleatório de arquivos menores com menos acessos ao disco, ao mesmo tempo que ainda é possível representar arquivos grandes.

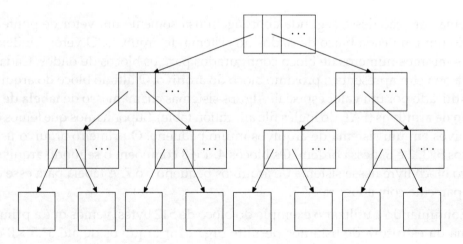

Figura 17-8: Alocação de arquivo estruturada em árvore

17.4.5 Arquivos esparsos

Quando um processo grava depois do fim do arquivo, naturalmente alocamos um novo bloco para o arquivo e o anexamos da forma usual na estrutura de dados que usamos para representar o arquivo. Mas surge uma pergunta interessante: E se acontecer de o processo buscar bem além do fim do arquivo e, então, gravar? O que fazer com todos os dados entre o fim antigo do arquivo e os dados recém-gravados? Se usarmos a representação de lista, como ilustrado na Figura 17-6, ou de árvore, como ilustrado na Figura 17-8, podemos realmente evitar alocar blocos nessa área. Podemos colocar ponteiros nulos para os blocos que não foram gravados. Em uma leitura, retornamos zeros para os bytes que seriam encontrados nesses blocos. Esses **arquivos esparsos** permitem que uma aplicação use um grande intervalo de índices para registros em um arquivo, mas não use mais blocos de disco do que realmente necessário.

17.4.6 Forks

Com frequência, o conjunto de metadados armazenado em um sistema de arquivos é determinado quando este é projetado. Isso significa que, se uma aplicação pudesse usar informações descritivas adicionais, teria de encontrar um modo de armazená-las no próprio arquivo ou em algum arquivo auxiliar. Uma abordagem para fornecer armazenamento de metadados mais geral é chamada de **forks**. A ideia é que cada arquivo seja dividido efetivamente em múltiplas partes, ou forks. Uma mantém os dados usuais do arquivo e as outras, os metadados do arquivo. Além das informações costumeiras, como propriedade, o fork de metadados pode incluir coisas como um ícone para exibir o arquivo em um sistema de janelas, o usuário que modificou o arquivo por último e qualquer outro dado auxiliar que uma aplicação possa querer utilizar. O Mac OS da Apple Macintosh é um exemplo primário de sistema que usa forks. Os primeiros projetos de sistema de arquivos suportavam apenas dois forks, nas quais o fork de metadados era chamado de fork de recursos.

Se aceitarmos a ideia de que um arquivo pode ser mais do que apenas dados e metadados predefinidos, podemos começar a vê-lo como uma coleção arbitrária de dados rotulados, independente do papel dos dados. Dados podem ser persistentes, do tipo que normalmente associaríamos a um arquivo. Outros, podem ser metadados, como o nome ou o proprietário do arquivo ou, ainda, a aplicação que o criou. Alguns dos dados que descrevemos antes como metadados em um fork, tal como a imagem do ícone, na verdade, não são metadados no sentido usual. Essa imagem seria mais bem descrita como dado auxiliar.

De fato, se considerarmos o arquivo como uma coleção de dados rotulados, não há razão para pensarmos em termos de apenas uma área de dados persistentes. Veja, por exemplo, um arquivo que contenha um programa executável. Um dos forks de dados poderia conter o bytecode compilado de uma linguagem como Limbo ou Java. Daí, forks de dados adicionais poderiam conter os resultados de compilação *just-in-time*, com cada fork contendo os resultados de uma arquitetura

472 ■ Princípios de sistemas operacionais

diferente. No momento da execução, o sistema carrega o código apenas do fork apropriado. Nesse cenário, uma abordagem é continuar a distinção entre cada um dos vários forks de dados e um fork especial que contenha todo o resto, incluindo os metadados. Como alternativa, poderíamos levar a abstração um passo adiante e considerar cada item de dado rotulado como seu próprio fork. Versões recentes do HFS+ (o sistema de arquivos do Mac OS) suportam forks adicionais. Também, a Seção 18.7 analisa o sistema de arquivos NTFS do projeto do Windows NT e como ela também suporta uma coleção arbitrária de dados rotulados.

17.4.7 Diretórios

Para converter nomes em localizações de arquivos, a estrutura de dados central é o **diretório**. Em sentido geral, o diretório mapeia um subconjunto de nomes do espaço de nomes para metadados adicionais do arquivo. Em especial, o diretório nos fornece o que precisamos para descobrir o tamanho do arquivo, quem é seu proprietário, as características de segurança e onde os blocos dele se localizam. O diretório pode disponibilizar as informações diretamente em uma entrada ou, indiretamente, apontando para alguma estrutura de dados externa. Na prática, o diretório normalmente é implementado como qualquer outro arquivo, só que com uma estrutura própria. A Figura 17-9 mostra um caso muito simples sem qualquer conceito de propriedade ou proteção de arquivo. Também presumimos aqui que os blocos de disco que compõem o arquivo estejam todos armazenados contiguamente no disco. Nesse e no exemplo seguinte, apresentamos os metadados encontrados por meio de uma pesquisa no diretório, independente de se estão armazenados na entrada de diretório ou em uma estrutura de dados separada.

Nome	Bloco Inicial	Tamanho
FOO.TXT	1024	8043
REPORT.RNO	306	14365
FORTH.ASM	2964	18292

Figura 17-9: Estrutura simples de diretório

Exemplos mais complicados são como o apresentado na Figura 17-10. Nesse exemplo, cada arquivo ou diretório tem um proprietário ou grupo ao qual o arquivo pertence. A coluna que chamamos de Aloca apresenta o número do primeiro bloco da estrutura de dados que alista os blocos alocados para o arquivo. Especificamos, ademais, um conjunto de acessos permitidos. (Por questão de espaço, apresentamos apenas os privilégios do proprietário. Em geral, também há privilégios especificados para outras classes de usuários.) A última coluna da figura mostra o tipo de arquivo. A seguir, temos dois tipos de arquivos: arquivos regulares e diretórios.

Nome	Aloca	Tamanho	Proprietário	Grupo	Proteção	Tipo
mybook.cls	1025	3224	stuart	faculty	R/W	reg.
os_inferno.ps	2958	1454722	stuart	faculty	R	reg.
backup	3333	1024	stuart	faculty	R/W/S	dir.

Figura 17-10: Estrutura complexa de diretório

17.4.8 Aliases

Note em nossa descrição de diretórios que permitimos uma separação entre o nome e a estrutura de dados de alocação. Com essa disposição, não há motivo para não termos mais de um nome (possivelmente em diretórios diferentes) para identificar os mesmos blocos alocados. Em outras palavras, temos múltiplos nomes que se referem aos mesmos dados de arquivos. Esses múltiplos nomes são chamados de **aliases** ou **links**. (Às vezes, os chamamos de links permanentes, para distingui-los dos links simbólicos que analisaremos a seguir.) Alguns sistemas usam esses links para identificar facilmente o pai de um diretório em uma árvore. Então, cada diretório (exceto o raiz) tem um link do seu pai e de cada um de seus filhos.

Alguns sistemas definem um tipo diferente de link, chamado **link simbólico**. Enquanto os links regulares (ou links permanentes) são como ponteiros com aliases, o link simbólico é mais como uma macro. Quando usamos um link simbólico, fazemos uma substituição de nome. Por exemplo, se queremos que o nome /usr/stuart/foo seja um alias do nome /etc/bar, associamos a string /etc/bar ao nome /usr/stuart/foo, de modo que, quando dermos o nome /usr/stuart/foo, possamos achar facilmente a string /etc/bar. Com esse mapeamento em operação, uma referência ao nome de arquivo /usr/stuart/foo/baz é convertida em referência ao nome /etc/bar/baz, e a operação solicitada é executada naquele nome. Se /etc/bar não existir quando tentarmos acessar **foo**, o acesso falhará. Note que, nesse exemplo, fazemos o link com um diretório em vez de com um arquivo regular.

Os aliases mudam a ideia do espaço de nomes hierárquico como uma árvore para ser um grafo direcionado mais geral. Se permitirmos que os links apontem para diretórios (como em nosso exemplo de link simbólico), o grafo poderá incluir ciclos. Ao analisar espaços de nomes hierárquicos, salientamos que os ciclos no espaço de nomes podem causar dificuldades administrativas. Assim, se percorrermos todo o espaço de nomes com a finalidade de fazer um backup, evitar que entremos em um loop infinito devido ao ciclo, será uma complicação extra. Para prevenir os problemas associados com ciclos, normalmente desativamos links permanentes que apontam para diretórios (exceto o do especial para o diretório-pai). Os links simbólicos, por outro lado, são diferentes das entradas de diretório regulares, permitindo-nos ignorá-los durante a travessia pelo espaço de nomes.

17.5 Verificação de consistência

Quando tudo funciona adequadamente, todas as estruturas de dados do sistema de arquivos contam a mesma história. Nenhum bloco alistado na estrutura de blocos livres é alistado também como bloco pertencente a um arquivo. Cada bloco livre é alistado na estrutura de dados de blocos livres. Nenhum bloco é alistado como pertencente a mais de um arquivo. Cada estrutura de alocação de arquivo é conectada a uma entrada de diretório.

Muitas vezes, porém, a realidade não é perfeita. Várias coisas podem acontecer e resultar em estrutura de dados inconsistentes no sistema de arquivos. Sem dúvida, erros na implementação do sistema de arquivos podem causar problemas. Já que o mais comum é que o sistema operacional sofra uma pane ou o hardware fique sem energia no momento em que um conjunto de estruturas de dados já foi modificado e o outro, não. Por essa razão, às vezes executamos programas que varrem o sistema de arquivos procurando e corrigindo problemas. Em sistemas mais antigos, essas verificações do sistema de arquivos costumavam ser feitas toda vez que o sistema era inicializado. Contudo, à medida que os discos, e, consequentemente, os sistemas de arquivos, foram ficando maiores essas verificações do sistema de arquivos começaram a demorar tanto que se tornaram uma inconveniência. Hoje, a maioria dos sistemas de arquivos contém um flag nos metadados que indica se o sistema de arquivos foi desmontado de forma segura. Em especial, queremos saber se o sistema de arquivos foi desmontado explicitamente ou se o sistema caiu com o sistema de arquivos ainda montado. No último caso, pode haver buffers de dados que nunca foram gravados no sistema de arquivos, criando inconsistências. Quando o sistema de arquivos é montado, observamos o flag e, se estiver configurado, montamos o sistema de arquivos sem verificá-lo. Se o flag não estiver configurado, executamos verificações de consistência sobre o sistema de arquivos. Seja como for, limpamos o flag até que o sistema de arquivos seja desmontado quando configurarmos o flag novamente. Além disso, para verificar o sistema de arquivos quando há suspeita de problemas, muitos sistemas também verificam periodicamente com base no número de vezes que o sistema de arquivos foi montado. Esse sistema pode executar a verificação depois de o sistema de arquivos ter sido montado 20 vezes, por exemplo.

17.6 Sistemas de arquivos estruturados em logs e diários

Embora não elimine completamente a necessidade de alguma forma de verificação, há uma técnica de projeto de sistema de arquivos que reduz essa necessidade e acelera o processo de verificação e recuperação. Esses **sistemas de arquivos em diários** (do inglês, journaling file systems) são inspirados em técnicas usadas no projeto de bancos de dados que preservam a consistência destes. Em um sistema de arquivos em diário, tratamos o dispositivo de armazenamento como um vetor linear ilimitado de blocos. Nesse vetor de blocos, mantemos um diário que registra informações sobre cada atualização do sistema de arquivos. Essas informações de atualização são suficientes para repetir cada atualização, assegurando que seja concluída e resulte em um sistema de arquivos consistente. Veja o caso da remoção de um arquivo do sistema de arquivos no qual as entradas do diretório apontam para estruturas de metadados separadas. Para concluir a remoção, precisamos remover a entrada de diretório, liberar blocos de dados e liberar a estrutura de metadados. Se o sistema trava durante qualquer uma dessas operações, o sistema de arquivos é deixado em um estado inconsistente. Ao registrar informações suficientes para assegurar que a operação seja executada totalmente ou não executada, podemos manter o sistema de arquivos consistente.

Há duas abordagens básicas para implementar um diário. Na primeira, registramos no diário uma descrição de nossas intenções. Isso é feito antes de fazermos quaisquer mudanças no sistema de arquivos em si. Se o sistema travar enquanto estivermos gravando o diário, a operação não será executada, assim como se o sistema tivesse travado antes de solicitar a operação. Se o sistema travar após a gravação do diário, porém enquanto o sistema de arquivos é atualizado, o diário conterá informações suficientes para concluir a operação quando o sistema voltar. Na segunda abordagem, gravamos os próprios blocos no diário. Em vez de gravar uma descrição da atualização, gravamos uma cópia dos dados que serão atualizados após a entrada do diário estar concluída. Em ambas as abordagens, sempre que precisamos gravar um bloco, todas as vezes o anexamos ao fim do dispositivo. Após a gravação de um conjunto de blocos que representa um conjunto consistente de mudanças, marcamos esses blocos como válidos e as gravações futuras serão anexadas a eles. Se o sistema travar antes de termos marcado esses blocos como válidos, é como se nunca tivessem sido gravados, e o sistema opera com o último estado que era consistente antes de ele travar.

Nota histórica: Fontes de inconsistência

O PDP-11, no qual ocorreu boa parte do desenvolvimento inicial do UNIX, tinha uma característica interessante que podia resultar em inconsistências no sistema de arquivos. Ao gravar em um disco usando DMA, parte do controle dos acessos à memória DMA passava pela CPU. No entanto, se a máquina parasse, a CPU não executava as operações necessárias para dar suporte ao DMA. Se o processador fosse desligado enquanto um bloco era gravado, o restante dos dados do bloco não seria buscado da memória e seriam gravados zeros no lugar. Naturalmente, se isso ocorresse enquanto o sistema estava atualizando os metadados do sistema de arquivos, este acabaria em um estado inconsistente. Pior ainda, se estava atualizando todos os metadados do sistema de arquivos, o sistema de arquivos inteiro poderia ficar inutilizado. Muitos veteranos dos primeiros sistemas UNIX ainda lembram bem de ter que ir atrás das fitas de distribuição para reinstalar o sistema operacional quando isso acontecia.

Observando a segunda abordagem no uso de diário, parece ser redundante e ineficiente gravar o mesmo bloco de dados duas vezes. Uma alternativa é usarmos blocos de disco no próprio diário para o sistema de arquivos. Um sistema de arquivo gravado em diário dessa maneira é conhecido como **sistema de arquivos estruturado em logs**. Note que em um sistema de arquivos apenas de diário, as mudanças

476 ■ Princípios de sistemas operacionais

são feitas no local da mesma maneira que em um sistema de arquivos sem diário. Como resultado disso, os dados e os metadados permanecem no mesmo lugar o tempo todo. No caso do sistema de arquivos estruturado em logs, no entanto, à medida que os blocos são gravados, eles migram para outros locais no disco.

Há duas questões que tornam as coisas mais complicadas, em especial nos sistemas de arquivos estruturado em logs. Primeiro, os discos reais não são ilimitados. Conforme vamos gravando neles, os discos, por fim, ficam sem espaço. O que acontece nessa situação é que os tratamos como um buffer circular; recomeçamos tudo no início do disco. Ao longo do processo, tornarmos vários blocos desnecessários quando as atualizações foram concluídas. Esses blocos agora estão livres, e podemos usá-los como se estivessem no fim do disco. O único momento em que não temos blocos livres é quando o disco está cheio mesmo, como em qualquer outro projeto de sistema de arquivos.

A segunda questão que nos confronta é a atualização de cada estrutura de dados que depende da localização do bloco. Quando gravamos um bloco de dados modificado, precisamos modificar a estrutura de dados que aponta para ele. O bloco que contém essa estrutura é, então, modificado também e deve ser gravado no disco. Isso significa que o bloco que contém o ponteiro para a estrutura também deve ser modificado e gravado, e assim por diante. Como resultado disso, sempre que modificamos dados, temos uma cascata de atualizações que precisam ser feitas, e todas devem ser concluídas antes de marcarmos as estruturas como consistentes.

Em vista dessas questões, muitas implementações não tentam fazer diários completos. Em vez disso, apenas os metadados e as estruturas de alocação de arquivos são tratadas como diários. Os blocos de dados são modificados no local assim como em um sistema de arquivos sem diário. Esse arranjo permite termos a maioria dos benefícios de um sistema de arquivos com diário e poucos efeitos colaterais negativos.

17.7 Cache de blocos

Os sistemas de arquivos e drivers de dispositivo para dispositivos de armazenamento trabalham naturalmente em unidades de blocos. Contudo, a maioria das aplicações não é escrita para operar em unidades de blocos. Elas leem e gravam dados em tamanhos naturais para elas. Algumas até leem e gravam um byte por vez. Como descrevemos as coisas até este ponto, cada acesso exige que acessemos as estruturas de dados no disco para localizar o bloco apropriado, leiamos o bloco para a memória e o gravemos de volta em uma operação de gravação. Essa sequência de eventos ocorre independente do tamanho da operação de leitura ou gravação. É desnecessário dizer que, se realmente fizéssemos isso com cada byte lido, levaria muito tempo para ler um arquivo inteiro.

Praticamente todo projeto de sistema operacional inclui alguma forma de **cache de blocos.** Mantendo cópias na memória de vários dos blocos mais recentemente acessados, a maioria das solicitações pode ser atendida a partir dessa cache em lugar de exigir acessos ao disco. Em geral, um sistema reserva uma quantidade de espaço da memória física na hora do boot para que o sistema de arquivos o utilize como cache.

Para sistemas que são configurados para servir principalmente a arquivos em rede, a maior parte da memória física pode ser alocada para esse fim. Em alguns projetos, o SO tenta usar dinamicamente qualquer memória que não esteja sendo usada por processos para a cache, mantendo sempre um número mínimo de blocos na cache.

Como de costume, nada é de graça. Há duas questões que precisamos tratar ao projetar uma cache de blocos. A primeira é, basicamente, uma questão para solicitações de gravação. Se armazenarmos os dados de gravação na cache, consequentemente, no que se refere à aplicação, a gravação terá acontecido. Todavia, se é ali que ficam os dados, o dispositivo de armazenamento ficará rapidamente desatualizado no que se refere aos dados. Se o sistema ficasse sempre ligado, isso não seria problema, mas, se o sistema travar, todas essas mudanças serão perdidas. Por essa razão, geralmente temos um processo, uma thread do kernel, ou alguma outra estrutura de controle que, periodicamente, aciona alguma operação de sincronização. Cada um dos blocos da cache que é marcado como modificado é enfileirado para ser gravado no dispositivo de armazenamento e, depois disso, marcado como limpo. Nós forçamos também a sincronização quando um sistema de arquivos é desmontado, inclusive ao ser desligado.

A segunda questão com que nos confrontamos é resultado da quantidade finita de espaço da cache de que dispomos. Não é preciso dizer que, à proporção que o sistema opera, essa cache vai enchendo. Quando isso acontece, precisamos escolher um bloco e removê-lo da cache para abrir espaço para outro. Esse problema é bem semelhante àquele enfrentado pelo sistema de paginação. De fato, muitas das políticas de substituição de página são adequadas também para essa tarefa. Entretanto, há uma diferença. Visto que a frequência de acesso aos blocos é muito inferior à das páginas, podemos usar diretamente uma política de menos utilizada recentemente (LRU, do inglês least recently used) em lugar de uma aproximação. Uma implementação simples mantém todos os blocos em uma lista encadeada. Toda vez que um bloco é referenciado, nós o removemos da lista e inserimos novamente no fim dela. Quando um bloco deve ser selecionado para substituição, apenas o selecionamos no início da lista. Isso assegura que a cache contenha os blocos acessados mais recentemente. Ao liberar um bloco na cache, se ele contém o resultado de uma operação de gravação, ele deve ser gravado no disco antes de ser reutilizado.

17.8 Resumo

Os sistemas de arquivos evoluíram de meios primitivos de armazenar dados persistentes em dispositivos de armazenamento para ferramentas flexíveis e sofisticadas que acessam outros serviços do sistema operacional. A questão de representar dados de arquivo em um dispositivo de armazenamento ainda é significativa. Neste capítulo, vimos várias abordagens diferentes para esse problema. Verificamos também várias abordagens para representar os metadados de cada arquivo. Além disso, vimos o desenvolvimento do sistema de nomes e de técnicas para mapear nomes em arquivos e serviços. Essa generalização da função do sistema de arquivos fornece a base de uma evolução contínua nas referências e utilização uniformes de serviços do sistema.

17.9 Exercícios

1. Defina o conceito de espaço de nomes.

2. Quais as vantagens de um projeto de espaço de nomes uniforme?

3. O exemplo de espaço de nomes descrito na Seção 17.3.3 é similar ao usado no UNIX. Descreva o espaço de nomes do MS-DOS.

4. É necessário fornecer a posição absoluta e a relativa ao buscar um serviço? Por quê?

5. Suponhamos que usemos uma lista de blocos livres na qual cada bloco é identificado por um número de 32 bits e cada bloco contenha 512 bytes. Quantos blocos serão necessários para armazenar uma lista de livres em um disco de 20 GB se o disco estiver vazio?

6. Se os blocos de disco têm 1024 bytes, que porcentagem do disco tem gasto excedente imposto pelo bitmap de livres?

7. Quais as vantagens e desvantagens de usar um ponteiro duplamente indireto em vez de múltiplos ponteiros unicamente indiretos?

8. Que porcentagem do espaço de armazenamento está em gasto excedente em uma estrutura de alocação estruturada em lista, como ilustrado na Figura 17-6?

9. Se temos uma estrutura de alocação estruturada em árvore de três níveis, como na Figura 17-8, em que cada bloco tem 1024 bytes e cada ponteiro de bloco, 4 bytes, qual o tamanho do maior arquivo que pode ser representado?

10. Dependendo do projeto do diretório, os aliases podem ter seus próprios metadados, ou podem partilhar um conjunto de metadados do arquivo. Quais as vantagens e desvantagens de cada abordagem?

11. Descreva como os links simbólicos podem ser implementados.

12. Sugerimos que, ao fazer backups, não precisamos seguir os links simbólicos ao atravessar o espaço de nomes. Por que não? Como nos certificar de não perder algum arquivo?

13. Descreva alguns dos riscos à segurança associados à definição da executabilidade de um arquivo em termos do seu nome.

14. Por que seria um problema remover um dispositivo de armazenamento USB sem desmontá-lo primeiro?

15. Um esquema de tabela de alocação de arquivos pode representar arquivos esparsos? Por quê?

16. Houve um período em que sistemas de armazenamento de alta capacidade eram feitos com discos ópticos do tipo escreve uma vez, lê muitas (WORM, do inglês Write Once, Read Many). Visto que cada bloco único em um disco WORM só podia ser gravado uma vez, discorra sobre como os sistemas de arquivos estruturados em logs e diários são adequados para discos WORM.

Capítulo 18

Alguns exemplos de sistemas de arquivos

Neste capítulo, voltamos ao nosso conjunto de exemplos de sistemas operacionais e examinamos os projetos de sistema de arquivos de cada um. Contudo, omitimos o Xen e o TinyOS porque nenhum dos dois incorpora qualquer tipo de suporte a sistema de arquivos. No conjunto restante, vemos uma variedade de abordagens e, ao mesmo tempo, algumas semelhanças em certas famílias. Dentro dessas, indicamos várias tendências evolucionárias no projeto de sistema de arquivos.

18.1 CTSS

Ao longo da sua vida, o CTSS teve dois projetos diferentes, porém relacionados, de sistema de arquivos. O segundo foi desenvolvido em resultado das lições obtidas com o primeiro. Serviu de protótipo e ambiente de desenvolvimento para o trabalho no Multics. Vamos ver ambas as versões do sistema de arquivos para ilustrar a evolução das ideias relacionadas a ele, dos primeiros acessos diretos a dispositivos para as abstrações mais modernas de arquivos e mecanismos de acesso uniforme.

18.1.1 Primeiro sistema de arquivos do CTSS

O primeiro sistema de arquivos do CTSS suportava um grande conjunto de chamadas ao sistema. No entanto, muitas chamadas podiam ser implementadas em termos de outras. Por exemplo, um arquivo inteiro podia ser lido ou gravado usando as chamadas .LOAD e .DUMP, respectivamente. Diferente da maioria dos sistemas posteriores, o primeiro sistema de arquivos do CTSS usava distintas chamadas para abrir e fechar um arquivo, de acordo com o uso pretendido, ler, gravar ou ambos. Para criar um arquivo para gravação, .ASIGN era a chamada para abri-lo; mas, para anexar a um arquivo existente, usava-se .APEND. Em ambos os casos, .FILE fechava o arquivo. Para ler um arquivo existente, .SEEK abria e .ENDRD fechava. Se um processo quisesse abrir o arquivo para leitura e gravação, usava a chamada .RELRW, e podia-se usar .FILE ou .ENDRD para fechá-lo. Em todos os casos, as chamadas .READK e .WRITE eram usadas para executar as leituras e as gravações propriamente ditas.

Os nomes de arquivo do CTSS eram compostos de duas partes, cada qual com até seis caracteres. Ao escrevê-los, as duas partes normalmente eram separadas por um espaço. Assim, o espaço de nomes do CTSS era representado por $N = A^{[1,6]}{}_{\sqcup}A^{[1,6]}$. Embora o sistema não impusesse sentido ou interpretação às duas partes, por convenção, a primeira parte era um nome descritivo e a segunda indicava o tipo do arquivo.

Cada usuário tinha um diretório particular de arquivos. Esses diretórios tinham único nível. Em outras palavras, não eram suportados subdiretórios. Nenhum usuário tinha acesso aos arquivos particulares de outro usuário. Para facilitar o compartilhamento, havia mecanismos limitados que forneciam diretórios comuns para que os programadores compartilhassem o mesmo número de problemas e para diretórios globalmente comuns. Para um usuário compartilhar um arquivo com outro usuário, o primeiro copiava o arquivo de sua área particular para uma área comum. Então, o segundo usuário copiava o arquivo da área comum para sua área particular. Mesmo em diretórios comuns, apenas um usuário por vez conseguia usar o diretório como diretório corrente.

Diferente de muitos outros sistemas que estudamos, o CTSS alocava espaço em disco em unidades de trilhas em vez de em blocos. Isso combinava com o modo de um registro-por-trilha fornecido pelo hardware de disco antigamente usado no sistema. As trilhas eram gerenciadas por várias estruturas de dados. Havia uma tabela de uso de trilha que identificava quais trilhas estavam sendo usadas e quais estavam livres. O Diretório de Arquivo Principal (MFD, do inglês Master File Directory) era outra estrutura de dados importante. Ele mapeava dos números de ID do programador/problema até a localização dos Diretórios de Arquivos de Usuário (UFDs, do inglês User File Directories) correspondentes. O MFD também incluía o número de trilhas alocado para cada usuário. Uma entrada de UFD continha os metadados do arquivo, incluindo nome, data do último acesso, número do documento e modo do arquivo, que indicava se o arquivo era de leitura/gravação, somente leitura, somente anexação e assim por diante. A entrada de UFD também apontava para a primeira trilha do arquivo. As trilhas em um arquivo formavam uma lista encadeada, que continha a primeira palavra de cada trilha apontando para a próxima trilha do arquivo. Para a última trilha de um arquivo, o ponteiro da próxima trilha apontava para o fim da trilha em si.

18.1.2 Segundo sistema de arquivos do CTSS

Um dos aprimoramentos do segundo sistema de arquivos do CTSS foi um conjunto reprojetado de chamadas ao sistema. As chamadas mais recentes representavam um passo na evolução em direção a uma interface de arquivos mais simples e uniforme. Incluía as agora familiares chamadas OPEN. e CLOSE. Tanto as leituras quanto as gravações bloqueantes e não bloqueantes eram fornecidas por meio das chamadas RDFILE., RDWAIT., WRFILE. e WRWAIT.

A nomenclatura de arquivo em duas partes não foi alterada do primeiro para o segundo projeto de sistema de arquivos. Contudo, os detalhes de acesso, especialmente com respeito ao compartilhamento de arquivos, mudaram significativamente. Uma dessas mudanças foi o acréscimo de mais flexibilidade ao lidar com diretórios comuns. Em especial, mais de um usuário por vez podia usar o diretório comum na segunda versão do sistema. Mais significativo ainda, o segundo projeto de sistema de arquivos suportava aliases. Uma entrada em um UFD podia ser identificada com um link para outra entrada, em geral, em outro UFD.

A implementação interna do segundo sistema de arquivos do CTSS também representou um avanço. Foi feita mais modular do que sua predecessora e seguia uma estrutura que incorporava elementos, a qual analisamos no Capítulo 17. No geral, o segundo sistema de arquivos do CTSS representou um link entre o sistema de arquivos experimental anterior e o sistema de arquivos de produção do Multics.

18.2 Multics

Em muitos sentidos, o sistema de arquivos do Multics é um dos mais interessantes que analisaremos. Para realmente entendê-lo, precisamos nos lembrar do sistema de memória segmentada descrito na Seção 10.2. Do ponto de vista da aplicação, e principalmente da perspectiva de uma implementação interna, segmentos e arquivos são a mesma coisa. Se estivermos sendo cuidadosos, referir-se a um segmento refere-se a dados armazenados na memória em uma ou mais páginas que compartilham o número de segmento. Um arquivo são os dados conforme armazenados em um dispositivo de armazenamento. Contudo, sempre há uma correspondência um a um entre eles. Cada segmento na memória corresponde a um arquivo, mesmo que seja um arquivo temporário, que é removido quando o processo termina. Cada arquivo pode ser acessado quando mapeado em um segmento. Um resultado dessa estrutura é que todos os segmentos são representados por nomes no espaço de nomes, bem como por números de segmentos. Outro resultado é que a ação de alocar e carregar um segmento e de abrir e ler o arquivo são, na verdade, a mesma operação no Multics.

Destacamos este último ponto porque significa que todas as referências a arquivos podem ser feitas por meio dos acessos normais de segmento. Quando uma função em outro segmento é chamada, seu segmento é mapeado por uma tabela de segmento (descrita em detalhes mais adiante) e recebe um número de segmento. A partir deste ponto, a paginação por demanda normal carrega as páginas de segmento necessárias na memória. Isso resulta em um esquema bastante genérico e elegante para carregamento dinâmico e compartilhamento de bibliotecas. O mesmo pode ser feito com arquivos de dados. Referenciar um arquivo como uma estrutura de dados torna seu segmento conhecido ao processo e as páginas relevantes passam por swap. O projeto original do Multics reconhecia que isso era suficiente para

482 ■ Princípios de sistemas operacionais

todos os acessos de arquivo. Em versões posteriores, existiam também mais operações convencionais de leitura e gravação orientadas para caractere, linha e registro.

Os nomes no Multics podem conter qualquer caractere ASCII, exceto >. Entretanto, no uso normal, usam-se apenas letras maiúsculas e minúsculas, dígitos, sublinhado (_) e ponto (.). Outros caracteres ASCII são interpretados de forma especial em alguns contextos, e outros causam problemas no uso regular. Os nomes de arquivos podem ter até 32 caracteres. O Multics suporta uma estrutura de diretório hierárquica com até 16 níveis de diretórios. O caractere > é usado para delimitar diretórios em um nome de caminho. Assim, o espaço de nomes do Multics é basicamente $N = >_{opt} (A^{[1,32]} >)^{[0,15]} A^{[1,32]}$. Se o caractere inicial é >, o nome do caminho é absoluto e especifica todos os diretórios da raiz até o nome final. Senão, é relativo ao diretório de trabalho corrente do processo. O caractere < pode ser usado em nomes de caminho relativo para indicar o pai ou outro diretório ancestral. Por exemplo, o nome de caminho <a refere-se ao arquivo chamado a, que é irmão do diretório de trabalho corrente. De modo similar, <<a refere-se ao arquivo chamado a, contido no diretório-avô do diretório de trabalho corrente. Nomes sem caracteres de caminho (> ou <) são localizados pela procura de um conjunto de diretórios definidos por um conjunto de regras de busca pelo sistema.

O Multics suporta dois tipos diferentes de aliases, conforme descritos. No primeiro caso, cada arquivo pode ter diversos nomes em sua entrada de diretório. Esse tipo de alias facilita carregar segmentos sob demanda quando uma de suas funções é chamada. O outro tipo de alias é o link, mais familiar. As entradas em um diretório podem apontar para entradas em outro, bem semelhante ao que descrevemos como links simbólicos. Todos os metadados do arquivo são mantidos com a cópia original. Embora não seja exatamente um alias, ainda há outro modo em que um arquivo (segmento) pode receber um nome alternativo. Ele pode receber um **nome de referência**, que, então, pode ser usado por comandos e programas executados após essa associação de nome.

As entradas de diretório do Multics contêm um grande conjunto de metadados para cada arquivo. A maior parte deles existe para dar suporte à segurança e é analisada em mais detalhes no Capítulo 21. Outros metadados incluem uma lista de nomes pelos quais o arquivo é conhecido, uma indicação do tipo do arquivo (diretório, arquivo regular ou link), o autor do arquivo, os tamanhos corrente e máximo dele, diversos registros de data e hora, o tipo de dispositivo que armazena o arquivo e um número exclusivo de ID para a entrada.

Outra questão relacionada ao diretório é a de arquivos multissegmentados. Visto que um segmento não pode ser maior que $2^{18} = 256$ K palavras, arquivos maiores que isso precisam ser distribuídos em múltiplos segmentos. Contudo, visto que há uma correspondência um a um entre arquivos e segmentos, um arquivo multissegmentado precisa ser distribuído por múltiplos arquivos regulares. O Multics lida com isso ao representar um arquivo multissegmentado pelo diretório que contém os vários arquivos regulares que o compõem. As entradas de diretório têm um flag para indicar se a entrada se refere a um arquivo multissegmentado, e a maior parte do código que lida com esses arquivos conhece essa convenção e faz a coisa certa.

O último aspecto do sistema de arquivos do Multics que analisaremos aqui é o conjunto de estruturas de dados usado para gerenciar o relacionamento entre arquivos e segmentos. Focalizaremos nossa atenção em duas tabelas principais. A primeira é chamada Tabela de Segmento Conhecido (KST, do inglês Known Segment Table) e lista todos os segmentos aos quais foram atribuídos números no processo. A segunda é chamada de Descritor de Segmento (DS, do inglês Descriptor Segment) e é uma tabela que contém esses descritores. Essas tabelas trabalham em paralelo e ambas são indexadas pelo número de segmento. A entrada da KST contém o nome do caminho para aquele segmento e um ponteiro para sua entrada no diretório. As entradas do DS contêm os elementos necessários para os aspectos de gerenciamento de memória dos segmentos. Em especial, contêm os ponteiros para as tabelas de página para segmentos.

Quando um segmento é referenciado pela primeira vez, ainda não há número de segmento atribuído a ele, então, uma falha é gerada e o linker dinâmico é executado. O linker usa o nome simbólico (o nome de caminho ou de referência) para o segmento necessário e faz as chamadas para tornar o segmento conhecido. Esse procedimento busca a KST do segmento desejado. Se encontrada, o linker pode resolver as referências a esse segmento com o número adequado de segmento. Se o segmento não é encontrado, as regras de busca são aplicadas para encontrar o arquivo correto para essa referência e um número de segmento livre é alocado para esse novo segmento. As entradas de KST e DS são, então, inicializadas para indicar que temos um segmento conhecido, mas inválido. Assim, com o número de segmento alocado, o linker pode resolver as referências ao segmento. Quando o processo tenta fazer referência ao número de segmento recém-alocado, ocorre uma falha no segmento, e é validado pela associação de uma tabela de página a ele. Após a solução inicial do segmento ser executada dessa maneira, referências futuras a esse segmento são gerenciadas por meio das técnicas normais de gerenciamento de memória, analisadas na Seção 10.2.

18.3 RT-11

Como ocorre com outros subsistemas, o sistema de arquivos do RT-11 foi projetado principalmente para simplicidade e eficiência. O conjunto de chamadas ao sistema é bastante convencional. Os arquivos são criados pela chamada .ENTER e arquivos existentes podem ser abertos com .LOOKUP. As operações de E/S podem ser executadas usando as chamadas .READ e .WRITE. Por fim, os programas chamam .CLOSE quando terminam de usar um arquivo. De modo similar, o espaço de nomes é bem simples. O RT-11 usa um especificador de dispositivo e os diretórios são não hierárquicos. Os nomes de arquivo podem ter até seis caracteres, seguidos por uma extensão de até três caracteres. Assim, $N = (LLD :)_{opt} A^{[1,6]}.A^{[0,3]}$, onde L é o conjunto de letras e D é o conjunto de dígitos.

O lauout geral do sistema de arquivos é também similar a outros projetos, porém mais simples. Os blocos 0–5 do disco são reservados, e o bloco 0 normalmente

484 ■ Princípios de sistemas operacionais

contém o código de bootstrap, e o bloco 1 é designado como **bloco inicial**, que contém os metadados do sistema de arquivos. O bloco inicial contém uma tabela de substituição de blocos danificados, a localização do primeiro bloco de diretório, três strings de identificação e a soma de checagem de erro. Começando no bloco 6, há n segmentos de diretório, cada um com dois blocos. Todos os blocos restantes do disco estão disponíveis para dados.

Cada segmento de diretório contém até 72 entradas e descreve os arquivos em um intervalo específico de blocos de disco. No início de cada segmento, há um cabeçalho que descreve a lista de segmentos e inclui o número total de segmentos, o número do próximo segmento na lista e o número do último segmento em uso corrente. O cabeçalho também inclui o número de bytes extras opcionais em cada uma das entradas de diretório. Na maioria dos casos, é igual a zero. Por fim, o cabeçalho apresenta o número inicial de bloco de dados da região descrita pelo segmento. Cada entrada de diretório contém sete palavras de 16 bits, que incluem uma palavra de *status* de arquivo, nome e tamanho do arquivo, data de criação e uma palavra com informações usadas apenas para arquivos designados como temporários.

Os arquivos do RT-11 são armazenados em blocos contíguos. Isso significa que o tamanho máximo do arquivo deve ser especificado e o espaço deve ser reservado no momento da criação do arquivo. Contudo, significa também que não há sobrecarga em termos de espaço ou tempo de processamento para localizar os blocos que pertencem a um arquivo. Visto que sabemos onde começa o arquivo e o seu tamanho, conhecemos todos os blocos que pertencem a ele. Pode parecer estranho que a entrada de diretório não nos diga o bloco inicial do arquivo. Contudo, podemos calculá-lo de forma relativamente fácil, pegando o número do bloco inicial para o segmento e acrescentando o tamanho de todos os arquivos que precedem o arquivo desejado no diretório. A partir disso, é correto supor que os arquivos são armazenados no disco, na mesma ordem em que suas entradas de diretório aparecem no segmento. Embora isso possa ser inconveniente (visto que o tamanho máximo do arquivo precisa ser especificado antes) e possa levar à fragmentação significativa, a simplicidade dele é ideal para as aplicações de tempo real pretendidas do RT-11.

18.4 UNIX sexta edição

O sistema de arquivos inicial do UNIX é um dos exemplos mais claros da influência que o Multics teve sobre seus projetistas. Sem dúvida, é diferente do seu predecessor, refletindo o ambiente de hardware muito diferente dos dois sistemas. Contudo, recursos como a estrutura hierárquica de diretório, os espaços de nomes similares e os links mostram suas similaridades, em especial no contraste com a maioria dos outros sistemas de arquivos da época.

Um dos lugares em que o UNIX difere mais do Multics é a área de serviços do sistema de arquivos. O PDP-11, no qual boa parte do desenvolvimento inicial do UNIX foi executado, tem um espaço de endereço virtual muito menor e suporte limitado a hardware para segmentação em comparação com máquinas que suportavam Multics. Assim, a correspondência segmento/arquivo que vemos no Multics não funciona bem para o UNIX. (Contudo, versões posteriores do UNIX fornecem um mecanismo para arquivos mapeados em memória.) Em vez disso, o UNIX usa um conjunto bastante convencional de chamadas ao sistema relacionadas ao arquivo. Um novo arquivo pode ser criado com a chamada ao sistema *creat*( ), e um arquivo existente pode ser aberto com *open*( ). Depois de ser aberto por uma chamada, o arquivo pode ser lido com *read*( ) e gravado com *write*( ). A posição corrente do arquivo pode ser determinada com *seek*( ). Quando um processo finaliza com um arquivo, ele pode fechá-lo com a chamada ao sistema *close*( ). O kernel fecha implicitamente qualquer arquivo ainda aberto quando o processo fecha.

Há outro modo de o processo obter o descritor de arquivo usado por *read*( ) e *write*( ). A chamada ao sistema *pipe*( ) cria um canal de comunicação que pode ser usado para se comunicar entre um par de processos. Um canal, como outros arquivos abertos, é herdado por qualquer processo-filho criado. Assim, um pai pode usar um canal para se comunicar com um descendente ou pode criar um canal para ser usado entre dois descendentes. Depois de o canal ser criado, *read*( ), *write*( ) e *close*( ) podem ser usados como em um arquivo. Embora os canais não sejam arquivos no sentido tradicional, a implementação do UNIX usa as mesmas chamadas ao sistema para eles e usa a maior parte da infraestrutura do sistema de arquivos para implementá-los.

Como já indicamos, o espaço de nomes do UNIX é similar ao do Multics. Os nomes podem ser compostos de qualquer caractere ASCII, exceto barra (/), mas normalmente são usados letras, dígitos, sublinhados e pontos. Na sexta edição do UNIX, os nomes de arquivos se restringem a 14 caracteres. O caractere barra (/) é usado para delimitar nomes de diretório. Diferente do Multics, o UNIX não determina um limite superior para profundidade do diretório. Assim, o espaço de nomes do UNIX sexta edição é parecido com $N = /_{opt}(A^{[1,14]}/)^*A^{[1,14]}/_{opt}$.

De maneira distinta de muitos sistemas, a correspondência do UNIX não é entre as entradas de diretório e os arquivos. Há uma correspondência um a um entre os nós-i e os arquivos, e muitas entradas de diretório podem se referir ao mesmo nó-i. Cada nó-i do UNIX sexta edição inclui metadados esperados, como informações de proteção e propriedade, tamanho do arquivo, último horário de acesso e horário da última modificação. Inclui também uma contagem do número de entradas de diretório (links) que se referem a ele. Por fim, o nó-i inclui os ponteiros necessários para localizar os blocos de disco que compõem o arquivo. O UNIX usa um esquema híbrido baseado na alocação estruturada em árvore, ilustrada na Figura 17-8. Há oito ponteiros de bloco no nó-i. Os arquivos do UNIX sexta edição podem ser projetados como pequenos ou grandes (e preparados para mudar de pequeno para grande automaticamente, se necessário). Para arquivos pequenos, todos os oito ponteiros apontam diretamente para blocos de dados de 512 bytes cada. Para arquivos grandes, os primeiros sete ponteiros identificam sete blocos indiretos. Cada bloco indireto tem 256 ponteiros de blocos de dados. O oitavo ponteiro em um arquivo grande aponta para um bloco duplamente indireto. Cada um dos 256 ponteiros

486 ■ Princípios de sistemas operacionais

nele aponta para um bloco indireto de 256 ponteiros, cada um dos quais aponta para um bloco de dados.

No UNIX, os diretórios são gerenciados no disco como arquivos comuns; contudo, deve-se tomar cuidado para impedir que sejam manipulados arbitrariamente por processos. Eles podem ser modificados apenas por meio de várias chamadas ao sistema que criam, removem e renomeiam arquivos. Os próprios diretórios são apenas conjuntos lineares de estruturas, cada qual com 16 bytes. Quatorze bytes são usados para o nome do arquivo, e os nomes mais curtos terminam em nulo. Os dois bytes restantes formam um número-i de 16 bits, que aponta para o restante dos metadados do arquivo. O número-i armazenado em uma entrada de diretório é usado como índice na tabela de nós-i. Cada diretório tem duas entradas especiais, ponto (.) e ponto-ponto (..), aí colocadas quando ele é criado. A entrada ponto (.) sempre se refere ao próprio diretório e a ponto-ponto (..), ao diretório-pai. Desse modo, referências a arquivos que não sejam descendentes do diretório atual podem ser feitas sem recorrer a caracteres especiais ou regras especiais de análise. Um nome de caminho como ../../foo pode ser resolvido pelo uso da mesma solução de caminho usada em qualquer outro nome.

Na maior parte, cada sistema de arquivos do UNIX sexta edição é armazenado em uma unidade de disco e ocupa o disco todo ou uma parte dele com o restante reservado como espaço para swap. (Embora algumas pessoas escrevessem drivers de dispositivo que particionavam o disco, isso não era comum.) Normalmente, o primeiro bloco de cada disco contém o código de bootstrap, que carrega o kernel na memória. Começando pelo segundo bloco, o sistema de arquivos começa com um bloco especial chamado de superbloco, que contém certos metadados para o sistema de arquivos como um todo. Entre esses dados estão o número de blocos reservados para nós-i, o número de blocos de dados, uma lista parcial de nós-i livres, uma lista parcial de blocos de dados livres (para referência rápida), um flag de somente leitura e um registro de data e hora, indicando o horário da última atualização. Imediatamente após o superbloco há um ou mais blocos com o bitmap de livres dos nós-i. Os próximos vários blocos são os dos nós-i. Os blocos restantes do sistema de arquivos são blocos de dados. Uma lista de blocos livres é armazenada dentro dos próprios blocos livres.

Além dos arquivos de dados regulares, os nós-i também podem identificar dispositivos. Dois dos bits da palavra de proteção são usados para identificar esse arquivo como arquivo especial de caracteres ou de bloco. Se um arquivo é especial, os dois primeiros ponteiros de bloco do seu nó-i são usados para armazenar os números de dispositivo principal e secundário. Quando uma chamada ao sistema é enviada sobre esse arquivo, a solicitação é transferida para o driver de dispositivo identificado pelo número de dispositivo principal. O número de dispositivo secundário é enviado ao driver como argumento que ele pode usar conforme achar apropriado. Normalmente, o número de dispositivo secundário identifica pelo menos qual dispositivo físico, entre os suportados pelo driver, está sendo usado.

18.5 4.3BSD

Em grande parte, as mudanças que aparecem no desenvolvimento entre a sexta edição do UNIX e a série BSD representam o tipo de evolução que seria de se esperar, à medida que eram feitos esforços para atender a sistemas de maior capacidade e para aumentar o desempenho. Algumas dessas mudanças se refletem em chamadas ao sistema atualizadas. Uma mudança permitiu que a chamada ao sistema *open*( ) também criasse arquivos. Embora *creat*( ) ainda seja suportada no 4.3BSD, seu uso diminuiu bastante. A chamada *seek*( ) foi substituída por *lseek*( ), que suporta arquivos maiores.

A única diferença real no espaço de nomes do 4.3BSD, em comparação com a sexta edição do UNIX são os nomes de arquivos mais longos. O nome máximo do arquivo tem 255 caracteres no 4.3BSD. Assim, o espaço de nomes pode ser definido por $N = /_{opt}(A^{[1,255]}/_{opt})^*A^{[1,255]}/_{opt}$. Essa mudança necessita de uma alteração no projeto dos diretórios. Uma entrada de diretório começa com um número-i de 4 bytes, seguido pelo tamanho dela (para localizar a próxima entrada), pelo número de caracteres no nome e, finalmente, pelo nome em si. O espaço reservado para o nome é arredondado para o múltiplo maior e mais próximo de quatro. Assim, as entradas de diretório do 4.3BSD têm tamanho variável para permitir nomes maiores sem desperdiçar espaço com nomes curtos.

A série BSD de versões do UNIX também acrescentou um novo tipo de link. Embora os links permanentes tradicionais ainda sejam suportados, links simbólicos também o são. Os links permanentes têm a restrição de precisarem se referir a arquivos no mesmo sistema de arquivos. Os links simbólicos contornam essa restrição simplesmente mapeando a entrada de diretório para um nome de caminho em vez de mapeá-la para o nó-i. Ao resolver o nome de caminho que contém um link simbólico, o nome do link é substituído por um caminho no qual está mapeado, e a resolução do nome continua.

Esse Sistema de Arquivo Rápido (FFS, do inglês Fast File System) foi introduzido no 4.2BSD e continua a usar a mesma estrutura básica de nó-i de versões anteriores, mas com alguns aprimoramentos. Primeiro, um novo registro de data e hora foi acrescentado, registrando o horário da última atualização do nó-i. Outra mudança é a simplificação do projeto de ponteiro de bloco. O FFS não identifica mais os arquivos como grandes ou pequenos. Em vez disso, há um total de 15 ponteiros de bloco no nó-i. Os primeiros 12 são ponteiros diretos para blocos de dados, em geral com 4096 bytes cada. O tamanho exato é selecionado no momento da inicialização do sistema de arquivos. O 13º ponteiro aponta para um bloco indireto. Se os blocos de dados têm 4096 bytes cada, o bloco indireto aponta para 1024 blocos de dados. O 14º ponteiro do nó-i aponta para um bloco duplamente indireto, que, por sua vez, aponta para vários blocos indiretos, os quais, por sua vez, apontam para vários blocos de dados. O 15º ponteiro é reservado para uso no apontamento de um bloco triplamente indireto. Contudo, esse recurso não está implementado no 4.3BSD.

À medida que o tamanho dos discos foi aumentando e, especialmente, foi aumentando o número de cilindros, a distância entre os nós-i e os blocos de dados

488 ■ Princípios de sistemas operacionais

que eles referenciavam também aumentou. Isso resultou em tempo de busca maior. Para combater isso, o FFS do BSD introduziu a ideia de **grupos de cilindros**, o que envolve dividir o disco em grupos concêntricos de cilindros contíguos mais ou menos como faz o particionamento. A diferença é que o espaço inteiro é um sistema de arquivos, em vez de cada grupo de cilindro ser seu próprio sistema de arquivos. Contudo, cada grupo de cilindro contém a maior parte do que constitui um sistema de arquivos, incluindo uma cópia do superbloco, alguns blocos de nó-i, um bitmap de blocos de dados livres e alguns blocos de dados. Visto que todos os grupos juntos compõem um único sistema de arquivos, um arquivo pode ser colocado em qualquer grupo de cilindros. Contudo, é feita uma tentativa de manter os blocos de dados perto dos metadados que os descrevem. Ao distribuir os metadados pelo disco, os blocos podem ficar mais próximos dos seus metadados, reduzindo a distância média que precisamos buscar.

18.6 VMS

O sistema de arquivos do VMS é de uma família de sistemas de arquivos da Digital Equipment Corporation (DEC) chamada de Files-11. Ela se originou do sistema operacional RSX-11 da DEC em uma forma conhecida como estrutura-1 em disco (ODS-1). No caso do VMS, o projeto foi estendido, produzindo uma versão chamada ODS-2. Embora uma extensão chamada ODS-5 tenha sido desenvolvida, a ODS-2 é a versão do sistema de arquivos mais comumente usada. Portanto, é essa a versão que examinaremos aqui.

O acesso direto aos serviços do sistema de arquivos do VMS segue basicamente a mesma estrutura dos dispositivos de E/S, como descrito na Seção 14.6. Especificamente, as interfaces $ASSIGN, $DASSIGN e $QIO também podem ser usadas com arquivos. A maioria das aplicações, porém, usa serviços do subsistema de Serviços de Gerenciamento de Registros (RMS, do inglês Record Management Services). Embora não seja parte do próprio sistema operacional, o RMS tem um *status* mais privilegiado do que as bibliotecas normais.

Os nomes no VMS podem ter especificador de dispositivo, caminho de diretório, nome e extensão de arquivo e número de versão. O espaço de nomes pode ser basicamente descrito por:

$$N = (A^+ :)_{opt} ([A^{[1,39]} (.A^{[1,39]})^{[0,7]}])_{opt} A^{[0,39]} (.A^{[0,39]})_{opt} (; D^{[1,5]})_{opt}$$

Por exemplo, [a.b]foo.txt;1 é um nome válido. O especificador de dispositivo opcional (não encontrado neste exemplo) é a primeira parte do nome, terminando em dois-pontos. Embora a sintaxe dos dispositivos reais seja bastante rígida, o usuário também pode definir um nome lógico e usá-lo em lugar do nome real do dispositivo. Como resultado, permitimos que o especificador seja formatado livremente em nossa especificação. Uma lista separada por pontos de até oito nomes em colchetes especifica a localização do arquivo na árvore de diretório hierárquica. (A ODS-5 remove a limitação de oito níveis.) A raiz da árvore é especificada por

[00000]. Depois do ponto-e-vírgula aparece o número da versão. O sistema de arquivos VMS permite que os usuários mantenham diversas versões do mesmo arquivo ao mesmo tempo.

Como ocorre com o sistema de arquivos do RT-11, o bloco 0 do disco normalmente contém o carregador de bootstrap, e o bloco 1 (a menos que seja um bloco danificado) contém o bloco inicial. Este último contém uma variedade de metadados do sistema de arquivos, incluindo várias strings de identificação e a localização de outros metadados. A partir desses metadados, podemos localizar o cabeçalho do arquivo para um arquivo especial chamado de **arquivo de índice**, que tem o nome de arquivo INDEXF.SYS;1 e contém quase todos os metadados do sistema de arquivos inteiro. Seus primeiros dois blocos são mapeados no bloco de boot e bloco inicial. Ele também contém pelo menos uma (geralmente várias) cópia adicional do bloco inicial. O próximo item que ele contém é uma cópia de backup do seu próprio cabeçalho de arquivo, seguido por um bitmap para os outros cabeçalhos de arquivo. Pelo menos 16 desses cabeçalhos ficam após o bitmap. Todos esses dados são contíguos no arquivo de índice. Todos os outros cabeçalhos de arquivo do sistema de arquivos inteiro fazem parte do arquivo de índice, mas podem ser alocados em qualquer lugar do disco.

A cada arquivo na Files-11 ODS-2 é associado um identificador único de arquivo (FID, do inglês File Identifier), que é um número de 48 bits com uma estrutura específica. Vinte e quatro bits do FID são usados como índice da lista de cabeçalhos de arquivo para localizar os metadados do arquivo. À primeira vista, os diretórios são listas de pares nome-FID. Mais precisamente, um diretório é um conjunto de registros de diretório classificado em ordem alfabética por nome de arquivo. Cada registro contém o nome de arquivo e uma ou mais entradas. Cada entrada alista um número de versão e um FID para a versão do arquivo. Visto que múltiplas entradas de diretório podem usar o mesmo FID, o sistema de arquivos do VMS suporta aliases similares aos links permanentes do UNIX. A raiz do sistema de arquivos é descrita pelo Diretório de Arquivo Mestre (MFD, do inglês Master File Directory), chamado de 00000.DIR;1. O MFD alista, entre outros, ele mesmo, IN-DEXF.SYS;1, BITMAP.SYS;1 (o bitmap de livres para os blocos de dados no sistema de arquivos) e BADBLK.SYS;1 (a lista de blocos danificados no disco). Quaisquer Diretórios de Arquivos de Usuário (UFD, do inglês User File Directories) também são alistados no MFD.

Os cabeçalhos de arquivo são estruturas de dados bastante complexas que contêm várias áreas. A primeira área é ela mesma um cabeçalho. A área do cabeçalho contém vários itens, incluindo o FID do arquivo; o FID do cabeçalho de extensão, se necessário; o FID do diretório-pai; o proprietário e as características do arquivo; as informações de proteção e as localizações de outras áreas. Uma área opcional é a da lista de controle de acesso (ACL, do inglês Access Control List), usada apenas para segurança. A área Ident alista o nome do arquivo, o número da revisão e vários registros de data e hora. Note que o número da revisão não é o mesmo que o número de versão. O número da revisão é o número de vezes que o arquivo foi acessado para gravação. A outra área de interesse para nós é a Map, a qual lista os blocos de

490 ■ Princípios de sistemas operacionais

dados que compõem o arquivo. Ela consiste em vários itens chamados de ponteiros de recuperação. Esses ponteiros mencionam o número do bloco inicial e o comprimento de cada extensão no arquivo. **Extensões** são grupos contíguos de blocos que compõem o arquivo. Essa representação não é muito diferente da representação de lista apresentada na Figura 17-6, exceto que cada ponteiro da lista aponta não para um único bloco, mas para uma região contígua de blocos. Assim, um arquivo contíguo contém apenas uma extensão, independente do seu tamanho.

18.7 Windows NT

O Sistema de Arquivos do NT (NTFS, do inglês NT File System) substitui os vários sistemas de arquivos FAT usados em outras ofertas da Microsoft. É muito mais adequado a grandes ambientes de computação do que a FAT. Além disso, fornece melhor recuperação de falhas devido ao uso de diários de metadados.

As chamadas ao sistema de arquivos do Windows NT são as mesmas já analisada para os dispositivos de E/S na Seção 14.7. No nível do kernel, há chamadas como *NtOpenFile( )*, *NtCreateFile( )*, *NtReadFile( )*, *NtWriteFile( )* e *NtCloseFile( )*. Essas são disponibilizadas às aplicações por meio de vários subsistemas do ambiente. No caso do subsistema Win32, a chamada *WriteFile( )* faz a chamada *NtWriteFile( )* ser emitida, como faz a *write( )* no subsistema POSIX.

O projeto do subsistema também afeta os detalhes do espaço de nomes. Visto que o espaço de nomes mais geral dos subsistemas pertence ao POSIX, internamente o Windows NT suporta o mesmo conjunto de nomes de arquivo do POSIX. Em geral, qualquer nome de arquivo pode ter até 255 caracteres Unicode. Um nome de caminho pode ser prefixado por um especificador de unidade com uma única letra e diretórios dentro de um caminho são delimitados pela barra invertida (\). Isso resulta em um espaço de nomes que pode ser definido como $N = (L :)_{opt} \backslash_{opt} (A^{[1,255]} \backslash)^* A^{[1,255]}$. O interessante é que, internamente, a sequência \??\ é acrescentada ao início dos nomes de caminho completo antes de serem resolvidos. Por exemplo, o caminho C:\Temp\foo.txt se transforma internamente em \??\C:\Temp\foo.txt. Se reconhecemos que os dois-pontos podem ser apenas outro caractere em um nome de arquivo, essa modificação resulta em um espaço de nomes mais uniforme, em que os discos são montados para diretórios em \??\, que têm o mesmo nome dos especificadores de unidade.

O NTFS tem pouco do layout geral do sistema de arquivos. Os primeiros diversos blocos (em geral 16) são usados para o código de bootstrap. Um dos itens do primeiro bloco do código de boot é um ponteiro para a Tabela de Arquivo Mestre (MFT, do inglês Master File Table). O arquivo da MFT contém a maior parte dos metadados do sistema de arquivos inteiro e identifica os arquivos que contêm o restante. Esse arquivo é organizado como um conjunto de **registros de arquivo** de 1 KB. Há um registro para cada arquivo do sistema de arquivos, incluindo a MFT, mais vários registros que contam com metadados adicionais. Alguns outros registros identificam informações descritivas gerais para o sistema de arquivos como um todo, por exemplo, os arquivos que contêm o diretório-raiz e o bitmap de blocos livres.

Cada arquivo é identificado por um número de referência de 64 bits. Os 48 bits de ordem mais baixa do número de referência são o número de arquivo que é usado para indexar a MFT para o registro daquele arquivo. Os diretórios do NTFS são principalmente mapeamentos de nomes para números de referência. Os diretórios são organizados como árvores B+ para reduzir o número de blocos que precisam ser lidos para uma busca de arquivo.

Cada registro de arquivo é um conjunto de pares atributo-valor. Para a maioria das entradas, um dos atributos é o nome do arquivo. Para entradas de arquivos regulares e diretórios, outro atributo é chamado de Informação Padrão. Ele contém os metadados de arquivo comuns, como proprietário, tamanho e informações de proteção. O atributo Data tem o conteúdo de um arquivo regular. O projeto do sistema de arquivos permite múltiplos atributos Data, nos quais cada atributo (exceto um atributo Data default) recebe um nome. Esses atributos Data adicionais também são conhecidos como Streams de Dados Alternados. Para os diretórios, há atributos que são usados para descrever a árvore B+. Em princípio, qualquer atributo pode ser residente no registro ou não residente, e, assim, armazenado em blocos de dados no disco. Se o valor do atributo (incluindo o atributo Data ou os atributos que compõem um diretório) couber dentro do registro de 1 KB com outros atributos, ele é armazenado ali. Senão, o valor é armazenado em outros blocos de dados. Para os atributos como nome de arquivo e Informação Padrão, o valor geralmente é armazenado no arquivo. Em todos, exceto nos arquivos regulares menores, os dados são, porém, armazenados em outros blocos de disco. No caso de valor nãoresidente (como a maioria dos dados de arquivo), o valor armazenado no registro de arquivo é uma lista de **execuções** ou **extensões**, que são conjuntos iniciais de números e quantidades de blocos.

18.8 Resumo

Como se dá com outras áreas da responsabilidade do SO que estudamos, encontramos um número significativo de variações nas técnicas básicas do projeto de sistema de arquivos. Neste capítulo, analisamos essas variações em sete exemplos de sistema operacional que usamos por todo este livro. Entre essas variações, vimos também certas técnicas atravessando linhas de famílias, incluindo a linha CTSS/Multics/UNIX e a linha VMS/Windows NT. Esses sistemas de arquivos fornecem uma contribuição significativa ao caráter diferenciado de cada um desses sistemas operacionais.

18.9 Exercícios

1. Por que o acesso a um byte aleatório de um arquivo seria mais rápido no RT-11 do que no UNIX?

492 ■ Princípios de sistemas operacionais

2. O que limita o tamanho máximo do arquivo no CTSS? O que limita o tamanho máximo no Multics? E no RT-11?

3. Com blocos de 512 bytes, qual o tamanho que um arquivo pode ter no UNIX sexta edição e ainda ser identificado como arquivo pequeno? Qual o tamanho que um arquivo grande pode ter usando apenas o conjunto de blocos unicamente indiretos? Qual o tamanho que um arquivo grande pode ter usando blocos unicamente e duplamente indiretos?

4. Que tamanho pode ter um arquivo no 4.3BSD usando apenas os ponteiros de bloco diretos, presumindo-se um bloco de 4096 bytes? Que tamanho ele pode ter usando os ponteiros de bloco diretos e o bloco indireto? Que tamanho um arquivo pode ter usando os ponteiros de bloco diretos, o bloco indireto e o bloco duplamente indireto? Que tamanho ele pode ter se for implementado o bloco triplamente indireto?

5. Os projetistas do sistema de arquivos do UNIX tinham experiência com o sistema de arquivos do CTSS. Por que, talvez, eles tenham escolhido implementar os ponteiros de bloco nos nós-i em vez da abordagem de lista encadeada encontrada no CTSS? Consegue-se o mesmo benefício ao usar extensões como as do VMS e as do Windows NT?

6. Suponha que tenhamos um sistema que permita ter o ponto-e-vírgula como caractere em nomes de arquivo, mas que não suporte versões de arquivo. Projete uma função de biblioteca chamada *vcreate*( ) que implemente uma forma de controle de versão. Se, por exemplo, ela for chamada para criar um arquivo chamado foo.txt, ela acrescenta uma nova versão de foo.txt ao diretório corrente.

7. Descreva um método para usar especificadores de unidade no RT-11 para fornecer áreas de usuário separadas similares às do CTSS.

8. Como suportar forks de arquivos em um projeto de sistema de arquivos UNIX? Em especial, projete uma abordagem na qual um arquivo poderia ter até sete forks. Uma chamada regular *open*( ) deve ler do fork 0. Outra chamada ao sistema, *forkopen*( ) trabalha como *open*( ), mas fornece mais um argumento que especifica o fork a ser aberto.

9. Normalmente, o caractere separador de diretório não é armazenado em estruturas de dados no disco. Em princípio, portanto, qualquer caractere poderia ser usado. De fato, o Windows NT permite internamente a barra (/) e a barra invertida (\) como separadores. Projete um algoritmo de análise de nome de caminho que use um caractere separador por processo.

Capítulo 19

Sistemas de arquivos no Inferno

Em vários lugares, sugerimos que o Inferno é um tanto incomum no que diz respeito a seu projeto de sistema de arquivos. De fato, os drivers de dispositivo do Inferno são formas de sistemas de arquivos por si sós. Também aludimos ao fato de que boa parte do suporte ao sistema de arquivos é fornecida por aplicações normais. Neste capítulo, vamos ver diversos aspectos dos sistemas de arquivos do Inferno. Começaremos observando o projeto geral e o papel dos sistemas de arquivos no SO. O Inferno adota uma interface unificada para os sistemas de arquivos, na qual todas as solicitações ao sistema de arquivos são transmitidas por meio de um protocolo chamado **Styx**. Depois de ver a estrutura geral, veremos a seguir um dos servidores de arquivos integrado ao kernel. Por fim, analisaremos um sistema de arquivos convencional, baseado em disco, implementado como programa de aplicação normal.

19.1 O papel dos servidores de arquivos

Todos os serviços relacionados a sistema de arquivos no Inferno são fornecidos por **servidores de arquivos**, que assumem duas formas. O primeiro tipo de servidor é o integrado no kernel. O outro tipo é implementado como programa de aplicação normal. Quer sejam executados como parte do kernel, quer como aplicações independentes, todos os servidores de arquivos aceitam solicitações de processos clientes e fornecem resultados a eles da mesma maneira. Essa interface comum é fornecida pelo protocolo Styx, que examinaremos em detalhes na Seção 19.1.1. Além disso, isso acontece se o processo que originou a solicitação está em execução na máquina local ou em outra máquina conectada por rede.

Os servidores de arquivos fornecem seu próprio espaço de nomes na forma de uma pequena árvore de diretório. Usando as chamadas ao sistema *bind*( ) e *mount*( ), os processos podem montar vários espaços de nomes fornecidos por uma variedade de servidores em um espaço de nomes completo. Embora a maioria dos processos trabalhe dentro do espaço de nomes que herdaram dos seus pais, eles são livres para construir seu próprio espaço de nomes independente de qualquer outro.

494 ■ Princípios de sistemas operacionais

Naturalmente, para construir um espaço de nomes, precisamos ter um ponto de partida. Esse é o papel do servidor de arquivos raiz, discutido neste capítulo.

Basicamente, o kernel do Inferno é responsável por quatro serviços: gerenciamento de processos, gerenciamento de memória, gerenciamento de mensagens Styx e máquina virtual Dis. O gerenciamento dos dispositivos de E/S e os serviços de sistema de arquivos são fornecidos pelos servidores de arquivos.

19.1.1 O Protocolo Styx

Embora o foco deste livro não seja o suporte de sistemas operacionais em rede, precisamos dar uma olhada no protocolo Styx para entender os servidores de arquivos do Inferno. O Styx é um protocolo usado entre servidores de arquivos e clientes. É usado universalmente, não importa se o cliente e o servidor residem na mesma máquina ou em máquinas diferentes. O conjunto completo de mensagens Styx é:

- *Tversion/Rversion*: Estabelece que versão do protocolo usar.
- *Tauth/Rauth*: Autentica o cliente.
- *Rerror*: Retorna um erro ao cliente.
- *Tflush/Rflush*: Aborta uma solicitação.
- *Tattach/Rattach*: Estabelece uma conexão com o servidor.
- *Twalk/Rwalk*: Vai para outro nó do espaço de nomes.
- *Topen/Ropen*: Abre um arquivo existente para leitura ou gravação.
- *Tcreate/Rcreate*: Cria um arquivo.
- *Tread/Rread*: Lê um arquivo.
- *Twrite/Rwrite*: Grava em um arquivo.
- *Tclunk/Rclunk*: Interrompe uma conexão.
- *Tremove/Rremove*: Remove um arquivo.
- *Tstat/Rstat*: Acessa metadados de um arquivo.
- *Twstat/Rwstat*: Modifica metadados de um arquivo.

Em cada um desses pares, a mensagem T é uma solicitação enviada do cliente para o servidor, e a mensagem R é a resposta do servidor após concluir a solicitação. O uso dessas mensagens e como o Styx se ajusta ao projeto geral do conjunto de servidores de arquivos é ilustrado nos Exemplos 19.1 e 19.2.

Exemplo 19.1: Mensagens Styx

Para ilustrar o uso dessas mensagens, examinaremos uma operação típica. Em especial, analisaremos o que acontece quando **acme** abre o arquivo **/emu/port/dis.c** para edição.

1. O primeiro passo do protocolo é o cliente entrar em contato com o servidor de arquivos raiz e enviar a mensagem Tversion para indicar que versão do proto-

colo ele deseja usar. Quando ele recebe a mensagem Rversion em resposta, fica pronto para continuar. No momento, há apenas uma versão definida. Essa parte do protocolo existe para fornecer compatibilidade a novas versões que venham a ser definidas.

2. Para os servidores de arquivos que o exigem, o cliente envia então a mensagem Tauth e aguarda a resposta Rauth.

3. A troca inicial do protocolo é concluída com as mensagens Tattach e Rattach. Em resultado dessas mensagens, o cliente agora tem um fid (identificador do arquivo, do inglês file identifier) que se refere à raiz do servidor — no caso, a raiz de todo o espaço de nomes.

4. Para chegar ao arquivo que queremos abrir, o cliente divide /emu/port/dis.c em três strings que representam os elementos do caminho e transmite esses nomes de arquivo ao servidor por meio da mensagem Twalk. O servidor, então, atravessa sua árvore um elemento por vez até alcançar o elemento final do nome do caminho. Depois, ele retorna a mensagem Rwalk ao cliente e este tem agora um fid que se refere ao arquivo /emu/port/dis.c.

5. A seguir, o cliente envia uma mensagem Topen indicando que o arquivo está sendo aberto para leitura e gravação. Como usual, se tiver sucesso, o servidor retorna a mensagem Ropen para indicar que o arquivo está disponível para leitura e gravação.

6. Por fim, o cliente envia uma série de chamadas Tread solicitando dados a serem lidos do arquivo e devolvidos. Em resposta, o servidor retorna os dados em mensagens Rread. Essas solicitações de leitura continuam até que a contagem retornada pelo servidor seja 0, o que indica que chegamos ao fim do arquivo. (O cliente também pode usar a mensagem Tstat para determinar o tamanho do arquivo a partir do servidor e usar esse valor para controlar as solicitações de leitura.)

Nesse ponto, o arquivo foi lido e o acme o exibe para que o usuário o edite. Quando o usuário seleciona a operação Put, o acme grava o arquivo resultante em uma série de mensagens Twrite e Rwrite análogas à operação de leitura. De modo similar, quando o usuário seleciona Del, o acme fecha o arquivo. Isso é executado enviando a mensagem Tclunk, indicando que não vamos executar outras operações nesse arquivo. Note que futuras operações de arquivo para o mesmo servidor não precisarão repetir os Passos 1–3, porque ainda temos um fid válido para a raiz do servidor. Efetivamente, ter esse fid significa que temos uma conexão estabelecida com o servidor.

Exemplo 19.2: Interação do Servidor de Arquivos do Inferno

Para entender o quadro todo dos servidores de arquivos do Inferno e do Styx, pense no que acontece quando uma aplicação tenta abrir um arquivo no contexto do pequeno conjunto de servidores apresentado na Figura 19-1. Nessa figura, o driver de dispositivo do disco é o sdata (IDE), que examinamos na Seção 15.4, o servidor de arquivos raiz será apresentado na Seção 19.2 e o servidor kfs será discutido na

Seção 19.4. Analisaremos o caso em que o servidor de arquivos raiz fornece um pequeno espaço de nomes, que forma a raiz de todo o espaço de nomes de processo da aplicação. Em especial, ele inclui o diretório usr no nível mais alto da hierarquia. No diretório usr, montamos o espaço de nomes fornecido pelo servidor de arquivos kfs, que inclui todos os arquivos sob o nó /usr/stuart em uma árvore de espaço de nomes.

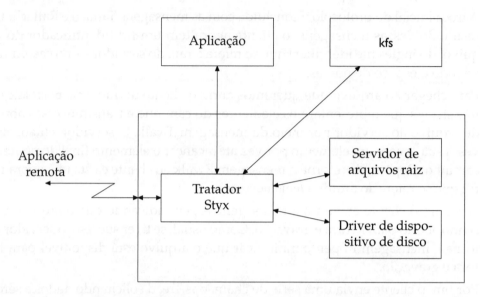

Figura 19-1: Comunicação do servidor de arquivos do Inferno

Para analisar um exemplo específico, suponhamos que vamos abrir o arquivo /usr/stuart/game.b. A chamada ao sistema de abertura de arquivo primeiro emite uma solicitação Styx para caminhar da raiz até o arquivo solicitado. Esse processo envolve várias interações entre os diversos componentes na Figura 19-1:

1. A aplicação (por meio da chamada ao sistema que ela emite) envia a solicitação de caminhada até o servidor raiz.

2. O servidor raiz percorre apenas a parte /usr do caminho, porque essa é a única parte do caminho no seu espaço de nomes. Assim, ele retorna o resultado dessa caminhada ao código do tratador Styx do kernel, indicando que teve de parar em /usr.

3. O código do tratador Styx reconhece que o sistema de arquivos atendido por outro servidor de arquivos (kfs, no caso) está montado em /usr. A seguir, ele continua a caminhada enviando ao servidor kfs uma solicitação de caminhada para /stuart/game.b.

4. Como parte da caminhada, o kfs envia solicitações para o driver de dispositivo de disco, que é por si próprio um servidor de arquivos.

5. O driver de dispositivo de disco retorna os resultados da leitura de dados específicos do disco para o kfs.

6. Após a leitura de dados suficientes para concluir a caminhada, o kfs retorna o restante do resultado dessa ação para o código principal do Styx.

7. Esse resultado da caminhada por parte do kfs é, então, retornado como resultado da solicitação de caminhada emitida pela chamada ao sistema de abertura de arquivo, que continua com solicitações adicionais para concluir a abertura.

Como indicado na figura, a aplicação que emite a solicitação original pode estar na mesma máquina que os servidores ou em uma máquina remota conectada por rede. Todas as solicitações de comunicação descritas aqui assumem a forma de mensagens Styx representadas pelas setas na figura.

19.1.2 Servidores de arquivos integrados ao kernel

O kernel fornece diversos servidores de arquivos integrados. Entre eles estão os drivers de dispositivos analisados no Capítulo 15. Contudo, diversos outros serviços também são fornecidos pelos servidores de arquivos. Por exemplo, o servidor definido no arquivo /emu/port/devprog.c fornece mecanismos de monitoramento e controle de processos. No diretório /prog, ele fornece um subdiretório denominado pelo PID do processo. Em cada um desses subdiretórios, o servidor fornece diversos arquivos, como ctl, status e fd. O arquivo ctl fornece um mecanismo para controlar o estado do processo, enquanto o *status* permite que o processo consulte o estado de outro processo. Informações sobre os descritores de arquivos abertos de um processo estão disponíveis por meio do diretório fd. Servidores similares fornecem acesso a serviços de rede, de desenho gráfico, de variáveis ambientais, e assim por diante.

Os servidores de arquivos integrados não são executados como processos separados, mas, em vez disso, recebem suas solicitações Styx a partir de chamadas de função. Cada um desses servidores define uma estrutura do tipo **Dev**, que inclui o nome de um único caractere, nome de string e um conjunto de ponteiros de função. A maioria desses ponteiros de função corresponde a mensagens Styx analisadas na subseção anterior. Quando um servidor recebe uma solicitação, a função correspondente é chamada e recebe argumentos que vêm dos dados na mensagem.

19.1.3 Servidores de arquivos do espaço de usuário

Visto que estabelecemos um projeto no qual os serviços no espaço de nomes são providos por um protocolo, é um pequeno passo disponibilizar esse protocolo a processos da aplicação. Visto que todas as aplicações no Inferno são escritas em Limbo, precisamos apenas de um módulo Limbo para fornecer essa interface. O módulo **Styx** faz exatamente isso. Os processos que usam o módulo **Styx** monitoram mensagens em um canal Limbo. O tipo de mensagem corresponde ao tipo de mensagem do protocolo Styx e define como a mensagem será gerenciada. As respostas também são enviadas de volta ao cliente por um canal.

498 ■ Princípios de sistemas operacionais

Praticamente qualquer funcionalidade que não exige acesso direto ao hardware ou à parte interna do sistema operacional pode ser implementada como servidor de arquivos no espaço de usuário. O servidor no espaço de usuário neste capítulo, por exemplo, implementa um sistema de arquivos convencional de armazenamento persistente. Ele precisa apenas de um nome no seu espaço de nomes que dê acesso a um dispositivo de acesso aleatório suficientemente grande para armazenar o sistema de arquivos. Normalmente, isso é fornecido pelo servidor do disco rígido, como analisado no Capítulo 15. Entretanto, em uma implementação hospedada do Inferno, poderia ser facilmente fornecido também na forma de arquivo comum no SO hospedeiro, cujo acesso seria dado por outro servidor integrado.

Há também diversos servidores de arquivos menos convencionais no Inferno. Por exemplo, o modo principal de usar o Protocolo de Transferência de Arquivos (FTP, do inglês File Transfer Protocol) é pelo servidor de arquivos chamado ftpfs. O acesso aos arquivos de formato tar pode ser obtido pelo servidor de arquivos tarfs. Mesmo o editor de texto principal, chamado acme, fornece nomes pelos quais pode ser controlado. Uma vez que todos esses servidores usam o protocolo Styx, os processos clientes podem residir em máquinas remotas com tanta facilidade como se estivessem em máquinas locais.

19.2 O servidor de dispositivo raiz

O primeiro servidor de arquivos que examinaremos é o da raiz "device". Os arquivos atendidos por esse servidor formam a árvore de diretório na qual todos os outros espaços de nomes são montados e delimitados. É a única parte do espaço de nomes do processo que não é conectada por meio das chamadas *mount*( ) ou *bind*( ), pelo próprio processo ou por um de seus ancestrais.

Cada servidor de arquivos integrado ao kernel tem uma entrada em uma tabela de dispositivo. (Essa tabela recebe esse nome porque a maioria dos servidores integrados fornece suporte para acesso e controle de dispositivos.) Essas entradas contêm diversos ponteiros de função que definem como as várias mensagens Styx são gerenciadas. As primeiras duas entradas, porém, são descritivas. A primeira é um caractere que é usado para identificar esse servidor de arquivos. A raiz de um servidor de arquivos integrado pode ser referenciada pela string #*c*, no qual *c* é um dos caracteres identificadores. (No caso do servidor de arquivos raiz, na verdade, nunca usamos o nome #/ que é definido para ele.) O segundo elemento da estrutura é uma string de identificação do servidor.

Dev *rootdevtab* = {
    '/',
    "root",
    devinit,
    rootattach,
    rootwalk,

rootstat,

rootopen,

devcreate,

rootclose,

rootread,

devbread,

rootwrite,

devbwrite,

devremove,

devwstat,

   };

Muitos dos ponteiros de função certamente refletem mensagens no Styx. Contudo, *devbread*( ) e *devbwrite*( ) não têm correspondências diretas. Essas são variações nas rotinas normais de leitura e gravação. Normalmente, a memória que contém os dados para uma gravação ou a memória onde os dados são postos em uma leitura, já está alocada, e um ponteiro lhe é dado para a função que implementa a leitura ou gravação. A função *devbread* ( ) primeiro aloca espaço onde os dados possam ser colocados e depois chama a função normal de leitura. Ao contrário, a chamada *devbwrite* ( ) chama a função normal de gravação e então libera o buffer do qual os dados foram gravados.

19.2.1 Fornecimento de nomes

Visto que os arquivos e diretórios nomeados por esses servidores de arquivos não existem no armazenamento persistente típico (como uma unidade de disco), precisamos ser capazes de gerar o conteúdo de um diretório durante o uso. No caso do servidor de arquivos raiz, definido em **/emu/port/devroot.c**, precisamos disponibilizar uma lista de diretórios que normalmente servem de ponto de montagem para outros servidores de arquivos que serão conectados durante a inicialização do sistema. Esses diretórios incluem **chan, dev, env, net, net.alt, nvfs** e **prog**. Além desses diretórios, as implementações nativas do Inferno incluem um arquivo chamado **osinit.dis** (e, com frequência, outros também). O código nesse arquivo é executado para realizar a inicialização do sistema.

Basicamente, *rootgen*( ) primeiro trata casos especiais de ponto (.) e ponto-ponto (..), que não são mantidos na lista de nomes atendida. Se a solicitação não for para um desses casos especiais, localizamos o nome solicitado (ou, como alternativa, a posição na lista) e criamos uma entrada de diretório para ele durante a operação. A solicitação usa como argumento o canal no qual está sendo atendida. O canal também identifica para qual diretório vamos gerar os arquivos. O parâmetro *name* ou o parâmetro *s* será configurado para identificar que arquivo no diretório desejamos. Se for configurado *name*, procuramos esse nome na lista de arquivos atendida. Senão,

500 ■ Princípios de sistemas operacionais

o parâmetro *s* apresenta o índice na lista para o arquivo que desejamos. A própria lista é apresentada pelo parâmetro *tab* e contém *nd* elementos. Por fim, *dp* aponta uma estrutura de entrada de diretório na qual colocaremos a entrada de diretório que sintetizamos.

static int *rootgen*(**Chan** **c*, **char** **name*, **Dirtab** **tab*, **int** *nd*, **int** *s*, **Dir** **dp*)
{
    int *p, i*;
    Rootdata **r*;

19.2.1.1 Tratamento do diretório-pai

Se estivermos em um dos diretórios atendidos e procurarmos um nível na árvore, precisaremos gerar o diretório apropriado. Na maioria dos casos, isso significa que geraremos o próprio diretório-raiz. A chamada para *devdir*( ) carrega a estrutura apontada por *dp* com uma descrição do diretório que estamos construindo.

```
if (s ≡ DEVDOTDOT) {
    p = rootdata[c→qid.path].dotdot;
    c→qid.path = p;
    c→qid.type = QTDIR;
    name = "#/";
    if (p ≠ 0) {
        for (i = 0;  i < rootmaxq ; i++)
            if (roottab[i].qid.path ≡ c→qid.path) {
                name = roottab[i].name;
                    break;
        }
    }
    devdir(c, c→qid, name, 0, eve, °555, dp);
    return 1;
}
```

19.2.1.2 Busca de nome

Nesse caso (desde que *name* não seja *nil*), precisamos verificar se o nome está na lista de nomes que estamos atendendo. Se estiver, podemos gerar essa entrada de diretório. Se não, há um erro.

```
if (name ≠ nil) {
    isdir(c);
```

```
r = &rootdata [(int) c→qid.path];
tab = r→ptr;
for (i = 0; i < r→size; i++, tab++)
    if (strcmp(tab→name, name) ≡ 0) {
        devdir (c, tab→qid, tab→name, tab→length, eve, tab→perm, dp);
        return 1;
    }
return −1;
}
```

O caso final é usado quando queremos examinar um nome de arquivo atendido pelo servidor, mas sem percorrer o subdiretório. Por exemplo, se estivermos fazendo um open ou stat, precisamos buscar pelo nome de arquivo e obter o status apropriado. Nesses casos, chegamos lá porque *rootgen*( ) é chamado repetidas vezes com um valor de índice de um vetor de nomes incrementado. Se quem chama descobre que o resultado coincide com os critérios de busca, esta é encerrada.

```
if (s ≥ nd)
    return −1;
tab += s;
devdir (c, tab→qid, tab→name, tab→length, eve, tab→perm, dp);
return 1;
}
```

19.2.2 Caminhada pela árvore do servidor raiz

A implementação do tratador para a mensagem de caminhada é típica no sentido de que quase todo o trabalho é atribuído a um tratador genérico. Analisaremos a implementação de alguns desses tratadores genéricos na Seção 19.3.

```
static Walkqid *rootwalk (Chan *c, Chan *nc, char **name, int nname)
{
    ulong p;
    p = c→qid.path;
    if (nname ≡ 0)
        p = rootdata[p].dotdot;
    return devwalk(c, nc, name, nname, rootdata[p].ptr, rootdata[p].size, rootgen);
}
```

19.2.3 Leitura do servidor raiz

O caso do tratamento da mensagem **Tread** é um pouco mais interessante, mas não é muito complexo. No caso de leitura de um diretório, repassamos a chamada para o tratador genérico de leitura do diretório. Caso contrário, leremos um arquivo regular. Visto que estamos atendendo a um arquivo não armazenado em dispositivo de armazenamento persistente, ele precisa estar na memória. Por estar na memória, basta copiarmos os dados solicitados para o buffer especificado, após limitar primeiro a solicitação aos dados realmente presentes no arquivo.

```
static long rootread(Chan *c, void *buf, long n, vlong offset)
{
    ulong p, len;
    uchar *data;
    p = c→qid.path;
    if (c→qid.type & QTDIR)
        return devdirread(c, buf, n, rootdata[p].ptr, rootdata[p].size, rootgen);
    len = rootdata[p].size;
    if (offset < 0 ∨ offset ≥ len)
        return 0;
    if (offset + n > len)
        n = len − offset;
    data = rootdata[p].ptr;
    memmove (buf, data + offset, n);
    return n;
}
```

19.3 Tratador genérico de mensagens Styx

Nesta seção, examinaremos o código em /emu/port/dev.c que implementa vários tratadores de mensagem Styx. Pense nessas funções como exemplo de fatoração de código. Temos uma quantidade significativa de código que, de outra forma, seria repetida em diversos servidores de arquivos. Ao reunir esses casos comuns aqui, os servidores podem apontar para essas funções nas estruturas **Dev** simplificando o código para eles.

19.3.1 Criação de entrada de diretório

Vamos analisar apenas algumas funções deste arquivo. A primeira que examinaremos é *devdir( )*, usada extensivamente na seção anterior. Ela constrói de forma eficaz uma entrada de diretório para um arquivo nomeado no terceiro argumento. As entradas de diretório do Inferno contêm todos os metadados que descrevem o arquivo. Essa função simplesmente determina todos os membros de uma estrutura de entrada de diretório. Na maior parte, os metadados de que precisamos são passados nos argumentos.

```
void devdir (Chan *c, Qid qid, char *n, long length, char *user, long perm, Dir *db)
{
    db→name = n;
    if (c→flag & CMSG)
        qid.type |= QTMOUNT;
    db→qid = qid;
    db→type = devtab[c→type ] →dc;
    db→dev = c→dev;
    db→mode = perm | (qid.type << 24);
    db→atime = time(0);
    db→mtime = kerndate;
    db→length = length;
    db→uid = user;
    db→gid = eve;
    db→muid = user;
}
```

19.3.2 Geração de nomes

Na Seção 19.2, vimos que o servidor de arquivos raiz tem sua própria implementação de gerador de diretório. Parte da razão para isso é que algumas coisas (como a entrada ..) são gerenciadas de forma diferente para o servidor de arquivos raiz em comparação com outros servidores. Para alguns outros servidores, porém, o gerador genérico a seguir é suficiente. Note que basicamente é o mesmo que o último caso do gerador que vimos para o servidor de arquivos raiz. Em especial, ele gera uma entrada de diretório para a entrada da tabela com índice i. O comentário sobre o elemento zero explica por que se i for DOTDOT não ajustaremos o valor de tab. Se chamarmos devdir( ) nesse caso, acabaremos gerando uma entrada de diretório para o elemento zero.

```
/* the zeroth element of the table MUST be the directory itself for .. */
int devgen(Chan *c, char *name , Dirtab *tab, int ntab, int i, Dir *dp)
{
    USED(name);
    if (tab ≡ 0)
        return −1;
```

```
    if (i ≠ DEVDOTDOT) {
        /* skip over the first element, that for . itself */
        i++ ;
        if (i ≥ ntab)
            return -1;
        tab += i;
    }
    devdir (c, tab→qid, tab→name, tab→length, eve, tab→perm, dp);
    return 1;
}
```

19.3.3 Caminhada pela árvore de diretório

Agora chegamos a um caso significativamente mais complexo — tratamento da mensagem de caminhada. O remetente da mensagem já precisa ter interpretado o nome do caminho em componentes, que recebemos em *name*. Se bem-sucedido, queremos retornar um conjunto de IDs, um para cada diretório no caminho e um para o arquivo ou diretório no fim da busca. Embora essa função seja bastante complexa, o algoritmo básico é bem simples. Após configurar o conjunto de resultados, fazemos um loop para cada um dos nomes em *name*. Para cada um deles, buscamos o diretório relevante (presumindo que não seja um caso especial . ou ..). Se o nome existir, vamos para ele e, se for um diretório, continuamos buscando com o próximo nome no caminho.

```
Walkqid *devwalk(Chan *c, Chan *nc, char **name, int nname, Dirtab *tab,
    int ntab, Devgen *gen)
{
    int i, j, alloc;
    Walkqid *wq;
    char *n;
    Dir dir;
    if (nname > 0)
        isdir(c);
```

19.3.3.1 Preparação do buffer de resultados

Em princípio, abrimos espaço para os resultados, presumindo que teremos sucesso em concluir a caminhada. Se acabarmos tendo apenas sucesso parcial, parte desse espaço será desperdiçado, mas desperdiçar um pouco no caso de erro é melhor do que usar o código adicional de caso especial para gerenciar a falha.

```
alloc = 0;
wq = smalloc (sizeof (Walkqid) + (nname − 1) * sizeof(Qid));
if (waserror( )) {
    if (alloc ∧ wq→clone ≠ nil)
        cclose(wq→clone);
    free(wq);
    return nil;
}
```

Como descrito no manual para walk, o cliente pode enviar um fid proposto para os resultados dessa caminhada. Se não o obtivermos, basta clonarmos um que represente a conexão do cliente com a raiz deste servidor.

```
if (nc ≡ nil) {
    nc = devclone(c);
    nc→type = 0;          /* device doesn't know about this channel yet */
    alloc = 1;
}
wq→clone = nc;
```

19.3.3.2 Análise do nome do caminho

Agora, chegamos à parte principal da função, que é um loop que itera uma vez para cada nome de caminho. Visto que o papel da caminhada é similar à mudança do diretório de trabalho, precisamos que os nomes pelo caminho sejam nomes de diretório. Não podemos esperar ser bem-sucedidos mudando para um subdiretório de um arquivo regular.

```
for (j = 0; j < nname; j++) {
    if (¬(nc→qid.type & QTDIR)) {
        if (j ≡ 0)
            error(Enotdir);
        goto Done;
    }
    n = name[j];
```

Quem conhece UNIX provavelmente espera que os diretórios tenham entradas para . (o próprio diretório) e .. (o diretório-pai). Embora os projetistas originais do sistema de arquivos do UNIX tenham projetado o sistema de arquivos do Plan 9 (no qual o Inferno se baseia), eles escolheram não repetir essa característica de projeto. Assim, precisamos tratar esses dois nomes como casos especiais. O caso do . é fácil; basta repetirmos o ID corrente na sequência. No caso do .. é mais interes-

506 ■ Princípios de sistemas operacionais

sante, se bem que quase tão fácil quanto o anterior. Note que o último argumento para *devwalk*( ) é um ponteiro para uma função. Em especial, cada servidor deve fornecer uma função que gere o conteúdo da árvore de diretório atendida por ele (mesmo que use a função *devgen*( ) já descrita). Ao processar o .., chamamos a função para gerar a entrada de diretório dele. Cabe ao gerador lidar adequadamente com o caso do diretório-pai, como vimos no *rootgen*( ).

```
    if (strcmp(n, " . ") ≡ 0) {
Accept:
        wq→qid[wq→nqid ++] = nc→qid;
        continue;
}
    if (strcmp(n, " . . ") ≡ 0) {
        (*gen )(nc, nil, tab, ntab, DEVDOTDOT, &dir);
        nc→qid = dir.qid;
        goto Accept;
}
```

Na maior parte, deixaremos os comentários desse trecho de código falar por si mesmos. Tenha em mente que *devgen*( ) é o gerador genérico de diretório que vimos antes.

```
/*
* Ugly problem: If we're using devgen, make sure we're walking the
* directory itself, represented by the first entry in the table, and not trying
* to step into a sub-directory of the table, e.g. /net/net. Devgen itself
* should take care of the problem, but it doesn't have the necessary
* information (that we're doing a walk).
*/
if (gen ≡ devgen ∧ nc→qid.path ≠ tab[0].qid.path)
        goto Notfound;
```

19.3.3.3 Busca em diretório

Agora que vimos todos os filtros, sabemos que temos um bom nome no caminho que queremos analisar. Esse loop percorre a lista de nomes no diretório ao qual chegamos, chamando a função de gerador sobre cada um deles. Se recebermos de volta um −1, isso significa que não conseguimos encontrar o nome no diretório. Por outro lado, se recebermos 1 de volta, precisamos nos certificar de que o nome tenha mesmo sido encontrado corretamente, e nesse ponto acrescentamos o ID desse nome à lista.

```
for (i = 0; ; i++) {
    switch ((*gen)(nc, n, tab, ntab, i, &dir)) {
    case −1 :
    Notfound:
        if (j ≡ 0)
            error(Enonexist);
        kstrcpy(up→env→errstr, Enonexist, ERRMAX);
        goto Done;
    case 0:
        continue;
    case 1:
        if (strcmp(n, dir.name) ≡ 0) {
            nc→qid = dir.qid;
            goto Accept;
        }
        continue;
        }
    }
}
```

Depois de processar toda a lista de nomes, estamos prontos para voltar à lista de ID que geramos pelo caminho.

```
    /*
     * We processed at least one name, so will return some data. If we didn't
     * process all nname entries successfully, we drop the cloned channel and
     * return just the Qids of the walks.
     */
Done :poperror( );
    if (wq→nqid < nname) {
        if (alloc)
            cclose(wq→clone);
        wq→clone = nil;
    }
    else if (wq→clone) {
        /* attach cloned channel to same device */
        wq→clone→type = c→type;
    }
```

```
    return wq;

}
```

19.4 Sistema de arquivos do Inferno nativo

Nesta seção, examinaremos o sistema de arquivos do Inferno conforme armazenado em disco (ou em outra mídia não volátil). O sistema de arquivos é conhecido como kfs, que significa "sistema de arquivos do Ken" (do inglês, Ken´s File System), porque se baseia no projeto do sistema de arquivos original do Plan 9, desenvolvido por Ken Thompson. As revisões da quarta edição do Inferno incluem a transferência do sistema de arquivos nativo do código do kernel para o código do espaço do usuário. Assim, essa versão do sistema de arquivos é escrita em Limbo. Ao analisarmos o kfs, descreveremos as características do Limbo que diferem de C. Contudo, esses comentários não são tutoriais nem uma referência para o Limbo. A documentação no web site da Vita Nuova e a incluída na distribuição do Inferno fornecem muito mais detalhes sobre o Limbo. O código desse programa se encontra em /appl/cmd/disk/kfs.b.

No geral, o kfs é estruturado como dois (três se ativarmos a bufferização do bloco de disco) processos em cooperação. Um desses processos é uma thread única que leva as mensagens Styx e as processa usando dados do disco. Esse processo principal desempenha o papel apresentado na Figura 19-1. O outro processo é uma interface de controle e gerenciamento, que fornece arquivos onde podemos iniciar as verificações do sistema de arquivos, desligar o servidor e executar outras operações similares. Cria-se um novo sistema de arquivos executando o kfs com uma opção de linha de comando que inicializa as estruturas de dados no disco antes de começar sua atividade normal no servidor de arquivos. No Inferno, a criação de um sistema de arquivos é chamada **reaming**.

No disco, o primeiro bloco, chamado superbloco, contém os metadados que descrevem o sistema de arquivos como um todo. O espaço livre é representado por listas de blocos livres similares ao ilustrado na Figura 17-4. Blocos de arquivos são gerenciados usando uma alocação híbrida estruturada em lista e uma alocação estruturada em árvore de modo muito similar aos sistemas de arquivos do UNIX. Mas, diferente do UNIX, o Inferno espera que todo os metadados do arquivo estejam em sua entrada de diretório, como vimos no *devdir*( ), na Seção 19.3. Isso leva à estrutura de diretório do kfs em que todos os metadados do arquivo são mantidos em sua entrada de diretório em disco. Portanto, não existem nós-i (do inglês i-nodes), como encontrados nos sistemas de arquivos do UNIX. Em vez de ver os detalhes dessas estruturas de dados no disco aqui, nós as analisaremos mais adiante nesta seção quando as usarmos.

19.4.1 Inicialização

Como se dá com todos os programas em Limbo, o controle do kfs começa com uma função chamada *init*( ) (note a diferença da função *main*( ) em C), pela qual inicializamos o módulo de suporte Styx. Há várias características do Limbo que precisam de explicação. Primeiro, usamos o símbolo *nil* na lista de parâmetros para indicar que essa função ignora o argumento associado. Ademais, observe que as declarações em Limbo são similares àquelas em Pascal, onde o identificador é seguido por dois pontos e pelo tipo. Os programas em Limbo são compostos por vários módulos que são carregados no momento da execução. A palavra reservada **load** é usada para fazer esse carregamento, e o membro PATH de cada ADT (do inglês, Abstract Data Type) dá a localização do arquivo binário do módulo.

```
init(nil : ref Draw→Context, args : list of string)
{
    sys = load Sys Sys→PATH;
    styx = load Styx Styx→PATH;
    daytime = load Daytime Daytime→PATH;
    styx→init( );
```

Na próxima seção do código, usaremos o módulo de processamento de argumento chamado **Arg** para processar a lista de argumentos da linha de comando. Na maior parte, basta configurarmos os flags para indicar que uma opção foi selecionada. Analisaremos as opções que são importantes para nós ao usá-las. Esse fragmento de código ilustra também alguns recursos adicionais do Limbo. Primeiro, o símbolo *nil* usado na expressão é como a constante NULL definida em C. O segundo recurso interessante é a forma de atribuição dois pontos-igual (:=). Esse operador declara uma variável e a atribui ao mesmo tempo. O tipo da nova variável é o mesmo da expressão à direita. O último novo recurso aqui é a declaração **case**, que funciona de forma bem semelhante à declaração **switch** em C, mas é sintaticamente mais parecida com a declaração **case** em Pascal. Não existem palavras reservadas antes dos valores e a declaração **break** não é necessária. O operador de seta dupla (um caractere de igual seguido por um de maior que, =>) separa a lista de valores do código a ser executado para esses valores. Por fim, o asterisco (∗) é usado assim como a palavra reservada **default** em C.

```
arg := load Arg Arg→PATH;
if (arg ≡ nil)
    error(sys→sprint("can't load %s: %r", Arg→PATH));
arg→init(args );
arg→setusage("disk/kfs [-r [-b bufsize]] [-cADPRW]" +
    " [-n name] kfsfile");
bufsize := 1024;
nocheck := 0;
while ((o := arg→opt ()) ≠ 0)
    case o {
    'c' => nocheck = 1;
```

```
        'r' => ream = 1;
        'b' => bufsize = int arg→earg( );
        'D' => debug = ¬debug;
        'P' => writeallow = 1;
        'W' => wstatallow = 1;
        'R' => readonly = 1;
        'A' => noatime = 1;  # mainly useful for flash
        'n' => kfsname = arg→earg( );
        * => arg→usage( );
        }
    args = arg→argv( );
    if (args ≡ nil)
        arg→usage( );
    arg = nil;
```

19.4.1.1 Inicialização do servidor de arquivos

As próximas linhas criam as estruturas de dados principais que usaremos. A principal é o ADT **Device** que chamamos *thedevice* e que representa a partição de disco que contém o sistema de arquivos. (Tecnicamente, o kfs pode atender a um sistema de arquivos na forma de armazenamento de bloco que não seja uma partição de disco. De fato, um código como esse muitas vezes é testado no atendimento a um sistema de arquivos dentro de um arquivo de outro sistema de arquivos. Naturalmente, a principal razão de ser do kfs é atender ao sistema de arquivos no disco.) Aqui, há dois novos recursos do Limbo. A palavra reservada **ref** cria uma referência, que é bem semelhante a um ponteiro em C. Contudo, Limbo não permite o tipo de manipulações com referências que C permite com ponteiros. O outro novo recurso é o operador **hd**. Limbo suporta listas como um tipo de dados nativo e **hd** apresenta o primeiro elemento da lista.

```
    devnone = ref Device(nil, 1);
    mainlock = Lock.new( );
    conschan = Chan.new(nil);
    conschan.msize = Styx→ MAXRPC;
    mode := Sys→ORDWR;
    if (readonly)
        mode = Sys→OREAD;
    wrenfd = sys→open(hd args, mode);
    if (wrenfd ≡ nil)
        error(sys→sprint("can't open %s: %r", hd args));
    thedevice = ref Device(wrenfd, readonly);
```

19.4.1.2 Busca do superbloco

Neste ponto, chegou o momento de pegar o primeiro bloco do sistema de arquivos. Dependendo das opções, lemos esse bloco do disco ou gravamos um bloco inicial. Se o servidor é iniciado com a opção −r, precisamos fazer o **ream** (inicializar) o sistema de arquivos. Nesse caso, gravamos um bloco inicial no disco. Na realidade, nesse ponto, apenas nos certificamos de que o superbloco tenha a string mágica correta e que saibamos o tamanho do bloco do sistema de arquivos. Mais adiante, terminaremos de configurar o sistema de arquivos inicial se necessário.

```
if (ream) {
    if (bufsize ≤ 0 ∨ bufsize % 512 ∨ bufsize > MAXBUFSIZE)
        error(sys→sprint("invalid block size %d", bufsize));
    RBUFSIZE = bufsize;
    wrenream(thedevice);
}
else{
    if (¬wreninit(thedevice))
        error("kfs magic in trouble");
}
```

A seguir, inicializaremos vários dados globais que definem todos os tamanhos de blocos importantes e números de ponteiros por buffer. Depois, inicializaremos o sistema de buffer interno. O operador **array** em Limbo cria um vetor dinamicamente em tempo de execução, e **of** indica o tipo de dados no vetor. O código {* => **byte** 0} nesse caso diz que o array deve ser um vetor de bytes, e todos os seus elementos são inicializados em 0.

```
BUFSIZE = RBUFSIZE − Tagsize;
DIRPERBUF = BUFSIZE /Dentrysize;
INDPERBUF = BUFSIZE/4;
NDPERBUF2 = INDPERBUF * INDPERBUF;
FEPERBUF = (BUFSIZE − Super1size − 4)/4;
emptyblock = array[RBUFSIZE] of {* => byte 0};
iobufinit(30);
```

19.4.1.3 Construção de um novo sistema de arquivos

Agora que o sistema de buffer foi configurado, podemos concluir a inicialização do sistema de arquivos se estivermos fazendo o reaming dele. Ao fazer isso, concluímos a configuração do superbloco e criamos um diretório-raiz inicial.

512 ■ Princípios de sistemas operacionais

```
if (ream) {
    superream(thedevice, SUPERADDR);
    rootream(thedevice, ROOTADDR);
    wstatallow = writeallow = 1;
}
```

Neste ponto, estamos na mesma posição em que estaríamos fazendo reaming do sistema de arquivos ou não. Assim, lemos o superbloco e o diretório-raiz e nos certificamos de que tenham tags corretos. Observamos também o flag *fsok* no superbloco para ver se o sistema de arquivos foi desligado adequadamente da última vez.

```
if (wrencheck(wrenfd))
    error("kfs super/root in trouble");
if (¬ream ∧ ¬superok(0)) {
    sys→print("kfs needs check\n");
    if (¬nocheck)
        check(thedevice , Cquiet | Cfree);
}
```

19.4.1.4 Carregamento do diretório-raiz

Agora que sabemos que a integridade do sistema de arquivos é boa, carregamos o diretório-raiz da maneira normal. A chamada *geta*( ) do ADT **Dentry** carrega uma entrada de diretório no buffer. Se já houver um buffer que contenha a entrada, não precisamos nos preocupar em lê-lo a partir do disco. Com frequência, fazemos também certa verificação de erro para nos certificar de que temos uma entrada de diretório válida. A chamada final nessa sequência é *put*( ) para a entrada de diretório que acabamos de ler. Essa função costuma ser usada para aplicar atualizações à estrutura de diretório e atualizar a cópia no disco se houver razão para fazê-lo imediatamente. A versão corrente do código considera qualquer mudança como razão para gravar imediatamente no disco, mas, após o suporte à bufferização de gravação ter sido implementado, isso será alterado. Normalmente, não queremos acessar o disco para cada mudança no buffer; em lugar disso, queremos deixar os buffers acumularem mudanças e depois gravá-las ocasionalmente. Aqui, vemos a primeira instância de tuplas no Limbo. Um conjunto ordenado de itens de dados pode ser tratado como um valor único em muitos contextos. Nesse caso, **Dentry**.*geta* retorna um par, no qual o primeiro elemento, *d*, apresenta a entrada de diretório e o segundo, *e*, uma string de erro se a chamada não tiver sido bem-sucedida.

```
(d, e) := Dentry.geta(thedevice, ROOTADDR, 0, QPROOT, Bread);
if (d ≠ nil ∧ ¬(d.mode ∧ DDIR))
    e = "not a directory";
```

```
if (e ≠ nil)
    error("bad root:  " + e);
if (debug)
    d.print( );
d.put( );
```

19.4.1.5 Criação de processos-filhos

A parte final da inicialização dá início a processos-filhos que continuam o trabalho do servidor de arquivos. Começamos com duas chamadas para a chamada ao sistema de controle de processo (*pctl* ( )). Na primeira, criamos um novo grupo de processo para o servidor de sistema de arquivos, e declaramos que os processos daquele grupo não compartilham seus descritores de arquivos abertos. (Ainda compartilhamos o ambiente, espaço de nomes e a maioria das estruturas de dados.) Na segunda chamada, fechamos todos os descritores de arquivos abertos, exceto os arquivos de entrada, saída e de erro padrão e o disco que contém o sistema de arquivos. A conclusão de tudo isso é que, quando criamos os processos-filhos, eles começam apenas com os descritores de arquivos necessários abertos, mas quaisquer mudanças que fizerem nesses arquivos abertos não serão vistas pelos outros processos. O operador de dois-pontos duplos (::) na segunda linha é o de construtor de lista.

```
sys→pctl(Sys→FORKFD | Sys→NEWPGRP, nil);
sys→pctl(Sys→NEWFD, wrenfd .fd::0::1::2::nil);
wrenfd = sys→fildes(wrenfd.fd);
thedevice.fd = wrenfd;
```

Criamos até três filhos. O primeiro é criado apenas se estivermos fazendo a buferização costumeira das gravações. Seu objetivo é descarregar periodicamente as alterações dos buffers para o disco. Chamamos isso de sincronização de disco. O segundo processo-filho monitora comandos administrativos. Usamos esse processo para forçar sincronizações, verificações de integridade do sistema de arquivos e para desligar o sistema de arquivos. O processo-filho final que criamos é o próprio servidor do sistema de arquivos. Este fragmento de código ilustra dois dos novos recursos do Limbo. A primeira linha é um exemplo do tipo de dado de canal. O canal no Limbo é um caminho de comunicação que transporta os dados digitados. Também é a primeira vez que vemos a declaração **spawn**. Ela é usada para criar processos-filhos e é bem semelhante às operações de criação de thread em outras linguagens.

```
c := chan of int;
if (Buffering) {
    spawn syncproc(c);
```

```
    pid :=<- c;
    if (pid )
        pids = pid::pids;
}
spawn consinit(c);
pid :=<- c;
if (pid)
    pids = pid::pids;
spawn kfs(sys→fildes(0));
}
```

19.4.2 Processo servidor principal

Agora, voltamos nossa atenção para o último processo-filho: o próprio servidor do sistema de arquivos. Na maior parte, ele é bastante simples. Como se dá com todos os servidores, a função principal é ler uma solicitação, executá-la e gravar uma resposta. A maior parte do código aqui na verdade serve para gerenciar erro. A solicitação é recebida pela chamada **Tmsg**.*read*( ). É executada na chamada *apply*( ), e a resposta é formatada e enviada nas chamadas *pack*( ) e *write*( ).

```
kfs(rfd : ref Sys→FD)
{
    cp := Chan.new(rfd);
    while ((t := Tmsg.read(rfd, cp.msize )) ≠ nil) {
        if (debug)
            sys→print("<- %s\n", t.text( ));
        r := apply(cp, t);
        pick m := r {
        Error =>
            r.tag = t.tag;
        }
        if (debug)
            sys→print("-> %s\n", r.text( ));
        rbuf := r.pack( );
        if (rbuf ≡ nil)
            panic("Rmsg.pack");
        if (sys→write(rfd, rbuf, len rbuf ) ≤ len rbuf )
            panic("mount write");
```

```
    }
    shutdown( );
}
```

19.4.3 Processamento de solicitação Styx

Não deve ser surpresa que a implementação da chamada *apply*( ) seja apenas uma grande declaração **pick** que chama uma função para cada tipo de mensagem. O único outro trecho de código é o bloqueio e desbloqueio ao redor do processo todo. Não queremos mais de um processo ativo nessas funções ao mesmo tempo. Embora os fragmentos de código anteriores tenham sido os primeiros a usar **pick**, nós os analisaremos aqui porque este uso é mais costumeiro. Para entender o **pick**, precisamos saber que as ADTs do Limbo podem conter tipos variantes de dados. Mais especificamente, podemos ter um ADT que em certo momento contém um conjunto de ADTs possíveis. Esse recurso é bem semelhante ao **union** em C ou a um registro variante em Pascal. O tipo **Tmsg** é um desses ADT. A declaração **pick** opera de forma bem semelhante à declaração **case**, na qual selecionamos uma ação com base no tipo de ADT contido na outra. Assim, se *t* é uma referência a um ADT **Tmsg** que atualmente contém um ADT que, por sua vez, descreve uma mensagem **Open** em Styx, chamamos a função *ropen*( ).

```
    apply (cp : ref Chan, t : ref Tmsg) : ref Rmsg
    {
        mainlock.lock( ); # TO DO: this is just to keep console and kfs from colliding
        r : ref Rmsg;
        pick m := t {
        Readerror =>
            error(sys→sprint("mount read error: %s", m.error));
        Version =>
            r = rversion(cp, m);
        Auth =>
            r = rauth(cp, m);
        Flush =>
            r = rflush(cp, m);
        Attach =>
            r = rattach(cp, m);
        Walk =>
            r = rwalk(cp, m);
        Open =>
            r = ropen(cp, m);
```

516 ▪ Princípios de sistemas operacionais

```
Create =>
    r = rcreate(cp, m);
Read =>
    r = rread(cp, m);
Write =>
    r = rwrite(cp, m);
Clunk =>
    r = rclunk(cp, m);
Remove =>
    r = rremove(cp, m);
Stat =>
    r = rstat(cp, m);
Wstat =>
    r = rwstat(cp, m);
* =>
    panic("Styx mtype");
    return nil;
}
mainlock.unlock( );
return r;
}
```

19.4.4 Caminhada na árvore de diretório

Para não perdermos o foco, restringiremos nossa análise detalhada ao código que implementa as mensagens **Twalk** e **Tread** do Styx. Começaremos com o tratador de caminhada.

```
rwalk(cp: ref Chan, t : ref Tmsg.Walk) : ref Rmsg
{
    nfile, tfile : ref File;
    q : Qid;
```

O comentário nesse próximo trecho de código se refere ao fato de que, quando lemos uma mensagem Styx usando **Tmsg**.*read*( ), recebemos um descritor de arquivo como parte da mensagem que é transmitida para essa função como *t*. Só deveríamos ser chamados com um descritor de arquivo obtido dessa maneira. É um erro chamar essa função com o descritor de arquivo obtido pela operação normal de abrir ou criar. Este fragmento será o primeiro que examinaremos com comentários. Os comentários no Limbo são iniciados pelo caractere # e continuam até o fim da linha.

The file identified by t.fid must be valid in the
current session and must not have been opened for I/O
by an open or create message.
if ((*file* := *cp.getfid*(*t.fid*, 0)) ≡ *nil*)
    return *err*(*t*, `Efid`);
if (*file.open* ≠ 0)
    return *ferr*(*t*, `Emode`, *file*, *nil*);

Na maior parte, o comentário desse trecho de código é autoexplicativo. A mensagem de caminhada Styx permite que o remetente especifique um fid proposto para usar como resultado da caminhada. Se o remetente não propor um, cabe ao servidor atribuí-lo. O operador **len** que vemos aqui apresenta o número de elementos na lista.

# If newfid is not the same as fid, allocate a new file;
# a side effect is checking newfid is not already in use (error);
# if there are no names to walk this will be equivalent to a
# simple 'clone' operation.
# Otherwise, fid and newfid are the same and if there are names
# to walk make a copy of 'file' to be used during the walk
# as 'file' must only be updated on success.
# Finally, it's a no-op if newfid is the same as fid and t.nwname
# is 0.
nwqid := 0;
if (*t.newfid* ≠ *t.fid*) {
    if ((*nfile* = *cp.getfid*(*t.newfid*, 1)) ≡ *nil*)
        return *ferr*(*t*, `Efidinuse`, *file*, *nil*);
}
else if (**len** *t.names* ≠ 0)
    nfile = *tfile* = **File**.*new* (`NOFID`);
else {
    file .*unlock*( );
    return ref Rmsg.Walk(*t.tag*, *nil*);
}
clone (*nfile*, *file*);

19.4.4.1 Caminhando em cada nome do caminho

A seguir, criaremos uma mensagem de resposta vazia. A segunda linha desse fragmento é um exemplo do tipo de dados **string** integrado no Limbo.

518 ■ Princípios de sistemas operacionais

r := **ref Rmsg.Walk**(*t.tag*, **array** [**len** *t.names*] **of Qid**);
error : **string**;

Para cada nome na lista, chamamos *walkname*( ) para executar a caminhada em si. Se encontrarmos falhas na linha, encerramos.

```
for  (nwname := 0; nwname < len t.names; nwname ++)  {
    (error, q) = walkname(nfilet.names[nwname]);
    if (error ≠ nil)
        break;
    r.qids[nwqid++] = q;
}
```

19.4.4.2 Preparação da resposta

Neste ponto, precisamos configurar uma mensagem de retorno apropriada com base nas condições de terminal de que dispomos. Se não houver nomes a percorrer, temos uma simples operação de clonagem. Se tivermos um erro e não concluirmos a caminhada, precisamos retornar uma mensagem de erro. Se não, precisamos enviar uma mensagem que identifique o resultado bem-sucedido da caminhada. Este fragmento contém nosso primeiro exemplo de um recurso do Limbo chamado **slices**. A expressão de indexação do vetor, [0 : *nwqid*], indica que devemos tomar os elementos de 0 até *nwqid* (mas não incluindo) como um novo vetor. Esse uso específico efetivamente tira do vetor todos os elementos de *nwqid* até o fim.

```
if  (len t.names ≡ 0)  {
    # Newfid must be different to fid (see above)
    # so this is a simple 'clone' operation – there's
    # nothing to do except unlock unless there's
    # an error.
    nfile.unlock( );
    if  (error ≠ nil)
        cp.putfid(nfile);
}
    else if (nwqid < len t.names)  {
        #
        # Didn't walk all elements, 'clunk' nfile
        # and leave 'file' alone.
        # Clear error if some of the elements were
        # walked OK.
        #
```

```
        if (nfile ≠ tfile)
            cp.putfid(nfile);
        if (nwqid ≠ 0)
            error = nil;
        r.qids = r.qids[0 : nwqid];
    }
    else {
        #
        # Walked all elements. If newfid is the same
        # as fid must update 'file' from the temporary
        # copy used during the walk.
        # Otherwise just unlock (when using tfile there's
        # no need to unlock as it's a local).
        #
        if (nfile ≡ tfile) {
            file.qid = nfile.qid;
            file.wpath = nfile.wpath;
            file.addr = nfile.addr;
            file.slot = nfile.slot;
        }
        else
            nfile.unlock( );
    }
    file.unlock( );
    if (error ≠ nil)
        return err(t, error);
    return r;
}
```

19.4.5 Busca de diretório

Conforme mencionado na subseção anterior, o trabalho principal na caminhada é feito por *walkname( )*. Começamos com o mesmo tipo de verificação de erro que executamos em *rwalk( )*.

```
walkname(file : ref File, wname : string) : (string, Qid)
{
    #
    # File must not have been opened for I/O by an open
```

520 ■ Princípios de sistemas operacionais

```
# or create message and must represent a directory.
#
```
if (*file.open* ≠ 0)
  return (Emode, *noqid*);

19.4.5.1 Verificação da validade da chamada

A primeira coisa que fazemos é recuperar a entrada de diretório do fid que obtemos como entrada. É um erro se a entrada não for válida ou se ela não descrever um diretório. Afinal, não podemos percorrer um arquivo regular.

(*d*, *e*) := **Dentry**.*getd*(*file*, Bread);
if (*d* ≡ *nil*)
  return (*e*, *noqid*);
if (¬(*d.mode* & DDIR)) {
  d.put( );
  return (Edir1, *noqid*);
}

Agora, nos certificamos que temos permissão para entrar no diretório solicitado.

```
#
# For walked elements the implied user must
# have permission to search the directory.
#
```
if (*file.access*(*d*, DEXEC)) {
  d.put( );
  return (Eaccess, *noqid*);
}
d.access(FREAD, *file.uid*);

19.4.5.2 Tratamento de nomes especiais

Visto que o Inferno não armazena explicitamente as entradas . e .., precisamos tratá-las como casos especiais. Gerenciar o . é bem fácil, mas o .. já é mais complexo. Visto que não temos uma entrada de diretório para seguir, precisamos observar o caminho que representa onde estamos. Temos essa informação porque guardamos o caminho quando as mensagens de caminhada foram processadas.

if (*wname* ≡ " . " ∨ *wname* ≡ " . . " ∧ *file.wpath* ≡ *nil*) {
  d.put( );

```
    return (nil, file.qid);
}
```

Aqui, obtemos a entrada de diretório para o nó-pai e ajustamos o registro da nossa localização corrente no sistema de arquivos.

```
d1 : ref Dentry;          # entry for wname, if found
slot : int;
if (wname ≡ "..") {
    d.put( );
    addr := file.wpath.addr;
    slot = file.wpath.slot;
    (d1, e) = Dentry.geta(file.fs, addr, slot, QPNONE, Bread);
    if (d1 ≡ nil)
        return (e, noqid);
    file.wpath = file.wpath.up;
}
```

19.4.5.3 Ciclo pelos blocos de diretório

Agora chegamos a um caso normal. Em especial, buscamos em um diretório o nome que nos foi indicado para buscar. O loop externo é executado uma vez para cada bloco que compõe o diretório corrente. O rótulo *Search* antes da declaração **for** nos permite especificar para fora de qual loop fechado a declaração **break** vai nos levar.

```
else {
Search :
    for (addr := 0; ; addr++) {
```

Este pequeno trecho de código deve ser executado apenas no caso incomum de não termos ainda na memória a entrada de diretório para o diretório corrente.

```
if (d.iob ≡ nil) {
    (d, e) = Dentry.getd (file, Bread);
    if (d ≡ nil)
        return (e, noqid);
}
```

Aqui, lemos o próximo bloco do diretório corrente e verificamos as condições de erro. É neste ponto que tratamos o caso de não encontrar o nome que buscávamos. Nesse caso, a chamada *d.getblk1( )* vai falhar, retornando *nil* .

522 ■ Princípios de sistemas operacionais

```
p1 := d.getblk1(addr, 0);
if (p1 ≡ nil ∨ p1.checktag (Tdir, int d.qid.path)) {
    if (p1 ≠ nil)
        p1.put( );
    return (Eentry, noqid);
}
```

19.4.5.4 Busca em um bloco de diretório

Este item trata da busca em cada entrada de diretório contido no bloco que acabamos de ler. Se uma entrada não estiver sendo usada ou se não corresponder ao nome que procuramos, continuamos a busca. Se acabarem as entradas, saímos do loop e vamos para a próxima iteração do loop externo.

```
for (slot = 0; slot < DIRPERBUF; slot++) {
    d1 = Dentry.get(p1, slot);
    if (¬(d1.mode & DALLOC))
        continue;
    if (wname ≠ d1.name)
        continue;
```

Só chegamos aqui se encontrarmos uma entrada de diretório correspondente. Nesse caso, criamos um registro deste passo da caminhada e saímos não só deste loop, mas também do loop externo. Em C, a declaração **break** sempre sai do loop mais interno (exceto quando usada em uma declaração **switch**). O Limbo nos permite sair de múltiplos níveis de aninhamento permitindo que **break** assuma um rótulo que especifica de que loop estamos saindo.

```
        #
        # update walk path
        #
        file.wpath = ref Wpath(file.wpath, file.addr, file.slot);
        slot += DIRPERBUF * addr;
        break Search;
    }
    p1.put( );
}
d.put( );
}
```

Neste ponto, concluímos nossa busca ao encontrar o nome que buscávamos. Assim, preparamos as informações adequadas de retorno.

> *file.addr = d1.iob.addr;*
>
> *file.slot = slot;*
>
> *file.qid = d1.qid;*
>
> *d1.put( );*
>
> **return** *(nil, file.qid);*
>
> }

19.4.6   Leitura de um arquivo

A próxima função que examinaremos é a que trata da mensagem **Tread** do Styx enviada por um cliente que solicita dados de um arquivo.

> *rread(cp* : **ref Chan**, *f* : **ref Tmsg.Read**) : **ref Rmsg**
>
> {

19.4.6.1 Verificação da validade da chamada

Como de costume, precisamos nos certificar de que não está sendo solicitado que executemos uma operação ilegal. Em especial, averiguar aqui se o arquivo está realmente aberto e se não está sendo solicitado que leiamos uma quantidade negativa ou a partir de um ponto de partida negativo.

> **if** *((file := cp.getfid(f.fid, 0))* ≡ *nil)*
>
>   **return** *err(f,* `Efid`*);*
>
> **if** *(¬(file.open* & `FREAD`*))*
>
>   **return** *ferr(f,* `Eopen`*, file, nil);*
>
> *count := f.count;*
>
> *iounit := cp.msize −* `IOHDRSZ`*;*
>
> **if** *(count < 0* ∨ *count > iounit)*
>
>   **return** *ferr(f,* `Ecount`*, file, nil);*
>
> *offset := f.offset ;*
>
> **if** *(offset <* **big** *0)*
>
>   **return** *ferr(f,* `Eoffset`*, file, nil);*

A seguir, obtemos a entrada de diretório para esse arquivo e nos certificamos de que seja válida.

> *(d, e) :=* **Dentry**.*getd (file,* `Bread`*);*
>
> **if** *(d* ≡ *nil)*
>
>   **return** *ferr(f, e, file, nil);*

O bloqueio que temos aqui é usado para implementar um flag de uso exclusivo ao abrir o arquivo. É muito fácil evitar que um cliente abra o arquivo quando outro está com ele aberto. Contudo, há um cenário com o qual precisamos ter cuidado. Se um cliente abre o arquivo e depois vai embora (ou trava) sem fechá-lo, não queremos mantê-lo bloqueado para sempre. Esse trecho de código cuida disso. Se o arquivo estiver bloqueado, atualizamos um temporizador cada vez que lemos ou gravamos nele. O temporizador é configurado para cinco minutos, como definido pelo valor de TLOCK (300) em unidades de segundos. Se ele expira, o bloqueio é considerado expirado e o arquivo pode ser acessado por outros clientes.

```
if ((t := file.tlock) ≠ nil) {
    tim := now( );
    if (t.time < tim ∨ t.file ≠ file) {
        d.put( );
        return ferr(f, Ebroken, file, nil);
    }
    # renew the lock
    t.time = tim + TLOCK;
}
```

Aqui, nos certificamos de ter acesso de leitura para o arquivo.

```
d.access(FREAD, file.uid);
```

Não lemos os diretórios da mesma maneira que os arquivos regulares. Então, se for um diretório, pulamos o código que trata desse caso.

```
if (d.mode & DDIR)
    return dirread (cp, f, file, d);
```

A última verificação que temos de fazer antes de executar a leitura em si é nos certificarmos que lemos apenas até o fim do arquivo.

```
if (offset + big count > d.size)
    count = int (d.size − offset);
if (count < 0)
    count = 0;
```

19.4.6.2 Leitura de dados de arquivo

Os detalhes de leitura são gerenciados neste loop. Ele é executado uma vez para cada bloco que contém dados a serem lidos. A ideia básica é computar o local no bloco onde residem os dados necessários. Então, pegamos o bloco em questão e copiamos os dados dele para o buffer que enviaremos de volta. Por fim, liberamos o buffer e atualizamos nossa contagem e posição para o próximo bloco. A notação de alcance [*nread* :] que vemos neste fragmento indica que estamos nos referindo aos elementos de *nread* até o fim do vetor.

```
data := array[count] of byte;
nread := 0;
while (count > 0) {
    if (d.iob ≡ nil) {
        # must check and reacquire entry
        (d, e) = Dentry.getd(file, Bread);
        if (d ≡ nil)
            return ferr(f, e, file, nil);
    }
    addr := int (offset /big BUFSIZE);
    if (addr ≡ file.lastra + 1)
        ; # dbufread (p, d, addr + 1);
    file.lastra = addr;
    o := int (offset %big BUFSIZE);
    n := BUFSIZE − o;
    if (n > count)
        n = count;
    p1 := d.getblk1(addr, 0);
    if (p1 ≠ nil ) {
        if (p1.checktag(Tfile, QPNONE)) {
        p1.put( );
        return ferr (f, Ephase, file, nil);
            }
            data[nread :] = p1.iobuf[o : o + n];
            p1.put( );
    }
    else
        data[nread :] = emptyblock[0 : n];
    count −= n;
    nread += n;
    offset += big n;
    }
    d.put( );
    file.unlock( );
```

```
    return ref Rmsg.Read(f.tag, data[0 : nread]);
}
```

19.4.7   Estruturas de dados no disco

Todos os blocos do sistema de arquivos do Inferno são prefixados por um tag que indica o papel do bloco no sistema. Armazenamos dois números inteiros no tag: um que diz o tipo de bloco e um que armazena um ID de caminho como o usado em QID. O tag ocupa 8 bytes do disco: 2 bytes de preenchimento, 2 bytes para a tag do tipo de bloco e 4 para o ID de caminho. Na memória, o tag é armazenado em um ADT (similar a uma estrutura ou classe) definida como segue, onde a palavra reservada **con** é usada para definir uma constante:

```
#
# disc structure:
# Tag: pad[2] tag[2] path[4]
Tagsize : con 2 + 2 + 4;
Tag : adt
{
    tag : int;
    path : int;
    unpack : fn(a : array of byte) : Tag;
    pack : fn(t : self Tag, a : array of byte);
};
```

A construção **con iota** associa valores sucessivos a cada uma das constantes simbólicas na referida declaração. Os valores permitidos para o tag são:

```
#
# tags on block
#
Tnone,
Tsuper,  # the super block
Tdir,  # directory contents
Tind1,  # points to blocks
Tind2,  # points to Tind1
Tfile,  # file contents
Tfree,  # in free list
Tbuck,  # cache fs bucket
Tvirgo,  # fake worm virgin bits
```

```
Tcache,  # cw cache things
MAXTAG:  con iota;
```

As funções *pack*( ) e *unpack*( ) são definidas na maioria dos ADTs que representam dados no disco. São usadas para converter a representação no disco em representação na memória, dos mesmos dados. Assim, ao ler um bloco no disco, chamamos a função *unpack*( ) para pegar os bytes que lemos do disco e retornar um ADT **Tag**. Ao gravar em disco, fazemos o oposto, chamando *pack*( ) para construir o vetor de bytes que gravamos no disco.

19.4.7.1 O superbloco

Como seu ancestral UNIX, o Inferno armazena um superbloco no primeiro bloco do sistema de arquivos. As coisas principais que mantemos no superbloco são o intervalo de blocos que compõe o sistema de arquivos e a lista de blocos livres. Na memória, representamos o superbloco pelo seguinte ADT.

```
Superb: adt
{
    iob : ref Iobuf;
    fstart : int;
    fsize : int;
    tfree : int;
    qidgen : int;    # generator for unique ids
    fsok : int;
    fbuf : array of byte;    #nfree[4]free[FEPERBLK * 4]; aliased into containing block
    get : fn(dev : ref Device, flags : int) : ref Superb;
    touched : fn(s : self ref Superb);
    put : fn(s : self ref Superb);
    print : fn(s : self ref Superb);
    pack : fn(s : self ref Superb, a : array of byte);
    unpack : fn(a : array of byte) : ref Superb;
};
```

O superbloco armazenado em disco é descrito pelo seguinte conjunto de deslocamentos. Nesta e em futuras definições de estruturas no disco, definimos cada um dos itens de dados apenas em termos de deslocamentos, que em C podemos usar uma definição de estrutura. Isso funciona em C porque essa linguagem tem um relacionamento definido entre a declaração da estrutura e o layout da memória correspondente. Não existe nada parecido no Limbo. Note que cada deslocamento é definido em relação ao anterior acrescentando-se o tamanho do item de dado anterior.

```
Ofstart : con 0;
Ofsize : con Ofstart + 4;
Otfree : con Ofsize + 4;
Oqidgen : con Otfree + 4;
Ofsok : con Oqidgen + 4;
Ororaddr : con Ofsok + 4;
Olast : con Ororaddr + 4;
Onext : con Olast + 4;
Super1size : con Onext + 4;
```

Como tipo de dado abstrato, o superbloco é definido pelas funções *get*( ), *touched*( ), *put*( ), *print*( ), *pack*( ) e *unpack*( ). A função *get*( ) pega o buffer que contém o superbloco (lendo-o do disco, se necessário), verifica o tag, chama *unpack*( ) para extrair os dados e depois retorna uma referência ao ADT **Superb**. Uma chamada para *touched*( ) simplesmente marca o buffer que contém o superbloco como usado, indicando que deve ser escrito de volta no disco no próximo momento apropriado. A função *put*( ) é usada para descarregar as mudanças feitas no superbloco. Ela usa *pack*( ) para transferir os dados do ADT para o buffer, e faz uma *put* no buffer. Por fim, *print*( ) é usada para depuração e impressão de um resumo, de uma linha, dos dados do superbloco. Ainda há outra função importante do superbloco que não vimos. É a *superream*( ), que cria um superbloco inicial para um sistema de arquivos vazio.

```
superream (dev : ref Device, addr : int)
{
    fsize := wrensize (dev);
    if (fsize ≤ 0)
        panic ("file system device size");
    p := Iobuf.get(dev, addr, Bmod | Bimm);
    p.iobuf [0 :] = emptyblock;
    p.settag(Tsuper, QPSUPER);
    sb := ref Superb;
    sb.iob = p;
    sb.fstart = 1;
    sb.fsize = fsize;
    sb.qidgen = 10;
    sb.tfree = 0;
    sb.fsok = 0;
    sb.fbuf = p.iobuf [Super1size :];
    put4(sb.fbuf, 0, 1);    #nfree = 1
```

```
    for  (i := fsize − 1; i ≥ addr + 2; i−− )
        addfree(dev, i, sb);
    sb.put( );
}
```

19.4.7.2 Entradas de diretório

Diferente do UNIX, o Inferno não tem uma estrutura de nó-i (do inglês, i-node) separada da entrada de diretório. Em vez disso, todos os metadados sobre um arquivo são armazenados na entrada de diretório. Nessa estrutura, armazenamos o nome e os números de ID do usuário e do grupo a quem pertence o arquivo. O membro *mode* é usado para armazenar vários flags que descrevem o arquivo. O DALLOC é um flag que indica se uma entrada de diretório está correntemente em uso. O DDIR identifica essa entrada como descrevendo um subdiretório. O bit DAPND é configurado para arquivos que são somente de anexação. Por fim, o DLOCK é usado quando o arquivo é aberto para acesso exclusivo. Os 9 bits de ordem mais baixa do *mode* são usados para determinar quem tem permissão de acessar o arquivo. O membro *size* diz o tamanho do arquivo em bytes. O acesso aos blocos que compõem o arquivo é governado pelos membros *dblock*, *iblock* e *diblock*. Eles identificam os blocos de dados diretos, um bloco unicamente indireto e um bloco duplamente indireto, respectivamente. São um exemplo de técnica de alocação de arquivo estruturada em árvore analisada na Seção 17.4.4 e têm a mesma função dos ponteiros de bloco em um nó-i do UNIX. Os membros *atime* e *mtime* apresentam o último tempo de acesso e o último horário de modificação, respectivamente. O ADT na memória é definido como:

```
    Dentry : adt
    {
        name : string;
        uid : int;
        gid : int;
        muid : int;  # not set by plan 9's kfs
        mode : int;  # mode bits on disc: DALLOC etc
        qid : Qid;  # 9p1 format on disc
        size : big ;  # only 32-bits on disc, and Plan 9 limits it to signed
        atime : int;
        mtime : int;
        iob : ref Iobuf;  # locked block containing directory entry, when in memory
        buf : array of byte;  # pointer into block to packed
            # directory entry, when in memory
        mod : int;  # bits of buf that need updating
```

```
    unpack : fn(a : array of byte) : ref Dentry;
    get : fn(p : ref Iobuf, slot : int) : ref Dentry;
    geta : fn(d : ref Device, addr : int, slot : int, qpath : int,
        mode : int) : (ref Dentry, string);
    getd : fn(f : ref File, mode : int) : (ref Dentry, string);
    put : fn(d : self ref Dentry);
    access : fn(d : self ref Dentry, f : int, uid : int);
    change : fn(d : self ref Dentry, f : int);
    release : fn(d : self ref Dentry);
    getblk : fn(d : self ref Dentry, a : int, tag : int) : ref Iobuf;
    getblk1 : fn(d : self ref Dentry, a : int, tag : int) : ref Iobuf;
    rel2abs : fn(d : self ref Dentry, a : int, tag : int, putb : int) : int;
    trunc : fn(d : self ref Dentry, uid : int);
    update : fn(d : self ref Dentry);
    print : fn(d : self ref Dentry);
};
```

enquanto a representação no disco é definida como

```
#   this is the disk structure:
#   char name[NAMELEN];
#   short uid;
#   short gid;    [2 * 2]
#   ushort mode;
#   #define DALLOC #8000
#   #define DDIR #4000
#   #define DAPND #2000
#   #define DLOCK #1000
#   #define DREAD #4
#   #define DWRITE #2
#   #define DEXEC #1
#   [ushort muid][2 * 2]
#   Qid.path; [4]
#   Qid.version; [4]
#   long size; [4]
#   long dblock[NDBLOCK];
#   long iblock;
#   long diblock;
```

\# **long** *atime;*

\# **long** *mtime;*

Oname : **con** 0;

Ouid : **con** Oname + NAMELEN;

Ogid : **con** Ouid + 2;

Omode : **con** Ogid + 2;

Omuid : **con** Omode + 2;

Opath : **con** Omuid + 2;

Overs : **con** Opath + 4;

Osize : **con** Overs + 4;

Odblock : **con** Osize + 4;

Oiblock : **con** Odblock + NDBLOCK * 4;

Odiblock : **con** Oiblock + 4;

Oatime : **con** Odiblock + 4;

Omtime : **con** Oatime + 4;

Dentrysize : **con** Omtime + 4;

\#

\# don't change, these are the mode bits on disc

\#

DALLOC : **con** 16r8000;

DDIR : **con** 16r4000;

DAPND : **con** 16r2000;

DLOCK : **con** 16r1000;

DREAD : **con** 4;

DWRITE : **con** 2;

DEXEC : **con** 1;

19.4.8 Leitura de entrada de diretório

A primeira função que analisaremos aqui é a que busca a entrada de diretório. O fundamento disso é que o parâmetro *slot* é tratado como índice no vetor. A única dica é que estamos na realidade olhando somente em uma janela no arquivo de diretório.

Dentry._get_(*p* : **ref** *Iobuf, slot* : **int**) : **ref Dentry**

{

   if (*p* ≡ *nil*)

      return *nil;*

532 ■ Princípios de sistemas operacionais

$buf := p.iobuf\,[(slot\ \%\texttt{DIRPERBUF})\ *\ \texttt{Dentrysize}:];$

$d := \textbf{Dentry}.unpack(buf);$

$d.iob = p;$

$d.buf = buf;$

return $d;$

}

19.4.9 Leitura de bloco de arquivo

A próxima função que queremos estudar é aquela que procura blocos nos arquivos. Essa função, *getblk1*( ), essencialmente pega uma entrada de diretório e um número de bloco, busca o bloco e retorna uma referência para ele.

Dentry.*getblk1*(d : **self ref Dentry**, a : **int**, *tag* : **int**) : **ref Iobuf**

{

    $addr := d.rel2abs(a, tag, 1);$

    if $(addr \equiv 0)$

       return $nil;$

    return Iobuf.*get*(*thedevice*, *addr*, $\texttt{Bread}$);

}

19.4.10 Localização de bloco de arquivo

A maior parte do trabalho no *getblk1*( ) é feito no *rel2abs*( ), que descobre onde o bloco desejado se localiza dentro do sistema de arquivos.

Dentry.*rel2abs*(d : **self ref Dentry**, a : **int**, *tag* : **int**, *putb* : **int**) : **int**

{

  if $(a < 0)$ {

    $sys{\rightarrow}print(\texttt{"Dentry.rel2abs: neg\backslash n"});$

    return $0;$

  }

  $p := d.iob;$

  if $(p \equiv nil \lor d.buf \equiv nil)$

    $panic(\texttt{"nil iob"});$

  $data := d.buf;$

  $qpath := \textbf{int}\ d.qid.path;$

  $dev := p.dev;$

19.4.10.1 Tratamento de ponteiros de bloco diretos

O primeiro caso que analisaremos é se o número de bloco que queremos é suficientemente pequeno para cair no conjunto de blocos diretamente acessíveis. Nesse caso, basta pegarmos o número de bloco no conjunto *dblock* e carregar o bloco na memória. Esse número de bloco (que armazenamos em *addr*) é um número de bloco absoluto dentro do sistema de arquivos, no qual *a* é um número de bloco dentro do arquivo. Isso é um pouco parecido à conversão de endereço virtual para físico. Note que, visto que o caso que examinamos aqui é de leitura, o *tag* será 0, para não alocarmos novos blocos. Se, por outro lado, estivermos gravando no arquivo e o bloco não existir ainda como parte do arquivo, alocaremos um bloco para ele.

```
if (a < NDBLOCK) {
    addr := get4(data, Odblock + a * 4);
    if (addr ≡ 0 ∧ tag) {
        addr = balloc(dev, tag, qpath);
        put4(data, Odblock + a * 4, addr);
        p.flags |= Bmod | Bimm;
    }
    if (putb)
        d.release( );
    return addr;
}
```

19.4.10.2 Tratamento de blocos unicamente indiretos

Se o número de bloco não for pequeno o suficiente para ser endereçado diretamente, mas for pequeno o suficiente para ser gerenciado por um bloco unicamente indireto, gerenciamos esse caso. A ideia é que o bloco indireto contenha vários ponteiros para blocos de dados adicionais no arquivo. Para ser mais preciso, o número de blocos diretos que pode ser acessado (NDBLOCK) é 6, e os blocos têm 1024 bytes cada. Assim, os primeiros 6 KB do arquivo podem ser acessados diretamente. Visto que cada índice de bloco tem 4 bytes, o bloco de disco pode conter 256 desses índices de bloco. O bloco indireto alista então os números dos blocos que compõem as posições do arquivo a partir do ponto de 6 KB até o de 262 KB. Deixamos *indfetch*( ) procurar o número de bloco desejado no bloco indireto.

```
a −= NDBLOCK;
if (a < INDPERBUF) {
    addr := get4(data, Oiblock);
    if (addr ≡ 0 ∧ tag) {
        addr = balloc(dev, Tind1, qpath);
```

534 ■ Princípios de sistemas operacionais

```
        put4(data, Oiblock, addr);
        p.flags |= Bmod | Bimm;
    }
    if (putb)
        d.release ( );
    return indfetch (dev, qpath, addr, a, Tind1, tag);
}
```

19.4.10.3 Tratamento de blocos duplamente indiretos

Se a posição que queremos acessar estiver além do ponto de 262 KB, mas puder ser acessada por meio do bloco duplamente indireto, trataremos desse caso. O bloco duplamente indireto é uma lista de 256 endereços de blocos unicamente indiretos, sendo cada qual uma lista de 256 blocos de dados. Assim, se usarmos *indfetch*( ) primeiro para determinar o endereço do bloco unicamente indireto que vai alistar o bloco de dados desejado. Depois, usamos *indfetch*( ) novamente para analisar o bloco unicamente indireto e obter o bloco de dados desejado.

```
    a −= INDPERBUF;
    if (a < INDPERBUF2) {
        addr := get4(data, Odiblock);
        if (addr ≡ 0 ∧ tag) {
            addr = balloc(dev, Tind2, qpath);
            put4(data, Odiblock, addr);
            p.flags |= Bmod | Bimm;
        }
        if (putb)
            d.release( );
        addr = indfetch(dev, qpath, addr, a/INDPERBUF, Tind2, Tind1);
        return indfetch(dev, qpath, addr, a%INDPERBUF, Tind1, tag);
    }
    if (putb)
        d.release( );
    sys→print("Dentry.buf: trip indirect\n");
    return 0;
}
```

19.4.11 Processamento de blocos indiretos

Fazemos uso substancial do *indfetch*( ) na função anterior. É muito simples, em especial para leituras. Primeiro pegamos o bloco indireto do disco. Em seguida, nós indexamos por *a*, que é o número do bloco (bloco de dados se estivermos lendo um bloco unicamente indireto ou número de bloco unicamente indireto se estivermos lendo um bloco duplamente indireto). Se não havia bloco e estávamos gravando, alocamos um. Por fim, liberamos o bloco indireto que foi carregado com a chamada *putbuf*( ).

```
indfetch(dev : ref Device, path : int, addr : int, a : int, itag : int, tag : int) : int
{
    if (addr ≡ 0)
        return 0;
    bp := Iobuf.get(dev, addr, Bread);
    if (bp ≡ nil) {
        sys→print("ind fetch bp = nil\n");
        return 0;
    }
    if (bp.checktag(itag, path)) {
        sys→print("ind fetch tag\n");
        bp.put( );
        return 0;
    }
    addr = get4(bp.iobuf, a * 4);
    if (addr ≡ 0 ∧ tag) {
        addr = balloc(dev, tag, path);
        if (addr ≠ 0) {
            put4(bp.iobuf, a * 4, addr);
            bp.flags |= Bmod;
            if (localfs ∨ tag ≡ Tdir)
                bp.flags |= Bimm;
            bp.settag(itag, path);
        }
    }
    bp.put( );
    return addr;
}
```

19.4.12 Busca da cache de buffer

Agora voltamos nossa atenção para o código de gerenciamento de buffer. Como a maioria dos outros sistemas, o Inferno mantém um conjunto de buffers que contém blocos recentemente acessados na memória para não precisarmos acessar o disco em cada referência a blocos acessados com frequência. A única função que vamos examinar em detalhes é **Iobuf**.*get*( ), que pega um número de bloco absoluto do sistema de arquivos e retorna um ponteiro para o buffer que contém os dados daquele bloco de disco. Se nós já não tivermos um buffer com aqueles dados, o **Iobuf**.*get*( ) aloca um e lê o bloco do disco.

Iobuf .*get*(*dev* : **ref Device**, *addr* : **int**, *flags* : **int**) : **ref Iobuf**
{

Primeiro, usamos uma função hash para agilizar a procura de bloco na nossa lista de buffer.

hb := *hiob*[*addr* % **len** *hiob*];
p : **ref Iobuf**;

19.4.12.1 Busca na tabela hash

Visto que pode haver mais de um bloco que tem o hash para o mesmo valor, talvez tenhamos de buscar pela lista de blocos, começando pelo primeiro que tem o valor do hash. Se o encontrarmos, vamos para a frente da lista. Isso mantém a lista classificada em ordem crescente de tempo desde o último acesso. Por fim, retornamos o ponteiro.

```
Search :
    for (; ; ) {
        hb.lk.lock( );
        s := hb.link;
        # see if it's active
        p = s;
        do {
            if (p.addr ≡ addr ∧ p.dev ≡ dev) {
                if (p ≠ s) {
                    p.back.fore = p.fore;
                    p.fore.back = p.back;
                    p.fore = s;
                    p.back = s.back;
                    s.back = p;
```

```
        p.back.fore = p;
        hb.link = p;
    }
    hb.lk.unlock( );
    p.lock( );
    if (p.addr ≠ addr ∨ p.dev ≠ dev) {
        # lost race
        p.unlock( );
        continue Search;
    }
    p.flags |= flags;
    p.iobuf = p.xiobuf;
    return p;
    }
} while ((p = p.fore) ≠ s);
if (flags ≡ Bprobe) {
    hb.lk.unlock( );
    return nil;
}
```

19.4.12.2 Liberação de um bloco antigo

Se percorrermos toda a lista e não encontrarmos uma correspondência, não temos o bloco em nossos buffers. Então é hora de se desfazer de um para abrir espaço. Usamos a política de menos utilizado recentemente e nos desfazemos do bloco mais antigo. A única coisa com a qual devemos ter cuidado é que precisamos manter todos os blocos que estão bloqueados no momento.

```
# steal the oldest unlocked buffer
do {
    p = s.back;
    if (p.canlock( )) {
        # TO DO: if Bmod, write it out and restart Hashed
        # for now we needn't because Iobuf.put is
        # synchronous
        if (p.flags & Bmod)
            sys→print("Bmod unexpected (%ud)\n", p.addr);
        hb .link = p;
        p.dev = dev;
```

538 ■ Princípios de sistemas operacionais

```
        p.addr = addr;
        p.flags = flags;
        break Search;
    }
    s = p;
} while (p ≠ hb.link);
# no unlocked blocks available; add a new one
p = hb.newbuf ( );
p.lock( );    # return it locked
break;
}
```

19.4.12.3 Leitura de um bloco novo

Agora temos um bloco que podemos usar como novo bloco. O restante da função é dedicado a carregar o bloco do disco e configurar todo overhead administrativo correto. A chamada para *wrenread*( ) envia uma solicitação de leitura ao servidor que está fornecendo o arquivo ou ao dispositivo onde nosso sistema de arquivos está armazenado. Essa é a conexão com o driver de dispositivo tratada no Capítulo 15.

```
    p.dev = dev;
    p.addr = addr;
    p.flags = flags;
    hb.lk.unlock( );
    p.iobuf = p.xiobuf;
    if (flags & Bread) {
        if (wrenread(dev.fd, addr, p.iobuf)) {
            eprint(sys→sprint("error reading block %ud: %r", addr));
            p.flags = 0;
            p.dev = devnone;
            p.addr = −1;
            p.iobuf = nil;
            p.unlock ( );
            return nil;
        }
    }
    return p;
}
```

19.5 Resumo

O Inferno se destaca como exemplo de sistema operacional que usa a distinção entre gerenciamento de espaço de nomes e de espaço de armazenamento. Os servidores de arquivos que gerenciam espaços de nomes pequenos fornecem acesso a vários serviços tradicionais de SO, incluindo drivers de dispositivo. Visto que todos os servidores usam o protocolo Styx, eles podem ser acessados na mesma máquina do cliente ou em uma máquina diferente. O protocolo Styx também possibilita que os servidores sejam incorporados ao kernel ou implementados como processos regulares de usuário. O sistema de arquivos de armazenamento persistente convencional que examinamos neste capítulo é um exemplo de servidor de arquivos implementado como processo normal de usuário.

19.6 Exercícios

1. Os drivers de dispositivo do Inferno podem ser implementados como servidores de aplicação de usuário? Por quê?

2. No *devwalk*( ), nenhuma chamada é feita a (*)*gen*( ) para o caso de ., mas é chamada para todos os outros casos incluindo .., o diretório-pai. Por quê?

3. O loop **for** interno (que tem iteração com a variável *i*) no *devwalk*( ) não tem condição de término. Há aqui um perigo de loop infinito? Por quê?

4. Presumindo-se que nenhum dos blocos necessários esteja na memória (incluindo o diretório), quantos acessos ao disco são necessários para acessar o byte localizado em 1 MB do arquivo no Inferno? Por quê?

5. Em vista do tamanho de bloco default de 1024 bytes, qual é o maior arquivo que pode ser representado no kfs?

6. Os links permanentes do UNIX são resultado de aliases no espaço de nomes (em outras palavras, mais de uma entrada de diretório apresenta os mesmos metadados). Por que esses links permanentes não são naturais no Inferno?

7. Em *walkname*( ) no kfs, nada é feito para o nome . nem para .. em certas condições. Por que não há busca nesses dois casos?

8. Modifique o kfs para fazer com que se diferencie entre letras maiúsculas e minúsculas. Um arquivo chamado **Foo** deve ser acessível por meio dos nomes **foo**, **FOO** e **fOO**.

9. No kfs, NAMELEN é definido em 28. Modifique o kfs para suportar nomes maiores de arquivo (similares aos do BSD) usando uma entrada de diretório de tamanho variável.

10. Escreva um servidor de arquivos que fornece um contador simples. Ele deve servir um arquivo único, e cada vez que este for lido, um número inteiro será incrementado e retornado.

540 ■ Princípios de sistemas operacionais

11. Escreva um sistema de arquivos associativo simples. Se um arquivo chamado foo for criado e a string xyz escrita nele, um processo deve poder ler foo e obter xyz ou ler xyz e obter foo.

12. Acrescente links simbólicos no kfs.

Capítulo 20

Sistemas de arquivos no Linux

Cada sistema operacional do Capítulo 18 apresenta um ou, no máximo, alguns sistemas de arquivos associados. O Linux, no entanto, representa uma tendência mais recente na qual os sistemas operacionais dão suporte à ampla faixa de sistemas de arquivos, incluindo alguns dos descritos no Capítulo 18. Para suportar esses vários sistemas de arquivos, o Linux utiliza uma divisão de trabalho com dois níveis de abstração. No nível superior, encontramos o **Sistema de Arquivos Virtual** (VFS do inglês Virtual File System), que implementa alguns serviços comuns e certas operações gerais do sistema de arquivos. Todas as operações que dependam da semântica ou dos detalhes de estruturas de dados de um sistema de arquivos particular recorrem a esse suporte. Neste capítulo, discutimos o projeto do VFS do Linux. Prosseguiremos com a discussão de alguns detalhes de uma das implementações do sistema de arquivos, a saber: o sistema de arquivos estendido terceiro (EXT3).

20.1 Sistema de arquivos virtual

Um modo de conceitualizar o Sistema de Arquivos Virtual (VFS, do inglês Virtual File System) do Linux é vê-lo como uma classe básica em um estilo de programação orientado a objetos. Nessa visão, cada sistema de arquivos específico é uma instância dessa classe básica. Sempre que a implementação genérica de uma operação for suficiente, ela será utilizada. Sempre que uma operação depender dos detalhes desse sistema de arquivos, ela será fornecida pelo sistema de arquivos em particular, se sobrepondo a qualquer versão genérica que possa existir.

Em termos de implementação, o VFS é organizado como uma coleção de classes básicas, uma para cada uma das diversas áreas de atividade do sistema de arquivos. Essas partes do VFS serão discutidas com mais detalhes nas subseções que se seguem. Para cada uma dessas partes, o sistema de arquivos específico apresenta uma estrutura contendo os ponteiros de funções, que definem as operações fornecidas. Os ponteiros para essas estruturas são armazenados nas estruturas de dados genéricas, que representam sistemas de arquivos montados, arquivos abertos e assim por diante. O ponto de partida para a associação das funções específicas do sistema

542 ■ Princípios de sistemas operacionais

de arquivos com as operações genéricas surge quando um sistema de arquivos registra a si mesmo, passando uma estrutura com um ponteiro para a função que carrega o superbloco quando um sistema de arquivos é montado. A partir daí, cada etapa configura uma lista de funções necessárias para as operações subsequentes.

Outra perspectiva sobre a organização do VFS é a de um projeto com duas ou, em alguns casos, três camadas. Na camada superior estão as funções que compõem a interface de chamadas ao sistema. Essas funções são chamadas quando um processo emite uma chamada ao sistema relacionada a arquivos. Essas funções tratam de qualquer aspecto comum a todos os arquivos de sistema, como a análise sintática de um nome de caminho. Quando essas funções atingem um ponto em que é necessário realizar uma operação específica de um sistema de arquivos particular, elas remetem à estrutura pertinente de ponteiros de funções. Em alguns casos, há funções genéricas disponíveis para tais operações. Para essas, um ponteiro nulo indica que a função genérica adequada deve ser chamada. Tais funções de suporte genéricas constituem a camada inferior do projeto. Para as operações em que não há função genérica, um ponteiro nulo indica um erro de operação não suportada. Se o ponteiro for não nulo, é aceito e a função é chamada. Em certos casos, a função específica do sistema de arquivos em questão chama a função genérica. Nessas ocasiões, o código específico desse sistema serve como uma camada intermediária.

20.1.1 Superblocos

Quando um sistema de arquivos é montado, uma função específica de sistema de arquivos é chamada para carregar uma representação interna dos metadados desse sistema. Em referência aos metadados de disco do UNIX original, isso é chamado de superbloco. Um membro da estrutura interna de superblocos aponta para uma estrutura do tipo **struct super_operations**. Essa estrutura contém certo número de ponteiros de funções necessário para realizar as operações em um sistema de arquivos montado. Embora o nome sugira que essas funções estejam principalmente relacionadas ao superbloco, a maioria delas é composta de funções necessárias para buscar e manipular outras estruturas de metadados chamadas **nós-i** (do inglês, i-nodes). Os membros mais interessantes dessa estrutura são:

- *alloc_inode*( ): Aloca a memória para uma estrutura de nó-i na memória e a inicializa.
- *read_inode*( ): Lê um nó-i a partir do sistema de arquivos. No caso da maioria dos sistemas de arquivos do tipo UNIX, o nó-i é lido a partir do disco e os dados relevantes são copiados para representação na memória. Em outros sistemas de arquivo, uma estrutura interna de nó-i deve ser sintetizada a partir dos metadados de arquivos do sistema.
- *write_inode*( ): Grava um nó-i modificado de volta no sistema de arquivos. Novamente, para os sistemas de arquivos que não possuem nós-i nativos, os metadados do nó-i interno devem ser traduzidos para a representação utilizada por esse sistema.

Sistemas de arquivos no Linux ■ 543

- *write_super*( ): De modo similar, trata de um superbloco modificado.
- *sync_fs*( ): Assegura que o sistema de arquivos armazenado no dispositivo está atualizado em relação a quaisquer dados de cache.

20.1.2 Nós-i

Conforme discutido no Capítulo 18, os metadados de sistemas de arquivos do UNIX são mantidos em nós-i. Quando uma estrutura interna de nó-i é carregada, um de seus membros é configurado para apontar para uma estrutura do tipo **struct inode_operations**, que contém os ponteiros de funções das operações necessárias para operar sobre os nós-i. Embora algumas das entradas operem diretamente em um nó-i, muitas, na verdade, operam em diretórios descritos pelo nó-i. Algumas das operações relevantes são:

- *create*( ): Cria um novo arquivo em um diretório.
- *lookup*( ): Busca uma entrada de um diretório.
- *mkdir*( ): Cria um novo subdiretório.
- *getattr*( ): Retorna os metadados de um nó-i.

20.1.3 Entradas de diretório

Os diretórios são implementados como listas de entradas de diretório. Para a maior parte deles, essas entradas são suficientemente abstraídas dos detalhes de uma implementação de sistema de arquivos, sendo possível utilizar um conjunto genérico de operações. Consequentemente, embora uma implementação de sistema de arquivos possa se sobrepor às operações de entradas de diretório, não nos preocupamos com os detalhes disso. O que nos interessa é o papel das entradas do diretório no VFS. Ele mantém uma cache daquelas entradas que, por sua vez, fornecem um mapeamento dos nomes de arquivos para os nós-i, que podem ser rapidamente buscados para evitar acessos desnecessários ao disco.

20.1.4 Arquivos

Além das operações de nós-i, sua estrutura interna também aponta para uma estrutura do tipo **struct file_operations**. Quando um arquivo é aberto, é criada uma estrutura interna para representá-lo. Ela também aponta para a estrutura de operações do arquivo. A maioria de tais operações corresponde a conhecidas chamadas ao sistema orientadas para arquivo, incluindo *open*( ), *read*( ), *write*( ), *ioctl*( ) e *llseek*( ). Há duas chamadas menos conhecidas do Linux, que mencionaremos em nossa discussão e são encontradas na estrutura de operações. Trata-se de *aio_read*( ) e *aio_write*( ), que implementam, respectivamente, leituras e gravações assíncronas.

20.2 Sistema de arquivos EXT3

Passemos, agora, da interface de sistemas de arquivos genéricos, implementada pelo VFS, para um exemplo específico de sistema de arquivos do Linux. O exemplo a ser discutido aqui é o sistema de arquivos estendido terceiro (EXT3). Junto com seu predecessor EXT2, trata-se do sistema de arquivos mais amplamente utilizado no Linux.

O projeto de EXT3 é similar, em vários aspectos, ao Sistema de Arquivos Rápido (FFS, do inglês Fast File System) do BSD. Em qualquer disco ou partição que mantenha um sistema de arquivos EXT3, o primeiro bloco é reservado para o bloco de boot. Em seguida, há um superbloco, que pode ser replicado em vários locais no sistema de arquivos. O superbloco e todos os outros blocos do sistema ocupam o tamanho do bloco que é determinado no momento de inicialização do sistema. São suportados os tamanhos de 1024, 2048 e 4096 bytes. Em arquiteturas que suportem tamanhos de página superiores a 4096 bytes, o bloco também pode ter 8192 bytes.

Enquanto o FFS BSD dividia um sistema de arquivos em grupos de cilindros, o EXT3 divide em grupos de blocos. O motivo para não tentarmos organizar esse sistema em cilindros é que, na maioria das unidades de disco modernas, não temos como saber os limites reais dos cilindros. Assim, o agrupamento de faixas de blocos é suficientemente adequado. Em cada grupo de blocos, com frequência temos uma cópia do superbloco. Após ele (se presente), temos uma tabela de descritores de grupos de um bloco, seguida por dois blocos de bitmaps de blocos livres. Um deles mostra os blocos de dados livres no grupo e o outro, os nós-i livres no grupo. Após esses bitmaps de livres, há alguns blocos que mantêm os nós-i do grupo. Os blocos remanescentes são destinados a dados. Ao alocarmos blocos para um arquivo, tentamos manter todos os blocos de um arquivo reunidos no mesmo grupo com seu nó-i. Essa estrutura geral é ilustrada na Figura 20-1.

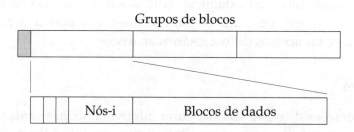

Figura 20-1: Layout do sistema de arquivos EXT3

O EXT3 também utiliza uma estrutura de diretório similar à do FFS BSD. Cada entrada é uma estrutura de tamanho variável, contendo principalmente o nome de arquivo e o número-i. Além do projeto de diretório linear, o EXT3 também fornece uma opção para acelerar as buscas de diretórios, adicionando-se uma tabela hash a eles.

O último aprimoramento importante do EXT3 em relação a seus predecessores é a adição de diário. Como discutido na Seção 17.6, essa técnica ajuda a assegurar que um sistema de arquivos permaneça consistente e recuperável após uma falha de sistema. O diário do EXT3 é armazenado em um arquivo regular no sistema de arquivos, podendo inclusive ser completamente armazenado em outro sistema. Normalmente, apenas os metadados são registrados no diário. No entanto, há também a opção de se registrar os dados de arquivos.

20.3 Estrutura do disco EXT3

Começaremos vendo os detalhes do sistema de arquivos EXT3 com as estruturas de dados, conforme são armazenadas no disco. Todas essas estruturas são definidas em include/linux/ext3_fs.h. Mais do que descrever todos os membros da estrutura em detalhes, nosso foco será ilustrar os princípios discutidos no Capítulo 17 e que serão utilizados no código discutido posteriormente neste capítulo.

20.3.1 Superbloco EXT3

A primeira estrutura de dados a ser considerada é o superbloco. Como em outros sistemas de arquivos do tipo UNIX, o superbloco mantém os metadados do sistema de arquivos como um todo.

```
struct ext3_super_block {
    __le32 s_inodes_count;   /* Inodes count */
    __le32 s_blocks_count;   /* Blocks count */
    __le32 s_r_blocks_count;   /* Reserved blocks count */
    __le32 s_free_blocks_count;   /* Free blocks count */
    __le32 s_free_inodes_count;   /* Free inodes count */
    __le32 s_first_data_block;   /* First Data Block */
    __le32 s_log_block_size;   /* Block size */
    __le32 s_log_frag_size;   /* Fragment size */
    __le32 s_blocks_per_group;   /* # Blocks per group */
    __le32 s_frags_per_group;   /* # Fragments per group */
    __le32 s_inodes_per_group;   /* # Inodes per group */
    __le32 s_mtime;   /* Mount time */
    __le32 s_wtime;   /* Write time */
    __le16 s_mnt_count;   /* Mount count */
    __le16 s_max_mnt_count;   /* Maximal mount count */
    __le16 s_magic;   /* Magic signature */
    __le16 s_state;   /* File system state */
```

546 ■ Princípios de sistemas operacionais

```
    __le16 s_errors;   /* Behavior when detecting errors */
    __le16 s_minor_rev_level;   /* minor revision level */
    __le32 s_lastcheck;   /* time of last check */
    __le32 s_checkinterval;   /* max. time between checks */
    __le32 s_creator_os;   /* OS */
    __le32 s_rev_level;   /* Revision level */
    __le16 s_def_resuid;   /* Default uid for reserved blocks */
    __le16 s_def_resgid;   /* Default gid for reserved blocks */
    __le32 s_first_ino;   /* First non-reserved inode */
    __le16 s_inode_size;   /* size of inode structure */
    __le16 s_block_group_nr;   /* block group # of this superblock */
    __le32 s_feature_compat;   /* compatible feature set */
    __le32s_feature_incompat;   /* incompatible feature set */
    __le32 s_feature_ro_compat;   /* readonly-compatible feature set */
    __u8 s_uuid[16];   /* 128-bit uuid for volume */
char s_volume_name[16];   /* volume name */
char s_last_mounted[64];   /* directory where last mounted */
    __le32 s_algorithm_usage_bitmap;   /* For compression */
    __u8 s_prealloc_blocks;   /* Nr of blocks to try to preallocate */
    __u8 s_prealloc_dir_blocks;   /* Nr to preallocate for dirs */
    __u16 s_reserved_gdt_blocks;   /* Per group desc for online growth */
    __u8 s_journal_uuid[16];   /* uuid of journal superblock */
    __le32 s_journal_inum;   /* inode number of journal file */
    __le32 s_journal_dev;   /* device number of journal file */
    __le32 s_last_orphan;   /* start of list of inodes to delete */
    __le32 s_hash_seed[4];   /* HTREE hash seed */
    __u8 s_def_hash_version;   /* Default hash version to use */
    __u8 s_reserved_char_pad;
    __u16 s_reserved_word_pad;
    __le32 s_default_mount_opts;
    __le32 s_first_meta_bg;   /* First metablock block group */
    __u32 s_reserved[190];   /* Padding to the end of the block */
};
```

Conforme definido, essa estrutura apresenta tamanho de 1024 bytes, que coincide com o menor tamanho de bloco que pode ser configurado para um sistema de arquivos EXT3. Antes de entrarmos nos detalhes da estrutura, devemos apontar alguns aspectos dos tipos de dados utilizados. Exceto para alguns vetores do tipo **char**, nunca utilizamos os tipos de dados-padrão de C. Em vários locais, utilizamos tipos como _ _**u8** e _ _**u16**. Esses tipos são definidos para serem inteiros de 8 e 16 bits sem sinal, respectivamente. Como C não especifica tamanhos exatos para seus tipos de dados, eles são com frequência definidos de um modo específico da arquitetura para assegurar que estruturas de dados como essas tenham um tamanho conhecido. Vemos também o uso de tipos como _ _**le32**. Trata-se de um inteiro de 32 bits como o inteiro longo na maioria das arquiteturas. A parte **le** do nome lembra o leitor de que os dados armazenados em disco estão em ordem little endian (byte menos significativo primeiro). Definindo-se a ordem, podemos assegurar que um sistema de arquivos gravado em uma arquitetura de máquina será lido corretamente por qualquer outro sistema. Cada arquitetura possui macros que fazem a conversão entre a ordem little endian utilizada no disco e qualquer ordenação de bytes utilizada na arquitetura. Com essas ideias em mente, podemos analisar os vários membros de dados na estrutura de superblocos.

- *s_inodes_count* e *s_blocks_count*: Um dos atributos mais fundamentais de um sistema de arquivos é o seu tamanho. Esses dois membros fornecem os números de nós-i e de blocos de dados, respectivamente.

- *s_r_blocks_count*: Com frequência reservamos uma fração do sistema de arquivos para ser utilizada pelo superusuário, de modo que o administrador do sistema tenha espaço de trabalho para resolver um problema que possa estar consumindo o restante do espaço de disco. Esse membro especifica o número desses blocos reservados.

- *s_free_blocks_count* e *s_free_inodes_count*: Esses membros fornecem os números de blocos de dados livres e de nós-i livres no sistema de arquivos.

- *s_first_data_block*: Dentro das estruturas de dados do sistema de arquivos, os blocos de dados são sempre relativos ao primeiro bloco do sistema. Por outro lado, as referências a blocos feitas pelos drivers de dispositivos são sempre relativas ao início de um disco ou de uma partição. O membro *s_first_data_block* fornece o local do primeiro bloco de dados e, assim, o deslocamento necessário para calcular o número do bloco físico.

- *s_log_block_size*: Como os sistemas de arquivos EXT3 podem ser inicializados com vários tamanhos de blocos, quando um estiver montado, precisamos saber que tamanho de bloco ele utiliza. Esse membro fornece o $\log_2$ do tamanho de bloco.

- *s_blocks_per_group* e *s_inodes_per_group*: Como discutido na seção anterior, o EXT3 divide o sistema de arquivos em vários grupos de blocos. Esses membros especificam, respectivamente, o número de blocos de dados e o número de nós-i armazenados em cada grupo.

- *s_mnt_count* e *s_max_mnt_count*: Mesmo quando o sistema de arquivos for desmontado de modo correto em todos os momentos, ainda desejaremos verificar periodicamente sua consistência. Esses membros fornecem-nos com que frequência (em termos de número de vezes em que o sistema é montado) precisamos verificar e quão próximo estamos da próxima verificação.

548 ■ Princípios de sistemas operacionais

- *s_lastcheck* e *s_checkinterval*: Esses membros executam o mesmo papel de verificação com base na quantidade de tempo entre elas, em vez de no número de montagens.

- *s_magic*: É muito comum colocarmos um valor único em um lugar conhecido do superbloco. A ideia é que, se for feita uma tentativa de montar esse sistema de arquivos, mas o "número mágico" não for o esperado, possamos saber que o tipo desse sistema não é o mesmo que estamos supondo.

- *s_state*: Como o nome já diz, esse membro fornece o estado do sistema de arquivos. A parte que mais nos interessa é se ele está sendo desmontado de modo correto. Se for feita uma tentativa de montar o sistema de arquivos e ele não tiver sido desmontado de modo correto da última vez, desejaremos forçar uma verificação de consistência.

- *s_journal_inum* e *s_journal_dev*: Identificam de modo exclusivo o local do arquivo de diário. Como se trata de um arquivo regular, seu número-i e seu dispositivo são suficientes para localizá-lo. Isso também implica que o diário pode, de fato, estar em um dispositivo diferente do que contém o sistema de arquivos, embora isso seja raro.

20.3.2 Nó-i EXT3

Como em outros sistemas de arquivos do tipo UNIX, o EXT3 utiliza nós-i para representar os arquivos. Essa estrutura contém todos os metadados de um arquivo em particular. Como definido, ela ocupa 132 bytes. No entanto, normalmente apenas 128 bytes são armazenados no disco e utilizados. Os últimos quatro bytes são utilizados apenas quando o sistema de arquivos é inicializado com nós-i maiores para manter atributos estendidos. Ou seja, na ausência de atributos estendidos, se tivermos uma dessas estruturas na memória e a gravarmos no disco, o membro *osd2* é o último a ser gravado; nem o *i_extra_isize* nem o *i_pad1* é gravado no nó-i do disco.

```
struct ext3_inode {
    __le16 i_mode; /* File mode */
    __le16 i_uid; /* Low 16 bits of Owner Uid */
    __le32 i_size; /* Size in bytes */
    __le32 i_atime; /* Access time */
    __le32 i_ctime; /* Creation time */
    __le32 i_mtime; /* Modification time */
    __le32 i_dtime; /* Deletion Time */
    __le16 i_gid; /* Low 16 bits of Group Id */
    __le16 i_links_count; /* Links count */
    __le32 i_blocks; /* Blocks count */
    __le32 i_flags; /* File flags */
```

```
union {
    struct {
        _ _u32 l_i_reserved1;
    } linux1;
    struct {
        _ _u32 h_i_translator;
    } hurd1;
    struct {
        _ _u32 m_i_reserved1;
    } masix1;
} osd1; /* OS dependent 1 */
_ _le32 i_block [EXT3_N_BLOCKS]; /* Pointers to blocks */
_ _le32 i_generation; /* File version (for NFS) */
_ _le32 i_file_acl; /* File ACL */
_ _le32 i_dir_acl; /* Directory ACL */
_ _le32 i_faddr; /* Fragment address */
union {
    struct {
        _ _u8 l_i_frag; /* Fragment number */
        _ _u8 l_i_fsize; /* Fragment size */
        _ _u16 i_pad1;
        _ _le16 l_i_uid_high; /* these 2 fields */
        _ _le16 l_i_gid_high; /* were reserved2[0] */
        _ _u32 l_i_reserved2;
    } linux2;
    struct {
        _ _u8 h_i_frag; /* Fragment number */
        _ _u8 h_i_fsize; /* Fragment size */
        _ _u16 h_i_mode_high;
        _ _u16 h_i_uid_high;
        _ _u16 h_i_gid_high;
        _ _u32 h_i_author;
    } hurd2;
    struct {
        _ _u8 m_i_frag; /* Fragment number */
        _ _u8 m_i_fsize; /* Fragment size */
        _ _u16 m_pad1;
```

550 ■ Princípios de sistemas operacionais

```
        _ _u32 m_i_reserved2[2];
    } masix2;
  } osd2; /* OS dependent 2 */
  _ _le16 i_extra_isize;
  _ _le16 i_pad1;
};
```

Observe que, assim como no superbloco, os dados no nó-i estão todos armazenados em ordem little endian. A maioria dos membros dessa estrutura representa os mesmos metadados descritos de modo geral no Capítulo 17.

- *i_mode*: Esse membro é uma coleção de bits que indica as permissões do arquivo e do tipo de arquivo. Três desses bits indicam as permissões do proprietário do arquivo; três, as do grupo a que o arquivo pertence; e três, todas as permissões restantes. Quatro bits indicam o tipo de arquivo: regular, diretório, link simbólico, arquivo especial de bloco, arquivo especial de caractere e assim por diante.
- *i_uid* e *i_gid*: Especificam os IDs do usuário e do grupo ao qual o arquivo pertence.
- *i_size*: Nesse membro, encontra-se o número de bytes do arquivo. Observe que todos os bytes incluídos em um arquivo disperso são contados aqui. Como consequência, esse valor não fornece, de fato, a quantidade de espaço utilizada no disco.
- *i_atime*, *i_ctime*, *i_mtime* e *i_dtime*: Esses registros de data e hora fornecem, respectivamente, o momento do último acesso, da última criação, da última modificação e da deleção. Todos são medidos em segundos desde a meia-noite de 1º de janeiro de 1970.
- *i_links_count*: Como em outros sistemas de arquivo do tipo UNIX, é possível haver múltiplas entradas de diretório que apontam para o mesmo nó-i. Esse membro fornece o número dessas entradas que apontam para um determinado nó-i.
- *i_blocks*: Trata-se do número de blocos de disco alocados para esse arquivo. Se for um arquivo disperso, esse número pode ser menor do que o sugerido pelo membro *i_size*.
- *i_block*: É um vetor de ponteiros de blocos. Ele segue o mesmo projeto básico do FFS BSD discutido na Seção 18.5. Os 12 primeiros ponteiros apontam diretamente para os 12 primeiros dados do arquivo. O ponteiro seguinte identifica um bloco indireto, que contém ponteiros para blocos de dados. O décimo quarto ponteiro aponta para um bloco duplamente indireto, que contém ponteiros para blocos indiretos que, por sua vez, contêm ponteiros para blocos de dados. Por fim, o décimo quinto ponteiro aponta para um bloco triplamente indireto, cujos ponteiros apontam para blocos duplamente indiretos.

20.3.3 Entradas de diretório EXT3

O projeto das entradas de diretório no sistema de arquivos EXT3 é similar ao do FFS BSD. A principal diferença é a adição de um membro do tipo.

```
struct ext3_dir_entry_2 {
    _ _le32 inode; /* Inode number */
    _ _le16 rec_len; /* Directory entry length */
    _ _u8 name_len; /* Name length */
    _ _u8 file_type;
    char name[EXT3_NAME_LEN]; /* File name */
};
```

Como em outras estruturas no disco, os membros da estrutura das entradas de diretório estão todos armazenados em ordem little endian. Essas estruturas não ultrapassam os limites do bloco de disco. Se uma entrada for adicionada e não houver espaço suficiente para armazenar toda a estrutura no bloco, um novo bloco é alocado e a estrutura é armazenada nele.

- *inode*: Trata-se do número-i dessa entrada. É utilizado como um índice para a tabela de nós-i.

- *rec_len*: Esse membro fornece o número de bytes da entrada toda de diretório. É utilizado para localizar o início da próxima entrada.

- *name_len*: O número de caracteres no nome de arquivo é dado por esse membro.

- *file_type*: Mantemos aqui uma cópia da informação de tipo a partir do modo de arquivo, de forma que o tipo de arquivo possa ser rapidamente determinado sem a necessidade de se ler o nó-i na memória.

- *name*: Armazenamos aqui o nome do arquivo. A quantidade real de espaço utilizado nesse campo não é EXT3_NAME_LEN. Trata-se do comprimento do nome arredondado acima para o múltiplo de quatro mais próximo.

20.4 Procura de nomes no EXT3

Para ilustrar o modo como o EXT3 implementa os princípios de suporte ao sistema de arquivos, examinaremos duas operações significativas. A primeira é a tradução de um nome de caminho para um nó-i como parte da chamada ao sistema *open*( ). No restante do capítulo, seguiremos com uma análise de alguns elementos da chamada ao sistema *write*( ), inclusive a tradução de um número de bloco lógico no arquivo para o número de bloco físico no disco. A maioria do código dessas duas seções faz parte da camada VFS, não sendo específica para o sistema de arquivos EXT3. As séries de funções que analisaremos para a pesquisa de nomes são apresentadas na Figura 20-2. As funções acima da linha tracejada fazem parte da camada do VFS e as abaixo são específicas do sistema de arquivos EXT3. Todas as funções de EXT3 que podem ser chamadas pela camada do VFS são facilmente identificadas por terem nomes que começam com *ext3_* (a única outra função específica de EXT3 que cobriremos aqui será a *search_dirblock*( )). Conforme progredirmos, apontaremos onde o controle passa da camada do VFS para o código específico de EXT3.

552 ■ Princípios de sistemas operacionais

20.4.1 Percurso de um caminho

A chamada ao sistema *open*( ) entra no kernel com a função *sys_open*( ). Uma das principais tarefas da abertura de um arquivo é localizar o nó-i que corresponde ao nome de caminho pelo qual o programa da aplicação passa. Com o nó-i, o código da chamada de abertura ao sistema pode verificar a permissão da operação e construir a estrutura de dados interna do arquivo aberto. Após cerca de sete chamadas de funções embutidas, chegamos à função _ _link_path_walk( ) do VFS, definida em fs/namei.c, para seguir o nome de caminho ao longo da árvore de diretórios.

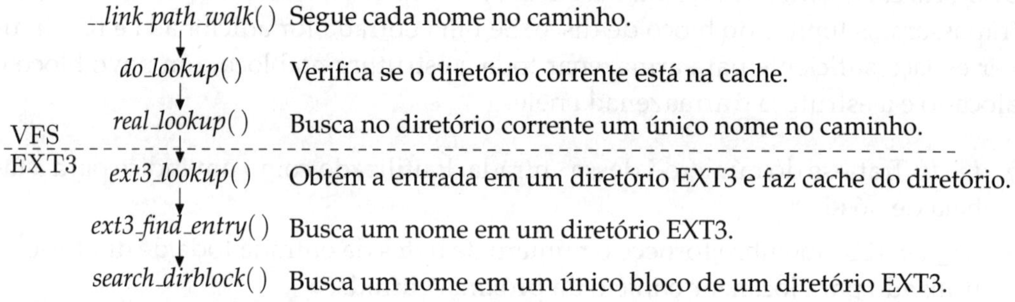

	_link_path_walk( )	Segue cada nome no caminho.
	do_lookup( )	Verifica se o diretório corrente está na cache.
VFS	real_lookup( )	Busca no diretório corrente um único nome no caminho.
EXT3	ext3_lookup( )	Obtém a entrada em um diretório EXT3 e faz cache do diretório.
	ext3_find_entry( )	Busca um nome em um diretório EXT3.
	search_dirblock( )	Busca um nome em um único bloco de um diretório EXT3.

Figura 20-2: Funções chamadas para percorrer um caminho

static fastcall int _ _link_path_walk(const char **name*, **struct nameidata** **nd*)
{
    struct path *next*;
    struct inode **inode*;
    int *err*;
    unsigned int *lookup_flags = nd→flags*;

20.4.1.1 Preparação da caminhada

O nome de caminho recebido pode ser absoluto ou relativo. Para um nome absoluto, é suficiente uma barra de indicação, mas também desejamos tolerar quantas mais houver. Independente disso, realmente desejamos encontrar o primeiro caractere que não seja uma barra.

  while (**name* ≡ ' / ')
    name++;
  if (¬**name*)
    goto *return_reval*;

Quando essa função é chamada, *nd* aponta para uma estrutura que inclui um ponteiro para a entrada do diretório (que, por sua vez, aponta para o nó-i) como o ponto de partida da nossa busca. Se o nome de caminho for absoluto, então ele será a raiz do diretório. Para nomes relativos, começamos com o diretório de trabalho corrente.

> *inode = nd→dentry→d_inode;*
> **if** (*nd→depth*)
>   *lookup_flags* = LOOKUP_FOLLOW | (*nd→flags* & LOOKUP_CONTINUE);

Esse loop é repetido uma vez para cada elemento do caminho.

> **for** (; ;) {
>   **unsigned long** *hash*;
>   **struct qstr** *this*;
> **unsigned int** *c*;
> *nd→flags* |= LOOKUP_CONTINUE;
> *err = exec_permission_lite(inode, nd);*
> **if** (*err* ≡ −EAGAIN)
>   *err = vfs_permission(nd,* MAY_EXEC);
> **if** (*err*)
>   **break**;
> *this.name = name;*

Calculamos agora um hash em relação a esse componente do nome. É claro que um componente de nome de caminho é delimitado por uma barra ou pelo final da string.

> *c* = *(**const unsigned char** *) *name*;
> *hash = init_name_hash*( );
> **do** {
>   *name++;*
>   *hash = partial_name_hash(c, hash);*
>   *c* = *(**const unsigned char** *) *name*;
> } **while** (*c* ∧ (*c* ≠ '/'));
> *this.len = name* − (**const char** *) *this.name*;
> *this.hash = end_name_hash(hash);*
> **if** (¬*c*)
>   **goto** *last_component*;

Como no início da string, podemos ter mais de uma barra delimitando os componentes do caminho. Essa etapa não consiste simplesmente na preparação da próxima iteração do loop. É também necessário determinar se esse é o último componente do caminho. Se o último caractere for uma barra, temos que remeter a um diretório.

554 ■ Princípios de sistemas operacionais

```
while (*++name ≡ '/');
if (¬*name)
    goto last_with_slashes;
```

20.4.1.2 Tratamento de componentes internos

Essa seção do código é entrada para todos os componentes do caminho, exceto para o último. Desejamos tratar especificamente de dois tipos de nomes: ponto (.) e ponto duplo (..). O caso é simples, basta passarmos para o próximo componente do caminho. No caso .. , utilizamos as informações do pai na entrada do diretório na memória para seguir esse componente. Essas etapas nos permitem seguir os dois casos mais rapidamente e, em seguida, buscar seus diretórios.

```
if (this.name[0] ≡ '.')
    switch (this.len) {
    default:
        break;
    case 2:
        if (this.name[1] ≠ '.')
            break;
        follow_dotdot(nd);
        inode = nd→dentry→d_inode;
    case 1:
        continue;
    }
if (nd→dentry→d_op ∧ nd→dentry→d_op→d_hash) {
    err = nd→dentry→d_op→d_hash(nd→dentry, &this);
    if (err < 0) break;
}
```

Assim, procuramos esse nome no diretório corrente. Isso é feito em do_lookup( ), que examinaremos depois.

```
err = do_lookup(nd, &this, &next);
if (err)
    break;
err = −ENOENT;
inode = next.dentry→d_inode;
if (¬inode)
    goto out_dput;
```

*err = −*ENOTDIR;
if (¬*inode→i_op*)
    goto *out_dput*;

Se tivermos um link simbólico, precisaremos segui-lo. Tudo que temos a fazer é configurar o membro *follow_link* da estrutura de operação se o arquivo for, de fato, um link simbólico. De outro modo, ele será nulo e tomaremos a direção do **else**, que prepara *nd* para a próxima iteração do loop.

if (*inode→i_op→follow_link*) {
    err = do_follow_link(&next, nd);
    if (*err*)
        goto *return_err*;
    *err = −*ENOENT;
    inode = nd→dentry→d_inode;
    if (¬*inode*)
        break;
    *err = −*ENOTDIR;
    if (¬*inode→i_op*) **break**;
}
else
    path_to_nameidata(&next, nd);
    *err = −*ENOTDIR;
    if (¬*inode→i_op→lookup*)
        break;

Nesse ponto, chegamos ao fim do tratamento de quase todos os nomes, exceto o último. O membro **continue** diz, essencialmente, que é o momento de passar para o próximo nome do caminho.

continue;

20.4.1.3 Tratamento do último nome do caminho

Essa próxima seção de código trata a procura e o link que ocorrem quando atingimos o último nome no caminho. O motivo por que ela é apresentada separadamente é o fato de haver alguns casos especiais em que desejamos um comportamento diferente. Por exemplo, podemos estar fazendo essa pesquisa para encontrar o conteúdo de um link simbólico em vez de segui-lo. No entanto, como estamos tratando do caso de uma pesquisa orientada por uma chamada ao sistema *open*( ), esses casos especiais não estão em questão. Assim, pularemos a maioria dos detalhes remanescentes dessa função.

```
last_with_slashes:
    lookup_flags |= LOOKUP_FOLLOW | LOOKUP_DIRECTORY;
last_component:
    nd→flags &= lookup_flags | ~LOOKUP_CONTINUE;
    if (lookup_flags & LOOKUP_PARENT)
        goto lookup_parent;
    if (this.name[0] ≡ '.')
        switch (this.len) {
        default:
            break;
        case 2:
            if (this.name[1] ≠ '.')
                break;
            follow_dotdot(nd);
            inode = nd→dentry→d_inode;
        case 1:
            goto return_reval;
        }
    if (nd→dentry→d_op ∧ nd→dentry→d_op→d_hash) {
        err = nd→dentry→d_op→d_hash(nd→dentry, &this);
        if (err < 0)
            break;
    }
    err = do_lookup(nd, &this, &next);
    if (err)
        break;
inode = next.dentry→d_inode;
if ((lookup_flags & LOOKUP_FOLLOW) ∧ inode
        ∧ inode→i_op ∧ inode→i_op→follow_link) {
    err = do_follow_link(&next, nd);
    if (err)
        goto return_err;
    inode = nd→dentry→d_inode;
}
else
    path_to_nameidata(&next, nd);
err = -ENOENT;
```

```
if (¬inode)
    break;
if (lookup_flags & LOOKUP_DIRECTORY) {
    err = -ENOTDIR;
    if (¬inode→i_op ∨ ¬inode→i_op→lookup)
        break;
}
```

20.4.1.4 Encerramento

Esse é o ponto em que, normalmente, encerramos a avaliação do caminho.

```
    goto return_base;
lookup_parent:
    nd→last = this;
    nd→last_type = LAST_NORM;
    if (this.name[0] ≠ '.')
        goto return_base;
    if (this.len ≡ 1)
        nd→last_type = LAST_DOT;
    else if (this.len ≡ 2 ∧ this.name[1] ≡ '.')
        nd→last_type = LAST_DOTDOT;
    else
        goto return_base;
return_reval:
    if (nd→dentry ∧ nd→dentry→d_sb
            ∧ (nd→dentry→d_sb→s_type→fs_flags & FS_REVAL_DOT)) {
        err = -ESTALE;
        if (¬nd→dentry→d_op→d_revalidate(nd→dentry, nd))
            break;
    }
```

Agora estamos prontos para retornar. Em cada etapa modificamos *nd* para referenciar cada nome no caminho. Agora que chegamos ao seu final, *nd* corresponde ao arquivo identificado pelo nome de caminho completo. Temos incluída nessa estrutura a entrada do diretório, que aponta para o nó-i. Como consequência, nosso objetivo foi atingido.

```
    return_base:
        return 0;
```

```
out_dput:
    dput_path (&next, nd);
    break;
}
path_release(nd);
return_err:
    return err;
}
```

20.4.2 Procura em diretório genérico (parte 1)

Essa função é o primeiro estágio na procura de uma entrada de diretório como parte da camada VFS e é encontrada em **fs/namei.c**. Seu principal papel é distinguir entre o caso rápido, em que já temos a entrada do diretório na cache, e o mais lento, em que é necessário, de fato, procurar por ela em um diretório. Ela pode se parecer um pouco com um código tipo espaguete,[1] mas é organizada de modo que o caso mais rápido é resolvido diretamente.

```
static int do_lookup (struct nameidata *nd, struct qstr *name,
    struct path *path)
{
    struct vfsmount *mnt = nd→mnt;
```

A chamada para _ _d_lookup( ) verifica a cache de entradas do diretório para o objeto de nossa busca. Se o encontrarmos, retornamos um ponteiro para sua entrada do diretório. Do contrário, retornamos um ponteiro nulo.

```
struct dentry *dentry = _ _d_lookup(nd→dentry, name);
```

As várias linhas que se seguem distinguem entre o caso rápido (temos a entrada na cache) e o outro caso (precisamos procurá-la). Se ela estiver na cache, finalizamos registrando a estrutura **dentry** que encontramos antes de retornar.

```
    if (¬dentry)
        goto need_lookup;
    if (dentry¬d_op ∧ dentry→d_op→d_revalidate)
        goto need_revalidate;
done:
    path→mnt = mnt;
```

---

[1] Segundo o autor, se você desenhar uma linha do fluxo de execução de um código deste tipo, o resultado final se parecerá com um espaguete, contendo loops deslocados e saltos diversos. (N.R.T.)

```
path→dentry = dentry;
_ _follow_mount(path);
return 0;
```

Se não tivermos encontrado a entrada do diretório na cache, chegaremos a esse ponto no código em que chamaremos *real_lookup*( ) para realizar a busca real. Se isso for bem-sucedido, voltaremos ao caminho rotulado por *done*.

```
need_lookup:
    dentry = real_lookup(nd→dentry, name, nd);
    if (IS_ERR(dentry))
        goto fail;
    goto done;
```

Não se utiliza revalidação no sistema de arquivos EXT3; ignoraremos esse código em nome da clareza e do espaço.

```
need_revalidate:
    if (dentry→d_op→d_revalidate(dentry, nd))
        goto done;
    if (d_invalidate(dentry))
        goto done;
    dput(dentry);
    goto need_lookup;
fail:
    return PTR_ERR(dentry);
}
```

Ao retornarmos dessa função, ou teremos a entrada de diretório desejada à disposição ou teremos falhado em procurá-la. No segundo caso, a aplicação provavelmente estava tentando abrir um arquivo que não existe.

20.4.3 Procura em diretório genérico (parte 2)

Tendo tratado do caso rápido e (esperamos) comum, em que a entrada do diretório está na cache, voltemo-nos agora para o caso em que ela não está lá. É claro que a realização efetiva da busca em diretório é uma operação específica de sistema. Consequentemente, essa função VFS é um pouco mais do que um invólucro de uma chamada à função de busca em diretório para um sistema de arquivos particular. Encontramos essa função definida em fs/namei.c.

static struct dentry *real_lookup*(**struct dentry** *parent*, **struct qstr** *name*,

    struct nameidata *nd*)

560 ■ Princípios de sistemas operacionais

```
{
    struct dentry *result;
    struct inode *dir = parent→d_inode;
```

Pode parecer redundante chamar *d_lookup*( ) após termos chamado _ _*d_lookup*( ). O motivo para isso é que a primeira chamada foi feita sem qualquer bloqueio de exclusão mútua. Como consequência, é possível (embora improvável) que, entre o momento em que fizemos a chamada e o presente, a entrada de diretório que queríamos tenha entrado na cache.

```
    mutex_lock(&dir→i_mutex);
    result = d_lookup(parent, name);
```

Normalmente, não devemos esperar sermos bem-sucedidos na busca da entrada de diretório desejada. Aqui, chamamos a função de pesquisa de diretório subjacente para o sistema de arquivos específico. Em nosso caso, trata-se do EXT3. É nesse ponto que o controle é transferido da camada do VFS para o código específico do EXT3.

```
    if (¬result) {
        struct dentry *dentry = d_alloc(parent, name);
        result = ERR_PTR(-ENOMEM);
        if (dentry) {
            result = dir→i_op→lookup(dir, dentry, nd);
            if (result)
                dput (dentry);
            else
                result = dentry;
        }
        mutex_unlock(&dir→i_mutex);
        return result;
    }
```

Por fim, se a tivermos encontrado na segunda busca, retornamos agora a entrada na cache.

```
    mutex_unlock(&dir→i_mutex);
    if (result→d_op ∧ result→d_op→d_revalidate) {
        if (¬result→d_op→d_revalidate(result, nd) ∧ ¬d_invalidate(result)) {
            dput(result);
            result = ERR_PTR(-ENOENT);
        }
    }
```

return *result*;

}

20.4.4 Procura em diretório EXT3

Agora, fazemos a transição do código genérico de VFS para o código específico de EXT3. Essa primeira função realiza, basicamente, três tarefas: chama a busca real de diretórios, carrega o nó-i e adiciona a nova entrada de diretório à cache. Sua definição é encontrada em **fs/ext3/namei.c**.

static struct dentry *ext3_lookup(**struct inode** *dir, **struct dentry** *dentry,
   struct nameidata *nd)

{

   struct inode *inode;
   struct ext3_dir_entry_2 *de;
   struct buffer_head *bh;

Antes de fazermos qualquer outra coisa, verificamos uma condição de erro, a saber: a aplicação está solicitando um nome de arquivo muito longo para EXT3, cujo comprimento máximo de nome é de 255 caracteres.

if (*dentry→d_name.len* > EXT3_NAME_LEN)
   return ERR_PTR(−ENAMETOOLONG);

Em seguida, chamamos *ext3_find_entry*( ) para realizar a busca real no diretório. Se ela falhar retorna um ponteiro nulo.

bh = ext3_find_entry(dentry, &de);

Se a busca no diretório for bem-sucedida, carregamos o nó-i para a entrada.

inode = Λ ;
if (*bh*) {
   unsigned long *ino = le32_to_cpu(de→inode);*
   brelse(bh);
   if (¬*ext3_valid_inum(dir→i_sb, ino*)) {
      ext3_error(dir→i_sb, "ext3_lookup",
         "bad inode number: %lu", *ino*);
      inode = Λ;
   }
   else
      inode = iget(dir→i_sb, ino);
   if (¬*inode*)

```
        return ERR_PTR(-EACCES);
}
```

Por fim, adicionamos a entrada de diretório recém-encontrada à cache. Essa chamada trata corretamente do caso em que essa entrada for um alias de outra que já esteja na cache. Observe que não temos que nos preocupar que outra procura em diretório coloque uma entrada na cache antes de nós. Essa função é chamada com um bloqueio de exclusão mútua.

```
        return d_splice_alias(inode, dentry);
}
```

20.4.5 Pesquisa de diretório EXT3

A pesquisa real de diretório por si mesma é mais complexa do que o esperado. Como o diretório está potencialmente disperso por muitos blocos, temos que carregar e pesquisar cada bloco. Se o diretório for grande, pode consumir muito tempo. Por esse motivo, o sistema de arquivos EXT3 fornece a possibilidade de criar um índice em tabela hash para o diretório. Em nome da simplicidade, no entanto, assumiremos que o diretório em que estamos pesquisando não esteja indexado. Essa função, que trata da busca de múltiplos blocos, é encontrada em **fs/ext3/namei.c**.

```
static struct buffer_head *ext3_find_entry(struct dentry *dentry,
    struct ext3_dir_entry_2 **res_dir)
{
    struct super_block *sb;
    struct buffer_head *bh_use [NAMEI_RA_SIZE];
    struct buffer_head *bh, *ret = ∧;
    unsigned long start, block, b;
    int ra_max = 0;
    int ra_ptr = 0;
    int num = 0;
    int nblocks, i, err;
    struct inode *dir = dentry→d_parent→d_inode;
    int namelen;
    const u8 *name;
    unsigned blocksize;
```

Começaremos configurando algumas variáveis que determinam o processo de pesquisa. Também fazemos uma pequena verificação de erro para assegurar que tenhamos um nome de arquivo válido.

*res_dir = Λ;

sb = dir→i_sb;

blocksize = sb→s_blocksize;

namelen = dentry→d_name.len;

name = dentry→d_name.name;

if (namelen > EXT3_NAME_LEN)

    return Λ;

Aqui, tratamos o caso de um diretório com índice. Em favor da demonstração dos princípios básicos, assumiremos que o diretório em que estamos correntemente fazendo a pesquisa não é um desses.

#ifdef CONFIG_EXT3_INDEX

    if (is_dx(dir)) {

        bh = ext3_dx_find_entry(dentry, res_dir, &err);

        if (bh ∨ (err ≠ ERR_BAD_DX_DIR))

            return bh;

        dxtrace(printk("ext3_find_entry:␣dx␣failed,␣falling␣back\n"));

    }

#endif

Em seguida, configuramos o loop que será executado uma vez para cada bloco no diretório.

    nblocks = dir→i_size ≫ EXT3_BLOCK_SIZE_BITS(sb);

    start = EXT3_I(dir)→i_dir_start_lookup;

    if (start ≥ nblocks)

        start = 0;

    block = start;

restart:

    do {

20.4.5.1 Leitura contínua

A seção seguinte do código trata da leitura contínua. A ideia aqui é que, em vez de emitir uma solicitação por vez para blocos de disco, é melhor providenciar várias ao mesmo tempo. É muito provável que estejam muito próximos no disco e, entre outras coisas, isso reduz a movimentação do cabeçote. A chamada *ext3_getblk*( ) trata do gerenciamento de buffers de blocos de disco. Por meio da chamada *ll_rw_block*( ), solicitamos um bloco a partir do driver do dispositivo. Essa é a conexão ao código no caso da unidade de disquete que discutimos na Seção 16.4 (devemos observar, no

564 ■ Princípios de sistemas operacionais

entanto, que não é comum utilizar o sistema de arquivos EXT3 em disquete; normalmente, esse sistema é encontrado em unidades de disco rígido maiores).

```
if (ra_ptr ≥ ra_max) {
    ra_ptr = 0;
    b = block;
    for (ra_max = 0; ra_max < NAMEI_RA_SIZE; ra_max++) {
        if (b ≥ nblocks ∨ (num ∧ block ≡ start)) {
            bh_use[ra_max] = Λ;
            break;
        }
        num++;
        bh = ext3_getblk(Λ, dir, b++, 0, &err);
        bh_use[ra_max] = bh;
        if (bh)
            ll_rw_block(READ, 1, &bh);
    }
}
```

Tendo, agora, alguns blocos pré-carregados, obtemos o próximo para pesquisa.

```
if ((bh = bh_use[ra_ptr++]) ≡ Λ)
    goto next;
wait_on_buffer(bh);
if (¬buffer_uptodate(bh)) {
    ext3_error(sb, __FUNCTION__,
        "reading␣directory␣#%lu␣""offset␣%lu", dir→i_ino, block);
    brelse(bh);
    goto next;
}
```

20.4.5.2 Pesquisa de um bloco de diretório

Faremos agora a pesquisa real. Se formos bem-sucedidos, poderemos parar o avanço pelos blocos e retornar. Do mesmo modo, se obtivermos um erro no processo de pesquisa, sairemos antecipadamente e retornaremos.

```
i = search_dirblock(bh, dir, dentry, block ≪ EXT3_BLOCK_SIZE_BITS(sb), res_dir);
if (i ≡ 1) {
    EXT3_I(dir)→i_dir_start_lookup = block;
```

```
        ret = bh;
        goto cleanup_and_exit;
    }
    else {
        brelse(bh);
        if (i < 0)
            goto cleanup_and_exit;
    }
```

Ainda não encontramos o bloco; assim, passamos para o próximo bloco. É claro que, se acabarem os blocos e ainda não tivermos encontrado o nome para o qual estamos pesquisando, saímos do loop.

```
    next:
        if (++block ≥ nblocks)
            block = 0;
    } while (block ≠ start);
```

Há uma pequena chance de que o diretório tenha aumentado enquanto o estávamos procurando. Em particular, mais arquivos podem ter sido adicionados. Se não encontrarmos o arquivo desejado e o diretório tiver aumentado, tentamos procurar na parte nova do diretório.

```
    block = nblocks;
    nblocks = dir→i_size >> EXT3_BLOCK_SIZE_BITS(sb);
    if (block < nblocks) {
        start = 0;
        goto restart;
    }
```

Tendo encontrado ou não o arquivo, encerramos agora os buffers utilizados para a leitura contínua e estamos prontos para retornar os resultados.

```
    cleanup_and_exit:
        for ( ; ra_ptr < ra_max; ra_ptr ++)
            brelse(bh_use[ra_ptr]);
        return ret;
    }
```

20.4.6 Pesquisa de bloco de diretório EXT3

A última função a ser examinada como parte das pesquisas de nomes é a *search_dirblock*( ), encontrada em fs/ext3/namei.c. Essa função procura em todas as entradas de diretório de um único bloco do sistema de arquivos por alguma entrada que coincida com o nome do objeto de nossa pesquisa.

```
static inline int search_dirblock(struct buffer_head *bh, struct inode *dir,
    struct dentry *dentry, unsigned long offset,
    struct ext3_dir_entry_2 **res_dir)
{
    struct ext3_dir_entry_2 *de;
    char *dlimit;
    int de_len;
    const char *name = dentry→d_name.name;
    int namelen = dentry→d_name.len;
```

Conforme passamos em loop pelas entradas desse bloco, *de* sempre apontará para a entrada dessa iteração e *dlimit* nos dirá quando parar, de modo que *ext3_find_entry* possa passar para o próximo bloco.

```
    de = (struct ext3_dir_entry_2 *) bh→b_data;
    dlimit = bh→b_data + dir→i_sb→s_blocksize;
    while ((char *) de < dlimit) {
```

Se esse nome de entrada coincidir com o que estamos buscando, podemos considerar o processo bem-sucedido e retornar.

```
    if ((char *) de + namelen ≤ dlimit ∧ ext3_match(namelen, name, de)) {
        if (¬ext3_check_dir_entry("ext3_find_entry", dir, de, bh, offset))
            return -1;
        *res_dir = de;
        return 1;
    }
```

Se não tivermos encontrado a entrada necessária, passamos, então, para a próxima. Como as entradas não têm tamanho fixo, utilizamos o membro *rec_len* da estrutura para dizer onde está a próxima.

```
        de_len = le16_to_cpu(de→rec_len);
        if (de_len ≤ 0)
            return -1;
        offset += de_len;
```

```
    de = (struct ext3_dir_entry_2 *)((char *) de + de_len);
  }
  return 0;
}
```

Após termos encontrado o nome necessário, retornamos para *ext3_find_entry*( ) que, por sua vez, retorna para *ext3_lookup*( ), onde o nó-i é carregado e a entrada do diretório é colocada na cache. Desse ponto em diante, o percurso do nome do caminho pode prosseguir e todas as referências futuras a esse arquivo serão encontradas na cache (até que sua entrada seja descarregada para abrir espaço para novas entradas).

20.5 Gravação de arquivos

Enquanto o arquivo é aberto, a aplicação pode emitir sobre ele outras chamadas ao sistema orientadas a arquivo. As mais comuns são, obviamente, *read*( ) e *write*( ). Nessa seção, daremos uma breve olhada na mecânica de implementação da chamada ao sistema *write*( ). A sequência de funções a serem consideradas é exibida na Figura 20-3. Em um nível alto, a gravação de um arquivo começa com a determinação do ponto em que estamos gravando. Feito isso, retornamos o controle para a camada do VFS, em que a solicitação é verificada para assegurar que não viole restrições de segurança ou outras limitações durante a gravação. Após verificarmos que a solicitação é permitida, passamos o controle para a função de gravação específica EXT3, que implementa a gravação por meio do suporte aos arquivos mapeados na memória do subsistema de gerenciamento de memória.

sys_write( )	Trata da chamada ao sistema *write*( ).
vfs_write( )	Executa as operações de gravação do VFS.
ext3_file_write( )	Grava o arquivo em um sistema de arquivos EXT3.

Figura 20-3: Chamadas EXT3 para gravação em arquivo

20.5.1 Chamadas ao sistema para gravação no Linux

O ponto de entrada para a chamada ao sistema *write*( ) é *sys_write*( ), conforme definida em fs/read_write.c. Na verdade, trata-se de um pouco mais do que o invólucro de uma implementação de gravação genérica para o VFS.

```
asmlinkage ssize_t sys_write(unsigned int fd, const char _ _user *buf,
    size_t count)
{
```

```
struct file *file;
ssize_t ret = –EBADF;
int fput_needed;
```

A aplicação nos fornece um descritor de arquivo. Precisamos de um ponteiro para a estrutura interna do arquivo aberto. Uma chamada para *fget_light( )* é o caminho certo para fazer isso neste contexto.

```
file = fget_light(fd, &fput_needed);
if (file) {
```

Antes da gravação, precisamos encontrar onde gravar. Esse dado é armazenado na estrutura do arquivo aberto. Do mesmo modo, feita a operação de gravação, precisaremos atualizar a posição do arquivo na estrutura.

```
loff_t pos = file_pos_read(file);
ret = vfs_write(file, buf, count, &pos);
file_pos_write(file, pos);
```

Nesse ponto, teremos terminado de utilizar a estrutura, por enquanto, e poderemos retornar.

```
    fput_light(file, fput_needed);
}
    return ret;
}
```

20.5.2 Gravação genérica de arquivos

Nesse ponto, cuidamos das partes da operação de gravação que são independentes do sistema de arquivos e, portanto, são parte da camada do VFS. O código dessa função é encontrado em fs/read_write.c. A maioria dessas operações consiste na verificação da validade da solicitação.

```
ssize_t vfs_write(struct file *file, const char _ _user *buf, size_t count,
    loff_t *pos)
{
    ssize_t ret;
```

O primeiro teste consiste em assegurar que o arquivo de fato esteja aberto à gravação. Mesmo que o usuário tenha permissão para gravar no arquivo, se ele estiver aberto como somente leitura, será um erro tentar a gravação.

```
if (¬(file→f_mode & FMODE_WRITE))
    return −EBADF;
```

Se o sistema de arquivos envolvido não definir um modo de tratar as gravações, essa não é uma solicitação válida.

```
if (¬file→f_op ∨ (¬file→f_op→write ∧ ¬file→f_op→aio_write))
return −EINVAL;
```

Em seguida, asseguramos que temos permissão para ler o espaço de memória a partir do qual o processo nos solicitou que os dados fossem tomados.

```
if (unlikely(¬access_ok(VERIFY_READ, buf, count)))
    return −EFAULT;
```

Neste momento, asseguramos que estamos trabalhando em uma área válida do arquivo. Uma parte dessa tarefa é garantir que não estamos iniciando ou terminando em um deslocamento negativo do arquivo. Outra verificação é checar se a área em que estamos gravando não está bloqueada contra gravações.

```
ret = rw_verify_area(WRITE, file, pos, count);
if (ret ≥ 0) {
    count = ret;
```

Em seguida, verificamos a permissão do arquivo para assegurar que o usuário pode gravar para o arquivo.

```
ret = security_file_permission(file, MAY_WRITE);
if (¬ret) {
```

Agora, estamos prontos para chamar a função de gravação específica do sistema. Se não existe uma dessas funções definida, voltamos para a genérica. Em nosso caso, temos definida a função do sistema de arquivos EXT3 e, assim, transferimos o controle da camada VFS para o código específico EXT3.

```
if (file→f_op→write)
    ret = file→f_op→write(file, buf, count, pos);
else
    ret = do_sync_write(file, buf, count, pos);
```

Se a gravação for bem-sucedida, atualizamos alguns registros e retornamos. O valor retornado é o número de bytes gravados com sucesso.

```
        if (ret > 0) {
            fsnotify_modify(file→f_dentry);
```

570 ■ Princípios de sistemas operacionais

```
            current wchar += ret;
        }
        current→syscw++;
    }
}
return ret;
}
```

20.5.3 Gravação de arquivos EXT3

O código de gravação específico EXT3 é encontrado na *ext3_file_write*( ) em fs/ext3/file.c. Não há, na verdade, muitas atividades específicas desse sistema. A maioria das tarefas é realizada por uma chamada genérica.

```
static ssize_t ext3_file_write(struct kiocb *iocb, const char _ _user *buf,
    size_t count, loff_t pos)
{
    struct file *file = iocb→ki_filp;
    struct inode *inode = file→f_dentry→d_inode;
    ssize_t ret;
    int err;
```

A primeira etapa consiste em chamar uma rotina genérica de gravação de arquivo, que, de fato, é definida como parte do subsistema de gerenciamento de memória. Ela é construída sobre o suporte aos arquivos mapeados na memória.

```
ret = generic_file_aio_write(iocb, buf, count, pos);
if (ret ≤ 0)
    return ret;
```

O restante dessa função trata do registro em diário suportado pelo EXT3. Normalmente, apenas os metadados são assim registrados nesse sistema de arquivos. No entanto, também há a opção de diário de dados de arquivos. Se esse arquivo for marcado para registro em diário, fazemos isso por meio da chamada *ext3_force_commit*( ). Do contrário, vamos diretamente ao *return* final e passamos o controle de volta para *vfs_write*( ).

```
if (file→f_flags & O_SYNC) {
    if (¬ext3_should_journal_data(inode))
        return ret;
    goto force_commit;
}
```

```
    if (¬IS_SYNC(inode))
        return ret;
force_commit :
    err = ext3_force_commit(inode→i_sb);
    if (err)
        return err;
    return ret;
}
```

20.6 Localização de blocos de arquivos EXT3

Passemos, agora, a uma última responsabilidade do sistema de arquivos EXT3, a saber: localizar o bloco físico que contém um bloco lógico particular de um arquivo. As duas funções que consideraremos são chamadas uma após a outra quando estivermos localizando um desses blocos.

20.6.1 Identificação dos blocos indiretos

Em fs/ext3/inode.c, encontramos essa função que constrói uma lista de blocos indiretos pelos quais é necessário passar para chegar ao bloco de dados desejado. Dependendo do tamanho do arquivo, os blocos podem ser listados em uma árvore de um, dois ou três níveis. Desejamos obter o caminho da raiz da árvore até o bloco de dados. Especificamos o número de bloco lógico desejado com o parâmetro *i_block*. O resultado dessa função é um vetor em que cada elemento é um deslocamento para a vetor de ponteiros de blocos diretos ou para um bloco indireto.

```
    static int ext3_block_to_path(struct inode *inode, long i_block, int offsets[4],
        int *boundary)
    {
```

Essas poucas declarações iniciais nos fornecem os números de ponteiros de blocos encontrados na lista de blocos diretos e na de blocos indiretos. Como discutido anteriormente, o número de ponteiros diretos é fixado com parte do projeto de nós-i, de modo que *direct_blocks* é assim também, independente de outros parâmetros do sistema de arquivos. De outro modo, o número de ponteiros de blocos que pode ser armazenado em um bloco indireto depende do número de bytes por bloco. O macro EXT3_ADDR_PER_BLOCK nos fornece o número de ponteiros de um bloco indireto. O cálculo de *double_blocks* é um pouco mais sutil. Esse valor nos indica o número de blocos de dados que pode ser acessado pelo ponteiro do nó-i para o bloco duplamente indireto. Trata-se do quadrado do número de blocos que um bloco indireto pode apontar. Por exemplo, se um bloco indireto é capaz de manter 256 ponteiros, o bloco duplamente indireto pode apontar para 256 blocos indiretos simples, cada um dos

572 ■ Princípios de sistemas operacionais

quais pode apontar para 256 blocos de dados, o que perfaz um total de 65.536 blocos de dados. Nesse caso, calculamos o quadrado da expressão $2^{2 \log_2 n}$, em que n é o número de ponteiros em um bloco.

int *ptrs* = EXT3_ADDR_PER_BLOCK(*inode→i_sb*);

int *ptrs_bits* = EXT3_ADDR_PER_BLOCK_BITS(*inode→i_sb*);

const long *direct_blocks* = EXT3_NDIR_BLOCKS, *indirect_blocks* = *ptrs*,
  double_blocks = (1 ≪ (*ptrs_bits* * 2));

int *n* = 0;

int *final* = 0;

if (*i_block* < 0) {
  ext3_warning(*inode→i_sb*, "ext3_block_to_path", "block␣<␣0");
}

O primeiro caso é um número de blocos pequeno o suficiente para ser identificado pelos ponteiros de blocos de dados do nó-i.

else if (*i_block* < *direct_blocks*) {
  offsets[n++] = *i_block*;
  final = *direct_blocks*;
}

O segundo caso é aquele em que o número de blocos é muito grande para ser endereçado pelos ponteiros diretos, mas pequeno o suficiente para ser identificado por um bloco indireto simples. Aqui, o caminho na árvore inclui dois nós.

else if ((*i_block* −= *direct_blocks*) < *indirect_blocks*) {
  offsets[n++] = EXT3_IND_BLOCK;
  offsets[n++] = *i_block*;
  final = *ptrs*;
}

No caso seguinte, lidamos com o bloco duplamente indireto. Nós nos deparamos com ele quando o número de blocos é muito grande para um bloco indireto simples, mas pode ser endereçado pelos blocos indiretos simples apontados pelo duplo. Como passaremos primeiro pelo bloco indireto duplo, seguido por um bloco indireto simples e, finalmente, pelo bloco de dados, teremos um caminho de comprimento triplo.

else if ((*i_block* −= *indirect_blocks*) < *double_blocks*) {
  offsets[n++] = EXT3_DIND_BLOCK;
  offsets[n++] = *i_block* ≫ *ptrs_bits*;
  offsets[n++] = *i_block* & (*ptrs* − 1);

final = ptrs;
}

Por fim, se o número de blocos for grande o suficiente, utilizaremos o bloco triplamente indireto. Nosso caminho terá comprimento quádruplo, passando pelo bloco triplamente indireto, por um bloco duplamente indireto e um bloco indireto simples até o bloco de dados.

```
else if ((((i_block −= double_blocks ) >> (ptrs_bits ∗ 2)) < ptrs) {
    offsets[n++] = EXT3_TIND_BLOCK;
    offsets[n++] = i_block >> (ptrs_bits ∗ 2);
    offsets[n++] = (i_block >> ptrs_bits) & (ptrs − 1);
    offsets[n++] = i_block & (ptrs − 1);
    final = ptrs;
}
else {
    ext3_warning(inode→i_sb, "ext3_block_to_path", "block□>□big");
}
if (boundary)
    *boundary = final − 1 − (i_block & (ptrs − 1));
return n;
}
```

20.6.2 Leitura de blocos indiretos

Após a construção do caminho pela árvore, podemos segui-lo lendo os blocos relevantes. Isso é tratado por essa função, que também está definida em fs/ext3/inode.c.

```
static Indirect *ext3_get_branch(struct inode *inode, int depth, int *offsets,
        Indirect chain[4], int *err)
{
    struct super_block *sb = inode→i_sb;
    Indirect *p = chain;
    struct buffer_head *bh;
```

Essa função é implementada usando chamadas a outra função muito simples, conhecida como add_chain( ). Para nossas finalidades, sua operação pode ser descrita como tomando o terceiro argumento como um ponteiro para um número de bloco, desreferenciando-o e atribuindo-o a p→key. Essa primeira chamada é responsável pelo primeiro nó do caminho, que sempre será o número de um bloco armazenado no nó-i.

```
*err = 0;
add_chain(chain, Λ, EXT3_I(inode)→i_data + *offsets);
if (¬p→key )
    goto no_block;
```

Com o ponteiro do primeiro bloco à disposição, percorremos os nós remanescentes no caminho. É claro que, se o primeiro nó for um ponteiro direto para um bloco de dados, o decremento em *depth* resultará em zero e o loop será pulado. Do contrário, buscamos o bloco identificado do disco com uma chamada *sb_bread* e indexamos no bloco, de modo a obter o endereço do próximo bloco.

```
while (−−depth) {
    bh = sb_bread(sb, le32_to_cpu(p→key));
    if (¬bh)
        goto failure;
    if (¬verify_chain(chain, p))
        goto changed;
    add_chain(++p, bh, (_ _le32 *) bh→b_data + *++offsets);
    if (¬p→key)
        goto no_block;
}
```

Como vimos, para diversos outros casos, a implementação do Linux com frequência utiliza esse tipo de limpeza e retorno de função. O caso bem-sucedido é aquele para o qual seguimos se o loop for concluído. Em outras palavras, somos capazes de percorrer o caminho completo até o bloco de dados desejado.

```
    return Λ;
changed:
    brelse(bh);
    *err = −EAGAIN;
    goto no_block;
failure:
    *err = −EIO;
no_block:
    return p;
}
```

20.7 Resumo

O Linux é um exemplo da tendência moderna em direção ao suporte de uma ampla variedade de sistemas de arquivos. Esse suporte permite que o Linux utilize discos e partições gravados por outros sistemas operacionais. Também permite que os administradores do sistema selecionem o sistema de arquivos mais adequado à aplicação disponível. Para fornecer esse suporte, o Linux define uma infraestrutura de Sistema de Arquivos Virtual (VFS, do inglês Virtual File System). O VFS fornece a maioria das funcionalidades genéricas de suporte a sistemas de arquivos. Como consequência, sistemas específicos, como o EXT3 que examinamos neste capítulo, podem ser gravados de modo mais simples. Os detalhes de implementação que estudamos ilustram vários princípios básicos abordados no Capítulo 17.

20.8 Exercícios

1. Quais são as vantagens e desvantagens de blocos de 1024 bytes em relação a blocos de 4096 bytes?

2. Se utilizarmos um tamanho de bloco de 1024 bytes e se cada ponteiro de bloco tiver 4 bytes, qual é o tamanho máximo de um arquivo que utilize todos os ponteiros disponíveis no nó-i?

3. Qual é o tamanho máximo de um grupo de blocos para cada um dos tamanhos de blocos permitidos no EXT3?

4. Que vantagem haveria em armazenar o diário de um sistema de arquivos em outro sistema?

5. Com _ _link_path_walk( ), permitimos que um sistema de arquivos forneça sua própria função hash. Qual seria um motivo para que um sistema faça isso?

6. Por que verificamos a permissão de execução no início do loop principal **for** em _ _link_path_walk( )?

7. Em *ext3_find_entry*( ), quando encontramos a entrada procurada, configuramos o membro da estrutura *i_dir_start_lookup* para o bloco em que ela foi encontrada. Por que fazemos isso? Por que não iniciamos toda vez no primeiro bloco?

8. Modifique *ext3_find_entry*( ) para ignorar *i_dir_start_lookup* e começar sempre do início do diretório. Avalie qualquer diferença de desempenho.

9. Crie uma nova versão de EXT3 chamada EXT3I que não seja sensível a maiúsculas e minúsculas. Se um arquivo for armazenado com o nome Foo, poderá ser aberto com os nomes foo, FOO e fOO.

10. Escreva um programa que determine e exiba a quantidade de espaço em disco utilizada pelo diário de um arquivo de sistema EXT3.

Capítulo 21

Princípios de segurança de sistemas operacionais

No Capítulo 1, discutimos as principais funções de um sistema operacional. Uma delas é alocar recursos entre as entidades que concorrem por eles. Pela própria natureza da concorrência, algumas solicitações de recursos devem ser negadas. Em alguns casos, a negação de uma solicitação constitui apenas uma questão de escassez. Um arquivo não pode aumentar se não houver mais espaço disponível em disco.

No entanto, a negação de uma requisição também pode ser consequência da proteção de um recurso. Com frequência, queremos evitar que um processo acesse inadvertida ou maliciosamente os recursos utilizados por outro. Aplicar políticas de acesso é o objetivo da segurança dos sistemas operacionais. Exemplificaremos isso analisando como os SOs gerenciam cada um dos recursos.

Começaremos nossa discussão sobre segurança abordando como podemos saber se os usuários são quem afirmam ser. Em seguida, passaremos por todos os tipos de recursos e examinaremos as técnicas básicas de proteção de cada um. Seguiremos com um rápido estudo dos tipos de comprometimento encontrados com frequência. Depois, examinaremos as especificações do Livro Laranja, seguidas por uma breve introdução à criptografia. Encerraremos este capítulo com uma visão geral de segurança no Multics, Inferno e Linux.

21.1 Autenticação de usuário

O ponto de partida para qualquer sistema de segurança é determinar quem está fazendo a solicitação. Quase em sua totalidade, os processos são executados em nome de usuários, e qualquer solicitação feita por um processo é considerada proveniente de seu usuário. Antes de concedê-la, o sistema operacional confronta a solicitação com uma política que especifica o que o usuário pode ou não fazer. Se o usuário possui permissão para acessar o recurso solicitado, a solicitação é realizada. Do contrário, ela é negada.

578 ■ Princípios de sistemas operacionais

Além da identificação individual, muitos sistemas permitem que um usuário faça parte de um ou mais grupos. Determinado usuário pode não ter permissão para acessar um recurso como indivíduo, mas pode tê-la em função de sua participação em um grupo. Por exemplo, suponha que tenhamos o nome de usuário Rachel, que faz parte do grupo Alunos. Como usuária individual, ela teria acesso negado ao arquivo notas_da_turma. No entanto, podemos permitir que qualquer membro do grupo Alunos leia o arquivo. Como Rachel é membro desse grupo, as chamadas ao sistema para leitura do arquivo são concedidas.

Como a permissão depende da identidade do solicitante, é indispensável que a identificação seja segura. Um impostor bem-sucedido poderá nos enganar para obter um acesso indesejado. O processo de verificação da identidade de usuário é conhecido como **autenticação** de usuário. As técnicas de autenticação dependem do hardware disponível.

21.1.1 Nomes e senhas de usuário

Utilizando apenas dispositivos de entrada comuns, nossas opções para identificação de usuário são um tanto limitadas. Com um teclado e um mouse disponíveis, um usuário pode digitar o **nome de usuário** ou selecionar um a partir de uma lista. Embora em alguns sistemas mais antigos os usuários fossem identificados por um ou mais números, a maioria dos sistemas atuais utiliza um nome textual.

É claro que uma forma tão simples de identificação pode ser facilmente falsificada. Qualquer um poderia alegar ser um usuário sabendo simplesmente seu nome. Ele deve ser publicamente conhecido para que os usuários possam ser identificados entre si. O método mais comum de verificar uma alegação de identidade é esperar que o usuário forneça também alguma informação secreta em forma de **senha**. Esse é um **segredo compartilhado** entre o sistema e o usuário que nele deseja se autenticar.

Como a segurança do sistema depende da manutenção das senhas em sigilo, tomamos medidas para evitar que elas sejam expostas. A primeira é não permitir que a senha seja vista enquanto estiver sendo digitada. Se um potencial invasor olhar a tela sobre os ombros do usuário, a senha exibida revelaria a informação secreta. Em geral, simplesmente não mostramos algo quando uma senha está sendo digitada. Em alguns sistemas, é apresentado um símbolo para cada caractere digitado. Isso quase funciona bem, mas, é claro, expõe o tamanho da senha.

Como o sistema no qual um usuário está se autenticando deve dispor de um registro de senhas, devemos tomar medidas para mantê-las em segredo dentro do próprio sistema. Uma abordagem é guardá-las em um arquivo protegido do acesso de usuários normais. Apenas o administrador do sistema tem permissão para acessar o arquivo que lista as senhas. Isso ainda está abaixo do ideal, pois expõe as senhas a um administrador mal-intencionado. Além disso, se a segurança do sistema for comprometida, todas as senhas serão expostas. É frequente aumentarmos a segurança do arquivo de senhas, armazenando-as de modo criptografado em vez de texto legível. À primeira vista, pode parecer razoável decodificar uma senha e compará-la à inserida pelo usuário. No entanto, mais uma vez expõe um ponto fraco:

se as senhas criptografadas ficarem disponíveis e a técnica de criptografia for descoberta, será como se elas estivessem armazenadas em texto legível. Uma abordagem mais segura é utilizar uma técnica de criptografia de "sentido único", criptografando a senha inserida pelo usuário e comparando-a à senha criptografada armazenada. Na criptografia de sentido único, qualquer método para, a partir da senha criptografada, descobrir seu texto legível original é mais difícil do que o ataque por força bruta, que testa todas as senhas possíveis.

21.1.2 Funções hash criptográficas

Certas funções hash fazem boas criptografias de sentido único. Quando projetamos funções hash para tabelas hash, em geral, temos relativamente poucos valores para o hash. Se tivermos 1024 buckets na tabela, o resultado da função hash será de apenas 10 bits. Além disso, simplesmente aceitamos que provavelmente haverá colisões e tratamos delas no código. Para fins de criptografia, geralmente projetamos funções hash com faixas mais amplas de resultados. Funções com 64, 128 ou 256 bits de saída são comuns. Há dois objetivos fundamentais para elas. Em princípio, queremos minimizar a probabilidade de colisão durante a operação com dados comuns. Além disso, queremos que seja muito difícil tomar um bloco de dados e encontrar outro que esteja a colidir com ele. Nosso segundo objetivo é o que as torna adequadas para funções de criptografia de sentido único. As boas funções hash são projetadas de modo que encontrar a entrada que produziu determinada saída não seja muito mais fácil do que testar todas as entradas possíveis.

21.1.3 Retornos de chamada

Ao acessarmos um sistema de modo remoto, especialmente por linhas de telefone comuns, é frequente adicionarmos outra medida de segurança. O sistema no qual o usuário está fazendo login deve saber onde se espera que o usuário esteja. Suponha que se espere que o usuário ligue do número 555-1234. O usuário inicia a conexão, mas, antes do processo de login ser concluído, ambos interrompem a chamada e o sistema a retorna para o usuário no número 555-1234. Se um impostor tentar se conectar de um número diferente, a tentativa de login não será bem-sucedida.

21.1.4 Autenticação por desafio/resposta

Mesmo com as senhas armazenadas em forma criptografada e com retornos de chamada, ainda dispomos de outra questão a tratar. Como a senha é transmitida em texto legível, ela pode ser interceptada. Ela pode ser roubada simplesmente olhando-se o teclado enquanto o usuário a digita, ou obtida por monitoramento eletrônico do terminal ou da linha de modem. Pode ser tomada até mesmo por um programa descaradamente simples que aloca uma linha de terminal, finge ser o programa de login e realiza o diálogo enquanto o usuário digita a senha. Normalmente,

580 ■ Princípios de sistemas operacionais

esse tipo de programa retorna uma falha de login e entrega o controle de volta ao programa real. O usuário, em geral, pensa que cometeu um erro de digitação de senha e tenta novamente sem suspeitar que haja algo errado. No entanto, a senha está correta, permitindo que o intruso repita a entrada fornecida no procedimento de login e consiga acesso aos arquivos de usuário. Esse é um exemplo de **ataque por reprodução** ou **repetição**.

A chave para prevenir esse tipo de ataque é assegurar que não se consiga fazer login com sucesso uma segunda vez repetindo-se os mesmos caracteres. Há algumas técnicas que podem ser utilizadas. Em princípio, se tanto o usuário como o sistema ao qual ele quer se conectar mantiverem um gerador sincronizado de números aleatórios, o usuário poderá inserir o número aleatório corrente como senha. Em geral, os geradores mudam periodicamente, digamos, uma vez por minuto. Após a mudança, um ataque por reprodução falhará. Há duas dificuldades com essa técnica. Em primeiro lugar, há uma janela na qual a mesma sequência de login funcionará novamente. No entanto, ela costuma ser curta o suficiente para que, na prática, não seja um problema. A dificuldade mais séria é manter ambos os geradores sincronizados. Inevitavelmente, os dois clocks se desviam no tempo. Podemos lidar com isso permitindo que o sistema se ajuste ao gerador do usuário. Por exemplo, é possível gerar três números aleatórios em sequência e, se o número do usuário coincidir com qualquer um deles, podemos ajustar nosso conhecimento sobre o tempo do gerador do usuário.

Podemos também aplicar uma técnica de **desafio/resposta**, na qual o sistema apresenta um desafio ao usuário e espera que ele retorne a resposta correta. A forma mais comum dessa técnica utiliza criptografia. O sistema apresenta uma mensagem (um número aleatório) e espera que o usuário a criptografe e envie de volta o número criptografado. Tanto o sistema como o usuário compartilham a chave da criptografia, mas esse segredo compartilhado nunca é transmitido, diferente de uma senha convencional. Quando uma máquina está se autenticando em outra, esse processo de criptografia é executado pelo software que estabelece a conexão. No entanto, quando indivíduos estão sendo autenticados, não podemos esperar que executem a criptografia manualmente. Nesses casos, os usuários devem dispor de dispositivos parecidos com calculadoras em que eles digitam a string de desafio e o dispositivo mostra a string de resposta.

Em ambas as técnicas, há o perigo de o dispositivo do usuário ser roubado (ou perdido), fornecendo acesso a uma pessoa não autorizada. No entanto, com dispositivos físicos como esses, é mais provável que o usuário tome conhecimento da perda e comunique o administrador do sistema do que quando uma senha é roubada. Ao tomar ciência do comprometimento, o administrador pode bloquear o usuário até que um dispositivo adequado de substituição lhe seja enviado.

21.1.5 Senhas de uso único

Outra abordagem para evitar que um intruso obtenha informações fingindo ser um usuário é utilizar uma senha apenas uma vez. É claro que exigir que o usuário memorize uma lista assim seria inviável. Em vez disso, utilizamos técnicas que permitem que ambos os lados computem uma senha de modo bem definido. Consequentemente, essa técnica é utilizada com mais frequência entre computadores. Chamamos a máquina que está tentando obter acesso de cliente e a que está sendo acessada de servidor. Uma das técnicas de senha de uso único utilizadas com mais frequência é a S/KEY. Nela, ambos os sistemas começam com um segredo compartilhado, normalmente, uma frase chave, que denotaremos por P_0. Ambos computam uma série de senhas executando repetidamente a frase por meio de uma função hash segura por n vezes, de modo que $P_1 = H(P_0)$, $P_2 = H(P_1)$ e assim por diante. O servidor retém apenas P_n. O cliente utiliza as senhas na ordem P_{n-1}, P_{n-2}, ..., P_1. Iniciando com P_{n-1}, o cliente simula já estar efetivamente autenticado com P_n. Se o cliente autenticou mais recentemente utilizando P_i, na próxima vez ele utilizará P_{i-1}. Ao receber P_{i-1}, o servidor o submeterá à função hash para obter $P_i = H(P_{i-1})$. Ele compara o resultado com a senha armazenada, que é sempre a utilizada mais recentemente. Se elas coincidirem, o cliente é autenticado e o servidor substitui sua senha armazenada pela que acabou de ser utilizada. Observe que é importante seguirmos a lista no sentido de P_{n-1} para P_1. Se procedermos de outro modo, um intruso pode conseguir uma senha e, em seguida, simplesmente executá-la na função hash para obter a próxima.

21.1.6 Autenticação biométrica

A técnica máxima de autenticação de usuário é a identificação biológica à prova de fraudes. Em certo sentido, essa seria a criptografia de sentido único decisiva. Se estivermos motivados o suficiente e os testes forem rápidos o bastante, poderíamos utilizar o DNA para identificar um usuário. Para a maioria dos ambientes, no entanto, solicitar uma amostra de DNA a cada vez que alguém queira fazer login seria um exagero. No entanto, há algumas identificações **biométricas** menos invasivas que podem ser utilizadas.

A primeira é a impressão digital. Ela possui um longo histórico de uso em identificação para aplicações legais. Embora as técnicas não sejam perfeitas, são tão boas ou melhores do que as senhas para garantir acesso válido. Normalmente, o usuário posiciona o dedo a ser reconhecido sobre uma placa de vidro e uma imagem da impressão digital é capturada. Vários aspectos da impressão digital são extraídos da imagem e comparados com os armazenados no banco de dados de usuários. Se for encontrada uma correspondência suficientemente próxima, o usuário é considerado identificado e autorizado a acessar o sistema. Em algumas implementações, a imagem é capturada conforme o usuário desliza o dedo por um sensor que capta uma linha de pixels por vez. Obtida a imagem, o processo de comparação é igual ao caso anterior. Contanto que o usuário não sofra ferimentos no dedo utilizado para identificação, o sistema funciona bem. No entanto, mesmo um simples corte no dedo pode impedir que o usuário seja autenticado.

Outra técnica específica utilizada para identificar usuários é o padrão da íris ou da retina. O processo é similar ao das impressões digitais. É extraída uma imagem

582 ■ Princípios de sistemas operacionais

do olho e aspectos dela são comparados a um banco de dados de usuários registrados. Como é muito menos provável ferir o olho nas atividades cotidianas, trata-se de um identificador mais confiável.

21.2 Proteção de recursos básicos

Após estabelecermos quem está fazendo uma solicitação, a próxima questão é se essa solicitação é permitida sobre o recurso. Em outras palavras, devemos realizá-la ou recusá-la e retornar um erro? O modo como lidamos com isso depende do recurso envolvido.

21.2.1 Usuários privilegiados

Antes de vermos os recursos específicos, precisamos saber que, na maioria dos sistemas, nem todos os usuários são iguais. Em geral há um ou mais que recebem privilégios. Os sistemas UNIX são exemplos disso. Eles incluem um usuário especial, chamado de superusuário, que não passa por verificações de permissão. O superusuário faz login na raiz de nomes e dispõe de acesso completo a todos os recursos do sistema.

Há outros sistemas que não utilizam esse tipo de abordagem "tudo ou nada". O VMS e o Windows NT definem um conjunto de privilégios que podem ser atribuídos aos usuários. Entre eles estão as permissões de acessar diretamente dispositivos de E/S, modificar propriedades de usuários, acessar todos os arquivos e assim por diante. A ideia é que um dado usuário possa receber apenas os privilégios necessários para cumprir seu papel no sistema. Assim, um usuário que realize backups deve ter permissão para acessar todos os arquivos, mas não precisa ser capaz de modificar as propriedades de usuários. Embora tais sistemas permitam uma atribuição de privilégios bastante refinada, geralmente possuem um único usuário com todos os privilégios.

Uma abordagem final no controle de privilégios é encontrada no Plan 9. Em seu projeto original de sistema de arquivos, não há usuários com privilégios específicos. Todos estão sujeitos às mesmas verificações de permissão. No entanto, as permissões de arquivos podem ser contornadas no console do sistema, e apenas nele (projetos posteriores fornecem recursos para desabilitar as permissões mesmo em acessos remotos ao servidor de arquivos). Embora incomum, essa abordagem baseia-se em uma observação importante. Se tivermos acesso físico a uma máquina, então, de fato, teremos acesso completo a todos os dados nela armazenados independente de quaisquer medidas de segurança. Podemos destruir os dispositivos de armazenagem, fazer boot com um sistema operacional alternativo com medidas de segurança menos restritas ou remover os dispositivos de armazenagem e instalá-los em outra máquina, na qual poderemos acessar os dados. Consequentemente, o fornecimento de acesso privilegiado por meio do console não adiciona qualquer possibilidade de comprometimento para além das que já existem de qualquer maneira. É no acesso remoto que devemos focar nossas medidas de segurança.

A natureza dos privilégios de acesso é muito importante para a segurança geral de um sistema. A experiência mostrou que grande número de problemas de segurança é causado, na verdade, por erros de administração e não por falhas de software. Esse é um dos motivos pelos quais os administradores de sistemas experientes não concedem privilégios de acesso além das necessidades.

21.2.2 Acesso a recursos da CPU

Cada tipo de recurso exige técnicas particulares de proteção. Começaremos com a unidade central de processamento (CPU, do inglês Central Processing Unit). Como a atribuição da CPU aos processos é controlada pelo código do escalonador e de troca de contexto, não protegemos diretamente o acesso a ela. No entanto, devemos restringir o acesso a alguns de seus recursos. Os recursos mais comuns são as instruções e registradores especiais.

Vale a pena apontar, em particular, algumas instruções especiais. A maioria dos processadores inclui instrução para interromper a CPU. É evidente que permitir que processos sem privilégios executem essa instrução teria efeito prejudicial sobre a operação do sistema. O uso de instruções de entrada e de saída também deve ser restrito. Se os processos tiverem permissão para controlar diretamente os dispositivos de E/S, quaisquer outros mecanismos de proteção de acesso a tais serviços e de arquivos armazenados nesses dispositivos se tornarão inúteis.

Entre os registradores especiais que devem ter acesso restrito estão os utilizados para controlar a tradução de endereços do sistema. Não podemos permitir que aplicações comuns processem mudanças nesses registradores. Se assim procedêssemos, tais processos seriam capazes de mapear qualquer parte da memória física para seus espaços de endereçamento virtual. Isso permitiria que os processos acessassem, sem qualquer controle, a memória alocada para outros processos – um efeito inaceitável.

O acesso a esses recursos da CPU não é controlado pela identidade do usuário que executa o processo. O projeto do hardware da CPU em geral não tem ciência da identidade do usuário. Em vez disso, os processadores apresentam dois ou mais modos de operação, cada um deles com diferentes níveis de privilégio. A terminologia varia, mas modos como usuário, kernel, executivo e supervisor são comuns. Para a maioria dos sistemas, é proibido o acesso a instruções e a registradores especiais em alguns modos, como o usuário, mas permitido em outros, como o kernel. Os processos normais geralmente são executados em um modo de baixo privilégio. O processador muda para um modo mais privilegiado em interrupções, inclusive aquelas que implementam chamadas ao sistema. Após o SO ter encerrado o atendimento à interrupção, ele retorna para o modo de menor privilégio e devolve o controle ao processo interrompido. Desse modo, o SO possui acesso às instruções e aos registradores restritos, ao contrário dos processos comuns.

21.2.3 Acesso à memória

O segundo principal recurso gerenciado pelo SO é a memória. Seu acesso é controlado como parte do mecanismo de tradução de endereços. Os processadores sem qualquer hardware de gerenciamento de memória em geral não fornecem qualquer forma de proteção.

Quando um par de registradores de base-limite simples é utilizado, toda a proteção de memória, em geral, resume-se a ele. O espaço de memória física descrito pelo registrador de base e pelo registrador de limite pode ser acessado pela CPU sem restrições. Normalmente, cada processo possui seu próprio espaço de memória distinto. O SO configura os registradores de base e de limite para o processo escalonado como parte do mecanismo de troca de contexto. O efeito geral é que cada processo pode acessar apenas o bloco de memória alocado para ele.

Os esquemas mais complexos de segmentação e paginação permitem maior flexibilidade. A maioria dos projetos associa um conjunto de bits de proteção a cada segmento ou página. Embora o papel exato desses bits varie de projeto para projeto, geralmente encontramos pelo menos os bits que estabelecem se determinada página ou segmento pode ser escrito. Com frequência, desejamos que algumas áreas de memória sejam somente de leitura, especialmente aquelas que contêm código executável. Por outro lado, é comum não querermos que áreas de dados da memória sejam executáveis. Nem todos os sistemas dão suporte a essa restrição, mas alguns fornecem um bit de proteção que determina se um segmento ou página em particular é executável.

Outra questão de segurança no gerenciamento de memória é a do compartilhamento de regiões por múltiplos processos. No Capítulo 9, indicamos que, algumas vezes, é proveitoso permitir que vários processos compartilhem áreas da memória. Esse compartilhamento é facilmente controlado por meio de tabelas de segmentos e páginas. Nesse caso, em que dois processos compartilham a mesma área física da memória, configuramos as entradas dos endereços virtuais adequados para mapear a mesma área de memória.

Por fim, os registradores que controlam o acesso às tabelas de segmentos e de páginas normalmente estão entre os restritos. O SO altera os registradores como parte da troca de contexto, mas os processos normais são proibidos de modificá-los.

21.2.4 Códigos de proteção simples

Voltaremos nossa atenção para a proteção de arquivos e, de modo similar, de dispositivos de E/S. Mesmo em sistemas que não possuam identificação de usuário, é comum haver a possibilidade dos arquivos serem marcados como somente de leitura. Essa marcação do arquivo reduz as chances de modificarmos acidentalmente o conteúdo de um arquivo importante. Pelo mesmo motivo, muitos sistemas proíbem ou exigem confirmação para excluir arquivos marcados como somente de leitura.

Os sistemas que dão suporte à identificação de usuários normalmente apresentam um esquema de proteção mais elaborado. Muitos desses esquemas baseiam-se na ideia de propriedade. Uma abordagem comum, utilizada, entre outros sistemas, no UNIX, fornece a cada arquivo (e às vezes a cada dispositivo) dois proprietários: um usuário e um grupo. Essa atribuição de propriedades divide o conjunto de usuários em três subconjuntos: o usuário individual que possui o arquivo, todos os usuários membros do grupo que possui o arquivo e os usuários restantes. Para cada arquivo, podemos atribuir diferentes direitos de acesso a cada um dos subconjuntos.

Os sistemas geralmente fornecem privilégios de leitura e gravação diferentes para cada subconjunto de usuários. Isso permite que um subconjunto não tenha acesso, tenha apenas acesso de leitura ou de leitura e gravação. Além disso, muitos sistemas de arquivos fornecem outros controles de acesso. Um dos mais comuns é a executabilidade. No caso de uma operação como a declaração **spawn** em Limbo ou a chamada ao sistema *execve*( ) no Linux, especificamos um arquivo com código executável e solicitamos que ele seja carregado na memória e o código executado. Embora possamos dizer que, se um usuário pode ler um arquivo, também pode executá-lo, algumas vezes desejamos evitar que os arquivos sejam executados mesmo que possam ser lidos. Por exemplo, um documento de processamento de textos não teria muita relevância como arquivo executável. Em consequência, a maioria dos sistemas especifica privilégios de execução separadamente de outras permissões. De modo similar, alguns projetos de sistema de arquivos fornecem privilégios separados para a criação, exclusão e alterações de metadados de arquivos. Aqueles que não fazem isso, geralmente utilizam permissão de gravação sobre um diretório para indicar permissão para criar, excluir e alterar metadados de arquivos. O Exemplo 21.1 ilustra o uso desses códigos de proteção simples.

Exemplo 21.1: Códigos de proteção

Para esse exemplo, suponha cinco usuários chamados Mary, Rachel, Jim, Judy e Andrew. Também temos três grupos chamados Família, Aula e Música. O grupo Família inclui Mary e Rachel. O grupo Aula tem como membros Mary, Jim e Judy. Já o grupo Música contém Mary, Rachel, Judy e Andrew. Considere vários arquivos e diretórios. Para cada um deles, especificamos os metadados de arquivos como uma sequência ordenada em que o primeiro elemento é o nome; o segundo, o usuário que possui o arquivo; e o terceiro, o grupo proprietário do arquivo. O quarto elemento da sequência é um flag que especifica se é um diretório (Dir) ou um arquivo regular (Arq). O último elemento é composto de três conjuntos de códigos de proteção com o primeiro proprietário, o grupo em segundo e o universo por último. Designamos as permissões de leitura como L, as de gravação como G e as de execução como E.

- (agenda, Andrew, Música, Arq, (LG) (L)()): O arquivo chama-se agenda, é de propriedade do usuário Andrew e do grupo Música, trata-se de um arquivo regular e dispomos de três conjuntos de permissões para proprietário, grupo e universo. Nesse caso, Jim não tem qualquer modo de acessar o arquivo. Todos os outros membros do grupo Música podem ler o arquivo, mas apenas Andrew pode modificá-lo.

- (enviar, Mary, Aula, Arq, (LGE) (LE) (LE)): Aqui, todos podem ler e executar esse arquivo regular, mas apenas Mary pode modificá-lo. Observe que, como as permissões de grupo e universo são iguais, não importa quem faz parte do grupo Aula para esse arquivo.
- (aulas, Jim, Aula, Dir, (LGE) (LE) ()): Nesse caso, os membros do grupo Aula, a saber, Mary, Jim e Judy, podem olhar esse diretório e abrir seus arquivos. Além disso, Jim pode criar e excluir arquivos. Rachel e Andrew não têm qualquer forma de acesso a esse diretório.
- (carta, Rachel, Família, Arq, (LG) (LG) (L)): Aqui, tanto Mary como Rachel podem ler e modificar o arquivo. Todos os outros podem somente lê-lo.

Há alguns aspectos comuns ilustrados nesses exemplos. Embora seja possível, em alguns sistemas, haver um grupo que possua determinado arquivo, mas não inclua o usuário proprietário, quase sempre encontramos esse usuário como membro do grupo que possui o arquivo. O outro aspecto comum é que o conjunto de permissões do universo é um subconjunto das permissões do grupo que, por sua vez, é um subconjunto das permissões do proprietário.

Esse tipo de técnica de proteção pode ser implementada incluindo-se uma estrutura de dados de permissão nos metadados do arquivo. Essa estrutura frequentemente assume a forma de um ou mais bytes, em que cada bit define uma permissão. As permissões são divididas em três campos de bits, um para cada subconjunto de usuários. Em cada campo, temos um bit para cada uma das permissões do arquivo que podemos conceder. Quando um processo emite uma solicitação para abrir o arquivo, o sistema de arquivos do SO determina o subconjunto no qual o usuário se enquadra. Isso define qual campo de bit na palavra de proteção contém as permissões relevantes. O tipo de solicitação é então comparado à permissão do arquivo e a solicitação é permitida ou negada com base na permissão do usuário em relação a ela.

21.2.5 Listas de controle de acesso

Embora o conjunto de permissões que utilizamos em um esquema básico de proteção reúna a faixa de ações que desejamos realizar em um arquivo, a simples identificação de proprietário/grupo pode ser limitadora. Podemos querer que o professor e seus assistentes possam gravar no arquivo, os estudantes matriculados possam lê-lo e todos os outros não envolvidos na aula não tenham qualquer forma de acesso. Aqui, temos três subconjuntos de usuários, todos com mais de um membro. Isso não se enquadra em um modelo simples de proprietário/grupo. Consequentemente, em alguns casos, podemos querer um método mais aprimorado para definir quais usuários possuem quais tipos de acesso aos arquivos.

Uma das técnicas mais comuns para especificar permissões detalhadas é a **lista de controle de acesso** (ACL, do inglês Access Control List), que relaciona pares identidade-permissão. Cada usuário ou grupo pode receber quantas permissões lhes forem adequadas. A ideia por trás disso é mais bem ilustrada no Exemplo 21.2.

Exemplo 21.2: Listas de controle de acesso

Suponha cinco usuários chamados Louis, Sandra, Phillip, Susan e Stephen, todos envolvidos em um curso identificado como CS342. Se Louis é o professor, Sandra é a assistente e os demais são alunos, podemos utilizar uma ACL de modo que

(Louis,LG) (Sandra,LG) (Phillip,L) (Susan,L) (Stephen,L) (*,–)

para fornecer acesso de leitura e gravação ao professor e à assistente, acesso de leitura aos alunos e nenhum acesso a qualquer outra pessoa. Utilizamos o asterisco (*) como um coringa, que inclui qualquer usuário.

Outra ACL que realizaria o mesmo é

(Louis,LG) (Sandra,LG) (CS342,L) (*,–)

se todos os alunos estiverem no grupo CS342.

Esse exemplo levanta a questão: "E se uma ACL relacionar tanto um usuário como um de seus grupos?". Que elemento da lista é utilizado para determinar a permissão? Há algumas soluções que podem ser implementadas. Uma delas é simplesmente escolher a primeira combinação adequada. Se listarmos todos os usuários antes dos grupos, teremos permissão definida de modo mais específico, prevalecendo sobre uma mais geral. Outra abordagem é fazer uma busca na lista completa e escolher o que tiver mais privilégio. Ambas as abordagens exigem administração cuidadosa para permitir ou negar as formas certas de acesso.

21.2.6 Aptidões

As **aptidões** constituem outra abordagem de fornecimento de controle aprimorado de acesso aos recursos. Enquanto as ACLs são listas de pares de identidade-permissão anexados a um recurso, uma lista de aptidões relaciona pares de recurso--permissão a um usuário ou a um grupo. Cada um desses pares é chamado aptidão. Quando um processo solicita que um arquivo seja aberto, o sistema de arquivos o busca na lista de aptidões associada ao usuário e a todos os grupos em que ele se inclui. Se o arquivo for encontrado, as permissões são analisadas para determinar se a operação solicitada é permitida. Ilustramos as aptidões no Exemplo 21.3.

588 ■ Princípios de sistemas operacionais

Exemplo 21.3: Aptidões

Considere novamente os usuários do Exemplo 21.2. Suponha que o arquivo que estamos compartilhando chama-se atribuições. A aptidão desse arquivo na lista do usuário Louis seria (atribuições,LG) e a na lista do grupo CS342 seria (atribuições,L). Com essa entrada na lista de aptidões do grupo, não é necessária uma entrada similar nas listas dos alunos Phillip, Susan e Stephen.

As aptidões são correspondentes às ACLs, o que significa que para um conjunto de ACLs há um conjunto equivalente de listas de aptidões e vice-versa. Os exercícios sugerem um método de provar essa dualidade.

As aptidões individuais abrem a possibilidade de uso adicional. Muitos sistemas que utilizam aptidões permitem que um usuário conceda aptidão a algum outro usuário ou processo, permitindo que ele trabalhe em nome do proprietário original. Embora as aptidões sejam associadas aos usuários, eles não têm permissão de manipulá-las diretamente para obter mais privilégios. O SO mantém o controle das aptidões.

21.3 Tipos de ameaças

Se essas técnicas tratassem de todos os comprometimentos de segurança possíveis, não haveria muito mais a estudar. Simplesmente a implementaríamos e saberíamos que o sistema é seguro. No entanto, mesmo com essas técnicas em vigor, os sistemas ainda podem ser comprometidos.

Os comprometimentos de segurança do sistema podem decorrer de várias fontes. Em algumas situações, erros de aplicações ou do SO podem permitir que usuários façam o que não gostaríamos. De modo similar, equívocos administrativos também podem permitir acessos não desejados aos recursos. Também podemos nos deparar com softwares escritos para comprometer intencionalmente a segurança de um sistema. É comum chamarmos essas ameaças de **malware**. Em alguns casos, o comprometimento tem simplesmente o objetivo de obter acesso não autorizado; em outros, sua meta é remover ou danificar dados. Por fim, a motivação principal de alguns comprometimentos é tornar o sistema menos útil à legitimação de usuários. O restante desta seção cataloga alguns desses tipos de softwares hostis e outros potenciais comprometimentos à segurança do sistema.

21.3.1 Ataque homem-no-meio

Suponha que Mary e Rachel estejam se comunicando por rede. Sem saber, no entanto, ambas estão se comunicando com Erin. Ele finge ser Mary se comunicando com Rachel, e finge ser Rachel se comunicando com Mary. Nessa situação, Erin é chamado de *homem-no-meio*. Se Erin passar as mensagens de Mary e Rachel sem modificá-las, então ele é capaz de espionar a comunicação. Um perigo maior ocorrerá se

Erin puder modificar as mensagens. Por exemplo, se Mary enviasse a mensagem "Compre a ação XYZ", Erin poderia modificá-la para que Rachel recebesse "Venda a ação XYZ". Como Mary e Rachel acreditariam estar falando diretamente uma com a outra, nenhuma delas perceberia a alteração.

21.3.2 Cavalo de Troia

Cavalo de Troia é um programa malicioso que se passa por outro programa confiável. Sua finalidade costuma ser a coleta de informações suscetíveis inseridas por um usuário. Um cavalo de Troia bastante comum (embora pouco criativo) é o programa de login falso. Tal programa mostra o mesmo prompt que o original, mas registra os nomes de usuário e senhas inseridos em vez de realmente fazer o login do usuário no sistema. Normalmente, ele solicita o nome de usuário e a senha e, em seguida, mostra a mensagem utilizada para senha incorreta. Quando isso acontece, ele inicia o programa de login real. Como as senhas geralmente não são apresentadas na tela, o usuário acredita que cometeu um erro de digitação na primeira inserção e prossegue a tentativa de login novamente, acreditando que nada aconteceu. Em segundo plano, no entanto, o criador do cavalo de Troia coleta o nome de usuário e senha válidos. Como esse exemplo de programa falso se situa entre as duas partes que tentam estabelecer a autenticidade, trata-se, portanto, de um tipo de ataque homem-no-meio.

21.3.3 Porta secreta

A próxima ameaça a ser considerada decorre de casos especiais em programas legítimos. Os casos particulares que discutiremos aqui são chamados **portas secretas** ou **portas do fundo** (do inglês trapdoors e backdoors, respectivamente). Essas ameaças, em geral, podem surgir de duas maneiras. Em princípio, um programador pode intencionalmente inserir uma porta secreta em um programa, permitindo acesso não autorizado ao sistema ou a algum recurso. Em segundo lugar, a porta secreta pode ser uma consequência não intencional de um caso especial legítimo. Durante o desenvolvimento, é comum querermos fornecer acesso especial a um programa para tornar a depuração mais fácil. Se o código desses modos de depuração estiver incluído no código de lançamento, outra pessoa que não o desenvolvedor pode utilizar tal modo para obter acesso não autorizado. Utilizando como exemplo novamente o programa de login, o programador poderia ter adicionado um caso especial ao código, que permitisse ao usuário fazer login em uma conta que não está na lista administrativa. Com essa porta secreta instalada, qualquer pessoa que saiba a identificação especial poderia obter acesso ao sistema independente de qualquer atitude tomada pelo administrador.

21.3.4 Bomba lógica/bomba-relógio

As bombas lógicas e as bombas-relógio são caracterizadas pelo momento de sua execução. Em geral, não apresentam efeito algum sobre o sistema até que determinada condição ocorra. No caso das bombas-relógio, essa condição baseia-se no tempo: elas "explodem" em um ponto particular de tempo. Há várias histórias de funcionários descontentes que deixaram bombas-relógio quando saíram da empresa. As bombas lógicas, ao contrário, são ativadas por outras condições. Tais condições podem incluir praticamente qualquer coisa: certos valores de dados ou de cargas do sistema, quantidade de utilização de disco etc.

21.3.5 Vírus

Com frequência, os softwares prejudiciais não são instalados diretamente no sistema pelo intruso. Às vezes, o código agressivo é passado para o sistema como parte da instalação de um software legítimo. Em outras ocasiões, ele tem o objetivo principal de se disseminar pelo máximo de sistemas possível. São divididos em dois tipos, conforme o modo de difusão. O primeiro tipo é o **vírus**. Esse tipo de malware distingue-se pelo fato de ser anexado a outros softwares. Além dos programas executáveis, outros arquivos podem servir de hospedeiros para vírus se for possível utilizá-los para iniciar a execução do código invasor. Como seus correspondentes biológicos, os vírus de computador podem operar e se disseminar apenas no contexto de um hospedeiro.

Um dos vírus mais conhecidos é o vírus Michelangelo. Ao infectar máquinas de MS-DOS, ele substitui o bloco de boot do disco, colocando a si mesmo no lugar e fazendo uma cópia desse bloco em outro local. Uma vez posicionado, continua infectando todos os discos conectados ao sistema, inclusive os removíveis. Esses discos, então, transferem o vírus para outras máquinas, que também são infectadas. No entanto, na maior parte do tempo, o vírus não provoca qualquer efeito: ele também apresenta elementos de bomba-relógio. O vírus espera que o computador seja inicializado em 6 de março, data de aniversário do artista Michelangelo, que lhe dá o nome. Nessa data, em vez de fazer boot no SO normal da máquina, o vírus limpa os dados do disco, gravando-lhes bits nulos.

Nota histórica: Sobre a confiança na confiabilidade

Em sua conferência no Prêmio Turing, Ken Thompson relatou os resultados de um experimento com portas secretas e cavalos de Troia. Embora descreva os detalhes de modo diferente, o experimento foi, essencialmente, o seguinte: ele começou modificando o programa de login do UNIX para permitir acesso com uma senha "especial" fixa, além da senha normal. Embora tenha funcionado, não havia algo novo até aí. A etapa seguinte foi modificar o compilador para que reconhecesse quando estivesse compilando o programa de login e inserisse automaticamente a porta secreta no momento da compilação. Então, ele poderia remover o código-fonte da porta secreta do programa de login e ninguém perceberia essa porta ao olhar o código-fonte do programa de login. No entanto, seria possível percebê-la ao olhar o fonte do compilador. Assim, seu próximo passo foi modificar o compilador para que reconhecesse quando estivesse compilando a si mesmo. Ao fazer isso, ele automaticamente adicionaria o código que reconhecia a si mesmo, bem como o código que reconhecia o programa de login. Por fim, poderia remover do compilador o código-fonte da porta secreta. No entanto, como o executável continha o código para inserção da porta, tanto o compilador como o programa de login poderia ser compilado muitas vezes, e a porta secreta estaria sempre presente.

21.3.6 Verme

Outro tipo de malware de difusão é o **verme**. Embora às vezes seja chamado incorretamente de vírus, trata-se de um tipo diferente de código. Um verme difere do vírus, pois é um programa por si mesmo e pode se espalhar sem outro programa. Embora muitos dos vermes mais conhecidos sejam, principalmente, exercícios de software que se reproduziram e se disseminaram, podem carregar consigo códigos destrutivos. É comum que vermes e vírus se espalhem pelas redes.

Muitos vermes se aproveitam de softwares que podem ser induzidos a executar outro código que lhe seja fornecido. Algumas explorações recentes são o Code Red e o I Love You. O primeiro espalhou-se sobrecarregando um buffer do servidor de Serviços de Informação da Internet da Microsoft. O código que ele inseriu no sistema propagou-se para outros sistemas, executando o mesmo resultado e, algum tempo depois, iniciou ataques de negação de serviço em sistemas particulares. O I Love You utilizou uma facilidade do agente de usuário de e-mail do Microsoft Outlook. As mensagens de e-mail podiam conter scripts a serem executados quando fossem abertas. O script levado pela mensagem I Love You se autoenviava para todos os contatos da agenda de endereços da vítima. Consequentemente, espalhou-se como um incêndio em 4 de maio de 2000, infectando uma fração significativa de PC pelo mundo.

Talvez o verme mais famoso seja o Morris, escrito por Robert T. Morris, na época um aluno de pós-graduação em Cornell. Em 2 de novembro de 1988, esse verme conseguiu disseminar-se em um grande número de estações e minicomputadores na internet. Ele infectou máquinas que executavam um lançamento específico do BSD UNIX e algumas versões do SunOS. Ele se aproveitou de um recurso de depuração do agente de transporte de e-mail sendmail. Esse recurso, desabilitado nos lançamentos subsequentes, permitia que os desenvolvedores enviassem código para ser executado em uma máquina remota, ajudando a depurar o próprio sendmail. Morris também utilizou uma sobrecarga de buffer (como o Code Red) no programa servidor para o protocolo finger. O verme não levava qualquer código destrutivo, apenas se reproduzia pela rede. Foi escrito originalmente para evitar a difusão muito rápida, chamando, assim, menos atenção. No entanto, esse verme tinha um erro que fez com que se disseminasse muito mais rápido do que o planejado e criasse alta carga de processamento nas máquinas infectadas.

21.3.7 Canal oculto

A próxima classe de comprometimentos que abordaremos aqui é o **canal oculto**. Essas ameaças, em geral, não têm o objetivo de afetar o comportamento do sistema como um vírus destruidor de dados, por exemplo. De maneira diferente, os canais ocultos são técnicas para exportar informações que deveriam ser mantidas secretas. Suponha um arquivo com informações suscetíveis, como o que armazena todas as senhas. Se simplesmente copiássemos esse arquivo para um diretório em que um usuário não autorizado pudesse acessá-lo ou se simplesmente o transmitíssemos por uma rede, o comprometimento desse arquivo seria percebido. No entanto, se escrevermos um programa que afete alguma outra característica observável do sistema, teremos um modo de transmitir esses dados. Uma abordagem é alterar a carga do sistema. Se nosso transmissor codificar o bit 1 aumentando a carga do sistema por meio de um longo loop ocupado, e o bit 0, diminuindo a carga do sistema por meio de uma espera suspensa, então outro programa que esteja observando a carga do sistema pode receber os dados. A carga do sistema não é a única dessas características. Também podemos utilizar aspectos como falhas de páginas, utilização de disco, utilização de porta de E/S e qualquer outra utilização bem-intencionada da rede para codificar os dados. Embora seja um canal claramente lento e ruidoso, esse tipo de transmissão provavelmente não será detectado por técnicas normais de monitoramento de segurança.

Outra forma de esconder as informações pode ser utilizada como canal oculto. A **esteganografia** esconde informações em texto legível. Os lugares em que essas informações podem ser ocultas incluem imagens, arquivos de áudio e vídeo, programas executáveis e até mesmo arquivos de texto. Suponha, por exemplo, uma imagem da Mona Lisa armazenada em um formato de imagem sem perda de dados, como o PNG. Se modificarmos o bit menos significativo de cada pixel, poderemos codificar dados sem praticamente qualquer efeito observável sobre a imagem. Enviando essa imagem por canais de comunicação normais, também estaremos enviando os dados escondidos. Uma imagem em escala de cinza de 1024×768 pixels pode conter uma mensagem de até 96 KB.

21.3.8 Negação de serviço

Quando pensamos em segurança, normalmente pensamos em um agressor que deseja obter acesso não autorizado a um sistema ou destruir dados. No entanto, nem todos os ataques são dessa forma. Às vezes, o agressor quer apenas interferir na qualidade de uso do sistema. Esse tipo de ataque é chamado de **negação de serviço**. Em geral, ele se dá quando o agressor envia uma quantidade esmagadora de solicitações ao sistema-alvo. Como esse sistema não é capaz de atender a todas elas, muitas solicitações legítimas ficam sem serviço.

21.4 Classificação do Livro Laranja

Em 1983, o Departamento de Defesa dos Estados Unidos publicou um documento criado pela Agência de Segurança Nacional (NSA) chamado *Critérios confiáveis para avaliações de sistemas computacionais do Departamento de Defesa*. Em vez desse título nada prático, o livro se tornou mundialmente conhecido como Livro Laranja, por causa da cor de sua capa. Como sugere seu título, o livro define vários critérios para a classificação de sistemas de acordo com sua confiabilidade. De 1985 a 1995, foi publicada uma série de livros refinando amplamente o Livro Laranja. Eles esclareciam alguns de seus elementos e orientavam a implementação de mecanismos de segurança. Cada livro da série tinha uma capa de cor diferente, em geral, ficando conhecido por essa cor. O conjunto completo foi chamado de Série Arco-íris. Posteriormente, os critérios e recomendações de segurança dessa série foram substituídos por um novo conjunto de critérios chamado **critérios comuns**, amplamente influenciados pelo Livro Laranja. Embora esse livro certamente não seja a palavra final em segurança computacional ou sequer o critério mais recente de classificação, trata-se do ponto de partida para a maioria das discussões sobre a segurança de sistemas.

O Livro Laranja segmenta os sistemas em quatro divisões identificadas como A, B, C e D, com a divisão D apresentando o menor nível de confiabilidade e A, o maior. As divisões B e C são ainda subdivididas em classes. Cada divisão e classe começando com D e prosseguindo até A corresponde à anterior, adicionando-se novas exigências. As subseções a seguir resumem as exigências de cada divisão a partir da D.

21.4.1 Divisão D

A divisão D é a mais simples, mas fornece o menor nível de confiabilidade. Ela é chamada de **Proteção Mínima**. De fato, a descrição do Livro Laranja simplesmente diz:

> Essa divisão contém apenas uma classe. Ela é reservada aos sistemas avaliados que falharam em atender às exigências de uma classe de avaliação mais alta.

21.4.2 Divisão C

A divisão C é chamada de **Proteção Discreta** e formaliza vários aspectos encontrados nos sistemas mais comuns. Ela subdivide-se nas classes C1 e C2. Nessa divisão, os sistemas devem exigir que os usuários se identifiquem e se autentiquem com uma senha ou algo similar. Com base nessa identidade, os recursos são protegidos especificando-se as permissões atribuídas aos usuários, grupos e as permissões gerais. Os códigos de proteção simples discutidos na Seção 21.2.4 satisfazem essa exigência. O sistema também deve aplicar alguma separação entre o SO e os usuários. Normalmente, espera-se que isso ocorra sob a forma de restrição de acessos à memória por uma unidade de gerenciamento de memória (MMU, do inglês Memory Management Unit). No entanto, as técnicas de máquina virtual do sistema Inferno também fornecem separação entre o código de usuário e o SO. Os sistemas da divisão C também devem incluir documentos que descrevam o projeto, a utilização, a administração e o teste dos mecanismos de segurança. A equipe de testes de sistemas da divisão C deve incluir pelo menos dois membros com graduação em ciência da computação ou equivalente.

A classe C1 é chamada de **Proteção Discreta de Segurança**, e a C2, de **Proteção Discreta de Acesso**. Na classe C1, um grupo de usuários pode fazer login sob um nome de grupo, mas, na C2, os grupos devem ser identificados como grupos de usuários individuais, cada um dos quais fazendo login com um identificador exclusivo. Além disso, a classe C2 adiciona dois elementos principais às exigências da C1. O primeiro elemento afeta a alocação de dispositivos de armazenamento. Quando o espaço de memória ou de disco é alocado em um sistema C2, ele deve assegurar que não haja quaisquer outros dados do usuário nesse espaço de armazenamento. Isso costuma ser implementado gravando-se zeros no bloco de memória ou disco antes de sua alocação para o processo solicitante. A segunda grande adição em um sistema C2 é a auditoria. O aspecto central dessa exigência é que o sistema deve ser capaz de registrar todos os logins, acessos de arquivos e dispositivos, exclusões de arquivos e assim por diante. É desnecessário dizer que, manter um registro de cada um desses eventos consumiria uma quantidade enorme de espaço de disco e reduziria consideravelmente a velocidade do sistema. Por esse motivo, a exigência especifica que o administrador do sistema tenha a possibilidade de habilitar seletivamente o registro no nível dos usuários individuais.

21.4.3 Divisão B

O nome dado à divisão B é **Proteção Obrigatória**. Essa divisão inclui três classes: B1, **Proteção de Segurança Rotulada**, B2, **Proteção Estruturada** e B3, **Domínios de Segurança**. Em relação aos sistemas C2, a principal adição da divisão B são os **Rótulos de Suscetibilidade** em todos os dados, dispositivos etc. Do mesmo modo, todos os usuários também são rotulados. O rótulo é uma combinação de níveis e categorias de classificação. O Livro Laranja especifica regras em relação às quais os rótulos de usuários e de recursos são comparados para determinar as permissões de leitura e a gravação. Diferente dos controles discretos da divisão C, que podem ser alterados por usuários, apenas alguns usuários autorizados podem modificar os rótulos. Além disso, devem ser inseridos em todos os dados exportados do sistema. Isso inclui saídas legíveis para humanos, como as produzidas pelas impressoras. Antes de qualquer dado não rotulado ser armazenado no sistema, um usuário autorizado deve lhe atribuir um rótulo.

Há alguns modos comuns de utilização dos rótulos. O primeiro modo é fornecer domínio restrito para aplicações ou usuários. Um agente de transporte de e--mail constitui um bom exemplo. Como muitos sistemas externos se conectam a ele, há diversos caminhos potenciais para brechas de segurança. Podemos imaginar a dimensão do estrago se ele for comprometido. O agente não precisa de acesso a todo o sistema – apenas aos arquivos mantidos por ele. Colocando o agente e seus arquivos em um domínio próprio, não poderá haver grandes danos, mesmo se alguém conseguir explorar a falha. A outra utilização comum dos rótulos é fornecer **segurança em vários níveis** (MLS, do inglês Multilevel Security), que se parece com as classificações de segurança e autorização utilizadas no exército. Elas permitem que aqueles que estabeleceram alto nível de confiabilidade acessem todas as informações necessárias, enquanto os que não tenham estabelecido esse nível sejam impedidos de acessar informações suscetíveis. Suponha os níveis Altamente Secreto, Secreto, Restrito, Suscetível e Não Classificado, indo da informação mais delicada para a menos. Se tivermos um arquivo com um rótulo Secreto, os usuários ou programas com autorização de nível Secreto ou Altamente Secreto poderão acessá-lo, enquanto os com autorização Restrito, Suscetível e Não Classificado não poderão.

Por fim, todos os sistemas da divisão B devem ser projetados a partir de uma política de segurança documentada. Os sistemas da divisão B devem ser testados por uma equipe que inclua pelo menos dois graduados em ciência da computação e um mestre da mesma área.

Além das exigências básicas da divisão B, que definem a classe B1, a B2 adiciona muitos elementos importantes. O primeiro deles é a exigência de que os usuários interativos sejam notificados se os rótulos atribuídos a eles forem alterados. A segunda adição é a possibilidade de estabelecer limites aos dispositivos, impedindo a armazenagem de dados com rótulos fora dos níveis de segurança permitidos. A classe B2 também inclui a exigência de um caminho seguro de comunicações pelo qual a autenticação de login deve ocorrer. Em outras palavras, deve haver alguma confiabilidade de que ninguém possa espionar o processo de login ou alterar seus dados. Essa classe também introduz uma nova exigência relacionada à área dos canais ocultos. Em resumo, deve ser feito amplo esforço para identificar e caracterizar esses canais. O modelo de política de segurança da classe B2 deve ser um modelo formal. Além disso, é necessário haver um documento de especificação de alto nível relatando o que é descrito como exceção, mensagem de erro e efeitos. Por fim, todos os sistemas B2 e superiores devem utilizar gerenciamento de configuração (versão) em seu desenvolvimento.

Para além das exigências da classe B2, os sistemas B3 devem incluir privilégios de acesso mais refinados. De fato, é necessário que esses sistemas utilizem ACLs ou equivalentes. Outra exigência adicional interessante é o monitoramento de auditoria. O sistema deve fornecer aos administradores a possibilidade de monitorar os eventos auditáveis e de serem notificados se tais eventos sugerirem que uma violação da política de segurança possa ter ocorrido. Embora tanto os sistemas B1 como o B2 sejam obrigados a apresentar projeto modular, os B3 vão além, exigindo que o projeto do mecanismo de segurança seja completo e conceitualmente simples. O projeto geral do sistema deve ter boa engenharia, que utilize camadas, abstração e ocultação de dados. A última adição ao B3 a ser considerada aqui é a exigência de que a especificação de alto nível mostre-se consistente em relação ao modelo de segurança formal. Tal exigência resume-se a uma prova formal, mas é descrita como um "argumento convincente".

21.4.4 Divisão A

A divisão A, chamada de **Proteção Comprovada**, contém apenas a classe A1, conhecida como **Projeto Comprovado**. Essa forma de identificação deixa aberta a possibilidade de que classes adicionais da divisão A sejam definidas no futuro. Há duas áreas de novas exigências que caracterizam essa classe. A primeira delas é um uso maior de técnicas formais em relação à classe B3. A especificação de alto nível deve ser formal e sua consistência com o modelo de segurança deve ser demonstrada

596 ■ Princípios de sistemas operacionais

utilizando-se uma combinação de técnicas formais e informais. Embora não exista uma tentativa de exigir que a implementação seja provada como correta, devem ser fornecidas evidências disso, mostrando-se o mapeamento dos elementos da especificação de alto nível para o código-fonte. Além disso, devem-se utilizar métodos formais como parte da análise de canais ocultos. A segunda principal adição da divisão A é a **distribuição confiável**. O caminho entre os desenvolvedores do SO e sua instalação em um sistema deve estar livre de fraudes. Os sistemas operacionais de classe A1 não podem ser adquiridos em embalagens de plástico termorretrátil na loja local. Embora não seja necessária, a imagem de um homem de terno escuro carregando uma pasta algemada a seu pulso fornece uma boa noção da importância desses sistemas. A divisão A é também a que apresenta as exigências mais restritas para a equipe de testes. Essa equipe deve incluir pelo menos um graduado em ciência da computação e dois mestres dessa mesma área.

21.5 Criptografia

Até este ponto, nosso foco foi limitar quem pode utilizar um sistema e evitar que usuários tenham acesso não autorizado aos dados. No entanto, há outras questões a se considerar. Por exemplo, se estivermos nos comunicando por rede, como poderemos ter certeza de que a mensagem só será recebida pelo destinatário pretendido? Em outras palavras, como poderemos ter certeza de que não há intrusos? Se recebermos uma mensagem, o que assegura que ela veio da pessoa que o remetente afirma ser? Outra questão está relacionada ao hardware do computador e é semelhante às nossas observações anteriores sobre acesso físico e acesso privilegiado. Suponha que um laptop seja roubado. Independente da qualidade dos códigos e senhas de proteção estabelecidos pelo proprietário, o ladrão pode simplesmente remover a unidade de disco e instalá-la em um sistema que não atente para a segurança do sistema original. Podemos resumir isso dizendo que o acesso físico é o privilégio máximo.

Para ambas as questões, podemos encontrar soluções criptográficas. É impossível fazer justiça, neste livro, à importância da criptografia. Trata-se de um campo rico em história e profundo em sofisticação matemática. Forneceremos apenas uma introdução muito simples a alguns de seus termos, técnicas básicas e aplicações.

21.5.1 Criptografia simétrica

Começaremos com a criptografia como ela era desde a época das civilizações antigas até os anos 1970. Até um momento relativamente recente, a maioria das técnicas baseava-se em **criptografia simétrica**. Nesses sistemas, utilizamos duas funções, $E(x)$ e $D(x)$, que são, respectivamente, a **função de criptografia** e a **função de decodificação**. Elas possuem a propriedade de que $x = D(E(x))$ e, frequentemente, $x = E(D(x))$. Ambas as funções dependem de um elemento de informação chamado **chave**. Suponha que Bob queira enviar uma mensagem m a Alice (mantendo a tradição, consideraremos ambas as partes, chamadas de Bob e Alice, em nosso exemplo de técnicas criptográficas). Bob computa $c = E(m)$ e transmite a Alice. É comum chamarmos m de **texto legível** (do inglês, plaintext) e c de **texto cifrado** (do inglês, ciphertext). Então, Alice pode recuperar a mensagem original computando $m = D(c)$. Como tanto $E(x)$ e $D(x)$ dependem da mesma chave, esse tipo de comunicação exige que Bob e Alice tenham um **segredo compartilhado**.

Um método de criptografia especialmente importante, embora raramente viável, é o **one-time pad**. A ideia é que possamos alterar os detalhes da mensagem adicionando a ela um dado aleatório. Esse dado constitui a chave. Se ele for conhecido por ambas as partes, o destinatário pode simplesmente excluí-lo e recuperar a mensagem original. Supondo-se que o dado aleatório seja utilizado para apenas uma mensagem e que ela não caia nas mãos de invasores, essa técnica é essencialmente infalível.

O one-time pad exemplifica uma questão geral dos segredos compartilhados. Como ele tem o mesmo tamanho da mensagem e deve ser comunicado a ambas as partes, a distribuição da chave é um problema tão difícil quanto o envio da própria mensagem secreta. Em geral, a dificuldade das chaves compartilhadas tem atormentado os usuários de comunicação criptografada através da história. O roubo de livros de registro de códigos foi um dos principais objetivos dos agentes de espionagem enquanto tais livros existiram.

Uma questão particular do one-time pad é o tamanho da chave. Esse é o motivo pelo qual essa técnica é raramente utilizada na prática. Quando utilizada, a determinação dos dados adicionados frequentemente é feita por meio de algum procedimento convencionado. Por exemplo, poderíamos tomar as primeiras 365 páginas de uma coleção de obras de Shakespeare como fonte para nossos dados adicionados. Se transmitirmos apenas uma mensagem por dia, poderemos utilizar a data Juliana como o número da página dos caracteres adicionados à mensagem. Nesse caso, o livro é publicamente conhecido, de modo que o segredo compartilhado, e efetivamente a chave, é o procedimento para encontrar a parte certa do livro.

Para a maioria das aplicações de criptografia simétrica, utilizamos algoritmos mais sofisticados baseados em chaves menores que podem ser enviadas em segredo com mais facilidade. Muitas dessas técnicas fundamentam-se na substituição de um símbolo por outro e no rearranjo das letras de uma mensagem. Naturalmente, queremos que a substituição mude conforme prosseguirmos na mensagem. Se substituirmos B por T uma vez, desejaremos que o próximo B seja substituído, por exemplo, por um K. É claro que o conjunto exato de substituições e rearranjos e o modo exato como essas etapas se alteram no decorrer da mensagem é determinado pela chave.

Podemos mencionar várias técnicas de criptografia simétrica utilizadas com frequência. A primeira é o **Padrão de Criptografia de Dados** (DES, do inglês Data Encryption Standard), adotado em meados dos anos 1970. Ele utiliza uma chave de 56 bits, considerada fraca para os padrões atuais. É viável realizar uma busca exaustiva de todas as chaves possíveis para descobrir qual está sendo utilizada em uma mensagem específica. Essa busca pode ser feita em questão de dias. Embora o padrão não tenha sido criado com a intenção de permanecer em utilização por 30 anos após sua adoção, seu uso extensivo por aplicações governamentais e financeiras garantiu-lhe um bom espaço, mesmo em um tempo em que os ataques de força bruta se tornaram viáveis. Como uma tentativa de fortalecer o DES, foi desenvolvido e padronizado o DES triplo. Nesse caso, a mensagem é criptografada por DES três vezes, utilizando-se três chaves diferentes. Na realidade, o DES triplo teve uma aplicação provisória até a adoção de um padrão de criptografia novo e mais seguro. Em 2001, foi publicado o **Padrão de Criptografia Avançada** (AES, do inglês Advanced Encryption Standard). O AES possui a opção de utilizar chaves de 128, 192 ou 256 bits. A NSA (National Security Agency) o considera sólido o suficiente para ser utilizado na comunicação secreta do governo. Em virtude da sua segurança e da padronização pelo governo, se tornou uma técnica de criptografia simétrica amplamente utilizada. Outro algoritmo importante é o **Algoritmo Internacional de Criptografia de Dados** (IDEA, do inglês International Data Encryption Algorithm). Ele é utilizado no sistema de **privacidade muito boa** (PGP, do inglês pretty good privacy) e em várias outras aplicações não comerciais. No entanto, é coberto por patentes para uso comercial. Com uma chave de 128 bits, é considerada uma criptografia razoavelmente segura. A última técnica a examinarmos é o RC4, uma criptografia muito simples e mais adequada para fluxos de dados do que as outras aqui apresentadas (todas elas criptografam um bloco de dados de 64 ou 128 bits). Em consequência, comumente encontramos o RC4 em comunicações de rede, inclusive em protocolos como **Camada de Sockets Segura** (SSL, do inglês Secure Sockets Layer) e o **Privacidade Equivalente a Fio** (WEP, do inglês Wired Equivalent Privacy), utilizado em redes locais sem fio. Apesar de apresentar uma chave de até 256 bytes, o RC4 não é particularmente seguro. Como resultado, a maioria de suas aplicações dispõe de outras opções.

21.5.2 Criptografia de chaves públicas

Na década de 1970, foi descoberta uma nova abordagem de criptografia. Tal abordagem é chamada de **criptografia de chaves públicas** e caracteriza-se pela ausência de segredo compartilhado. Em um sistema de chaves públicas, temos duas chaves em vez de uma. A primeira é utilizada para a criptografia e a segunda para a decodificação. As chaves de criptografia tornam-se públicas, enquanto as de decodificação são mantidas secretas. Ao criptografarmos uma mensagem ou um arquivo, fazemos isso com a chave pública do destinatário pretendido. Então, a chave de decodificação do destinatário é utilizada para retornar a mensagem ou arquivo para a forma de texto legível. As funções de criptografia associadas a esses pares de chaves exigem, no entanto, muito mais intensidade computacional do que as técnicas simétricas.

Devido à complexidade computacional das técnicas de chaves públicas, suas primeiras versões giravam em torno da ideia de que ainda desejávamos utilizar a criptografia simétrica convencional, mas gostaríamos de um modo de trocar a chave sem que pudessem vê-la. Como consequência, várias dessas primeiras técnicas são descritas como técnicas de troca de chaves. Uma versão simples de tais técnicas foi

Princípios de segurança de sistemas operacionais ▪ **599**

desenvolvida de modo independente por Williamson, na Inglaterra, e por Diffie e Hellman, nos Estados Unidos. Como Williamson era criptografista do governo britânico, seu trabalho foi mantido em segredo. De modo análogo, Diffie e Hellman estavam na academia e publicaram seus resultados. Consequentemente, o algoritmo ficou conhecido, em geral, como a troca de chaves de Diffie-Hellman.

Algoritmo de Troca de Chaves de Diffie-Hellman: Permite que duas partes cheguem juntas ao mesmo segredo, sem nunca transmiti-lo. Cada parte gera parcialmente o segredo e transmite uma mensagem computada a partir do segredo parcial, de modo que, a partir dessa mensagem, seja muito difícil recuperar tal segredo parcial. Ambas as partes combinam a mensagem recebida com seu segredo parcial para chegar ao segredo compartilhado. Como pré-requisito, dois números, g e p, sendo p primo, são divulgados publicamente ou transmitidos de forma clara.

1. Alice gera um número aleatório a.
2. Bob gera um número aleatório b.
3. Alice transmite g^a mod p para Bob.
4. Bob transmite g^b mod p para Alice.
5. Alice computa $(g^b)^a$ mod $p = g^{(ba)}$ mod p.[1]
6. Bob computa $(g^a)^b$ mod $p = g^{(ab)}$ mod p.

Em razão da propriedade comutativa da multiplicação (e, por extensão, da exponenciação), Bob e Alice agora compartilham um número que é segredo compartilhado, mas que nunca foi transmitido abertamente. Esse número pode ser utilizado como chave de um algoritmo de criptografia simétrica.

Poderíamos nos perguntar: "E se Eve interceptar as duas mensagens contendo g^a mod p e g^b mod p?". Poderia ela computar a base logarítmica g dos dois números para obter a e b e, em seguida, computar g^{ab} mod p? Na prática, ela teria que resolver o problema do logaritmo discreto. No entanto, tal problema é muito difícil, principalmente se o módulo p for grande. Na verdade, ele não possui solução conhecida, já que o tempo de execução é polinomial no número de bits em p. Em outras palavras, o melhor que podemos fazer é tentar todos os valores de a (ou b), começando com 1 e subindo até encontrarmos o correto. Para valores de a e b com 64 bits ou mais, o tempo para testar todos os valores possíveis é tão grande que, quando o valor correto for encontrado, a informação protegida provavelmente não será relevante. A segurança dessa técnica depende da dificuldade de resolução do problema do logaritmo discreto.

Há outro tipo de técnica de chaves públicas em que ainda temos as duas funções $E(x)$ e $D(x)$, ainda compartilhando a propriedade de que $x = D(E(x))$. No entanto,

---

[1] Segundo o autor, os passos da comprovação desta igualdade foram omitidos por questões de simplificação. Sabe-se que $(g^b$ mod $p)^a = (g^b)^a$ mod p (N.R.T.).

600 ■ Princípios de sistemas operacionais

essas duas funções não se baseiam diretamente na mesma chave. Em vez disso, $E(x)$ fundamenta-se em uma chave e $D(x)$, em outra. Obviamente, deve haver algum tipo de relação entre as duas chaves, mas a segurança da técnica baseia-se em escolhê-las de modo que o conhecimento de uma não revele facilmente a outra.

Uma das técnicas mais influentes foi desenvolvida por Rivest, Shamir e Adleman. Em geral, ela é conhecida como algoritmo RSA. Comecemos descrevendo a técnica de geração de chaves:

Algoritmo de Geração de Chaves RSA: Gera um par de chaves de criptografia/decodificação. O par de números e e n é publicado como a chave de criptografia. O número d é mantido em segredo assim como a chave de decodificação.

1. Selecione aleatoriamente dois números primos grandes p e q.
2. Compute $n = pq$.
3. Compute $\phi(n) = (p - 1)(q - 1)$.
4. Selecione e tal que e e $\phi(n)$ sejam relativamente primos.
5. Resolva d tal que $ed = 1$ mod $\phi(n)$.

Utilizando essas chaves, é possível definir nossas funções de criptografia e decodificação da seguinte maneira:

$$E(x) = x^e \text{ mod } n \text{MMMeMMM} D(x) = x^d \text{ mod } n$$

Sem fornecê-los, podemos observar que as propriedades de e, d e n implicam que

$$x = E(D(x)) = D(E(x)) = x^{ed} \text{ mod } n$$

Considere que Bob esteja transmitindo uma mensagem criptografada para Alice. De modo equivalente, Bob poderia estar criptografando um arquivo com o objetivo de apenas Alice o ler. Ele olha a chave pública de Alice, que denotaremos (e_a, n_a). Com esses números e o texto legível m, Bob computa o texto cifrado $c = E_a(m)$ e transmite-o a Alice. Ela pode então recuperar a mensagem, computando $m = D_a(c)$. Desse modo, Bob terá segurança de que apenas Alice será capaz de ler a mensagem. No entanto, há outra questão. Como Alice pode saber que é Bob que está enviando a mensagem? Afinal, qualquer pessoa pode olhar a chave pública de Alice e lhe enviar uma mensagem. Alice pode ter segurança de que apenas Bob poderia lhe enviar a mensagem se ele incluir uma **assinatura**. Bob computa a função hash sobre a mensagem e a criptografa com sua chave de decodificação. A mensagem enviada por Bob, na verdade, é $(c, D_b(s))$, em que s é o resultado da função hash computada em relação sobre m. Por sua vez, Alice decodifica a assinatura $s = E_b(D_b(s))$ e compara-a com o hash computado sobre m. Se eles coincidirem, Alice pode ter certeza de que foi Bob mesmo que enviou a mensagem. Além disso, ela pode saber se a mensagem chegou intacta e se alguém a espionou. É importante que Bob envie uma assinatura que seja diferente a cada vez para assegurar que Eve não possa acrescentar a assinatura criptografada de Bob a uma mensagem que ela envie a Alice. A função hash computada sobre a mensagem realiza isso.

Ainda há mais um aspecto que deve ser considerado. Como, em primeiro lugar, Bob pode obter a chave pública de Alice, e como ele pode saber que tal chave realmente pertence a ela? A resposta é haver uma **autoridade certificadora** (CA, do inglês certifying authority) em que ambos confiem. A CA é uma entidade bem conhecida que fornece garantia de validade de chaves públicas. Em alguns casos, ela é também um repositório dessas chaves. Por "bem conhecida", queremos dizer que todos que desejam comunicar estejam cientes da existência da CA, saibam como contatá-la e conheçam sua chave pública. Quando Bob solicita à CA a chave pública de Alice, ele recebe um **certificado** com tal chave e uma assinatura que Bob pode utilizar para verificar se ela veio da CA e não de alguém se passando pela CA.

21.6 Anéis de proteção no Multics

Da perspectiva da segurança, o Multics é um sistema muito interessante por vários motivos. Inicialmente, em agosto de 1985, ele se tornou o primeiro sistema avaliado como da classe B2, apenas dois anos após a publicação do Livro Laranja original. Examinando o projeto do Multics e lendo o Livro Laranja, fica claro que esse sistema teve ampla influência sobre as definições das várias classes de confiabilidade. Nosso interesse principal na segurança do Multics deve-se, no entanto, ao modo como ele fornece proteção de dados por meio da utilização de anéis de proteção, conforme discutido na Seção 2.2 e ilustrado na Figura 2-1.

A segurança no Multics, como na maioria dos sistemas, começa com a autenticação do usuário no login. Ela utiliza uma abordagem bastante comum de nome de usuário e senha. Cada usuário é membro de um ou mais projetos de modo muito parecido com os grupos discutidos durante esse capítulo. Os usuários identificam os projetos nos quais estão trabalhando quando fazem login.

Voltaremos agora para os mecanismos de proteção em si. Em razão da correspondência um-a-um entre segmentos e arquivos, o mecanismo de proteção utilizado pelo hardware de segmentação está intimamente ligado ao utilizado pelo sistema de arquivos. Portanto, é melhor vermos a proteção de dados na memória e no disco de modo unificado. É mais fácil compreender os mecanismos de proteção do Multics determinando o que ocorre quando tentamos chamar uma função localizada em um segmento ainda não armazenado na memória. Como mencionado na Seção 10.2, os processos devem tomar conhecimento dos novos segmentos. Após o arquivo ter sido localizado, é necessário verificar se o usuário possui acesso a ele. O Multics utiliza ACLs para determinar quais usuários e grupos podem acessar os arquivos. A entrada da ACL correspondente especifica quais permissões de leitura, gravação e execução o usuário dispõe. Essas três permissões são copiadas no novo descritor de segmentos.

A entrada da ACL também contém uma tripla que define vários conjuntos de anéis. Esses conjuntos determinam qual acesso é fornecido aos códigos de outros segmentos. Suponha que um conjunto de anéis de nosso segmento seja (i, j, k) e que tenhamos uma função sendo executada no anel r. Começamos com a situação em

602 ■ Princípios de sistemas operacionais

que o novo segmento é um segmento de dados. Para segmento de dados, $j = k$. Sendo $r \leq i$, a função poderá ler e gravar no novo segmento se o bit de acesso adequado estiver configurado. Sendo $i < r \leq j$, a função pode apenas ler o novo segmento. Não é permitido qualquer acesso se $r > k$ (ou, alternativamente, $r > j$). Consideremos agora o caso em que o novo segmento é de código. O primeiro caso, em que $r < i$, é pouco comum quando uma rotina de maior privilégio está chamando uma de menor privilégio. No entanto, esse caso é permitido e a função chamada é executada no anel i. Se $i \leq r \leq j$, permitimos a chamada, mas a função é executada no anel r. Se $j < r \leq k$, desejamos restringir a chamada. Nesse caso, o novo segmento está prestando um serviço a camadas mais altas, mas o conjunto de funções que o chamador é capaz de executar fica restrito. Cada segmento possui um conjunto de **portas de chamadas** que lista os pontos de entrada válidos para chamadas de anéis em uma determinada faixa. Por fim, se $r > k$, a chamada não é permitida. É claro que, em todos esses casos, o acesso de execução deve ser permitido ao usuário. Todas as comparações necessárias para determinar acessos são executadas em hardware.

Essa combinação de permissão de leitura/gravação/execução por usuário com um conjunto mais refinado de anéis permite que o Multics trate de várias exigências concorrentes. Em princípio, o sistema de anéis generaliza os modos de usuário e de kernel comuns que a maioria dos processadores apresenta. Essa estrutura mais geral permite que o Multics tenha mais cuidado em relação a quais segmentos podem acessar outros. Ela também permite um compartilhamento controlado de dados. Atribuindo conjuntos diferentes de anéis a usuários diferentes, é possível determinar que um usuário possa ser capaz de gravar em determinado segmento, ao passo que outros possam apenas lê-lo. O resultado é que o Multics é frequentemente o ponto de partida para a discussão e o projeto de sistemas altamente seguros.

21.7 Segurança no Inferno

Como vimos neste livro, o Inferno não é um sistema operacional comum. Ele é uma reunião eclética de técnicas padronizadas e ideias inovadoras em um pacote compacto. A segurança nesse sistema não é diferente, a começar pela proteção de dados na memória. Mencionamos várias vezes que o Inferno pode ser executado em máquinas sem unidade de gerenciamento de memória, pois as aplicações funcionam como código interpretado Dis. Tal código não apenas dispensa a necessidade de tradução de endereços, como também a de proteção de memória. A semântica da linguagem Limbo e os detalhes do código Dis produzido pelo compilador Limbo evitam, efetivamente, que um programa acesse memória não alocada para ele. Ao utilizarmos o compilador *just-in-time*, confiamos nele para gerar apenas código nativo que faça a mesma coisa. Em geral, portanto, a segurança de memória não é um problema nesse sistema.

O Inferno utiliza uma abordagem bastante convencional de proteção a arquivos. Sejam arquivos de dados persistentes convencionais, sejam outros endereços fornecidos por um dos servidores, eles possuem um usuário e um grupo como proprietários. Para o usuário, o grupo e todas as outras pessoas, existem permissões de leitura, gravação e execução especificadas. Segue uma estratégia muito parecida com a descrita na Seção 21.2.4.

No entanto, a segurança do sistema Inferno torna-se especialmente interessante quando nos lembramos de que todos os servidores se comunicam utilizando o protocolo Styx e que os servidores e clientes não precisam estar na mesma máquina. Consequentemente, o compartilhamento de recursos por rede é uma parte inerente ao projeto do Inferno. Isso significa que a segurança de rede também é parte importante desse sistema.

A comunicação segura no Inferno é construída com base em dois mecanismos gerais. Em princípio, a segurança da maioria da comunicação utiliza algoritmos como o RC4, DES, AES ou IDEA. As chaves dessas técnicas de criptografia são trocadas utilizando-se a troca de chaves de Diffie-Hellman. A autenticação é obtida com assinaturas digitais que utilizam técnicas de chaves públicas. Para dar confiabilidade às assinaturas, o Inferno constitui a autenticação por meio de autoridade certificadora. Os processos não solicitam à CA as chaves públicas de outras entidades. Em vez disso, eles pedem à CA os certificados de suas próprias chaves públicas, os quais são trocados em um procedimento de autenticação inicial. Após a conclusão dessa autenticação, cada parte dispõe da chave pública da outra e pode verificar as assinaturas. A troca de chaves de Diffie-Hellman também faz parte do procedimento de autenticação. Concluído tal procedimento e trocadas as chaves, os processos podem utilizar um servidor de arquivos da Camada de Sockets Segura (SSL) para enviar e receber mensagens criptografadas e assinadas.

21.8 Segurança no Linux

Em sua maior parte, a segurança do Linux é muito parecida com a que encontramos em outras implementações do projeto UNIX. A proteção de memória depende da MMU e de sua proteção de páginas. Se desejarmos que um processo não tenha qualquer acesso a determinadas páginas, basta não as mapearmos em seu espaço virtual. Quanto às páginas que desejamos como apenas leitura, configuramos a entrada da tabela de páginas para proibir gravação. Podemos compartilhar páginas incluindo-as nas tabelas de páginas de ambos os processos.

Devido ao projeto do sistema de arquivos virtual (VFS, do inglês Virtual File System) do Linux, a proteção de arquivos depende dos sistemas de arquivos individuais. Seus desenvolvedores estão livres para implementar qualquer forma de proteção que escolherem. A maioria deles segue o modelo usual do UNIX baseado em ID de usuário e ID de grupo. Quando os usuários fazem login, são identificados com IDs de usuário inteiros (UIDs) e IDs de grupo inteiros (GIDs). Obviamente, um usuário pode ser membro de vários grupos, mas um é escolhido como grupo inicial ou principal. Para fins de consulta e configuração de metadados, todos os sistemas de arquivos implementam (ou, pelo menos, simulam) o modelo de usuário/

604 ■ Princípios de sistemas operacionais

grupo/universo com as permissões de leitura, gravação e execução. Em geral, utilizam esse modelo para determinar as permissões de acesso. Se o UID do processo coincidir com o que é proprietário do arquivo, as permissões de acesso do usuário são utilizadas. Se ele for membro de um grupo cujo GID for o proprietário do arquivo, utilizam-se as permissões de acesso do grupo. Do contrário, são utilizadas as permissões de acesso gerais. Alguns sistemas de arquivos também implementam ACLs opcionalmente.

Há um usuário especial em todos os sistemas baseados no UNIX. O usuário cujo UID é 0 é chamado de **superusuário**. Seu nome de login geralmente é *root*. Quando o superusuário tenta acessar um arquivo, a verificação normal de permissão de acesso é ignorada. Isso permite que um administrador de sistema acesse todos os arquivos para corrigir problemas, executar backups e outros encargos administrativos.

Há ainda mais um aspecto do projeto do sistema de arquivos do UNIX que apresenta implicações de segurança importantes. Além dos nove bits de permissão já discutidos, há mais dois que afetam a segurança de um arquivo. Trata-se do bit **configura UID** (SUID, do inglês set UID) e do bit **configura GID** (SGID, do inglês set GID). Se um arquivo for executado com a chamada ao sistema *execve*( ) e um desses bits estiver configurado, a execução do processo é iniciada utilizando-se, respectivamente, o UID ou GID do proprietário do arquivo. Para compreender como isso pode ser útil, considere o Exemplo 21.4.

Exemplo 21.4: Utilização do configura UID

Um professor quer que seus alunos de uma classe tenham acesso a um arquivo, mas apenas de modo controlado. Pode ser, por exemplo, o arquivo de notas. Nesse caso, os alunos não devem ter permissão para ler todo o arquivo; do contrário, poderiam ver as notas dos outros alunos. Do mesmo modo, eles não devem ter permissão para modificar qualquer parte do arquivo. É fácil evitar que eles gravem no arquivo com as permissões normais, mas o acesso de leitura se aplica ao arquivo inteiro. Para tratar desse caso, o professor torna o arquivo não legível pelo grupo e pelo universo, e legível apenas pelo proprietário. Em seguida, fornece um programa que leia o arquivo e mostre apenas as informações selecionadas. O programa é executável pelos alunos e possui o bit SUID configurado. Quando um aluno executa o programa, ele o faz como se fosse o professor, tendo acesso ao arquivo de notas. Se tentar acessar tal arquivo de outro modo, a ausência de permissão de leitura impedirá o acesso. Os exercícios questionarão como esse recurso poderia levar a falhas de segurança.

O desenvolvimento de SUID e SGID apresenta uma história fascinante. Essa ideia criativa e poderosa foi a única parte da implementação UNIX original a ser patenteada, com a patente sendo levada a domínio público logo após sua emissão. Em muitos anos de utilização, no entanto, ficou claro que é muito fácil aplicar de modo equivocado os bits SUID e SGID, criando vulnerabilidades de segurança. Consequentemente, durante o desenvolvimento do Plan 9, os projetistas do UNIX original excluíram o SUID e SGID.

Se tivéssemos um sistema que desse suporte ao controle obrigatório de acesso da classe B do Livro Laranja, poderíamos resolver o problema do professor de um modo diferente. O programa de acesso poderia receber autorização para o domínio em que o arquivo de notas se localizasse, mas nenhum estudante a receberia. Em versões recentes do kernel (desde a versão 2.6), o Linux possui suporte para esse controle obrigatório de acesso. Tal suporte é conhecido como **Linux de segurança aprimorada** ou SELinux (do inglês, security enhanced Linux). Ele foi desenvolvido pela NSA e lançado para uso amplo. O SELinux fornece suporte geral para controles obrigatórios de acesso que podem ser configurados de vários modos. Os domínios podem não apenas receber suporte, como no nosso exemplo, mas serem configurados para fornecer vários níveis de segurança. No entanto, o SELinux, por si próprio, não coloca o Linux no nível de confiabilidade de classe B. Têm sido realizados trabalhos em algumas outras exigências dessa classe, como documentação de auditoria e segurança.

21.9 Resumo

Os elementos de gerenciamento de recursos de um sistema operacional tratam de muitas questões decorrentes da existência de várias entidades concorrentes. No entanto, quando se chega nos níveis dos dados no sistema e da transmissão de dados por rede, deve-se pagar por atenção especial para evitar acessos não autorizados. Neste capítulo, examinamos as técnicas básicas de proteção de arquivos baseadas na autoidentificação dos usuários durante o login. Vimos técnicas de proteção mais elaboradas, como as ACLs. Saber quanta confiança deve ser depositada em um sistema com base em seus recursos constitui o objetivo do Livro Laranja. Quaisquer dados a serem protegidos podem passar por uma entre várias técnicas de criptografia. Examinamos algumas das técnicas aplicadas no Multics, Inferno e Linux.

21.10 Exercícios

1. Mesmo se as senhas estiverem criptografadas com uma cifra de sentido único, por que não devem ser públicas?

2. Já que, atualmente, é raro utilizarmos modems ou linhas telefônicas para conexão a sistemas remotos, como uma técnica de retorno de chamada funcionaria nos dias de hoje?

3. Em um sistema de autenticação por desafio/resposta, como impedir que o algoritmo utilizado na criptografia torne-se conhecido e utilizado para o login em qualquer conta, mesmo sem obter um dispositivo de criptografia?

4. No Exemplo 21.1, como seriam as propriedades e as permissões se quiséssemos que Judy tivesse acesso completo a um arquivo, que Jim e Mary pudessem ler e executar um arquivo, mas que Rachel e Andrew pudessem apenas executá-lo?

606 ■ Princípios de sistemas operacionais

5. Para cada arquivo discutido no Exemplo 21.1, dê uma ACL equivalente sem utilizar grupos. Faça o mesmo quando os grupos puderem ser relacionados na ACL.

6. Para cada usuário e grupo discutido no Exemplo 21.1, mostre as aptidões que fornecem a mesma proteção discutida.

7. No Livro Laranja, por que temos um grau maior de confiabilidade em um sistema de classe A1 do que em um de classe B3?

8. Mais do que por falhas no projeto de software, as falhas de segurança são frequentemente causadas por decisões ruins da administração do sistema. Como os controles obrigatórios de acesso podem ajudar nessa questão? Eles ainda são suscetíveis a erros administrativos? Por quê?

9. Se um programa com SUID se comportar como esperado, não há muito com o que se preocupar em termos de segurança, contanto que o projeto de seu comportamento seja seguro. Como um programa com SUID poderia constituir um risco de segurança por possuir defeitos que levem a comportamento inesperado?

10. Esse problema exige informações externas. Veja os critérios comuns e descreva a correspondência entre as várias classes de confiabilidade do Livro Laranja e os níveis dos Critérios Comuns (do inglês common criteria).[2]

11. Os anéis de proteção do Multics podem ser implementados em hardware ou em software. Que vantagem a implantação em hardware oferece?

12. Descreva como os anéis de proteção do Multics podem ser implantados em software aproveitando-se uma MMU paginada?

13. A CA do sistema Inferno fornece o certificado de uma chave pública quando o cliente faz login utilizando um nome de usuário e uma senha. Examine a documentação do Inferno e determine se o uso de um segredo compartilhado (a senha) é um problema. Por quê?

14. Mostre como um conjunto de ACLs pode ser mapeado para um conjunto de aptidões e vice-versa. Será útil começar pela descrição, de modo organizado, do conjunto completo de usuários, recursos e permissões.

15. Como a criptografia de chave pública com assinaturas evita ataques *homem-no-meio*?

---

[2] O common criteria é um padrão internacional para avaliação de segurança em tecnologia da informação (N.R.T.).

Capítulo 22

Princípios de sistemas distribuídos

No Capítulo 1, discutimos a ideia de que sistemas de computadores raramente devem ser vistos como somente um computador executando um programa para um usuário. A maior parte deste livro analisa os princípios, exemplos e técnicas para quebrar o pressuposto de um usuário e um programa. Em nosso percurso, no entanto, assumimos em geral que estávamos lidando principalmente apenas com um computador. Neste capítulo, romperemos com esse pressuposto. Examinaremos técnicas para tratar de um conjunto de recursos computacionais como se fosse somente um recurso. Essa ideia foi expressa de modo bem sintético pela campanha de publicidade da Sun Microsystems, que diz "a rede é o computador".

O assunto de sistemas distribuídos é rico, havendo livros inteiros escritos sobre o tema. Portanto, temos necessariamente de assumir uma perspectiva seletiva, discutindo várias técnicas que abrem abordagens diferentes, desde uma união fraca de sistemas que compartilham arquivos até sistemas fortemente integrados, em que várias CPUs compartilham a mesma memória e são gerenciadas por uma única instância do sistema operacional. Também examinamos a dificuldade de manter uma representação de tempo consistente entre todos os sistemas. O conjunto final de técnicas examinadas são os algoritmos de eleição. Independente do modo como os sistemas cooperam, há momentos em que apenas um sistema deve executar um papel de coordenador para todo o conjunto. Os algoritmos de eleição são utilizados para estabelecer qual sistema possui essa responsabilidade.

22.1 Conceitos básicos

Antes de entrarmos nos detalhes da organização e das técnicas de sistemas distribuídos, deveríamos examinar algumas questões básicas sobre o mérito e as implicações do uso de sistemas múltiplos. Em primeiro lugar, o que exatamente ocorre entre os sistemas e qual é a vantagem de utilizar sistemas múltiplos? Segundo, os sistemas em um ambiente distribuído comportam-se de modo diferente quando executados em passos sincronizados do que quando executados sem sincronização? Terceiro, se vários sistemas tiverem acesso aos mesmos recursos, como assegurar a exclusão mútua? Por fim, quais as implicações dos sistemas distribuídos quanto à confiabilidade? Consideraremos essas questões no restante desta seção.

22.1.1 Compartilhamento de recursos

Em essência, os sistemas distribuídos são aqueles que compartilham recursos. Durante todo o nosso estudo, focamos em quatro recursos: a CPU, a memória, os dispositivos de E/S e os arquivos. Todos eles são passíveis de compartilhamento. Em capítulos anteriores, já fizemos algumas referências ao compartilhamento de recursos. Por exemplo, falamos sobre vários processos compartilhando áreas da memória. Ao falarmos sobre sistemas distribuídos, em geral nos referimos a sistemas que envolvem diversas CPUs.

22.1.1.1 Arquivos

O recurso compartilhado mais natural e conhecido é o sistema de arquivos. É comum precisarmos fazer com que arquivos fiquem disponíveis a vários usuários utilizando diversos computadores conectados por uma rede. Um motivo para isso é tornar os arquivos de um usuário disponíveis em qualquer computador que ele utilize. Outra razão é fazer com que os dados e programas comuns fiquem à disposição de muitos usuários sem a necessidade de muitas cópias.

Independente do motivo para o compartilhamento de arquivos, frequentemente criamos um repositório central de arquivos no sistema, geralmente chamado de **servidor de arquivos**. Todos os outros sistemas da rede local, que costumam ser tratados como **clientes**, obtêm alguns ou todos os seus arquivos do servidor.

Normalmente, esse compartilhamento de arquivos é realizado por uma rede, em que a máquina cliente envia uma mensagem solicitando uma operação do sistema de arquivos. O servidor realiza tal operação e retorna o resultado por rede. O primeiro dos dois protocolos mais comuns que definem essa comunicação é o Sistema de Arquivos de Rede (NFS, do inglês network file system), desenvolvido pela Sun Microsystems e implementado em grande variedade de SOs. O outro protocolo de compartilhamento de arquivos predominante é o Sistema de Arquivos Comum da Internet (CIFS, do inglês common internet file system), desenvolvido pela Microsoft para o compartilhamento de recursos no Windows. Ele também é conhecido por seu nome mais antigo, Bloco de Mensagens do Servidor (SMB, do inglês server message block). Como o NFS, o CIFS foi implementado em diversos sistemas operacionais.

22.1.1.2 Dispositivos de E/S

Não há uma abordagem única para o compartilhamento de dispositivos de E/S; diferentes dispositivos são tratados de modos diferentes. Em sua maioria, os dispositivos de armazenamento não são compartilhados diretamente. Em vez disso, compartilhamos os sistemas de arquivos armazenados neles. De modo similar, é raro compartilharmos portas de comunicação, como as RS-232, portas paralelas e interfaces USB diretamente. No entanto, frequentemente compartilhamos impressoras conectadas a essas interfaces. Como no compartilhamento de arquivos, as máquinas clientes enviam solicitações por uma rede à máquina servidora em que a impressora está conectada. Um dos protocolos utilizados para o compartilhamento de impressoras é o mesmo protocolo CIFS usado no compartilhamento de arquivos. Outros sistemas utilizam com frequência, um protocolo chamado, às vezes, LPD e, outras vezes, LPR. Essas duas siglas decorrem dos nomes dos dois programas utilizados para impressão em tais sistemas.

22.1.1.3 Memória

Já falamos sobre processos que compartilham memória e sobre várias técnicas de exclusão mútua para proteger seções críticas. Há outra forma de compartilhamento que também merece atenção. Em particular, se tivermos várias CPUs com acesso à memória, as áreas de memória podem ser compartilhadas entre os processadores.

Nas implementações mais comuns de compartilhamento de memória por várias CPUs, todos os processadores possuem acesso igual à memória. Ou seja, exceto por atrasos decorrentes de contenções, o tempo de acesso a um determinado local de memória é o mesmo para todas as CPUs. Com uma grande quantidade de processadores, a contenção de memória torna-se rígida. Uma abordagem para lidar com esse problema, que está se tornando mais comum, é o projeto de Acesso Não Uniforme à Memória (NUMA, do inglês non uniform memory access), no qual um processador pode acessar algumas áreas da memória mais rapidamente do que outras. É particularmente comum encontrarmos cada área da memória associada a uma CPU. Pensamos na CPU como proprietária da memória a ela associada. A CPU proprietária pode acessar sua memória rapidamente, como no caso do processador único. Os tempos de acesso são maiores quando se solicita memória pertencente a outro processador.

22.1.1.4 CPU

As CPUs apresentam uma forma fundamentalmente diferente de compartilhamento em relação aos outros recursos. Neles, todas as diferentes threads de controle utilizam um mesmo recurso. Desse ponto de vista, todo o compartilhamento de tempo (do inglês, time-sharing) é uma forma de compartilhar a CPU.

Podemos, no entanto, deslocar nosso ponto de vista. Em vez de pensarmos em termos de vários processos em uma mesma CPU, podemos pensar em várias CPUs cooperando sobre uma única tarefa. Esse é o cenário de várias threads de controle sendo executadas simultaneamente, o que torna os sistemas distribuídos um interessante campo de estudos.

A principal motivação para aplicar várias CPUs a um problema é o desempenho. Se for adequado dividir o problema em subproblemas menores que possam ser resolvidos em paralelo, podemos obter a solução em menos tempo utilizando mais de uma CPU, como ilustrado no Exemplo 22.1.

Exemplo 22.1: Ordenação distribuída

Considere qualquer algoritmo de ordenação recursiva, como o mergesort ou o quicksort. Em um processador único, duas ordenações recursivas de duas sublistas devem ser feitas em sequência. No entanto, se tivermos mais de um processador à disposição, podemos fornecer cada sublista a um processador diferente e, então, ordená-las em paralelo. Por fim, as sublistas ordenadas retornam ao processador original, que as combina na lista ordenada completa.

Mesmo esse simples exemplo mostra vários aspectos importantes na criação de um algoritmo que possa ser executado em paralelo. Primeiro, observe que há um processador que assume um papel de controle e coordenação. Ele divide o problema em subproblemas componentes e os envia a processadores diferentes. Isso é muito comum na implementação de algoritmos paralelos. Segundo, observe que algumas partes da tarefa não podem se beneficiar de múltiplos processadores. Determinadas seções de um algoritmo são inerentemente seriais por natureza e os processadores adicionais ficam ociosos quando essas partes do algoritmo são executadas. Em outras palavras, uma fatia do tempo de execução pode ser acelerada utilizando-se vários processadores; o tempo restante, não. O efeito resultante disso é que a aceleração não é proporcionalmente maior (e geralmente é menor) do que o número de processadores. Se utilizarmos quatro processadores, o algoritmo levará no mínimo um quarto (e quase certamente mais) do tempo que levaria para ser executado em um mesmo processador. Uma demonstração mais formal dessa ideia é conhecida como **lei de Amdahl**.

No exemplo anterior, cada CPU envia um problema a duas outras CPUs e aguarda seus resultados. Para cada sublista, uma CPU age como o nó mestre, controlando as outras. Esse tipo de estrutura não é raro. No entanto, também encontramos outra abordagem. Cada CPU pode executar o mesmo código, computando-o como se fosse seu próprio mestre. Regularmente, as CPUs precisam trocar informações, mas, como todas estão executando o mesmo código, as informações trocadas seguem uma mesma função ao mesmo tempo. A simulação climática se ajusta bem a essa estrutura. Cada CPU computa as equações do fluxo de fluidos em um cubo da atmosfera e troca as informações sobre sua temperatura, pressão atmosférica, umidade etc., com cada uma das seis CPUs que simula os cubos adjacentes. O Exemplo 22.2 considera outro desses algoritmos com mais detalhes.

Exemplo 22.2: Busca primeiro em largura distribuída

Na maioria das aplicações distribuídas, há um conjunto de conexões lógicas entre pares de CPUs. O conjunto de caminhos pelos quais uma CPU envia dados a outra forma um grafo. Observe, todavia, que as arestas dos grafos não são necessariamente conexões físicas. É comum querermos encontrar uma árvore de expansão de profundidade mínima embutida nesse grafo. Entre outras coisas, tal árvore nos fornece a possibilidade de transmitir uma mensagem a todos os nós do modo mais

Princípios de sistemas distribuídos ∎ 611

eficiente possível. Podemos obter uma árvore assim utilizando um algoritmo de busca primeiro em largura:

Algoritmo distribuído de busca primeiro em largura: Todos os nós começam sem marcas. Um nó é identificado como a raiz da árvore de expansão. Concluída a operação, cada nó conhecerá seu pai e seus filhos na árvore. Temos três tipos de mensagens: de *busca*, de *filiação* e de *não filiação*. Todas as mensagens são enviadas aos nós conectados diretamente ao grafo. As mensagens de *busca* são utilizadas para iniciar a busca primeiro em largura em um subgrafo. As mensagens de *filiação* são enviadas de volta aos pais pelos nós que são seus filhos na árvore de expansão. As mensagens de *não filiação* são envidadas de P_i para P_j em resposta a uma mensagem de *busca* de P_j, quando P_i não é filho de P_j na árvore de expansão. Para simplificar, assumiremos que todos os canais de comunicação sejam bidirecionais:

1. O nó de raiz P_r marca a si mesmo e envia uma mensagem de *busca* a todos os nós diretamente conectados a ele.

2. Se o nó P_i receber uma mensagem de *busca* do nó P_j, mas já estiver marcado, o P_i responde ao P_j com uma mensagem de *não filiação*.

3. Se o nó P_i receber uma mensagem de *busca* do nó P_j e não estiver marcado, o P_i marca a si mesmo e envia uma mensagem de *busca* a cada nó conectado diretamente a ele. Ele também registra o nó P_j como seu pai.

4. Se o nó P_i receber mensagens de resposta de todos os que estão conectados diretamente a ele, este envia uma mensagem de *filiação* a seu pai.

5. O algoritmo termina quando P_r tiver recebido respostas de todos os nós diretamente conectados a ele.

22.1.2 Operação síncrona

Em todos os nossos exemplos, temos sugerido que cada processo somente envia uma mensagem quando tenha algo a dizer. Esse parece ser o modo mais natural de fazer isso. No entanto, tal abordagem **assíncrona** é problemática. Considere o exemplo da simulação climática. Se cada processo tiver permissão para executar livremente, o tempo simulado em um cubo da atmosfera pode afastar-se do tempo de outro. A simulação não será precisa se uma CPU enviar os dados atmosféricos existentes uma hora depois do esperado pelo nó recebedor. Outro problema causado pelo comportamento assíncrono é a questão da detecção de falhas. Se os sistemas não estiverem sincronizados de algum modo, não saberemos quando esperar a recepção de uma mensagem. Não sabendo disso, não saberemos se a falta de uma mensagem decorre de uma falha no canal de comunicação ou em um nó. Embora se saiba que alguns problemas podem ser resolvidos por algoritmos assíncronos, sabe-se que outros não podem.

Essa vulnerabilidade dos algoritmos assíncronos nos induz a implementar algoritmos **síncronos**. Enquanto os primeiros permitem que as mensagens sejam enviadas a qualquer momento e, consequentemente, que as falhas não sejam detectadas, os algoritmos síncronos operam todos os nós em passos sincronizados,

612 ■ Princípios de sistemas operacionais

enviando mensagens em momentos bem definidos. Informalmente, podemos descrever tais algoritmos como possuidores das seguintes propriedades:

- Todos os nós operam em um ciclo de trocas de dados e computação. Em qualquer ponto no tempo, todos os nós estão na mesma iteração desse ciclo.
- Há um limite superior do tempo necessário para enviar e receber de volta uma mensagem. Se uma mensagem não chegar dentro desse tempo, saberemos que ela nunca chegará.

É claro que, para os nós operarem em passos sincronizados, todos devem ter a mesma ideia de quando iniciar cada ciclo. Em outras palavras, eles devem dispor de alguma forma de sincronização de seus relógios, questão que discutiremos em uma próxima seção.

22.1.3 Consenso

Há um número significativo de vezes em que as CPUs de um sistema distribuído precisam entrar em algum acordo. A busca primeiro em largura distribuída nos dá um bom exemplo disso. Antes de iniciarmos o algoritmo, um nó deve ser identificado como a raiz – mas como isso é feito? Se os próprios nós fizerem essa determinação, poderiam começar alegando: "Eu sou a raiz". Entretanto, devem chegar a um estado em que um deles afirme ser a raiz e todos os outros concordem. A obtenção desse acordo é conhecida como **problema de consenso**. O consenso é uma das tarefas em que se sabe que a solução síncrona deve ser aplicada. Não é possível resolvê-la por uma abordagem assíncrona. Os algoritmos de eleição que examinaremos posteriormente, neste capítulo, são bons exemplos de técnicas para resolver o problema de consenso.

22.1.4 Exclusão mútua distribuída

Suponha vários processos em diferentes processadores, todos compartilhando um determinado recurso, como um arquivo, um dispositivo de E/S ou um bloco de memória. Naturalmente, o compartilhamento de recursos implica na necessidade de bloqueios de exclusão mútua. No entanto, podemos utilizar apenas algumas dessas técnicas. Em particular, é comum desabilitarmos as interrupções para fornecer a exclusão de nível mais baixo em um sistema operacional. Contudo, isso não resolve o problema quando temos várias CPUs. Desabilitar as interrupções em um processador não evita que outro acesse o recurso compartilhado. Os projetos de processadores possuem instruções de teste e configuração incluídas especialmente para essa finalidade. Operando em uma variável de bloqueio compartilhada, essas instruções nos permitem implementar um bloqueio de exclusão mútua de baixo nível. Então, construímos mecanismos de bloqueio de alto nível, como os semáforos, no topo do bloqueio em espera ocupada de nível mais baixo. Essa técnica funciona muito bem em sistemas em que várias CPUs compartilhem fisicamente um espaço de memória e em que uma cópia do SO gerencia todas as CPUs.

Em sistemas fracamente acoplados, em particular aqueles em que cada CPU possui sua própria memória e SO, assumimos uma abordagem diferente. Nesses casos, utilizamos as operações de troca de mensagens para fornecer sincronização. Na maior parte do tempo, um processo sendo executado em um sistema solicita um bloqueio enviando uma mensagem que indique isso. Esse processo fica bloqueado no recebimento, aguardando a resposta. O sistema que mantém o bloqueio envia a resposta apenas quando tal bloqueio é concedido ao processo. Em alguns casos, o sistema que possui um recurso particular (por exemplo, um arquivo), mantém o bloqueio para tal recurso. Quando implementado dessa maneira, não é raro que a operação de bloqueio seja outra mensagem no protocolo de acesso ao recurso. Outra abordagem para fornecer serviços de bloqueio é criar um **servidor de bloqueio** central. Todas as solicitações por bloqueios são feitas nesse servidor, que também gerencia os bloqueios para todos os recursos. Em implementações como essa, geralmente temos um protocolo separado para gerenciamento de bloqueio.

Utilizar um servidor de bloqueio nem sempre é a melhor abordagem. Ele cria um único ponto de falha e pode se sobrecarregar se tiver de atender a muitas solicitações. Há varias abordagens descentralizadas que aplicamos com frequência. Primeiro, podemos utilizar uma organização similar a uma rede em anel baseada em token. Os sistemas podem passar ciclicamente um token entre si, como se fosse ao redor de um anel. O token representa a permissão para entrar na seção crítica. Se um sistema recebê-lo, mas não precisar de acesso à seção crítica, ele o repassa para o próximo sistema no anel. Se um sistema precisar desse acesso ao receber o token, entra na seção crítica, mantendo o token consigo enquanto estiver nela. Ao deixá-la, o token é repassado para o próximo sistema no anel.

A outra abordagem distribuída que consideraremos é essencialmente a de pedir permissão a todos os outros sistemas. Quando um sistema deseja acessar a seção crítica, ele envia uma mensagem aos outros sistemas pedindo tal acesso. Além da solicitação, a mensagem inclui a hora em que é enviada. Apenas quando esse processo recebe respostas de todos os outros sistemas, ele pode entrar na seção crítica. Os sistemas que recebem solicitações e que não precisam de acesso imediato respondem com sua permissão. Os sistemas que recebem solicitações e que estejam atualmente na seção crítica esperam até saírem de tal seção e enviam a permissão para os processos em questão. É claro que um sistema que tenha enviado uma solicitação de permissão, e ainda estiver aguardando resposta, pode também receber outra solicitação. Nesse caso, a solicitação enviada primeiro recebe maior prioridade. Se a solicitação recém-recebida tiver sido enviada antes da nossa, retornamos uma permissão. Do contrário, nos comportamos como se já tivéssemos o bloqueio e retemos a permissão até liberarmos a seção crítica.

22.1.5 Tolerância a falhas

Além do desejo por desempenho aprimorado, com frequência implementamos sistemas múltiplos para obter um grau de tolerância a falhas. Se tivermos 10 sistemas e um deles sair de serviço, ainda teremos nove para fazer o trabalho útil.

614 ■ Princípios de sistemas operacionais

Em comparação, se tivermos apenas um sistema de alto desempenho e ele sofrer uma falha, não poderá ser feito qualquer trabalho útil enquanto estiver sendo reparado.

A tolerância a falhas por meio de replicação nos introduz uma espécie de paradoxo. Como temos grande número de componentes, há uma maior probabilidade de que pelo menos um apresente falha, como ilustrado no Exemplo 22.3.

Exemplo 22.3: Probabilidade de falha

Neste exemplo, consideraremos o caso em que temos um grande sistema composto de vários sistemas menores. Se a probabilidade de um determinado sistema apresentar uma falha for p, a probabilidade de que ele funcione corretamente será $1 - p$. Ademais, se o sistema em geral for composto de n sistemas menores, a probabilidade de que todos os n sistemas funcionem corretamente será de $(1 - p)^n$, o que implica que a probabilidade de que haja pelo menos uma falha é de $1 - (1 - p)^n$.

Agora suponha um grande sistema composto de 1024 sistemas menores, cuja probabilidade de apresentar falha é de 0,1% em cada sistema. Nesse caso, a probabilidade de que pelo menos um deles falhe é:

$$1 - (1 - p)^n = 1 - (1 - 0,001)^{1024} = 1 - (0,999)^{1024} = 1 - 0,359 = 0,641$$

Em outras palavras, há uma chance de, aproximadamente, 64% de que pelo menos um sistema não funcione adequadamente.

Como um alto grau de replicação implica uma probabilidade relativamente grande de que pelo menos um sistema apresente falha, normalmente construímos tais sistemas com vários sistemas reservas que possam ser colocados em operação para substituir aqueles com falhas durante o reparo ou substituição.

22.1.6 Autoestabilização

Outra questão relacionada à tolerância a falhas é o que ocorre mediante uma falha do processador ou de comunicação. O algoritmo que estiver sendo executado pode ser colocado em um estado ilegal. Se isso ocorrer, devemos encerrar o processo e reinicializá-lo ou tentar recuperá-lo de alguma maneira? A princípio, o próprio algoritmo deve incluir recursos que o façam retornar à operação normal. O processo por meio do qual um algoritmo passa de qualquer estado para um estado legal é conhecido como **autoestabilização** ou **estabilização**.

Edsger Dijkstra foi pioneiro no trabalho de autoestabilização. Em seu trabalho sobre o curso de várias etapas síncronas, os nós passam para um estado global válido. Esses resultados iniciais são muito formais. Como nosso foco neste livro não é nas definições e provas formais, consideraremos algumas ideias gerais de autoestabilização.

Uma das abordagens mais intuitivas de autoestabilização é geralmente chamada **estabilização por reinicialização**. Nessa técnica, um dos sistemas detecta o estado ilegal. Uma vez detectado um estado de falha global, ele inicia uma operação de reinicialização em todos os nós. A mensagem de reinicialização é transmitida utilizando-se uma técnica como a da árvore de expansão primeiro em largura do Exemplo 22.2. Uma vez que essa mensagem é enviada a todos os nós, a estabilização por reinicialização leva um tempo proporcional ao diâmetro da rede (o diâmetro é a maior distância mínima entre quaisquer pares de nós). Esse tempo de execução se aplica independente de quantos nós são efetivamente afetados pela falha.

Na tentativa de melhorar o comportamento "na pior situação possível" dos protocolos de reinicialização, alguns pesquisadores desenvolveram protocolos de **estabilização adaptativa ao tempo**. Essa abordagem identifica os nós afetados pela falha e apenas esses nós recebem mensagens de correção. Consequentemente, os protocolos adaptativos ao tempo são executados em um período proporcional ao número de nós afetados.

22.2 Compartilhamento de processadores

Como o caso que mais nos interessa é o de múltiplas CPUs, voltaremos nossa atenção para algumas das organizações de sistemas com vários processadores. Há, no entanto, uma classe de organização que omitiremos. Durante o período que vai da década de 1970 à de 1990, alguns dos sistemas de mais alto desempenho eram compostos de um grande número de processadores, cada um com sua própria memória local e todos conectados a uma rede específica para comunicação. Em decorrência da combinação de custos decrescentes dos sistemas comerciais e de desempenho crescente das redes padronizadas, esse tipo de projeto foi descartado.

22.2.1 Multiprocessamento simétrico

Talvez o modo mais intuitivo de construir um sistema com diversas CPUs seja conectá-las à mesma memória. Frequentemente, as CPUs também são conectadas aos mesmos dispositivos de E/S em tais projetos de **memória compartilhada**. Quando todos os processadores podem executar as mesmas ações, inclusive o acesso aos mesmos dispositivos de E/S e o tratamento de todas as interrupções, chamamos o projeto de **multiprocessamento simétrico** (SMP, do inglês symmetric multiprocessing). Em razão da contenção de múltiplos processadores acessando a mesma memória física, geralmente encontramos apenas dois ou quatro processadores em um sistema SMP.

Nos últimos anos, começamos a ver fabricantes de CPUs desenvolvendo processadores com vários núcleos. Esses dispositivos contêm mais de um conjunto de registradores, mais de uma ALU e mais de uma unidade de controle. Em grande medida, esses processadores de vários núcleos são, de fato, múltiplos processadores em um único chip. Com esses projetos, o SMP deixa de ser um projeto especializado, tornando-se cada vez mais comum.

616 ■ Princípios de sistemas operacionais

O suporte dos sistemas operacionais ao SMP é, na verdade, bastante direto, embora a implementação possa ser enganosa. Como dispomos de várias CPUs, precisamos utilizar uma implementação de escalonador que leve esse fato em consideração. Há algumas abordagens comuns. Na primeira, mantemos somente uma lista de prontos, como em um kernel com apenas um processador. Após uma fatia de tempo se encerrar em qualquer processador, o processo seguinte a ser escalonado é enviado para execução no processador recém-disponibilizado. Na segunda abordagem, mantemos uma lista de prontos separada para cada processador. Todos os processos tenderão a permanecer em um processador. Isso aumenta a chance de que um processo recém-escalonado tenha alguns de seus locais de memória já armazenados na cache do processador. Periodicamente, olhamos o conjunto de listas de prontos e migramos os processos de uma para outra para manter o balanceamento de carga entre os diferentes processadores.

Há outra consideração importante durante a implementação de um SO em um sistema SMP. Quando o kernel é executado em apenas um processador, a única maneira em que uma parte dele pode ser executada é como resultado de uma interrupção, se outro processo estiver em execução. Contudo, quando executamos em múltiplos processadores, muitos processadores podem executar o código do kernel simultaneamente. Isso aumenta significativamente o número de locais em que o bloqueio de exclusão mútua é necessário. A abordagem mais simples é considerar todo o kernel como seção crítica única. Sempre que entrarmos no kernel por meio de uma interrupção ou de uma chamada ao sistema, bloqueamos o kernel e, em seguida, o desbloqueamos antes de retornarmos. É claro que essa não é a solução mais eficiente, pois impede que vários processadores executem simultaneamente o código de kernel, mesmo quando eles não interferem um no outro. A abordagem preferível é identificar cuidadosamente todas as seções críticas e bloquear as estruturas de dados relevantes conforme elas forem utilizadas. O obstáculo a tal abordagem é que pode ser difícil identificar adequadamente todas as seções críticas, e as falhas de bloqueios tendem a aparecer esporadicamente.

O benefício de desempenho mais evidente do SMP é a possibilidade de executar mais do que um processo da lista de prontos ao mesmo tempo. Em um sistema de compartilhamento de tempo em que haja, geralmente, um número significativo de processos prontos em qualquer momento, os diversos processadores podem ser mantidos ocupados. Entretanto, mesmo uma aplicação única pode aproveitar essa multiplicidade. Se ela for escrita como um conjunto de threads ou processos cooperantes, então as threads podem ser executadas em paralelo, aumentando a velocidade geral da aplicação.

22.2.2 Clusters

A próxima organização a se considerar é composta por vários computadores distintos conectados a uma rede-padrão em que cada computador executa sua própria cópia do sistema operacional. Esses **clusters** podem consistir de várias máquinas de duas a dezenas de milhares. Os clusters formam mais de 70% da lista mais recente dos 500 melhores supercomputadores (junho de 2007). Um cluster comum é formado por vários computadores comerciais executando Linux e conectados por uma rede Ethernet gigabit. Eles utilizam NFS para compartilhar dados, mas frequentemente apresentam discos locais para boot e armazenagem de programas e bibliotecas do sistema. Normalmente, todas as máquinas de um cluster se localizam no mesmo local físico e são administradas do mesmo modo pela mesma organização.

As aplicações escritas para aproveitar as vantagens dos clusters normalmente apresentam uma estrutura distinta. Em geral, é executado um processo inicial em uma máquina. Uma das primeiras coisas que ele faz é criar vários processos associados, um em cada máquina do cluster. Os programas que aproveitam o processamento em paralelo apresentam uma quantidade significativa de repetições na forma de loops, frequentemente com um loop principal em que são feitas todas as computações. Nos casos mais comuns, cada iteração de um loop executa uma computação dentre vários itens de dados. Por exemplo, em uma simulação climática, cada intervalo de tempo é uma iteração em um grande loop externo. No interior de cada loop, o programa simula o comportamento de cada um dos diversos blocos da atmosfera. Essa repetição é a chave para a aplicação dessas categorias de problemas em clusters. Nesse tipo de implementação, no loop principal, o programa envia cada item de dados, como um bloco simulado da atmosfera, para um dos processos criados nas diferentes máquinas. Essa distribuição dos dados em várias máquinas costuma ser chamada de **disseminação** (do inglês, scattering). Após cada processo ter encerrado suas computações sobre determinado item, ele envia seus resultados de volta para o processo que está executando o loop principal. Esse processo coleta os resultados de várias máquinas no cluster e utiliza esses dados para preparar a iteração seguinte do loop principal. A reunião dos resultados geralmente é chamada de **unificação** (do inglês, gathering).

22.2.3 Grades

As **grades** podem ser distinguidas dos clusters por sua geografia e administração. Enquanto os clusters estão restritos a uma única instalação e são administrados conjuntamente, as grades são fisicamente mais dispersas e utilizam muitos domínios administrativos. Normalmente, as máquinas em uma grade estão muito separadas geograficamente e conectadas pela internet.

Essas características implicam certas diferenças de utilização quando comparadas com os clusters. Em particular, a interconexão entre máquinas em uma grade, em geral, é significativamente (até 1000 vezes) mais lenta do que em um cluster. A permissão de acesso a outros domínios administrativos cria uma quantidade significativa de considerações de segurança. Esses dois fatores implicam que o mecanismo de distribuição de tarefas para outras máquinas na grade consuma muito mais tempo do que em um cluster. Consequentemente, precisamos dividir os problemas em componentes maiores quando os estivermos disseminando pela grade. Em alguns casos, disseminamos tarefas que são, elas mesmas, programas inteiros.

618 ■ Princípios de sistemas operacionais

Por exemplo, ao compilarmos um kernel de sistema operacional, podemos dispersar as compilações de vários arquivos de códigos fonte por várias máquinas em uma grade. Compilando diversos arquivos em paralelo, podemos compilar todo o kernel de modo mais rápido do que em uma máquina só.

Tanto o projeto SETI@home como o Folding@home são exemplos de computação em grade. Em cada um desses projetos, o problema é dividido em subproblemas relativamente menores e os participantes ao redor do mundo fazem download de partes do problema para seus sistemas locais pela internet. Essas máquinas distribuídas realizam, então, computações consideravelmente longas e enviam os resultados de volta para o sistema de coordenação central. No SETI@home, essas computações analisam dados de telescópios de rádio, procurando sinais que possam ter sido gerados por inteligência extraterrestre. No Folding@home, os sistemas distribuídos computam o desdobramento de proteínas complexas.

22.3 Relógios distribuídos

Cada máquina em um sistema distribuído mantém sua própria contagem do horário corrente. No momento do boot, o kernel estabelece seu padrão sobre esse horário. Conforme o sistema é executado, as interrupções de relógio são tratadas e, para cada uma, um valor é adicionado ao horário corrente. Entretanto, nem todos os relógios em todas as máquinas serão executados na mesma taxa. Com o passar do tempo, eles se desviarão entre si.

Em muitas aplicações, no entanto, é importante que todos os sistemas tenham a mesma noção do horário corrente. Por exemplo, durante a compilação de um sistema grande, geralmente evitamos compilar os arquivos fonte que não tenham sido alterados desde a criação dos arquivos objeto correspondentes. Todavia, se o horário da última edição do arquivo fonte e o horário da criação do arquivo objeto são gravados por duas máquinas diferentes, os dois registros podem não apresentar uma relação correta. Se os relógios não estão sincronizados o suficiente, um horário pode ser recebido em outra máquina como se fosse no futuro!

22.3.1 Relógios lógicos

Em alguns casos, nossa principal preocupação é saber qual dentre dois eventos ocorreu primeiro. Se tivermos certeza de que a temporização relativa dos eventos está preservada, o sistema funcionará adequadamente. Para esse tipo de utilização, podemos manter um **relógio lógico**, que não leva necessariamente em conta qualquer relação ao tempo real. Lamport apresentou uma técnica para a manutenção de relógios lógicos baseada em algumas observações fundamentais. Primeiro, quando dois processos não se comunicam um com o outro, não importa a velocidade relativa entre seus relógios. Portanto, na ausência de mensagens, os relógios lógicos podem correr livremente. Segundo, uma mensagem sempre chegará após seu envio. Para que tudo funcione corretamente, há algumas coisas que devem ser asseguradas. Um relógio lógico não pode nunca correr para trás e dois eventos não podem ocorrer exatamente ao mesmo tempo. Com essas ideias estabelecidas, a técnica é bastante simples. Cada mensagem é enviada com o valor do relógio lógico do remetente no momento da transmissão. Denotamos o horário de envio incluído na mensagem como t_e e o horário do relógio lógico do destinatário no momento da chegada da mensagem como t_c. Quando uma máquina recebe uma mensagem em que $t_e > t_c$, o destinatário avança seu relógio lógico para o valor $t_e + 1$. Desse modo, a ordem relativa dos eventos é preservada.

22.3.2 Relógios físicos

Às vezes, a ordem relativa dos eventos não é suficiente. Precisamos de relógios que representem estritamente o tempo real. Isso se revela não ser uma tarefa fácil. Uma das abordagens mais comuns é o sistema perguntar a um servidor de tempo qual é o horário corrente. Contudo, no momento em que a máquina cliente recebe a mensagem que contém o horário atual, esse horário, na verdade, mudou na quantidade de tempo que a mensagem levou para ser enviada e processada. Assim, o cliente deve efetivamente adicionar algum tempo ao horário recebido na mensagem de resposta. Como uma aproximação do tempo a ser adicionado, o cliente pode medir o lapso de tempo entre o envio da consulta e o recebimento da resposta. Se assumirmos que metade desse tempo foi tomado para o envio da consulta e outra metade, para o envio da resposta, o cliente pode adicionar metade do tempo desse ciclo para configurar seu próprio relógio.

O tempo de transmissão de rede não é a única questão com que nos deparamos. Tal qual acontece com os relógios lógicos, não é uma boa ideia permitir que um relógio físico corra para trás. Assim, o que aconteceria se o relógio tivesse corrido muito rápido e recebesse uma mensagem do servidor dizendo que o horário é anterior ao do relógio do cliente? Normalmente, o cliente reduz a quantidade de tempo adicionado a cada interrupção de relógio. Se essa quantidade for reduzida o suficiente, o relógio do cliente desacelerará, permitindo que o tempo real o alcance. De modo similar, é comum fazermos a mesma coisa ao adiantarmos o tempo para evitar saltos repentinos.

Por fim, se um sistema executar repetidamente de modo rápido ou lento, é bom corrigi-lo. Isso pode ser feito sintonizando melhor o incremento de tempo de cada interrupção de relógio. O modo mais preciso de fazê-lo é implementar um *phase-locked loop*, cujos detalhes ultrapassam o escopo deste livro.

Todas essas ideias estão incluídas em algumas implementações do protocolo de tempo da rede (NTP, do inglês network time protocol). Utilizando esse protocolo, um sistema pode sincronizar e manter seu relógio numa margem de milissegundos em relação a outro relógio do sistema. O NTP opera em uma infraestrutura em que os sistemas estão classificados em **estratos**, que identificam o quanto o sistema está distante da fonte de tempo legítimo. O estrato 0 inclui dispositivos que constituem tal fonte, como os relógios atômicos e os receptores de GPS. Os sistemas do estrato 1 são chamados **servidores de tempo primários** e obtêm seu horário dos dispositivos do estrato 0. Em sua maioria, os sistemas do estrato 1 são operados por agências do governo ou grandes organizações de pesquisa. Os sistemas do estrato 2 utilizam o NTP para se sincronizarem aos dispositivos do estrato 1 e assim por diante. Sistemas do estrato 2 ou superiores são chamados de **servidores de tempo secundários**. Frequentemente, organizações como corporações e universidades operam um servidor do estrato 2 para sistemas dentro de seu domínio. Também é comum que roteadores da rede da organização funcionem como servidores do estrato 3. Por isso, a maioria dos sistemas de uma organização sincroniza-se em relação a seus roteadores locais, o que os torna sistemas de estrato 4.

Embora não tenhamos afirmado isso explicitamente, uma observação sobre a sincronização do relógio físico deve ser mencionada. O simples fato de utilizarmos relógios físicos não significa que podemos afrouxar a exigência de preservar a ordenação relativa dos eventos. Tal ordenação deve ser mantida. No entanto, se pudermos manter os relógios físicos sincronizados dentro de uma diferença de tempo menor que o de transmissão de uma mensagem, eles preservarão a ordem relativa dos eventos.

22.4 Algoritmos de eleição

Por várias vezes neste capítulo, nos referimos a situações em que precisamos identificar uma máquina ou um processador específico dentre todos os que estamos utilizando. É comum chamarmos essa máquina específica de **líder** ou **coordenadora**. Um servidor de bloqueio constitui um bom exemplo disso. Todavia, nossas observações sobre a probabilidade de que todos os sistemas funcionem adequadamente levantam algumas questões aqui. Se tivermos uma máquina executando esse papel específico e ela falhar, o que faremos? Com grades, a situação é ainda pior. Além de falhas de sistema, um sistema pode cair por motivos administrativos ou falta de energia local. Os links de comunicação entre as redes podem falhar, tirando de alcance vários sistemas. Nesta seção, consideraremos dois **algoritmos de eleição**. Utilizamos tais algoritmos para eleger o líder inicial ou um novo líder se o anterior ficar indisponível.

22.4.1 Algoritmo bully

O primeiro algoritmo de eleição que consideraremos é chamado de **algoritmo bully**. Ao utilizarmos esse algoritmo, atribuímos uma prioridade a cada processador e o que tiver maior prioridade dentre os disponíveis é eleito como líder. Se não houver diferença entre os processadores, a prioridade pode ser qualquer outro número exclusivo, como o endereço de rede. O nome do algoritmo vem do fato de que sempre que um processador de prioridade mais alta recebe uma solicitação, de um processador de prioridade mais baixa, para ser o eleito, ele repassa essa solicitação de eleição.

A ideia básica por trás do algoritmo é bastante direta. Um processador, P_i, envia uma mensagem para o líder, mas não recebe uma resposta antes que certo tempo

Princípios de sistemas distribuídos ■ 621

acabe. Então, P_i decide que um novo líder precisa ser escolhido e inicia uma eleição enviando uma mensagem para todos os processadores de prioridade mais alta que ele pedindo para algum ser o eleito. Qualquer processador mais prioritário que receba essa mensagem inicia sua própria eleição e envia uma mensagem de volta a P_i para que este pare. Em algum momento, haverá um processador que não possua outros mais prioritários ou que não obtenha resposta alguma. Esse será o novo líder, que transmite uma mensagem a todos os outros anunciando tal fato. Podemos estabelecer de modo mais formal o algoritmo bully, conforme ilustrado no Exemplo 22.4, da seguinte maneira:

Algoritmo bully: começamos com um conjunto de processadores P_i, em que $1 \le i \le n$. Cada processador possui uma prioridade exclusiva. Denotamos a prioridade do processador P_i por $p(i)$. Os processadores que constituem um subconjunto desconhecido determinam qual processador desse subconjunto possui maior prioridade. Tal processador é eleito como líder. A lista abaixo deve ser vista mais como uma relação de regras do que uma lista sequencial. Para enfatizar, identificaremos essas afirmações com letras, em lugar de números.

A. Se o processador P_i não receber uma resposta do líder dentro do tempo permitido, ele inicia uma eleição enviando a mensagem *elect* P_i a todos os processadores P_j, para todo $p(j) > p(i)$. Em outras palavras, envia a mensagem a todos os processadores de maior prioridade.

B. Se o processador P_i receber a mensagem *elect* P_j, sendo $p(j) < p(i)$, ele envia uma mensagem *stop* a P_j. Se esse já não estiver realizando uma eleição, ele a inicia enviando *elect* P_i a todos os processadores de prioridade mais alta. Se não houver processador algum assim, P_i transmite a mensagem *elected* P_i a todos os processadores, indicando que ele é o novo líder.

C. Se o tempo de espera do processador P_i se esgotar após o envio de uma mensagem de eleição, sem que este tenha recebido uma mensagem *stop* ou *elected*, é porque se trata do processador de maior prioridade ainda disponível. Ele transmite a mensagem *elected* P_i a todos os processadores, indicando que é o novo líder.

D. Se o processador P_i falhar e voltar a operar, ele inicia uma eleição enviando *elect* P_i a todos os processadores de prioridade mais alta.

Exemplo 22.4: Eleição por algoritmo bully

Para ilustrar o algoritmo bully, tomemos como exemplo cinco processadores, cujas prioridades sejam 0-4. Para simplificar, assuma que $p(i) = i$. Inicialmente, todos os processadores estão operando, sendo P_4 o líder. Agora, considere o que ocorre se P_4 falhar e P_1 reconhecer isso antes de qualquer outro processador. P_1 então inicia uma eleição, enviando a mensagem *elect* P_1 a P_2, P_3 e P_4. Tanto P_2 como P_3 enviam mensagens *stop* de volta para P_1 e iniciam suas próprias eleições, com P_2 enviando a P_3 e P_4, e P_3 enviando a P_4. P_2 recebe uma mensagem *stop* de P_3. Como P_4 não está operando, P_3 nunca receberá uma resposta, o que indica que ele é o novo líder. Na etapa final, P_3 transmite a mensagem *elected* P_3 a todos os processadores. O fluxo de mensagens é apresentado na Figura 22-1.

Há alguns fatores da Figura 22-1 que vale a pena apontar. Observe que P_0 não participa da eleição, exceto ao ser notificado do resultado pela transmissão da mensagem *elected* por P_3. Observe também que P_3 é o único processador que nunca receberá uma resposta à mensagem enviada. Isso se deve ao fato de ele ser o processador de prioridade mais alta ainda disponível. É essa ausência de resposta que permite P_3 saber que é o novo líder.

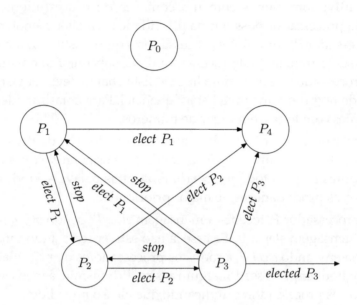

Figura 22-1: Exemplo de mensagens no algoritmo bully

É muito claro como o algoritmo bully funciona quando um processador detecta a perda de um líder. Entretanto, precisamos considerar também o que ocorre se mais de um processador detectar essa perda antes que um novo líder seja eleito. Para ver que esse caso também transcorre bem, considere qualquer par de processadores que tenham detectado uma perda de líder. Denotaremos os dois processadores P_i e P_j, em que $p(i) < p(j)$. Há dois casos: P_j detecta a perda primeiro ou P_i a detecta primeiro. No caso de P_j ser o primeiro a detectar a perda, ele já terá iniciado um processo de eleição quando P_i detectá-la. Consequentemente, as mensagens de eleição de P_i não afetarão a eleição que já está em andamento e receberão uma mensagem *stop* pelo menos do processador que iniciou primeiro a eleição, ou seja, P_j. No segundo caso, P_i inicia uma eleição antes de P_j detectar a perda. Assim, P_j não deve ter recebido a mensagem *elect* de P_i ou já teria detectado a ausência de líder. Como resultado, P_j inicia uma eleição. Porém, independente da mensagem de P_i ou a de P_j chegar em um processador de prioridade mais alta, este enviará uma mensagem *stop* a ambos e iniciará uma eleição por si mesmo. Reunindo isso tudo, podemos concluir que sempre teremos o processador de prioridade mais alta recebendo uma mensagem *elect* e, esgotado o tempo, estabelecendo-se como líder.

Princípios de sistemas distribuídos ▪ 623

22.4.2 Algoritmo do anel

O próximo algoritmo de eleição que veremos é chamado **algoritmo do anel**. Como o bully, este algoritmo assume que cada processador tenha uma prioridade exclusiva. Também assume que os processadores possam ser tratados como se estivessem, do ponto de vista lógico, em um anel. Até certo ponto, o algoritmo pressupõe que a rede física esteja conectada de modo mais completo.

O algoritmo do anel segue uma estratégia simples. Circulamos pelo anel criando uma lista de todos os processadores disponíveis e pulando os que não estão. Quando voltamos para nosso local de partida, passamos a lista ao redor do anel novamente. Nessa segunda circulação, cada processador registra o novo líder, que é o processador na lista com a prioridade mais alta. De modo mais formal, podemos definir esse algoritmo, ilustrado no Exemplo 22.5, do seguinte modo:

Algoritmo do anel: começamos com um conjunto de processadores P_i, em que $1 \leq i \leq n$. Cada processador possui uma prioridade exclusiva. Denotamos a prioridade do processador P_i por $p(i)$. Os processadores que constituem um subconjunto desconhecido determinam qual processador desse subconjunto possui maior prioridade. Tal processador é selecionado como líder. A lista abaixo deve ser vista mais como uma relação de regras do que como uma lista sequencial. Para enfatizar, identificaremos essas declarações com letras, em vez de números.

A. Se o processador P_i não receber uma resposta do líder dentro do tempo permitido, ele inicia uma eleição enviando a mensagem *elect* com uma lista que contém apenas P_i para o próximo processador disponível no anel.

B. Se o processador P_i receber uma mensagem *elect*, e esta não incluir P_i na lista, o processador adiciona P_i à lista e envia a nova mensagem para o processador seguinte disponível no anel.

C. Se o processador P_i receber uma mensagem *elect* que inclua Pi na lista, ele constrói uma mensagem *elected* com a mesma lista e a transmite para o próximo processador disponível no anel. P_i também registra o processador de prioridade máxima na lista como o novo líder.

D. Se o processador P_i receber uma mensagem *elected* que ele não tenha enviado, ele registra o processador de prioridade máxima na lista como o novo líder e transmite a mensagem para o próximo processador disponível no anel.

E. Se o processador P_i receber a mesma mensagem *elected* enviada por ele anteriormente, a eleição está completa, não sendo tomada qualquer outra medida.

Exemplo 22.5: Eleição por algoritmo do anel

Consideremos como o algoritmo do anel trata o cenário utilizado no Exemplo 22.4. Para simplificar, assumiremos que a ordem dos processadores no anel segue a ordem de suas prioridades. Quando P_4 falha, P_1 detecta e inicia uma eleição enviando uma mensagem *elect* ao redor do anel. Cada processador passa essa mensagem para o seguinte, exceto o P_3. Como P_4 está fora de operação, P_3 ignora-o e envia a mensagem para P_0. Quando ela chega de volta a P_1, o processador de maior prioridade na lista é P_3. Como a mensagem *elect* circula ao redor do anel, cada processador reconhece P_3 como o novo líder. Essas mensagens são apresentadas na Figura 22-2, em que as setas internas são as primeiras mensagens e as externas correspondem ao segundo conjunto de mensagens.

Como no algoritmo bully, desejamos saber o que acontece se mais de um processador detectar a perda do líder antes que um novo seja eleito. Novamente, sejam dois processadores P_i e P_j, em que $p(i) < p(j)$. Nesse caso, tanto P_i como P_j dão início a uma mensagem de eleição que circula pelo anel. Assumindo que nenhum outro processador fique indisponível ou volte a estar disponível durante a eleição, ambas as mensagens gerarão a mesma lista antes de retornarem a seus respectivos processadores. Duas mensagens *elected* circularão pelo anel, identificando o mesmo líder. Não importa qual será a mensagem recebida por último pelo processador; ela não interferirá no funcionamento correto do algoritmo.

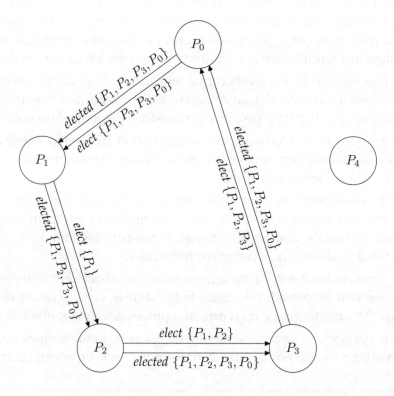

Figura 22-2: Exemplo de mensagens no algoritmo do anel

22.5 Resumo

No desenvolvimento dos sistemas operacionais, uma tendência fundamental é seguir na direção de mais formas de concorrência por recursos. Em todo este livro, discutimos técnicas para dar suporte a múltiplos usuários concorrentes e a múltiplos processos concorrentes. Neste capítulo, consideramos a concorrência sob a forma de múltiplos processadores operando em conjunto, muitas vezes com vários computadores independentes, mas cooperativos. Discutimos como diferentes recursos podem ser compartilhados e as implicações de exclusão mútua resultantes do compartilhamento de diversos processadores. Vimos as vantagens dos sistemas distribuídos em termos de administração, desempenho e tolerância a falhas. Outro tópico importante consistiu em uma pesquisa sobre certos modos de organização de múltiplos processadores. Por fim, demos uma olhada em alguns algoritmos para eleição de um único líder a partir de um conjunto de sistemas idênticos em outros aspectos.

22.6 Exercícios

1. Se construirmos um cluster relativamente pequeno com 32 máquinas, cada uma com 99,99% de disponibilidade no tempo, qual é a probabilidade de que pelo menos uma máquina falhe?

2. Considere um cluster com 512 máquinas em que cada máquina possua 0,1% de probabilidade de falha. Quantas máquinas de reposição são necessárias para garantir a disponibilidade de pelo menos 512 máquinas em 90% do tempo?

3. Considerando-se a estratégia básica aqui apresentada, forneça um algoritmo de mergesort que tire vantagem de um cluster.

4. Neste capítulo, afirmamos que a contenção de memória restringe muitas implementações de SMP a um pequeno número de processadores. Qual seria exatamente o problema de um grande número de processadores compartilharem memória? Cite algumas técnicas que possam ajudar a tornar viável a presença de um número relativamente grande de processadores em uma máquina de memória compartilhada.

5. Na comparação de cluster com grades, descobrimos que a diferença na velocidade de comunicação afeta a viabilidade de dividir um problema em subproblemas. Como podemos saber se dividimos o problema em um conjunto de subproblemas com granularidade fina demais? Em outras palavras, como é possível determinar se uma divisão adicional do problema será contraproducente?

6. Se a maioria das máquinas em um cluster utilizar NFS em seus sistemas de arquivos e o servidor de NFS for uma única máquina, haverá uma probabilidade significativamente maior de falha? Por quê? O que poderíamos fazer para reduzir a probabilidade do cluster falhar em consequência de falha do servidor de arquivos?

626 ■ Princípios de sistemas operacionais

7. Conforme descrevemos, em um sistema sem falhas toda execução do algoritmo bully elege o mesmo processador. Suponha que haja líderes com papéis diferentes. Como evitaríamos a colocação de todos os líderes em uma mesma máquina?

8. Forneça uma expressão para a quantidade de tempo que o algoritmo do anel leva para ser executado em n processadores, sendo que cada mensagem leva T segundos para ser enviada. Assuma que o tempo de processamento em cada processador seja desprezível.

9. Escreva um programa que implemente o algoritmo bully em uma rede simulada.

10. Escreva um programa que implemente o algoritmo do anel em uma rede simulada.

Apêndice A

Compilação do Inferno hospedado

Neste apêndice, discutimos a compilação do Inferno para execução hospedada sobre outro SO. A maior parte de nossa discussão está focada na configuração do Inferno para o ambiente do hospedeiro, das ferramentas de compilação e do próprio ambiente do hospedeiro.

A.1 Ajuste da configuração

Antes de tentar compilar o kernel do Inferno, o arquivo /mkconfig precisa ser editado. Esse arquivo determina qual sistema operacional está sendo utilizado para compilar o novo Inferno e determina o sistema alvo. Conforme vem na instalação, esse arquivo se apresenta conforme segue:

```
#
# Set the following 4 variables. The host system is the
# system where the software will be built; the target
# system is where it will run. They are almost always
# the same.

# On Nt systems, the ROOT path MUST be of the form
'drive:/path'
ROOT=/usr/inferno

#
# Specify the flavour of Tk (std for standard builds)
#
TKSTYLE=std

#
# Except for building kernels, SYSTARG must always
# be the same as SYSHOST
#
# build system OS type (Hp, Inferno, Irix, Linux, Nt,
```

628 ■ Princípios de sistemas operacionais

```
# Plan9, Solaris)
SYSHOST=Plan9
# target system OS type (Hp, Inferno, Irix, Linux, Nt,
# Plan9, Solaris)
SYSTARG=$SYSHOST

#
# specify the architecture of the target system
# - Plan 9 imports it from the
# environment; for other systems it is usually just hard-coded
#
# target system object type (s800, mips, 386, arm, sparc)
#OBJTYPE=386
OBJTYPE=$objtype

#
# no changes required beyond this point
#
OBJDIR=$SYSTARG/$OBJTYPE

# variables appropriate for host system
<$ROOT/mkfiles/mkhost-$SYSHOST
# variables used to build target object type
<$ROOT/mkfiles/mkfile-$SYSTARG-$OBJTYPE
```

Se estivermos compilando um sistema Inferno hospedado sobre o Plan 9, o arquivo mkconfig estará correto na forma original. Do contrário, haverá três linhas que precisarão de alterações. Primeiro, a linha que define ROOT deve ser alterada para identificar o diretório-raiz da instalação do Inferno. Em seguida, a linha SYSHOST deve ser alterada para indicar que tipo de sistema está sendo utilizado para a compilação. Esse será também o sistema que hospedará o Inferno recém-compilado. Por fim, OBJTYPE deve ser definido de modo que os compiladores e bibliotecas corretos sejam utilizados.

Por exemplo, um indivíduo que instale o Inferno em um diretório "home" no Linux pode alterar essas linhas para:

```
ROOT=/home/stuart/inferno
SYSHOST=Linux
OBJTYPE=386
```

e um usuário de Nt que tenha instalado no diretório-padrão configuraria essas linhas como:

```
ROOT=c:/Users/Inferno
SYSHOST=Nt
OBJTYPE=386
```

(Observe a utilização de barras invertidas nos separadores de diretórios, ao contrário da convenção de barras normais do Windows.) Tome cuidado ao configurar esses valores, pois eles distinguem maiúsculas e minúsculas.

A.2 Ferramentas de compilação e desenvolvimento

Se estiver compilando o Inferno em Plan 9, todas as ferramentas necessárias estarão disponíveis. Se o estiver fazendo no UNIX ou em um ambiente similar, é muito provável que as ferramentas corretas também estejam à disposição. Na maioria dos casos, os mkfiles esperam que o comando cc seja o compilador correto. Em sistemas de código aberto similares ao UNIX, esse comando chamará o compilador gcc. Para o Solaris, os mkfiles esperam explicitamente o **gcc**. O mkfile do HP-UX espera que o compilador se chame c89. Para o NT (e outros sistemas do Microsoft Windows baseados em NT), é necessário o compilador Microsoft Visual C. Você não precisa de um ambiente integrado de desenvolvimento (IDE, do inglês integrated development environment), apenas do compilador e do linker.

Assumindo-se que o compilador correto esteja disponível, há um componente adicional necessário para assegurar a instalação em ambientes UNIX. Como o Inferno hospedado no UNIX é uma aplicação X, é necessário garantir que os arquivos de cabeçalho e bibliotecas de desenvolvimento do sistema de janelas X estejam instalados. Se assim não for feito, você receberá erros indicando que o compilador não é capaz de encontrar arquivos como X11.h.

A.3 Variável de ambiente PATH

Para usuários de Plan 9, não há variável de ambiente PATH. Portanto, essa seção pode ser desconsiderada. Para usuários de UNIX e sistemas similares (por exemplo Linux ou FreeBSD), a variável de ambiente PATH provavelmente incluirá todos os elementos necessários para a utilização de compilador local. O único componente que precisa ser adicionado é o diretório que contém mk e outras ferramentas específicas do Inferno. Em seu **.bashrc** (ou outro arquivo de inicialização de shell), inclua uma linha como:

```
export PATH=/home/stuart/inferno/Linux/386/bin:${caminho}
```

em que o diretório sendo adicionado ao caminho é construído a partir de seu diretório raiz no Inferno e do nome do SO hospedeiro.

Para usuários de sistemas hospedeiros baseados em NT, há vários modos de configurar o caminho. Se você possuir acesso de administrador ao sistema, será possível ajustar a variável de ambiente PATH e terá tudo o que necessitar em qualquer janela de comando criada. Os detalhes disso variam um pouco em função de qual versão do NT você está utilizando (NT, 2000, XP etc.). A primeira etapa mais simples é clicar com o botão direito do mouse no ícone Meu Computador da Área

630 ■ Princípios de sistemas operacionais

de Trabalho e selecionar Propriedades no menu. Você verá uma aba chamada Ambiente ou um botão chamado Variáveis de Ambiente. Se não houver aba com esse nome, você provavelmente encontrará um botão ou uma aba chamada Avançado. Ao chegar à janela que mostra as variáveis de ambiente, selecione a variável chamada PATH e clique em Editar. (Você provavelmente encontrará essa variável apenas na seção de variáveis do sistema referente a janela; também é possível configurar uma variável PATH específica para cada usuário. Se você não tiver acesso de administrador, não será possível alterar as variáveis do sistema). Nesse ponto, é possível adicionar os diretórios necessários. A outra abordagem é criar um arquivo tipo batch (.bat) a ser executado em cada janela de comando em que você pretenda fazer uma compilação. Esse arquivo batch deveria ser executado manualmente a cada vez que abrisse uma janela. Por isso, é menos conveniente do que configurar PATH pela IGU. Nesse arquivo batch, você incluiria uma linha como:

```
PATH=c:\Users\Inferno\Nt\386\bin;%PATH%
```

Além do diretório que contém as ferramentas específicas do Inferno, você deverá adicionar os diretórios necessários à utilização do compilador Microsoft Visual C. Para saber exatamente os diretórios necessários, é preciso saber qual versão do compilador foi instalada. O modo mais fácil de determinar esses diretórios é primeiramente encontrando o arquivo cl.exe no sistema. Coloque esse diretório no caminho. Em seguida, tente repetidamente compilar o sistema. Se o sistema retornar um erro com uma caixa de diálogo indicando que existe um arquivo .dll não encontrado, localize esse arquivo e adicione seu diretório ao caminho. Após repetir isso algumas vezes, você terá identificado todos os diretórios necessários e o sistema deverá compilar completamente.

A.4 Outras variáveis de ambiente

Ao utilizar algumas versões do compilador Microsoft Visual C, é necessário também ajustar a variável de ambiente Include. Ela deve ser configurada para o nome do diretório que contém o arquivo windows.h na instalação. A localização-padrão desse arquivo é:

C:\Program Files\MicrosoftVisual Studio\VC98\Include

para a versão Visual C '98 (substitua o nome apropriado, por exemplo \Vc7, nessa parte do nome de caminho). De modo similar, a variável Lib também precisa ser configurada para algumas instalações. O valor-padrão para esse diretório é:

C:\ Program Files\Microsoft\Visual Studio\VC98\Lib

Observe que, em alguns casos (especialmente nas versões .NET do compilador), há um diretório adicional chamado PlatformSDK no caminho. Por exemplo:

C:\Program Files\Microsoft\Visual Studio .NET 2003\Vc7\PlatformSDK\Include

e

C:\Program Files\Microsoft\Visual Studio .NET 2003\Vc7\PlatformSDK\Lib

A.5 Compilação do sistema

Tendo configurado todos esses itens, para compilar o sistema basta ir ao diretório emu na raiz do Inferno e executar o comando mk. Não tente compilar utilizando um IDE para seu compilador local. O trabalho de configurá-lo para que ele saiba compilar o Inferno corretamente é muito mais problemático e não vale a pena. Utilizando os mkfiles, o mk compreende perfeitamente como o sistema precisa ser compilado, e você precisaria reproduzir seu comportamento no IDE para fazê-lo funcionar. Não haverá problema algum se você desejar utilizar o editor que faz parte do IDE para editar o código, mas sempre vá a um prompt de comando normal e execute o comando mk para compilar o sistema.

Os usuários NT podem achar útil outra alteração. Fora da caixa, os mkfiles do Inferno no NT compilam tanto o Inferno executável hospedado no NT como um plugin do Microsoft Internet Explorer. A menos que você tenha um motivo específico para querer o plugin, você pode removê-lo com segurança da lista de compilação e poupar um pouco de tempo (e talvez evitar confusão) em cada compilação. No emu\Nt\mkfile, há uma linha em que se lê:

```
CONFLIST=emu ie
```

É seguro remover a parte do ie.

A.6 Execução da nova versão

Em cada ambiente, o processo de compilação deixa o executável recém-criado no subdiretório do emu identificado pelo nome do sistema hospedeiro (por exemplo, emu/Linux). No sistema Plan 9, o executável recém-criado é chamado 8.emu em uma plataforma do tipo 386 (com o 8 sendo substituído pelo caractere apropriado em outras arquiteturas). Em ambientes POSIX (similares ao UNIX), o novo arquivo executável é chamado o.emu. Em um sistema baseado em NT, o arquivo executável é chamado iemu.exe. Esses programas podem ser executados logo após sua criação e assumirão os mesmos argumentos de linha de comando do original. (No entanto, você descobrirá que a opção −r para ajustar a raiz do Inferno será padronizada para o local em que o sistema está instalado). Se desejar que essa versão seja instalada no topo da versão original do emu, execute o comando:

```
mk install
```

e as futuras chamadas de emu iniciarão o recém-compilado.

A.7 Resumo

Para resumir, as seguintes etapas devem ser cumpridas uma vez antes de se compilar uma imagem hospedada:

1. Edite o arquivo mkconfig, com foco específico nas variáveis ROOT, SYS-HOST e OBJTYPE.
2. Assegure-se de que o compilador necessário esteja instalado no sistema hospedeiro e configurado adequadamente, incluindo quaisquer variáveis de ambiente que ele precise.
3. Configure a variável de ambiente PATH.
4. No Windows NT, altere a entrada CONF em emu/Nt/mkfile, removendo ie.

Cada vez que criar um novo kernel, faça o seguinte:

1. No prompt de comando do hospedeiro, execute o comando mk no diretório emu.

Apêndice B

Compilação do Inferno nativo

Embora a maior parte de nossa atenção tenha sido depositada na execução do sistema Inferno hospedado por outro SO, ele também pode ser compilado para executar de modo nativo em PCs e outras plataformas. Este apêndice contém as instruções para a criação de um disquete de boot do Inferno executado nativamente.

Assumindo-se que você trabalhará em um ambiente de janelas, será fácil ter duas janelas abertas, uma com o prompt de comando do SO hospedeiro e outra executando o Inferno (sem seu gerenciador de janelas). A maioria das etapas descritas neste apêndice é realizada na janela do SO hospedeiro. Apontaremos as etapas a serem executadas na janela do Inferno.

As instruções aqui apresentadas criam apenas uma imagem mínima do kernel. Ela não apresenta virtualmente suporte algum a gráficos e carece de ferramentas administrativas para a configuração de rede. Além disso, ela não possui kfs, o sistema de arquivos nativo. Embora seja possível fornecer suporte a todos esses elementos (assumindo-se que o respectivo hardware seja suportado), optamos por uma abordagem concordante com o princípio KISS (do inglês "Keep It Simple, Stupid"). Todavia, nada impede que alguém vá além dessas instruções e configure um sistema que possa constituir a base de uma instalação mais completa e exuberante.

B.1 Ajuste da configuração

Boa parte da configuração requerida para a compilação do Inferno hospedado também é necessária para o Inferno nativo. Em particular, o arquivo **/mkconfig** deve ser configurado conforme descrito na Seção A.1. De modo similar, a variável de ambiente PATH também precisa ser ajustada, como discutido na Seção A.3. Em vez de repetir tais descrições aqui, se você ainda não as configurou para compilar o Inferno hospedado, consulte aquelas seções agora.

B.2 Compilação do conjunto de ferramentas

Diferente do Inferno hospedado, o nativo pode ser compilado utilizando-se apenas as ferramentas fornecidas em sua distribuição. Se você instalou essa distribuição em uma versão do Windows NT, Irix ou Solaris, já tem as ferramentas e os compiladores necessários instalados. As alterações feitas na variável PATH disponibilizam os compiladores e essas outras ferramentas.

Em outros sistemas hospedeiros, incluindo Linux, FreeBSD, Mac OS X e Plan 9, as ferramentas necessárias devem ser compiladas. Esses sistemas já devem ter o compilador normal instalado. Feitas todas as configurações e instalado o compilador, execute o comando mk install na raiz do Inferno. Esse comando compilará todas as bibliotecas, o pacote do compilador, um novo arquivo executável para o Inferno hospedado e todos os aplicativos desse sistema. Nem todos esses elementos precisam ser compilados na criação do kernel nativo. Entretanto, executar mk no diretório raiz do Inferno é o modo mais fácil de obter os programas necessários.

B.3 Compilação do código de bootstrap

O diretório os/boot/pc contém o código necessário para compilar o código de bootstrap para PCs. Há várias versões desse código ali. No entanto, para criar um disquete de boot, apenas dois arquivos precisam ser compilados. Para isso, execute, naquele diretório, o comando mk pbs.install 9load.install. Os resultados desse comando são os arquivos Inferno/386/pbs e Inferno/386/9load.

B.4. Ajuste da configuração do kernel

O diretório os/pc contém o código específico para PCs de um kernel nativo. Ele também possui vários arquivos que podem ser utilizados para configurar o kernel. Trabalharemos com um dos arquivos de configuração mais simples chamado pc. Há algumas alterações que precisamos fazer nesse arquivo para nossos propósitos. Faça as seguintes mudanças no pc:

- Na seção init, altere wminit para shell. Isso executará um shell após o Inferno ter inicializado.
- Na seção code, altere a linha em que se lê int consoleprint=0; para int consoleprint=1; essa alteração faz com que a saída do kernel seja exibida no console.
- Na seção root, adicione /dis/lib/arg.dis e /dis/lib/filepat.dis. Essas duas bibliotecas são necessárias, junto com as já listadas no arquivo pc, para o suporte ao shell e aos outros aplicativos incluídos no arquivo de imagem do Inferno.

Esse é apenas um conjunto mínimo de alterações para se obter um disquete que faça o boot do shell com alguns poucos comandos disponíveis. Se quiser adicionar suporte a rede, gráficos ou discos, será necessário modificar outras partes do arquivo.

B.5 Criação da configuração do carregador

O carregador de boot 9load pode tomar um arquivo de configuração que controle qual imagem de kernel carregar, bem como outras coisas. Para nossos propósitos, precisamos especificar apenas o arquivo de imagem do kernel. Crie um arquivo chamado plan9.ini que contenha uma única linha:

```
bootfile=fd0!ipc.gz
```

Esse arquivo pode ser criado com qualquer editor de texto, seja na janela do SO hospedeiro, seja na janela do Inferno.

B.6 Compilação da imagem do kernel

Tendo-se estabelecido todas essas configurações, a compilação da imagem do kernel é simples. Basta executar o comando mk no diretório **os/pc**. O resultado é um arquivo chamado **ipc**.

Para que a imagem do kernel caiba em um disquete, precisamos comprimi-la. Aqui, passamos para a janela que executa o Inferno. A partir do prompt desse sistema, no diretório **os/pc**, execute o comando gzip ipc. Isso comprimirá a imagem do kernel, criando um arquivo chamado **ipc.gz**.

B.7 Criação da imagem de disquete

Novamente, a partir da janela do Inferno e no diretório os/pc, criaremos agora um arquivo que contenha uma imagem do disquete. O comando para se fazer isso é:

disk/format -b /Inferno/386/pbs -df disk /Inferno/386/9load plan9.ini ipc.gz

Há um erro comum que vale a pena apontar. Se você deixar de fora o parâmetro disk, o arquivo que será formatado como uma imagem de disco é o 9load gerado na Seção B.3. Caso faça isso, recrie o **9load** como descrito naquela seção.

B.8 Execução do novo kernel

O arquivo de imagem de disco pode ser utilizado de várias maneiras. Primeiro, ele pode ser executado em vários emuladores de PCs. Por exemplo, o sistema qemu disponibilizado gratuitamente pode executar o disco do Inferno nativo com o comando:

qemu -fda disk

Se você estiver utilizando uma versão do Windows NT como SO hospedeiro, a Microsoft também possui um pacote chamado PC Virtual disponível para download gratuito.

636 ■ Princípios de sistemas operacionais

Como alternativa, pode-se criar um disquete real e fazer boot em um computador com ele. O arquivo disk pode ser copiado para um disquete utilizando o comando dd em vários sistemas similares ao UNIX. No Windows NT, há vários aplicativos disponibilizados gratuitamente que podem gravar a imagem de disco em um disquete. Entre eles estão o rawrite para Windows, o imgtool, o NTRawrite, o rawrite32, o rawritent, o rawwritewin, o DiskWritie, o DImage, assim como as versões para Windows do dd.

Observe que há limitações sobre como a imagem de disquete pode ser utilizada. Não é possível utilizá-la para criar um dispositivo de memória USB que faça boot. Se você tentar fazer o boot do Inferno a partir de um desses dispositivos, o pbs será carregado pelo BIOS e carregará o 9load, pois ele também utiliza o BIOS. No entanto, o 9load não utiliza o BIOS para carregar a imagem do kernel e, portanto, não inclui suporte a dispositivos de armazenamento de USB. Do mesmo modo, o 9load geralmente falha em unidades de disquete conectadas por USB.

Por fim, a imagem de disquete que criamos aqui pode também ser utilizada para criar um CD-ROM de boot. Nesse caso, no entanto, o arquivo plan9.ini deve incluir a linha:

```
bootfile=sdD0!cdboot!ipc.gz
```

em vez da descrita anteriormente. Essa linha em particular assume que a unidade de CD esteja conectada como a unidade mestra no controlador de IDE secundário. O sdD0 terá de ser alterado em outras situações. A página de manual do Inferno sobre o 9load apresenta mais detalhes.

B.9 Resumo

Para resumir, essas etapas deveriam ser feitas uma vez antes de se compilar uma imagem nativa:

1. Edite o arquivo mkconfig, com foco específico nas variáveis ROOT, SYS-HOST e OBJTYPE.

2. Configure a variável de ambiente PATH.

3. Se estiver trabalhando em um SO hospedeiro similar ao UNIX, execute mk install a partir de um prompt de comando do hospedeiro no diretório raiz do Inferno para compilar o conjunto de ferramentas.

4. No prompt de comando do hospedeiro, execute o comando mk pbs.install 9load.install no diretório os/boot/pc.

5. Edite o arquivo os/pc/pc para ajustar a configuração desejada do kernel do Inferno. As alterações necessárias incluem, pelo menos, as seções init, code e root.

6. Crie o arquivo plan9.ini no diretório os/pc com a linha bootfile.

Cada vez que criar um novo kernel, faça o seguinte:

1. No prompt de comando do hospedeiro, execute o comando mk no diretório os/pc.

2. No prompt de comando do Inferno, execute o comando gzip ipc no diretório os/pc.

3. No prompt de comando do Inferno, execute o comando:

disk/format -b /Inferno/386/pbs -df disk /Inferno/386/9load plan9.ini ipc.gz

Leituras sugeridas

AHO, A.V.; DENNING, P.J.; ULLMAN, J.D. Principles of Optimal Page Replacement. *Journal of the ACM*. v. 18, n° 1, 1971. p. 89–93.

BARHAM, P.; DRAGOVIC, B.; FRASER, K.; HAND, S.; HARRIS, T.; HO, A.; NEUGEBAUER, R.; PRATT, I.; WARFIELD, A. Xen and the Art of Virtualization. *Proceedings of the Nineteenth ACM Symposium on Operating Systems Principles*, 2003. p. 164–177.

BELADY, L.A.; NELSON, R.A.; SHEDLER, G.S. An Anomaly in Space-Time Characteristics of Certain Programs Running in a Paging Machine. *Communications of the ACM*. v. 12, n° 6, 1969. p. 349–353.

BENSOUSSAN, A.; CLINGEN, C.T.; DAKEY, R.C. The Multics Virtual Memory: Concepts and Design. *Communications of the ACM*. v. 15, n° 5, 1972. p. 308–318. Disponível em: http://www.multicians.org.

BIC, L.F.; SHAW, A.C. *Operating Systems Principles*. Upper Saddle River, NJ, Pearson Education, 2003.

BOWMAN, I.T.; HOLD, R.C.; BREWSTER, N.V. Linux as a Case Study: Its Extracted Software Architecture. Proceedings of the 1999 International Conference on Software Engineering, 1999. p 555–563.

COMER, D. *Operating System Design: The XINU Approach*. Englewood Cliffs, NJ, Prentice-Hall, 1984.

CORBATÓ, F.J.; CLINGEN, C.T.; SALTZER, J.H. Multics – The First Seven Years. *Proc SJCC*, 1972. p 571–583. Disponível em: http://www.multicians.org.

CORBATÓ, F.J.; VYSSOTSKY, V.A. Introduction and Overview of the Multics System. Fall Joint Computer Conference, 1965. Disponível em: http://www.multicians.org.

COX, R.; GROSSE, E.; PIKE, R.; PRESOTTO, D.; QUINLAN, S. Security in Plan 9. USENIX Security Symposium, 2002. Disponível em: http://plan9.bell-labs.com.

DALEY, R.C.; NEUMANN, P.G. A General-Purpose File System for Secondary Storage. Fall Joint Computer Conference, 1965. Disponível em: http://www.multicians.org.

DEITEL, H.M.; DEITEL, P.J.; CHOFFNES, D.R. *Operating Systems*. Upper Saddle River, NJ, Pearson Education, 2004.

DIGITAL EQUIPMENT CORPORATION. *VAX Software Handbook*, Digital Equipment Corporation, 1980.

DIJKSTRA, E.W. Self-Stabilizing Systems in Spite of Distributed Control; *Communications of the ACM*. v. 17, n° 11, 1974. p 643–644.

DoD COMPUTER SECURITY CENTER. *Department of Defense Trusted Computer System Evaluation Criteria*. CSC-STD-001-83. Fort George G. Meade, MD, Department of Defense,1983.

DOWARD, S.; PIKE, R.; PRESOTTO, D.L.; RITCHIE, D.M.; TRICKEY, H.; WINTERBOTTOM, P. The Inferno Operating System. *Bell Labs Technical Journal*. v. 2, nº 1, 1997. p. 5–18. Disponível em: http://www.vitanuova.com.

DUDA, K.J.; CHERITON, D.R. Borrowed-Virtual-Time (BVT) Scheduling: Supporting Latency-Sensitive Threads in a General-Purpose Scheduler. *Proceedings of the Seventeenth ACM Symposium on Operating Systems Principles*, 1999. p. 261–276.

FLATEBO, M.; DATTA, A.K.; GHOSH, S. Self-Stabilization in Distributed Systems. *Readings in Distributed Computing Systems*. IEEE Computer Society Press, 1994. p. 100–114.

FRIEDMAN, M.B. Windows NT Page Replacement Policies. Computer Measurement Group Conference, 1999. Disponível em: http://www.demantech.com.

GALLI, D.L. *Distributed Operating Systems: Concepts & Practice*. Upper Saddle River, NJ, Prentice Hall, 2000.

GLASER, E.L.; COULEUR, J.F.; OLIVER, G.A. System Design of a Computer for Time-Sharing Applications. Fall Joint Computer Conference, 1965. Disponível em: http://www.multicians.org.

GLASS, G.; CAO, P. Adaptive Page Replacement Based on Memory Reference Behavior. *Proceedings of the 1997 ACM SIGMETRICS International Conference on Measurement and Modeling of Computer Systems*, 1997. p. 115–126.

GOLDENBERG, R.E.; Kenah, L.J. *VAX/VMS Internals and Data Structures*. Boston, MA, Digital Press, 1991.

GOLDENBERG, R.E.; Dumas, D.E.; Saravanan, S. *OpenVMS Alpha Internals: Scheduling and Process Control*. Boston, MA, Digital Press, 1997.

GOLDENBERG, R.E. *OpenVMS Alpha Internals and Data Structures*. Boston, MA, Digital Press, 2003.

GORMAN, M. *Understanding the Linux Virtual Memory Manager*. Upper Saddle River, NJ, Pearson Education, 2004.

GRAHAM, R.M. Protection in an Information Processing Utility. *Communications of the ACM*. v. 11, nº 5, 1968. p. 365–369.

GREEN, P. Multics Virtual Memory – Tutorial and Reflections. Disponível em: ftp://ftp.stratus.com/pub/vos/multics/pg/mvm.html.

HALL, E.C. *Journey to the Moon: The History of the Apollo Guidance Computer*, Reston, VA, American Institute of Aeronautics and Astronautics, 1996.

HILL, J.; SZEWCZYK, R.; WOO, A.; HOLLAR, S.; CULLER, D.; PISTER, K. System Architecture Directions for Networked Sensors. *ACM SIGPLAN Notices*, 2000. p. 93–104. Disponível em: http://www.tinyos.net.

HONEYWELL. *The Multics Virtual Memory*, Honeywell, 1972.

KERNIGHAN, B.W. A Descent into Limbo. Disponível em: http://www.vitanuova.com.

KRONENBERG, N.; BENSON, T.R.; CARDOZE, W.M.; JAGANNATHAN, R.; THOMAS, B.J. Porting OpenVMS from VAX to Alpha AXP. *Communications of the ACM*, v. 36, nº 2, 1993. p. 45–53.

LANDWEHR, C.E.; BULL, A.R.; McDERMOTT, J.P.; CHOI,W.S. A Taxonomy of Computer Program Security Flaws, with Examples. *ACM Computing Surveys*. v. 26, n° 3, 1994. p. 211–254.

LAVINGTON, S.H. The Manchester Mark I and Atlas: A Historical Perspective. *Communications of the ACM*. v. 21, n° 1, 1978. p. 4–12.

LEFFLER, S.J.; McKUSICK, M.K.; KARELS, M.J.; QUATERMAN, J.S. *The Design and Implementation of the 4.3BSD UNIX Operating System*, Reading, MA, Addison-Wesley, 1989.

LIONS, J.; *Lions' Commentary on UNIX 6th Edition*. Florence, KY, Peer-to-Peer Communications, 1996.

LOVE, R. *Linux Kernel Development*. Indianapolis, IN, Novell Press, 2005.

MATTSON, R.L.; GECSEI, J.; SLUTZ, D.R.; TRAIGER, I.L. Evaluation Techniques for Storage Hierarchies. *IBM Systems Journal*. v. 9, n° 2, 1970. p. 78–117.

MCCOY, K. *VMS File System Internals*. Boston, MA, Digital Press, 1990.

NUTT, G. *Operating Systems*. Boston, MA, Pearson Education, 2004.

ORGANICK, E.I. *The Multics System: An Examination of Its Structure*. Boston, MA, MIT Press, 1972.

OSSANNA, J.F.; MIKUS, L.E.; DUNTEN, S.D. Communications and Input/Output Switching in a Multiplex Computing System. Fall Joint Computer Conference, 1965. Disponível em: http://www.multicians.org.

PATTERSON, D.A.; GIBSON, G.; KATZ, R.H. A Case for Redundant Arrays of Inexpensive Disks (RAID). *ACM SIGMOD Record*. v. 17, n° 3, 1988. p. 109–116. Disponível em: http://techreports.lib.berkeley.edu.

PIKE, R.; PRESOTTO, D.; THOMPSON, K.; TRICKEY, H.; WINTERBOTTOM, P. The Use of Name Spaces in Plan 9. *Proceedings of the 5th ACM SIGOPS Workshop*, 1992. Disponível em: http://plan9.bell-labs.com.

PIKE, R.; PRESOTTO, D.; DOWARD, S.; FLANDRENA, B.; THOMPSON, K.; TRICKEY, H.; WINTERBOTTOM, P. Plan 9 from Bell Labs. *Computing Systems*. v. 8, n° 3, 1995. p. 221–254. Disponível em: http://plan9.bell-labs.com.

PIKE, R.; RITCHIE, D.M. The Styx Architecture for Distributed Systems. *Bell Labs Technical Journal*. v. 4, n° 2, 1999. p. 146–152. Disponível em: http://www.vita-nuova.com.

QUINLAN, S.; DOWARD, S. Venti: a new approach to archival storage. First USENIX Conference on File and Storage Technologies, 2002. Disponível em: http://plan9.bell-labs.com.

RITCHIE, D.M.; THOMPSON, K. The UNIX Time-Sharing System. *Communications of the ACM*. v. 17, n° 7, 1974. p. 365–375. Disponível em: http://plan9.bell-labs.com/who/dmr/.

RITCHIE, D.M. The Evolution of the UNIX Time-Sharing System. *BSTJ*. v. 68, n° 8, 1984. p. 1577–1594; e *Proceedings of a Symposium on Language Design and Programming Methodology*, 1979. p. 25–36. Disponível em: http://plan9.bell-labs.com/who/dmr/.

RITCHIE, D.M. The Limbo Programming Language. Disponível em: http://www.vitanuova.com

SALTZER, J.H. CTSS Technical Notes. MAC-TR-16. Boston, MA, Massachusetts Institute of Technology. Disponível em: http://www.multicians.org.

SALTZER, J.H. A Simple Linear Model of Demand Paging Performance. *Communication of the ACM*. v. 17, n° 4, 1974. p. 181–186.

SALTZER, J.H. Protection and the Control of Information Sharing in Multics. *Communications of the ACM*. v. 17, n° 7, 1974. p. 388–402.

SALUS, P.H. *A Quarter Century of UNIX*. Reading, MA, Addison-Wesley, 1994.

SCHROEDER, M.D.; SALTZER, J.H. A Hardware Architecture for Implementing Protection Rings. *Communications of the ACM*. v. 15, n° 3, 1972. p. 157–170.

SILBERSCHATZ, A.; GALVIN, P.; GAGNE, G. *Applied Operating Systems Concepts*, New York, NY, John Wiley & Sons, 2000.

SOLOMON, D.A.; RUSSINOVICH, M.E.. *Inside Microsoft Windows 2000*. Redmond, WA, Microsoft Press, 2000.

STALLINGS, W. *Operating Systems*. Upper Saddle River, NJ, Prentice-Hall, 2005.

TANENBAUM, A.S. *Distributed Operating Systems*. Englewood Cliffs, NJ, Prentice-Hall, 1995.

TANENBAUM, A.S. *Modern Operating Systems*. Upper Saddle River, NJ, Prentice-Hall, 2001.

TANENBAUM, A.S.; Woodhull, A.S. *Operating Systems: Design and Implementation*, Upper Saddle River, NJ, Prentice-Hall, 2006.

THOMPSON, K., "Reflections on Trusting Trust. *ACM Turing Award Lectures: The First Twenty Years 1966–1985*. New York, NY, ACM Press, 1987. p. 171–177.

TORVALDS, L.; DIAMOND, D. *Just for Fun*. New York, NY, Harper Business, 2001.

TURNER, R.; LEVY, H. Segmented FIFO Page Replacement. *Proceedings of the 1981 ACM SIGMETRICS Conference on Measurement and Modeling of Computer Systems*, 1981. p. 48–51.

VITA NUOVA LIMITED, Dis Virtual Machine Specification. 2000. Disponível em: http://www.vitanuova.com.

VYSSOTSKY, V.A.; CORBATÓ, F.J.; GRAHAM, R.M. Structure of the Multics Supervisor. Fall Joint Computer Conference, 1965. Disponível em: http://www.multicians.org.

WINTERBOTTOM, P.; PIKE, R. The Design of the Inferno Virtual Machine. *Proceedings of IEEE Compcon 97*, 1997. Disponível em: http://www.vitanuova.com.

WOOD, P.H.; KOCHAN, S.G. *UNIX System Security*. Hasbrouck Heights, NJ, Hayden Book Company, 1985.

Índice remissivo

4.3BSD, 23, 32, 143, 268, 271–274, 382, 465, 466, 544, 550, 591
802.11b, 385
802.15, 385
ABBA, 290
acesso a arquivos
   stream de bytes, 452, 453
   indexado, 453
   registros, 453
   texto, 453
acesso aleatório, 451
acesso exclusivo, 450, 451, 502, 507
acesso sequencial, 451
acme, 472, 473, 476
Adleman, Leonard, 600
AES (Advanced Encryption Standard – padrão de criptografia avançada), 598
algoritmo bully, 620–624
algoritmo de "casca de cebola", 260
algoritmo de eleição, 620
algoritmo de Peterson, 113
algoritmo de pilha, 254
algoritmo do anel, 623, 624
algoritmo do avestruz, 123
algoritmo do banqueiro, 127
algoritmo elevador, 365–367, 376, 420, 437, 466
alias(es), 458, 473, 459, 460, 562
alocação de arquivos, 476
alocação de memória, 229
   melhor ajuste, 234, 235
   de melhor ajuste, 285, 292, 293
   sistema de companheiros (buddy system), 235, 236, 280, 319
   primeiro ajuste, 233, 234, 255, 2267
   próximo ajuste, 234
   pior ajuste, 235
alocação explícita, 225
alocação implícita, 226

Alpha, 30, 32, 33, 146, 266, 273
analisador diferencial, 357
anéis de proteção, 25, 261, 602
anomalia de Belady, 253–255
Apollo 11, 106
Apple, 471
aptidões, 587
armazenamento de apoio, 218, 238, 239, 283
armazenamento permanente, 219
armazenamento primário, 218, 238
armazenamento secundário, 218, 238, 255, 262, 347
armazenamento volátil, 219
Arquitetura Conceitual do Linux, 61
arquivo contíguo, 468, 472, 484
árvore de alocação de arquivos, 469, 471, 485, 508, 4529, 571–574
arquivo de dispositivo, 463, 486
arquivo de senhas, 578
arquivo(s) especial(is), 463, 486
arquivo especial de blocos, 486, 550
arquivo especial de caracteres, 486, 551
arquivo executável, 65, 271, 318, 380, 462, 471, 509, 585, 590, 5592
arquivo mapeado na memória, 226, 251, 261, 276, 276, 317, 318, 327, 337, 454, 455, 481, 485, 567, 570
arquivos esparsos, 471, 550
árvore B+, 490, 491
árvore(s) B, 453
árvore de busca por prioridade "radix", 327
árvore de diretórios, 460–464, 473, 484, 485, 488, 493, 496, 498, 500, 504, 506, 516, 552
árvore de expansão, 610, 615
árvore vermelho-preta, 325, 326, 334
árvores de busca binária, 230, 285, 288, 291, 292, 298, 304

644 ■ Princípios de sistemas operacionais

ASCII – American Standard Code for Information Interchange, 395, 399, 400, 485
assinatura, 600, 603
ATA (advanced technology attachment – anexo de tecnologia avançada), 351, 412
ataque homem-no-meio, 588
ataque por repetição, veja ataque por reprodução
ataque por reprodução (ou repetição), 580
AT&T, 59
aumento na prioridade, 99, 190, 202, 206
autenticação de usuário, 578, 581, 584, 601
autoestabilização, 614
autoridade certificadora, 601, 603

backup, 219, 473, 582, 604
balancear a carga, 204, 211
barramento de endereço, 68
baud, 352
Belady, Lazlo, 241, 253
Bell Labs, 25, 28, 32, 39
Bellard, Fabrice, 16
Berkeley Software Distribution (BSD), 32
biblioteca(s), 10, 19, 26, 31, 46, 64, 65, 92, 145, 149, 184, 199, 250, 284, 384, 401, 452, 481, 488, 617
BIOS, 67, 68
bit de acesso, 223, 240, 242–246, 272, 274, 322, 338
bit de início, 352
bit de parada, 352, 353
bit de presença, 223, 240, 245, 272, 337
bit de sujeira (modificação), 223, 244, 246, 278, 338
bit modificado, veja bit de sujeira
bit SGID (set GID – configura GID), 604
bit SUID (set UID – configura UID), 604
bit válido, veja bit de presença
bitmap de (blocos) livres, 229, 466, 488, 491, 544

Bliss, 30
bloco de boot, 67, 489, 544, 590
bloco de índice, 469
bloco duplamente indireto, 485, 487, 529, 534, 535, 550, 571, 572
bloco indireto, 485, 486, 487, 529, 533, 534, 550, 571, 572
bloco triplamente indireto, 550, 573
bloqueio, 612
bloqueio de arquivo, 115, 451, 453, 457
bloqueio de E/S, 359, 378, 383, 384
bloqueio de exclusão mútua, 111, 137, 160, 163, 202, 205, 293, 294, 332, 338, 340, 341, 363, 391, 406, 412, 423, 423, 426, 436, 450, 515, 560, 562, 612, 616
Bluetooth, 385
BogoMIPS, 77
bomba lógica, 589
bomba-relógio, 589, 590
bootstrapping, 17, 30, 46, 64, 66, 67, 379, 401, 437, 456, 474, 484, 486, 489, 490, 617
BSDI, 32
busca(r), 423, 442, 443, 452, 466, 485–488
buffer circular, 476
buffer de tradução de endereço (TLB – translation lookaside buffer), 224, 225, 275
bufferização, 352, 354, 360, 363–364, 369–371, 376, 380, 381, 413, 420, 423–425, 427, 429, 430, 442, 474, 502, 511–513, 524, 528, 536, 537, 543, 558–562, 563, 565, 567
Burroughs, 3

cache, 218, 224, 239, 250, 367, 616
cache de blocos, 476
caixa de correio, 383
canal, 164, 346, 392, 497, 499, 513
canal (pipe), 485
canal oculto, 591, 592, 595
carga do programa inicial (IPL – initial program load), 17
carregador de boot, 17, 18, 66, 67, 82, 232
cartão(ões) perfurado(s), 10, 18, 24, 357, 375, 377

cavalo de Troia, 589, 590
CCI (Computer Consoles Inc.) Power 6, 32
CDC-6000, 348
CD-ROM, 357, 360
certificado, 601
chamada ao sistema, 18, 26, 29, 31, 33, 42, 57, 82, 135, 136, 139, 140, 143, 145, 148, 153, 184, 186, 188, 190–194, 198, 199, 228, 261–263, 265, 268–270, 276, 279, 285, 318, 328, 329, 330, 336, 360, 375, 379–384, 390, 391, 422, 435, 450, 451, 455, 456, 479, 480, 483, 485, 486, 490, 493, 496, 513, 542, 543, 551, 567, 578, 583
chamada de procedimento diferida, 385
chave, 580, 596–601, 603
CIFS (Common Internet File System), 608
cluster, 12, 616, 617
Code Red, 591
código de correção de erro (ECC – error-correcting code), 368
código de tecla, 395, 399, 400
Coffman, 122
coleta(or) de lixo, 176, 177, 226, 285, 290, 305–312
Comer, Douglas, 14
Compaq, 30
compartilhamento de arquivo, 450, 456
compartilhamento de memória, 226, 238, 265–268, 276, 283, 318, 386, 450, 455, 584, 603, 608, 609, 612, 615
compartilhamento de recursos, 2, 608
compartilhamento de tempo (time-sharing), 11, 12, 31, 48, 57, 66, 78, 82, 87, 92, 97, 105, 107, 136, 140, 152, 175, 186, 190, 201, 205, 252, 312, 360, 378, 469, 609, 616
compilação just-in-time, 4, 39, 43, 47, 49, 155, 178, 602
compilador, 237, 250, 395, 434, 462, 590
computação distribuída, 43
computador analógico, 357

computador-console, 17
computador de controle de ignição, 102
Computador de Orientação da Apollo (AGC – Apollo Guidance Computer), 106
computador híbrido, 357
comunicação entre processos, 62, 137
concessionária de computação, 24, 35
conjunto de registradores, 178, 179, 192, 195, 198, 211, 398
conjunto de trabalhos, 248, 250, 274–279, 322
Connection Machine-2 (CM-2), 368
consenso, 612
consistência de sistema de arquivos, 474, 475, 477, 508, 513, 545, 547
console, 54, 81, 136, 269, 401, 403, 582
consulta(r), 354, 394, 397, 423
contador de instruções, veja contador de programa
contador de programa, 108, 167, 179, 179, 198, 292
contador (contagem) de associação, 109 169, 170, 173, 285, 305, 325
Control Data Corporation, 348
controlador, 391
controlador de discos, 349
controlador de interrupção, 384
controlador do dispositivo, 346, 347, 353–357, 360, 361, 363–366, 367, 376, 378, 380–386, 392, 394, 397, 399, 403, 406–415, 421, 424, 427, 432, 433, 436, 438, 439, 441–445
controle de fluxo, 352, 369
controle de fluxo de hardware (ou controle de fluxo fora de banda), 352
controle de fluxo de software (ou controle de fluxo dentro da banda), 353
controle de fluxo dentro de banda (ou de software), 353, 370
controle de fluxo fora da banda (ou de hardware), 352
controle de jobs, 187
conversor analógico/digital, 357

646 ■ Princípios de sistemas operacionais

coordenadas cartesianas, 458
copia na escrita (COW – copy on write), 185, 251, 318, 336–339, 340
co-processador matemático, 69
Corbató, F.J., 24
CP/M, 33, 237
criação de processo, 4, 5, 19, 29, 40, 47, 51, 55–57, 66, 79, 89, 90, 93, 102, 108–109, 135, 136, 138–141, 144, 145, 148, 155, 157, 165–171, 175, 178, 183–185, 189, 191–200, 229, 251, 265, 269, 279, 285, 315, 320, 323, 325, 485, 513, 585, 586, 617
criptografia, 7, 44, 46, 64, 385, 578–581, 596–601, 603
criptografia de chaves públicas, 598–601, 603
criptografia de sentido único, 579, 581
criptografia simétrica, 596–599
critérios comuns, 593
CSR (control status register – registrador de status de controle), 353, 354
CTSS (compatible time-sharing system), 23, 30, 101, 133, 136, 259, 375, 376, 380, 479, 480
Cutler, David, 30, 33

datagrama, 358
DataVault, 368
deadlock, 87, 120, 121
depurador, 135, 159, 187
DES (Data Encryption Standard – Padrão de Criptografia de Dados), 597
desafio/resposta, 580
descritor de arquivo, 54, 81, 463, 485, 497, 513, 516
descritor de segmento(s) (DS – descryptor segment), 199, 262, 267, 483, 601
desligamento, 49
Diffie, Whitfield, 599
Digital Equipment Corporation (DEC), 16, 27, 265, 268, 272, 274, 488
Dijkstra, Edsger, 614
diretório, 463, 472, 474, 480–487, 490, 491, 499, 502–506, 521, 524, 543, 544, 550, 554, 562–566

diretório corrente, 464, 480, 482, 486, 553, 554
diretório de página, 223
diretório-pai, 464, 473, 482, 486, 489, 500, 505, 520, 521, 554
Dis, 4, 41, 43, 44, 48, 52, 55, 57, 155, 166, 166, 173, 176, 178, 179, 284, 494, 602
dispositivo, 345, 346, 382, 385, 389, 391, 430, 432
dispositivo de armazenamento, 347, 353, 356, 357, 389, 404, 451, 455, 457, 458, 465, 474, 477, 481, 498, 499, 502, 608
dispositivo de caracteres (ou stream), 358, 375, 380–382, 422
dispositivo de comunicação, 347, 351–353, 356, 358, 371, 385, 608
dispositivo null, 372, 383
dispositivo(s) (de) stream, 358, 363
dispositivo virtual, 372
dispositivos de bloco, 354, 358, 375, 376, 379, 380, 419, 421
dispositivos de E/S, 5, 30, 36, 53, 63, 124, 227, 263, 266
disputa, 110, 121
disquete, 349, 434, 439, 465
disseminação, 617
distribuição, 367, 369
DMA (direct memory access – acesso direto à memória), 316, 354, 410, 411, 413, 415, 435, 441–444, 475
DragonflyBSD, 32, 268
drivers de barramento, 384
driver de classe, 384
driver de dispositivo, 45, 63, 64, 346–350, 352, 353, 356, 360–368, 371, 372, 376, 379–386, 389–391, 397, 401, 403, 405, 410, 412, 415, 419–424, 435, 437, 446, 447, 455, 456, 486, 493, 496, 538, 563
driver de filtro, 384
driver de porta, 384

eco, 371, 403
economia de energia, 152

elevador, 366

EMACS, 26

encerramento de processo, 4, 7, 19, 40, 89, 90, 96, 108–109, 124, 135, 137, 139, 140, 145, 159, 171–173, 185, 187, 189, 191, 192, 263, 279, 290, 317, 320, 328, 334, 481

endereçamento de bloco grande (LBA – large block addressing), 350, 408

endereço de memória física, 227

endereço físico (PA – physical address), 71, 220, 266, 322

endereço real, 220

endereço(s) virtual(ais), 71, 220–224, 228, 237, 261, 265, 269, 321, 325, 336, 584

ENIAC (electronic numerical integrator and computer), 10

entrada de diretório, 472–474, 480–489, 499, 500, 502, 505, 508, 512, 520–523, 529, 531, 543, 551, 552, 558–561, 566

entrada de usuário, 371, 372, 379, 382, 403, 403

entrada da tabela de página (ETP), 222–225, 242, 275, 321, 336, 337, 339, 340

entrada na tabela de processos, 91, 109, 140, 161–169, 170, 171, 178, 179, 186, 188, 191, 195, 197, 208, 323, 328

envelhecimento, 245, 278

erro de enquadramento, 353

erro de overrun do receptor, 353

erro de underrun do transmissor, 353

erro de paridade, 353

E/S assíncrona, 360, 543

(chamadas de) E/S não bloqueantes, 360, 378, 383, 384

E/S síncrona, 360

escalonador, 32, 137, 152, 375, 425, 583, 616
   de classe, 147
   de slots, 104
   classe de trabalho, 138

escalonamento em tempo real, 103

ESDI (enhanced small disk interface – interface aprimorada de disco pequeno), 351

espaço de endereçamento físico (ou real), 223, 229, 266, 269, 271, 276, 285, 336, 583, 584

espaço de endereçamento (memória) virtual, 143, 145, 221, 222, 223, 228, 229, 237, 249, 251, 261, 265, 266, 270, 273, 276, 277, 285, 316, 318, 325, 330, 336, 454, 484, 583, 603

espaço de nomes, 6, 42, 44, 47, 53, 54, 166, 171, 261, 389, 449, 456–465, 473, 480, 482, 484–487, 488, 490, 493, 495, 497, 498

espaço de swapping (swap), 218, 259, 268, 271, 337, 486

espaço livre, 465

especificador de conta, 459–462

especificador de dispositivo, 463, 483, 488, 490

especificador de unidade, 459, 460, 461

espelhamento, 368

espera ocupada, 113

espionagem, 581, 595, 600

estabilização por reinicialização, 614, 615

estado do processo, 84, 91, 99, 133, 137, 139, 141, 144, 146, 148, 156, 164, 172, 174, 186–188, 191, 194, 206, 335

esteganografia, 592

Ethernet, 8, 351, 617

eve, 49

exceção, 108, 165

exclusão mútua, 74, 87, 111, 114, 115, 118, 120, 122, 126, 226, 361, 609, 612

execução atômica, 110, 112

EXT3, 544, 545, 546, 548, 550, 551, 559–564, 567, 569, 571

extensão(ões), 462, 463, 489, 490, 491

falha de página, 223, 241, 242, 244–247, 248–254, 261, 271, 279, 317, 327, 328, 334–336, 339–341, 455, 592

falha de segmento, 261, 483

Fast File System (FFS – Sistema Rápido de Arquivo), 488, 544, 544, 550

648 ■ Princípios de sistemas operacionais

fatia de tempo, 96, 100, 101, 103, 106, 113, 138, 155, 178, 179, 186, 188–191, 197, 201, 202, 205, 206, 250, 360, 616

Ferranti Atlas, 240

fila circular, 363

fila de solicitação(ões), 360–362, 365–367, 376, 379, 381, 383, 385, 391, 406 419, 420, 435, 437, 438, 445, 447

fila de trabalhos, 421, 434, 436, 440

fila multinível, 98

fila(s) de retorno multinível, 99, 135, 138, 144, 146, 150, 190, 201–203, 212

Files-11, 31

FireWire, 346, 384

fork, 471

fork de arquivo, 471

fork de recursos, 471

fragmentação, 233, 293, 305, 484
externa, 231, 234–236, 285
interna, 231, 236

FreeBSD, 32, 36, 42, 268, 629

função hash criptográfica, 579, 581

GCC (GNU Compiler Collection ou GNU C Compiler), 193, 210

GE-645, 25, 260, 377

General Electric, 25

gerenciador de recursos, 2

gerenciamento avançado de energia (APM – advanced power management), 68

gerenciamento de memória, 5, 30, 65, 68, 136, 152

gerenciamento de processos, 88

Gourd, Roger, 30

Grade (grid), 12, 617, 620

grafo de dependência, 122, 124, 125

GRUB, 67

grub, 232

grupo, 472

grupo de cilindros, 488, 544

grupo de blocos, 544, 547

grupo de processos, 165, 168, 169, 171, 183, 513

Hardware Abstraction Layer (HAL), 34, 277, 384

Hellman, Martin, 599

herança de prioridade, 101

Hewlett-Packard, 30

HFS+, 472

hierarquia de memória, 217, 219, 225

Honeywell, 25

Honeywell 6180, 25, 260, 377

HP-UX, 42, 629

Hurd, The, 15

Hustvedt, Dick, 30

hyperthreading, 211

IBM, 16, 68, 242

IBM 7094, 23, 376

ID do grupo, 50, 52, 460

ID do processo, 79, 91, 140, 149, 159, 165, 168, 191–193, 195, 379, 497

IDE (integrated drive electronics), 347, 351, 384, 403–406, 408, 412, 495

IDEA (international data encryption algorithm – algoritmo internacional de cirptografia de dados), 598

identificação(oes) biométrica(s), 581

identificação de usuário(s), 50, 52, 460, 529, 550, 603

IEEE (Institute of Electrical and Electronics Engineers – Instituto de Engenheiros Eletrecistas e Eletrônicos), 93

IEEE 1394, 346

I Love You, 591

impressão digital, 581

Incompatible Time-sharing System (ITS), 26

Inferno, 23, 39, 40, 41

Intel x86, 16, 35, 60, 68, 70, 73, 152, 188, 191, 211, 277, 279, 316, 317, 322, 325, 327, 331, 334, 335, 441

intercalamento, 363, 364

interface com o usuário, 8, 449

Interface de Energia e Configuração Avançada (ACPI – Advanced Configuration and Power Interface), 78

Índice remissivo ■ 649

interface de rede, 346, 353, 356, 359
interface gráfica com o usuário (IGU, do inglês GUI – graphical user interface), 41, 46, 139, 149, 454
Internet, 7, 61, 617
interpretador de comandos, 24, 31, 133, 139, 145, 186, 187, 263
interrupção, 20, 68, 103, 105–108, 111, 112, 142, 152, 185, 188, 191, 207, 213, 220, 223, 228, 251, 268, 341, 352–356, 361–363, 376, 377, 383, 385, 390, 391, 394, 397–399, 412–415, 421, 433, 436, 440–445, 583, 612, 615, 616
interrupção de software (softirqs), 421
interrupção de software, 20, 31, 50, 82
interrupção do relógio/de clock, 207, 214, 358, 375, 376, 618, 619
inversão de prioridade, 100
iPAQ, 42
IPsec, 64
íris, 581
IRIX, 42
ISA (industry standard architecture – arquitetura padrão da indústria), 351, 384
iSCSI, 351
Itanium, 30, 33

Java, 471
Java Virtual Machine, 4, 41
Javastation 1, 42
job(s), 94

Kernighan, Brian, 28
Kilburn, 240
c, Gary, 33
KISS, 633
Knuth, Donald, 19 (do prefácio)

Lamport, Leslie, 618
latência, 350
    rotacional, 350
    tempo de procura, 350
layout de memória, 188, 219, 227–229, 261, 264, 269, 269, 276, 277, 279, 285, 315, 316

LBA48, 410
Lego Mindstorms, 42
lei de Amdahl, 610
leitor de código de barras, 351, 371, 382
leitura contínua, 563, 565
ligação dinâmica, 63
ligadas estaticamente, 63
LILO, 67
Limbo, 41, 43, 44, 46, 52, 57, 156, 164, 166, 283, 285, 305, 471, 497, 508–515, 516, 518, 522, 527, 602
link(s), 473, 481, 482, 485, 487
link simbólico, 473, 482, 487, 550, 555
linker, 63, 279, 434, 483
link permanente (link ou aliase), 473, 487
Linux, 23, 36, 42, 45, 47, 49, 52, 628
Lions, John, 29, 59
Lipman, Peter, 30
lista de alocação de arquivos, 468, 469, 471
lista de controle de acesso, 489, 586, 587, 596, 601, 604
lista de (blocos) livres, 230, 232, 233, 262, 267, 271–276, 278, 285, 288, 291, 295, 298, 305, 466, 468, 486, 508, 527
lista de prontos, 93, 103, 169–174, 177, 191, 194, 201, 202
Livro Laranja, 592–596, 601, 605
LPD, 609
Lucent, 40

Mac OS, 15, 42, 471
MACH, 15
Macintosh, 15, 471
Maclisp, 26
Macsyma, 26
malware, 588
máquina de Turing, 88, 106
máquina virtual, 3, 4, 26, 36, 43, 44, 48, 49, 53, 155, 164, 166, 169, 175–177, 179, 283, 284
marca(s) d'água, 249, 369, 370
marcação de relógio/de clock, 202, 204, 205

650 ■ Princípios de sistemas operacionais

marque e limpe (mark and sweep), 226, 285, 306

Marte, 457

Master Boot Record (MBR), 67

McCarthy, John, 23

memória bloqueada, 331, 334

memória compartilhada, 62

memória física, 219, 220, 229, 237, 238, 251–252, 255, 264, 266, 269, 271, 274, 277, 280, 284, 315, 319, 327, 331, 335, 336, 584, 615

memória somente de leitura (ROM – read-only memory), 18

memória virtual, 5, 237

menos utilizada recentemente (LRU – least recently used), 477

Mentec, Inc., 27

metadados, 6, 45, 450, 452, 453, 456, 457, 460, 462–465, 471–476, 480–491, 494, 503, 508, 529, 542, 545, 548, 550, 570, 585, 603

metade inferior, 361, 363, 376, 379, 383, 390, 421

metade superior, 361, 363, 366, 376, 379, 383, 390, 421, 434

microkernel, 14, 25, 44, 61, 99, 456

Microsoft, 33, 608

Microsoft Windows, 629

mínimo de Belady, 241, 247

MINIX, 15, 60

Minsky, Marvin, 23

MIPS R4000, 33

MIT, 24, 25, 26

modem, 352, 382, 579

modo bruto, 371

modo canônico, 372

modo(s) de processador, 30, 33, 266, 273, 276, 277, 279, 318, 583, 602

modo normal, 372

modo processado, 372

modo protegido, 68

módulo(s), 63, 64, 169, 171, 178, 285, 286, 305, 509

módulos carregáveis do kernel do Linux (LKMs – loadable kernel module), 63

Mona Lisa, 592

monitor(es), 2, 115

montagem, 457, 465, 474, 477, 498, 542, 548

montar, 53

Morris, Robert T., 591

mote(s), 34, 385

mouse, 68

MS-DOS, 33, 237, 590

Multics, 23, 24, 28, 30, 35, 136, 260, 261, 377, 378, 454, 479–486, 601, 602

multiprocessamento simétrico (SMP – symmetric multiprocessing), 12, 209, 615

multiprogramação, 12

multitarefa, 12

NASA, 457

negação de serviço (denial of service), 592

NetBSD, 32, 36, 268

Neumann, Peter, 28

nice, 201, 202, 206

nó(s)-i, 485–488, 508, 529, 543–544, 547, 548, 550–553, 557, 561, 561,571, 573

nome(s) de caminho absoluto, 464, 482, 552

nome(s) de caminho relativo, 464, 482, 552

nome de usuário(s), 578

nome de volume lógico, 459

nomenclatura hierárquica, 460–464, 473, 482, 484, 488, 496

NFS (network file system – sistema de arquivos de rede), 608, 617

NSA (National Security Agency – Agência Nacional de Segurança), 592, 598, 605

NTFS (NT File System – Sistema de arquivos do NT), 472, 490

NTP (network time protocol – protocolo de tempo da rede), 619

NUMA (NonUniform Memory Access – Acesso Não Uniforme à Memória), 79, 609

número de conta, 459
número de dispositivo principal, 486
número de dispositivo secundário, 486
número de página, 222–225, 260, 269, 273, 331
número de quadro de página (NQP), 222–225
número de segmento, 481
número-i, 486, 487, 544, 548, 551

ODS-1,2 e 5 (on-disk structure), 488, 489
one-time pad, 597
OpenBSD, 32, 268
operação assíncrona, 611
operação síncrona, 611
oráculo(s), 125
OS/2, 33
overlay, 237

pacote(s), 358
página(s), 222
página(s) protegida(s), 455
paginação, 70, 222, 229, 230, 232, 237–241, 249, 252, 256, 260, 261, 268, 271, 274, 275, 283, 320, 327, 331, 334, 336, 337, 343, 423, 454, 477, 584, 603
paginação por demanda, 240, 271, 318, 481
painel frontal, 17
paridade, 352, 369
partição, 459, 465, 486, 488, 510
particionamento, 232, 280
partida a frio, 17
partida não programada, 17
Pascal, 509, 515
Paterson, Tim, 33
PCI, 384
PDP-1, 23
PDP-11, 16, 27, 29, 33, 143, 262, 265, 266, 378, 475, 484
PDP-7, 28, 375
PGP (pretty good privacy – privacidade muito boa), 598
Pike, Rob, 40
pilha, 52, 108, 148, 150, 188–191, 195, 198, 228, 228, 263, 265, 268, 269, 273, 276,

280, 285, 297, 311, 317, 318, 325, 328, 334
PL/I, 25
Plan 9, 36, 40, 44, 505, 508, 582, 604, 628, 629
ponteiro de(a) pilha, 108, 188, 192, 280
porta de chamada (call gate), 26, 602
porta de E/S, 354, 356, 393, 397, 404, 433
porta(s) do fundo, 589, 590
porta secreta, 589
posição do arquivo, 451
POSIX, 34, 44, 46, 53, 54, 61, 92, 115, 116, 145, 185, 384, 490
PowerPC, 33, 42
prazo, 150
pré-busca, 271
preempção, 91, 97, 103, 111, 122, 140, 165, 173, 205, 206–208, 213, 358
pré-paginação, 241, 248
princípio rendezvous, 117
prioridade, 90, 103, 115, 136, 138, 146, 177, 186, 190, 191, 201–203, 205, 206, 212, 379
prioridade de base, 99, 147, 150
prioridade dinâmica, 99, 101, 150, 151, 186, 190
prioridade estática, 202
privilégio(s), 581–584, 595
problema do jantar dos filósofos, 117
problema do produtor-consumidor, 121
processador cilíndrico, 348
processador(es) de E/S, 346, 347, 348
processadores periféricos (PPs), 348
processamento em batch, 136, 151
processo, 4, 87
processo(s) de primeiro plano, 139, 140, 150, 262, 263
processo(s) de segundo plano, 27, 136, 138, 139, 262–265
processo(s) do kernel, 155, 156, 160, 173, 176, 179
processo-filho, 140, 183–185, 191–198, 251, 265, 269, 323, 485, 513, 514
processo ocioso, 204, 209, 211

652 ■ Princípios de sistemas operacionais

processo-pai, 140, 143, 169, 183–187, 191–198, 251, 265, 269, 318, 323, 485, 493

Programa de Controle Mestre (MCP – Master Control Program), 3

programação (escalonamento), 5, 62, 79, 87, 90, 93, 109, 135, 152, 157, 173, 176, 189, 200, 263
- de tempo virtual emprestado, 152
- EDF (earliest deadline first), 103, 138, 153
- baseado em eventos, 103
- FCFS (first-come, first-served – primeiro a chegar, primeiro a ser servido), 94
- FIFO (first-in first-out – primeiro a entrar, primeiro a sair), 99, 201, 205
- de prioridade, 97, 103, 140, 142, 144
- de tempo real, 102
- circular, 97–100, 102, 105, 177, 201, 205
- SJF (shortest job first – job mais curto primeiro), 94, 97, 366
- de dois níveis, 102

proprietário do arquivo, 453, 460, 472, 485, 489, 491, 529, 550, 584–586, 603, 604

proteção de arquivo, 453, 472, 483, 485, 486, 489, 491, 529, 550, 551, 567, 577, 578, 582, 584–587, 601–605

proteção de memória, 220, 222, 251, 259, 261, 276, 283, 327, 584, 602, 603

Protocolo de Transferência de Arquivos (FTP – File Transfer Protocol), 498

Protocolo de Transferência de Hipertexto (HTTP – Hypertext Transfer Protocol), 8

protocolo de rede, 8

Protocolo Internet (IP – Internet Protocol), 7

provedor de serviços, 3

pseudodispositivo, 372, 383

QDOS, 33

quadro, 358

quadro de página, 223, 230, 232, 239, 243, 246, 250, 253, 262, 274, 278, 321, 334, 337, 339

quantidade de instruções, 173

quantum, 96, 99, 101, 108, 135, 138, 147, 150, 151, 166, 173, 175, 177, 178, 179, 190

QEMU, 16

RAID (redundant array of inexpensive disks – conjunto redundante de discos baratos), 367–369

RAM disk (disco em memória), 76, 81

ramdisk, 372

raiz, 473, 482, 488, 495, 498, 499,503, 505, 511, 512, 553

realocação, 220

rebobinamento, 451

rede, 7, 591, 603, 608, 616, 620

redes de área de armazenamento (SANs – storage areas network), 351

referência, 305

registrador(es), 108, 109, 164, 176, 178, 191, 217, 219, 353–356, 360, 379, 391– 393, 397, 406, 409, 410, 433, 440, 393, 583, 584, 615

registrador(es) de base, 220–223, 270, 584

registrador(es) de limite, 220–223, 270, 584

registro de ativação, 228

relocação de bloco(s) defeituoso(s), 367, 484

relógio/clock, 103, 108, 111, 142, 358, 375, 618–620

relógio lógico, 618

retina, 581

retorno de chamada, 579

Ritchie, Dennis, 28

Rivest, Ron, 600

rótulos de suscetibilidade, 594

RS-232, 347, 351, 352, 371, 379, 609

RSA, 600

RSX-11, 488

RT-11, 23, 27, 138, 262–265, 378, 379, 380, 483, 484, 489

Índice remissivo ■ 653

SATA (Serial ATA – serial advanced technology attachment, ATA serial), 351
SCSI (Small Computer System Interface), 64, 346, 351, 361, 384, 404, 406
Seattle Computer Products, 33
seção crítica, 109, 111, 115, 120, 609, 613, 616
segmentação, 69, 70, 222, 228, 249, 249, 260, 261, 265, 317, 455, 481–485, 584, 602
segmento de código, 221, 228, 238, 241, 265–270, 271, 317, 318, 325,328
segmento/segmentação de dados, 221, 228, 228, 238, 241, 265, 268, 270, 317, 318, 325, 328–333
segmento de pilha, 221, 228, 238, 318, 268, 270, 325
segmento de texto, veja segmento de código
segredo compartilhado, 578, 596–600
segurança, 7, 15
segurança em vários níveis (MLS – multilevel security), 594, 605
SELinux, 65, 594
semáforo, 114, 115, 121, 612
semáforo binário, 115, 423
senha, 371, 578–582, 588–591, 601
senha de uso único, 581
sensor(es), 34, 103, 385
servidor de arquivo, 42–44, 47, 54, 57, 389, 463, 477, 473, 501, 503, 505, 506, 508, 510, 511, 513, 514, 517, 538, 583, 603, 608
servidor de bloqueio, 613
Shakespeare, 597
Shamir, Adi, 600
shell, veja interpretador de comandos
sinal, 50, 141, 185, 186, 191, 196, 334, 425, 431
sincronização de sistema de arquivos, 477, 513
sincronização entre processos, 62
sistema de arquivos, 6, 25, 31, 41, 44, 60, 62, 65, 80, 219, 347, 358, 376, 379–381, 384, 419, 449–477, 479, 601, 608

sistema de arquivos estruturado em logs, 475
sistema embarcado, 1, 47, 105, 255, 279, 283, 356
sistema operacional distribuído, 12
sistema operacional em batch, 11, 94
sistemas de arquivos em diários (journaling file systems), 474, 476, 490, 545, 548, 570
S/KEY, 581
SMB (Server message block – bloco de mensagens do servidor), 608
SO de máquina virtual, 3, 16
SO em camadas, 13, 33, 151
SO guest, 152
SO monolítico, 13, 25, 30, 33, 43, 62, 63, 456
Solaris, 42
spin lock (espera ocupada), 113, 612
Spirit, 457
SSL (Secure Sockets Layer – Camada de Sockets Segura), 598, 603
Stallman, Richard, 26
starvation, 93, 100, 136, 151, 206, 421
status de saída, 141, 170, 171, 185, 187, 191
stream(s) de dados alternados, 491
string de referências à página, 241, 246, 253
Styx, 43, 45, 390, 392, 473–498, 502, 508, 509, 515, 516, 523, 603
substituição de página(s), 241, 249, 253, 253, 322
   mínimo de Belady, 241
   algoritmo do relógio, 243, 244, 246, 262, 272, 322
   FIFO (first in, first out – primeiro a entrar, primeiro a sair), 241–244, 247, 253, 254, 274, 277
   menos utilizada recentemente (LRU – least recently used), 245, 247, 253, 254, 274, 322
   não utilizadas frequentemente (NFU – not frequently used), 240, 245, 246, 254, 278

654 ▪ Princípios de sistemas operacionais

não utilizadas recentemente (NRU – not recently used), 244, 246, 254, 322

frequência de falha de página, 249, 275

segunda chance, 243, 254, 275, 322, 322

relógio de dois ponteiros, 243, 243, 274

substituição global de páginas, 241

substituição local de páginas, 241

Sun Microsystems, 46, 607, 608

SunOS, 268, 591

superbloco(s), 486, 488, 508, 511, 512, 527, 541–545, 547, 548, 550

superusuário, 547, 582, 604

supervisor, 2, 24

swapping (swap), 102, 141, 145, 146, 148, 219, 237–241, 259, 265, 268, 271, 274, 275, 283, 347

tabela de alocação de arquivos (FAT – file allocation table), 469, 490

tabela de arquivos abertos, 457, 552

tabela de descritor de interrupção, 70

tabela de montagem, 457

tabela de páginas, 70, 71, 149, 222–225, 262, 270, 273, 277, 279, 280, 318, 321, 335–339, 341, 469, 483, 584, 603

de dois níveis, 224, 321, 336

de quatro níveis, 321, 336

de três níveis, 224, 273, 336

tabela de páginas invertidas, 224

tabela de processos, 52, 91, 108, 140, 142, 144, 149, 158, 160, 164, 166, 169, 186, 188, 455, 456

tabela de quadros, 225

tabela de segmento(s), 70, 198, 279, 481, 584

tabela hash, 165, 166, 168, 172, 230, 453, 536, 544, 562, 579

tamanho do arquivo, 472

Tanenbaum, Andrew, 60, 123

tar, 498

tarefa ociosa, 176

tasklet, 421

TCL/Tk, 44

TCP/IP, 7, 65, 351

Teager, Herb, 23

teclado, 50, 68, 156, 263, 356, 371, 395, 397–399, 403, 403

tempo de acesso, 350, 364

tempo de acesso à memória, 252

tempo de acesso ao arquivo, 454, 480, 485, 529, 550

tempo de busca mais curto primeiro (SSTF – shortest seek time first), 366

tempo de retorno, 94

tempo real, 146, 149, 186, 190, 201, 205

Teorema de Halting, 125

Teorema de Rice, 125

teoria de autômatos, 458

terceira lei (do movimento) de Newton, 365

terminal, 50, 82, 134, 140, 351, 371, 372, 375, 376, 379, 381, 384, 579

termostato, 356

test-and-set, 112

texto crifrado, 597

texto legível, 579, 597, 598, 578

Thinking Machines, Inc., 368

Thompson, Ken, 28, 40, 508

thrashing, 102, 253

thread, 55, 92, 145, 147, 156, 173, 183, 211, 340

thread(s) do kernel, 92, 145, 184, 323

timer (ou clock), 358

TinyOS, 23, 34, 151, 279, 385, 479

tipo abstrato de dado (ADT), 89, 509, 515, 526–529

tipo de arquivo, 454, 462, 480, 483, 550, 551

tolerância à falha, 369, 613

Torvalds, Linus, 60

tradução de endereços, 220–224, 228, 230, 238, 250, 255, 259, 266, 266, 269, 279, 280, 283, 285, 321, 378, 583, 584, 602

trap, 20, 29, 33

tratador(es) de interrupção(ões), 73, 108, 111, 346, 352, 361, 363–366, 376, 378,

381, 383, 385, 390, 391, 398, 412, 421, 441–444

tratamento de erros, 175, 350, 353, 359, 393, 407, 413, 430–432, 435, 436, 444, 445, 514, 521, 561, 562

troca de chaves de Diffie-Hellman, 600, 603

troca de contexto, 5, 12, 62, 90, 101, 106–109, 111, 134, 142, 148, 152, 155, 176, 178, 191, 199, 213, 213, 279, 583, 584

troca de mensagens, 117, 362, 456, 613

trocar de contexto, 178, 584

Transmission Control Protocol (TCP – protocolo de controle de transmissão), 8

Tron, 3

TX-0, 23

UCSD Pascal, 4, 41

Unicode, 490

unidade de disco
    braço, 348, 349, 365–367
    cilindro, 348, 349, 353, 365–367, 408, 409, 440, 442, 488, 544
    cabeçote, 348, 353, 363, 364, 408, 409, 440, 563
    discos, 347, 363, 365
    setor, 349, 349, 353, 363, 364, 406–409, 413, 420, 440, 442, 465
    eixo, 348
    trilha, 348, 364, 408, 409, 480

unidade de disquete, 563

unidade de gerenciamento de memória (MMU – Memory Management Unit), 27, 66, 67, 70, 220, 232, 239, 251, 255, 260–263, 265, 269–272, 279, 316, 338, 423, 593, 603

Universidade da Califórnia em Berkeley, 32, 34

Universidade de Cambridge, 35

UNIX, 16, 19, 28, 39, 59, 61, 142, 143, 145, 201, 251, 265, 266, 268, 271, 285, 318, 380–382, 475, 484–486, 489, 505, 508, 527, 529, 542, 545, 548, 550, 582, 585, 590, 591, 603, 604, 629

UNIX sexta edição, 23

UNIX Systems Laboratories (USL), 32

USB, 346, 351, 361, 384, 609

valor de retorno, 184

variável de ambiente, 143, 166, 171, 186, 497

VAX, 30, 32, 143, 266, 269, 270, 271–274

verme, 591

verme Morris, 591

versão de arquivo, 463, 488, 489

vetor(es) de base, 458

vetor de interrupção, 108, 227, 263, 266, 269, 429

vetores de trap, 263

VFS (virtual file system – sistema de arquivos virtual), 541, 544, 551, 557–561, 567–569, 603

vírus, 590, 591

vírus Michelangelo, 590

Vita Nuova, 40, 508

VM (virtual machine - máquina virtual), 15, 35

VMS, 23, 30, 145, 272–277, 322, 382, 383, 488, 489, 582

VMware, 16

vsyscall, 318

WEP (wired equivalent privacy – privacidade equivalente com fio), 598

Whirlwind, 23

Williamson, Malcolm J., 599

Win32, 34, 490

Windows NT, 22, 33, 42, 45, 101, 147, 276–279, 322, 385, 472, 490, 582

Xen, 16, 23, 35, 152, 232, 279, 280, 386, 479

Xenoserver, 35

XINU, 14

XON/XOFF, 352

zumbi, 141, 186